Zugänge zur Berufsbildung für eine nachhaltige Entwicklung

Xing Liu-Schuppener

Zugänge zur Berufsbildung für eine nachhaltige Entwicklung

Eine international vergleichende Studie über die Berufsbildung im Einzelhandel zwischen China und Deutschland

PETER LANG

Bibliografische Information der Deutschen Nationalbibliothek
Die Deutsche Nationalbibliothek verzeichnet diese Publikation
in der Deutschen Nationalbibliografie; detaillierte bibliografische
Daten sind im Internet über http://dnb.d-nb.de abrufbar.

Zugl.: Lüneburg, Univ., Diss., 2021.

Coverabbildung: © Shutterstock/Oliver.zs

Lün 4
ISBN 978-3-631-87604-6 (Print)
E-ISBN 978-3-631-87605-3 (E-PDF)
E-ISBN 978-3-631-87606-0 (EPUB)
DOI 10.3726/b19607

Peter Lang – Berlin · Bern · Bruxelles · New York ·
Oxford · Warszawa · Wien

Diese Publikation wurde begutachtet.

www.peterlang.com

Inhaltsverzeichnis

II. Abkürzungsverzeichnis

abH	ausbildungsbegleitende Hilfen
AFBG	Aufstiegsfortbildungsförderungsgesetz
AO	Ausbildungsordnung
APlFG	Ausbildungsplatzförderungsgesetz
AQF	Australian Qualifications Framework
AQTF	Australian Quality Training Framework
BA	Bundesagentur für Arbeit
BaE	Berufsausbildung in außerbetrieblichen Einrichtungen
BAföG	Bundesausbildungsförderungsgesetz
Bd.	Band
BFW	Berufsforderungswerke
BBiG	Berufsbildungsgesetz
BerBiRefG	Berufsbildungsreformgesetz
BIBB	Bundesinstitut für Berufsbildung
BIP	Bruttoinlandsprodukt
BLK	Bund-Länder-Kommission
BNE	Bildung für nachhaltige Entwicklung
BBNE	Berufsbildung für nachhaltige Entwicklung
BGBl	Das deutsche Bundesgesetzblatt
BGJ	Berufsgrundbildungsjahr
BMBF	Bundesministerium für Bildung und Forschung
BMBW	Bundesministerium für Bildung und Wissenschaft
bspw.	beispielsweise
BvB	Berufsvorbereitende Bildungsmaßnahmen
BVJ	Berufsvorbereitungsjahr
bzw.	beziehungsweise
CNKI	China National Knowledge Infrastructure
CORE	China Open Resources for Education

DBU	Deutsche Bundesstiftung Umwelt
d. h.	das heißt
ebd.	Ebenda
ECTS	European Credit Transfer System
ECVET	Europäisches Kreditpunktesystem für die berufliche Bildung (European Credit System for Vocational Education and Training)
EH	Einzelhandel
ENQA-VET	Europäisches Netzwerk zur Qualitätssicherung in der beruflichen Bildung (European Network for Quality Assurance in Vocational Education and Training)
EQ	Einstiegsqualifizierung
EQR	Europäische Qualifikationsrahmen
et al.	et alii, und andere
etc.	et cetera, und übriges
EU	Europäische Union
FMCG	Fast Moving Consumer Goods
GPL	General Public Licence
HDE	Handelsverband Deutschland
HLPF	Hochrangiges Politisches Forum für Nachhaltige Entwicklung (High-level Political Forum on Sustainable Development)
HwO	Handwerksordnung
IBA	Institut für Arbeitsmarkt- und Berufsforschung
i. d. R.	in der Regel
i. e. S.	im engeren Sinne
IHK	Industrie- und Handelskammer
IKBB	Innovationskreis Berufliche Bildung
iMOVE	International Marketing of Vocational Education
insbes.	insbesondere
IUCN	Internationale Union zur Bewahrung der Natur und natürlicher Ressourcen (International Union for the Conservation of Nature)

IVE	International Vocational Education
i. w. S.	im weiteren Sinne
JArbSchG	Jugendarbeitsschutzgesetz
Jh.	Jahrhundert
KMK	Konferenz der Kulturminister
KPCh	Kommunistische Partei Chinas
LEH	Lebensmitteleinzelhandel
LMBG	Lebensmittel- und Bedarfsgegenständegesetz
MIT	Massachusetts Institute of Technology
MIT OCW	MIT Open Course Ware
MoE	Ministerium für Bildung in China (Ministry of Education)
MOFCOM	Handelsministeriums der Volksrepublik China (Chinese Ministry of Commerce)
MoHRSS	Ministerium für Humanressourcen und soziale Sicherheit (Ministry of Human Resource and Social Security)
MOOC	Offener Massen-Online-Kurs (Massive Open Online Course)
n. Chr.	nach Christus
NE	Nachhaltige Entwicklung
NVK	Der Nationale Volkskongress
O2O	online to offline
OECD	Organisation für wirtschaftliche Zusammenarbeit und Entwicklung (Organisation for Economic Co-operation and Development)
OER	Open Educational Resources
o. g.	oben genannt / e(n)
PISA	Das Programme for International Student Assessment
qm	Quadratmeter
s.	siehe
S.	Seite
SAC	Standardization Administration of the People's Republic of China
SJT	Situational Judgement Test

SMCG	Slow Moving Consumer Goods
SRU	Sachverständigenrat für Umweltfragen
TAFE	Technical And Further Education
NBS	Staatliches Amt für Statistik der Volksrepublik China (National Bureau of Statistics of China)
UN	Die Vereinten Nationen (United Nations)
UNCED	Die Konferenz der Vereinten Nationen für Umwelt und Entwicklung (United Nations Conference on Environment and Development)
UNECE	Die Wirtschaftskommission für Europa der Vereinten Nationen (United Nations Economic Commission for Europe)
UNESCO	Organisation der Vereinten Nationen für Erziehung, Wissenschaft und Kultur (United Nations Educational, Scientific and Cultural Organisation)
usw.	und so weiter
v. a.	vor allem
v. Chr.	vor Christus
vgl.	vergleiche
VO	Verordnung
WAP	Weltaktionsprogramm der Vereinten Nationen Bildung für nachhaltige Entwicklung
WBGU	Wissenschaftlicher Beirat Globale Umweltveränderungen
WCED	World Commission on Environment and Development
WTO	Welthandelsorganisation (World Trade Organization)
z. B.	zum Beispiel
ZK	Zentralkomitee
z. T.	Zum Teil
zit. n.	zitiert nach

III. Abbildungsverzeichnis

IV. Tabellenverzeichnis

V. Sprachliche Hinweise

In diesem Dissertationsprojekt werden zahlreiche originale chinesische Begriffe oder Namen benutzt. Dabei werden diese Wörter in originalen chinesischen Schriftzeichen in Klammern wiedergegeben.

Textstellen in kursiv bezeichnen Eigennamen bzw. feststehende Begriffe.

Auf Deutsch ist das Geschlecht im Singular einer Person klar erkennbar, wenn ein Artikel vor der Personenbezeichnung steht. Um die vorliegende Dissertation leserfreundlich zu gestalten, wurde auf eine durchgehende Nennung beider Geschlechter verzichtet. Wo nur die männliche oder weibliche Form verwendet wird, kann davon ausgegangen werden, dass immer auch das andere Geschlecht gemeint ist.

Vorwort

Die vorliegende Arbeit wurde als Dissertation an der Leuphana Universität Lüneburg angenommen. Entstanden ist diese Arbeit während meiner Zeit als wissenschaftliche Mitarbeiterin der Arbeitseinheit Berufs- und Wirtschaftspädagogik der Leuphana Universität Lüneburg.

Auch wenn eine Dissertation eine Einzelarbeit ist, wäre die vorliegende Arbeit ohne die Unterstützung durch eine Vielzahl von Personen nicht möglich gewesen. An dieser Stelle möchte ich mich bei all jenen bedanken, die mir bei der Anfertigung dieser Arbeit unterstützend zur Seite standen.

Allen voran möchte ich mich ganz herzlich bei meinem wissenschaftlichen Betreuer, Herrn Professor Andreas Fischer bedanken, der mir vier Jahre lang Unterstützungen und sorgfältige Betreuung gab. Er hat damit ganz wesentlich zum Gelingen meiner Arbeit beigetragen. Die vorliegende Arbeit wäre ohne seine Unterstützungen nicht möglich gewesen.

Ebenso danke ich Professor Matthias Barth, der nach dem tragischen Tod von Professor Fischer meine Doktorarbeit als erster Gutachter betreut hat, für seine Anregungen und die fachliche Unterstützung meiner Arbeit. Mein Dank gilt zudem Herrn Professor Robert W. Jahn und Professor Werner Kuhlmeier, die als meine Zweit- und Drittgutachter stets wertvolle Hinweise parat hatten.

Des Weiteren danke ich herzlich Professor Jinrong Huang, Professor Zhiqun Zhao und Professor Zhiyong Hou, die als wissenschaftlich orientierte Experten dazu beigetragen haben, die spezifischen Bedingungen und Anforderungen von Chinas Berufsbildung, bzw. der Berufsbildung im Einzelhandel verständlich zu machen.

Für seine vielfältige Unterstützung bin ich besonders Professor Xin Huang dankbar. Er hat mir wertvolle Hilfestellungen gegeben und den Kontakt zu Interviewpartnern hergestellt. Mein Dank gilt gleichermaßen allen Interviewpartnern in China.

Für inhaltliche Anregungen und thematische Eingrenzungen möchte ich besonders meinem Mann danken, der mich bei meiner Arbeit über einen langen Zeitraum begleitet und unterstützt hat und hierbei viel Geduld und Verständnis aufgebracht hat. Herzlich bedanken möchte ich mich auch für die Hinweise und Korrekturen von Magita Adam-Schuppener und Ursula Buschhorn, deren Unterstützung mir sehr viel bedeutet hat und mir beim Abschluss der Arbeit eine große Hilfe war.

Danke möchte ich ferner all meinen Kolleginnen und Kollegen an der Leuphana Universität Lüneburg, die mit inhaltlichen Anregungen und Rückmeldungen gegeben haben. Außerdem möchte ich mich auch bei meinen Freundinnen Zhaoling Tong und Qing Ji sowie bei Professor Song Han bedanken. Sie haben mir sehr geholfen, umfangreiche chinesische Sekundärliteratur zu sammeln und mir Zugang zu richtunggebenden Datenbanken gewährt.

Abschließend möchte ich meiner Familie für ihr beharrliches Vertrauen, die Unterstützung, Hilfestellungen und für das Zuhören danken.

1. Einleitung

1.1 Forschungsgegenstand und Fragestellung

Seit der Öffnung Chinas für die Weltmärkte unter Deng Xiaoping[1] ab dem Jahr 1978 hat das ‚Reich der Mitte' einen rasanten wirtschaftlichen Aufschwung vollzogen. Diese dynamische Entwicklung erinnert auf mache Weise an das sogenannte deutsche Wirtschaftswunder der Nachkriegszeit, welches auch der weltweit geachteten deutschen Berufsausbildung im dualen System zugeschrieben wird. Nach einer langen Zeit, geprägt von Revolution und Hungersnöten, wuchs in China zu jener Zeit das Bestreben zur Veränderung und Erneuerung, um nie wieder solche leidvollen Erfahrungen machen zu müssen. So blickte China früh auf Deutschland, dass China in der Berufsbildung ab dem Jahre 1981 als erstes Land Europas unter Federführung von Außenminister Genscher tatkräftig unterstützt hat. Damit wurden auch in China ähnliche Strukturen zum deutschen dualen System geschaffen.

Inzwischen ist China ein in vielen Bereichen hoch entwickeltes Land, das zu den größten Wirtschaftsmächten der Welt zählt. Gerade durch diesen schnellen Wandel und wirtschaftlichen Aufstieg steht China nun im 21. Jh. vor neuen großen Herausforderungen. Industrialisierung, Urbanisierung, Bevölkerungswachstum und steigender Wohlstand haben zu erheblichen Umweltproblemen geführt, welche nun Gesundheit, Lebensqualität und Klima bedrohen. Dringend sind nun neue Maßnahmen gefragt, um dieser Entwicklung gegenzusteuern und Wirtschaft, Umwelt und Gesellschaft auf ein nachhaltig tragfähiges Fundament zu stellen.

Vor diesem Hintergrund skizzierte Chinas Premier Li Keqiang zum Auftakt des Volkskongresses im Jahre 2015 einen langfristig angelegten Wandel, der für einzelne Bereiche der Wirtschaft im 13. Fünfjahresplan (2016–2020) festgehalten wurde, und die Nachhaltigkeit im Wirtschaftsprozess fokussierte. Das Programm beinhaltet eine Wirtschaftsstrategie für ein nachhaltiges, energiesparendes, dienstleistungs- und nachfrageorientiertes Wirtschaftswachstum (vgl. State Council of the People's Republic of China 2016, S. 8–9).

1 Deng Xiaoping (邓小平, 22.08.1904–19.02.1997) gilt als wichtigste politische Führungsperson der Volksrepublik China in der Zeit von 1979 bis 1997. Er setzte sich in der Nachfolge von Mao Zedong durch, revidierte zentrale Entscheidungen von diesem und wird als Verfasser der chinesischen Reform- und Öffnungspolitik (sog. Deng-Xiaoping-Theorie) angesehen (vgl. Chinese Government Network 2007a).

Auch ein Blick auf Deutschland ist hierbei aus chinesischer Perspektive interessant, da Deutschland als eines der ersten Länder Programme zur Nachhaltigkeit der Wirtschaft aufgesetzt hat und auch heute noch relevante Impulse gibt. Gleichzeitig wird gerade am Beispiel Deutschlands der oftmals bestehende Zielkonflikt zwischen wirtschaftlichen und umweltpolitischen Interessen sichtbar.

Umso mehr gilt daher der Leitgedanke:

> „Nachhaltige Entwicklung ist nicht allein durch politische Vereinbarungen, finanzielle Anreize oder technologische Lösungen zu erreichen. Eine nachhaltige Entwicklung erfordert eine Änderung unserer Denk- und Handlungsweisen" (UNESCO 2014, S. 32).

Um Nachhaltigkeit umsetzen zu können, ist es dringend erforderlich, die Menschen zu erreichen und mitzunehmen. Hierfür sind Bildungsmaßnahmen zentral. So haben die UN die Jahre 2005 bis 2014 zur Weltdekade der Bildung für nachhaltige Entwicklung (BNE) erklärt. Die Berufsbildung für nachhaltige Entwicklung (BBNE) sieht ihre Aufgabe darin,

> „die Menschen auf allen Ebenen, von der Facharbeit bis zum Management, zu befähigen, Verantwortung zu übernehmen, ressourcenschonend und energieeffizient zu wirtschaften sowie die Globalisierung gerecht und sozial verträglich zu gestalten" (Diettrich et al. 2007, S. 8).

Umweltbildung und -schutz sind integraler Bestandteil einer BBNE. Zwar ist die Berufsbildung für nachhaltige Entwicklung nicht im Zentrum der Stakeholder-Debatte angekommen, das Thema stößt aber aufzunehmendes Interesse. In Deutschland wurden bereits viele Aktivitäten im Zusammenhang mit BBNE durchgeführt, z. B. verschiedene Internetportale, Fachtagungen / Fachkongresse, Modellversuche, Forschungsprogramme und Arbeitsgruppen / Gremien zu umfangreichen Themengebieten der BBNE (s. Abschnitt 5.2.2.1).

Auch in China gibt es bereits ähnliche Aktivitäten und entsprechende Bildungsmaßnahmen werden vorbereitet, wobei die Berufsbildung einen wesentlichen Beitrag leisten soll (vgl. State Council of the People's Republic of China 2016, S. 142–144). Gleichzeitig wird inzwischen vielfach zur (B)BNE geforscht und publiziert. Die in der führenden wissenschaftlichen Datenbank CNKI (*China National Knowledge Infrastructure*) zwischen 2008 und 2018 veröffentlichte Literatur zeigt eine Vervielfachung der Artikel über die (B)BNE in den letzten fünf Jahren. Besonders im Fokus steht dabei bislang der Bereich der Grund- und Sekundarstufe. Die berufliche Bildung ist hingegen nahezu nicht vertreten (s. Abschnitt 5.2.1.1). Daraus lässt sich schließen, dass in China die

BNE allmählich in der Öffentlichkeit an Bedeutung gewinnt. Gleichzeitig stellt eine Diskursbetrachtung über die BBNE derzeit noch eine Forschungslücke dar.

Nachhaltigkeit verlangt eine Neuorientierung in der Wirtschaft sowie im Konsumverhalten und betrifft somit das tägliche Leben des Einzelnen. Keine Branche erreicht dabei mehr Menschen als der Einzelhandel. In Deutschland erwirtschaften 300.000 Einzelhandelsunternehmen mit 410.000 Betrieben und mit drei Mio. Beschäftigten und 160.000 Auszubildenden knapp 474 Mrd. Euro Jahresumsatz (vgl. Statistisches Bundesamt 2016b, S. 578), womit der Einzelhandel der drittgrößte Wirtschaftszweig in Deutschland ist. Aufgrund der Nähe des Einzelhandels zum Endkunden und der zentralen Rolle bei der Versorgung der Verbraucher mit Gütern aller Art, kommt diesem auch in Bezug auf das Thema Nachhaltigkeit eine besondere Rolle zu. Der Einzelhandel kann hier besonders effektiv handeln unter einer hohen Sichtbarkeit und Wahrnehmung durch die Gesellschaft. In Deutschland steht der Einzelhandel derzeit im Hinblick auf nachhaltiges Handeln im besonderen Fokus der Öffentlichkeit und der Konsumenten, wie die aktuellen Debatten u. a. über Verpackungen, Herkunft und Entstehung, Haltbarkeit und Resteverwertung oder die Ernährungskennzeichnungen belegen.

In der chinesischen Volkswirtschaft spielt der Einzelhandel ebenfalls eine zentrale Rolle. Nach Angaben des staatlichen Amts für Statistik der Volksrepublik China waren im Jahr 2015 ca. 36 % des chinesischen BIP auf den Einzelhandel zurückzuführen, somit stellt dieser einer der wichtigsten Wirtschaftszweige des Landes dar (vgl. World Bank 2018; National Bureau of Statistics of China 2017, Abschnitt 15-4). Damit ist der Einzelhandel in Bezug auf eine nachhaltige Neuausrichtung der Wirtschaft gleichfalls von größter Bedeutung. Das Thema des nachhaltigen individuellen Konsums in der gesellschaftlichen Debatte erscheint zunächst weniger prominent als in Deutschland. Gleichzeitig verfügt jedoch der Staatsapparat über einen viel größeren Einfluss und gestalterische Möglichkeiten und nun auch den Willen, das Thema Nachhaltigkeit aktiv anzugehen. Die BBNE im Einzelhandel steht gleichwohl noch am Anfang der Entwicklung (s. Abschnitt 5.2.1.2).

Deswegen scheint es besonders notwendig, den Einzelhandel ins Visier zu nehmen und zu untersuchen, inwieweit und wodurch dieser dazu beitragen kann, dem großen Ziel eines umwelt- und ressourcenschonenden, nachhaltigen Wirtschaftssystems näherzukommen. Nahezu täglich haben die Menschen in irgendeiner Form Kontakt zum Einzelhandel, was diesen Bereich der Wirtschaft für ein Umdenken hin zur Nachhaltigkeit besonders prädestiniert. In diesem Zusammenhang ergibt sich die folgende Forschungsleitfrage:

Welche Relevanz hat die Berufsbildung für nachhaltige Entwicklung am Beispiel der beruflichen Tätigkeit des Einzelhandels im kaufmännischen Bereich in Deutschland und China?

Um sich der Beantwortung dieser Frage anzunähern, ist es für diese Arbeit unerlässlich, auch damit unmittelbar verbundene grundsätzliche Fragen zu erörtern:

- Wie ist die Berufsbildung in Deutschland und China organisiert?
- Wie wird die Berufsbildung für die Tätigkeit des Einzelhandels im kaufmännischen Bereich jeweils durchgeführt?
- Was sind aktuelle Ansätze der deutschen und chinesischen Berufsbildung für nachhaltige Entwicklung im Einzelhandel?
- Wie kann ein Zugang zur nachhaltigen Berufsbildung im Einzelhandel in China konzeptionell ausgestaltet werden?

Die vorliegende Arbeit wird sich intensiv mit diesen Themen auseinandersetzen, wie auch im Abschnitt 1.4 (Aufbau der Arbeit) näher erläutert wird.

1.2 Bedeutung und Funktion internationaler Vergleichsforschung

In der sozialwissenschaftlichen Forschung ist der Vergleich ein wichtiges methodisches Instrument, also eine Verfahrensweise, um Gemeinsamkeiten oder Unterschiede zwischen zwei oder mehreren Beobachtungseinheiten zu beschreiben und zu analysieren. Zur Durchführung einer vergleichenden Studie bedarf es der Definition des Untersuchungsgegenstandes, der Bestimmung des Vergleichsmaßstabes und der Entscheidung über die Vorgehensweise (vgl. Georg 2006, S. 187). Die vorliegende Arbeit befasst sich mit der BBNE unter besonderer Berücksichtigung der Tätigkeiten im Einzelhandel in Deutschland und China, wobei Gemeinsamkeiten und Unterschiede aufgezeigt werden.

Das Erkenntnisinteresse beschränkt sich primär auf forschungspraktische Zielsetzungen, die auf wichtige Funktionen der vergleichenden Berufsbildungsforschung bezogen sind. Nach Hörner (1988, S. 55), Georg (2006, S. 186–188), Frommberger und Deißinger (2010) werden internationale Vergleiche in Bildung und Berufsbildung in den folgenden vier Erkenntnisinteressen zusammengefasst:[2]

---

2 Zur vergleichenden Diskussion über das Erkenntnisinteresse der vergleichenden Berufsbildungsforschung vgl. insbes. Holmes (1974, S. 115), Halls (1990, S. 36) und Mitter (1997, S. 641).

- **Das idiographisch-verstehende Erkenntnisinteresse** impliziert eine möglichst detaillierte Beschreibung und ein umfassendes Verständnis der Berufsbildung in einem Land. Typische Beispiele sind hierfür beschreibende Länderstudien, die sich intensiv mit einem Berufsbildungssystem und damit verbundenen Fragestellungen auseinandersetzen (vgl. Zabeck 1966, S. 207; vgl. Froese 1967, S. 324; zit. n. Frommberger und Deißinger 2010, S. 344).
- **Das idiographisch-erklärende Erkenntnisinteresse** fokussiert sich auf die Erklärung von Unterschieden in der Berufsbildung in verschiedenen Ländern. Es wird versucht, spezifische Merkmale und Problemfelder der Berufsbildung in zwei oder mehreren Ländern systematisch zu beleuchten und Ursachen für diese Unterschiede aufzuzeigen (vgl. Frommberger und Deißinger 2010, S. 344).
- **Das melioristische Erkenntnisinteresse** richtet sich auf ausländische Systeme, um Hinweise dafür zu finden, wie die Berufsbildung im Inland verbessert werden könnte. Durch internationale Vergleichsstudien können dann Alternativen für nationale Berufsbildungssysteme aufgezeigt und entsprechende Entscheidungshilfen angeboten werden. Melioristisch orientierte vergleichende Studien versuchen folglich häufig Best-Practice-Modelle zu finden und Lösungsvorschläge für bestimmte Problemstellungen im Inland abzuleiten. Um Entscheidungshilfen zu liefern, kann der Vergleich nur unter Berücksichtigung des historischen, kulturellen und gesellschaftlichen Kontextes stattfinden. Diese internationalen Leistungsvergleichende (PISA, TIMSS) im Sinne von *Large Scale Assessments* (LAS) sind eng mit dem melioristischen Erkenntnisinteresse verbunden (vgl. Georg 2006, S. 187–188).
- **Das nomothetische oder evolutionistische Erkenntnisinteresse** verfolgt das Ziel, systemübergreifende und generelle Schlüsse durch den Vergleich der Berufsbildung in verschiedenen Ländern herzustellen (vgl. Georg 2006, S. 187–188). Es wird somit versucht, allgemeine Erklärungen zu finden, die unabhängig von den nationalen und kulturellen Einflussfaktoren gültig sind. Daher werden hier kultur- und kontextunabhängige Kriterien verwendet.

Nach Hörner werden die vier Erkenntnisinteressen des Vergleichs mit der Theorienbildung verbunden. Dabei werden das idiographische Erkenntnisinteresse als Suche nach dem Besonderen, das melioristische Erkenntnisinteresse als Suche nach dem besseren Modell und schließlich das nomothetische oder evolutionistische Erkenntnisinteresse als Suche nach Entwicklungstrends und dem Universellen unterschieden (vgl. Hörner 1988, S. 53–65; zit. n. Lauterbach et al. 1995b, S. 15). Die vorliegende Dissertation ist eine idiographisch und melioristisch orientierte vergleichende Studie, deren Ergebnisse nicht nur auf die deutsche oder chinesische Situation in der Berufsbildung bezogen sind, sondern auch nach Anregungen für Veränderungen der beruflichen Bildung in beiden Ländern sucht und damit einen nachhaltigen Zukunftsweg für beide Länder aufzeigen möchte.

1.3 Methodisches Vorgehen

Zu Beginn des Forschungsprozesses ist es erforderlich, festzulegen, welche Forschungsmethoden zur Realisierung des Forschungszieles eingesetzt werden sollen, warum diese Methoden geeignet sind und wie diese eingesetzt werden sollen (Datenerhebung und Hypothesenprüfung).

Forschungsmethoden dienen als Instrumente zur Klärung wissenschaftlicher Fragestellungen, wobei die Untersuchungen meist in zwei methodischen Zugängen erfolgen, der quantitativen und der qualitativen Methode. Quantitative Verfahren richten sich i. d. R. auf die objektive Messung und Quantifizierung von Sachverhalten, auf das Testen von Hypothesen und auf die Überprüfung statistischer Zusammenhänge (v. a. bei größeren Stichproben). Daher sind diese Verfahren besonders geeignet, um Daten über einen bestimmten Zeitraum zu messen, zu vergleichen und daraus Entwicklungen abzulesen (vgl. Winter 2000). Grundlage ist hierbei ein naturwissenschaftliches Forschungsverständnis. Im Bereich der quantitativen Sozialforschung gibt es mittlerweile verschiedene Erhebungs und Auswertungsmethoden mit standardisierten Befragungstechniken und schematisierten Beobachtungsformen, insbesondere Tests, Skalierungsverfahren, statistische, inhaltsanalytische und soziometrische Verfahren. Sie basieren auf logischen Ordnungen sowie mathematischen Prinzipien, ausgerichtet auf eine Überprüfung (Verifikation, Falsifikation) vorformulierter Hypothesen (vgl. Hug 2001, S. 22). Gerade in den Sozialwissenschaften wird dieser quantitative Ansatz immer wieder kritisiert und als für den Forschungsgegenstand wenig geeignet abgetan. „Das rein quantitative Denken ist brüchig geworden, ein Denken, das sich den Menschen und Dingen annähert, indem es sie testet und vermisst, mit ihnen experimentiert und ihre statistische Repräsentanz überprüft, ohne vorher den Gegenstand verstanden zu haben, seine Qualität erfasst zu haben“ (Mayring 2002, S. 9). Konträr bzw. komplementär hat sich daher ein qualitativ-hermeneutischer Ansatz ausgeprägt. „Bei qualitativen Methoden geht es um das Beschreiben, Interpretieren und Verstehen von Zusammenhängen, die Aufstellung von Klassifikationen oder Typologien und die Generierung von Hypothesen. Die qualitative Befragung ist überall dort geeignet, wo man eine differenzierte und ausführliche Beschreibung individueller Meinungen und Eindrücke benötigt.

Insbesondere zur Sammlung von detaillierten Verbesserungsvorschlägen, zur Erkundung von Ursachen (für Sachverhalte wie bspw. Unzufriedenheit) und zur Erstellung von Typologisierungen sind qualitative Methoden ideal" (vgl. Winter 2000). Diese Methoden spielen in geistes- und kulturwissenschaftlichen Forschungen eine zentrale Rolle. Im Gegensatz zur quantitativen Forschung wird in der qualitativen Forschung nicht vorrangig mit nummerischen, sondern meist mit sprachlich vermittelten Daten gearbeitet. Zu den Methoden qualitativer Forschung zählen zahlreiche Erhebungs- und Auswertungsverfahren, u. a.: Einzelfallanalyse, Dokumentenanalyse, Handlungsforschung, Interviews, deskriptive Feldforschung, qualitatives Experiment und die qualitative Evaluation (vgl. Mayring 2002, S. 40).

Unter Berücksichtigung der o. g. Relevanz der vergleichenden Studien, der Fragestellungen und Zielsetzungen folgt die vorliegende Arbeit einem qualitativen Untersuchungsansatz im Sinne einer komparativen Studie und wird als empirisches Forschungsprojekt von mehreren qualitativen Forschungsmethoden begleitet.

Makromethodik

In dieser Arbeit wird die Vergleichsmethode als Makromethodik eingesetzt. Die vorliegende Vergleichsstudie zwischen China und Deutschland wird durch das methodische Vorgehen mittels des Vier-Phasen-Modells vom Autor und Professor für Soziologie, Jugendrecht und Bildung / Erziehung George Z. F. Bereday (1920–1983) unterstützt und strukturiert.

Bereday legte den Fokus insbesondere auf Forschungen im Bereich des internationalen Vergleichs von Bildung und Erziehung und unterrichtete diese Disziplin unter anderem an der Columbia University (New York, USA). In seinem Buch *Comparative Method in Education* (1964) beschreibt er ein detailliertes Vier-Phasen-Modell. Jede einzelne Phase leistet hierbei einen Beitrag zur vergleichenden Analyse und baut auf die vorherige auf. Die Phasen gliedern sich in *Deskription*, *Interpretation*, *Juxtaposition* und *Vergleich* (vgl. Bereday 1964, S. 27–28).

In der ersten Phase *(Deskription)* werden vorhandene empirische und literarische Daten, die in Zusammenhang mit dem späteren Vergleich als gehaltvoll eingeschätzt werden, katalogisiert. Diese Phase sieht zwingend eine Systematik bei der Auflistung vor. Eine Klassifizierung oder Kategorisierung der Daten ist an dieser Stelle sinnvoll. Diese Phase der *Deskription* nach Bereday wird in dieser Ausarbeitung übernommen und wird auf Deutschland und China einzeln angewendet (vgl. Bereday 1964, S. 30).

In der zweiten Phase *(Interpretation)* werden die Daten analysiert. Hierzu findet eine Evaluierung statt. Zudem gilt es, verschiedene Disziplinen heranzuziehen. So können die Daten aus mehreren Perspektiven wie z. B. Geschichte, Soziologie, Politik, Ökonomie betrachtet werden. Aufbauend auf dieser multiperspektivischen Betrachtung, können die Zusammenhänge der gewählten Daten interpretiert werden. Dies geschieht spiralförmig, d. h., die Daten werden nicht listenartig nacheinander betrachtet, sondern miteinander in Verbindung gebracht und mehrmals wieder aufgegriffen. Die Interpretation findet nach wie vor für jedes Land einzeln statt (vgl. Bereday 1964, S. 37).

In der dritten Phase *(Juxtaposition)* werden die länderspezifischen Erkenntnisse aus Deskription und Interpretation systematisch gegenübergestellt. Dabei werden Gemeinsamkeiten und Unterschiede deutlich erkennbar. Die Aufstellung in eine übersichtliche Systematik ist hierbei unerlässlich. Im Anschluss können Hypothesen für die weitere Analyse abgeleitet werden (Bereday 1964, S. 42; Hilker 1962, S. 121).

In der letzten Phase *(Vergleich)* findet ein direkter und simultaner Vergleich beider Länder statt. Die im dritten Schritt aufgestellten Hypothesen werden hier entweder bewährt oder widerlegt. Im Anschluss an diese Phase ist i. d. R. das Ziehen eines Fazits möglich (vgl. Bereday 1964, S. 46).

Diese kurze Beschreibung bietet einen Einblick in die Komplexität, welche einer derartigen Untersuchung zugrunde liegt. Vergleiche erfordern ganzheitliche Denkoperationen, in denen sich dem Vergleichsobjekt multiperspektiv angenähert werden muss. Die einzelnen Phasen zeigen diese Dynamik (vgl. Hilker 1962, S. 106–107). Der Autor Bereday weist darauf hin, dass der direkte Vergleich von vorher ausgewählten Daten zwischen zwei Ländern nicht selten zu Schwierigkeiten führe. Er argumentiert, dass vergleichende Pädagogik ihre Grenzen habe (vgl. Bereday 1964, 42 ff.). Vergleiche und ihre Erklärungen seien zudem häufig nicht eindeutig (vgl. Hilker 1962, S. 113).

Mikromethodik – Planung und Durchführung der empirischen Untersuchungen

Mikromethoden sollen einzelne Phasen der Arbeit ergänzend unterstützen. In dieser Arbeit werden hauptsächlich vier Erhebungsmethoden angewendet: Dokumentenanalysen, Sektoranalysen, Experteninterviews und Fallstudien.

Die Dokumentenanalyse ist eine Erhebungstechnik, bei welcher bereits bestehende Dokumente als Quellen herangezogen und systematisch untersucht werden, um Informationen über den Forschungsgegenstand zu erhalten.

Dokumente können hierbei sowohl schriftlicher Art als auch visueller, auditiver oder audiovisueller Art sein.

Die Dokumentenanalyse stellt für die vorliegende Arbeit die wichtigste Methode dar, um Erkenntnisse über die Wahrnehmung der grundlegenden Theorien und Mechanismen zu gewinnen, und somit einen systematischen Vergleich zu ermöglichen. Auf der Grundlage textlicher Dokumente werden bspw. die Berufsbildungssysteme, die Art und Struktur der Berufsausbildung sowie Art und Ausprägung der BBNE in China und Deutschland untersucht. Hierfür werden insbesondere offizielle Dokumente (Gesetze, Leitlinien, Vorschriften, Lehrpläne, Statistiken etc.) sowie ergänzend Sekundärliteratur herangezogen. Zugleich erfolgt auch eine Recherche und stichprobenhafte Analyse von wissenschaftlichen Veröffentlichungen zum Thema (B)BNE in China, um einen Eindruck des aktuellen Standes des wissenschaftlichen Fachdiskurses wiederzugeben. Da die Datengrundlage offizieller bzw. öffentlich zugänglicher Quellen in China sehr begrenzt ist, werden ergänzende Informationen mittels Experteninterviews (n =11) gewonnen. (Ausführlich s. Abschnitt 3.2)

Das Experteninterview stellt eine Form der qualitativen Befragung dar, welche das Verstehen komplexer Zusammenhänge zum Ziel hat. Für die vorliegende Arbeit wird diese Methodik angewendet, um das Quellendefizit in Bezug auf den aktuellen Stand der BBNE in China auszugleichen, Wirkungszusammenhänge zu beleuchten und Erkenntnisse zur thematischen Relevanz von BBNE in der Praxis zu erhalten. Die Befragungen erfolgen anonymisiert und teilstandardisiert auf Grundlage eines Leitfadens, wodurch ein möglichst freies Antwortverhalten begünstigt werden soll. Die einzelnen Themenbereiche und Fragen ergeben sich aus den zuvor durchgeführten Recherchen und Dokumentenanalysen. Die Auswahl der Befragten erfolgt nach deren Expertise in den relevanten Themenbereichen, also der Berufsbildung im Einzelhandel in China und der Berufsbildung für nachhaltige Entwicklung (BBNE) in China. Die Interviews werden mit Zustimmung der Befragten aufgezeichnet und anschließend transkribiert. Die Transskripte der Experteninterviews werden dann mittels qualitativer Inhaltsanalysen ausgewertet. Für die weitere Auswertung der Informationen werden die Transskripte anhand eines abgestimmten Kategoriensystems anschließend codiert und in ein Textanalysesystem (MAXQDA) überführt. Hierdurch können übergeordnete relevante Themenbereiche identifiziert werden, welche dann tiefergehend untersucht und ausgearbeitet werden können. (Ausführlich s. Abschnitt 3.3)

Um den Einzelhandel beider Länder zu analysieren, werden Sektoranalysen durchgeführt. Nach Schnitger und Windelband (2008) ist die Sektoranalyse ein berufswissenschaftliches Instrument, mit dessen Hilfe ein genauer, strukturierter Überblick über einen bestimmten wirtschaftlichen Bereich (Sektor) erstellt und eine Vergleichbarkeit ermöglicht werden kann. „Sektoranalysen sind vor allem zur Sicherung von Informationen über die Organisationsstruktur, wirtschaftliche Bedeutung, Beschäftigung, Abgrenzung des Sektors, Fachkräftestruktur, Situation von Erwerbsberufen bzw. Domänen notwendig" (Schnitger und Windelband 2008, S. 6).

In dieser vorliegenden Arbeit liegt der Fokus der Sektoranalysen auf der Fragestellung, wie der Einzelhandel in den beiden Ländern definiert ist und wie sich der Einzelhandel und seine Beschäftigungsstrukturen im Laufe der Zeit verändert haben. Dadurch sollen die Stärken und Schwächen der Branche, neue Entwicklungen und wichtige Trends, die Relevanz einzelner Geschäftsfelder und andere elementare Aspekte erschlossen werden. Ziel ist es, das Potenzial für eine nachhaltige Entwicklung des Einzelhandels zu erkunden und eine nachhaltige Entwicklung durch eine entsprechende berufliche Bildung anzustoßen. Die Erhebungen zu den beiden Ländern werden durch die Auswertung von Informationen unterschiedlicher wissenschaftlicher Institute, Verbände und Gewerkschaften realisiert. Die Sektoranalyse des chinesischen Einzelhandels werden teilweise um Informationen aus den Dokumentenanalysen, Fallstudien und Befragungen ergänzt, um das Fehlen von Informationen aus öffentlichen Quellen auszugleichen. (Ausführlich s. Abschnitt 3.1)

Als weiteres Instrument erfolgt die Ausarbeitung von Fallstudien. Fallstudien sind in den Sozialwissenschaften eine vielfach angewendete Methodenform um anhand exemplarischer Untersuchungen Strukturen, Einflussfaktoren und Zusammenhänge zu offenbaren. Folglich können Fallstudien als exemplarische Beispiele für bestimmte Phänomene angesehen werden, welche der Auffindung und Erklärung von Wirkungszusammenhängen dienen können. Für die Erstellung von Fallstudien können dabei unterschiedliche Erhebungs- und Auswertungstechniken angewendet werden.

Für die vorliegende Arbeit erfolgte die Ausarbeitung und Untersuchung der Fallstudien, um einerseits die allgemeine Situation der chinesischen Einzelhandelsausbildung aufzuzeigen und andererseits im Sinne von Best-Practice-Beispielen die BBNE-Roadmap weiter zu konkretisieren und Handlungsempfehlungen für eine BBNE-Reform in China aufzustellen. Die Auswahl der Fallstudien erfolgt nach den folgenden Kriterien: 1. Die Fallstudien sollen die Vielfalt der beschriebenen Potenziale abdecken; 2. Sie sollen über eine exemplarische Bedeutung im jeweiligen Themenbereich / Handlungsfeld verfügen und 3. sollen beide Länder – also China und Deutschland – vertreten sein. Hierfür werden zunächst Recherchen durchgeführt, um potenziell geeignete Fallstudien zu identifizieren und auf ihre Eignung zu prüfen. Die chinabezogenen Fallstudien (n =3) bestehen aus Ausbildungsplänen ausgewählter beruflicher Schulen, um die allgemeine Situation der chinesischen Einzelhandelsausbildung aufzuzeigen. Für die deutschlandbezogenen Fallstudien (n =4) werden abgeschlossene oder laufende Projekte, bzw. Modellversuche des BIBB, als Forschungsobjekte ausgewählt. Die Fallstudien werden auf der Grundlage von Dokumentanalysen und Interviews ausgearbeitet. (Ausführlich s. Abschnitt 3.4)

Die aus der Analyse gewonnenen Erkenntnisse der empirischen Untersuchungen, werden für die Konzeption einer BBNE-Roadmap genutzt (s. Kapitel 6). Um die BBNE-Roadmap zu konzeptionieren und einen Prozessverlauf der nachhaltigen Berufsbildung am Beispiel der beruflichen Tätigkeit im Einzelhandel zu erarbeiten, werden als zentrale strategische Dokumente die *Roadmap zur Umsetzung des Weltaktionsprogramms Bildung für nachhaltige Entwicklung* der UNESO und der deutsche Plan *Nationaler Aktionsplan Bildung für nachhaltige Entwicklung* ausgewählt, da diese Vorschläge und Strategien enthalten, um den Ansprüchen einer BBNE gerecht zu werden. Aus diesem Grund können beide Dokumente als wichtige Leitlinien für die vorliegende Arbeit betrachtet werden (s. Anhang 5). Die aus der intensiven Auseinandersetzung mit diesen Dokumenten gewonnenen Erkenntnisse werden dann für die spätere Vergleichsanalyse und zur Realisierung der Forschungsziele angewendet (s. Kapitel 6).

Die vorliegende qualitative Untersuchung wird in mehreren Erhebungswellen vorgenommen. Um die Sprachblindheit der qualitativen Sozialforschung aufzuheben, werden mehrere Metapher-Modelle als sprachlicher Ausdruck, Bild oder Schema hinzugefügt, z. B. das Eisbergmodell für den Bildungsbegriff und das Fischgräten-Diagramm zur Darstellung der historischen Entwicklung des Bildungswesens. Obwohl Metaphern im Vergleich zur Wissenschaftssprache als unscharf angesehen werden, können diese zugleich ein geeignetes Mittel sein, um abstrakte Theorien und Inhalte kreativ, bildhaft greifbar und einprägsam zu vermitteln und so zum Nachdenken anzuregen. Gut gewählte bzw. konstruierte Metaphern und Analogien können so meist einen stärkeren Eindruck auf den Betrachter ausüben als ein umfangreicher Text allein.

1.4 Aufbau der Arbeit

Zur Auseinandersetzung mit der anvisierten Zielsetzung der Arbeit gliedert sich diese in vier Schwerpunkte: Zunächst werden die Berufsbildungssysteme Deutschlands und Chinas untersucht, miteinander verglichen und wesentliche Unterschiede herausgearbeitet. Danach wird die Berufsbildung im Einzelhandel beider Länder dargestellt und erörtert. Der dritte Schwerpunkt bezieht sich auf die aktuelle Situation der Berufsbildung für nachhaltige Entwicklung (BBNE) in China und Deutschland. Schließlich sollen die aus der Analyse gewonnenen Erkenntnisse in eine BBNE-Roadmap münden. Bezogen auf die Gliederung der Arbeit in Kapitel, folgt diese dem folgenden Aufbau:

Das erste Kapitel ist der Einleitung gewidmet. Hierbei werden die Relevanz der vergleichenden Studien und das Untersuchungsdesign beschrieben und begründet sowie Zielsetzung, Fragestellung, Methodik und Struktur erörtert.

Das zweite Kapitel befasst sich mit dem Berufsbildungssystem in China und Deutschland. Als Einstieg ist zu klären, was unter dem Schlüsselbegriff Bildung verstanden werden kann. Hierbei soll die Beziehung zwischen Arbeit, Beruf und Berufsbildung analysiert und unter Berücksichtigung der strukturellen Verknüpfung der Bildungssituation mit dem Wirtschafts- bzw. Beschäftigungssystem diskutiert werden. Darauf aufbauend folgen drei vergleichende Betrachtungen der Berufsbildungssysteme in China und Deutschland: 1. zu historischen Meilensteinen und zur politischen Entwicklung im Bildungswesen bzw. in der Berufsbildung, 2. im Sinn einer bildungssystemischen Differenzierung und 3. in Bezug auf die strukturelle Ausgestaltung der Berufsausbildung.

Das dritte Kapitel behandelt die konkrete Darstellung der Methodik der empirischen Untersuchung. Zunächst wird hier das methodische Design dargestellt. Danach folgt ein detaillierter Überblick über die Planung und Umsetzung der Erhebungsmethoden (Dokumentenanalyse, Sektoranalyse, Experteninterviews und Fallstudien). Die Ergebnisauswertung wird dann in den nachfolgenden Kapiteln schrittweise vorgenommen.

Das vierte Kapitel vermittelt zunächst einen grundlegenden Überblick über den Einzelhandel in China und Deutschland. Diesem schließt sich ein Exkurs zu den sektorialen Rahmenbedingungen und der aktuellen Bedeutung des Einzelhandels in beiden Ländern sowie eine Darstellung der typischen Ausbildungsgänge im Einzelhandel an. Nach dieser allgemeinen Beschreibung werden die Unterschiede der Einzelhandelsausbildung zwischen China und Deutschland aufgezeigt und diskutiert.

Auf Grundlage der soweit dargestellten Inhalte werden im fünften Kapitel Ansätze für die nachhaltige Entwicklung in der deutschen und chinesischen Berufsbildung im Einzelhandel vorgestellt, wobei vergleichend die Makro-, Exo-, Meso- und Mikroebene als Strukturierungshilfe herangezogen werden. Abschließend wird aufbauend auf empirischen Untersuchungen ein Zugang zur nachhaltigen Berufsbildung unter besonderer Berücksichtigung der beruflichen Tätigkeit im Einzelhandel Chinas entworfen.

Das sechste Kapitel befasst sich mittels der Konzeption einer Roadmap für Berufsbildung für nachhaltige Entwicklung (BBNE) mit dem Ergebnis der Arbeit. Hierfür wird ein didaktisches Konzept für BBNE in China unter dem Gesichtspunkt der Kommunikation, bzw. des Transfers entworfen. Die Roadmap soll dazu dienen, Entscheidungsträger, Interessensgruppen und Akteure darüber zu informieren, was die Ziele einer BBNE sind, welche Strategien der BBNE genutzt werden können, welche wichtigen Handlungsfelder einbezogen werden sollten, welche Mechanismen diese durchlaufen sollen, und welche Ressourcen benötigt werden, um eine Umsetzungsstrategie zu realisieren. Gleichzeitig sollen das Engagement der Interessensgruppen gefördert sowie Umsetzungs- und Monitoringstrategien vorgegeben werden. Die BBNE-Roadmap soll hierbei als Leitfaden für eine BBNE-Reform in China fungieren, an dem sich die Bedürfnisse und Hoffnungen der BBNE orientieren können.

Das siebte Kapitel führt zur ergebnisorientierten Conclusio der vorliegenden Arbeit. In diesem Kapitel werden die Forschungsergebnisse zusammenfasst und offene Fragen aufgegriffen. Die gewonnenen Erkenntnisse werden noch einmal diskutiert, wobei eine Reflexion der BBNE-Roadmap erfolgt und ein Ausblick auf weiteren Forschungsbedarf sowie zur weiteren Entwicklung und Durchführung der BBNE gegeben wird.

2. Vergleichende Betrachtungen der Berufsbildungssysteme von China und Deutschland

Im internationalen Vergleich gelten Deutschland und China als besonders starke Volkswirtschaften. Aber woran liegt das? Ein wesentlicher Indikator für den ökonomischen Erfolg eines Landes ist das Bildungs- bzw. Berufsbildungssystem, das sich zukünftig besonderen Herausforderungen stellen muss. Der Berufsbildung wird im Zuge von Europäisierung, Internationalisierung und Globalisierung als Schlüsselgröße für den Erhalt oder die Steigerung internationaler Wettbewerbsfähigkeit große Bedeutung beigemessen. Infolge der Internationalisierung und Globalisierung rücken Gesellschaften immer näher zusammen, wodurch die Bedeutung interkultureller Kompetenzen auch in der beruflichen Bildung zunimmt. Aus diesem Grund wird im Folgenden zuerst die berufliche Bildung in ihrer Gesamtheit vorgestellt (s. Abschnitt 2.1). Danach folgt ein Vergleich der Berufsbildungssysteme beider Länder Deutschland und China anhand der drei wesentlichen Unterschiede: Historische Meilensteine und politische Entwicklung im Bildungswesen bzw. in der Berufsbildung (s. Abschnitt 2.2), bildungssystemische Differenzierung (s. Abschnitt 2.3) und strukturelle Ausgestaltung der Berufsausbildung (s. Abschnitt 2.4). Hierzu bedient sich die Arbeit dem Vier-Phasen-Modell von Bereday (s. Abschnitt 1.3): Die länderspezifischen Eigenschaften beider Länder werden zunächst objektiv und getrennt voneinander beschrieben und interpretiert (*Deskription und Interpretation*). Die dritte und vierte Phase von Beredays Modell, *Juxtaposition* und *Vergleich* genannt, werden in einem Resümee zusammenkommen. Juxtaposition greift die gewonnenen Erkenntnisse auf und führt die Ausprägung des Berufsbildungssystems beider Länder zusammen. Durch diese Gegenüberstellung wird es möglich, erste Gemeinsamkeiten und Unterschiede in Deutschland und China zu identifizieren *(Vergleich).*[3]

---

3 China ist eines der flächenmäßig größten Länder der Welt, weshalb unterschiedlichste Wirtschaftsstrukturen und Entwicklungspotentiale vorzufinden sind. Gesamtstaatliche politische Maßnahmen sind daher nur eingeschränkt zu realisieren. Dies gilt auch für die berufliche Bildung und die beruflichen Schulen. Auch in Deutschland ist ein gesamtstaatliches Berufsbildungssystem nicht real, da die einzelnen Bundesländer in bildungspolitischen Fragen entscheiden. Für die folgenden vergleichenden

2.1 Berufliche Bildung: Gesamtüberblick

2.1.1 Bildung – Eine semantische Annäherung

Das Bildungswesen bezieht sich auf den Begriff der Bildung, welcher weltweit unterschiedlich diskutiert wird und auf verschiedenen Ebenen Verwendung findet. Bildung ist der Schlüssel zur Welt, aber die Inhalte unterliegen einem ständigen Wandel. Über kaum ein Thema wird häufiger diskutiert. Bildung und Ausbildung werden nicht nur als Voraussetzung zur gesellschaftlichen und wirtschaftlichen Entwicklung eines jeden Landes angesehen, sondern verstehen sich als eine entscheidende Grundlage für den Fortschritt und die Modernisierung eines Staates.

In der deutschen Fachliteratur findet sich häufig die These, dass der Begriff Bildung eine spezifisch deutsche Erfindung sei, die eng an die deutschsprachige Tradition und Semantik gebunden ist (vgl. Frommberger und Deißinger 2010, S. 343). So hat der Begriff in anderen europäischen Sprachen keine äquivalente Bedeutung. Im Englischen stehen Wörter wie *education* oder *knowledge* als Übersetzung zur Verfügung (Französisch: *éducation*; Spanisch: *Educación, Formación*; Italienisch: *formazione*). Diese Übersetzungen geben jedoch nur einen Teil des deutschen Begriffes Bildung wieder.

Aber was sagt der deutsche Begriff der Bildung eigentlich aus? Für diese Frage werden im Folgenden Definitionsansätze bedeutender Philosophen, Pädagogen und Wissenschaftler exemplarisch herangezogen. In den verschiedenen Epochen hatte der Begriff der Bildung auch unterschiedliche Bedeutungen. So stand Bildung im Mittelalter in enger Verbindung zum Klerus und war durch den Gottesbezug geprägt. In diesem Lichte wurde der Begriff der Bildung durch Meister Eckhart[4] geprägt, welcher Bildung als Ebenbildlichkeitswerdung zu Gott verstand: „Wer sich bildet, der strebt Gott nach und ergibt sich darein, sich mit Gottes Hilfe zu vervollkommnen" (vgl. Precht 2014, S. 26–27). Dieser Vorstellung liegt ein passives Verständnis im Sinne einer fremdbestimmten Bildung zugrunde. Ziel und Zweck der Bildung sind durch Gott vorgegeben, der Mensch hat somit selbst keinen Einfluss auf die Bildung. Das moderne Verständnis von Bildung und dessen Sinn und Zweck ist hingegen durch die

---

Betrachtungen ist daher auch nur die allgemeine Situation der Berufsbildung in beiden Ländern von Bedeutung. Regionale Besonderheiten können hier nicht berücksichtigt werden.

4 Meister Eckhart (auch Eckhart von Hochheim genannt, 1260-1328), spätmittelalterlicher Theologe und Philosoph, leistete einen wichtigen Beitrag zur Gestaltung der deutschen philosophischen Fachsprache.

Konzepte der Aufklärung geprägt. Hierbei wurde das gesellschaftliche Endziel der Bildung besonders im souveränen Umgang mit der eigenen Freiheit in der Gesellschaft gesehen. In diesem Sinne ist die Pädagogik, als Bildungswissenschaft, wie Immanuel Kant (1724–1804) schreibt, „Erziehung zur Persönlichkeit, Erziehung eines frei handelnden Wesens, das sich selbst erhalten, und in der Gesellschaft ein Glied ausmachen, für sich selbst aber einen inneren Wert haben kann". Nach dieser Formulierung versteht sich Bildung in doppeltem Sinne als individuell (‚sich bilden') und sozial-bildend (‚die Rolle in der Gesellschaft'). Vergleichbare Bildungskonzepte gibt es auch bei Johann Gottfried Herder, Johann Friedrich Herbart, Friedrich Schiller, Johann Heinrich Pestalozzi oder Friedrich Schleiermacher (vgl. Precht 2014, S. 28). Daraus ergibt sich ein Fokus auf das Individuum und einer Innerlichkeit. Hegel (1770–1831) kritisierte dies dahin gehend, da nach seinem Verständnis Bildung und Wissen erst durch einen gegenseitigen Austausch möglich sei. In Bezug auf das deutsche Bildungssystem war der Bildungsreformer Wilhelm von Humboldt (1767–1835) prägend. Humboldt verstand Bildung als Freiheit von Forschung, Lehre und Studium.[5] Für Humboldt ist die Hochschule ein Ort, an dem Studenten und Professoren gemeinsam forschen, gemeinsam nachdenken und ihr Fach auf diese Weise weiterbringen (Precht 2014, S. 36). Bildung wird von Humboldt als Persönlichkeitsbildung verstanden, die als aktive Leistung des Individuums gilt. Humboldt trennt den Begriff Bildung in eine allgemeine Menschenbildung und in eine Ausbildung für den Beruf (spezielle Bildung) und stellt Erstere an den Beginn des Bildungsganges (Grunert 2012, S. 29). Humboldts allgemeine Menschenbildung meint demnach Bildung für alle.

Bildung auf Chinesisch heißt *Jiaoyu* (教育), welche aus zwei Schriftzeichen *(Jiao* und *Yu)* kombiniert wird. Viele chinesische Wissenschaftler glauben, dass die Geschichte der Bildung in China bis zum 16. Jh. v. Chr. zurückverfolgt werden kann, welche in der späten Xia-Dynastie (ca. 2029–1559 v. Chr.) liegt. Konfuzius (551–479 v. Chr.) war der einflussreichste und bekannteste chinesische Denker zur Zeit der Östlichen ZhouDynastie und zugleich ein großer Pädagoge, dessen Lehre und Gedanken die chinesische Gesellschaft über zweieinhalb Jahrtausende entscheidend geprägt haben (vgl. Forke 1964, S. 98–99). Konfuzius hatte einen großen Einfluss auf das chinesische Bildungswesen. Den Zweck von Bildung sah Konfuzius besonders in der Förderung moralischer

5 Hochschulrahmengesetz in der Fassung der Bekanntmachung vom 19. Januar 1999 (BGBI.IS.18), das zuletzt durch Artikel 2 des Gesetzes vom 12. April 2007 (BGBI. I S. 506) geändert worden ist, § 4, Abs. 2 ff..

Tugenden um einen Zustand der Harmonie zu erreichen (Originalquelle in Chinesisch: 大学之道, 在明明德, 在亲民, 在止于至善). In der Han-Dynastie (206 v. Chr.–220 n. Chr.) entstand erstmals ein System öffentlicher Schulen. Der chinesische Gelehrte Xu Shen, der während der Han-Dynastie lebte, hat in dem Buch *Shuowen Jiezi*[6] den Begriff *Jiaoyu* für Bildung mittels eines zweigeteilten Verständnisses definiert. *JIAO* heißt, dass die ältere Generation Wissen, Ethik, Verordnungen, institutionelle und andere Aspekte der humanistischen Bildung lehren und der nächsten Generation zur Nachahmung vermitteln soll; *YU* heißt, dass die Eltern und Lehrer die Kinder erziehen, sodass die Kinder lernen, bessere Menschen zu werden, und einen positiven Beitrag für die Gesellschaft leisten (Originalquelle in Chinesisch: 教，上所施，下所效也；育，养子使作善也). Seit Ende des 19. Jh. wird die chinesische Bildung *Jiaoyu* als ein gemeinsames Wort für das Bildungswesen benutzt (vgl. Hou und Zhang 2013, S. 11). *Jiaoyu* wird als Terminus in China gleichwohl nicht eindeutig verwendet. Viele Philosophen und Pädagogen benutzen gleichwohl unterschiedliche Definitionsansätze von *Jiaoyu*. So meint Cai Yuanpei[7], Bildung sei, jemandem zu helfen, dass er in der Lage ist, seine Fähigkeiten zu entwickeln, seine Persönlichkeit zu vervollständigen und einen Teil der Verantwortung für Menschlichkeit zu tragen. Ziel der Bildung solle es hingegen nicht sein, die Bildung als ein spezielles Werkzeug anzusehen (Originalquelle in Chinesisch: 教育是帮助被教育的人给他能发展自己的能力，完成他的人格，于人类文化上能尽一分子的责任，不是把被教育的人造成一种特别器具).

Zusammenfassend gilt, eine einheitliche Definition des Begriffes Bildung existiert nicht, weder in Deutschland noch in China. Es kann jedoch festgehalten werden, dass der Begriff Bildung grundsätzlich mehrere Aspekte und Akteure beinhaltet, und dieser aus verschiedenen Perspektiven betrachtet werden kann, z. B. als Form der Selbstbildung oder der Ausbildung. Zentrale Aspekte des Themenkomplexes Bildung sollen mit dem folgenden Eisbergmodell aufgegriffen und abgebildet werden (s. Abbildung 1).

6 Das *Shuowen Jiezi* (说文解字) ist das erste Zeichenlexikon der chinesischen Schrift, genauer gesagt der kleinen Siegelschrift. Es wurde während der Han-Dynastie, um das Jahr 100 n. Chr., von dem Gelehrten Xu Shen (许慎) zusammengestellt und im Jahr 121 veröffentlicht (vgl. China Social Sciences Net).

7 Cai Yuanpei (11.01.1868-05.05.1940) war ein chinesischer Pädagoge, Ethnologe und Rektor der Beijing-Universität, bekannt durch seine kritische Bewertung der chinesischen Kultur und Mitauslöser der Bewegung des 4. Mai (vgl. China Social Sciences Net).

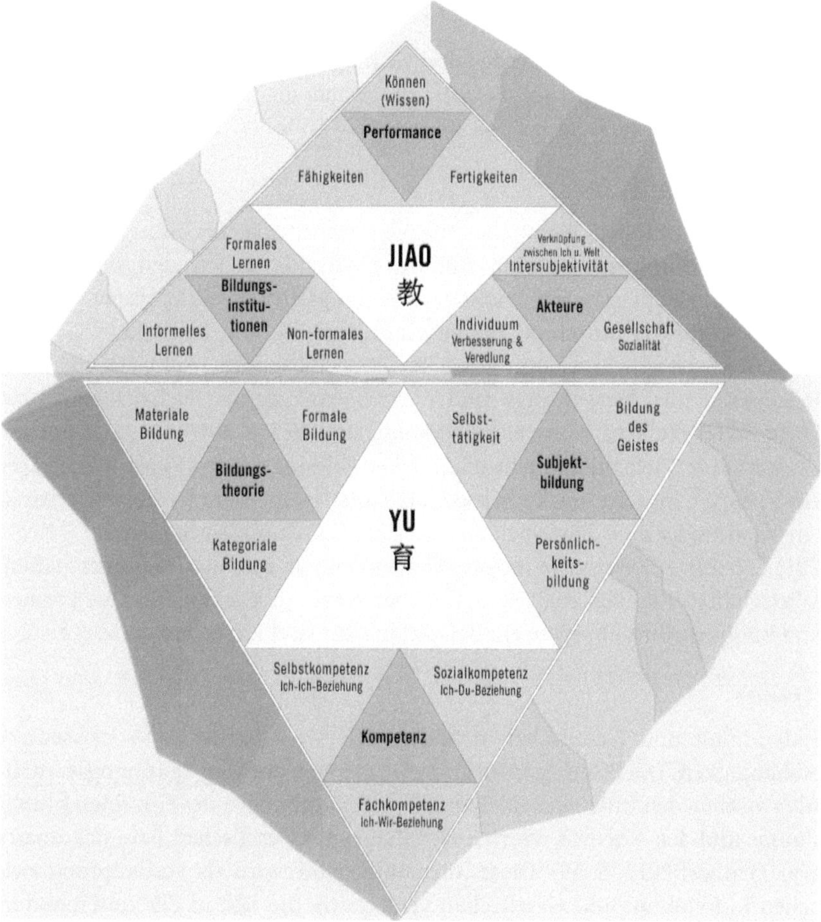

Abbildung 1: Eisbergmodell des Bildungsbegriffs
[Eigene Darstellung]

Es ist bekannt, dass bei einem Eisberg nur ein Teil sichtbar aus dem Wasser hervorragt. Der größere Teil befindet sich nicht sichtbar unter Wasser. Angelehnt an die Definition des chinesischen Gelehrten Xu Shen, lässt sich Bildung mithilfe des Eisbergmodells darstellen. Der obere Teil wird als *JIAO* dargestellt, der untere Teil wird *YU* genannt.

Der obere Teil des Eisberges: JIAO 教

Im oberen, sichtbaren Teil werden drei Grundgerüste der Bildung deutlich: Bildungsinstitutionen, Akteure, Performanz, wobei die Performanz das Resultat darstellt – mit Unterstützung von Bildungsinstitutionen und Akteuren.

Bildungsinstitutionen

Bildungsinstitutionen meint hier die Gesamtheit der Erziehungs- und Bildungseinrichtungen in China und in Deutschland. Zu den öffentlichen Bildungseinrichtungen mit originärem Bildungsauftrag zählen bspw. Kindergarten, Schule (Grundschule, Förderschule, Hauptschule, Realschule, Gymnasium, Fachschule), Einrichtung des Tertiären Bildungsbereichs (Hochschule, Berufsakademie, Verwaltungs- und Wirtschaftsakademie, Fachakademie bzw. Fachschule), etc. (vgl. Kultusministerkonferenz – KMK 2015, 32–34). Daneben existiert eine Vielzahl an nicht-öffentlichen Bildungsinstitutionen. Der Träger einer solchen Einrichtung kann bspw. ein Unternehmen, ein Interessenverband, ein Verein oder eine Einzelperson sein (vgl. Kultusministerkonferenz – KMK 2015, 35–39). Als Beispiele mögen Akademien von Parteien, Gewerkschaften, Wirtschaftsverbänden etc. gelten. Darüber hinaus gibt es noch weitere Formen von Bildungseinrichtungen, ein Beispiel hierfür sind Expertennetzwerke.

Akteure

Individuum und Gesellschaft befinden sich als Akteure in wechselseitiger Abhängigkeit. Die Bildungsinstitutionen agieren jedoch im Spannungsverhältnis zwischen den Interessen, Neigungen und Begabungen des einzelnen Individuums und den Normen, Werten und Zielen der Gesellschaft bzw. des Staates (vgl. Grunert 2012, S. 19). Diese Intersubjektivität wird als Verknüpfung zwischen Individuum und Gesellschaft verstanden, die sich in der Auseinandersetzung des Menschen mit sich und der Welt vollzieht.

Performanz

Die Performanz bezeichnet eine beobachtbare oder erfassbare Leistung. Um hierfür ein eingängiges Beispiel des Verhaltens- und Sozialpsychologen David McClelland wiederzugeben: „How much beer a person can drink is not related closely to how much he does drink“ (McClelland 1973, S. 11). „[…] How much he does drink“ ist hierbei eine Performanz, die beobachtbar ist. Insofern können nur erkennbare Fähigkeiten, Fertigkeiten und konkrete Kenntnisse, die jemand zum Lösen einer Aufgabe einsetzt, beobachtet und bewertet werden. „How much beer a person can drink […]“ zeigt hingegen eine nicht beobachtbare Kompetenz, welche entsprechend im unteren Teil des Eisbergs zu verorten ist.

Der untere Teil des Eisberges: YU 育

Im unteren, nicht sichtbaren Teil des Eisbergmodells finden sich Bildungstheorien, Subjektbildung und Kompetenz.

Bildungstheorie

Wolfgang Klafki[8] geht von kategorialer Bildung aus, die sich in Verbindung der bis Mitte des 20. Jh. vorherrschenden materialen und formalen Ansprüche manifestiert. Materiale Bildungstheorien definieren Bildung von bestimmten Inhalten aus, welche in der vielfältigen Wirklichkeit so wertvoll und wichtig sind, dass Schüler sie lernen sollen (vgl. Jank und Meyer 1994, S. 78). Die materiale Bildung ist objektbezogen und setzt eine enzyklopädische Anhäufung von Wissen voraus. Formale Bildungstheorien definieren Bildung, ausgehend vom Subjekt und seinen Bedürfnissen, von der Entwicklung und Förderung seiner Möglichkeiten – nicht von den Inhalten und ihrer objektiven Bedeutung. Sie fragen, was für die Schüler gegenwärtig oder künftig wichtig ist (vgl. Blankertz 1975, S. 39; zit. n. Jank und Meyer 1994, S. 78). Dabei stehen die Eigenverantwortlichkeit des Subjektes und seine Entfaltung der körperlichen, seelischen und geistigen Kräfte im Vordergrund. Es handelt sich somit um eine methodische Bildung, wobei die Person in der Lage ist, sich Informationen anzueignen, diese zu verarbeiten und mit Wissen und Bildung umzugehen.

Für Klafki stellt diese Konzeption die Grundlage für eine neue Bildungstheorie der kategorialen Bildung, die sich aus formaler und materialer Bildung zusammensetzt. „Kategoriale Bildung ist der Versuch Klafkis, den Einseitigkeiten objektbezogener (materialer) und vorwiegend subjektbezogener (formaler) Didaktiken durch dialektische Verschränkung beider Ansätze auf didaktisch-inhaltlicher Ebene zu entgehen“ (vgl. Jank und Meyer 1994, S. 144).

Subjektbildung

Bildung ist nicht nur an Schulfächer oder Wissenschaftsdisziplinen gebunden, sondern wird auch als Subjektbildung[9] verstanden. Menschen zu bilden heißt

---

8 Wolfgang Klafki (01.09.1927-24.08.2016), deutscher Pädagoge und Erziehungswissenschaftler, bekannt für seine bildungstheoretische Didaktik.

9 Subjektbildung wird in China auch als Moralerziehung verstanden. Im alten China war das Konzept der Erziehung traditionell mit dem Begriff von Moral (道

hier nicht, einzig Kenntnisse und Fertigkeiten zu vermitteln, sondern Anleitung zum selbstständigen Denken zu geben, sodass sie sich in einer besonnenen Grundhaltung zur Welt niederschlägt (vgl. Grunert 2012, S. 24). Die Subjektbildung wird durch Selbsttätigkeit sowie durch Bildung des Geistes und der Persönlichkeit ermöglicht.

Selbsttätigkeit als pädagogisches Prinzip beinhaltet „die individuelle Synthese einer Reihe von Teilfähigkeiten, vor allem der Fähigkeit, selbstständig Einsichten, Erkenntnisse gewinnen zu können, der Fähigkeit, eigene Urteile bilden zu können, der Fähigkeit im Sinne der eigenen Einsichten und Urteile dann auch selbst handeln zu können. Eine dieser Teilfähigkeiten, die zur komplexen Selbstbestimmungsfähigkeit gehört, ist die Fähigkeit, selbstständig zu lernen" (Klafki 2003, S. 19–20). Bildung wird hierbei als Persönlichkeitsbildung verstanden, die sich aus Selbsttätigkeit im Sinne eigener Denkanstrengungen und subjektiver Reflexionsbereitschaft speist. Die Betonung der Selbsttätigkeit des Subjekts im Bildungsprozess steht im Mittelpunkt und ist als Prozess der Persönlichkeitsbildung an die Eigenleistung des Individuums gebunden (vgl. Grunert 2012, S. 28).

Die Zwecksetzung von Erziehung als Bildung des Geistes schließt eine außerordentliche Mannigfaltigkeit der Erziehungsmittel und -methoden ein. Geistige Bildung wurzelt in der Übermittlung enzyklopädischen Wissensstoffes sowie in der formalen Geistesbildung mit ihren verschiedenen Segmenten, hat also weitere Komponenten: Der Geist – nicht als formales leeres Prinzip verstanden – wird erst durch seine innere Struktur erkannt, und zwar gemessen an den aufgenommenen Lerninhalten. Im Unterschied dazu ergibt sich die geistige Bildung im Politischen und Ethischen aus den Kulturerfahrungen

德) verknüpft – ein Konzept, welches auch in der Antike bspw. durch Aristoteles stark vertreten wurde. Dieses Konzept wurde nach der Gründung der Volksrepublik China aufgegriffen und ideologisch umgedeutet. Moralerziehung wurde ein zentraler Bestandteil im Bildungswesen mit dem Ziel das alle Kinder die gegebenen moralischen Regeln und Codes erlernen müssen. Im Jahr 2001 erläuterte Jiang Zemin, Staatspräsident der Volksrepublik China (27.03.1993-15.03.2003), in einer Rede, dass „dieses System den Dienst am Bürger in den Mittelpunkt, mit dem Kollektiv als Grundlage, durch Patriotismus, Liebe zum Bürger, Liebe zur Arbeit, Liebe zur Wissenschaft und Liebe zum Sozialismus als Wurzel" stellt (Jiang 2001). Die Moralerziehung wird somit als ein nützliches Führungsinstrument der KPCh verstanden, ein selbstständiges Denken des Individuums ist damit gleichzeitig jedoch kaum vereinbar. Ob diese Art der kollektivistischen Moralerziehung geeignet ist die Persönlichkeitsbildung und die Selbsttätigkeit des Einzelnen zu fördern, ist also fraglich.

eines Individuums als Glied einer Gemeinschaft, d. h. als sogenanntes *Zoon politicon*, also als „Staatsbürger des klassischen Griechenlands" (vgl. Jaeger 1959, S. 371–372).

Bildung als Subjektbildung verweist also zusammengefasst einerseits „auf das Verhältnis des Individuums zur Welt in ihrer ganzen Bedeutungsfülle und seine darauf bezogenen Wahrnehmungs-, Deutungs- und Handlungsmuster sowie auf das Verhältnis zu sich selbst und damit auf die personenbezogenen Wahrnehmungs-, Deutungs- und Handlungsmuster" (Grunert 2012, S. 32). Andererseits wird der Mensch auch in seiner Bedingtheit, im Kontext sozialer und gesellschaftlicher Bezüge zu denken, erfasst (vgl. Jaeger 1959, S. 372).

Kompetenz

Der Begriff der Kompetenz ist im bildungs- sowie erziehungswissenschaftlichen Diskurs nicht einheitlich definiert. Der Kompetenzbegriff leitet sich aus dem lateinischen *competere* ab, was übersetzt bedeutet: „zu etwas geeignet" oder „fähig sein", aber auch in der Bedeutung „etwas gemeinsam erstreben" (vgl. Knoblauch 2010, S. 238). „Der traditionelle Kompetenzbegriff orientiert sich an der Aufteilung individueller Leistungspositionen in die sogenannten KSA (Knowledge, Skills, Abilities)" (Kromrei 2006, S. 12).

Im engeren Sinn fallen Kompetenzdefinitionen je nach Anwendungsbezug national und international sehr unterschiedlich aus. In Deutschland dominiert in der beruflichen Bildung das Verständnis der Handlungskompetenz der Kultusministerkonferenz (KMK): „Handlungskompetenz wird verstanden als die Bereitschaft und Befähigung des Einzelnen, sich in beruflichen, gesellschaftlichen und privaten Situationen sachgerecht durchdacht sowie individuell und sozial verantwortlich zu verhalten. Handlungskompetenz entfaltet sich in den Dimensionen von Fachkompetenz, Selbstkompetenz und Sozialkompetenz" (Kultusministerkonferenz – KMK 2011, S. 15).

- Selbstkompetenz bezeichnet die Bereitschaft und Fähigkeit als individuelle Persönlichkeit, die Entwicklungschancen, Anforderungen und Einschränkungen in Familie, Beruf und öffentlichem Leben zu klären, zu durchdenken und zu beurteilen, eigene Begabungen zu entfalten sowie Lebenspläne zu fassen und fortzuentwickeln. Hier wird Selbstkompetenz als Ich-Ich-Beziehung verstanden.
- Sozialkompetenz wird in der Kompetenzdebatte als Beziehung zum sozialen Umfeld erklärt, sogenannte Ich-Du-Beziehung, und bezeichnet die Bereitschaft und Fähigkeit, soziale Beziehungen zu leben und zu gestalten, Zuwendungen und Spannungen zu erfassen und zu verstehen sowie sich mit

anderen rational und verantwortungsbewusst auseinanderzusetzen und zu verständigen. Hierzu gehört insbesondere die Entwicklung sozialer Verantwortung und Solidarität.

- Fachkompetenz wird als Ich-Wir-Beziehung definiert und bezeichnet Bereitschaft und Fähigkeit – auf der Grundlage fachlichen Wissens und Könnens – Aufgaben und Probleme zielorientiert, sachgerecht, methodengeleitet und selbstständig zu lösen und das Ergebnis zu beurteilen (vgl. Kultusministerkonferenz – KMK 2011, S. 15).

Besonders auffällig im Eisbergmodell des Bildungsbegriffs ist, dass eine grundsätzliche Trennung von Kompetenz und Performanz dargestellt wird, den beiden Polen zugeordnet. Performanz ist auf der Spitze des Eisberges sichtbar. Kompetenz dagegen ist nicht unmittelbar zu erkennen, da das Wasser den Blick nicht freigibt. Kompetenz zeigt und entwickelt sich nur in der Performanz. Von der Qualität der Performanz kann auf die Kompetenz geschlossen werden. Komplexe Kompetenzen sind i. d. R. auch in differenzierter Performanz erkennbar.

2.1.2 Begriffsabgrenzungen: Arbeit, Beruf, berufliche Bildung, Berufsbildung und Berufsausbildung

Arbeit und Beruf werden als Grundphänomene des Menschseins angesehen, die aus berufspädagogischer Sicht zwei wichtige Begriffe sind. Als spezialisiertes und auf sich selbst gestelltes Wesen ist der Mensch im Gegensatz zum Tier nicht ausreichend an seine natürliche Umwelt angepasst. Der Mensch muss die Natur[10] „erst handlich und erkennbar, intim und verwendbar machen, um in geplanter und sachgemäßer Arbeit sich das zu verschaffen", was er braucht, aber ohne seinen Eingriff in die Natur nicht zur Verfügung steht (Gehlen 1971, S. 333). Wenn der Mensch sich die Natur für seine Bedürfnisse erschließt, wird die Arbeit relevant. Daher ist Arbeit eine genuin menschliche Tätigkeit

---

10 Mit der Naturdeutung haben sich u. a. der niederländische Philosoph Baruch de Spinoza (24.11.1632-21.02.1777) und der griech. Philosoph Aristoteles (ca. 100 Jahre nach Konfuzius) beschäftigt. Gemäß Spinoza bedeutet (lat.) *natura-naturata = die geschaffene Natur, die wir als Erscheinung wahrnehmen* im Gegensatz zu (lat.) *natura-naturans = schöpferische Natur = die Substanz, die aus dem unendlichen Wesen Gottes kommt.* Für Spinoza ist also die Natur eine unveränderbare Gegebenheit. Daraus folgt, dass der Mensch – im Gegensatz zum Tier – sich die Natur mangels fehlenden Instinktes erst entsprechend seinen Bedürfnissen – mithilfe des Intellektes – anpasst, also diese durch Arbeit verwendbar machen muss.

(planvolles Tun), wodurch sich der Mensch auch als selbstbestimmtes Wesen realisiert, und vor allem durch konkrete (betriebsspezifische) berufliche und hierarchische Schneidungen reglementiert (vgl. Arnold et al. 1998, S. 8).

Die Menschen der älteren Steinzeit waren Sammler und Jäger, wobei eine natürliche Arbeitsteilung zwischen Frauen und Männern (geschlechtsspezifische Arbeitsteilung) sowie innerhalb Altersgruppen (altersspezifische Arbeitsteilung) und Mitgliedern einer Familie (familiale Arbeitsteilung) bestand (vgl. Voß 1991, S. 286; zit. n. Schanz 2010, S. 15). Durch Gruppenbildung und aufgabenorientierte Nutzung der unterschiedlichen Kenntnisse und Fähigkeiten der einzelnen Gruppenmitglieder konnten Zielsetzung und Aufgaben leichter erfüllt werden, wodurch sich der Aufwand für den Einzelnen reduzierte. Als die Menschen der Mittleren und Jüngeren Steinzeit sesshaft und zu Ackerbauern und Viehzüchtern wurden, entwickelten sich innerhalb dieser Gruppen zwangsläufig Berufe und Gewerbe für bestimmte Aufgaben und Fertigkeiten. Für Krieger war die Herstellung und der Umgang mit Waffen wichtig, für Töpfer der Umgang mit Ton, wie man ihn formbar macht, gestaltet und brennt. Mit den ersten Gebrauchsgegenständen entwickelte sich auch der Tauschhandel. Das beweisen die Funde von Steinwerkzeugen und Resten von Tongefäßen. An der Art der Verzierungen lassen sich die verschiedenen Gruppen unterscheiden (vgl. Schanz 2010, S. 15). Man kann also sagen, dass ein Beruf als abstrakte Bezeichnung erst durch die real geleistete Arbeit definiert wird (vgl. Schanz 2010, S. 17).

Aber was ist Beruf heute? Die Arbeitsteilung ist nicht mehr der einzige Entstehungsgrund. Heute ist Beruf im Spannungsfeld zwischen Arbeitsplatz und Arbeitskraft zu sehen. Viele bedeutende Pädagogen und Wissenschaftler haben Berufsdefinitionen und -vorstellungen entwickelt, sodass sich verschiedene Vorstellungen zum Beruf finden lassen, die soziologisch, berufspädagogisch und ökonomisch bedingt sind. Einige sind davon exemplarisch aufgeführt: Bereits im Jahr 1925 wurde der Berufsbegriff so definiert, dass der „Beruf die durch Spezifizierung oder (typische) Kombination angebotene Leistung einer Person, die Basis einer kontinuierlichen Versorgungs- und Erwerbschance ist“ (Weber 1925, S. 80); „Beruf ist Arbeit als Zwang, Spiel, Pflicht, Gemeinschaftsdienst, Gottesdienst“ (Fischer 1929, S. 47); Beruf ist ein „interessenbezogenes Kriterium für das individuelle und kollektive Handeln der abhängigen Beschäftigten und ihrer Gewerkschaften, das dem Rentabilitätsprinzip des Kapitals entgegengesetzt werden kann“ (Crusius und Wilke 1979, S. 7); Beruf ist die „ursprünglichste Form dessen, was heute lebenslanges Lernen bedeutet“ (Maier 1996); Beruf ist „eine gesellschaftlich durch betriebsübergreifende Qualitätsanforderungen definierte Position, deren Zugang reglementiert ist, deren Erreichen mehr oder weniger kontinuierliche Erwerbschancen und biographische Identität gewährleistet“ (Arnold et al. 1998, S. 8); usw. (vgl. Dostal et al. 1998, S. 442). Aus der Fülle verschiedenster Deutungen sind hier die Berufsdefinitionen nur selektiv dargestellt, wobei sowohl die Funktion der Integration und der sozialen Anerkennung im Beruf als auch die berufliche Identifikation Definitionsbestandteile sind.

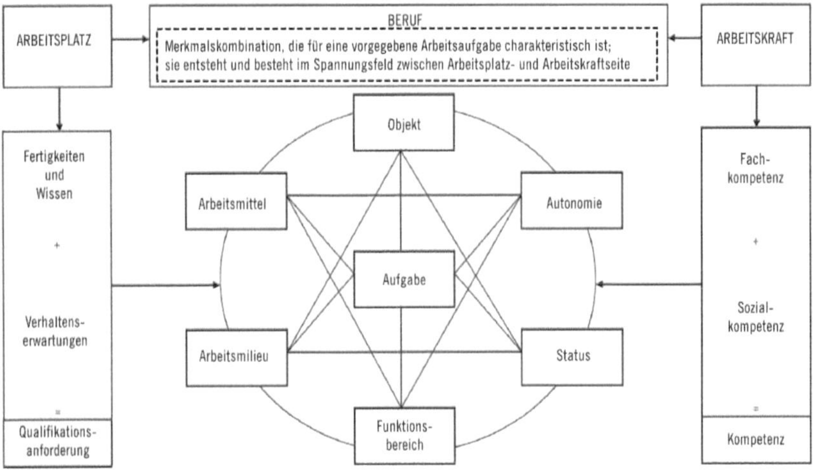

Abbildung 2: Die Vieldimensionalität von Beruf
[Jahn 2014, S. 187; Dostal et al. 1998, S. 440]

Berufsdefinitionen können folgende Merkmale enthalten (s. Abbildung 2) (Dostal et al. 1998, S. 440):

- Besondere Kenntnisse in einem klar umrissenen Tätigkeitsbereich, die sich von Tätigkeiten in anderen Aufgabenbereichen unterscheiden und die sichere Ausführung dieser Tätigkeiten
- Sozialkompetenz in Form typischer Verhaltensweisen zur Festigung des Zusammenhalts der Gruppe
- Wahrnehmung von Aufgaben, die den individuellen Fähigkeiten entsprechen und die durch den Umgang mit den jeweiligen Werkzeugen und Aufgaben geprägt sind
- Strukturierte Handlungs- und Entscheidungsspielräume, die sich aus der Verknüpfung der Qualifikation (Arbeitskraftseite) mit der funktionalen

Ausprägung der Aufgabenstellung (Arbeitsplatzseite) ergeben, abhängig vom Status (der betrieblichen Position des Einzelnen), der Organisationseinheit (Aufgabengebiet / Abteilung) und der spezifischen Arbeitsumgebung (in diesem Rahmen können persönliche Interessen mit gestaltender Zielsetzung eingebracht werden)
- Strukturmerkmal gesellschaftlicher Einordnung und Bewertung – über die bloße Erwerbstätigkeit hinaus

Zusätzlich wird der Begriff Beruf durch weitere ergänzende Merkmale komplementiert: der Gegenstand (z. B. Werkstoff oder Produkt); Arbeitsmittel (z. B. Maschinen, Werkzeuge, Geräte); Arbeitsort und Arbeitsmilieu, geprägt durch Wirtschaftszweig, Branche, spezifische Belastungen, besondere Arbeitsbedingungen; Aufgabenbereich, in dem die Tätigkeit ausgeübt wird (z. B. Organisationseinheit, Abteilung) (vgl. Dostal et al. 1998, S. 440).

Der Beruf dient dabei immer auch als Basis für Orientierung, Beschäftigung und Arbeitsmarkt. Er ist in der Lage, die vielfältigen Strukturen in der Arbeitswelt und der Gesellschaft zu beschreiben (Dostal et al. 1998, S. 438). Um die Reproduktion des gesellschaftlichen Arbeitsvermögens von einer Generation zur anderen sicher fortzuführen, befinden sich die Formen der schulischen und der beruflichen Bildung in einer strategisch wichtigen Lage (vgl. Kaiser und Pätzold 2006, S. 62), da Kenntnisse und Fertigkeiten sowie spezifische Norm- und Wertvorstellungen im Rahmen eines organisierten Lehr-Lern-Prozesses für Berufe bzw. berufliche Tätigkeiten mit unterschiedlicher Ausprägung vermittelt werden (vgl. Schanz 2010, S. 18).

Hinsichtlich der Ausbildungsformen für verschiedene Berufe werden in der vorliegenden Arbeit drei Bezeichnungen verwendet: Berufsausbildung, Berufsbildung und berufliche Bildung. Die Gemeinsamkeiten und Unterschiede dieser drei zentralen Begriffe werden im Folgenden erklärt.

Die Berufsausbildung ist eine breit angelegte berufliche Grundbildung. Sie ist notwendig für die fachgerechte Ausübung einer beruflichen Tätigkeit. In einem geordneten Ausbildungsgang werden fachliche Kenntnisse und Fertigkeiten erworben. Mit dem Begriff Berufsausbildung ist meist die betriebliche Ausbildung gemeint, welche in einem von über 350 staatlich anerkannten Ausbildungsberufen durchgeführt werden kann (vgl. Pollert et al. 2016). In Deutschland stellt die Berufsausbildung ein Berufsausbildungssystem mit dualer Struktur dar. Sie ist meist die berufliche Erstausbildung Jugendlicher und wird an zwei Lernorten durchgeführt: zum einen in der Berufsschule und zum anderen im Ausbildungsbetrieb. Die Auszubildenden erhalten eine inhaltlich-zeitliche Verknüpfung einer überwiegend fachpraktischen betrieblichen

Ausbildung und eine fachtheoretisch-allgemeine Bildung seitens der Berufsschule (für einen Überblick s. Abschnitte 2.3.2.2.1 und 2.4.2).

Die Berufsbildung enthält auf der einen Seite den gesamten Bereich der Ausbildung, der im beruflichen Bildungswesen stattfindet. Dieser Bereich umfasst die Vermittlung berufsbezogener Inhalte. Die allgemeine Bildung stellt den Gegensatz zur Berufsbildung dar. Auf der anderen Seite meint Berufsbildung die Genese von Berufen. Diese Definition umschließt u. a. die Spezialisierung auf einen bestimmten Berufszweig bzw. Arbeitsbereich (vgl. Pollert et al. 2016). Berufliche Bildung und Berufsbildung werden häufig als Synonym verwendet. In verschiedenen Ländern, Kulturen und Sprachräumen wird der Begriff Berufsbildung unterschiedlich definiert. Die englischsprachige Literatur verwendet häufig *Vocational Education*, gelegentlich auch *Vocational Training, Technical Education, Business Education, Workplace Learning* oder *Human Resource Development / Management*. In der Europäischen Union (EU) hat sich *Vocational Education und Vocational Training* (VET) durchgesetzt (vgl. Lauterbach 2006, S. 45; vgl. Frommberger 2010, S. 3). In der Volksrepublik China ist die von der UNESCO *(United Nations Educational, Scientific and Cultural Organisation)* eingeführte Bezeichnung *Technical and Vocational Education and Training* (TVET) gebräuchlich. Zur Berufsbildung im Sinne des deutschen Berufsbildungsgesetzes (BBiG, § 1) gehören die Berufsausbildungsvorbereitung, die Berufsausbildung, die berufliche Fortbildung und die berufliche Umschulung (für einen Überblick s. Abschnitt 2.3.2.2). „Das deutsche Berufsbildungssystem ist geprägt durch ein hohes Maß an institutioneller und regulatorischer Vielfalt und Komplexität" (Baethge et al. 2003, S. 34). Es umfasst unterschiedliche Gegenstandsbereiche in der beruflichen Aus- und Weiterbildung. Die nachfolgende Tabelle 1 gibt einen Überblick über die unterschiedlichen Gegenstandsbereiche.

Tabelle 1: Gegenstandsbereiche in der beruflichen Aus- und Weiterbildung
[Eigene Darstellung in Anlehnung an Arnold und Krämer-Stürzl 1996, S. 21–22]

Berufsbezogene Spezialdisziplinen	**Gegenstände (Auswahl)**	**Untersuchungsthemen (Auswahl)**
Wirtschaftspädagogik	Verhältnis zwischen Wirtschaft und Erziehung im weitesten Sinne (Wirtschaftserziehung) und kaufmännische Aus- und Weiterbildung	• Unterrichtsfach Wirtschaftslehre bzw. -kunde • Kaufmännische Berufe • Ausbildung zum Diplomhandelslehrer • Verbraucherkunde

Tabelle 1: Fortsetzung

Berufsbezogene Spezialdisziplinen	**Gegenstände (Auswahl)**	**Untersuchungsthemen (Auswahl)**
Berufspädagogik	Verhältnis zwischen Beruf und Erziehung (bzw. Bildung) (Berufserziehung)	• Berufsschule • Berufsvorbereitung • Gewerbliche technische Ausbildungsberufe • Gewerbelehrerausbildung
Betriebspädagogik	Verhältnis zwischen Betrieb und beruflicher Aus- und Weiterbildung (Betriebserziehung) und Frage nach den Möglichkeiten und Bedingungen von Organisationslernen	• Außerschulische Formen der Berufserziehung • Der heimliche Lehrplan des Betriebes (moralische Sozialisation) • Führen von Mitarbeitern • Organisationsentwicklung durch Lernen der Organisation
Arbeitspädagogik	Verhältnis zwischen Arbeit und Lernen bzw. Lernen am Arbeitsplatz (Arbeitserziehung)	• Bildung durch Arbeit • Bildung für die Arbeit • Arbeitslehre • Arbeitsschule • Arbeiterbildung
Erwachsenenpädagogik	Besonderheiten der Bildung und Qualifikation Erwachsener (Erwachsenenbildung, Weiterbildung)	• Erfahrungsorientierung • biografisches Lernen • lebenslanges Lernen • erwachsenengemäßes Lernen

Die vorliegende Arbeit konzentriert sich sowohl auf die Berufs- und Wirtschaftspädagogik als auch im besonderen Maße auf die kaufmännische Berufsausbildung und behandelt unter Verwendung wissenschaftlicher Methoden ausgesuchte Fragestellungen für den Bereich der Berufsbildung. Hierbei können verschiedene Themenbereiche der beruflichen Bildung subsumiert werden, z. B. Entwicklung und Lernen, Differenzierung und Individualisierung, Sozialisation in Betrieb und berufsbildender Schule, Institutionen und Organisationsformen, Unterrichtsplanung und -durchführung, Leistungsförderung und -beurteilung, internationaler Vergleich sowie nachhaltige Entwicklung. In den folgenden Abschnitten werden diese verschiedenen Themenbereiche für China und Deutschland erörtert.

2.2 Fokus 1: Historische Meilensteine und politische Entwicklung im Bildungswesen und in der Berufsbildung

Nach Hofstede gab es die „menschliche Gesellschaft" schon vor über 10.000 Jahren (vgl. Hofstede und Hofstede 2011, S. 16).[11] Als denkendes Wesen war der Mensch von jeher dadurch gekennzeichnet, existenzielle Grundbedürfnisse zu haben wie Ernährung, Wohnraum, Kleidung und Sicherheit vor wilden Tieren und feindlichen Gruppen. Diese Grundbedürfnisse haben sich über die ganze Menschheitsentwicklung hinweg bis in das 21. Jh. kaum geändert. Sie sind aber den Lebens- und Umweltbedingungen entsprechend erweitert und modifiziert worden. Wenn z. B. Wasserversorgung ein Urbedürfnis des Frühmenschen war, so heißt es in der Resolution 64 / 292 der Vollversammlung der Vereinten Nationen, dass es ein Menschenrecht sein muss, Zugang zu sauberem Wasser zu haben.

Früh schon gab es eine Arbeitsteilung zwischen Mann und Frau. Männer jagten gemeinschaftlich, während Frauen sich um die Kinder kümmerten. Die Entstehung von Ackerbau und Viehwirtschaft brachte die Sesshaftwerdung der menschlichen Gemeinschaft mit sich, aber auch Bevölkerungswachstum, bedingt durch bessere Ernährung und Vorratshaltung. Die bäuerliche Kultur verlangte folglich zunehmend nach Produkten zur Bewältigung des Alltagslebens, die nun selbst erzeugt wurden, die erste „geschichtliche Tat" nach Karl Marx (vgl. Marx und Engels 1962, S. 28). Die menschliche Gesellschaft war von nun an neben den existenziellen Bedürfnissen durch materielle Bedürfnisse geprägt. Um die Nachfrage nach Produkten befriedigen zu können, differenzierte sich die Arbeit in verschiedene Berufe, was letztlich die berufliche Bildung nach sich zog.

Zum Ende der Urgesellschaft vollzogen sich drei große gesellschaftliche Arbeitsteilungen. In der Ersten trennten sich Jäger und Sammler von den sesshaften Ackerbauern, wobei der primäre Ackerbau und die primäre Naturweidewirtschaft entstanden. Um die daraus resultierenden höheren Anforderungen der Arbeit zu erfüllen, kam es zur Gruppenbildung und Arbeitsaufteilung entsprechend den Arbeitserfordernissen. Dadurch wurde die Produktivität in allen Bereichen deutlich gesteigert, mit dem Ergebnis einer Überschussproduktion, was die erste große Spaltung der Gesellschaft in zwei Klassen zur Folge hatte: Herren und Sklaven, Ausbeuter und Ausgebeutete (vgl. Engels

---

11 Hofstede, Geert; Hofstede, Gert Jan (2011): Lokales Denken, globales Handeln. Interkulturelle Zusammenarbeit und globales Management. München: Deutscher Taschenbuch Verlag C. H. Beck.

1884, S. 157). Der zweite große gesellschaftliche Umbruch betraf Ackerbau und Handwerk, wobei sich Anfänge des Gewerbes feststellen lassen, indem Arbeitserzeugnisse hergestellt wurden und sich der Tauschhandel entwickelte. Diese Arbeitsteilung führte zur Entstehung der Berufe: Viehzüchter und Ackerbauer, häusliche Handwerker. Durch diesen Austausch zwischen den Einzelproduzenten erreichte die Gesellschaft eine höhere Stufe (vgl. Engels 1884, S. 160–161). Die dritte große gesellschaftliche Arbeitsteilung brachte eine weitere Klasse hervor - die Kaufleute, die sich weder mit dem Ackerbau noch mit dem Handwerk beschäftigten, sondern nur mit dem Austausch von Produkten (vgl. Engels 1884, S. 161). Diese drei Arbeitsteilungen waren Voraussetzung für die Entstehung und Entwicklung der Berufsbildung, die die beiden kulturellen Bereiche Beruf und Bildung verbindet.

Die o. g. Entstehung und Entwicklung der Berufsbildung gilt für fast jede menschliche Gesellschaft. Will man das Bildungswesen von China und Deutschland vergleichen, muss man die Hintergründe kennen. Die kulturellen Unterschiede und Gemeinsamkeiten sind gleichermaßen für das Bildungswesen im internationalen Austausch von Interesse, weil Bildung ein integraler Bestandteil der Kultur ist. Bildungsgeschichte und Bildungspolitik stehen häufig in enger Beziehung zueinander. Aus diesem Grunde wird in diesem Abschnitt das Bildungswesen in beiden Ländern unter dem Aspekt der Bildungsgeschichte thematisiert, wobei zunächst die Geschichte des Bildungswesens bzw. Berufsbildungswesens zu klären ist, um einen Einblick in die Tradition zu bekommen und zu verstehen, warum einige Dinge schwer veränderbar sind.

2.2.1 Die Geschichte des Bildungswesens und der Berufsbildung in China

Die berufliche Bildung in China hat eine lange Geschichte und spielte als wichtige Form der Gesellschaftsentwicklung schon im alten China eine bedeutende Rolle. Jeder Bewegungszustand hat seine Ursache *(actio = reactio*[12]*)*. Deswegen

---

12 Die Gegenüberstellung *actio = reactio* stammt von Sir Isaac Newton (25.12.1642-20.3.1726), englischer Naturwissenschaftler und Philosoph. Es wird auch das Gegenwirkungsprinzip, Wechselwirkungsprinzip oder das dritte newtonsche Axiom genannt. Baruch de Spinoza (24.11.1632-21.02.1677), ein Zeitgenosse Newtons, sagt – vergleichsweise – zur materiellen Weltordnung: Die Ordnung und Verknüpfung der Ideen ist dieselbe wie die Ordnung und die Verknüpfung der Dinge. Daraus kann man folgern: So wie in der Welt der unterschiedliche Körper keine Wirkung ohne zwingende Ursache möglich ist, so ist in der Geisteswelt ein Willensentschluss ohne Motiv nicht möglich.

ist es wichtig, die Entwicklung des chinesischen Bildungswesens kurz darzustellen, damit nachvollziehbar ist, warum es eine so wichtige Rolle bei den Anforderungen an den chinesischen Arbeitsmarkt spielt und warum es sich lohnt, eine vergleichende Studie in diesem Bereich durchzuführen. Anhang 1 stellt die verschiedenen Zeitabschnitte der Dynastien der chinesischen Geschichte zusammenfassend dar: Vorgeschichte (ca. 3. Jahrtausend v. Chr.), Sklavengesellschaft (ca. 2029 v. Chr.–222 v. Chr.), Feudalgesellschaft (auch Kaiserzeit genannt, 221 v. Chr.–1911 n. Chr.), halbfeudale und halbkoloniale Gesellschaftsformation Chinas (1912–1949 n. Chr.) sowie Sozialismus mit chinesischer Eigenart (seit 1949 n. Chr.). Gemäß dieser Zeittafel[13] wird die Geschichte und Entwicklung der beruflichen Bildung in China dargestellt.[14]

2.2.1.1 Bildungswesen und Berufsbildung vor der Kaiserzeit (bis ca. 220 v. Chr.)

Die chinesische Zivilisation ist eine der ältesten der Welt, die eine der frühesten Hochkulturen hervorgebracht hat. Viele Beiträge bezeugen, dass die Kultur Chinas – im Sinne der Geschichtsschreibung – über 5000 Jahre zurückgeht.[15] Über den Ursprung der Welt gibt es in China sehr viele Berichte und Mythen. Die drei Erhabenen (三皇) und die fünf Urkaiser (五帝) sind die historisch

13 Diese Periodisierung stellt eine Einteilung nach marxistischem Geschichtsbild dar und entspricht damit dem offiziellen Geschichtsverständnis der Volksrepublik China. Andere Modelle arbeiten nicht mit den Begriffen Feudalgesellschaft oder Sklavenhaltergesellschaft, sondern z. B. mit den Termini Altertum, Mittelalter, Neuzeit.

14 Dieser Abschnitt basiert auf dem Schulbuch *Geschichte des alten Chinas* im Sekundarbereich II (vgl. Wang und Shi 2007). Ein paar gut dokumentierte historische Einführungen zur beruflichen Bildung finden sich auch bei Risler (1989) sowie Nowak-Speich (2006).

15 Offiziell wird in China auf eine fünftausendjährige Geschichte hingewiesen, wobei nach dem europäischen Geschichtsbegriff dafür kein gesicherter und verbindlicher Beleg vorliegt. Die Jiahu-Schrift wird um 6.600 v. Chr. datiert, aber noch sind sich Wissenschaftler nicht einig, ob es sich wirklich um eine Schrift handelt. Dennoch herrscht Einigkeit darüber, dass China eine sehr frühe Hochkultur hatte, oder wie es der Philologe und Bibliothekar Johann Heinrich Plath (25.08.1802-16.11.1874) in einer Rede ausdrückte: „Hat es überall Sinn, die Menschen und ihre Geschicke auf Erden kennen zu lernen, so wird man leicht einsehen, dass ein so großes Reich und ein so altes Volk wie das chinesische ist, die Aufmerksamkeit des denkenden Menschen in Anspruch nehmen muss. Ein Reich von mehr als Europas Größe mit einer Bevölkerung von 414 Mio., von einer mehr als 4000-jährigen Dauer, steht es einzig in der Geschichte da“ (Plath 1861, S. 3).

nicht belegbaren Urherrscher der chinesischen Mythologie. Sie sollen Erfinder des Ackerbaus, der Kanalisation, des Wagenbaus, der Töpferkunst, des Seidenfadens und der Schrift gewesen sein (vgl. Schmidt-Glintzer 2014, S. 147; Originalquelle in Chinesisch: 司马贞·三皇本纪 und 史记·五帝本纪). In dieser Urgesellschaft hatte sich bereits bewährt, dass die Älteren den Jüngeren ihre Erfahrung in den Herstellungstechniken weitergaben oder vermittelten. Der Fokus dieser Tätigkeiten lag auf der Erhaltung überlebensnotwendiger Techniken, z. B. zur Herstellung und Verwendung von Waffen, dem Umgang mit Feuer oder dem Schutz vor Naturkatastrophen (vgl. Jing 2009, S. 44–45).

Bereits in diesem Zeitraum entwickelten sich pädagogische Aktivitäten in vielen Bereichen. In dem alten Buch *Bai Hu Tong* (白虎通义) wurden diese Belehrungen im Ackerbau so beschrieben: „Shennong yin tian zhi shi, fen di zhi li, zhi leisi, jiao min nonggeng" (神农因天之时，分地之利，制耒耜，教民农耕). Shennong ist einer der Urkaiser der chinesischen Mythologie. Die wörtliche Übersetzung von Shennong ist „göttlicher Landmann". Der vollständige Satz bedeutet: „Shennong erstellte landwirtschaftliche Werkzeuge. Je nach Wetter und Gelände lehrte er die Menschen, Ackerbau zu betreiben". Auch im Handwerk gibt es überlieferte Lehren in vielen Berufsfeldern, bspw. in der Keramik, Bautechnologie oder Seidenspinnerei. So berichtet das Geschichtsbuch *Tong jian gang mu · qian bian* (通鉴纲目·前编) über Leizu, die Frau bzw. Konkubine des Gelben Kaisers, welche die Menschen lehrte, die Seidenraupe zu züchten, Seidenfäden von den Kokons abzuhaspeln und damit Seide zu weben. Seitdem entstand in China die Seidenkultur. Leizu wird deshalb als Cangu-Göttin bzw. Seidenraupengöttin verehrt.

Danach folgten in China drei Sklavengesellschaften: Die Xia-Dynastie (ca. 2029–1559 v. Chr.), die Shang-Dynastie (ca. 1559–1046 v. Chr.) und die Zhou-Dynastie (ca. 1046–222 v. Chr.). Archäologische Funde von Orakelknochen[16] weisen darauf hin, dass bereits in der Xia-Dynastie ein Schulsystem existierte. In den Epochen der Shang-Dynastie und der Zhou-Dynastie wurde diese Bildungsform weiterentwickelt. Während der Zhou-Dynastie bildeten die frühesten sogenannten sechs Künste (六艺) die Grundlage der Bildung in der alten chinesischen Kultur. Diese sechs Künste bestehen aus: Ritual (礼), Musik (乐),

16 Die ältesten im Original überlieferten chinesischen Inschriften befinden sich auf Knochen und Schildkrötenpanzern aus dem 13.-11. Jh. v. Chr., die zu Orakelbefragungen verwendet wurden. Zwischen 1899 und 1937 wurden – zumeist als Fragmente – rund 100.000 Orakelknochen mit über 3000 verschiedenen Schriftzeichen gefunden (vgl. Schmidt-Glintzer 1999, S. 1).

Bogenschießen (射), Wagenlenken (御), Schreiben (书) und Rechnen (数). Der sechste Begriff, also Rechnen (数), ist semantisch nicht mit dem deutschen Begriff von Rechnen vergleichbar. Das chinesische Rechnen (数) enthält sämtliche Aussagen über Naturphänomene und technische Fähigkeiten sowie die Erklärung des Zusammenhangs von Mensch und Natur. Dazu zählen z. B. die Lehrinhalte sowie Astronomie, Kalendarium, die Fünf-Elemente-Lehre, Wahrsagen mit Schildkröte und Schafgarbe, Physiognomie sowie Lesen des Feng Shui.[17] Diese sechs Künste bzw. die sechs Fähigkeiten standen in einem engen Zusammenhang mit der beruflichen Bildung. Die Zhou-Herrscher boten diese Bildung traditionsgemäß für die Kinder des Adels an. Die Lernenden und Studierenden verpflichteten sich, die sechs Künste zu beherrschen (Originalquelle in Chinesisch: Riten der Zhou 周礼).[18]

Im Zuge der Technologieverbesserungen konnten die Getreideerträge gesteigert, Handwerksbetriebe allseitig entwickelt und die soziale Arbeitsteilung in der Sklavengesellschaft forciert werden, wobei sich die Anzahl der Sklaven im gesellschaftlichen Produktionsprozess erhöhte. Gesteigerte Produktionsanforderungen hatten eine obligatorische technische und handwerkliche Ausbildung der Sklaven zur Folge, wodurch die berufliche Bildung einen Zwangscharakter erhielt. Sklaven wurden als Lehrlinge von erfahrenen Arbeitern ausgebildet, um die fachlichen Fähigkeiten und Fertigkeiten in den jeweiligen Bereichen zu erhalten. Als Ausbildungsmodell diente das sogenannte traditionelle Anlernverhältnis in seinem Anfangsstadium, das sich als Hauptberufsbildungsmodell

---

17 Feng Shui bzw. Feng-shui (风水) ist eine taoistische Harmonielehre aus China. Der Name setzt sich aus dem chinesischen Wort für Wind (Feng) und Wasser (Shui) zusammen. Der ältere Begriff für Fengshui ist Kanyu (堪舆), eine Kurzform für die Tätigkeiten ‚den Berg und das Land anschauen und bewerten' bzw. ‚den Himmel und die Erde beobachten'. Nach der mystischen Vorstellung sollen mit Feng Shui die Geister der Luft und des Wassers geneigt gemacht werden können. Ziel des Feng Shui ist die Harmonisierung des Menschen mit seiner Umgebung, die durch eine besondere Gestaltung der Wohn- und Lebensräume erreicht werden soll. Beim Bau von Häusern oder der Einrichtung von Räumen sind die Kräfte der fünf Naturelemente und ihre Wirkung auf den Menschen zu berücksichtigen.

18 *Riten der Zhou* (周礼), ursprünglich unter dem Titel *Die Beamten der Zhou* (周官) bekannt oder gelegentlich *Die Beamten und Riten der Zhou* (周官礼) genannt, gehören zu den *Neun Klassikern* (九经). Dieses wahrscheinlich erst zur Zeit des Usurpators Wang Mang (reg. 9-23) verfasste Buch beschreibt sehr sorgfältig und detailliert die konfuzianischen Riten des Königreiches Zhou, wobei im Mittelpunkt die Riten der Staatsführung stehen (vgl. China Social Sciences Net).

im alten China durchsetzte (weitere Informationen über das traditionelle Anlernverhältnis s. Abschnitt 2.4.1.1).

Während der Östlichen Zhou-Dynastie (722–222 v. Chr.) befand sich die chinesische Gesellschaft im Übergang von der Sklavengesellschaft zur Feudalgesellschaft. Dieser Zeitraum wird in der Literatur als das Goldene Zeitalter der Philosophie in China bezeichnet, das von den großen damals lebenden Philosophen und Denkern wie bspw. Konfuzius, Menzius Laozi und Mozi entscheidend geprägt wurde, und deren pädagogische Gedanken der chinesischen Gesellschaft über Jahrtausende als Leitbild dienten. Diese Epoche war auch die Blütezeit der beruflichen Bildung, die drei Aspekte hatte: Der erste Aspekt ergab sich aus der großen Anzahl von Lehrbüchern über die berufliche Bildung, die vom Zhou-Herrscher, aber auch von Privatpersonen herausgegeben wurden, z. B. *Kao Gong Ji* (考工记),[19] *Shu Jing* (术经), *Mo Jing* (墨经). Diese boten umfassende Entwürfe für die berufliche Bildung an. Als zweiter Aspekt entwickelte sich sehr schnell die private Ausbildung von Lehrlingen, wobei die Wege zur Bildung bzw. beruflichen Bildung mit reichhaltigen Inhalten erweitert wurden. So richtete Konfuzius (551–479 v. Chr.) sein Haus als Privatschule ein und lehrte Geschichte, Dichtkunst und Etikette sowie menschliche Ordnung. Bemerkenswert ist, dass von Konfuzius, dem sogenannten Vater der chinesischen Geschichtsschreibung bzw. Herodot des alten China keine authentischen Schriftnachweise vorliegen, sondern seine Lehren – wie bei Sokrates durch Plato – von den Schülern als Gesprächsprotokolle schriftlich belegt sind. Konfuzius' Schüler und Nachfolger Menzius (372–289 v. Chr.) und Xunzi (298–233 v. Chr.) entwickelten die Lehren des Konfuzius weiter. Lu Ban[20] (507–440 v. Chr.) wird als Begründer des Baugewerbes verehrt. Er erfand zahlreiche Baumaschinen und gab diese Technologie an viele Schüler weiter. Auch Mozi[21]

19 Der *Kaogong ji* (考工记) wird mit *Aufzeichnungen über die Prüfung der Handwerker* oder *Buch des diversen Kunsthandwerks* übersetzt, ein Klassiker über Wissenschaft und Technologie im alten China gegen Ende der Frühlings- und Herbstperiode (722-481 v. Chr.) (vgl. China Social Sciences Net).

20 Lu Ban (507-440 v. Chr.) war Schreiner, Ingenieur und Erfinder. Schon seit seiner Kindheit arbeitete er an vielen zivilen Bauten mit. Allmählich beherrschte er die Arbeitsweise und sammelte eine Fülle an praktischen Erfahrungen. Viele heute noch verwendete Schreiner- und Bauwerkzeuge wurden von ihm erfunden, z. B. Bohrer, Schaufeln. Er gilt als der Stammvater der chinesischen Bauingenieure und Handwerker.

21 Mozi, auch Mo-tsu, Mo-tse, latinisiert Micius genannt, lebte im späten 5. Jh. v. Chr., wirkte hauptsächlich in Nordchina und war Begründer und Namensgeber des Mohismus (墨家), einer Schule der chinesischen Philosophie. Der Mohismus war stark

(ca. 470–ca. 391 v. Chr.) gründete eine Privatschule, um das Zimmerhandwerk mit Gerätewartung und andere manuelle Fertigkeiten zu lehren. Der dritte Aspekt bezog sich auf die neue Form der beruflichen Bildung. Seit Abschaffung der Sklaverei führten die befreiten Sklaven in einzelnen Haushalten materielle Produktionen durch und eigneten sich damit berufliche Fähigkeiten an. Daraus ergab sich eine neue Form der beruflichen Bildung, in der die beruflichen Fähigkeiten vom Vater an den Sohn weitergegeben wurden, d. h., die männlichen Familienmitglieder unterrichten die nachfolgenden männlichen Generationen. Diese Neuerung in der beruflichen Bildung ist in vielen alten Büchern, bspw. in *Guanzi* (管子)[22] aufgezeichnet. Zusammenfassend lässt sich feststellen, dass sich das Bildungswesen bzw. die Berufsbildung in dieser Zeit noch in der Früh- und Gründungsphase befand (vgl. Wang und Shi 2007; Li 2003b, S. 106–108; Bai 2011, S. 50–57).

2.2.1.2 Bildungswesen und Berufsbildung in der Kaiserzeit (221 v. Chr.–1911 n. Chr.)

In der Qin-Dynastie (221–206 v. Chr.) erfolgte eine Reichseinigung und damit der Beginn der chinesischen Feudalgesellschaft, die auch als Kaiserzeit bezeichnet wird. Seit der ersten chinesischen Kaiser-Dynastie, der Qin-Dynastie, war die Staats- bzw. Herrschaftsform eine hereditäre Monarchie (Erbmonarchie). Der Kaiser kontrollierte als oberster Herrscher alle Staatsangelegenheiten durch die Zentralisierung der Macht. In der Folge durchlief das Bildungswesen bzw. die Berufsbildung eine rasante Entwicklungsphase. Schon vor dem 15. Jh. war Chinas Wissenschaft und Technologie fortgeschrittener als in anderen Ländern, auch europäischen. Beispielsweise wurden die vier großen Erfindungen (der Kompass, das Papier, der Buchdruck und das Schießpulver) während dieser Zeit gemacht.[23] Die anderen Erfindungen wie Keramik, Prägung von

gegen den Konfuzianismus und Daoismus ausgerichtet. Seine Philosophie betonte Selbstbeherrschung, Selbstreflexion und Authentizität statt Gehorsam und Ritual.

22 Guanzi (管子) ist ein alter chinesischer Text mit politisch-philosophischem Inhalt, der von dem berühmten Politiker und Philosophen Guan Zhong (管仲) geschrieben wurde. Der Gelehrte Liu Xiang (刘向) (79-6 v. Chr.), der in der Han-Dynastie lebte, bearbeitete den *Guanzi-Text*, in dem die Taten und Gedanken des Guan Zhong aufgezeichnet sind.

23 Francis Bacon (1561-1626) schrieb in seinem 1620 veröffentlichten Werk *Novum Organum Scientiarum*: „Das Wesen von Erfindungen kann nirgendwo klarer erfaßt [sic!] werden als anhand jener drei, die den antiken Menschen unbekannt waren und deren Ursprung – obwohl jung – dunkel und glanzlos ist: nämlich der Druckkunst, des

Münzen, Seidenspinnerei, Metallurgie, Mathematik, Astronomie, chinesische Medizin sowie Bautechnologie gewannen weltweit ebenso große Aufmerksamkeit. Diese Erfindungen haben die Welt stark beeinflusst und repräsentierten auch den Erfolg der Berufsbildung im alten China. Aber in der späten feudalen Gesellschaft, besonders in der Yuan-Dynastie (1271 / 1279–1368 n. Chr.), Ming-Dynastie (1368–1644 n. Chr.) und Qing-Dynastie (1644–1911 n. Chr.) begann der Niedergang der Berufsbildung (vgl. Bai 2011, S. 50). Die letzte Dynastie in der Kaiserzeit ist die Qing-Dynastie, die im Jahr 1911 endete.

Wer über das chinesische Bildungswesen redet, kommt am Konfuzianismus nicht vorbei. Konfuzianismus bedeutet die Lehre von Konfuzius, die neben dem Daoismus und Buddhismus als bedeutendste geistige Strömung Chinas bezeichnet wird (vgl. Forke 1964, S. 121; Henze 1989, S. 13). Konfuzianismus ist keine Religion, sondern eine philosophische Ethik. Konfuzius (孔子 / 孔夫子) (551–479 v. Chr.) ist der einflussreichste und bekannteste chinesische Denker zur Zeit der Östlichen Zhou-Dynastie. Zugleich war er ein großer Pädagoge, dessen Lehre und Gedanken auf die moralisch-ethische Vervollkommnung des Menschen, die menschliche Ordnung und das Streben nach Harmonie ausgerichtet sind (vgl. Forke 1964, S. 98–99). Seine Schüler und Nachfolger setzten diese Sitten- und Tugendlehre fort und fügten neue Gedanken und Elemente hinzu, u. a. durch die Idee der angeborenen Güte, dass alle Menschen als Teil ihrer Essenz die sogenannten drei sozialen Pflichten und fünf Konstanten (三纲五常) verkörpern. Die fünf Konstanten sind Mitmenschlichkeit (仁), Gerechtigkeit (义), ritueller Anstand (礼), Weisheit (智) und Aufrichtigkeit (信). Daraus werden auch die drei sozialen Pflichten abgeleitet: Loyalität zum Monarchen (君臣义), Verehrung der Eltern und Ahnen (父子亲),

Schießpulvers und des Magnets. Denn alle drei haben das Antlitz und den Zustand der Welt verändert: die erste in der Literatur, die zweite in der Kriegskunst und die dritte in der Seefahrt. Dieser Revolution sind unzählige Veränderungen gefolgt, und zwar dergestalt, daß [sic!] keine Macht, keine Sekte, kein Stern mehr Einfluß [sic!] auf die menschlichen Geschäfte ausgeübt hat, als diese drei mechanischen Erfindungen" (Voiret 1996, S. 125). Friedrich Engels hat in *Die Deutschen Bauernkriege* (1875) eindeutig festgelegt: „Eine Reihe von mehr oder minder bedeutenden Erfindungen, deren historische Glanzpunkte die des Schießpulvers (das Schießpulver wurde, wie jetzt zweifellos nachgewiesen, von China über Indien zu den Arabern gebracht und kam von diesen, nebst den Feuerwaffen, über Spanien nach Europa. [Fußnote 1875.]) und der Buchdruckerei bildeten, hatte zur Hebung der Gewerbe wesentlich beigetragen. Der Handel ging mit der Industrie gleichen Schritt" (Marx und Engels 1960, S. 330).

Untertanentreue zwischen Ehegatten (夫妇顺) (vgl. Forke 1964, S. 137–138). Diese Grundregeln des Konfuzius wurden in den einflussreicheren Werken *Die Gespräche des Konfuzius* oder *Die Analekten des Konfuzius* (论语) und anderen konfuzianischen Schriften aufgezeichnet (vgl. Forke 1964, S. 116). Aus konfuzianischer Sicht gliedert sich die Gesellschaft durch fünf menschliche Elementarbeziehungen (五论): Vater – Sohn (父子有亲); Herrscher – Untertan (君臣有义); Ehemann – Ehefrau (夫妇有别); älterer Bruder – jüngerer Bruder (长幼有序); Freund – Freund (朋友有信) (vgl. Forke 1964, S. 133–136). Diese hierarchischen Ordnungsverhältnisse forderten Gehorsam, sodass die ganze Gesellschaft wie auch jeder kleine Lebensraum, harmonisch sein konnten (vgl. Legge 1872; Forke 1964, S. 134). Das Bildungswesen in der Kaiserzeit orientierte sich an den Interessen der herrschenden Klasse. Aus den bescheidenen Anfängen der Privatschullehre entwickelte sich im Verlauf der Han-Dynastie (206 v. Chr.–220 n. Chr.) der Konfuzianismus als nützliches Werkzeug für den Staat (vgl. Du und Zhang 2001, S. 66; Forke 1964, S. 186), wobei auch die formalen Bildungsinhalte – sozusagen ‚politisch korrekt' – auf dem Konfuzianismus fußten. Auf diese Weise wurde der Konfuzianismus zur Staatsphilosophie erklärt und in modifizierter Form durch die erste kaiserliche Universität (太学) zur Staatsdoktrin erhoben. Die Sui-Dynastie (581–618 n. Chr.) und Tang-Dynastie (618–907 n. Chr.) stellten erneut einen Höhepunkt der chinesischen Kaiserzeit dar. In der Sui-Dynastie etablierte sich das kaiserliche Prüfungssystem in Form der Beamtenprüfung (科举), mit der die Kandidaten für öffentliche Funktionen ausgewählt wurden. In der nachfolgenden TangDynastie erfuhr dieses Prüfungssystem eine weitere Verbesserung. Die Beamtenprüfung berücksichtigte jedoch i. d. R. die konfuzianische Lehre. Nur Männer waren als Prüflinge zugelassen, wobei der Kaiser als der oberste Herrscher alle Staatsangelegenheiten kontrollierte. In der Folge bestand die soziale Stratifikation aus vier Klassen: Beamte, Bauern, Handwerker, Händler. Diese gesellschaftliche Schichtenbildung wurde erstmals im alten Schriftstück *Guanzi* (管子) aufgezeichnet und setzte sich im alten China durch. Es ist eindeutig dargestellt, dass Beamte an der Spitze der Gesellschaft standen, Handwerker und Händler in der untersten Schicht. Durch eine bestandene Beamtenprüfung kann jeder in eine höhere soziale Klasse aufsteigen und damit den sozialen Stand verbessern. Die kaiserliche Beamtenprüfung (606–1905 n. Chr.) bildete also im kaiserlichen China einen Komplex von Wettbewerben und prägte das chinesische Bildungswesen nachhaltig. „Einige arbeiten mit ihrem Geist, andere mit ihrer Kraft. Die Kopfarbeiter herrschen über die anderen. Die Handarbeiter werden von ihnen beherrscht. Wer andere beherrscht, wird von ihnen ernährt, wer von anderen beherrscht wird, ernährt diese. Dieses Prinzip gilt in der ganzen Welt"

(Risler 1989, S. 21). Allmählich bildete sich eine gesellschaftliche Atmosphäre, in der die geistige Arbeit im Gegensatz zur körperlichen Arbeit, die tief verachtet wurde, große Wertschätzung erfuhr. Es ist also nicht verwunderlich, dass Chinesen auch in heutiger Zeit eine hohe intrinsische Motivation für ein Studium mitbringen und die Berufsbildung nur als zweite Wahl ansehen. Dies ist auf die konfuzianische Tradition, die Verachtung der körperlichen Arbeit, zurückzuführen.

Obwohl Handwerker und Händler sich in der untersten Schicht der Gesellschaft der Kaiserzeit befanden, spielte ihre berufliche Bildung als prägende Form der Gesellschaftsentwicklung eine bedeutende Rolle und schuf bereits im kaiserlichen China bemerkenswerte Ergebnisse. Während der Östlichen Han-Dynastie (25–220 n. Chr.) wurde in der damaligen Hauptstadt Luoyang (洛阳) die erste kaiserliche Fachhochschule, die Hongdumen-Schule (鸿都门学) gegründet. Im Vergleich zur kaiserlichen Universität (太学) hatte die Hongdumen-Schule nicht die konfuzianischen Klassiker als Lehrziel, sondern die klassisch-chinesische Malerei, Poesie und Kalligraphie, weshalb von den sogenannten Gelehrte-Herren und Gelehrte-Bürokraten gegen die Hongdumen-Schule interveniert wurde. Dennoch hatte die Hongdumen-Schule großen Einfluss auf die spätere Entwicklung der beruflichen Bildung, indem sie nicht nur die erste Fachhochschule in China, sondern die erste Kunsthochschule weltweit war (vgl. Fan und Zeng 2008, S. 150). Die Sui-Dynastie (581–618 n. Chr.) brachte einen großen Aufschwung des Handwerks mit sich und entwickelte das traditionelle Anlernverhältnis der Hauptberufsbildungsmodelle weiter. Das zu dieser Zeit etablierte Anlernen ist bis heute Tradition der gewerblichen Berufsbildung in China. Dem Lehrling wurde ein Meister zugeordnet, für den er während der Ausbildung als Helfer ohne Lohn arbeitete. Die Erfahrenen gaben ihre Fertigkeiten an die Lernenden durch unterstützende Tätigkeiten weiter (s. Abschnitt 2.4.1.1). Diese Form des Lernens erfasste die gesamte Gesellschaft (vgl. Risler 1989, S. 80). Während der Tang-Dynastie (618–907 n. Chr.) wurde ein viele Berufsfelder umfassendes Berufsbildungssystem – von der Zentralregierung bis hin zu den lokalen Behörden – aufgebaut. Damals gab es insgesamt schon 36 Arten von Berufen[24] (Originalquelle

24 Aus den 36 Berufsarten entwickelten sich schnell Spezialisierungen und Unterbranchen, was zur Folge hatte, dass sich die Zahl der Berufsarten verzehnfachte. Die 360 damaligen Berufe zeigen heute die Mannigfaltigkeit der Branchen, dies zeigt sich z. B. in der Redensart: „In den 360 Berufen bringt jedes Metier seinen Meister hervor" (三百六十行 行行出状元).

in Chinesisch: 清稗类钞·农商类) und dementsprechend viele Schulen, z. B. Rechtsschulen, Schulen für Mathematik, Medizin und Gesundheit, Musik- und Tanzschulen, Schulen für Wahrsagerei und für Astronomie, Kalendarium und Wasseruhr sowie weitere spezielle Schulen für Naturwissenschaften und technische Branchen. Aber auch im allgemeinen Schulsystem wurden Naturwissenschaften und andere praktische Fächer unterrichtet.

In der Song-Dynastie (960–1279 n. Chr.) erreichte die konfuzianische Kultur des alten China ihren Höhepunkt und überschritt dann ihren Zenit. Inzwischen galt die Landwirtschaft als Quelle des Reichtums, weshalb die Bauern in der sozialen Stratifikation ein höheres gesellschaftliches Ansehen genossen als Handwerker und Händler. Folglich kam es zum Niedergang der Berufsbildung, zumal die kaiserlichen Gesetze die Landwirtschaft zum Nachteil des Handels förderten. Landbesitz bedeutete folglich Macht. Bereits in der MingDynastie (1368–1644 n. Chr.) zeigte sich der Keim des Kapitalismus nahezu zeitgleich mit der europäischen Renaissance (15. und 16. Jh.), wuchs aber infolge der chinesischen Traditionsverbundenheit nur langsam. Bis zur Qing-Dynastie (1644–1911 n. Chr.) gelang es China sich gegenüber Einflüssen von außen und neuen Entwicklungen abzuschotten. Das Land fiel zugleich jedoch auch entwicklungstechnisch zurück. Die westlichen Länder befanden sich nun bereits im Übergang von der Handarbeit zur maschinellen Produktion. Als die erste industrielle Revolution Ende des 18. Jh. in England begann, vollzog sich in China der Niedergang des feudalen Systems und das Land war weitgehend von der Außenwelt isoliert. Nach der Niederlage im Ersten Opiumkrieg (1840–1842) musste China jedoch seine Märkte für England und anderen Westmächten öffnen. In dieser Zwangslage erkannten einige Gelehrte-Bürokraten die Rückständigkeit Chinas und wandten sich gegen die damaligen Erziehungs- und Bildungskonzepte. Sie forderten westliche Technologien zu erlernen und den Arbeitern die technischen Fertigkeiten zu vermitteln, sodass u. a. eine moderne zivile, aber auch die Rüstung betreffende Industrie und moderne Schulen etabliert werden konnten. Diese Ära wurde die *Bewegung zur Verwestlichung* (洋务运动) genannt. Im Jahre 1902 wurde die *Renyin Xuezhi* (壬寅学制) veröffentlicht. *Renyin* meint die Zeit des 28. Regierungsjahres des Kaisers Guangxu (1902). *Xuezhi* bedeutet Bildungssystem. Dieses System kennzeichnet den Beginn der modernen Bildungsreform, das erstmalig als ein umfassendes System definiert wurde. Auf dieser Basis wurde im Jahre 1904 ein System auch für die berufliche Bildung aufgesetzt, welches in drei Niveaus unterteilt und in drei Grundformen gegliedert war: die primäre berufliche Schule (4 Jahre), die sekundäre berufliche Schule (5 Jahre) und die hochklassige berufliche Schule (3–4 Jahre). Gegliedert war dies in die Grundformen der beruflichen Grundbildung, der beruflichen Schule für Nachhilfe und der beruflichen Schule für das Lehramt. Leitgedanke dieses Systems war die Verbindung des chinesischen traditionellen Bildungswesens bzw. des konfuzianischen Bildungsideals mit moderner westlicher Technologie. In jedem Fall sollte das auf dem Konfuzianismus basierende chinesische Bildungswesen als Grundstruktur beibehalten werden. Dieses Bildungssystem kennzeichnet den Beginn der modernen Bildungsreformen. Es kam jedoch lediglich bis zum Verfall der Qing-Dynastie (1911) im Schulsystem zum Einsatz, hatte aber dennoch großen Einfluss auf das spätere Bildungssystem der Republik China (1911–1949), ebenso wie auf die Frühzeit der Volksrepublik China (nach 1949). (Vgl. Wang und Shi 2007; Li 2003b, S. 106–108; Bai 2011, S. 50–57)

2.2.1.3 Bildungswesen und Berufsbildung in der Republik China (1911–1949) und der Volksrepublik China (seit 1949)

Die Xinhai-Revolution (辛亥革命) stürzte die Qing-Dynastie und beendete damit das über 2100 Jahre alte chinesische Kaiserreich. Danach wurde die Republik China (1911–1949) unter Führung der Nationalen Volkspartei Chinas (der Kuomintang) gegründet. Es folgte jedoch eine lange Reihe von Machtkämpfen und Bürgerkriegen. Insbesondere während des Chinesisch-Japanischen Krieges (1937–1945) verlor China den größten Teil seines Territoriums sowie seine Souveränität. Bildungswesen und Berufsbildung nahmen ebenfalls Schaden. Zugleich bestand fortwährend (1921–1949) ein militärischer Konflikt um die politische Führung zwischen dem Kuomintang unter Chiang Kai-shek (蒋介石) und der Kommunistischen Partei Chinas (KPCh) unter Mao Zedong (毛泽东). Durch den Bürgerkrieg verschlechterte sich die Bildungssituation weiter. Nach der Niederlage gegen die KPCh floh Chiang Kai-shek mit seiner Kuomintang nach Taiwan. Am 01. Oktober 1949 proklamierte der Kommunistenführer Mao Zedong die Gründung der Volksrepublik China in Beijing und machte China zu einem kommunistischen Staat.

Trotz des langjährigen Krieges war die Zeit der Republik eine sehr wichtige Phase für das Bildungssystem, in der viele verschiedene Modelle ausprobiert wurden, z. B. die *Neue-Kultur-Bewegung* (新文化运动) sowie verschiedene Bildungsaktivitäten der *Nationalen Vereinigung für Berufsbildung in China* (中华职业社). Als bedeutende Reformpädagogen galten z. B. Cai Yuanpei (蔡元培), Huang Yanpei (黄炎培) und Tao Xingzhi (陶行知), die wesentlich zum damaligen Bildungswesen beitrugen. Seit Gründung der Volksrepublik China (seit 1949) hat sich das Bildungswesen allerdings enorm verändert. Diese

Entwicklung kann in vier Phasen unterteilt werden, die nachfolgend beschrieben werden.

Die erste Phase – Die Zusammenarbeit mit der Sowjetunion

Aus ideologischen Gründen war eine Zusammenarbeit zwischen China und der Sowjetunion bzw. der Kommunistischen Partei Chinas und der Kommunistischen Partei der Sowjetunion (KPdSU) naheliegend. Schon während des Chinesisch-Japanischen Krieges und des Bürgerkrieges bot die KpdSU den kommunistischen Kräften in China ihre Unterstützung an. Nach Gründung der Volksrepublik China leistete die KpdSU weiterhin wirtschaftliche Unterstützung und Entwicklungshilfe. Um die Ausbreitung des Kommunismus und Stalinismus einzudämmen, verfolgten die USA seit 1947 die Containment-Politik gegenüber der KpdSU. Allerdings versagte diese Politik nicht nur gegenüber der Sowjetunion, sondern auch gegenüber der Volksrepublik China. 1950 schlossen China und die KPdSU einen Freundschaftsvertrag mit Vorteilen für beide Seiten. Die KPdSU versuchte, so ein Gegengewicht zur Dominanz der USA aufzubauen. China verstand das sowjetische System hingegen als Vorbild und Inbegriff der sozialistischen Industrialisierung und war zudem auf das technologische Know-how, Industriegüter sowie die finanzielle Unterstützung der KPdSU angewiesen. Zwischen 8.000–10.000 sowjetische Berater wurden nach China entsendet, um beim Aufbau der chinesischen Industrie und des Bildungswesens zu helfen, davon 1.884 allein im Bildungsbereich (vgl. Orleans 1987, S. 184–199). Bildungsinstitutionen, Lehrfächer sowie Unterrichtsmaterialien an Schulen oder Hochschulen übernahm China in diesem Zuge von der KPdSU. Dieses Bildungssystem war vor allem naturwissenschaftlich und technisch ausgerichtet unter Vernachlässigung der Geistes- und Sozialwissenschaft. Die heutige Fachmittelschule und die Facharbeiterschule (s. Abschnitt 2.3.1.2) wurden in dieser Zeit etabliert. Im Vergleich zu den üblichen Mittelschulen war es ihr Ziel, schnell Fachkräfte zur Verfügung zu stellen. Nach sowjetischem Vorbild konnte China erstmals eine eigene Schwerindustrie und zugleich das chinesische Bildungswesen aufbauen (vgl. Orleans 1987, S. 184–199). Somit spielte das sowjetische Modell bis zum Zerwürfnis mit der KPdSU (ab Ende der 1950er-Jahre) eine zentrale Rolle im chinesischen Bildungswesen.

Die zweite Phase – Großer Sprung nach vorn (1958–1960)

Nach sowjetischem Vorbild wurde 1953–1957 der erste Fünfjahresplan[25] aufgelegt. Er war mit einem jährlichen Wachstum der Industrieproduktion um

25 Seit Bestehen der Volksrepublik China wurde der Fünfjahresplan wichtiges Instrument zur Planung volkswirtschaftlicher Aktivitäten.

15 % erfolgreich (vgl. Hoffmann 1978, S. 24). Der *Große Sprung nach vorn* (大跃进) war eine von Mao Zedong initiierte politische Kampagne, die den zweiten Fünfjahresplan (1958–1962) ablösen und übertreffen sollte. Nach dem ersten Fünfjahresplan zeigte sich, dass die ländlichen Gebiete bei der wirtschaftlichen Planung vernachlässigt worden waren. Deshalb stellte die Entwicklung der ländlichen Industrie einen Fokus des *Großen Sprungs nach vorn* dar. Weitere Kampagnen waren z. B. eine Bewässerungskampagne, eine Bildungskampagne, eine Kampagne zur Erhöhung der Stahlproduktion und der Ausbau der ländlichen Struktur. Diese Kampagnen sollten die wirtschaftliche Entwicklung und die Produktion beschleunigen.

Die Bildungskampagne beinhaltete die Reform des Bildungswesens nach dem Leitspruch ‚Gehen auf zwei Beinen' (两条腿走路), mit dem Ziel, Theorie und Praxis, Arbeiten und Denken sowie Industrie und Landwirtschaft miteinander in Einklang zu bringen und Unterschiede auszugleichen. Die Bildungskampagne beeinflusste alle Schularten, Lehrmethoden, den Inhalt von Lehrbüchern sowie die Reform der Schulsysteme und führte zur Einrichtung zahlreicher landwirtschaftlicher, beruflicher und technischer Schulen in verschiedenen Formen (vgl. Wei 2013, S. 97). So wurden z. B. in der Gemeinde Baipo Xiang (Henan Provinz) 1957 innerhalb von sieben Tagen 25 private Grundschulen gegründet mit 1.025 Schülern und Schülerinnen, außerdem drei Volksschulen für 231 Schüler und Schülerinnen. Diese Schulen erhielten weder Mittel zur Einrichtung noch zur Aufrechterhaltung eines ordentlichen Lehrbetriebes. Dennoch galt dieses Schulmodell lange Zeit als Beispiel erfolgreicher Bildungsentwicklung, führte aber lediglich zu einer quantitativen Vergrößerung des Bildungssektors (vgl. Education Department of Henan 1958, S. 48). In einem Jahr wurden auch über 800 Hochschulen im ganzen Land neu aufgebaut (vgl. Wei 2013, S. 99). Betrachtet man alleine diese Zahl, erscheint sie fast unglaublich. Im Vergleich, gemäß der Hochschulrektorenkonferenz gab es in Deutschland 2019 insgesamt 394 Hochschulen.

Um die Bildungskosten niedrig zu halten, durften Schüler und Studenten nicht nur lernen, sondern mussten auch körperlich arbeiten, nach dem Motto ‚halb Arbeit – halb Schule', wobei diese einfachen Arbeiten per Hand zu leisten waren. Dies hatte gravierende Auswirkungen auf die eigentlichen Schulaktivitäten und führte zur Verschwendung von Zeit und Ressourcen. Lehrausbildung und Unterrichtsmaterialien entsprachen nicht der schnell wachsenden Schülerzahl. Auch infolge von Fehlernten mussten viele Schulen schon bald wieder schließen. 1957 verfügte ganz China nur über 227 Hochschulen. Während es im Jahr 1960 schon 1.289 Hochschulen gab, hatten bis 1963 nur 407 bestand (vgl. Pepper 1996, S. 286). Das Experiment des *großen Sprungs nach vorn* umfasste viele Bereiche des Lebens mit verheerenden Folgen für die Wirtschaft: China litt unter einer Hungerkatastrophe, bei der Millionen Menschen ums Leben kamen. Insofern blieb die Bildungskampagne nicht nur erfolglos, sondern führte zu einer schweren pädagogischen Katastrophe, die bereits die Kulturrevolution ankündigte.

Die dritte Phase – Kulturrevolution (1966–1976)

Nach der Katastrophe des *Großen Sprungs nach vorn* hatte Liu Shaoqi[26] als Vorsitzende die Staatsgewalt. Nach seiner Machtübernahme konzentrierte er sich auf die Behebung der politischen Fehler und die Neubelebung der chinesischen Wirtschaft. Um seine schwindende Macht zurückzuholen, gründete Mao Zedong die Bewegung Sozialistische Erziehung, die gegen Lius politische Strategie gerichtet war. Auf diese Weise bereitete er die Kulturrevolution (文化大革命) als politische Kampagne vor (1966–1976).[27] Dies war der Versuch, schnell nach einer neuen Welt bzw. nach einer sozialistischen Gesellschaft zu streben.

Die Kulturrevolution konzentrierte sich auf Politik, Kultur, öffentliche Meinung, Schule und Universität. Hier lag der Schwerpunkt auf der Bildungsrevolution. Zunächst sollten die bestehenden Machtstrukturen durch sogenannte Rote Garden (红卫兵) zerstört werden. Mao Zedong rief die Jugend zum Klassenkampf auf: gegen das Althergebrachte, gegen Kapitalismus und Feudalismus, gegen die Intelligenz in den Schulen und Universitäten. Maos Anweisungen zufolge sollten die ‚Vier Relikte' (alte Denkweisen, alte Kulturen, alte Gewohnheiten und alte Sitten) beseitigt werden (vgl. Li 2010, S. 33). Das Eigentum vieler Bürger und Kulturstätten wurden durch die Roten Garden zerstört. Im Verlauf der Kulturrevolution sollte die Bildungsrevolution im Sinne Maos sozialistischer Erziehung vollzogen werden. Dies bezog sich zunächst auf die Beseitigung der vermeintlich kapitalistischen Intellektuellen an Schulen und Universitäten. Lehrer und Intellektuelle wurden verleumdet und während der

---

26 Liu Shaoqi (刘少奇; 24.11.1898-12.12.1969) war von 1959 bis 1968 zweiter Vorsitzende der Volksrepublik China. Er war Revolutionär, Politiker, Theoretiker, einer der Gründerväter der Volksrepublik China und ein wichtiges Mitglied der ersten Generation des Führungskollektivs des Zentralkomitees der Partei mit Mao Zedong als Kern (vgl. Chinese Government Network 2007b).

27 Die Ursachen der Kulturrevolution sind sehr kompliziert und nicht nur in den Richtungs- und Machtkämpfen innerhalb der KPCh zwischen dem damaligen Parteivorsitzenden Mao Zedong und dem Staatspräsidenten Liu Shaoqi zu finden, sondern unterlagen noch weiteren Einflussfaktoren (vgl. Li 2010, S. 98–113).

Aktionen der Roten Garden angegriffen, verfolgt und ermordet (vgl. Li 2010, S. 33–34).

Nach einer Weisung Maos in der Volkszeitung vom 22. September 1968 fand sich ein Großteil der noch im alten System ausgebildeten Studenten (die meisten davon gehörten zu den sogenannten Roten Garden) durchaus dazu bereit, mit Arbeitern, Bauern und Soldaten zu kooperieren, um auf diese Weise ausgebildet, auf den vermeintlich richtigen Weg gebracht zu werden und ihre alte Einstellung aufzugeben (vgl. Wang 2005, S. 288–289; zit. n. Li 2010, S. 167). Entsprechend dieser Ideologie wurden viele Chinesen, besonders junge städtische Intellektuelle (上山下乡)[28] umgesiedelt. Fern von ihren Familien, Universitäten oder Schulen wurden sie in Bergregionen oder aufs Land gebracht, um sich von Arbeitern, Bauern und Soldaten ‚ausbilden' zu lassen. Dies hatte die Schließung oder Zerstörung vieler Bildungseinrichtungen und die Abschaffung der Zugangsprüfungen an Universitäten (1966) zur Folge. Danach (bis 1970) war der Zugang zu einigen Eliteuniversitäten für männliche Studienbewerber, die sich bereits als Arbeiter auf dem Lande bewährt hatten, wieder möglich - wobei die Zugangsvoraussetzungen nicht der intellektuellen Leistungsfähigkeit entsprachen, sondern vom Urteil der Arbeiter in den Produktionseinheiten abhängig waren. Dieses Selektionssystem war weder gerecht noch transparent und nicht zur Auswahl für das Hochschulstudium geeignet. Auch Lehrkräfte wurden nur dann wiedereingestellt, wenn sie ein Umerziehungsprogramm absolviert hatten. Die Arbeiter-, Bauern- und Soldatenpropagandagruppen bildeten jetzt das neue Lehrerteam, wobei in Unterricht und Lehre politische Bildung und Klassenkampf Vorrang hatten (vgl. Li 2010, S. 167).

Während der zehn Jahre dauernden Kulturrevolution stagnierte das Bildungswesen. Tatsächliche Merkmale der Kulturrevolution bestanden in Intellektuellenfeindlichkeit und Abkehr von der akademischen Bildung mit katastrophaler Auswirkung auf Politik, Wirtschaft und Pädagogik. Erst mit Ende der Kulturrevolution konnten sich in der Volksrepublik China das Bildungswesen und eine nationale Wirtschaft wieder entwickeln, allerdings nur für eine gewisse Zeit der Ruhe und Stabilität.

---

28 Die Roten Garden wurden aufs Land geschickt, da Mao die Situation aus der Hand zu gleiten drohte. Einzelne Fraktionen der Roten Garden bekämpften sich gegenseitig und in den Städten herrschten zum Teil chaotische Zustände. Begründet wurde diese Aktion damit, dass die Studenten durch das Zusammenleben mit der bäuerlichen Bevölkerung erzogen werden sollten.

Die vierte Phase – Reform- und Öffnungspolitik (Seit 1978)

Mit Ende der Kulturrevolution und Maos Tod (1976) übernahm Deng Xiaoping die Führung der KPCh. Ein Großteil der chinesischen Bevölkerung erinnert sich an die dritte Plenartagung des 11. Zentralkomitees (ZK) der KPCh Dezember 1978 als ein einschneidendes Erlebnis. Dieses entscheidende fünftägige Treffen des ZK war ein historischer Wendepunkt am Ende der Kulturrevolution und führte – Mao Zedong völlig negierend – zugleich zur Umorientierung vom Klassenkampf auf landesweite Wirtschaftsreformen. Nach westlichem Vorbild wurde das politische Programm der *Vier Modernisierungen* (Modernisierung der Landwirtschaft, der Industrie, der Verteidigung sowie der Wissenschaft und Technik) als ideologischer Leitbegriff bestimmt und umgesetzt (vgl. Li 2010, S. 178). Die Konferenz markierte den Beginn der Reform- und Öffnungspolitik mit Bildung als ein relevantes Instrument zur Umsetzung. Mit Beginn dieser Reform entfaltete sich unter Führung von Deng Xiaoping ein internationaler Austausch und eine Zusammenarbeit in verschiedenen Bereichen, wobei sich das Bildungs- und Berufsbildungssystem mit neuen Herausforderungen konfrontiert sah (vgl. Huang 2009, S. 732–733). Nach Dengs Anweisung musste die bisher falsche Politik der Kulturrevolution korrigiert werden. Das System der Hochschulaufnahmeprüfung wurde im Oktober 1977 wiederhergestellt. Die Studenten nahmen ihr Studium wieder auf, ohne körperliche Arbeit und praktische Tätigkeit leisten zu müssen. Die unterdrückten Intellektuellen wurden rehabilitiert. Mit einer Reihe von Beschlüssen und Gesetzen wurden sie zum Rückgrat im neuen Bildungssystem Chinas, das nun begabte Menschen förderte (vgl. Huang 2009, S. 732–733; Li 2010, S. 95).

Die neue Bildungspolitik (seit 1978) vollzog sich in vier Stufen: Erholung, Entwicklung, Abnahme und Wiederaufbau mit Fokus auf Standarisierung und Professionalisierung von Bildung und Ausbildung (s. Tabelle 2).

Wichtigster Meilenstein in der Entwicklung des chinesischen Bildungssystems war der Beschluss des ZK der KPCh über die Reform des Bildungssystems von 1985, welche auch die Stellung der beruflichen Bildung stärkte. Im Juni 1999 fand die dritte Nationale Arbeitskonferenz über das Bildungswesen Chinas mit neuem Bildungsreformplan und dem Schwerpunkt statt, das Land durch Entwicklung von Wissenschaft und Bildung zu stärken. Seitdem gewann Bildung auch an strategischer Bedeutung (vgl. Franke 2003a, S. 11). Allerdings blieben Prüfungen Hauptziel der Erziehung. Im neunten (1996–2000) und zehnten (2001–2005) Fünfjahresplan etablierten sich Stück für Stück die Rechtsgrundlagen des heutigen Bildungssystems durch das allgemeine Schulpflichtgesetz (1986), das Lehrergesetz (1993), das allgemeine Bildungsgesetz (1995), das

Berufsbildungsgesetz (1996), das Hochschulbildungsgesetz (1998), das Gesetz zur Förderung nichtöffentlicher Schulen (Privatschulgesetz 2002) sowie eine Reihe von Beschlüssen der Nationalen Konferenz für Bildung. Die Berufsbildungspolitik entsprach i. d. R. den Bedürfnissen der Gesellschaft und forderte die Entwicklung der beruflichen Bildung. Der elfte Fünfjahresplan (2006–2010) enthielt drei gesellschaftliche Hauptstrategien: Wirtschaftsentwicklung, Lösung sozialer Probleme und ökologischer Aufgaben. Diese Periode verlangte von der Berufsbildung wesentliche Beiträge zur Erfüllung dieser Aufgaben (vgl. Liu et al. 2006, S. 38). Nach dem zwölften Fünfjahresplan (2011-2015) hat sich das Wachstum schneller als erwartet abgeschwächt. Gegenwärtig ist der dreizehnte Fünfjahresplan in Kraft (2015–2020), der Nachhaltigkeit fordert. Hierbei zielt die Wirtschaftsstrategie auf ein nachhaltiges, energiesparendes, dienstleistungs- und nachfrageorientiertes Wirtschaftswachstum (vgl. State Council of the People's Republic of China 2016, S. 8–9). Um diesen Gedanken in die Realität umsetzen zu können, ist es notwendig, Menschen, insbesondere die zukünftigen Fachkräfte, zum nachhaltigen Handeln zu befähigen - sowohl im Alltag als auch im Arbeitsumfeld. Die Berufsbildung erhält somit einen hohen Stellenwert. Der Staat strebt nunmehr auch ein Konzept der Berufsbildung für nachhaltige Entwicklung an.

Tabelle 2: Meilensteine der chinesischen Bildungspolitik (seit 1978)

[Eigene Darstellung basierend auf der Auswertung verschiedener Regierungsdokumente, Bai 2011, S. 74–102, Yang und Po 2014, S. 32, und Schulte 2014, S. 506]

Jahr	**Meilensteine der chinesischen Bildungspolitik**
1978–1984	• Erste Lockerung der staatlichen Zuteilung von Arbeitsplätzen, Diversifizierung der Eigentumsstrukturen
1984–1992	• Schrittweise Einführung eines Arbeitsvertragssystems • Fortfall der Garantie lebenslanger Beschäftigung
1980	• Strukturreform des Berufsbildungssystems • Richtlinien zur Standardisierung von akademischen Abschlüssen (2004 novelliert): Modernisierung, Professionalisierung und Erhöhung der Autonomie des Bildungsbereichs
1985	• Beschluss des ZK der KPCh über die Reform des Bildungssystems: Höhere Priorität der beruflichen Bildung

(Fortsetzung)

Tabelle 2: Fortsetzung

Jahr	Meilensteine der chinesischen Bildungspolitik
1986	• Gesetz zur allgemeinen Schulpflicht: Neunjährige Pflichtschule (zeitweise eingeschränkt auf Landesteile mit 80 % der Bevölkerung Chinas) * Novellierung 2006: Chancengleichheit (z. B. Abschaffung von Eliteschulen, Sanktionen gegenüber Schulen, die Kindern mit auswärtigem Wohnsitz den Schulbesuch verweigern)
1993	• Lehrergesetz: Professionalisierung des Lehrerberufs, Festlegung von Qualifikationen / Abschlüssen für die verschiedenen Schulen
1994	• Gesetz für Arbeitsrecht: Regulierung der Beschäftigung, Flexibilisierung des Arbeitsmarktes
1995	• Bildungsgesetz: Bekräftigung moralisch-ideologischer Ziele, Grundsätze der Gleichheit vor dem Gesetz unabhängig von ethnischer Zugehörigkeit, Geschlecht, Beruf, Eigentum, Religion usw.
1996	• Berufsbildungsgesetz: Aufwertung der Berufsbildung zur Bekämpfung des Fachkräftemangels, Einführung eines akademischen Abschlusses verbunden mit beruflicher Ausbildung, Beteiligung von nichtstaatlichen Unternehmen bei der beruflichen Bildung
1998	• Hochschulbildungsgesetz: Modernisierung, Förderung von Autonomie und Kreativität bei gleichzeitiger Bewahrung ideologischer Grundsätze
1999	• Dritte Nationale Konferenz für Bildung: Praxisorientierung beruflicher Bildung
2000	• Standards zur Schaffung der Berufsbildungseinrichtungen für die höhere Berufsbildung (vorübergehend)
2002	• Gesetz zur Förderung von nichtöffentlichen Schulen (Privatschulgesetz): Reaktion auf den steigenden Bedarf an Schulen, der von staatlicher Seite nicht mehr gedeckt werden kann • Staatsratsbeschluss über die berufliche Bildung: bedarfsgerechte Anpassung der beruflichen Bildung
2003	• Erlass chinesisch-ausländischer Kooperation zur Errichtung von Schulen und Hochschulen: Reaktion auf das wachsende Interesse ausländischer Bildungsunternehmer / Universitäten, in China neue Schulen / Universitäten oder Zweigstellen zu errichten.
2005	• Staatsratsbeschluss über die berufliche Bildung: Praxisorientierung, Modernisierung der Schulverwaltung, Erhöhung der Anzahl von Schülern und Investitionsprogramm für die berufliche Bildung • Nationale Konferenz der beruflichen Bildung: Premierminister Wen Jiabao betont die Bedeutung der sozioökonomischen Bildung in der beruflichen Bildung für die nationale Entwicklung

Tabelle 2: Fortsetzung

Jahr	Meilensteine der chinesischen Bildungspolitik
2006	• Stellungnahme zur Umsetzung des Aufbaus von nationalen modellhaften Berufsbildungseinrichtungen für die höhere Berufsbildung (vom Ministerium für Bildung und dem Finanzministerium) • Stellungnahme zur Verbesserung der Unterrichtsqualität in der Berufshochschule (vom Ministerium für Bildung)
2007	• Erlass zu privaten Hochschulen: Mindeststandards zur Verhinderung unkontrollierter Gründung von privaten Universitäten • Staatsratsbeschluss über die berufliche Bildung: nationales Finanzhilfesystem für Benachteiligte in den mittleren und höheren Ebenen der Berufsbildung
2007–2008	• Bereitstellung einer Ausbildung für Menschen mit nicht-landwirtschaftlichen Fähigkeiten in ländlichen Gebieten, Subventionen für Berufsmittelschüler aus ländlichen Gebieten oder Befreiung von den Schulgebühren (vom Ministerium für Arbeit und soziale Sicherheit, Ministerium für Bildung)
2008	• Beschäftigungsförderungsgesetz und Arbeitsvertragsrecht
2009	• Revision der Leitlinien des nationalen Programms für die mittel- und langfristige Bildungsreform und Entwicklung: Regelungen für die Bildungsreform und Entwicklung bis 2020
2010	• Ankündigung des Bildungsministeriums zur Umsetzung einer Talent-Trainingsauswertung in beruflichen Schulen • Staatsratsbeschluss zur Stärkung der beruflichen Bildung: weitere Förderung der Beschäftigung • Stellungnahme zur Umsetzung des Aufbaus der nationalen modellhaften Berufshochschule und Schlüssel-Berufshochschule (vom Ministerium für Bildung und Finanzministerium) • Mittel- und langfristige nationale Bildungsreform und Entwicklungsplan (2010–2020)
2014	• Veröffentlichung des Bauplans eines modernen Berufsbildungssystems (2014–2020) • Entscheidung über die Beschleunigung der Entwicklung der modernen Berufsbildung
2016	• Stellungnahme für den Betrieb der *Open University* (vom Ministerium für Bildung)
2017	• Stellungnahmen der Generaldirektion des Staatsrates zur Vertiefung der Integration von Industrie und Bildung (vom Staatsrat der Volksrepublik China)

(*Fortsetzung*)

Tabelle 2: Fortsetzung

Jahr	Meilensteine der chinesischen Bildungspolitik
2018	• Maßnahmen zur Förderung der Zusammenarbeit von Schulen und Betrieben in berufsbildenden Schulen (vom Ministerium für Bildung, der Nationalen Entwicklungs- und Reformkommission, vom Ministerium für Industrie und Informationstechnologie, Finanzministerium, Ministerium für Humanressourcen und soziale Sicherheit und der Staatlichen Steuerverwaltung)

2.2.2 Die Geschichte des Bildungswesens und der Berufsbildung in Deutschland

Dieser Abschnitt umfasst die historischen Meilensteine der deutschen Berufsbildung bzw. des dualen Systems. Es lassen sich hierbei drei Entwicklungsphasen differenzieren (vgl. Greinert 1975, 499–507): Die Gründungsphase, die Konsolidierungsphase und die Ausbauphase und Modernisierung. Gegliedert nach diesen drei Phasen, wird die Entwicklung der Berufsausbildung in Deutschland im Folgenden näher erläutert. Geschichtlich betrachtet werden dabei die historischen Abschnitte Deutsches Kaiserreich (1871–1918), Weimarer Republik (1918–1933), Drittes Reich / Nationalsozialismus (1933–1945) und Nachkriegsdeutschland / Bundesrepublik (ab 1945 bzw. 1949) einbezogen.

2.2.2.1 Die Gründungsphase: Restauration der Handwerkslehre und Herausbildung der Fortbildungsschule (Mittelalter, 1870–1920)

Zum Verständnis der aktuellen Berufsbildung ist ein historischer Rückblick von Nutzen. Daher wird im Folgenden zuerst die Gründungsphase dualer Berufsausbildung erläutert. Sie lässt sich durch zwei Säulen charakterisieren:

Die erste Säule dualer Berufsausbildung ist die handwerkliche Betriebslehre. Bereits im Altertum entstanden in vielen Kulturen Handwerksberufe, die teilweise noch heute existieren, z. B. Schreiner, dies ist durch archäologische Funde belegt. Die deutsche Ausbildungstradition hat ihre Wurzeln schon im Mittelalter,[29] als in den deutschen Handelsstädten die Zünfte entstanden. Mit dem Konzept der Handwerkslehre, dem Lehrling-Geselle-Meister-Modell,

29 Das Mittelalter wird in Europa in drei Phasen gegliedert: Das Frühmittelalter (500-1050, also 5. Jh.-11. Jh.), das Hochmittelalter (11. Jh.-Mitte 13. Jh.) und das Spätmittelalter (Mitte 13. Jh.-Ende 15. Jh.). Das Ende des Mittelalters wird im

wurde insbesondere die Handwerkerausbildung geregelt. Das Konzept fand später auch in der Industrie Anwendung. Vom Mittelalter bis zum Beginn der Industrialisierung gehörte der Lehrling zur Meisterfamilie. Er arbeitete und lebte im Haushalt des Meisters, der dem Lehrling seine beruflich-fachlichen Fähigkeiten sowie berufsspezifische und soziale Verhaltensweisen in persönlichem Umgang vermitteln sollte. Bei Abschluss der Lehre erhielt der Lehrling ein Lehrzeugnis bzw. einen Lehrbrief (vgl. Greinert 1998, S. 33–35). Lehrstätten außerhalb des handwerklichen Bereichs wurden erst 1821 gegründet (vgl. Schultheis und Sell 2014). Das letzte Drittel des 19. Jh. war geprägt von der sogenannten Großen Depression (1873–1896), einer tiefen und anhaltenden Wirtschaftskrise. Als die Preise für Wirtschaftsgüter und Arbeitslöhne nachgaben, verlor der alte Mittelstand – Kleinbauerntum, Kleinhandel, Handwerk – seine Bedeutung, was sich vor allem am Rückgang der Betriebe zeigte. Diesem Niedergang des Handwerks folgte schließlich mit der Umsetzung der Gewerbefreiheit im Rahmen der Gewerbeordnung für den Norddeutschen Bund 1869 die Auflösung von Zunftzwang und Handwerkslehre. Mit der neuen Mittelstandspolitik des Kaiserreiches erfolgte jedoch zugleich eine Wiederbelebung des handwerklichen Modells der Berufsausbildung, um der zu Ende des Jahrhunderts erstarkenden Arbeiterbewegung entgegenzuwirken und „den alten – sozial und ökonomisch verfallenen – Mittelstand (Handwerk, Kleinhandel, Kleinbauerntum) vor der Proletarisierung zu bewahren und in ein ‚Bollwerk gegen die Sozialdemokratie' zu verwandeln" (Greinert 1975; zit. n. Greinert 2006, S. 500).

Diese neue Mittelstandspolitik des Kaiserreiches wurde somit als Steuerungsinstrument der Restauration betrachtet, welche aus den Erfahrungen und Konsequenzen der Großen Depression sowie aus dem politischen Niedergang des Liberalismus gespeist wurde (vgl. Greinert 1998, S. 40). In der Folge wurde eine Reihe von gewerblichen Vorschriften erlassen: 1869 trat im Rahmen der Gewerbeordnung gleichfalls bereits eine Regelung der Berufsschulpflicht für Lehrlinge unter 18 Jahren zum Besuch der Fortbildungsschule in Kraft. Mit der ersten Gewerberechtsnovelle (1881) gelang dem Kaiserreich ein qualitativer

Allgemeinen mit der Entdeckung Amerikas durch Christoph Kolumbus (1492) datiert. Danach bricht die Neuzeit an. Die Anfänge des Zunftwesens in Mittel- und Westeuropa sind in der Stadtgründungsphase des Hochmittelalters zu finden, in der sich die Handwerkszweige in den Städten spezialisierten. Als älteste, urkundlich belegte Zunft gilt der Wormser Fischer aus dem Jahr 1106 (vgl. Maybaum und Busch 1961, S. 42).

Sprung in der Handwerkerpolitik, mit der die Berufsausbildung als Selbstverwaltungsaufgabe der Wirtschaft etabliert wurde.

Die zweite Gewerberechtsnovelle, das sogenannte Handwerkerschutzgesetz von 1897, erschuf die Handwerkskammern als Interessenvertretungen der selbstständigen Handwerker „und schuf – nicht zuletzt zur Wettbewerbsbegrenzung – das Institut der sogenannten ‚Fakultativen Zwangsinnung' "(Greinert, 42 ff.; zit. n. Greinert und Wolf 2013, S. 45). Das Handwerkerschutzgesetz regelte auch die Überwachung und Durchführung des Lehrlings- und Gesellenwesens durch die Handwerkskammern mit weiteren Aufgaben: 1. die Regelung des Lehrlingswesens; 2. die Überwachung und Durchführung geltender Vorschriften; 3. Gutachten und Mitteilungen an Behörden; 4. Anträge und Jahresberichte; 5. Bildung von Prüfungsausschüssen; 6. Bildung von Berufungsausschüssen (vgl. Greinert 1998, S. 45). Dieses Handwerkerschutzgesetz bildete die Basis für die ökonomische Stabilisierung und Neuordnung des Handwerks und ist gleichzeitig zum Fundament des deutschen Systems der Berufsausbildung – dem dualen System – geworden (vgl. Greinert 2006, S. 500). Der sogenannte Große Befähigungsnachweis wurde 1890 vom Reichstag beschlossen, scheiterte indes am Einspruch des Bundesrates. Der Kleine Befähigungsnachweis (1908) legte fest, dass Lehrlinge fortan nur von geprüften Meistern besorgt werden durften. Durch die neuerliche Gewerberechtsnovelle von 1908 waren der Große und Kleine Befähigungsnachweis obligatorisch geworden (vgl. Greinert 1998, S. 41; Deutsches Reich 1908).

Die zweite Säule dualer Berufsausbildung basiert auf der Fortbildungsschule, die mit den Abend- und Sonntagsschulen für die schulentlassene Jugend und Armenkinder ihre Wurzeln bereits im 18. Jh. hatten. Diese Schulen, die Jugendlichen nicht nur religiöses Wissen vermittelten, sondern auch Alphabetisierung und Überlebensfähigkeit förderten, wurden anfänglich von unterschiedlichen Trägern organisiert und finanziert. Im Laufe der historischen Entwicklung hatte der Staat den Versuch unternommen, auf der Basis von Sonntagsschulen die Allgemeinen Fortbildungsschulen zu errichten, und zwar zur Erziehung nichtbürgerlicher Jugendlicher, aber auch als gewerbliche Einrichtung (vgl. Thyssen 1954, S. 90–96). Im letzten Drittel des 19. Jh., zu Beginn der Großen Depression, setzte die Gründungswelle der Allgemeinen Fortbildungsschulen ein, da „[…] infolge des rapiden Bevölkerungswachstums die Lücke in der sekundären Sozialisation – vor allem der männlichen Jugendlichen – für die bürgerliche Gesellschaft zu einem nicht mehr zu übersehenden Massenproblem zu werden schien" (Greinert 2006, S. 500). In Sachsen wurden am 26. April 1873 Allgemeine Fortbildungsschulen mit einer dreijährigen Schulpflicht für männliche Jugendliche per Gesetz eingeführt: 1874 auch in Baden, Hessen,

Sachsen-Weimar und Sachsen-Coburg und danach noch in einer ganzen Reihe weiterer Staaten (vgl. Thyssen 1954, 69 ff.; Greinert 1998, S. 51). Dennoch nahmen um etwa 1890 die kritischen Stimmen gegenüber den Allgemeinen Fortbildungsschulen zu: Zwischen 1895 und 1914 gab es viele Zusammenschlüsse und Vereine, die eine reformierte Schulform anstrebten. Der größte und einflussreichste Verband war der Deutsche Verein für das Fortbildungsschulwesen, gegründet von Oskar Woldemar Pache. Der bekannteste und erfolgreichste Reformer war jedoch der Münchener Schulrat Georg Kirschensteiner, der um 1900 entscheidend zur Durchsetzung der Reformstrategie beitrug. Er schlug vor, „[...] diese Schule in eine konsequent am Beruf des Schülers orientierte Institution umzuwandeln und damit auf das Programm einer durch ‚Berufsbildung' unterstützten Mittelstandspolitik festzulegen" (Greinert 2006, S. 501). Dieser Vorschlag wird heute als zentrale Weichenstellung für die Ausrichtung der Berufsschule angesehen und prägt bis heute die Deutsche Philosophie der Berufsbildung in der Unterscheidung zum bloßen ‚On-the-job training' und der reinen Vermittlung beruflicher Kompetenzen (vgl. Greinert 2006, S. 501). Diese Schulreformen hatten zum Ziel, die Allgemeinen Fortbildungsschulen in Berufsschulen umzuwandeln.

Offensichtlich ist das duale System der deutschen Berufsausbildung „[...] nicht das Ergebnis gezielter qualifikationspolitischer Entscheidung, sondern genau genommen eher ein Nebenprodukt der Mittelstandspolitik des Kaiserreiches" (Greinert 1998, S. 40). Im Zuge bürgerlich-liberaler Schulreformen wurde diese beruflich orientierte Fortbildungsschule in Preußen bereits nach 1900 zur Leitlinie der Fortbildungsschulpolitik. Deshalb können auch die Allgemeinen Fortbildungsschulen als Vorgänger der heutigen Berufsschulen betrachten werden. Die beschleunigte Entwicklung in der Betriebslehre und den Fortbildungsschulen wurde durch den Ersten Weltkrieg (1914–1918) und dem nachfolgenden gesellschaftlichen Zusammenbruch unterbrochen.

2.2.2.2 Die Konsolidierungsphase: Industrielle Lehrlingsausbildung und Berufsschule (1920–1970)

Zum Ende des Ersten Weltkrieges folgte mit der Entstehung der dualen Ausbildung eine wichtige Zäsur, da damit das Ausbildungssystem nicht mehr Nebenprodukt der politischen Entwicklungen war, sondern bewusst gesteuert wurde. Die systematische gewerbliche Ausbildung hatte ihren Ursprung in der zweiten Hälfte des 19. Jh. Während der letzten Konjunkturphase vor dem Ersten Weltkrieg (1895–1913) erhielt das duale Prinzip im Sinne einer praktischen betrieblichen Ausbildung mit zusätzlich theoretischem Unterricht bereits einen hohen

Stellenwert. Im Zuge der Industrialisierung geriet das traditionelle Modell beruflichen Lernens in Schwierigkeiten, da infolge der Massenproduktion der Bedarf an gut ausgebildeten Arbeitskräften kontinuierlich stieg. Besonders in den Pionierbetrieben der Maschinenbau- und Elektroindustrie sowie der Schwerindustrie zwangen die neuen Größenordnungen zu geänderten Produktionsmethoden. Infolgedessen bauten Großunternehmen eigene produktionsgetrennte Lehrwerkstätten auf und begannen in eigenen Lehrlingswerkstätten mit der systematischen, gewerblichen Ausbildung.

Das neue Ausbildungsmodell war stark vom Taylorismus[30] mit seinen drei Dimensionen beeinflusst: 1. die institutionelle Dimension mit Lehrwerkstatt und Werkschule; 2. die methodische Dimension mit psychologischem Auswahlverfahren, standardisierten Lehrgängen und Lehrmitteln; 3. die berufssystematische Dimension mit den sogenannten Ordnungsmitteln, Berufsbild, Ausbildungsplan und Prüfungsanforderungen (vgl. Behr 1981; Fenger 1968; Benner 1987; zit. n. Greinert 2006, S. 502). Bemerkenswert an dieser Epoche ist die Abgrenzung des industrietypischen Modells der Lehrlingsausbildung vom handwerklich berufsständischen Konzept. Hierbei wurden spezielle Institutionen aufgebaut, z. B. der Deutsche Ausschuss für Technisches Schulwesen (DATSCH), das Deutsche Institut für Technische Arbeitsschulung (DINTA) und der Arbeitsausschuss für Berufsausbildung (AfB). Mit diesen Maßnahmen wurde sich nun vermehrt um die Entwicklung der industriellen Berufsausbildung gekümmert.

Trotzdem gelang es der Industrie nicht, ein völlig eigenständiges Berufsausbildungsmodell einzuführen. Unter dem Eindruck der Werkschulbewegung und der Weltwirtschaftskrise (1930–1933) wurde die Berufsschule öffentlich

30 Als Taylorismus wird das von dem US-Amerikaner Frederick Winslow Taylor (1856-1915) begründete Prinzip einer Prozesssteuerung von Arbeitsabläufen bezeichnet. Taylorismus vertritt eine Arbeitsauffassung, bei der geistige und körperliche Tätigkeit getrennt voneinander betrachtet werden. Arbeitsprozesse werden aufgeteilt und in einer Art Fließbandarbeit jeweils von Spezialisten für den jeweiligen Arbeitsschritt ausgeführt. Der einzelne Mitarbeiter hat keine Verantwortung für den kompletten Produktionsprozess und muss auch nicht umfassend ausgebildet sein. Angesichts der Implikationen für die berufliche Bildung ist keine umfassende, mehrjährige Ausbildung nötig, in der alle Aspekte eines umfassenden Berufsbildes erlernt werden. Modulare Kurzzeittrainings mit spezifischen Inhalten zu einer Tätigkeit im Arbeitsprozess reichen aus. Von den Auszubildenden werden keine Methoden- und Persönlichkeitskompetenzen gefordert, sondern detailaktuelles Fachwissen zu einer bestimmten Tätigkeit (vgl. Arnold et al. 1998, S. 18; vgl. Taylor 1911).

als zweiter Lernort anerkannt. Die Berufsschulpolitik im Dritten Reich strebte im Wesentlichen die Zentralisierung der Schulverwaltungen der Länder und die Vereinheitlichung des Berufsschulwesens an. 1937 erhielten die beruflichen Schulen eine durchgängige Benennung, 1938 folgte die einheitliche Berufsschulpflicht. Die zentralistische Politik im Dritten Reich fixierte die klassische Pflichtberufsschule auch juristisch: dreijährige Berufsschulpflicht, acht Wochenstunden Unterricht, Beschulungspflicht der Schulträger (Stadt- und Landkreise), einheitliche Lehrpläne, enge Anlehnung der Berufsschule an die betriebliche Ausbildung, Berufsschulbeiräte, Berufsschullehrer als Beamte (vgl. Greinert 2006, S. 503). Seitdem festigte die universelle Durchsetzung der Berufsschule als öffentliche Pflichtschule endgültig den Status dieser Schule als Institution des deutschen Bildungswesens. Erste kaufmännische Ausbildungsberufe nach dem dualen System entstanden bereits um 1920 nach dem Vorbild der gewerblich-technischen Berufsausbildung. Nach dem Zweiten Weltkrieg wurde am Status der Berufsausbildung als öffentliche Aufgabe festgehalten und man ergänzte diese durch eine Reihe weiterer Verordnungen und Gesetze. 1953 erschien das Gesetz zur Ordnung des Handwerks (Kurztitel: Handwerksordnung bzw. HwO), in der die Handwerksausübung im stehenden Gewerbe, die berufliche Bildung und Weiterbildung im Handwerk sowie die Selbstverwaltung dieses Wirtschaftsbereiches geregelt ist. Erst 1964 entstand der Begriff des dualen Systems, der erstmals in einem Gutachten über das berufliche Ausbildungs- und Schulwesen (1964) vom Deutschen Ausschuss für das Erziehungs- und Bildungswesen (1953–1965) Verwendung fand (vgl. Deutscher Ausschuss für das Erziehungs- und Bildungswesen 1966, S. 503).

Ab 1. September 1969 gab es die erste bundeseinheitliche Regelung des dualen Systems, das Berufsbildungsgesetz (BBiG) mit gleichzeitiger Anpassung der Handwerksordnung. Vor 1969 war das deutsche Berufsbildungsrecht völlig unklar. Danach wurde das Ausbildungsrecht für die verschiedenen Berufe zusammengefasst und damit der Einfluss des Staates auf die Ausbildung gesichert.

Rückblickend sind in der Zeit von 1920 bis 1970 drei unterschiedliche ausbildungspolitische Handlungsstränge erkennbar, die die Entwicklungsphasen der dualen Ausbildung kennzeichnen und welche unabhängig vom politischen System bestehen. Zum einen der industriepolitische Anspruch ein eigenes Ausbildungsmodell aufzubauen, das sich an rationalen Kriterien orientiert, explizit auf die unternehmerischen Bedürfnisse abgestimmt ist und dabei allein der Verantwortung der Betriebe unterliegt. Zum anderen die staatlichen Bestrebungen, getragen von Bürokraten, Berufsschullehrern und Unternehmern, eine staatlich organisierte Berufsschule zu entwickeln, die sich dabei jedoch auch maßgeblich an den Qualifikationsbedürfnissen der Wirtschaft orientiert. Drittens die Bestrebungen von insbesondere gewerkschaftlich orientierte Kräften, über ein umfassendes Gesetz Einfluss auf die Berufsausbildung zu gewinnen, um die Mitwirkungsrechte der Interessensvertreter der Arbeitnehmerschaft zu verankern (vgl. Greinert 1998, S. 28–29, 2006, S. 502). Hervorzuheben ist, dass das industrielle Ausbildungsmodell kein neues Ausbildungssystem darstellte, sondern in die bisherigen Strukturen integriert war. Das traditionelle Berufsausbildungsmodell des Handwerks wandelte sich zum „Leitbild der deutschen Berufserziehung" (vgl. Greinert 1998, S. 29, 2006, S. 502).

2.2.2.3 Die Ausbauphase und Modernisierung: Staatseinfluss und Rationalisierung (seit 1970)

Bis 1969 hat es im 19. und 20. Jh. bereits eine Vielzahl von Initiativen für eine grundsätzliche Regelung der betrieblichen Berufsbildung gegeben. Bis zu diesem Zeitpunkt scheiterten jedoch alle Versuche, die berufliche Bildung in einem einheitlichen Gesetz zu verankern. Seit der Verabschiedung des Berufsbildungsgesetzes im Jahre 1969 gibt es nun eine bundeseinheitliche Regelung, welche die rechtliche Grundlage für Zuständigkeiten, Pflichten, Inhalte der beruflichen Bildung festlegt. Das BBiG bildet den Schlussstein der Entstehung des modernen deutschen dualen Berufsbildungssystems und markiert einen wichtigen Wendepunkt in der Geschichte der deutschen Berufsbildungspolitik.[31] Im Folgenden werden die wichtigsten weiteren Entwicklungen der beruflichen Ausbildung seit 1969 gegliedert in vier zeitliche Abschnitte – während der 1970er-, 1980er- und 1990er-Jahre sowie seit dem Jahr 2000 – zusammengefasst.

Die 1970er-Jahre: Hohe Reformansprüche und Planungseuphorie

Zu Anfang der 1970er-Jahre begann eine Debatte über die Notwendigkeit einer Reform des dualen Systems, insbesondere im Hinblick auf eine stärkere kollektivistische Ausrichtung des Systems. Daher richtete sich die politische Auseinandersetzung besonders auf den Versuch der Novellierung des Berufsbildungsgesetzes und die Absicht der allgemeinen Einführung eines Berufsbildungsjahres (BGJ) (vgl. Greinert 1998, S. 95). 1970 wurde die Bund-Länder-Kommission für Bildungsplanung als Gemeinschaftsaufgabe von Bund und Ländern gegründet. Die 1973 unter Bundeskanzler Brandt verfassten

31 Eine detaillierte historische Beschreibung der Politik der Berufsbildung zeigen die Tabellen 3, 4, 5 und 6.

sogenannten Markierungspunkte zur Neufassung des Berufsbildungsgesetzes beinhalteten verschiedene Vorschläge, insbesondere zur Stärkung der staatlichen Verantwortung für die Berufsbildung (s. Tabelle 3), scheiterten jedoch im legislativen Prozess. Auch die weiteren Novellierungsversuche zum BBiG unter Kanzler Schmidt ab 1974, blieben letztendlich ohne Erfolg (vgl. Greinert 1998, S. 96). Angesichts der steigenden Arbeitslosenzahlen, besonders der Jugendarbeitslosigkeit der 70er-Jahre, wurde 1976 das Ausbildungsplatzförderungsgesetz (APIFG) verabschiedet. Es konkretisierte die Struktur und Aufgaben eines Bundesinstituts für Berufsbildung (BIBB) und die Erhebung einer Berufsbildungsabgabe von größeren Betrieben im Falle nicht ausreichender Lehrstellen mittels einer Rechtsverordnung des Bundesministers für Bildung und Wissenschaft[32] (vgl. Greinert 1998, S. 96–97). Das Augenmerk des APIFG war also auf die Sicherung eines ausreichenden Ausbildungsangebotes unter Vernachlässigung der Ausbildungsqualität gerichtet. Nach einer erfolgreichen Klage vor dem Bundesverfassungsgericht seitens der Länder Bayern, Baden-Württemberg und Rheinland-Pfalz musste dieses Gesetz unter Verzicht auf das Finanzierungsinstrumentarium abermals abgewandelt werden und wurde 1981 durch das Gesetz zur Förderung der Berufsbildung durch Planung und Forschung (Berufsbildungsförderungsgesetz – BerBiFG) ersetzt (vgl. Bundesverfassungsgericht 1981, 281–288).

Der andere Schwerpunkt der Ausbildungspolitik der 70er-Jahre war die Grundsteinlegung für das Übergangssystem mit Einführung des schulischen BGJ und seiner späteren Lockerung im Jahre 1978. Danach wurde erstmals ein Benachteiligtenprogramm zur Förderung von Jugendlichen mit schwächeren Schulabschlüssen aufgelegt (vgl. Busemeyer 2009, S. 101–103).

Zusammenfassend lässt sich feststellen, dass sich in den 70er-Jahren die Entwicklung des deutschen Berufsbildungssystems mit relevanten institutionellen Grundsteinen wie Berufsbildungsgesetz und dem BGJ vollzog. Auch wenn die Bemühungen zur Neufassung des BBiG scheiterten, trug diese Vorarbeit letztendlich zur Verbesserung der beruflichen Bildung entscheidend bei.

---

32 Bundesminister für Bildung und Wissenschaft (heute: Bundesminister für Bildung und Forschung, BMBF), seit 1973 federführend für den Bereich betrieblicher Berufsausbildung (vgl. Greinert 1998, S. 99).

Tabelle 3: Meilensteine der deutschen Berufsbildungspolitik (die 1970er-Jahre)
[Eigene Darstellung basierend auf verschiedenen Regierungsdokumenten, Greinert 1998, S. 93–102; Busemeyer 2009, S. 78–106]

Jahr	**Meilensteine der deutschen Berufsbildungspolitik** **Die 1970er-Jahre: Hohe Reformansprüche und Planungseuphorie**
1969	• Verabschiedung des Berufsbildungsgesetzes (BBiG) (2005 novelliert): Schaffung der Rahmenbedingungen für die berufliche Bildung, Regelung der Berufsausbildung (Duales Bildungssystem), die Berufsausbildungsvorbereitung, die Fortbildung sowie die berufliche Umschulung
1970	• Veröffentlichung der Vorlage des Bildungsberichtes • Verwaltungsabkommen zwischen Bund und Ländern (Bund-Länder-Kommission), Aufgabe: umfassende langfristige Bildungsreformen durch eine gemeinsame Bildungsplanung
1972	• Vereinbarung zwischen dem Bund und den Kultusministerkonferenzen der Länder: Gemeinsames Ergebnisprotokoll betreffend das Verfahren bei der Abstimmung von Ausbildungsordnung und Rahmenlehrplänen
1976–1980	• Ausbildungsplatzförderungsgesetz (APIFG): Struktur und Aufgaben eines Bundesinstituts für Berufsbildung, Erhebung einer Berufsbildungsabgabe durch größere Betriebe im Falle nicht ausreichender Lehrstellen (Rechtsverordnung des Bundesministers für Bildung und Wissenschaft)
1978	• Lockerung des Berufsgrundbildungsjahrs • Inkrafttreten der Anrechnungsverordnung
1978 / 79	• Benachteiligtenprogramm zur Förderung von Jugendlichen mit schwächeren Schulabschlüssen

Die 1980er-Jahre: Differenzierung, ausbildungshemmende Hindernisse und Benachteiligtenförderung

Auf die Planungseuphorie der 70er-Jahre folgte die Ernüchterung der 80er-Jahre. Angesichts der Abschwächung des Ausbildungsmarktes hatte die Berufsbildungspolitik der 1980er drei Einzelaspekte: Differenzierung, Abbau ausbildungshemmender Hindernisse und Benachteiligtenförderung (s. Tabelle 4). Zum vorrangigen Ziel wurde die Bewältigung der Lehrstellenkrise mithilfe einer Angebotsdifferenzierung erklärt. In den Jahren 1981 und 1982 regierte die sozial-liberale Koalition, die in ihrem Berufsbildungsbericht (1982) von einer Verschlechterung der Ausbildungslage sprach. Ab dem 13. Oktober 1982 wurde das sozial liberale Bündnis durch die christlich-liberale Koalition unter Führung von Bundeskanzler Helmut Kohl abgelöst. Dieser Wechsel führte jedoch nicht zu neuen Impulsen in der Bildungspolitik (vgl. Massing und Gehrmann 2003, S. 24). Angesichts der andauernden Krise auf dem Ausbildungsmarkt gab Bundeskanzler Kohl in seiner Regierungserklärung vom 04. Mai 1983 eine Lehrstellengarantie: „In diesem Jahr werden alle Jugendlichen, die ausbildungswillig und ausbildungsfähig sind, eine Lehrstelle erhalten können" (Kohl 2002 [1983], S. 299). 1983 wurde in Bezug auf die Steigerung des Ausbildungsangebotes unter wirtschaftlich schwierigen Bedingungen zu einem Rekordjahr erklärt (vgl. Busemeyer 2009, S. 109). Jedoch hatte die sozialdemokratische Bildungseuphorie der 70er-Jahre viele Jugendliche an die Universitäten gebracht, für die auf dem Arbeitsmarkt faktisch kein Bedarf bestand. Es mangelte hingegen an gut ausgebildeten und qualifizierten Facharbeitern. Daher war es ein wichtiges Anliegen der christlich-liberalen Bundesregierung, die berufliche Bildung für Abiturienten attraktiver zu machen. Sehr viele Studierende unterbrachen das Studium für eine duale Berufsausbildung. Die Bundesregierung begrüßte diese „Umorientierung der Studienberechtigten" als Folge der „Differenzierung der Berufsbildungsangebote" (vgl. Deutscher Bundestag 1985, S. 14–16; zit. n. Busemeyer 2009, 118, 107). Mit den Forderungen nach mehr Differenzierung traf man jedoch auf den Widerstand der Gewerkschaften, die dem Plan gegenüber, die duale Ausbildung für Abiturienten noch attraktiver zu machen, kritisch eingestellt waren. Denn „der Anteil der Arbeitnehmerkinder an Studenten" nahm ab und „die wachsende Zahl von Abiturienten im dualen System [verschlechterte] gleichzeitig die Chancen der anderen Jugendlichen" (Deutscher Bundestag 1986, S. 21). Die Gewerkschaften unterstützten den Lernort Betrieb und forderten eine breitere Berufsbildung in Schlüsselberufen[33](vgl. Deutscher Bundestag 1989, S. 26; Busemeyer 2009, 114, 120). Der zweite bedeutungsvolle Aspekt der unionsgeführten Berufspolitik war die Beseitigung von sogenannten ausbildungshemmenden Hindernissen. Zur Verbesserung der Rahmenbedingung beruflicher Bildung wurden neue Konzepte, Gesetze und Verordnungen entwickelt und erlassen: die Lockerung des Jugendarbeitsschutzrechts (1. August 1983), die Angleichung der Arbeitszeitregelung von Jungen und Mädchen durch die Erweiterung der Beschäftigung von Frauen (1985) sowie ein Gesetz zur Finanzierung von Ausbildungsplätzen in der Berufsausbildung (Ausbildungsplatzfinanzierungsgesetz, 1984) usw. (vgl. Busemeyer 2009, S. 117–118). Das dritte augenfällige Merkmal wurde in

33 „In verstärktem Umfang sind Ausbildungsplätze in Schlüsselberufen anzubieten, die eine breite Verwertbarkeit über den Ausbildungsbetrieb, den Einzelberuf und den Wirtschaftszweig hinaus haben" (Deutscher Bundestag 1989, S. 26)

den 80er-Jahren systematisch ausgebaut. Schließlich bestand das Problem nicht mehr im Lehrstellenmangel, sondern ergab sich nun konträr aus dem Fehlen an Nachwuchs und Fachkräften. Trotz der seit den 80er-Jahren greifenden Berufsvorbereitungsmaßnahmen für junge Menschen war für viele Jugendliche der erfolgreiche Abschluss der Berufsausbildung gefährdet. Deshalb wurden nun die berufsvorbereitenden Bildungsmaßnahmen (BvB) und die ausbildungsbegleitenden Hilfen (abH) als unterstützende Maßnahmen für schwächere Schüler ausgebaut, um auch diesen einen erfolgreichen Abschluss einer Berufsausbildung zu ermöglichen (vgl. Busemeyer 2009, S. 120–121).

Tabelle 4: Meilensteine der deutschen Berufsbildungspolitik (die 1980er-Jahre)
[Eigene Darstellung basierend auf verschiedenen Regierungsdokumenten, Greinert 1998, S. 93–102; Busemeyer 2009, S. 106–126]

Jahr	**Meilensteine der deutschen Berufsbildungspolitik** **Die 1980er-Jahre: Differenzierung, ausbildungshemmende Benachteiligtenförderung Hindernisse beseitigen und Benachteiligtenförderung**
1981	• Verabschiedung des Berufsbildungsförderungsgesetzes (BerBiFG): Regelung für die Berufsbildung (Berufsausbildung, berufliche Fortbildung und berufliche Umschulung sowie nicht durch Schulgesetze der Länder geregelte Berufsbildungsplanung, Berufsbildungsbericht und Berufsbildungsstatistik)
1983	• Rekordjahr mit Steigerung des Ausbildungsangebotes trotz angespannter wirtschaftlicher Lage • Lockerung des Jugendarbeitsschutzrechts durch Verordnung vom 01.08.1983
1985	• Erweiterung der Möglichkeit der Beschäftigung von Frauen: Arbeitszeitregelung von Jungen und Mädchen
1986	• Entwurf eines Gesetzes zur Finanzierung von Ausbildungsplätzen in der Berufsausbildung (Ausbildungsplatzfinanzierungsgesetz)
1980–1989	• Systematischer Aufbau der Benachteiligtenförderung: berufsvorbereitende Bildungsmaßnahmen (BvB) und ausbildungsbegleitenden Hilfen (abH)

Die 1990er-Jahre: Institutionalisierung der dualen Berufsausbildung in den neuen Bundesländern

Mit der Wiedervereinigung Deutschlands (1989/90) stand das Bildungs- und Berufsbildungswesen vor der Herausforderung, das Modell der dualen Ausbildung auf die neuen Bundesländer zu übertragen und die unterschiedlichen Ausbildungssysteme in Deutschland zu vereinheitlichen. Im Mai 1990 konstituierten sich gemeinsame Bildungskommissionen von BRD und DDR (BMBW) zur gegenseitigen „Orientierung der Bildungspolitik beider Staaten sowie schrittweiser Zusammenführung der beiden Bildungs und Wissenschaftssysteme" (Bundesministerium für Bildung und Wissenschaft – BMBW 1995 [1990], S. 207). Die Inhalte der beruflichen Bildung beider Staaten konnten schnell vereinheitlicht werden. Bereits im Oktober 1990 wurden 80 % der Jugendlichen nach der westdeutschen Ausbildungsordnung ausgebildet (Deutscher Bundestag 1991, S. 2). Am 1. Januar trat das Aufstiegsfortbildungsförderungsgesetz (AFBG) in Kraft, das mit finanziellen Mitteln die berufliche Aufstiegsfortbildung unterstützt und die Gleichwertigkeit von beruflicher und akademischer Bildung in der BRD herstellen sollte (vgl. Deutscher Bundestag 1997, S. 8). Eine weitere Herausforderung war das quantitativ unzureichende Ausbildungsangebot der ostdeutschen Betriebe. Die Regierung begegnete diesem Problem mit verschiedenen Förderprogrammen wie z. B. direkten Subventionen für betriebliche Ausbildungsplätze (vor allem durch Länderprogramme) und der Errichtung von über- und außerbetrieblichen Ausbildungsstätten (vgl. Busemeyer 2009, S. 132). Darüber hinaus wurden viele kurzfristig ausgelegte Sonderprogramme aufgelegt, z. B. § 40c Abs. 4 des AFG / DDR zur Förderung von Marktbenachteiligten für die Jahre 1991 bis 1993, die Gemeinschaftsinitiative Ost (1993–1995 / 96), die Aktionsprogramme Lehrstellen Ost (1996 / 97), die Lehrstelleninitiative (1996–1998) sowie schließlich das (nach 1999) dauerhaft angelegte Ausbildungsplatzprogramm Ost (s. Tabelle 5) (vgl. Busemeyer 2009, S. 127–139). Neben diesen kurzfristigen Sonderprogrammen wurden zudem mehr Ausbildungsmöglichkeiten für benachteiligte Gruppen geschaffen.

Seit Mitte der 90er-Jahre forderte man erneut die Wiederbelebung der allgemeinen Reformdiskussion mit dem Ziel der Modernisierung und Reform der beruflichen Bildung namens Reformprojekt Berufliche Bildung – Flexible Strukturen und moderne Berufe (Deutscher Bundestag 1997). Die Zielsetzung umfasste folgende Maßnahmen: Schaffung flexibler Ausbildungsordnungen, Bereitstellung unterschiedlicher Ausbildungsangebote für Leistungsschwächere und -stärkere, Entwicklung neuer Berufe[34] und schnelle Anpassung alter Berufsbilder an neue Rahmenbedingungen sowie größere Europakompatibilität, Anpassung von Weiterbildungsstrukturen an neue Herausforderungen sowie Schaffung gleichen Stellenwertes zwischen allgemeiner und beruflicher Bildung

34 In den 1990er-Jahren rückten die Bemühungen, das duale System auf neue Wirtschaftsbereiche (Dienstleistungen, IT) zu übertragen, in den Mittelpunkt der Neuordnungspolitik.

bei voller Ausschöpfung aller betrieblichen Lehrstellenpotentiale (vgl. Deutscher Bundestag 1997, S. 3; Busemeyer 2009, S. 139). Die Frage der Modularisierung stand im Brennpunkt der Reformdiskussion. Nachdem die Ausbildereignungsverordnung und das Jugendarbeitsschutzgesetz in den Jahren 1996 und 1997 wieder gelockert wurden, konnten weitere „ausbildungshemmende Hindernisse" beseitigt werden (vgl. Deutscher Bundestag 1997, S. 9). In einer Gesamtansicht stellt sich das „Reformprojekt Berufliche Bildung" als Weiterführung der Berufsbildungspolitik der 80er-Jahre dar (vgl. Busemeyer 2009, S. 142), durch welche der Reformstau der 1980er jedoch nur z. T. aufgelöst werden konnte.

Tabelle 5: Meilensteine der deutschen Berufsbildungspolitik (die 1990er-Jahre)
[Eigene Darstellung basierend auf verschiedenen Regierungsdokumenten, Greinert 1998, S. 78–102; Busemeyer 2009, S. 127–147]

Jahr	**Meilensteine der deutschen Berufsbildungspolitik** **Die 1990er-Jahre: Institutionalisierung der dualen Berufsausbildung in den neuen Bundesländern**
1990	• Konzept der vollen Berufsfähigkeit • Gemeinsame Bildungskommission von BRD und DDR (BMBW): Zusammenführung beider Bildungssysteme • Hamburger Abkommen: Grundpfeiler des westdeutschen Bildungsföderalismus mit Einigungsvertrag
1991–1993	• Die Sonderregelung des § 40c, Abs. 4 des AFG / DDR zur Förderung von Marktbenachteiligten
1993–1995/96	• Die Gemeinschaftsinitiative Ost: kurzfristig angelegt, Finanzierung durch Bund, Länder und EU
1996	• Inkrafttreten des Aufstiegsfortbildungsförderungsgesetzes (AFBG): Fördermittel für die Weiterbildung beruflich Qualifizierter, wichtiger Beitrag zur Herstellung der Gleichwertigkeit von beruflicher und akademischer Bildung • Lockerung der Ausbildereignungsordnung
1996 / 1997	• Aktionsprogramme Lehrstellen Ost: Finanzierung durch Bund und Länder
1996–1998	• Die Lehrstelleninitiative: Finanzierung durch Länder und ERP-Mittel • Modernisierung und Reform der beruflichen Bildung: Reformprojekt Berufliche Bildung – Flexible Strukturen und moderne Berufe • Lockerung des Jugendarbeitsschutzgesetzes • Wirtschaft (Arbeitgeber): Verbesserung der Organisation des Berufsschulunterrichts und Erhöhung der Anwesenheitszeiten der Auszubildenden im Betrieb

Tabelle 5: Fortsetzung

Jahr	Meilensteine der deutschen Berufsbildungspolitik Die 1990er-Jahre: Institutionalisierung der dualen Berufsausbildung in den neuen Bundesländern
1998–2003	• Bündnis für Arbeit, Ausbildung und Wettbewerbsfähigkeit als Hauptinstrument zur Bekämpfung der Arbeitslosigkeit
1998–2004	• Veröffentlichung des Beschlusses des Sofortprogramms zum Abbau der Jugendarbeitslosigkeit – Ausbildung, Qualifizierung und Beschäftigung Jugendlicher (JUMP): Fördermaßnahmen zur Steigerung des betrieblichen Ausbildungsangebots, Fördermittel für außerbetriebliche Ausbildung sowie Eingliederung von Jugendlichen in Beschäftigung (JUMP, bis 2004)
1999	• Das dauerhaft angelegte Ausbildungsplatzprogramm Ost: Förderung der außerbetrieblichen Ausbildung für Marktbenachteiligte • Bologna-Prozess: Einheitlicher europäischer Hochschulraum, Umstellung der Studiengänge auf ein zweistufiges Bachelor- / Mastersystem, Einführung von Leistungspunkten nach dem European Credit Transfer System (ECTS), nationaler Qualitätsrahmen für Hochschulen unter Berücksichtigung der beruflichen Bildung usw.

Seit 2000: Europäisierung, Modularisierung und Segmentierung

Zu Ende des Jahres 1998 übernahm die rot-grüne Koalition unter Kanzler Schröder die Regierungsgeschäfte. Ein neu geschaffenes Bündnis für Arbeit, Ausbildung und Wettbewerbsfähigkeit, welches sich aus Vertretern von Regierung, Arbeitgebern und Arbeitnehmer zusammensetze, sollte neue Impulse für Arbeitsmarkt und Beruf setzen und zu mehr Beschäftigung beitragen. Konkrete Maßnahmen oder ein Sozialpakt gingen aus dieser Runde trotz zahlreicher Treffen jedoch nicht hervor. Kurz nachdem das Bündnis 2003 schließlich aufgelöst wurde, verkündigte Bundeskanzler Gerhard Schröder am 14. März 2003 in seiner Regierungserklärung die sogenannte Agenda 2010 als „ein Konzept zur Reform des deutschen Sozialsystems und Arbeitsmarktes". In diesem Zusammenhang erwachte eine Diskussion über die besonderen Ausbildungsangebote für Jugendliche und die Liberalisierung des Handwerksrechts. Als das Bundesministerium für Bildung und Forschung (BMBF) Anfang 2004 das Konzeptpapier *Eckwerte: Reform berufliche Bildung* vorlegte, lag damit der Entwurf eines völlig überarbeiteten Berufsbildungsgesetzes vor (vgl. Greinert 2005, S. 195). Das daraus hervorgehende Berufsbildungsreformgesetz (BerBiRefG) trat am 1. April 2005 in Kraft. Diese Novellierung hat das Ausbildungssystem nicht grundlegend reformiert, konnte jedoch den Reformstau z. T. auflösen (vgl. Greinert 2005, S. 195). Ziel des Gesetzes war es, „1. mehr jungen Menschen eine berufliche Erstausbildung zu ermöglichen, 2. die internationale Wettbewerbsfähigkeit der Wirtschaft zu sichern, 3. die regionale Verantwortung für die Berufsausbildung zu fördern, 4. die Durchlässigkeit zwischen dem Bildungssystem zu erhöhen und die internationale Anschlußfähigkeit [sic!] herzustellen" (Greinert 2005, S. 195). In der BBiG-Novelle bleibt einerseits das Prinzip der dualen Ausbildung für die berufliche Erstausbildung weitgehend erhalten, andererseits konzentriert sie sich auf die Anknüpfung der Berufsvorbereitung und der vollzeitschulischen Berufsbildung an das duale System. Durch konkrete Maßnahmen (z. B. Neuausrichtung der Benachteiligtenförderung und Berufsvorbereitung, Flexibilisierung und Differenzierung der Ausbildung, Aufwertung der vollzeitschulischen beruflichen Bildung) sollten die Ausbildungschancen der Jugendlichen sowie die hohe Qualität der beruflichen Ausbildung für junge Menschen gesichert und noch verbessert werden (vgl. Busemeyer 2009, S. 157–165).

Die Auseinandersetzung bezüglich der Modularisierung der Ausbildung war im 21. Jh. eng mit der Frage der Europäisierung der beruflichen Bildung verknüpft, die mit der Kopenhagener Erklärung aus dem Jahre 2002 einen hohen Stellenwert erhielt (s. Tabelle 6). Im Rahmen des sogenannten Kopenhagener Prozesses wurden auf europäischer Ebene mehrere Instrumente zur Kooperation und Homogenisierung entwickelt: der Europäische Qualifikationsrahmen (EQR); das Europäische Kreditpunktesystem für die berufliche Bildung (ECVET); das Europäische Netzwerk zur Qualitätssicherung in der beruflichen Bildung (ENQA-VET) und der EUROPASS (Transparenzinstrument für Qualifikationsnachweise). Diese Instrumente sollten zur Förderung der Transparenz und Anerkennung von Qualifikation und Qualitätssicherung in der beruflichen Bildung zwischen den europäischen Ländern beitragen. Die BBiG-Novelle 2005 hat die Europäisierung bzw. Internationalisierung der beruflichen Bildung weiter vorangetrieben. Im § 2 Abs. 3 und § 76, Abs. 3 dieser Neuordnung ist die Möglichkeit verankert, zeitlich begrenzte Abschnitte der Berufsausbildung auch im Ausland zu absolvieren.[35] Damit wird der Auslandsaufenthalt rechtlich als Teil

35 „Teile der Berufsausbildung können im Ausland durchgeführt werden, wenn dies dem Ausbildungsziel dient. Ihre Gesamtdauer soll ein Viertel der in der Ausbildungsordnung festgelegten Ausbildungsdauer nicht überschreiten" (BBiG, § 2 Abs. 3). „Die Durchführung von Auslandsaufenthalten nach § 2 Abs. 3 überwacht und fördert die zuständige Stelle in geeigneter Weise. Beträgt die Dauer eines Ausbildungsabschnitts im Ausland mehr als vier Wochen, ist hierfür ein mit der zuständigen Stelle abgestimmter Plan erforderlich" (BBiG, § 76 Abs. 3).

der Berufsausbildung behandelt und die im Ausland absolvierte Ausbildung auch im Inland anrechenbar (vgl. Bundesministerium für Bildung und Forschung – BMBF 2015a, S. 16; BBiG, § 2 Abs. 3 und § 76 Abs. 3). Auf diese Weise entstand ein dringender Bedarf an einem gemeinsamen Bezugssystem in der beruflichen Bildung, um die erbrachten Leistungen vergleichbar zu machen. Im Gegensatz zum Hochschulstudium (Bologna-Prozess) wurden die Ausbildungsgänge in Module zerlegt (vgl. Le Mouillour 2006, S. 24). So sind Modularisierung der Ausbildung und Fragmentierung von Berufsqualifikationen mit der Europäisierung verbunden und spielen eine Schlüsselrolle in der Bildungspolitik des 21. Jh.

Tabelle 6: Meilensteine der deutschen Berufsbildungspolitik (seit 2000)
[Eigene Darstellung basierend auf verschiedenen Regierungsdokumenten, Greinert 1998, S. 93–102; Busemeyer 2009, S. 147–175]

Jahr	Meilensteine der deutschen Berufsbildungspolitik Seit 2000: Europäisierung, Modularisierung und Segmentierung
2002	• Kopenhagen-Prozess im Bereich der beruflichen Bildung (Brügge-Kopenhagen-Prozess): Kopenhagener Erklärung als wichtigstes Handlungsfeld der EU zur Förderung von Transparenz, Anerkennung von Qualifikationen und Qualitätssicherung in der beruflichen Bildung Instrumente auf europäischer Ebene: Europäischer Qualifikationsrahmen (EQR), Europäisches Kreditpunktesystem für die berufliche Bildung (ECVET), Europäisches Netzwerk zur Qualitätssicherung in der beruflichen Bildung (ENQA-VET), EUROPASS (Transparenzinstrument für Qualifikationsnachweise)
2003–2005	• Agenda 2010 (Regierungserklärung Bundeskanzler Gerhard Schröder 14. März 2003): Konzept zur Reform des deutschen Sozialsystems und Arbeitsmarktes, Ausbildungsangebote für Jugendliche
2004	• Maastricht: Modularisierung der Ausbildungsberufe, Einführung EQR und ECVET • Nationaler Pakt für Ausbildung und Fachkräftenachwuchs
2005	• Novellierung des Berufsbildungsgesetzes / Berufsbildungsreformgesetz (BerBiRefG) am 01. April 2005: Sicherung und Verbesserung der Ausbildungschancen der Jugendlichen sowie eine hohe Qualität der beruflichen Ausbildung
2006	• Föderalismusreform (01. September 2006): Neuordnung der Zuständigkeiten von Bund und Ländern im Gesetzgebungsverfahren, Modernisierung der bundesstaatlichen Ordnung (Schwächung der Kompetenzen des Bundes bei Erweiterung der Zuständigkeiten der Länder), Abschaffung der Bund-Länder-Kommission für Bildungsplanung
2007	• Innovationskreis Berufliche Bildung (IKBB): Leitlinien zur Modernisierung und Strukturverbesserung der beruflichen Bildung
2008	• Qualifizierungsinitiative: Erprobung von Ausbildungsbausteinen in 10–12 Berufen und Einführung eines Ausbildungsbonus usw.

Die Berufsbildungspolitik vor 2000 intensivierte die Institutionalisierung der dualen Berufsausbildung, die Sicherung eines quantitativ und qualitativ ausreichenden Angebotes an Ausbildungsstellen, die Zuschneidung und Neuordnung von Ausbildungsberufen und die Anbindung der beruflichen Bildung an die allgemeine und Hochschulbildung (vgl. Busemeyer 2009, S. 127). Seit 2000 werden die Entwicklungen vor allem durch die Europäisierung geprägt. Im zusammenwachsenden Europa musste sich auch die berufliche Bildung dem europäischen Trend anpassen. Das Zusammenspiel von Europäisierung und beruflicher Bildung hat dabei auch zu einer Flexibilisierung der Ausbildung beigetragen. Diesem Trend folgenden ist in den nächsten Jahren mit weiteren zentralen Reformen zu rechnen.

2.2.3 Resümee: Juxtaposition und Vergleich

Die vorangegangenen Ausführungen zeigen die historischen Meilensteine der Entwicklung der Bildung, bzw. Berufsbildung in China und Deutschland. Ein Vergleich der Bildungsgeschichte Deutschlands und Chinas stellt eine enorme Herausforderung dar, und fällt disparat aus. Bereits die Begriffsbildung und -verwendung zu Bildung und Berufsbildung ist in beiden Ländern unterschiedlich, was einen direkten Vergleich erheblich erschwert. Hinzu kommen sehr unterschiedliche Epochen, sodass ein genauer Vergleich immer nur für einen bestimmten Zeitpunkt möglich ist. Historisch betrachtet unterscheidet sich der geschichtlichen Verläufe in den beiden Ländern stark, wobei die Gründe hierfür u. a. im gesellschaftlichen und kulturellen Kontext gesucht werden können.

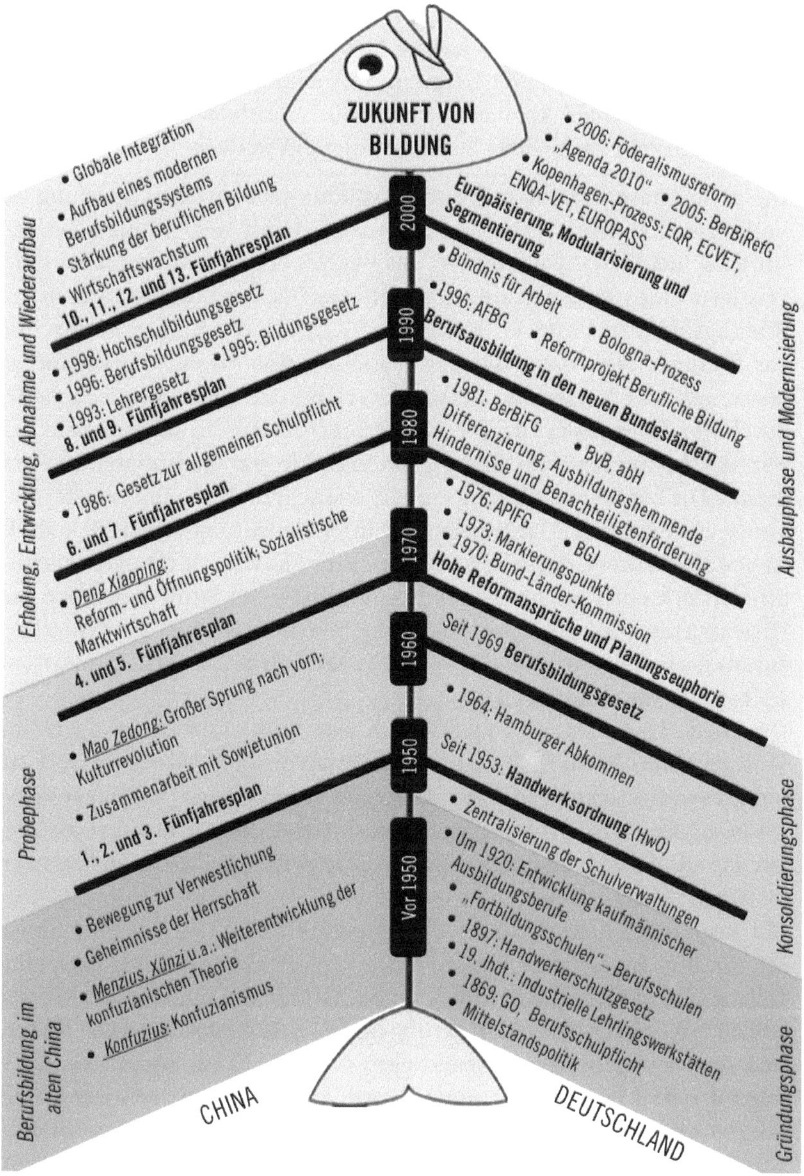

Abbildung 3: Bildungswesen und Berufsbildung im Wandel
[Eigene Darstellung]

In Deutschland und China ist die Entwicklung des Bildungswesens sehr unterschiedlich erfolgt. Beide Länder haben eine lange Entwicklungsgeschichte, welche das Fischgrät-Diagramm (Abbildung 3) in plakativer Form zusammenfasst. Gemäß Abbildung 3 kann die Berufsbildung dabei insgesamt in drei Phasen vom alten China bis heute unterteilt werden:

- Die erste Phase bezieht sich auf das Bildungswesen vor Gründung der Volksrepublik China (1949) und umfasst damit den größten Teil der chinesischen Geschichte. Bereits vor Beginn der Kaiserzeit (221 v. Chr.) existierte eine große Anzahl pädagogischer Bücher, Bildungsformen und Bildungsideen in China (s. Abschnitt 2.2.1.1). In der Kaiserzeit durchlief das Bildungswesen bzw. die Berufsbildung eine rasante Entwicklungsphase, weil der Kaiser als oberster Herrscher alle Staatsangelegenheiten durch die Zentralisierung der Macht kontrollierte. In diesem Zeitraum war die konfuzianische Bildungsphilosophie das dominierende Paradigma. Die berufliche Bildung entwickelte sich in der Frühphase der Kaiserzeit rasant, nahm dann jedoch in ihrer Bedeutung allmählich ab. Es ist erwähnenswert, dass China in der späten Kaiserzeit (Qing-Dynastie), offiziell mit einer Berufsausbildung im modernen Sinne begonnen hat. Diese wurde von der Qing-Regierung schrittweise auf der Grundlage ausländischer Erfahrungen (bspw. Bewegung zur Verwestlichung) entwickelt. (S. Abschnitt 2.2.1.2)
- Die zweite Phase betrifft hauptsächlich eine Versuchsphase in der frühen Volksrepublik China. Die Bildungssituation in dieser Phase wurde stark von politischen Faktoren beeinflusst. Aufgrund verschiedener politischer Fehler (insbesondere der sog. Große Sprung nach Vorne und die Kulturrevolution) hat das chinesische Bildungswesen einen schwierigen Prozess durchlaufen. (S. Abschnitt 2.2.1.3)
- Mit Beginn der Reform- und Öffnungspolitik (1978) tritt das Bildungswesen in China in eine neue Phase ein. Die Neugestaltung der Bildungspolitik vollzog sich in vier Stufen: Erholung, Entwicklung, Abnahme und Wiederaufbau mit Fokus auf Standarisierung und Professionalisierung von Bildung und Ausbildung. Wichtige Neuerungen in dieser Phase lassen sich in den folgenden drei Punkten zusammenfassen: 1. Auf Weisung von Deng Xiaoping wurde der bisherige bildungspolitische Kurs korrigiert und der Bildung wurde eine wichtige Rolle bei der wirtschaftlichen Entwicklung zuerkannt. 2. Eine Reihe von Gesetzen und Vorschriften wurden erlassen, um eine

reibungslose Entwicklung der Bildung zu gewährleisten. 3. Die berufliche Bildung wird konsequent durch die Regierung gefördert und ihre Position im gesamten Bildungssystem ausgebaut. (S. Abschnitt 2.2.1.3)

Auch in Deutschland besteht eine lange Historie im Bereich der Berufsbildung. Dabei lassen sich drei Entwicklungsphasen differenzieren (s. Abbildung 3):

- In der Gründungsphase, welche den Zeitraum ab dem Mittelalter bis ca. 1920 umfasst, wurden einerseits die Handwerkslehre im Zuge der sogenannten Mittelstandspolitik restauriert und andererseits Fortbildungsschulen im Zuge bürgerlich-liberaler Schulreformen etabliert. Hierbei spielten kirchliche Institutionen bis weit in das 19. Jh. hinein eine wichtige Stellung als Bildungseinrichtungen. Die Entwicklung in der Betriebslehre und den Fortbildungsschulen wurde durch den Ersten Weltkrieg (1914–1918) und dem nachfolgenden Zusammenbruch unterbrochen. (S. Abschnitt 2.2.2.1)
- In der Konsolidierungsphase (1920–1970) wurde das Bildungswesen bzw. die Berufsbildung, sehr stark von der Industrialisierung beeinflusst, weil infolge der Massenproduktion der Bedarf an gut ausgebildeten Arbeitskräften kontinuierlich stieg. Da der traditionelle Berufsbildungssektor den Bedürfnissen der (Groß-)Industrie nicht vollumfänglich gerecht wurde, bauten Großunternehmen eigene produktionsgetrennte Lehrwerkstätten auf und begannen in eigenen Lehrlingswerkstätten mit der systematischen, gewerblichen Ausbildung. Hierbei wurden auf der einen Seite spezielle Institutionen (bspw. DATSCH, DINTA, AfB) aufgebaut, auf der anderen Seite die einschlägigen Gesetze und Vorschriften (bspw. HwO, BBiG) erlassen. Mit diesen Maßnahmen wurde der Entwicklung der industriellen Berufsausbildung nun mehr Aufmerksamkeit gewidmet. (S. Abschnitt 2.2.2.2)
- Die Ausbauphase und Modernisierung (seit 1970) bezieht sich hauptsächlich auf die Debatte über die Notwendigkeit einer Reform des dualen Systems, bspw. der weitergehenden Differenzierung der Berufsbildungsangebote, einer Lockerung des Jugendarbeitsschutzrechts sowie Benachteiligtenförderung. Anfang der 1990er-Jahre stand das Bildungs- und Berufsbildungswesen vor der Herausforderung, das Modell der dualen Ausbildung auf die neuen Bundesländer zu übertragen und die unterschiedlichen Ausbildungssysteme in Deutschland zu vereinheitlichen. Seit 2000 war die Berufsbildung eng mit der Frage der Europäisierung der beruflichen Bildung verknüpft. (S. Abschnitt 2.2.2.3)

Zusammenfassend lässt sich resümieren, dass das heutige Bildungs- und Berufsbildungssystem in beiden Ländern als Ergebnis einer langfristigen Entwicklung in einem vielschichtig gewachsenen Prozess gesehen werden muss. Der Unterschied zwischen den beiden Ländern ist offensichtlich:

Die berufliche Bildung in China wurde über lange Zeit als nachrangig betrachtet gegenüber der allgemeinen und insbesondere der höheren Bildung. Zugleich war die Entwicklung der beruflichen Bildung jedoch eng mit der Entwicklung der Bildung im Allgemeinen verbunden. Daher ist es bei der Darstellung der Berufsbildung Chinas unvermeidlich, die gesamte Geschichte der chinesischen Bildung einzubeziehen, besonders bzgl. der Bildungsgeschichte im alten China. Erst in den 1980er-Jahren wurde die Relevanz der Berufsbildung in China erkannt und dieser größere Aufmerksamkeit gewidmet. Seitdem ist die Berufsbildung in der Volksrepublik China mit Unterstützung des Staates und im Zusammenhang mit dem starken wirtschaftlichen Wachstum zu einem substanziellen Bestandteil des Bildungssystems geworden. Zentrale Förderungsmaßnahmen hierfür sind in der Tabelle 2 ausführlich dargestellt (s. Abschnitt 2.2.1.3). So gab es 2015 mehr als 13.000 berufliche Schulen im Land mit mehr als 30 Mio. Schülern[36] (vgl. Ministry of Education of the People's Republic of China – MoE 2015a, S. 2–3), was das chinesische Berufsbildungssystem zum größten der Welt macht.

In Deutschland gab es dagegen keine vergleichbare Debatte zum Stellenwert der Berufsbildung und die Geschichte der beruflichen Bildung in Deutschland ist nicht so stark mit der Entwicklung der allgemeinen Bildung verbunden. Das vorliegende Kapitel befasst sich daher auch nicht mit der Geschichte der allgemeinen Bildung in Deutschland, sondern konzentriert sich auf die historischen Meilensteine der deutschen Berufsbildung bzw. des dualen Systems. Das deutsche Wirtschaftswunder wurde auch durch das deutsche Berufsbildungssystem ermöglicht. Dieser Historie folgenden wird die berufliche Bildung auch heute noch als wichtige Grundlage für eine erfolgreiche wirtschaftliche und gesellschaftliche Entwicklung angesehen.

Bei Betrachtung der gesamten Entwicklungsgeschichte beider Länder zeigt sich, dass der wesentliche Unterschied bei den beteiligten Akteuren der Berufsbildung weiter fortbesteht. In Deutschland ist Berufsbildung nicht nur Aufgabe

---

36 Diese Statistiken umfassen die beruflichen Schulen aller drei Ebenen: Die untere Ebene der beruflichen Schule (Berufsbildung Sekundarstufe I), die mittlere Ebene der Berufsbildung (Berufsbildung Sekundarstufe II) und die höhere Ebene der Berufsbildung (Höhere Berufsbildung). Die einzelnen Schultypen auf jeder Ebene werden im Abschnitt 2.3.1.2 näher beschrieben.

der Schule, sondern ein systematisches Projekt, das die Gesellschaft in ihrer Gesamtheit verantwortlich umsetzen muss. Im Sinne eines partizipativen Prozesses sind alle Akteure (Bund, Länder, Wirtschaft / Arbeitgeber, Gewerkschaft und politische Parteien) in Deutschland bei der Entwicklung der beruflichen Bildung involviert. Im Gegensatz dazu ist in China die chinesische Regierung die treibende Kraft in der Entwicklung der beruflichen Bildung und der maßgebliche Verfasser der Lehrpläne und Lehransätze für die berufliche Bildung. Insofern muss die chinesische Berufsbildung im Unterschied zur deutschen eher als ein Ergebnis gezielter Planung gesehen werden. Ein Resultat dieses stark hierarchisch geprägten Ansatzes ist jedoch, dass für die einzelnen Akteure (z. B. Ausbildungsbetriebe) wenig Anreize bestehen, sich in diesen Prozess im Sinne einer Systemverbesserung einzubringen.

Exkurs: Der Einfluss des Konfuzianismus auf die zeitgenössische Berufsbildung in China

Um den sozialen Status der beruflichen Bildung im heutigen China und die Ziele einiger nationaler Politiken in den folgenden Kapiteln besser zu verstehen, ist es an dieser Stelle notwendig, den Einfluss des Konfuzianismus auf die zeitgenössische Berufsbildung in China kurz zu verdeutlichen.

Die vom konfuzianistischen Bildungsideal geprägte und historisch gewachsene Ausrichtung der chinesischen Berufsbildung wird als problematisch angesehen. Auch im heutigen China hat der Konfuzianismus als Bildungsideal nach wie vor einen deutlichen gesellschaftlichen Einfluss. Verschiedene Wissenschaftler kamen bereits zu dem Schluss, dass der im Vergleich zur akademischen Bildung untergeordnete Status der beruflichen Bildung und qualifizierter Arbeitskräfte im konfuzianischen Begriff des Gelehrte-Bürokraten (士大夫) wurzelt und somit Einfluss auf die berufliche Bildung in den Bereichen – Lernziele, Beschäftigung von Absolventen, Lehrplangestaltung und Mobilität des Lernenden – ausübt.

Im alten China wurden diese Gelehrte-Bürokraten durch die kaiserliche Beamtenprüfung (科举) ausgewählt, deren Prüfungsinhalt von den konfuzianischen Klassikern bestimmt war (s. Abschnitt 2.2.1.1). Obwohl das kaiserliche Prüfungssystem schon 1905 abgeschafft wurde, sind Prüfungen[37] immer noch

37 Derzeit umfasst das Prüfungssystem die komplette formale Bildung: Angefangen bei der Grundschulaufnahmeprüfung, die nicht offiziell erlaubt, aber von Schlüsselgrundschulen verwendet wird; über die Sekundarstufe I, deren Aufnahmeprüfung zwar offiziell ebenfalls abgeschafft wurde, aber ebenfalls in den Schwerpunktschulen weiter durchgeführt wird, bis zur Aufnahmeprüfung der Sekundarstufe II (中考).

eine der wichtigsten Methoden der Personalauswahl in China. Im zeitgenössischen China haben sich die Gelehrten-Bürokraten, die heute als Beamten bezeichnet werden, wieder im öffentlichen Dienst etabliert. 1993 wurde das System der Beamtenprüfung offiziell eingeführt (vgl. Xinhuanet 2005). Das soziale Prestige und die Anerkennung des Beamten innerhalb des Konfuzianismus haben nach chinesischem Verständnis negative Auswirkungen auf die berufliche Bildung, d. h., Schüler werden besonders motiviert, Beamte zu werden und nicht qualifizierte Arbeitskräfte in anderen Berufen. In den vergangenen Jahren war und ist die Position des Beamten ein sehr begehrtestes Berufsziel unter chinesischen Studenten: 2014 haben sich 1.520.000 Menschen der Beamtenprüfung unterzogen, obwohl nur 19.538 Beamtenstellen ausgeschrieben waren, die Erfolgsquote lag somit bei lediglich 1,29 % (vgl. National Bureau of Statistics of China 2014). Dies ist Ausdruck eines immer heftiger werdenden Konkurrenzkampfs (s. Tabelle 7). Die Beliebtheit einer solchen Karriere resultiert vor allem aus dem hohen sozialen Status der Beamtenklasse und einem angemessenen, vor allem aber sicherem, Einkommen sowie gute Versorgungsleistungen durch Krankenversicherung und Rente. Ein Beamter ist damit immer noch ein Teil der elitären sozialen Klasse Chinas (vgl. Xiong 2011, S. 510).

Tabelle 7: Aufnahmequote der Beamtenprüfung zum nationalen öffentlichen Dienst (2004–2014)

[Eigene Darstellung basierend auf Chinatat 2011 und China Statistical Yearbook 2004–2014]

Jahr	Anzahl Bewerber	Anzahl Zugelassene	Aufnahmequote
2004	181.488	7.900	4,35 %
2005	310.656	8.400	2,70 %
2006	365.000	10.282	2,86 %
2007	535.574	12.724	2,38 %
2008	800.000	13.977	1,67 %
2009	1.040.000	13.566	1,28 %
2010	1.041.845	15.526	1,28 %
2011	1.415.138	16.207	1,57 %
2012	1.330.000	17.941	1,35 %
2013	1.383.000	20.879	1,51 %
2014	1.520.000	19.538	1,29 %

Auch die nationale Hochschulaufnahmeprüfung (高考), die Upgrade-Prüfung, die Graduate-School-Aufnahmeprüfung für das Master- und Promotionsstudium sowie die Beamtenprüfung werden nach wie vor durchgeführt (s. Abschnitt 2.3.1.1).

Zwar unterscheidet sich das aktuelle Auswahlsystem vom damaligen kaiserlichen Prüfungssystem in vielen Aspekten, z. B. bei der Auswahl der Inhalte und in der Gleichberechtigung der Teilnehmer und Teilnehmerinnen, aber die Hierarchien in dem Selektionssystem, auf das die heutigen Prüfungen basieren, sind ähnlich. Die meisten Beamtenposten erfordern den Bachelor- oder Masterabschluss, z. T. auch den Doktortitel. Obwohl Berufs- und Fachschulabsolventen nach bestandener Auswahlprüfung ebenfalls berechtigt sind, Beamtenstellen zu besetzen, verbleiben diese zumeist auf der untersten Ebene des Beamtensystems, da höhere Stellen bevorzugt durch Hochschulabsolventen besetzt werden. Grundsätzlich haben alle Schüler und Studenten die gleiche Chance, sich im Prüfungssystem zu qualifizieren – von der niedrigsten bis zur höchsten Ebene. Jedoch wird der soziale Aufstieg oftmals bereits an den beruflichen Schulen oder Hochschulen durch sehr geringe Zulassungszahlen ausgebremst. (Vgl. Xiong 2011, S. 512)

Im Zuge des konfuzianischen Einflusses bevorzugen Arbeitgeber zumeist Absolventen mit hohen Bildungsabschlüssen. Absolventen beruflicher Schulen und Hochschulen erhalten zwar ein Qualifikationszertifikat, halten damit aber keinen akademischen Grad wie Bachelor oder Master und haben deshalb im Arbeitsmarkt bis heute deutliche Beschäftigungsnachteile. Des Weiteren beeinflusst der Konfuzianismus Methodik und Didaktik und verursacht traditionsbedingt Probleme in der Bereitstellung von Lehrplänen, die sich auf akademische oder theoretische Kenntnisse konzentrieren. Die gegenwärtige Lage in der Berufsbildung zwingt dazu, Lehrpläne und Lehransätze auf die technischen Fähigkeiten zu konzentrieren, sodass die Schüler praktische Kompetenzen für nichtakademische Berufe erwerben können. Berufliche Schulen und Hochschulen orientieren sich jedoch traditionell an den stark theoretischfokussierten Curricula der Universitäten als Vorbild, was eine Umorientierung auf praxisnahes Wissen erschwert. So wird auch das technische Wissen in der Lehrerausbildung vernachlässigt, obwohl es für die berufliche Bildung unbedingt erforderlich ist. Nach dem Studium gehen die angehenden Lehrkräfte zudem oft in die Wirtschaft, da sie dort besser verdienen. Durch diesen Lehrkräftemangel sind die Klassen in der beruflichen Bildung deutlich zu groß. Auch haben die Lehrkräfte nach dem Studium meist weder praktische Erfahrung noch eine ausreichende praktische Ausbildung. Dadurch, dass die theoretische und praktische Ausbildung oft nur in der beruflichen Schule erfolgt, spiegeln sich diese fehlenden Kenntnisse der Lehrkräfte bei den Schülern wider. Als eine Folge sind Schüler und Studierende oftmals wenig motiviert, sich Fähigkeiten und Fertigkeiten an den beruflichen und technischen Schulen anzueignen.

Die renommierte Bildungswissenschaftlerin Ruth Hayhoe betont, dass trotz der dramatischen Veränderungen in China, viele politische, wirtschaftliche, soziale sowie bestimmte kulturelle Kontinuitäten als Verbindung zwischen historischen und zeitgenössischen pädagogischen Interaktionen weiter bestehen bleiben (vgl. Hayhoe 1987, S. 272). Erst wenn ein Bewusstsein darüber entsteht, dass dies auch ein Hemmnis sein kann und die bisherigen Erfahrungen und Erkenntnisse systematisch aufbereitet, sowie der internationale Austausch aktiv gestaltet wird, können sich für die berufliche Bildung Chinas neue Entwicklungsperspektiven öffnen.

2.3 Fokus 2: Bildungssystemische Differenzierung

2.3.1 Das chinesische Bildungssystem

2015 wurden in der Volksrepublik China etwa 263,37 Mio. Kinder, Jugendliche und Erwachsene in den verschiedenen Bildungseinrichtungen der formalen Bildung unterrichtet. Diese verteilten sich auf ca. 209.881 Bildungseinrichtungen für Vorschulbildung, 219.632 Grundschulen im Primarbereich, 133.663 Mittelschulen im Sekundarbereich, 4.411 Hochschulen im tertiären Bereich, 2.000 Sonderschulen für spezielle soziale Gruppen und 155.200 Privatschulen auf (vgl. Ministry of Education of the People's Republic of China – MoE 2015a, S. 2–3). Aufgrund der Größe des Landes (9.571.302 km^2) und der enormen Bevölkerungszahl (2015 etwa 1,36 Bio.) ist eine einheitliche Entwicklung und Kooperationen zwischen den Bildungseinrichtungen schwierig (vgl. The World Bank 2016). Im Folgenden wird die Struktur der allgemeinen und beruflichen Bildung in China erläutert. Davon abweichende provinzielle Besonderheiten werden hierbei zur Vereinfachung nicht berücksichtigt.

2.3.1.1 Strukturelle Organisation des Bildungswesens in China

Das allgemeinbildende Schulsystem in China umfasst verschiedene Stufen. In erster Linie orientieren sich diese Stufen an dem Alter der Kinder und Jugendlichen, die diesen Bildungsweg durchlaufen. Abbildung 4 gibt einen Überblick über die Grundstruktur des Bildungssystems, welches die vertikale Gliederung durch eine horizontale Einteilung nach Bildungsbereichen und Schulformen ersetzt: Vorschulbildung, Primarbereich, Sekundarbereich und tertiärer Bereich.

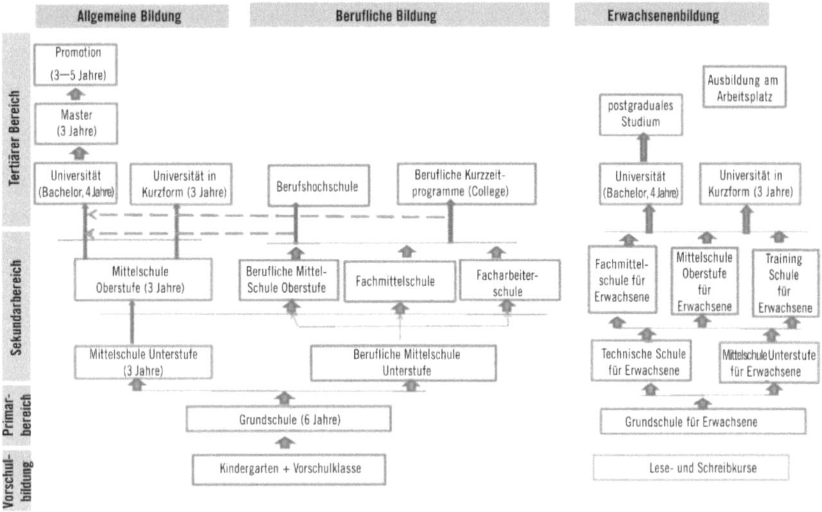

Abbildung 4: Struktur des chinesischen Bildungswesens
[Eigene Darstellung in Anlehnung an Yang 2010, S. 9]

Vorschulbildung (学前教育)

Die Vorschulerziehung von Kindern findet in der Volksrepublik China hauptsächlich im Kindergarten statt, und zwar ab dem dritten Lebensjahr. Diese wird von Erziehern angeboten, die mindestens einen Abschluss der pädagogischen Fachschule haben. Darüber hinaus vollzieht sich die Vorschulerziehung auch in der Familie, weil das Elternhaus traditionell eine wichtige Rolle für die Entwicklung eines Kindes spielt. Zusätzlich bestehen private Angebote mit besonderer Betreuung und Förderung.

Primarbereich (初级教育)

Nach dem Kindergarten besuchen die Kinder mit sechs Jahren die Grundschule (Primarbereich), mit deren Beginn die neunjährige Schulpflicht greift, sechs Jahre Grundschule[38] und drei Jahre Mittelschule-Unterstufe (vgl. § 18, Bildungsgesetz der Volksrepublik China), mit einer ganztägigen Betreuung montags bis samstags von 7.30 Uhr bis 16.30 Uhr (vgl. Rützel et al. 1995, S. 46–47). Seit der Bildungsreform im Jahre 2006 gibt es keine Schulgebühren mehr.

38 In einigen Provinzen dauert die Grundschule fünf Jahre.

Ziel dieser Reform war es, einen landeseinheitlichen Bildungsstandard zu erreichen, selbst in ländlichen Regionen.

Sekundarbereich (中学教育)

Der sechsjährigen Grundschule folgt der Sekundarbereich, der sich in Sekundarbereich I und II gliedert. Zum Sekundarbereich I gehören die Mittelschule-Unterstufe (初中) und die berufliche Mittelschule der Unterstufe. Hier gehen die Schüler zunächst für drei Jahre in die Unterstufe der Mittelschule und erfüllen damit die Schulpflicht.

Nach dem Besuch der Mittelschule-Unterstufe kann der weiterführende Sekundarbereich, auch Sekundarbereich II genannt, gewählt werden. Die Sekundarstufe II besteht sowohl aus der allgemeinbildenden Mittelschule-Oberstufe (高中) als auch aus vier verschiedenen Berufsschultypen, die in Abschnitt 2.3.1.2 genauer erläutert werden. Um die Bewerbung für die Mittelschule-Oberstufe zu begrenzen, gibt es eine Aufnahmeprüfung (中考). Je nach Leistung besuchen die Schüler entweder für drei Jahre die Mittelschule-Oberstufe oder sie machen eine Berufsbildung an einer beruflichen Schule. Traditionell gilt die Berufsbildung in einer beruflichen Schule im Vergleich zum Lernen in der Mittelschule-Oberstufe als zweite Wahl, weil das Lernen in der Mittelschule-Oberstufe direkt zur Teilnahme an der Hochschulaufnahmeprüfung berechtigt. Chinesen haben eine hohe intrinsische Motivation für ein Studium. Dies folgt der konfuzianischen Tradition, in der körperliche Arbeit verachtet wird. In China bestimmt die schulische Bildung viel stärker als in Europa oder Amerika den sozialen Status und das berufliche Weiterkommen (vgl. Rützel et al. 1995, S. 41; vgl. Wagner 2000, S. 42–43).

Die nationalen Aufnahmeprüfungen sind nicht die einzigen Prüfungen, die die Schüler während ihrer Schulzeit absolvieren. Um in eine andere Schulebene versetzt zu werden, können sie auch Schwerpunktschulen besuchen. Die Zulassung hierzu erfolgt einerseits unter der Voraussetzung, dass eine spezielle Aufnahmeprüfung erfolgreich absolviert wird, wobei nur diejenigen mit den besten Resultaten Zugang zu diesen Schulen erhalten. Andererseits müssen die Kandidaten über ein außerordentlich hohes akademisches Potential verfügen. Diese Schulen sind sehr begehrt, da sie in besonderem Maße auf einer akademischen Ausbildung vorbereiten. (Vgl. Nowak-Speich 2006, 78–79)

Tertiärer Bereich (高等教育)

Das Studium umfasst Junior College, Bachelor-, Master- und Promotionsstudiengänge. Das Junior-College-Programm dauert i. d. R. zwei bis drei Jahre; der Bachelor-Studiengang dauert vier bis fünf Jahre (medizinische und einige Ingenieure und Techniker-Programme dauern fünf Jahre) sowie das verkürzte Studium zwei bis drei Jahre. Für das Hochschulstudium gibt es eine quotierte Zulassungsbeschränkung (s. Tabelle 8). Diese ist seit 1990 gelockert, damit mehr Schüler studieren können (vgl. Ministry of Education of the People's Republic of China – MoE 1998). Um an einer Universität studieren zu können, müssen die angehenden Studenten dennoch eine selektive nationale Hochschulaufnahmeprüfung (高考) absolvieren. Dabei werden primär wissenschaftliche und theoretische Kenntnisse abgefragt, was auch für die Zulassung für berufliche und technische Fachhochschulen gilt. Insofern haben Schüler aus der allgemeinbildenden Mittelschule-Oberstufe deutliche Vorteile gegenüber Bewerbern aus Schulen mit beruflicher Orientierung. Um Absolventen berufsbildender Schulen größere Chancen zu geben, wurden für sie gesonderte Hochschulaufnahmeprüfungen (对口单招) konzipiert. Die meisten Schüler, die berufsbildende Schulen besucht haben, gehen allerdings an eine Berufshochschule. (Vgl. Rützel et al. 1995, S. 50–54)

Tabelle 8: Nationale Hochschulaufnahmeprüfung 1977 bis 2013
[Eigene Darstellung basierend auf China Statistical Yearbooks]

Jahr	Anzahl Bewerber	Anzahl Zugelassene	Anteil Zugelassener unter allen Bewerbern in Prozenten:
1977	5.858.300	273.000	4,66 %
1980	6.161.500	281.200	4,56 %
1985	1.966.000	619.200	31,50 %
1990	2.329.600	608.900	26,14 %
1995	2.530.000	925.900	36,60 %
2000	3.885.000	2.206.000	56,78 %
2005	8.770.000	5.040.000	57,47 %
2008	10.500.000	5.990.000	57,04 %
2010	9.570.000	6.570.000	68,65 %
2013	9.120.000	7.250.000	79,50 %

Im Gegensatz zum deutschen Studium gibt es in China eine Einstufung entsprechend des Leistungsstandes, die in der Reihenfolge von oben nach unten erfolgt: Spitzenklasse des Bachelor-Grades (本科提前批), Erster Rang des Bachelor-Grades (本科一批), Zweiter Rang des Bachelor-Grades (本科二批), Dritter Rang des Bachelor-Grades (本科三批), Erste Stufe des Junior College (专科一批), Zweite Stufe des Junior College (专科二批). Je nach Leistungen beginnen die Lernenden einen Bachelorstudiengang an einer Hochschule oder einen Ausbildungsgang des Junior College an einer Berufshochschule. Die sogenannte Schwerpunkt-Universität ist eine weitere Besonderheit des chinesischen Bildungssystems, welche nur Schüler mit den besten Prüfungsergebnissen in der nationalen Hochschulzulassungsprüfung aufnimmt. Andererseits können Bewerber, die während der dreijährigen Oberen Mittelschule durchgehend ausgezeichnete Leistungen erbracht haben, in Ausnahmefällen ohne Zulassungsprüfung aufgenommen werden (vgl. Nowak-Speich 2006, S. 78–79). Sowohl bei Prüfung als auch bei der Hochschulzulassung spielt gleichzeitig jedoch auch die regionale Herkunft eine große Rolle, so gibt es zwar einen nationalen Vorschlag für die Prüfungsfragen, die Provinzen können jedoch auch eigene Aufgaben konzipieren. Zugleich können Hochschulen regionale Aufnahmequoten erlassen, was zumeist die heimischen Schüler sehr stark bei der Zulassung bevorzugt.

Nach einem erfolgreichen Bachelor-Abschluss ist auch ein Postgraduierten-Studium möglich, das sich in ein Master-Studium und ein Promotionsstudium gliedert. Nach Vorbild US-amerikanischer Universitäten sind Master- und Promotionsangebote aller Fakultäten unter einem organisatorischen Dach gebündelt und mit interdisziplinären Elementen ausgestattet. Das Masterstudium dauert zwei bis drei Jahre, Voraussetzung für die Zulassung ist ein abgeschlossenes Bachelor-Studium oder ein adäquater Ausbildungsgang. Promotionsprogramme können i. d. R. nach drei bis fünf Jahren abgeschlossen werden. Masterabschluss und Promotion sind als eine aufeinanderfolgende Forschungsausbildung eng miteinander verzahnt. (Vgl. Rützel et al. 1995, S. 52)

Regelungen für spezielle soziale Gruppen

Das 1995 erlassene Bildungsgesetz bestimmt das Bildungswesen und regelt grundsätzlich die Bildung aller sozialen und ethnischen Gruppen. Zugleich bestehen jedoch spezielle Bildungsmaßnahmen für bestimmte soziale Gruppen,

z. B. die nationalen Minderheiten,[39] Menschen in den abgelegenen und armen Gebieten, Behinderte, Armeeangehörige, Frauen, Wanderarbeiter, Migranten, Flüchtlinge, usw. Der Staat hilft und unterstützt diese Benachteiligten gemäß ihres Bedarfs an Förderung (vgl. § 2, § 10, Bildungsgesetz der Volksrepublik China).

2.3.1.2 Die chinesische Berufsbildung

Nachdem das allgemeine Bildungssystem kurz charakterisiert wurde, wird nun das Berufsbildungssystem deskriptiv dargestellt. China hat das größte Berufsbildungssystem der Welt. 2015 gab es mehr als 13.300 berufliche Schulen mit mehr als 30 Mio. Schülern (vgl. Ministry of Education of the People's Republic of China – MoE 2015a, S. 2–3). Lange Zeit hatte die berufliche Bildung in China jedoch, im Vergleich zu der allgemeinen Bildung, einen eher geringen Stellenwert eingenommen (s. Abschnitt 2.2.3). Im Zusammenhang mit dem starken wirtschaftlichen Wachstum seit den 80er-Jahren ist die Berufsbildung jedoch zu einem der wichtigsten Elemente des chinesischen Bildungssystems geworden (s. Abschnitt 2.2.1.3). Der Staat regelt sowohl das berufliche Ausbildungssystem als auch das Erwachsenen-Bildungssystem (vgl. § 19, Bildungsgesetz der Volksrepublik China).

Das chinesische Berufsbildungssystem ist analog zum System der allgemeinen Bildung dreistufig gegliedert in eine untere, mittlere und höhere Ebene (s. Abbildung 4). Die untere und mittlere Berufsbildung wird an unteren und mittleren beruflichen Schulen durchgeführt. Die höhere Berufsbildung findet an Berufshochschulen oder an allgemeinen Hochschulen statt. Jede Stufe des Berufsbildungssystems verfügt über spezielle Institutionen (vgl. § 13, Berufsbildungsgesetz der Volksrepublik China). Im Folgenden wird ein kurzer Überblick über die drei Ebenen der chinesischen Berufsbildung gegeben.

Die untere Ebene der beruflichen Schule (Berufsbildung Sekundarstufe I)

Die untere Berufsbildung findet an der Unterstufe der beruflichen Schule (职业初中) statt. Um die Entwicklung der Industrie und Landwirtschaft zu fördern, wurde 1958 die Unterstufe der beruflichen Mittelschule aufgebaut, welche

39 China ist ein vereinigter Nationalitätenstaat, in dem die Han-Chinesen mehr als 90 % der Gesamtbevölkerung ausmachen. Mit ihrer geringen Bevölkerungszahl werden die übrigen 55 Nationalitäten als nationale Minderheiten bezeichnet.

die erste Stufe der schulischen Berufsbildung bildet und dem Sekundarbereich I zugeordnet ist (vgl. Zimmermann 2003, S. 202; Rützel et al. 1995, S. 61). Diese dreijährige Schulausbildung beginnt nach der Grundschule, mit dem Ziel, zukünftigen Facharbeitern, Bauern und anderen Beschäftigten Grundkenntnisse und Fertigkeiten zu vermitteln. Heute findet diese Art beruflicher Ausbildung i. d. R. nur noch im landwirtschaftlichen Bereich und in wirtschaftlich unterentwickelten Regionen des Landes statt, vor allem für Schüler aus bäuerlichen Familien. China will den Anteil der Berufsmittelschulen (Unterstufe) weiter verringern, um langfristig die Berufsbildung der Sekundarstufe I durch das allgemeinbildende Schulsystem zu ersetzen (vgl. Zimmermann 2003, S. 203; Gao 2014, S. 28).

Die mittlere Ebene der Berufsbildung (Berufsbildung Sekundarstufe II)

Die mittlere Ebene der Berufsbildung (entsprechend dem berufsbildenden Teil der Sekundarstufe II), ist die Hauptform der chinesischen Berufsbildung und besteht aus vier Schultypen: Facharbeiterschule (技工学校), Berufsmittelschule (职业高中), Fachmittelschule (中专学校) und Fachmittelschule für Erwachsene (成人中专), Letztere als typische Schulform in der Erwachsenenbildung, die unter Abschnitt 2.3.1.3 genauer erläutert wird.

Nach Gründung der Volksrepublik China wurde die Fachmittelschule (中专学校) nach ehemaligem sowjetischem Vorbild (1949–1960) aufgebaut (vgl. Rützel et al. 1995, S. 63). Fachmittelschulen sind berufliche Schulen, die auf der Grundlage der Unter- oder Oberstufe der allgemeinen Mittelschule eine technikorientierte Berufsbildung anbieten. Mit diesem Schulabschluss kann im Anschluss ein Beruf aufgenommen oder ein (Berufs-)Hochschulstudium begonnen werden. Die Fachmittelschule verfügt über zwei äquivalente Bereiche: den pädagogischen Bereich mit Abschluss für die Tätigkeit als Grundschullehrer oder für die Arbeit in Vorschulen sowie den Bereich der technischen Fachmittelschule mit neun Hauptsektionen: Industrie, Landwirtschaft, Forstwirtschaft, Medizin / Gesundheitswesen, Finanzwesen, Verwaltung, Politik / Justiz, Kunst und Sport. Diese Berufsschule ist der angesehenste Berufsschultyp in China und spielt eine Schlüsselrolle in der chinesischen Berufsbildung. (Vgl. Zimmermann 2003, S. 204–205; Gao 2014, S. 28–29)

Die Facharbeiterschule (技工学校) wurden 1953 eingerichtet und ermöglicht – außerhalb der Schulpflicht – die Weiterbildung nach der Unterstufe der Mittelschule. Die dreijährige Ausbildung an dieser Schule findet nicht nur schulisch, sondern auch praktisch statt, wobei der Praxisanteil, nach chinesischen Angaben, über 50 % beträgt und zunächst in Schulwerkstätten stattfindet. Gegen Ende der Ausbildung findet die Ausbildung dann in Form von Praktika in einem von über 500 Betrieben statt. Ausbildungsziel ist der Facharbeiter mit mittlerem Qualitätsniveau. Diese Schulform ist je nach Branchenbereich dem jeweiligen Branchenministerium in der Fachaufsicht unterstellt. Träger der Facharbeiterschulen sind i. d. R. Großbetriebe, die zuständigen Stellen für Industrie oder die Arbeitsbehörden. Für die meisten Schulen sind produzierende Betriebe verantwortlich. Die Praxisphase wird daher in den entsprechenden Betrieben abgeleistet, was von Vorteil ist, da die Schüler einen Praxisplatz erhalten, jedoch meist nur in der unternehmensspezifischen Fachrichtung ausgebildet werden. Zudem kommen die Fachlehrer i. d. R. aus den Betrieben, ohne pädagogisch ausgebildet zu sein (vgl. Zimmermann 2003, S. 203–204; Gao 2014, S. 29).

Die Oberstufe der beruflichen Mittelschule (职业高中) wurde 1980 mit der Reform der Bildungsstruktur geschaffen. Ein großer Teil dieses Schultyps ist aus allgemeinen Mittelschulen hervorgegangen. Um auf die Berufsmittelschule (Oberstufe) gehen zu können, benötigen die Schüler mindestens den Abschluss der Unterstufe der Mittelschule, wozu noch eine weitere Aufnahmeprüfung Zulassungsvoraussetzung ist. Die Ausbildung an dieser Schulform dauert i. d. R. drei Jahre, vereinzelt gibt es auch kürzere Ausbildungszeiten von ein bis zwei Jahren. Die Schüler erwerben an diesen Schulen neben beruflichem Fachwissen allgemeinbildende Kenntnisse in Mathematik, Chinesisch, Englisch und Physik – im Unterschied zur Facharbeiterschule, in der die Schwerpunkte auf den Bereichen Industrie, Finanzen und Betriebswirtschaft sowie Verwaltung liegen. Typische Ausbildungsberufe der beruflichen Mittelschule (Oberstufe) sind z. B. Hotelangestellter, Verkäufer, Sekretär oder Bankangestellter (vgl. Zimmermann 2003, S. 204; Gao 2014, S. 29–30). Berufspraxis wird nicht vorausgesetzt. Diese erst 1980 geschaffene Schulform unterliegt Bemühungen, sich selbst über den Markt zu finanzieren, da die staatlichen Mittel hierfür unzureichend sind (vgl. Rützel et al. 1995, S. 62). Um die Curricula den veränderten Anforderungen anzupassen, wurden zahlreiche neue Fachrichtungen, z. B. Marketing und Tourismus, eingerichtet.

Die höhere Ebene der Berufsbildung (Höhere Berufsbildung)

Die höhere Ebene der chinesischen Berufsbildung besteht aus der Berufshochschule[40] (高职), die dem tertiären Bereich zugeordnet ist. Ausbildungs- und Durchführungsorte sind bspw. das beruflich-technische Institut (高等职业技术学院), die Fachhochschule (高等专科学校), die kurzfristige berufliche Universität (职业大学), die Fachmittelschule mit höherer Berufsbildung (5 Jahre) und das hochschulische Institut für Erwachsenenbildung. Als neue Schulform Anfang der 80er-Jahre aufgebaut, ergänzt sie die allgemeinbildende Oberstufe der Mittelschule oder der beruflichen Schule mit dem Ziel, Fachkräfte dem Bedarf der regionalen Klein- und Mittelbetriebe entsprechend auszubilden. Die Berufshochschule ist als Teil des tertiären Bildungsbereichs mit der Universität vergleichbar, jedoch mit einem prägnanten Unterschied: An der Berufshochschule kann kein akademischer Titel wie Bachelor- oder Masterabschluss erreicht werden. Im Vergleich zum Studium an der Universität sind die Fachrichtungen in einer Berufshochschule bei höherer Qualifizierung der Arbeitskräfte zudem flexibler gestaltet und stärker praxisorientiert. Die Ausbildung dauert zumeist drei Jahre, aufgeteilt in zwei Abschnitte. In den ersten beiden Jahren erfolgt eine theoretische Ausbildung, im letzten Jahr sammeln die Lernenden praktische Erfahrung im Betrieb. (Vgl. Zimmermann 2003, S. 205; Gao 2014)

2.3.1.3 Erwachsenenbildung in China

Die vielfältigen Formen der Erwachsenenweiterbildung[41] in China umfassen das gesamte Bildungssystem vom Primarbereich über den Sekundarbereich bis zur Universität, die sich grob in Grund-, Mittel- und Hochschulstufe gliedern lassen.

40 In der deutschen Literatur wird die chinesische Berufshochschule oftmals auch als berufliche Hochschule oder Universität bezeichnet.

41 Vielfach werden die Begriffe Erwachsenenbildung und Weiterbildung synonym verwendet. Berufliche Weiterbildung in China zeichnet sich durch Anpassungsbildung, horizontale Qualifikationserweiterung, Aufstiegsqualifizierung, Umschulung, Reaktivierung, Rehabilitation, Resozialisierung und Nachholbildung aus (vgl. Rützel et al. 1995, S. 41; vgl. Henze 1989, S. 121–122).

Grundebene

Aufgrund der Verwerfungen der Kulturrevolution haben viele Erwachsene[42] als Kinder weder lesen noch schreiben gelernt. 2013 hatten in China zudem etwa 4,6 % der Bevölkerung im Alter von 15 Jahren keine oder nur geringe Schreib- und Lesekenntnisse[43] (vgl. Ministry of Education of the People's Republic of China – MoE 2015a, S. 694). Hauptziel der Erwachsenenbildung ist es, Angestellte, Arbeiter und Bauern weiterzubilden, insbesondere um das Analphabetentum in der chinesischen Bevölkerung zu verringern und eine Mindestausbildung zur Berufsausübung sicherzustellen. Je nach Zielgruppe, Voraussetzung und Maßnahme sind Dauer und Qualität der Erwachsenenbildung sehr unterschiedlich (vgl. Rützel et al. 1995, S. 79).

Mittlere Ebene

Auf der mittleren Ebene gibt es mehrere Ausbildungseinrichtungen zur Erwachsenenbildung: Fachmittelschulen für Erwachsene, Mittelschulen für Erwachsene sowie technische Weiterbildungseinrichtungen für Erwachsene. Die mittlere Ebene bietet Grundschulbildung und höhere Bildung für diejenigen, die ihre allgemeine Schulbildung unterbrochen haben und für solche, die sich für eine andere berufliche Tätigkeit befähigen möchten. (Vgl. Nowak-Speich 2006, S. 86)

Besondere Anstrengungen der Erwachsenenbildung werden von Fachmittelschulen für Erwachsene (成人中专) unternommen, für deren Besuch die Unterstufe der Mittelschule absolviert werden muss. Die Bezeichnung dieser Schulart ist heutzutage irreführend, in den 80er-Jahren hingegen war sie noch aktuell. Damals sind viele Schüler nach der Unterstufe der Mittelschule ohne Ausbildung in den Beruf eingestiegen, ohne dass es für diese eine spätere Möglichkeit der Weiterbildung gab, da es nur Schulen für jugendliche Schüler gab. Heutzutage können auch Erwachsene andere Schularten besuchen. Die meisten Fachmittelschulen für Erwachsene kooperieren mit wirtschaftlichen Betrieben. So können die erwachsenen Schüler theoretisch und praktisch ausgebildet

42 Die Kulturrevolution (siehe auch Abschnitt 2.2.1.3) war eine intellektuellenfeindliche Kampagne zwischen 1966 und 1976, die zur Schließung vieler Bildungseinrichtungen führte. Viele der zwischen 1955 bis 1970 geborenen Chinesinnen und Chinesen erhielten damals keinerlei schulische Ausbildung. Zum Teil erfolgte daher nachträglich eine Grundqualifizierung als Erwachsene.

43 Untersuchung des *Educational Statistics Yearbook of China 2014* wonach 43.002 von 934.935 Männern und Frauen im Alter von 15 Jahren keine oder geringe Schreib- und Lesekenntnisse besaßen. (Ministry of Education of the People's Republic of China – MoE 2015a, S. 694).

werden, was i. d. R. zwei bis drei Jahre dauert. Durch diese Kooperation werden viele Absolventen von den jeweiligen Betrieben anschließend direkt übernommen. Die Qualifizierung der Lehrkräfte und die Bildungsqualität dieser Schulen bewegen sich auf mittlerem Niveau. (Vgl. Gao 2014, S. 30)

Der Besuch der Mittelschulen für Erwachsene dauert je nach Berufswahl zwischen zwei und vier Jahren. Im Unterschied zu den allgemeinen Mittelschulen ist das Niveau der Lerninhalte nicht so hoch, dafür eher berufsbildend orientiert. Erwachsene haben darüber hinaus die Möglichkeit, eine Schule im Vollzeit- / Teilzeitpensum oder in ihrer Freizeit zu besuchen (vgl. Nowak-Speich 2006, S. 87; Gao 2014, S. 30).

Akademische Ebene

Seit 1980 gibt es in China Bildungsprogramme auf Hochschul- und Universitätsebene, sich speziell an berufstätige Erwachsene richtet. Dieses Bildungsangebot besteht überwiegend aus einer Fülle von Teilzeit-Studienangeboten. Besondere Institutionen / Programme der Erwachsenenbildung auf Hochschulniveau sind Radio- und Fernseh-Universitäten (2–6 Jahre); Fachhochschulen für Arbeiter, Angestellte und Bauern (2–5 Jahre); Management-Hochschulen für Kader (3–6 Jahre); Abend- und Fernstudienprogramme (3–6 Jahre) und das Hochschul-Selbststudium (2–6 Jahre). Für diese Institutionen ist grundsätzlich das Ministerium für Bildung zuständig (vgl. Nowak-Speich 2006, S. 89).

Kaum ein anderer Bereich des Bildungssystems ist so unübersichtlich wie die chinesische Weiterbildung, die sich auf verschiedenen Ebenen in allgemeine Weiterbildung (进修教育) und berufliche Weiterbildung (继续教育) gliedert. Zur allgemeinen Weiterbildung zählen Primar- und Sekundarschulen für Erwachsene (成人初等学校), differenziert in Schulen für Arbeiter und Angestellte (职工初等学校), Schule für Bauern (农民初等学校) sowie Alphabetisierungsklassen (扫盲班). Als berufliche Weiterbildung lassen sich alle Formen der beruflichen Nachqualifizierung, der horizontalen Qualifikationserweiterung, der Anpassungs- und Aufstiegsqualifizierung sowie der Umschulung zusammenfassen. Wegen gestiegener Arbeitslosigkeit und dem schnellen wirtschaftlichen Wandel gewinnen Umschulungsmaßnahmen (转岗培训) in zunehmendem Maße an Bedeutung (vgl. Rützel et al. 1995, S. 79). „Der Staat befürwortet die Entwicklung der Erwachsenenbildung verschiedener Art, damit der Bürger auf eine angemessene Weise eine politische, wirtschaftliche, kulturelle, wissenschaftliche, technische, berufliche Ausbildung oder Bildung auf Lebenszeit erhalten kann“ (§ 19, Bildungsgesetz der Volksrepublik China). Die vielfältigen Formen der Erwachsenenweiterbildung in China stellen die berufliche Mindestausbildung, auch für besondere Gruppen wie

z. B. Analphabeten sicher. Gleichzeitig fördern diese Weiterbildungsangebote das selbstorganisierte und -gesteuerte Lernen während oder nach der Arbeitszeit. Dieser ständige Veränderungsdruck zwingt alle, die ihren Lebensstandard erhöhen wollen, zu lebenslangem Lernen.

2.3.1.4 Open Education in China

„Alle Chinesen haben das Recht und die Pflicht, Bildung zu erhalten" (Grundgesetz der Volksrepublik China, § 46). Dennoch hat nicht jeder die Chance, seinen Bildungswunsch zu realisieren. Dabei spielen stets wirtschaftliche und finanzielle Faktoren eine Rolle. Das gegenwärtige Bildungssystem kann nicht den ganzen Bildungsbedarf decken. Vor diesem Hintergrund hat China das Konzept *Open Education* ins chinesische Bildungswesen eingeführt, das im Laufe der letzten Jahre schon sichtlich an Bedeutung gewonnen hat.

Der Kerngedanke von *Open Education* ist, Wissen frei und offen zugänglich für jeden zu machen. Dafür wird auf das Internet zurückgegriffen, da dieses frei zugänglich und nahezu kostenfrei ist. Nutzer haben die Möglichkeit, über Lernplattformen Lernmaterialien zu verwenden und diese mit anderen Nutzern abzugleichen, um ihren Lernfortschritt festzustellen. In den *Guidelines for open educational resources (OER) in higher education* heißt es nach der UNESCO: „OER are teaching, learning and research materials in any medium that reside in the public domain and have been released under an open licence that permits access, use, repurposing, reuse and redistribution by others with no or limited restrictions." (UNESCO 2011, S. 6; Atkins et al. 2007, S. 4). Die Entwicklung computerunterstützter Informations- und Kommunikationsnetze und die Popularisierung persönlicher Computer bieten die materielle und technische Basis für *OER*. 1971 begründete der US-Amerikaner Michael Stern Hart das berühmte *Project Gutenberg* als Angebot kostenloser elektronischer Dokumentendaten. Dieses Projekt ist die älteste digitale Bibliothek der Welt, von Freiwilligen erstellt und erweitert mit Gedanken und unter dem Paradigma von OER (vgl. Project Gutenberg 2016). 1983 erschien das *GNU-Projekt*, das von Richard Stallmann am Artificial Intelligence Laboratory des Massachusetts Institute of Technology (MIT) gegründet wurde. Das *GNU*-Projekt entwarf die General Public Licence (GPL), unter die vielen weiteren Software-Projekte sowie zahlreiche *GNU*-Programme veröffentlicht werden. Dies beschleunigte den Zugang zu freien Ressourcen und legte ein solides Fundament für die *OER* (vgl. Stallman 1998). Im Jahre 1998 initiierte David A. Wiley sein *Open Content Project* mit dem Ziel, das MIT-Sharing-Prinzip im Bildungsbereich anzuwenden, sodass eine freie Verfügbarkeit der Bildungsressourcen umgesetzt werden konnte, was ihm als Vordenker und Erfinder der Open

Education Anerkennung verschaffte. Bekanntheit erlangte die Entwicklung der *OER* vor allem durch zahlreiche Projekte, z. B.: *MIT Open Course Ware* (MIT OCW) (2001) und *MITx-Programm* (2011) sowie *Massive Open Online Course* (MOOC) (vgl. Li 2014, S. 123–124). Gerade im Grundsatz des barrierefreien Zugangs zu Bildungsinhalten unterscheidet sich *Open Education* konzeptionell von E-Learning, welches sich auf die technologische Komponente der Bildungsvermittlung fokussiert. Open Education lässt somit alle Menschen auf der Welt an Bildung teilhaben (Bildung für alle).

Im Verlauf der letzten Jahre und parallel zur Verbreitung des Internets, zeigte der Entwicklungstrend der *OER* positive Auswirkungen auf das globale Bildungswesen. Nach Vorbild des *MIT OCW* kam es November 2003 zur Gründung der Non-Profit-Organization China Open Resources for Education (CORE) zur Zusammenarbeit und dem offenen Austausch von Bildungsressourcen zwischen chinesischen und internationalen Universitäten. 2011 begann das chinesische Bildungsministerium mit dem Ausbau frei zugänglicher Onlinekurse auf Universitätsniveau. Mit dem 12. Fünfjahresplan (2011-2015) sollten 1000 qualitativ hochwertige Open-Videokurse (精品视频公开课) eingerichtet und weitere 5000 für gemeinsam genutzte Unterrichtsressourcen (精品资源共享课) veröffentlicht werden (vgl. Ministry of Education of the People's Republic of China – MoE 2011). Bis 2016 wurden bereits sechs Universitäten für *Open Education* eingerichtet: Shanghai Open University (Juli 2010), Guangdong Open University (November 2010), The Open University of China (Juni 2012), Beijing Open University (Juli 2012), Yunnan Open University (Dezember 2012) und Jiangsu Open University (Dezember 2012). Der Grundgedanke für das Studium an einer Open University basiert auf freien Lehrmaterialien sowie frei zugänglichen Plattformen im Internet und Rückgriff auf das *Supported Distance Learning*, bei dem es für die Lernenden in Bezug auf Alter, Beruf und Region keine Beschränkung gibt. Im Fokus des Konzepts steht, dass auch den Armen infolge niedriger Studiengebühren eine höhere Bildung ermöglicht wird. Das chinesische Bildungsministerium hat im Jahre 2016 *eine Stellungnahme für den Betrieb der Open University* veröffentlicht, um ein chinesisches Open-University-System bis zum Jahr 2020 zu realisieren. Hierfür wurde die Initiative Internet+[44] aufgesetzt, welche die vorhandene Schulinfrastruktur

44 Chinas Premierminister Li Keqiang schlägt in seinem Arbeitsbericht am 5. März 2015 der Regierung Internet Plus (互联网+) vor. Nach Chinas offizieller Website war der Begriff Internet+ auf der Liste der bedeutenden wirtschaftlichen Keywords im Jahre 2015 ebenso wie Datenautobahn und Industrie 4.0.

durch Einsatz moderner Informationstechnologie und Neuer Medien verbessern soll, um so für die Lernenden eine digitale Lernumgebung zu schaffen. Hochwertige Bildungsressourcen sollen aufgebaut werden, um die unterschiedlichen Lernbedürfnisse abzudecken. Darüber hinaus soll ein innovatives Bewertungssystem für die Unterrichtsqualität eingerichtet werden, um die gesamten Lehr- und Lernprozesse sowie Lernergebnisse zu überwachen und zu evaluieren. Angedacht ist auch der Aufbau einer *School Credit Bank*, welche, vergleichbar mit dem Europäischen System zur Übertragung und Akkumulierung von Studienleistungen (ECTS), alle Test- und Lernergebnisse zentral speichert, um u. a. die Anerkennung der Bildungsabschlüsse zu verbessern (Ministry of Education of the People's Republic of China – MoE 2016).

Massive Open Online Courses (MOOC) sind die Weiterentwicklung von *OER*, bei denen nicht nur Lerninhalte bereitgestellt, sondern auch ein interaktiver Unterrichtsprozess im Programm realisiert wird. Lernende und Lehrende können interagieren und in virtuellen Lerngruppen kann zusammengearbeitet werden. Das heißt, dass MOOC den Wandel von einer einfachen Wissensvermittlungsressource zu einem menschenorientierten Lernen realisieren kann. Nach mehreren Jahren der Entwicklung haben sich die MOOC-Plattformen in China allmählich dem fortgeschrittenen Stand der Entwicklung der internationalen MOOC-Plattformen angenähert. Zu den derzeit wichtigsten MOOCs-Plattformen in China gehören XuetangX (学堂在线) der Tsinghua-Universität sowie Chinese University MOOC (中国大学 MOOC).

Vor einem politisch wohlwollenden Hintergrund gehört *Open Education* nunmehr zum Mainstream der chinesischen Bildungslandschaft und bildet nun nahezu das ganze Spektrum der formalen wie non-formalen Bildung und dem informellen Lernen ab.

2.3.2 Das deutsche Bildungssystem

Nach der Darstellung des chinesischen Bildungs- und Berufsbildungssystems besteht der nächste Schritt darin, die allgemeine und berufliche Bildung in Deutschland zu veranschaulichen. Das deutsche Bildungssystem ist sehr komplex. Um seinen Aufbau dennoch in strukturierter und nachvollziehbarer Weise erläutern zu können, wird hierfür eine Abbildung von Beathge et al. (2007, S. 15) verwendet.

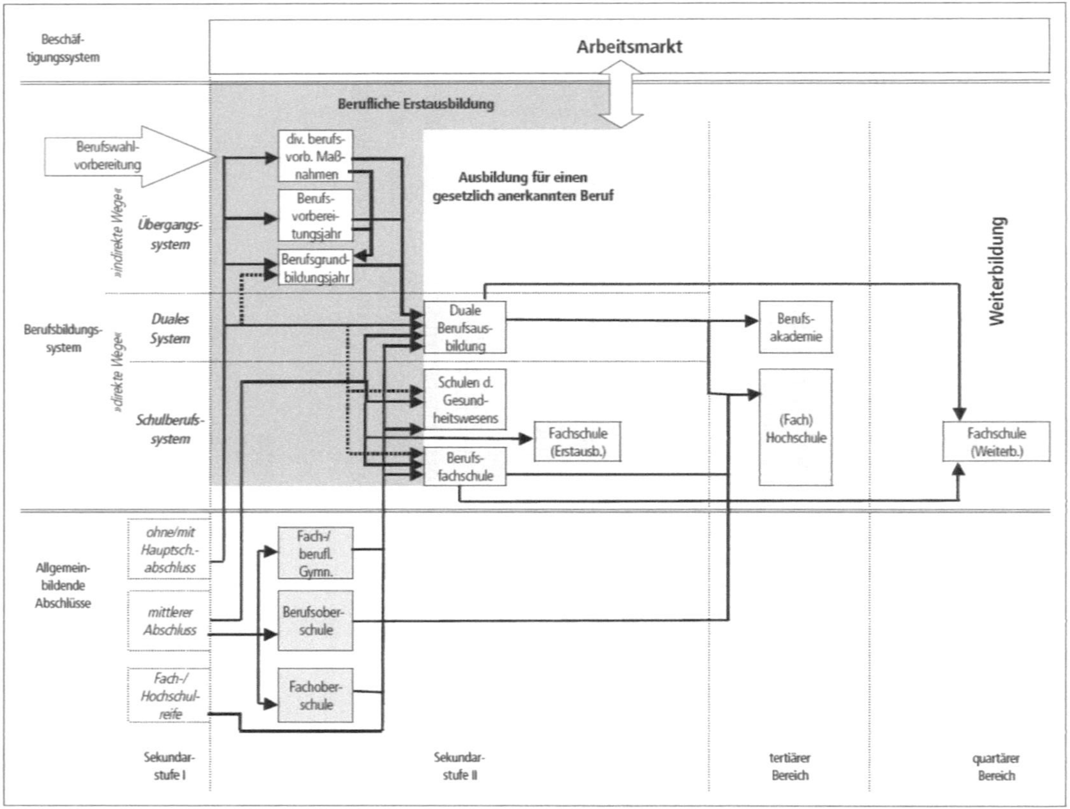

Abbildung 5: Pfade der beruflichen Bildung in Deutschland
[Baethge et al. 2007, S. 15]

2.3.2.1 Strukturelle Organisation des Bildungswesens in Deutschland

Abbildung 5 zeigt eine vereinfachte Darstellung der Grundstruktur des Bildungssystems in der Bundesrepublik Deutschland nach Bildungsbereichen / Schulformen. Es gliedert sich in Elementarbereich, Primarbereich, Sekundarbereich, tertiären Bereich und quartären Bereich.[45]

Elementarbereich

Der Elementarbereich umfasst die vorschulischen Einrichtungen für Kinder. Die frühkindliche Bildung, die Betreuung und der begleitende Prozess der Erziehung bilden die erste Etappe eines Kindes in der deutschen Bildungslandschaft. In der Bundesrepublik Deutschland besteht ein Rechtsanspruch auf Tagesbetreuung in einer Einrichtung, wie z. B. einem Kindergarten, einer Kindertagesstätte o. ä., mit Betreuungsangeboten und -zeiten für unterschiedliche Altersgruppen. Dies gilt für jedes Kind ab dem dritten Lebensjahr und bis zum Eintritt in die Grundschule, i. d. R. mit sechs Jahren. Jahrelang sah das Modell so aus, dass für Kinder unter drei Jahren auf freiwilliger Basis eine Betreuung in einer Kinderkrippe möglich war, bei Älteren eine Betreuung in einem Kindergarten (vgl. Kultusministerkonferenz – KMK 2015, S. 99–100). Heutzutage besteht auch ein Rechtsanspruch auf einen Kitaplatz.

Primarbereich

Der Primarbereich umfasst grundsätzlich die Jahrgangsstufen 1 bis 4 der Grundschule, in den Ländern Berlin und Brandenburg die Jahrgangsstufen 1 bis 6. Generell wird die Grundschule von allen Schülern und Schülerinnen gemeinsam besucht. Der Bildungsauftrag der Primarstufe besteht im Wesentlichen darin, die heterogenen Lerngruppen mit unterschiedlichen Voraussetzungen und Fähigkeiten so zu fördern und zu fordern, dass selbstständiges Denken und erste Lern- und Arbeitserfahrungen trainiert werden, und zwar im gestaltenden sozialen Miteinander (Peergroup) (vgl. Kultusministerkonferenz – KMK 2015, S. 105). „Sie [die Kinder] erwerben so eine Basis zur Orientierung und zum Handeln in ihrer Lebenswelt sowie für das Lernen in weiterführenden Schulen im Sekundarbereich" (Kultusministerkonferenz – KMK 2015, S. 105).

45 Zur Komplexitätsreduktion werden bundesländerspezifische Besonderheiten hierbei nicht berücksichtigt.

Sekundarbereich

Der Sekundarbereich wird auch Sekundarstufe genannt. Die schulischen Bildungsgänge mit den Jahrgangsstufen 5 bis 9 bzw. 10[46] bilden den Sekundarbereich I., wobei seine Bildungsgänge die Grundlage für den Sekundarbereich II bieten. Somit dienen die Bildungsgänge im Sekundarbereich I der Vorbereitung auf den Sekundarbereich II, an dessen Ende eine berufliche Qualifikation oder die Berechtigung für den Zugang zum Hochschulbereich erworben wird (vgl. Kultusministerkonferenz – KMK 2015, S. 117).

Zum Sekundarbereich I gehören Hauptschule, Realschule, Gymnasium bis zur 10. Klasse und Schulen mit mehreren Bildungsgängen. Hauptschule, Realschule und Gymnasium sind i. d. R. Schularten mit einem Bildungsgang, an denen der gesamte Unterricht auf einen bestimmten Abschluss bezogen ist. Schularten mit mehreren Bildungsgängen vereinen zwei oder drei Bildungsgänge unter einem Dach, z. B. die Gesamtschule (vgl. Kultusministerkonferenz – KMK 2015, S. 29). „Die Gestaltung der Schularten und Bildungsgänge des Sekundarbereichs I geht vom Grundsatz einer allgemeinen Grundbildung, einer individuellen Schwerpunktsetzung und einer leistungsgerechten Förderung aus“ (Kultusministerkonferenz – KMK 2015, S. 117).

Zu dem Sekundarbereich II gehören allgemeinbildende Vollzeitschulen (Gymnasium, Schularten mit drei Bildungsgängen und gymnasialer Oberstufe), berufliche Vollzeitschulen (Berufsfachschule, Fachoberschule, Berufsoberschule, Berufliches Gymnasium) und die Berufsbildung im dualen System (Berufsschule) (vgl. Kultusministerkonferenz – KMK 2015, S. 29). „Die Bildungsgänge an beruflichen Schulen des Sekundarbereichs II führen zu berufsqualifizierenden Abschlüssen, die eine berufliche Tätigkeit als qualifizierte Fachkraft ermöglichen“ (Kultusministerkonferenz – KMK 2015, S. 118).

Tertiärer Bereich

Zum tertiären Bildungsbereich gehören die Hochschulen sowie sonstige Einrichtungen, die berufsqualifizierenden Studiengänge für Absolventen des Sekundarbereichs II mit Hochschulzugangsberechtigung (bspw. Abitur, Fachabitur) anbieten, z. B. Universitäten, wissenschaftliche Hochschulen und Fachhochschulen(vgl. Kultusministerkonferenz – KMK 2015, S. 29). Sie alle führen zu einem akademischen Abschluss, der zur Aufnahme einer Erwerbstätigkeit und unter bestimmten Voraussetzungen zur Promotion berechtigt.

46 Nach 9 Schuljahren wird i. d. R. der Hauptschulabschluss erreicht. Nach 10 Schuljahren wird i. d. R. der (erweiterte) Sekundarabschluss I erreicht.

Des Weiteren umfasst der tertiäre Bereich Bildungseinrichtungen, die berufsqualifizierenden Studiengänge durchführen: Berufsakademien und Duale Hochschulen lehren im dualen Studiensystem und schaffen eine wissenschaftstheoretische, zugleich praxisorientierte berufliche Bildung. Das duale Studium erfolgt in Kooperation mit einem Unternehmen.

Quartärer Bereich

Der Bereich der Weiterbildung wird auch als quartärer Bereich bezeichnet. Weiterbildungsangebote bieten kommunale Einrichtungen, z. B. Volkshochschulen, private Träger, Einrichtungen der Kirche, Gewerkschaften, Kammern, Parteien, Verbände, Betriebe und der öffentlichen Verwaltungen, Elternschulen und Familienbildungsstätten, Akademien, Fach- und Hochschulen sowie Fernlehrinstitute. Auch Funk und Fernsehen haben Weiterbildungsprogramme (vgl. Kultusministerkonferenz – KMK 2015, S. 30). Insbesondere verfügen Fachschulen über berufliche Weiterbildungsmöglichkeiten. Eine abgeschlossene Berufsbildung und Berufserfahrung sind Zugangsvoraussetzung hierfür. Ähnliche Voraussetzungen gelten für die Weiterbildung zum Meister. Mit diesen beruflichen Abschlüssen, die von den Kammern abgenommen werden, wird die Hochschulzugangsberechtigung erlangt (vgl. Schanz 2010, S. 10–11).

Die individuellen Bildungswege innerhalb dieser Grundstruktur können sehr vielfältig sein. Der reguläre erste Bildungsweg geht von der Grundschule aus. Nach der Grundschule erfolgt der Besuch einer weiterführenden allgemeinbildenden Schule, die zu einem Bildungsabschluss mit Hochschulzugangsberechtigung führt. Außerdem ist es im zweiten Bildungsweg möglich, durch den Besuch einer Abendschule oder eines Kollegs die Hochschulreife zu erwerben. Der dritte Bildungsweg ist der Zugang zur Hochschule auf der Basis beruflicher Bildungsabschlüsse und beruflicher Erfahrung, also ohne eine klassische allgemeinbildende Hochschulzugangsberechtigung. (Vgl. Schanz 2010, S. 11; Frommberger 2012, S. 169)

2.3.2.2 Struktur der deutschen Berufsbildung

Das Berufsbildungssystem in Deutschland ist sowohl institutionell als auch regulatorisch komplex und durch eine große Vielfalt geprägt:

> „Es [das Berufsbildungssystem] umfasst ein breites Nebeneinander von unterschiedlichsten Bildungsgängen, von Schultypen und Bildungseinrichtungen, von öffentlichen Ausbildungsträgern auf Bundes-, Landes- und kommunaler Ebene sowie privaten Trägern und von berufs- und allgemein bildenden Schulabschlüssen und berufs- (bildungs-) vorbereitenden Qualifikationen" (Baethge et al. 2003, S. 34).

Zur Berufsbildung im Sinne des Berufsbildungsgesetzes gehören die Berufsausbildungsvorbereitung, die Berufsausbildung, die berufliche Fortbildung und die berufliche Umschulung (vgl. BBiG, § 1). Die Berufsausbildung bzw. die berufliche Erstausbildung hat für die Ausübung einer qualifizierten beruflichen Tätigkeit in einer sich wandelnden Arbeitswelt notwendige berufliche Fertigkeiten, Kenntnisse und Fähigkeiten (berufliche Handlungsfähigkeit) in einem geordneten Ausbildungsgang zu vermitteln und ferner den Erwerb der erforderlichen Berufserfahrungen zu ermöglichen (vgl. BBiG, § 1). Berufsausbildung wird als Phase der fachlichen Spezialisierung im Rahmen eines beruflichen Ausbildungsgangs verstanden, die sich der beruflichen Grundbildung anschließt (vgl. Schanz 2010, S. 18). Grob umrissen hat die Berufsbildung in Deutschland drei Sektoren, die sogenannten drei Säulen der beruflichen Erstausbildung: Das duale System der Berufsausbildung, die vollzeitschulische Ausbildung und das Übergangssystem (vgl. Autorengruppe Bildungsberichterstattung 2006, S. 79). Außerdem spiegelt sich die berufliche Weiterbildung in einer Vielzahl von Aktivitäten auf den Gebieten Förderung, Forschung, Entwicklung und Qualitätssicherung wider, die hier als vierte Säule der deutschen Berufsbildung bezeichnet wird. Im Folgenden werden die drei Sektoren der deutschen Berufsbildung exemplarisch vorgestellt (s. Abbildung 5).

2.3.2.2.1 Das duale System in der beruflichen Erstausbildung

Die berufliche Erstausbildung dient dem Erwerb eines ersten berufsqualifizierenden Abschlusses, wobei auch typische allgemeinbildende Abschlüsse erworben / nachgeholt werden können, z. B. Haupt- oder Realschulabschluss. Diese Möglichkeit wird in den Schulgesetzen der Bundesländer geregelt. In Deutschland dominiert die Form der beruflichen Erstausbildung im dualen System.

Die Ausbildung im dualen System findet in den jeweiligen Ausbildungsbetrieben und an der Berufsschule statt, mit einem Ausbildungsvertrag zwischen den Auszubildenden und einem ausbildenden Betrieb. Typische Ausbildungsberufe sind etwa Kaufmann im Einzelhandel, Koch, Verkäufer, Werkzeugmechaniker, Friseur oder medizinischer Fachangestellter. Für den Berufsschulunterricht wird ein entsprechender Rahmenlehrplan entwickelt und auf die jeweilige Ausbildungsordnung abgestimmt. Die Berufsschule wird in diesem Kontext als eigenständiger Lernort charakterisiert. Aufgabe ist es, eine berufliche Grund- und Fachbildung anzubieten und dabei allgemeine Bildungskenntnisse zu erweitern. Die duale Berufsausbildung im Ausbildungsbetrieb wird durch das Berufsbildungsgesetz normiert, die Unterrichtsverteilung mit den ausbildenden Betrieben, der Schulaufsicht sowie den zuständigen Stellen der Wirtschaft abgestimmt (vgl. Hippach-Schneider et al. 2007, S. 26–28). Das duale System ist der weitaus größte Bildungsbereich in der Sekundarstufe II: Zwei Drittel eines Altersjahrgangs erlernen einen anerkannten Ausbildungsberuf. Der größte Teil der Absolventen im dualen System beginnt danach eine Arbeit als Fachkraft, wobei viele später die Möglichkeit der beruflichen Weiterbildung nutzen (weitere Informationen zur dualen Berufsausbildung s. Abschnitt 2.4.2.1).

Für einige technische Berufe (z. B. Kfz-Mechaniker) kann ein Betrieb nicht sämtliche Ausbildungsinhalte des Ausbildungsrahmenplans vermitteln. Deswegen bilden mehrere Betriebe die Jugendlichen gemeinsam aus, d. h., einzelne Ausbildungsabschnitte werden in anderen Betrieben als zweite Ausbildungsform der Verbundausbildung durchgeführt, die somit einer dualen Ausbildung in mehreren Institutionen entspricht. Auf diese Weise werden das Ausbildungsplatzangebot und die Qualität der Ausbildung erhöht und gesichert. Für die Azubis sollen die fachlichen und sozialen Kompetenzen erweitert werden (vgl. Schanz 2010, S. 59–60). Um hierbei klare Zuständigkeiten zu haben, wird der Berufsbildungsvertrag dabei nur zwischen Auszubildendem und einem ausbildenden Betrieb abgeschlossen (Mehr Informationen über die Verbundausbildung s. Abschnitt 2.4.2.2).

2.3.2.2.2 Das Schulberufssystem

Neben der beruflichen Erstausbildung im dualen System (und seinen vielen Varianten) gibt es in Deutschland weitere Formen: Die berufliche Erstausbildung in vollzeitschulischen Berufsbildungsgängen an Berufsfachschulen, z. B. als Fremdsprachenassistent, Kinderpfleger, Technischer Assistent für Informatik, Erzieher (gemäß den Schulgesetzen der Bundesländer) sowie die berufliche Erstausbildung an Schulen des Gesundheitswesens[47]. Diese

47 Schulen des Gesundheitswesens haben die Aufgabe, die Berufsbildung in nichtakademischen bzw. nichtärztlichen Gesundheitsdienstberufen in Ausbildungsgängen zu vermitteln. Das Bildungsangebot ist nicht einheitlich in den Bundesländern geregelt und unterscheidet sich auch hinsichtlich der Abschlussbezeichnung (u. a. Gesundheits- und Krankenpflegehelfer, Kranken- und Altenpflegehelfer, Gesundheits- und Pflegeassistent, staatlich geprüfter Pflegeassistent). Um die Durchlässigkeit zu fördern, werden zwischen den Bundesländern Mindestanforderungen in der Ausbildung vereinbart, die einen Hauptschulabschluss voraussetzen und mindestens ein Jahr dauert. Für die Auszubildenden sind zwei Praxisbereiche obligatorisch: ambulante Pflege und stationäre Akut- oder Langzeitversorgung, um Menschen, insbesondere im häuslichen Umfeld, in Wohngruppen, Pflegeeinrichtungen und Krankenhäusern zu betreuen und zu pflegen. (vgl. Bundesinstitut für Berufsbildung – BIBB 2015, S. 245)

verschiedenen schulischen Ausbildungswege gehören zum Schulberufssystem[48]. Die schulische Berufsbildung galt lange Zeit als wichtiges Auffangbecken für Jugendliche ohne Ausbildungsplatz im Rahmen des dualen Systems (Baethge et al. 2003, S. 39). Daher wurde das Schulberufssystem lange Zeit als Restkategorie des Ausbildungssystems angesehen, das die Ausbildung für einen gesetzlich anerkannten Beruf in vollzeitschulischer Form an einer gesetzlich anerkannten Berufsfachschule, Fachschule, Schule des Gesundheitswesens sowie speziellen Fachschulen für sozialpflegerische und pädagogische Berufe ermöglicht (vgl. Baethge et al. 2003, S. 39). Die Angaben zur Zahl der Schulberufe sind nicht eindeutig, weil diese Berufe außerhalb BBiG und HwO geregelt sind und es somit keine einheitlichen Berufsbezeichnungen und Klassifizierungssysteme gibt (vgl. Friese 2011, S. 2).

Das Schulberufssystem hat tiefe historische Wurzeln mit ihren Anfängen in der Gründung der Bildungsanstalten für Frauen in der Bismarck-Ära. Damals wurden die jungen Frauen im heiratsfähigen Alter durch eine vollzeitschulische Ausbildung für Tätigkeiten rund um Familienfunktionen (z. B. Erziehung, Pflege, Gesundheit usw.) an diese Berufe herangeführt. Betrachtet man das aktuelle Schulberufssystem, ist die Ausbildung immer noch speziell auf Berufe des Gesundheitswesens der sozialen Arbeit und des Haushalts ausgerichtet. Obwohl das Schulberufssystem längst zur eigenständigen Säule im deutschen Berufsbildungssystem geworden ist, hat sich durch die Auswahl der Berufe diese Frauendomäne per Selbstselektion bis heute gehalten (vgl. Baethge et al. 2003, S. 39–40). So dominieren im Schulberufssystem Mädchen und junge Frauen mit einem Anteil von über 66 %, während sie am dualen System mit ca. 40 % beteiligt sind (s. Tabelle 9).

48 Das Bildungsangebot der Berufsfachschulen ist breit gefächert. So gibt es z. B. Berufsfachschulen für handwerkliche, kaufmännische, hauswirtschaftliche oder sozialpflegerische Berufe, die Schüler für diese Berufe vorbereiten und zu einem Berufsabschluss führen. Teilweise kann die Berufsfachschule (je nach Fachrichtung 1-3 Jahre) als erstes Berufsausbildungsjahr im dualen System angerechnet werden (vgl. Hippach-Schneider et al. 2007, S. 29). Führt die Berufsfachschule nicht zu einem Abschluss, wird sie dem Übergangssystem (s. Abschnitt 2.3.2.2.3) zugeordnet (vgl. Schelten 2009, S. 1).

Tabelle 9: Neuzugänge in Schulberufssystem im Jahr 2012 nach Geschlecht

[Eigene Darstellung basierend auf Autorengruppe Bildungsberichterstattung 2014, S. 279. Originalquelle: Statistische Ämter des Bundes und der Länder, Integrierte Ausbildungsberichterstattung (Schulstatistik, Hochschulstatistik, Personalstandstatistik für Beamtenausbildung im mittleren Dienst), Bundesagentur für Arbeit, Bestand von Teilnehmern in ausgewählten Maßnahmen der Arbeitsmarktpolitik mit SGB-Trägerschaft des Teilnehmers]

Gegenstand der Nachweisung	**Insgesamt (Anzahl)**	**Davon (Anzahl)**	
		Männlich	**Weiblich**
Duales System insgesamt	**505.523**	**299.003**	**206.521**
Schulberufssystem insgesamt	**212.079**	**58.382**	**153.697**
• Berufsfachschulen in BBiG- / HwO-Berufen	5.506	2.361	3.144
• Berufsfachschulen vollqualifizierend außerhalb BBiG / HwO (ohne Soziales, Erziehung, Gesundheit)	17.564	7.175	10.389
• Berufsfachschulen vollqualifizierend außerhalb BBiG / HwO: Soziales, Erziehung, Gesundheit	62.958	12.075	50.883
• Schulen des Gesundheitswesens	62.373	15.722	46.651
• Fachschulen, Fachakademien, nur Erstausbildung	39.445	7.811	31.634
• Fachgymnasien, HZB und schulische Berufsausbildung	3.648	1.570	2.078
• Berufsfachschulen, HZB und schulische Berufsausbildung	20.586	11.668	8.918

Wegen dieser historischen Wurzeln hat das Schulberufssystem eine besondere Bedeutung für Dienstleistungsberufe, insbesondere im Bereich der personenbezogenen Dienstleistungen mit den Tätigkeitsfeldern Hauswirtschaft und Ernährung, Gesundheit und Pflege sowie Erziehung und Soziales (vgl. Baethge et al. 2003, S. 41). Gerade dies sind aktuelle Wachstumsbereiche, insbesondere aus Gründen des demographischen Wandels, hervorgerufen durch die älter werdende Gesellschaft, Zunahme der Müttererwerbstätigkeit und Pflegebedürftigkeit sowie veränderte Versorgungsanforderungen, früh-kindliche Bildung und einer zunehmenden Ökonomisierung und Entstaatlichung personenbezogener Tätigkeitsfelder (vgl. Friese 2013, S. 1–3). Somit profitiert das Schulberufssystem in besonderer Weise von der mit dem Wachstum des Dienstleistungssektors einhergehenden Verschiebungen der gesellschaftlichen Beschäftigungsschwerpunkte und zeichnet sich daher nicht mehr als Restkategorie, sondern als Innovationsfaktor der beruflichen Bildung aus.

Eine andere strukturelle Stärke des Schulberufssystems besteht darin, dass es den Jugendlichen mehr Ausbildungschancen in Bundesländern mit niedrigem Stellenangebot in der dualen Ausbildung bietet (vgl. Baethge et al. 2003, S. 39–41). Das Niveau wird dabei den Berufen des dualen Systems angepasst (vgl. Baethge et al. 2007, S. 14). Als problematisch anzusehen ist hingegen, dass im Schulberufssystem eine starke Selbstselektion auftritt: Zum einen betrifft dies Schüler, die sich zunächst für eine Berufsausbildung beworben haben und hier keinen Ausbildungsplatz erhalten haben, und sich nun als Notlösung für eine Schulberufsausbildung entscheiden. Zum anderen wird die Schulberufsbildung überwiegend von Frauen wahrgenommen, was zu einer geschlechtsspezifischen Festlegung der einzelnen Schulberufe führt. Es wäre wünschenswert, klassische Frauenberufe und die frauendominierte Schulberufsbildung für männliche Jugendliche interessanter zu gestalten, um deren Anteil zu erhöhen (vgl. Baethge et al. 2003, S. 42–43).

2.3.2.2.3 Das Übergangssystem

Übergänge sind Schnittstellen individueller biographischer Verläufe und sozialer Struktur sowie Verzweigungen gesellschaftlich vorgeformter Entwicklungsbahnen (vgl. Kutscha 1991, S. 113). Ein erfolgreicher Übergang von der Sekundarstufe I zur Sekundarstufe II ist eine entscheidende Schwelle in der Biographie eines jungen Erwachsenen und kann richtungsweisend im Hinblick auf den späteren Berufseinstieg sein. Aber zu viele Jugendliche scheitern an der möglichst linearen Bewältigung dieser Herausforderung und müssen in der Folge in Übergangs- und Fördermaßnahmen aufgefangen werden. Das duale System und das Schulberufssystem bieten direkte Wege zur Berufsausbildung. Das Übergangssystem als eigenständiger Teil des Berufsbildungssystems wird als indirekter Weg bezeichnet. Der Begriff Übergangssystem verdeckt eher die dahinter liegende Problematik eines völlig ungeordneten Bereichs, der weder die Übergänge der jungen Menschen organisiert noch systematisch Bildungsgänge oder Laufbahnen ordnet (vgl. Bojanowski 2012, S. 131).

Definition und Struktur des beruflichen Übergangssystems

Im nationalen Bildungsbericht 2006 wird das Übergangssystem wie folgt definiert:

> „Das berufliche Übergangssystem, d. h. (Aus-)Bildungsangebote, die unterhalb einer qualifizierten Berufsausbildung liegen bzw. zu keinem anerkannten Ausbildungsabschluss führen, sondern auf eine Verbesserung der individuellen Kompetenzen von Jugendlichen zur Aufnahme einer Ausbildung oder Beschäftigung zielen und z. T. das Nachholen eines allgemein bildenden Schulabschlusses ermöglichen" (Autorengruppe Bildungsberichterstattung 2006, S. 79).

Unter dieser allgemein akzeptierten Definition können Übergangsmaßnahmen gefasst werden, da nicht eindeutig festgelegt ist, welche Bildungsangebote im Einzelnen dem Übergangssystem zuzuordnen sind. Hierzu gehören z. B. die ein- und zweijährigen Berufsfachschulen, die keinen Berufsabschluss vermitteln; berufsvorbereitende Maßnahmen der Bundesagentur für Arbeit (BvB-Maßnahmen); Klassen für Berufsschüler ohne Ausbildungsvertrag; das Berufsvorbereitungsjahr (BVJ) bzw. Berufseinstiegsjahr (BEJ) und Berufsgrundschuljahr (BGJ) sowie Einstiegsqualifizierungen (EQJ) (vgl. Kohlrausch 2012, S. 596; vgl. Autorengruppe Bildungsberichterstattung 2006, S. 80–81). Diese Ausbildungs- und Bildungsangebote im Übergangssektor sind Ersatzmaßnahmen für Jugendliche, die in der regulären Schulzeit ohne Abschluss oder Ausbildungsplatz geblieben sind. Sie haben gemeinsam, dass sie den Jugendlichen zwar keinen qualifizierten Ausbildungsabschluss vermitteln, aber zu einem anerkannten Bildungsabschluss führen (vgl. Autorengruppe Bildungsberichterstattung 2010, S. 97). Die Funktion des Übergangssystems besteht also darin, dass es als Brücke zwischen dem allgemeinbildenden Schulsystem und dem Berufsausbildungssystem mit beruflicher Qualifikation dient.

Benachteiligte, Benachteiligungen und Maßnahmen der Benachteiligtenförderung

Die Zielgruppe des Übergangssystems wird in den entsprechenden Diskursen vor allem unter dem Benachteiligtenbegriff beschrieben. „Eine eindeutige Definition für Benachteiligte ist nicht möglich, da Benachteiligung nicht eindeutig bzgl. ihrer Ursachen definiert werden kann, sondern sich insbesondere durch ihre Folgen ausweist: Hierzu zählt in erster Linie die Ausbildungslosigkeit" (Bundesinstitut für Berufsbildung – BIBB 2009, S. 204).

Daher gilt: Benachteiligte sind Personen, die keinen Platz in Ausbildung / Weiterbildung gefunden haben. Benachteiligung im Sinne der beruflichen Bildung ist ein Begriff, der unterschiedliche Problemlagen kennzeichnet und für die fehlende Versorgung Jugendlicher mit Ausbildungsplätzen steht (vgl. Bundesinstitut für Berufsbildung – BIBB 2009, S. 204). Die Gründe für eine Benachteiligung in der beruflichen Bildung sind unterschiedlich und lassen sich in drei Gruppen gliedern: 1. soziale Faktoren, bspw. Religion, Geschlecht, Migrationshintergrund, Nationalität oder soziale Schicht; 2. individuelle Faktoren wie psychische und psychologische Beeinträchtigung, Vorbildung und Alter; 3. Marktbeteiligung als strukturelle Benachteiligungsursache, z. B. konjunkturelle Lage, regionale Situation (z. B. fehlende Ausbildungsplätze), hohe Qualifizierung anderer Bewerber u. a. (vgl. Jahn 2014, S. 66–71).

Zur Förderung benachteiligter Personen greifen besondere Maßnahmen und Instrumente. „Die Benachteiligtenförderung wird definiert als Ergänzung und in Abgrenzung zur ‚normalen' Übergangsbiografie in Ausbildung und Arbeit" (Bundesinstitut für Berufsbildung – BIBB 2009, S. 204). Sie befasst sich i. w. S. „[…] mit Angeboten und Maßnahmen der beruflichen und sozialen Eingliederung Jugendlicher und junger Erwachsener in schwierigen Lebenslagen" (Bojanowski et al. 2004, S. 1) und umfasst i. e. S. „[…] die arbeitsmarktpolitischen Instrumente der Berufsvorbereitung (BvB) und Berufsausbildung (BaE, abH), die durch die BA gefördert und koordiniert werden" (Jahn 2014, S. 45).

Gesetzliche Grundlage für diese Maßnahmen und Förderinstrumente bilden auf Bundesebene vor allem die Sozialgesetze (SGB II) (Grundsicherung für Arbeitssuchende) und III (Arbeitsförderung); auf Landesebene Schulgesetze, auf kommunaler Ebene Leistungen nach SGB ll sowie SGB VIII (Kinder- und Jugendhilfe) (vgl. Bundesinstitut für Berufsbildung – BIBB 2009, S. 204–205). Hieraus ergibt sich eine große Vielzahl und ein Variantenreichtum einzelner Maßnahmen und Instrumente. Im Folgenden wird daher nur ein Überblick über die wichtigsten und häufigsten Formen anhand ihres berufsbiographischen Verlaufs gegeben (s. Abbildung 6).

	Bundesebene	Landesebene	Kommunale Ebene
		Berufsorientierung	
Rechtliche Basis	Berufsorientierung und erweiterte Berufsorientierung (SGB III)	• Schulgesetze • (Schul-)Praktika • Unterricht (Arbeitslehre)	Berufsorientierung (SGB III)
	Berufseinstiegsbegleitung (SGB III)		Beratung und Begleitung der Schulabsolventen (SGB VIII)
	Aktivierungshilfen (SGB III)		
Lernorte	Bildungsträger, Allgemeinbildende Schulen	Allgemeinbildende Schulen	Allgemeinbildende Schulen, Jugendhilfeträger
		Berufsvorbereitung	
Rechtliche Basis	Berufsausbildungsvorbereitung (BBiG)	Berufsvorbereitungsjahr (BVJ)	
	Berufsvorbereitende Bildungsmaßnahmen der BA – BvB (SGB III)	Berufsgrundbildungsjahr (BGJ)	
	Einstiegsqualifizierung – EQ (SGB III)	1-jährige (Berufs-)Fachschulen ohne Berufsabschluss	
	Sozialpädagogische Begleitung und organisatorische Unterstützung (SGB III) bei Berufsausbildungsvorbereitung und Einstiegsqualifizierung		
Lernorte	Bildungsträger, Betriebe	Berufsbildende Schulen	
		Berufsausbildung	
Rechtliche Basis	Berufsausbildung in außerbetrieblichen Einrichtungen BaE (SGB III)		Berufsausbildung in der Jugendhilfe (SGB VIII)
	Ausbildungsbegleitende Hilfen abH (SGB III)		
	Organisatorische Unterstützung bei betrieblicher Berufsausbildung (SGB III)		
	Ausbildungsbonus (SGB III)		
Lernorte	Bildungsträger, Betriebe		Jugendhilfeträger
		Sonstige Qualifizierung, Nachqualifizierung	
Rechtliche Basis	Übergangshilfen zur Begründung oder Festigung eines Arbeitsverhältnisses (SGB III)		Arbeitsgelegenheiten (SGB II)
	Beschäftigung begleitende Eingliederungshilfen (SGB III)		
	Qualifizierungszuschuss (SGB III)		
Lernorte	Bildungsträger, Betriebe		Kommunale Einrichtungen, Bildungsträger

Abbildung 6: Regelangebote der Benachteiligtenförderung (Auswahl)
[Bundesinstitut für Berufsbildung – BIBB 2009, S. 205]

Maßnahmen zur Förderung Benachteiligter in der Berufsorientierung
Nach Abbildung 6 dient die Berufsorientierung bzw. vorberufliche Bildung der Hinführung der Schüler der Sek I sowie z. T. auch Sek II in die Arbeits- und Berufswelt. Berufsorientierung wird als Inhalt und Strategie des Erwerbs von Ausbildungs, Arbeits- und Berufsfähigkeit verstanden, ist aber noch keine Berufsbildung, sondern ergänzt die allgemeine Bildung und findet zumeist in den allgemeinbildenden Schulen, oft in Kooperation mit der „Jugendhilfe", statt (vgl. Schanz 2010, S. 18–19). Als Beispiel wird in diesem Zusammenhang das

Bundesland Bayern angeführt, wo es eine Vielzahl sogenannter Wirtschaftsschulen gibt. Diese zeichnen sich durch vorberufliche Bildung und einen Wirtschaftsfokus im Unterricht und Curriculum aus. Berufsorientierende Informationen und Angebote, eigene Schulfächer und Praktika sollen die Berufswahl und Ausbildungsreife fördern.

Maßnahmen zur Förderung Benachteiligter in der Berufsvorbereitung
Die Berufsvorbereitung bzw. berufsvorbereitende Bildung dient der berufsfeldbezogenen Vermittlung von Grundkenntnissen und Grundfähigkeiten sowie der Fortsetzung der allgemeinen Bildung und bereitet die vollständige und fachrichtungsbezogene berufliche Erstausbildung vor. Die Berufsvorbereitungsangebote kommen vorwiegend von berufsbildenden Schulen oder von Bildungsträgern, aber auch von den Ausbildungsbetrieben.

Auf Bundesebene sind hierbei besonders die sogenannten Berufsvorbereitende Bildungsmaßnahmen (BvB)[49] und Einstiegsqualifizierung(EQJ)[50] zu nennen.

---

49 Berufsvorbereitende Bildungsmaßnahmen (BvB), finanziert i. d. R. durch die BA, dienen dazu, Jugendlichen und jungen Erwachsenen durch individuelle Unterstützungs- und Qualifizierungsangebote die Aufnahme einer beruflichen Erstausbildung oder den Zugang zur Arbeit zu ermöglichen. BvB lassen sich in Grundstufe, Förderstufe und Übergangsqualifizierung sowie inhaltlich und zeitlich begrenzte Förder- und Qualifizierungssequenzen gliedern, die berufsbezogene Qualifizierung auf der Grundlage bestätigter Qualifizierungsbausteine definiert und durch betriebsnahe Qualifizierungsangebote (berufsfeldbezogener Unterricht und Praktikum) sowie kontinuierliche Bildungsbegleitung der Jugendlichen im Förder- und Qualifizierungssystem realisiert (vgl. SGB III, § 51).

50 In der betrieblichen Einstiegsqualifizierung (EQJ) werden in sechs bis zwölf Monaten staatlich geförderte ausbildungsvorbereitende Praktika absolviert. Die Inhalte sollen sich an den Ausbildungsinhalten anerkannter Ausbildungsberufe nach BBiG / HwO orientieren und dienen der Vermittlung und Vertiefung von Grundlagen für den Erwerb beruflicher Handlungsfähigkeit. Jugendliche erhalten somit über Qualifizierungsbausteine die Möglichkeit, Teilqualifikationen eines Berufes zu erlernen, die bei Ausbildungsbeginn angerechnet werden können. Nach Ausbildungsabschluss werden diese vermittelten Fertigkeiten, Kenntnisse und Fähigkeiten vom Betrieb mit Zertifikat bescheinigt (vgl. SGB III, S. 54).

Auf Landesebene erfolgt diese Qualifizierung vor allem im Berufsgrundbildungsjahr (BGJ)[51] und dem Berufsvorbereitungsjahr (BVJ).[52]

Maßnahmen zur Förderung Benachteiligter in der Berufsausbildung
Die Benachteiligtenförderung in der Berufsausbildung erfolgt in betrieblichen oder außerbetrieblichen, z. T. auch überbetrieblichen Einrichtungen, und wird vorrangig durch ausbildungsbegleitende Hilfen (abH)[53] und Berufsausbildung in außerbetrieblichen Einrichtungen (BaE)[54] realisiert.

Sonstige Qualifizierung und Nachqualifizierung in der Benachteiligtenförderung
Die sonstige Qualifizierung und die Nachqualifizierung werden je nach gesetzlicher Grundlage in Betrieben, bei Bildungsträgern oder Einrichtungen der öffentlichen Hand angeboten.

> Diese Maßnahmen sind „[…] nur förderungsfähig, wenn sie nach Aus- und Fortbildung sowie Berufserfahrung der Leitung und der Lehr- und Fachkräfte, nach Gestaltung des Lehrplans, nach Unterrichtsmethode und Güte der zum Einsatz vorgesehenen Lehr- und Lernmittel eine erfolgreiche Berufsausbildung oder die erfolgreiche Unterstützung der Berufsausbildung oder der Einstiegsqualifizierung

---

51 Im Berufsgrundbildungsjahr (BGJ) sollen die Schüler berufsbezogene Grundbildungskenntnisse wie z. B. in den Fachrichtungen Wirtschaft und Verwaltung, Metalltechnik und Elektrotechnik erwerben. Der Zeitraum bezieht sich auf ein Jahr, in denen die Schüler das Berufsgrundbildungsjahr in Vollzeit absolvieren. Eine weitere Möglichkeit bietet die Kooperation zwischen Schule und Betrieb zur Absolvierung des Berufsgrundbildungsjahres (vgl. Hippach-Schneider et al. 2007, S. 30).

52 Durch das Berufsvorbereitungsjahr (BVJ) wird den Schülerinnen und Schülern – neben der Vorbereitung auf berufliche Anforderungen – das Nachholen des Hauptschulabschlusses angeboten. Ziel des Berufsvorbereitungsjahres ist die Chancenerhöhung auf dem Ausbildungsmarkt (vgl. Hippach-Schneider et al. 2007, S. 30).

53 Im Rahmen ausbildungsbegleitender Hilfen (abH) werden junge Menschen, die sich in einer betrieblichen Berufsausbildung des dualen Systems befinden und deren erfolgreicher Abschluss gefährdet ist, in Form von Stützunterricht und sozialpädagogischer Begleitung gefördert. Die abH sollen bedürftigen Jugendlichen die Aufnahme, Fortsetzung und den erfolgreichen Abschluss einer erstmalig betrieblichen Berufsausbildung in anerkannten Ausbildungsberufen ermöglichen, enden aber sechs Monate nach Aufnahme eines Arbeitsverhältnisses (vgl. SGB III, § 75).

54 Die Berufsausbildung in außerbetrieblichen Einrichtungen (BaE) ist eine spezifische Form der Berufsausbildung, die außerhalb von Betrieben durchgeführt wird. Dort werden neben der fachpraktischen Unterweisung Förderunterricht und sozialpädagogische Begleitung angeboten. Voraussetzung für die Aufnahme in einer BaE sind sechs Monate abH. (vgl. SGB III, § 76)

erwarten lassen“ (vgl. SGB III, § 77; vgl. Bundesministerium für Bildung und Forschung – BMBF 2005, S. 77).

Dementsprechend ist dieses Instrument vorgesehen für un- und angelernte Jugendliche und Erwachsene, die bereits Arbeitserfahrung haben, um einen anerkannten Berufsabschluss nachzuholen.

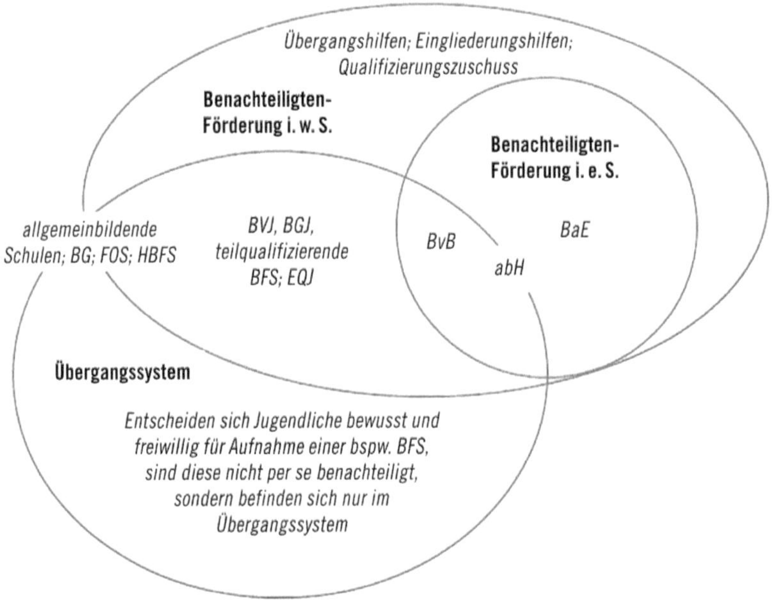

Abbildung 7: Übergangssystem und Benachteiligtenförderung
[Jahn 2014, S. 46]

Es ist von hoher Relevanz, die z. T. synonym gebrauchten Begriffe Übergangssystem, Benachteiligtenförderung und Übergangshilfen zu differenzieren (s. Abbildung 7). Übergangssystem dient als Oberbegriff und umfasst alle (Aus-)Bildungsangebote, die unterhalb einer qualifizierten Berufsbildung rangieren bzw. zu keinem anerkannten Ausbildungsabschluss führen. Benachteiligtenförderung als eine wichtige Strategie im Übergangssystem nimmt eine Brückenfunktion in Ausbildung und Arbeit ein. Übergangs- oder Eingliederungshilfen sind hingegen konkrete Maßnahmen (vgl. Jahn 2014, S. 44–45).

2.3.2.3 *Berufliche Weiterbildung*

Im deutschen Gesamtbildungssystem stellt die Weiterbildung den quartären Bereich dar (s. Abbildung 5). Berufliche Fortbildung und berufliche Weiterbildung werden häufig auch synonym verwendet. Eigentlich dient die berufliche Weiterbildung als Oberbegriff für Fortbildung, Umschulung und andere Maßnahmen zum Lernen am Arbeitsplatz. Wer nach dem Studium oder einer Ausbildung weiterlernen oder aus beruflichen Gründen neues Wissen oder neue Fähigkeiten erlangen möchte, hat die Möglichkeit zur Weiterbildung.

Die berufliche Weiterbildung ist per se ein System mit vielen Komponenten wie die geregelte, betriebliche und individuelle Weiterbildung (s. Abbildung 8).

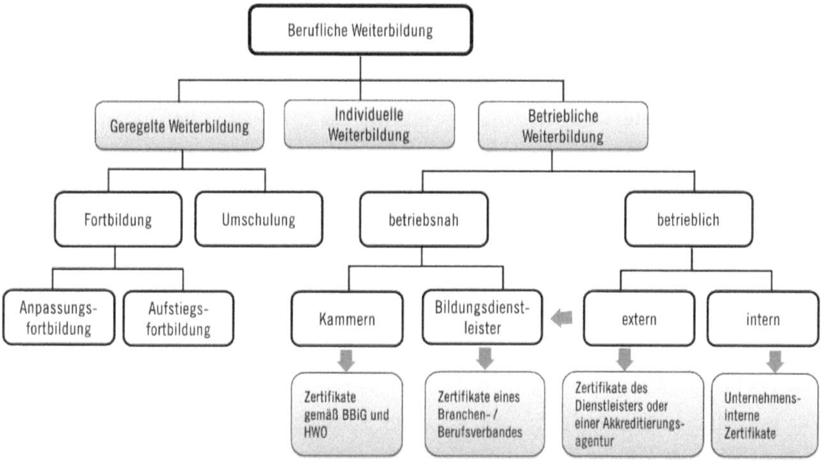

Abbildung 8: Berufliche Weiterbildung in Deutschland
[Eigene Darstellung basierend auf Hippach-Schneider et al. 2007, S. 36]

Geregelte Weiterbildung

Als geregelte Weiterbildung werden die berufliche Fortbildung und die berufliche Umschulung verstanden.

Die berufliche Fortbildung

Die berufliche Fortbildung setzt eine abgeschlossene Berufserstausbildung oder angemessene Berufserfahrung bzw. beides voraus (Hippach-Schneider et al. 2007, S. 37). Sie soll die berufliche Handlungsfähigkeit erhalten, anpassen oder mit beruflichem Aufstieg erweitern (BBiG, § 1). Sie findet z. T. während der Arbeitszeit oder in der Freizeit, z. B. am Wochenende statt. Diese Anpassungsfortbildung soll die schon erworbenen beruflichen Kenntnisse erhalten. Nach längerem Mutterschafts- oder Vaterschaftsurlaub können so bspw. aktuelles Wissen und neue Fähigkeiten in relativ kurzer Zeit durch Seminare und Kurse vermittelt werden. Eine andere Form der Fortbildung ist die Aufstiegsfortbildung, um berufliche Kenntnisse und Fertigkeiten auf bestimmten Gebieten zu erweitern. Ein Einzelhändler z. B. kann auf diese Weise sein Know-how in der Schaufenstergestaltung durch den Besuch entsprechender Kurse verbessern (vgl. Schanz 2010, S. 19). Seit Januar 1996 wird die berufliche Aufstiegsfortbildung besonders gefördert. Angehende Meister, Techniker und Fachkräfte können finanzielle Unterstützung nach dem Aufstiegsfortbildungsförderungsgesetz, dem sogenannten Meister-BAföG, beantragen (Hippach-Schneider et al. 2007, S. 37).

Als Grundlage für eine einheitliche berufliche Fortbildung kann das Bundesministerium für Bildung und Forschung im Einvernehmen mit dem Bundesministerium für Wirtschaft und Energie oder dem sonst zuständigen Fachministerium Fortbildungsabschlüsse anerkennen und hierfür Prüfungsregelungen erlassen (Fortbildungsordnung[55]). Voraussetzung dafür ist eine Anhörung des Hauptausschusses des Bundesinstituts für Berufsbildung durch eine Rechtsverordnung, die nicht der Zustimmung des Bundesrates bedarf. (Vgl. BBiG, § 53)

Die berufliche Umschulung

Die berufliche Umschulung[56] soll zu einer anderen beruflichen Tätigkeit befähigen (BBiG, § 1) und dient dem Erlernen eines neuen Berufes. Sie stellt eine Möglichkeit dar, sich für eine neue Arbeitstätigkeit zu qualifizieren, wenn

55 Die Fortbildungsordnung legt fest: die Bezeichnung des Fortbildungsabschlusses, das Ziel, den Inhalt und die Anforderungen der Prüfung, die Zulassungsvoraussetzungen sowie das Prüfungsverfahren (BBiG, § 53). Soweit Rechtsverordnungen nach § 53 nicht erlassen sind, kann die zuständige Stelle Fortbildungsprüfungsregelungen erlassen und die Bezeichnung des Fortbildungsabschlusses, Ziel, Inhalt und Anforderungen der Prüfungen, die Zulassungsvoraussetzungen sowie das Prüfungsverfahren regeln (BBiG, § 54).

56 Im Unterschied zur beruflichen Umschulung umfasst die berufliche Rehabilitation alle Maßnahmen und Hilfen, die erforderlich sind, die dauerhafte Eingliederung oder Wiedereingliederung behinderter Menschen in Arbeit, Beruf und Gesellschaft zu erreichen.

der alte Beruf nicht mehr ausgeübt werden kann. Dies kann mehrere Gründe haben, z. B. eine längere Auszeit (Krankheit, Kindererziehung, Berufskrankheit), die einen Wiedereinstieg in den alten Beruf verhindert, eine Berufskrankheit oder eine grundsätzliche Unzufriedenheit mit dem alten Beruf. Die berufliche Umschulung kann grundsätzlich in sämtlichen Formen der Berufsbildung erfolgen. Umschulungsmaßnahmen werden meist durch die Bundesagentur für Arbeit (BA) finanziert und durch verschiedene Bildungsträger, z. B. durch die Berufsforderungswerke (BFW) angeboten.

Betriebliche Weiterbildung und Individuelle Weiterbildung

Zwei weitere Sonderformen beruflicher Weiterbildung bestehen in der betrieblichen und individuellen Weiterbildung, wobei Letztere als eigenständig durchgeführte Weiterbildungsaktivität bezeichnet wird.

Die betriebliche Weiterbildung wird in unterschiedlichem Umfang und verschiedenen Organisationsformen in Betrieben durchgeführt. Hierbei spielen Betriebsgröße und jeweilige Branchenzugehörigkeit eine wichtige Rolle (Schanz 2010, S. 105). In der Regel zahlt der Betrieb die Weiterbildung und stellt den Mitarbeiter zumindest z. T. für den Unterricht frei.

Im Gegensatz zur betrieblichen Weiterbildung finden betriebsnahe Fortbildungen i. d. R. außerbetrieblich statt, geregelt gemäß § 53 BBiG / § 42 HwO durch die Kammern oder Zertifikate eines Verbandes. Betriebsnahe Zertifikate sind allgemeiner gehalten als betriebliche und von externen Stellen ausgestellt, sodass diese zumeist höher bewertet werden. So machen sie dem Mitarbeiter einen Unternehmenswechsel leichter. Eine gängige Art von Schulen sind hierbei Fachschulen.[57]

Im Jahr 1970 wurde Weiterbildung im Strukturplan des Deutschen Bildungsrates als vierte Säule des Bildungswesens etabliert und als „Fortsetzung oder Wiederaufnahme organisierten Lernens nach Abschluß [sic] einer

57 Fachschulen sind wesentliche Einrichtungen beruflicher Weiterbildung. Sie vermitteln eine vertiefte berufliche und allgemeine Bildung mit Ausbildungsgängen und Abschlüssen, die auf einen beruflichen Aufstieg ausgerichtet sind. Diese Schulform setzt grundsätzlich eine berufliche Erstausbildung und meist entsprechende praktische Berufserfahrung voraus. Fachschulen unterscheiden sich nach Voll- oder Teilzeitform. Die angebotenen Fachrichtungen sind Agrarwirtschaft, Gestaltung, Technik, Wirtschaft und Sozialwesen. Außerdem können an Fachschulen weitere Abschlüsse und Zertifikate erworben werden. Der Besuch der Fachschule ermöglicht auch die Vorbereitung auf die Meisterprüfung. (vgl. Kultusministerkonferenz – KMK 2002, S. 1–4)

unterschiedlich ausgedehnten ersten Bildungsphase“ bezeichnet (Deutscher Bildungsrat 1970, S. 197). Neben der beruflichen Weiterbildung fallen hierunter die allgemeine und die politische Weiterbildung, die auch unter dem Begriff Erwachsenenbildung subsumiert werden (Hippach-Schneider et al. 2007, S. 36). Wegen der heterogenen und hauptsächlich privatwirtschaftlich organisierten Anbieterstruktur ist die berufliche Weiterbildung nicht umfassend institutionalisiert (vgl. Schanz 2010, S. 102). Sie wird von verschiedenen Trägern durchgeführt: vom Staat, von Kommunen, Hochschulen, Gewerkschaften, Unternehmensverbänden, Kammern, Berufsverbänden, Kirchen, Betrieben u. a. Diese beruflichen Fortbildungsmaßnahmen werden mit Prüfungen durch die zuständigen Stellen in Form von Kursen, Lehrgängen und Seminaren sowie als Fernlehrgänge angeboten. Die Datenbank KURSNET bietet bundesweit einen Überblick über Angebote der beruflichen Weiterbildung der Bundesagentur für Arbeit (vgl. Schanz 2010, S. 106–107).

2.3.3 Resümee: Juxtaposition und Vergleich

Die Grundstruktur der Bildungssysteme in China und Deutschland kann als äquivalent bezeichnet werden. Die Primarstufe mit der Grundschule ist beiden Systemen gemeinsam und Kinder werden in beiden Ländern im Alter von sechs Jahren eingeschult. Jedoch gibt es in der Elementarstufe einen deutlichen Unterschied: In China umfasst die Grundschule sechs Schuljahre, in Deutschland hingegen zumeist nur vier Schuljahre. Die Sekundarstufe ist in beiden Ländern mit ähnlichen Schulformen in zwei Stufen unterteilt: Sekundarbereich I und II. Auch in der tertiären Stufe lassen sich viele Übereinstimmungen zwischen den Bildungssystemen beider Länder feststellen: Mit einer Hochschulzulassungsberechtigung können sich die Schüler an Universitäten bewerben und studieren. In Deutschland ist die gängigste Form des Hochschulzugangs sicherlich das deutsche Abitur, auch allgemeine Hochschulreife genannt. Diese allgemeine Hochschulreife berechtigt zum Studium an einer deutschen Hochschule oder Fachhochschule, das mit einem Bachelor-, Diplom-, Magister- oder Staatsexamen abschließt. Es bestehen unterschiedliche Auswahlverfahren für die Hochschulaufnahme, welche die Hochschulen selbst bestimmen. Zumeist wird auf Grundlage der Abschlussnote (Numerus clausus) ausgewählt, Aufnahmeprüfungen sind hingegen die Ausnahme. Im Vergleich dazu müssen Schüler in China für die Aufnahme in eine der begehrten Universitäten nicht nur erstklassige Noten in ihren Abschlüssen vorweisen, sondern auch eine zusätzliche Hochschulaufnahmeprüfung (高考) absolvieren. Diese Prüfung ist sehr umfangreich, kompetitiv und von großer Bedeutung, da das Ergebnis dieser Prüfung darüber entscheidet, wer an welcher Universität welchen Studiengang studieren darf. Hierbei unterscheiden sich die Systeme beider Länder folglich deutlich. Ein Studium, das eher auf den Beruf ausgerichtet ist, gibt es in beiden Ländern. In China kann zwar an der Berufshochschule ein Abschluss erzielt werden, jedoch nicht mit einem Bachelor- oder Masterabschluss. An den deutschen Berufsakademien, Fachhochschulen und Hochschulen für angewandte Wissenschaften, kann hingegen ein Bachelor- oder Masterabschluss erreicht werden. Außerdem ist es wichtig zu erwähnen, dass es in beiden Ländern weitere Zugangsmöglichkeiten zum Studium gibt (bspw. fachgebundene Hochschulreife in Deutschland, gesonderte Hochschulaufnahmeprüfungen für Absolventen berufsbildender Schulen in China).

Tabelle 10: Strukturelle Differenzierung der Berufsbildung in China und Deutschland [Eigene Darstellung]

Ebene / Stufe	Volksrepublik China	Bundesrepublik Deutschland
Berufsvorbereitung / Berufliche Grundbildung		• ***Übergangssystem*** – Berufsvorbereitungsjahr (BVJ) – Berufsgrundbildungsjahr (BGJ) – Betriebliche Einstiegsqualifizierung (EQ)
Berufsausbildung (Berufliche Erstausbildung)	• ***Untere Ebene*** – Berufliche Mittelschule (Unterstufe) • ***Mittlere Ebene*** – Berufliche Mittelschule (Oberstufe) – Fachmittelschule – Facharbeiterschule • Höhere Ebene – Berufshochschule	• Das duale System – Betrieb – Berufsschule • ***Schulberufssystem*** – Berufsfachschule – Schulen des Gesundheitswesens – Fachschulen (Erstausb.)

(*Fortsetzung*)

Tabelle 10: Fortsetzung

Ebene / Stufe	Volksrepublik China	Bundesrepublik Deutschland
Weiterbildung	• ***Grundebene*** – Lese- und Schreibkurse – Grundschulen für Erwachsene • ***Mittlere Ebene*** – Fachmittelschulen für Erwachsene – Mittelschulen für Erwachsene – Technische Weiterbildungseinrichtungen für Erwachsene • ***Akademische Ebene*** – Erwachsenenbildung auf Hochschulniveau	• ***Geregelte Weiterbildung*** – Fortbildung – Umschulung • ***Individuelle Weiterbildung*** • ***Betriebliche Weiterbildung*** – betriebsnahe – betrieblich

Zu den augenfälligsten Unterschieden im Vergleich zwischen China und Deutschland gehört also das Berufsbildungssystem, wie in Tabelle 10 dargestellt:[58]

Für die Berufsvorbereitung / Berufliche Grundbildung verfügt Deutschland bereits über eine Reihe von effektiven Vorbereitungsmaßnahmen, z. B. BVJ, BGJ, EQ. China verfügt in dieser Hinsicht über keine speziellen Maßnahmen.

Der Vergleich der Berufsausbildung (auch berufliche Erstausbildung genannt) steht im Mittelpunkt des Vergleichs der Berufsbildung zwischen den beiden Ländern und ist auch das Kernstück der vorliegenden Arbeit. Die chinesische Berufsausbildung ist dreistufig ausgerichtet: die untere, mittlere und höhere Ebene. Diese drei Stufen sind horizontal angeordnet, mit zunehmendem Schwierigkeitsgrad und Spezialisierung der Ausbildung. Die untere und mittlere Berufsbildung wird an unteren und mittleren beruflichen Schulen durchgeführt. Die höhere Berufsbildung findet an Berufshochschulen oder an allgemeinen Hochschulen statt. Im Vergleich dazu konzentriert sich die Berufsausbildung in Deutschland auf zwei Sektoren: das duale System der Berufsausbildung und die vollzeitschulische Ausbildung. Im Unterschied zu China sind

58 Zur Unterscheidung der Begrifflichkeiten: Berufsausbildung, Berufsbildung und Berufliche Bildung s. Abschnitt 2.1.2

die beiden Sektoren gleichberechtigt und es gibt keine progressive Beziehung zwischen ihnen. Jeder Sektor der Berufsausbildung verfügt ebenfalls über spezielle Institutionen.

Auch in der beruflichen Weiterbildung gibt es große Unterschiede zwischen Deutschland und China. Das chinesische Weiterbildungssystem (auch Erwachsenenweiterbildung oder Erwachsenenbildung genannt) ist analog zum allgemeinen Bildungssystem ebenfalls dreistufig geteilt und umfasst das gesamte Bildungsangebot vom Primarbereich über den Sekundarbereich bis zur Universität. Die Ausbildungsinhalte und deren Bildungseinrichtungen sind dadurch sehr vielfältig. Im Gegensatz zu China gibt es in Deutschland keine solche Hierarchie in der beruflichen Weiterbildung. Eine formale Einteilung erfolgt nur in die Bereiche der geregelten, betrieblichen und individuellen Weiterbildung. Sowohl in China als auch in Deutschland verfügt jede Form der Weiterbildung über spezielle Institutionen.

Denkanstöße des chinesischen Bildungssystems

Die chinesische Berufsbildung lässt sich grob in drei Stufen gliedern: die Grundebene (Berufsbildung Sekundarstufe I), die mittlere Ebene (Berufsbildung Sekundarstufe II) und die höhere Ebene (höhere Berufsbildung). Angesichts der flächenmäßigen Größe Chinas und sehr unterschiedlicher regionaler Entwicklungsstände und Bedarfe, ist auch eine regionale Heterogenität in der jeweiligen Ausgestaltung und Umsetzung der Berufsbildung zu beobachten. So wird beispielsweise die Sekundarstufe I in der Praxis nur noch in wenigen gering entwickelten ländlichen Gebieten Chinas angeboten, da das allgemeine Bildungsniveau der Bevölkerung über die letzten Jahrzehnte deutlich gestiegen ist.

Abbildung 9 zeigt die Absolventenzahlen der drei Ebenen der Berufsbildung und unterstreicht dabei, dass gerade der Bereich der Sekundarstufe I stark rückläufig ist in einem ansonsten wachsenden System und insgesamt kaum mehr eine Rolle spielt. Die mittlere Ebene der Berufsbildung (Sekundarstufe II) ist mit nahezu 70 % der Absolventen die Hauptform der chinesischen Berufsbildung. Besonders die Zahl der Absolventen in der höheren Berufsbildung hat sich hingegen besonders bis 2010 stark erhöht und insgesamt nun einen deutlich höheren Gesamtanteil. Demnach spielt die höhere Berufsbildung seit mehreren Jahren eine immer wichtigere Rolle im chinesischen Bildungswesen.

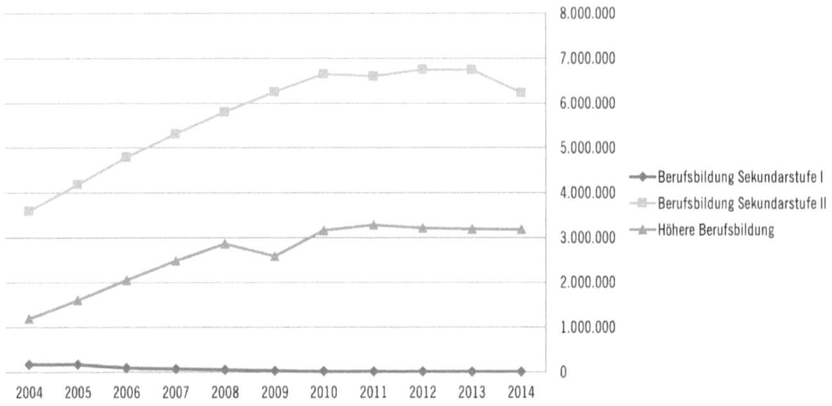

Abbildung 9: Verteilung der Absolventen nach Stufen der Berufsbildung (China)
[Eigene Darstellung basierend auf China Statistical Yearbooks 2004–2014]

China ist das Ursprungsland der höheren Berufsbildung. Das Modell der Berufshochschule spielt daher auch eine beispielgebende Rolle für die höhere Berufsbildung weltweit (vgl. Jiang 2015, S. 1). Die Chinesen haben bekanntlich eine hohe intrinsische Motivation für das Studium und der damit verbundenen Chance eines sozialen Aufstiegs. Insgesamt hat sich die chinesische Schul- und Berufspolitik lange Zeit besonders auf eine formale akademische Ausbildung konzentriert und die nichtakademische Bildung vernachlässigt. Vor diesem Hintergrund wurde die höhere Berufsbildung auf akademischer Ebene geschaffen, um auch hier gesellschaftlich attraktive Aufstiegschancen zu schaffen und damit auch den Ruf der Berufsbildung insgesamt zu verbessern. Die Berufshochschule in China gehört zur höchsten Stufe der Berufsbildung und der wissenschaftlichen Hochschulbildung. Daher ist davon auszugehen, dass die Lernenden diese Möglichkeit intensiv nutzen, um eine gute Chance zur besseren Qualifizierung, gekoppelt mit einem höheren sozialen Ansehen, zu erhalten (vgl. Rützel et al. 1995, S. 74).

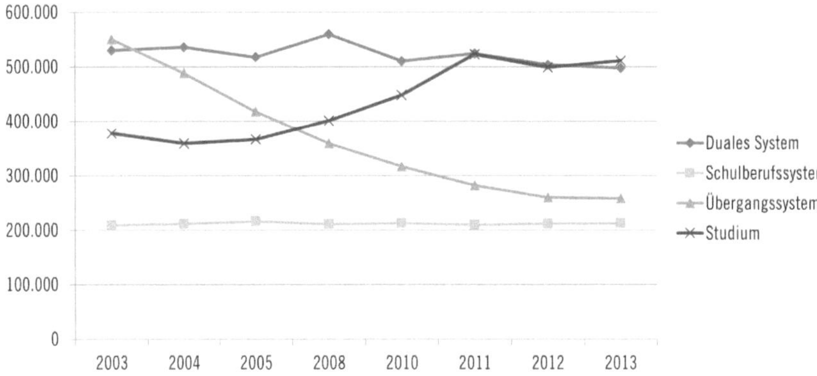

Abbildung 10: Neuzugänge zu allen Sektoren beruflicher Erstausbildung 2005–2013 (Deutschland)

[Eigene Darstellung basierend auf Autorengruppe Bildungsberichterstattung 2014, S. 98. Quelle: Statistische Ämter des Bundes und der Länder, Integrierte Ausbildungsberichterstattung (Schulstatistik, Hochschulstatistik, Personalstandstatistik – für Beamtenausbildung im mittleren Dienst), Bundesagentur für Arbeit, Bestand von Teilnehmern in ausgewählten Maßnahmen der Arbeitsmarktpolitik mit SGB-Trägerschaft des Teilnehmers]

Im Vergleich dazu genießt das deutsche duale System schon lange Zeit einen guten Ruf, steht aber seit einigen Jahren unter Druck. Einige aktuelle Probleme werden derzeit diskutiert: die Akademisierung bzw. die Verschiebung in der Ausbildungsstruktur und unbewältigte Übergangsschwierigkeiten, die Gefährdung der Deckung des künftigen Arbeitskräftebedarfs, die durch den Fachkräftemangel gefährdete Innovationskraft der deutschen Wirtschaft, die soziale Schließungstendenz, die Ungleichbehandlung junger Männer, der Verlust an sozialer Integrationskraft und die geringe Bildungsmobilität (ausführlich s. Baethge et al. 2007, S. 7–10). Abbildung 10 zeigt, dass die Zahl der Neuzugänge zur beruflichen Bildung in Deutschland seit Jahren rückläufig ist. Das duale System fällt nun mit weniger als einer halben Million Auszubildenden auf den tiefsten Stand seit 20 Jahren und verliert seine dominante Position. Das Schulberufssystem bleibt jedoch nahezu unverändert. Die Anfängerzahlen im Übergangssystem sind deutlich gesunken, besetzen aber immer noch etwa ein Drittel der Neuzugänge in der Berufsausbildung. Während die Zahlen der Berufsbildung zurückgehen, zeigen die Neuzugänge zum Studium eine starke Aufwärtsdynamik (vgl. Autorengruppe Bildungsberichterstattung 2014, S. 98). Diese Daten lassen ebenfalls darauf schließen, dass sich die duale Ausbildung in einer Krise befindet, während das Studium eine führende Position auf dem

Bildungsmarkt erreicht. Besonders durch die Tendenz zur Industrie 4.0 werden die wissensintensiven Beschäftigungskategorien und die durchschnittlichen Qualifikationsniveaus ansteigen. Dies führt zu einem großen Bedarf an gut ausgebildeten Menschen. Eine einfache duale Ausbildung erfüllt dieses Erfordernis nur bedingt. Es stellt sich die Frage, ob in diesem Bezug eine Anpassung des Berufsbildungssystems in Deutschland nicht sinnvoll wäre. Hierbei könnte das Modell der chinesischen Berufshochschule[59], auch ein Vorbild für Deutschland sein, um durch eine gezielte Erweiterung des Berufsbildungssystems durch eine tertiäre Anschlussstufe, die Möglichkeiten zur Aufstiegsqualifikation zu erhöhen und so zu einer allgemeinen Attraktivitätssteigerung und Aufwertung gerade auch bezüglich der Berufsschulen beizutragen.

Denkanstöße vom deutschen Bildungssystem

Wie bereits mehrfach angesprochen ist der Berufsbildungsweg in China zumeist nur die ‚zweite Wahl'. Schüler in China sind normalerweise gezwungen, eine Berufsbildung anzufangen, weil sie in der mittleren Ebene der Berufsbildung an der Aufnahmeprüfung (中考) für den Eintritt in die MittelschuleOberstufe gescheitert sind. Bei Schülern der höheren Ebene der chinesischen Berufsbildung handelt es sich um Jugendliche, die erfolglos bei der nationalen Hochschulaufnahmeprüfung (高考) waren oder um Schüler, die die mittlere Ebene der Berufsbildung absolviert haben. Das bedeutet im Umkehrschluss, dass sich die eigentlichen Wünsche der Schüler oftmals nicht erfüllt haben und sich nun umorientieren müssen. Viele Schüler sind sich vor ihrem Einstieg in eine Berufsbildung nicht über ihre berufliche Zukunft im Klaren. Hier bieten die deutschen Bildungseinrichtungen Unterstützungsangebote an, z. B. durch Berufsorientierungsmaßnahmen für Schüler der Sek. I, z. T. auch Sek. II oder Angebote der Benachteiligtenförderung. Diese Förderprogramme und Initiativen streben eine Verbesserung der Übergangsmöglichkeiten von der Schule in die Berufsbildung an und können den jungen Menschen helfen sich über ihre eigenen Fähigkeiten und Vorstellungen klar zu werden, diese an der Realität auszurichten, um daraufhin eine informierte Entscheidung für ihre Zukunft zu treffen. Dieser Bereich der vorberuflichen Bildung / Berufsorientierung fehlt in China. Es ist also nicht überraschend, dass viele chinesische Schüler orientierungslos ihren späteren Beruf ergreifen. Vergleichbare Angebote wie im deutschen Modell – mit vorberuflicher Bildung / Berufsorientierung und dem

59 Obwohl es auch in Deutschland eine Berufsakademie gibt, ist das Modell der chinesischen Berufshochschule damit nicht gleichzusetzen.

Übergangssystem – zu schaffen, könnte zu einer positiven Weiterentwicklung und zur Stärkung der chinesischen Berufsbildung beitragen.

2.4 Fokus 3: Strukturelle Ausgestaltung der Berufsausbildung

Nachdem sich der Fokus 2 mit den Bildungssystemen befasst hat, soll nun in diesem Abschnitt die strukturelle Ausgestaltung der Berufsausbildung hinsichtlich der Lernortkooperation in China und Deutschland untersucht werden. Zunächst werden die Ausbildungsmodelle in China – das traditionelle Ausbildungsmodell und das neue Modell einer Kooperation zwischen Schulen und Betrieben – vorgestellt. Um eine Verständigungsgrundlage für die Begriffe sicherzustellen, werden in gleicher Weise die theoretischen Inhalte der Lernortkooperationen der Berufsausbildung in Deutschland erläutert, bevor ein systematischer Vergleich zwischen China und Deutschland erfolgt.

Was sind Lernorte in der Berufsbildung?

Eingangs ist es zunächst notwendig, die Begrifflichkeit zu klären. Was kann also in diesem Bezug unter einem Lernort verstanden werden:

> „Unter Lernort ist eine im Rahmen des öffentlichen Bildungswesens anerkannte Einrichtung zu verstehen, die Lernangebote organisiert. Der Ausdruck ‚Ort' besagt zunächst, dass das Lernen nicht nur zeitlich […], sondern auch lokal gegliedert ist. Es handelt sich aber nicht allein um räumlich verschiedene, sondern in ihrer pädagogischen Funktion unterscheidbare Orte" (Deutscher Bildungsrat 1974, S. 69).

Entgegen der umgangssprachlichen Verwendung des Begriffes ist es wichtig festzuhalten, dass sowohl öffentliche als auch private Bildungseinrichtungen – z. B. Ausbildungsbetriebe und Schulen – über mehrere Orte verfügen können. In diesem Zusammenhang wird darauf verwiesen, dass Lernort in einem institutionellen Sinne verstanden wird (vgl. Kaiser und Pätzold 2006, S. 354; Euler 2004a, S. 13). Im 2005 novellierten Berufsbildungsgesetz werden die Lernorte der Berufsbildung aufgelistet. Zu den Lernorten bzw. Lernortbereichen gehören demnach Betriebe der Wirtschaft und vergleichbare Einrichtungen außerhalb der Wirtschaft (betriebliche Berufsbildung), berufsbildende Schulen (schulische Berufsbildung) sowie sonstige Berufsbildungseinrichtungen außerhalb der schulischen und betrieblichen Berufsbildung (außerbetriebliche Berufsbildung) (vgl. BBiG, § 2).

Was ist Lernortkooperation?

Ähnlich wie bei dem Begriff Lernort sind die Bedeutungsgehalte des Begriffs der Kooperation vielfältig. Eine Kooperation dient i. d. R. als Mittel zum Zweck (vgl. Euler 2004b, S. 305), wobei eine Zusammenarbeit verschiedener Akteure auf der Grundlage zumindest partieller gemeinsamer Interessen (vgl. Schubert et al. 2001, S. 172) zugrunde liegt.

Nach dem Berufsbildungsgesetz soll ein Zusammenwirken der Lernorte (in der betrieblichen, schulischen und außerschulischen Berufsbildung) bei der Durchführung der Berufsbildung erzielt werden (BBiG, § 2). Eine Lernortkooperation wird daher als das technisch-organisatorische und pädagogische Zusammenwirken des Lehr- und Ausbildungspersonals an den o. g. Lernorten verstanden, welches auf lokaler, regionaler, nationaler oder internationaler Ebene stattfindet (vgl. Pätzold 1997, S. 123; Kaiser und Pätzold 2006, S. 355). Ziel dieser Kooperation ist es, eine engere Abstimmung zwischen betrieblichen und schulischen Ausbildungsstätten zu erreichen und Theorie und Praxis in der beruflichen Bildung stärker miteinander zu verzahnen (vgl. Kaiser und Pätzold 2006, S. 355).

Die Entwicklung der Lernortkooperation und ihr Stellenwert im Berufsbildungssystem hängen von der Berufsbildungstradition und der Kooperationskultur des jeweiligen Landes ab (vgl. Euler 2004b, S. 305). Nachdem das Thema der Lernortkooperation eingeleitet und der Begriff geklärt wurde, soll es im Folgenden um die Ausprägungen von Lernortkooperationen der Länder China und Deutschland gehen.

2.4.1 Die verschiedenen Formen der Berufsausbildung in China

Das Ausbildungsmodell in China folgt sowohl dem traditionellen als auch dem modernen Anlernverhältnis, welches auch als Lernortkooperation (School-Enterprise-Cooperation) in der beruflichen Bildung in China verstanden werden kann. Um nachvollziehen zu können, wie sich Lernortkooperationen in der beruflichen Bildung in China entwickeln, wird das traditionelle Anlernverhältnis zunächst jeweils historisch und begrifflich ausgeleuchtet.

2.4.1.1 Das traditionelle Ausbildungsmodell

Vom Mittelalter bis zum Beginn der Industrialisierung war das traditionelle Anlernverhältnis die erstrangige Form der Berufsbildung. Auch heutzutage besteht dieses Verhältnis weiter, nicht nur in China, sondern auch in europäischen Ländern wie Deutschland, Österreich, Frankreich, Großbritannien oder der Schweiz.

Seinen Ursprung hat das traditionelle Anlernverhältnis in der chinesischen Sklavengesellschaft (vor etwa 4000 Jahren). In der Feudalgesellschaft entwickelte es sich unter dem Einfluss des konfuzianistischen Bildungsideals (über Konfuzius s. Abschnitt 2.2.1.2) weiter. Konfuzius sagte: „Memorizing knowledge only, no matter how much you learn, won't educate a capable person, who could perform the tasks adequately" (诵诗三百，授之以政，不达，使于四方，不能专对，虽多，亦奚以为). Im traditionellen Anlernverhältnis wurden die fachliche Fähigkeit und Fertigkeit innerhalb der Familie oder von erfahrenden Arbeitern an den Lehrling weitergegeben. In der Sui- (581–618 n. Chr.) und Tang-Dynastie (618–907 n. Chr.) hat die kaiserliche Regierung erstmals Handwerksbetriebe (官营手工业作坊) aufgebaut, in denen Fachkräfte im Anlernverhältnis ausgebildet wurden. Es lässt sich also festhalten, dass das Anlernverhältnis als Reifephase angesehen werden muss (vgl. Rui 2008, S. 216). Dieses Ausbildungsmodell hatte vier Merkmale: Lehren durch Wort und Beispiel (言传身教), Lehren / Lernen durch den Geist (心传), durch Vor-Ort-Unterricht (现场传授) und durch die Meister-Lehrling-Beziehung (师徒关系) (vgl. Bi und Wang 2012, S. 14–16). In handwerklichen Werkstätten, meistens in einer Meisterfamilie, pflegten Meister und Lehrling zusammenzuarbeiten. Der Lehrling erwarb Kenntnisse oder Fähigkeiten unter der Leitung erfahrener Arbeiter, die als Meister bezeichnet wurden. Der chinesische Begriff Meister ist dabei inhaltlich nicht mit dem deutschen Meistertitel vergleichbar, sondern als eine respektvolle Anrede für erfahrene Arbeiter zu verstehen, die anderen ihre Erfahrung, Kenntnisse, Fähigkeiten und Fertigkeiten vermitteln. Eine systematische Bildungsstruktur und standardisierte Bildungsinhalte lagen diesem Ausbildungsmodell jedoch nicht zugrunde, weitergegeben wurde das vorhandene Erfahrungswissen. In diesem Arbeitsverhältnis erlitten die Lehrlinge auch Unterdrückung und Ausbeutung, weil sie ohne Lohn als Helfer für die Meister arbeiten mussten. Ein ausgebildeter Lehrling hatte weiter für denselben Meister zu arbeiten und durfte nicht in eine andere Werkstatt weiterziehen, um das erlernte Wissen nicht zu verraten. Dieses traditionelle Anlernverhältnis überdauerte als die wesentliche Form der Facharbeiterausbildung in China (vgl. Zhao und Chen 2013, S. 9) bis zum Ende der Kaiserzeit.

Nach Gründung der Volksrepublik China im Jahre 1949 wurden umfassende Veränderungen des traditionellen Anlernverhältnisses vorgenommen, mit dem Ziel, die Ausbeutung zu beenden, die Grundrechte des Lehrlings zu gewährleisten und die Facharbeiter in der Planwirtschaft zu trainieren. 1958 wurde das sogenannte Halb-Arbeit / Halb-Schule-Modell eingeführt, um ein neues Ausbildungsmodell zu etablieren, welches später weiterentwickelt und verbessert wurde. Dieses Modell wird nun als modernes Anlernverhältnis bezeichnet mit dem Hauptmerkmal der Kooperation unterschiedlicher Lernorte in der Berufsbildung, umgangssprachlich auch *Kooperation zwischen Schulen und Betrieben* (school-enterprise cooperation, 校企合作) genannt (vgl. Zhao und Chen 2013, S. 9).

2.4.1.2 Das neue Ausbildungsmodell: Kooperation zwischen Schulen und Betrieben

In China sind Begriffe wie *Integration von Industrie und Berufsbildung* (产教融合), *Kooperation zwischen Schulen und Betrieben* (校企合作), *Kombination von Arbeit und Lernen* (工学结合) und *Kombination von Produktion, Lernen und Forschung* (产学研结合) miteinander verknüpft. Im Allgemeinen bedeuten sie, dass berufliche Schulen, Hochschulen sowie Betriebe durch die Nutzung unterschiedlicher Bildungsressourcen in Bezug auf Unterricht, Technologieentwicklung und -transfer, on-the-Job-Training und Lehrerausbildung im Sinne eines für beide Seiten vorteilhaften Ausbildungsmodells zusammenarbeiten. Zur Vereinfachung und Vereinheitlichung nutzen viele Berufsbildungsexperten in China die Formulierung *Kooperation zwischen Schulen und Betrieben*, die sich i. e. S. auf die Zusammenarbeit zwischen beruflichen Schulen und Betrieben bezieht, aber i. w. S. auch Kooperationen zwischen beruflichen Schulen, Hochschulen und Betrieben beschreibt (vgl. Zhao 2011, S. 43). Vor diesem Hintergrund wird im Folgenden ebenfalls die Bezeichnung *Kooperation zwischen Schulen und Betrieben* verwendet.

Begründung und Ursachen des neuen Ausbildungsmodells

Die Idee der Kooperation zwischen Schulen und Betrieben hat eine lange Entwicklungsgeschichte. Die Anfänge der schulischen Berufsbildung in China beruhen in der späten QingDynastie (1644–1911 n. Chr.) und lassen sich auf die 1860er-Jahre datieren. Im Zuge der industriellen Revolution wurden zu dieser Zeit die ersten modernen beruflichen Schulen in China gegründet. Damals bestand das primäre Ziel darin, westliche Technologien zu erlernen und diese den Arbeitern zu vermitteln. Die bestehenden beruflich-technischen Schulen waren bis dahin hauptsächlich auf die militärische Ausbildung ausgelegt. Mit dieser sogenannten *Bewegung der Verwestlichung* (洋务运动) begann in China die moderne beruflich-technische Ausbildung, z. B. wurde in der Provinz Fujian am 25. Juni 1866 die erste moderne beruflich-technische Schule als Schule für

Schifffahrt und Schiffsbau eröffnet. Damit begann die *Kooperation zwischen Schulen und Betrieben* mit drei wesentlichen Phasen, die im Folgenden beschrieben werden (vgl. Yi et al. 2014, S. 36).

Die erste Phase – Gründungsphase

Der Ansatz, Lernen und Erwerbstätigkeit miteinander zu verknüpfen, ist in China nicht neu. Der Philosoph Konfuzius schuf die ersten Grundlagen für diese Haltung. Sein Gedankengut wurde Ende des 19. und Anfang des 20. Jh. von jungen chinesischen Intellektuellen im In- und Ausland übernommen und verbreitet. Neue Impulse dieser Art der Pädagogik fußten auf Ideen des Reformpädagogen John Dewey und des deutschen Schulpolitikers und Pädagogen Georg Kirschensteiner. China griff diese Vorstellungen im Zuge der Neue-Kultur-Bewegung und der damit verbundenen Bewegung des vierten Mai (1919) auf und führte sie in sein Bildungssystem ein, um dieses zu reformieren und neue Möglichkeiten zu schaffen. „Ein wichtiger praktischer Erfahrungshintergrund bildete zu dieser Zeit ein sich ausbreitendes ‚Arbeit und Lernen' (gong xue) oder ‚Arbeit-Studium' (gong du), d. h. Werkstudium,[60] welches jungen Leuten die Möglichkeit bot, sich aus der ökonomischen Abhängigkeit traditioneller Familienzusammenhänge zu lösen" (Franke 2003b, S. 72). Außerdem wurde die Entwicklung der beruflichen Schulen in China durch die Industrialisierung im 19. Jh. beschleunigt, wobei das moderne Anlernverhältnis in Erscheinung trat.

Die zweite Phase – Probephase

In den 50er-Jahren stellte die chinesische Regierung fest, dass das Schulsystem den sozialen und wirtschaftlichen Anforderungen nicht mehr gewachsen war. Daher beschloss der damalige Vorsitzende Liu Shaoqi eine Reform, um die praktische Ausbildung in den Fokus der Berufsbildung zu stellen (vgl. Zhao 2011, S. 44). Mit Gründung der Facharbeiterschulen, teilweise auch der Berufsmittelschulen, wurde in den 50er-Jahren versucht, die schulische Ausbildung um Elemente betrieblicher Praktika, Lehrwerkstätten und Labor zu ergänzen. Denn die Zuweisung rein schulisch ausgebildeter junger Menschen stellte die Betriebe vor die Aufgabe, diese vollständig *on the job* zu qualifizieren. Daraus entstanden lokal betriebene Schulen, die dem

60 In diesem Zusammenhang ist die Übersetzung ‚Studium' irreführend. Die eigentliche deutsche Übersetzung bedeutet Ausbildung. Übernommen wurde der Begriff hier von der englischen Übersetzung ‚study'.

Prinzip *Halb-Arbeit-Halb-Schule*[61] folgten. Diese Reformmaßnahmen waren der damaligen Situation angemessen, wurden aber in der Kulturrevolution (1966–1976) wieder abgeschafft.

Die dritte Phase – Rasante Entwicklungsphase

Der nächste große Wandel der beruflichen Bildung in China vollzog sich ab den 1980er-Jahren. Das Bildungswesen am Ende der 70er-Jahre war ein Geflecht „von allgemein- und berufsbildenden Schulen, deren Vielfalt Ausdruck weitreichender Differenzierungsprozesse seit dem Ende der Kulturrevolution im Jahre 1976 ist" (Henze 1989, S. 53). Mit Beginn dieser Reform- und Öffnungspolitik (1978) entfalteten sich unter der Führung von Deng Xiaoping in großem Umfang internationaler Austausch und Zusammenarbeit in vielen Bereichen, wobei das Bildungs- und Berufsbildungssystem sich mit neuen Herausforderungen konfrontiert sah (s. Abschnitt 2.2.1.3). Auf dem globalen Bildungsmarktplatz gaben es zu dieser Zeit bereits mehrere Systeme, welche über eine internationale Reputation verfügten (vgl. Central Institute of Vocational and Technical Education 2012, S. 61). Besonders hervorzuheben ist hierbei das duale System in Deutschland,[62]

61 Die deutsche Literatur hat den englischen Begriff Part-Work-Part-Study als Halb-Arbeit-HalbStudium übersetzt. Es handelt sich hierbei um eine falsche Übersetzung, weil der chinesische Begriff ‚Study' (学习) inhaltlich mit dem deutschen ‚Studium' nicht übereinstimmt.

62 Für die Bildungsreformen der 1980er-Jahre in China war das Treffen von Bildungsminister Genscher und Deng Xiaoping 1981 von großer Bedeutung. Bei diesem Treffen wurden die wirtschaftlichen Interessen unter der Perspektive einer Zusammenarbeit bei der Fachkräfteausbildung von Fachkräften thematisiert. Im Jahre 1983 wurde zwischen China und Deutschland ein erstes Kooperationsprojekt im Bereich der Berufsbildung realisiert: Das Nanjing-Bildungsministerium (China) und die Hanns-Seidel-Stiftung (Deutschland) gründeten gemeinsam ein Berufsbildungszentrum für Facharbeiter und Techniker im Berufsfeld Bautechnik (BBZ Nanjing, Provinz Jiangsu) (vgl. Huang 2009, S. 755).
Das duale Ausbildungssystem galt aufgrund der Verknüpfung von theoretischen und praktischen Ausbildungsinhalten schon damals – wie auch gegenwärtig – als vorbildlich. 1988 wurde es erstmals in größerem Maßstab in China eingeführt. Die ehemalige staatliche Bildungskommission (heute: Ministerium für Bildung) hatte hierfür sechs Pilotstädte ausgewählt (Suzhou, Wuxi, Changzhou, Shenyang, Shashi, Wuhu), um dort das deutsche System der dualen Berufsausbildung einzuführen. Der Modellversuch kann als ein Höhepunkt der Zusammenarbeit zwischen China und Deutschland angesehen werden (vgl. Huang 2009, S. 766). Anfänglich wurde

NVQs in den Vereinigten Staaten und Großbritannien,[63] *TAFE* in Australien,[64] *MES* (*Modules of Employable Skill*) der Internationalen

dabei das Gesamtkonzept mit allen Grundelementen (Ausrüstung, Methoden, Lehrmaterial, usw.) ins Inland übertragen, was aufgrund lokaler Besonderheiten jedoch nicht zum gewünschten Erfolg führte. Schritt für Schritt wurde das System daher überarbeitet und auf die chinesischen Zwecke angepasst.

63 China und Großbritannien arbeiten sowohl bilateral als auch im Rahmen von internationalen Organisationen eng zusammen. Großbritannien hat langjährige Erfahrung im Umgang mit beruflicher Bildung, die konsequent eine Outcome-Orientierung verfolgt. Politiker in China setzten sich sorgfältig mit den *National Vocational Qualifications* (NVQs) (Nationale Berufsqualifikationen) auseinander. Durch eine kurzfristige Sicht der Entwicklung von Fähigkeiten (skills) und einer starken Arbeitgeberorientierung konnte so die berufliche Bildung gefördert werden. Sehr populär sind dabei die *Sandwich Courses* des NVQs in China – ein Theorie-Praxis-Theorie-Ausbildungsmodell. In einer klassischen Variante der *Sandwich Courses* werden die Schüler in der ersten Phase Grundlagen vermittelt. In der zweiten Phase machen sie Job-Trainings in Unternehmen. In der dritten Phase gehen sie wieder in die Schule oder Universität zur weiteren theoretischen Vertiefung des Wissens. Nach mehrjähriger Zusammenarbeit gab es in China einige Varianten, wie z. B. die Ausbildungsprogramme *1+2+1, 3+1+1, 2+1+1.* Diese Ausbildungsmodelle und Module sind abhängig von den jeweiligen Kooperationspartnern. Die Schüler erlernen dabei arbeitgeberorientierte Handlungskompetenzen (functional skills). Derzeit gibt es leider nur wenige erfolgreiche Praxismodelle in China. Dennoch wird dieses Ausbildungsmodell in einigen Berufshochschulen wie z. B. der Shenzhen Polytechnic und dem Wuxi Institute of Technology gefördert und durchgeführt. (vgl. Yu 2012, S. 13–14)

64 Australien zählt zu den Industrieländern mit hohen wissenschaftlichen Standards. Die bildungspolitischen Bereiche, in denen die australische Regierung aktiv ist und Vorgaben entwickelt, betreffen in erster Linie den Berufsbildungs- und den Hochschulsektor (Bundesministerium für Bildung und Forschung – BMBF 2015b). *TAFE* steht für *Technical And Further Education* (Technische und weiterführende Bildung) und ist ein essenzieller Teil des australischen Bildungssystems. Mit den Schwerpunkten beruflicher Ausbildung und berufsspezifischem Training wird an den TAFE-Instituten das sogenannte VET (*Vocational Education and Training*) umgesetzt, welches wegen seines hohen Standards weltweit – auch in China – einen guten Ruf genießt (vgl. Lauterbach et al. 1995a, S. 41). Im Jahr 1997 wurde das Holmes-College an der Universität Qingdao gegründet. Dieses Projekt war ein Meilenstein in der Kooperation zwischen China und Australien. Im Jahr 2002 wurde das Projekt *C-TAFE* zwischen China und Australien in Chongqing geöffnet. In den folgenden Jahren wurde sich mit dem Modell weiter auseinandergesetzt und dieses weiterentwickelt und erprobt. Das Projekt wird dabei als sehr erfolgreich angesehen (vgl. Huang 2009, S. 752–756).

Arbeitsorganisation (ILO) sowie *CBE* (*Competency – based Education*) aus den USA und Kanada (vgl. Huang 2009, S. 741–756). Ein prägendes Merkmal der jetzigen chinesischen Berufsbildung ist die Integration der ausländischen Elemente. Es gibt in der chinesischen Berufsbildung demnach sowohl Import als auch Export. Gleichzeitig förderte China in den letzten Jahren nämlich verschiedene Bildungsprojekte im Ausland, z. B. Hilfsprojekte in Afrika (vgl. Huang 2009, 756).

Während des Austauschs mit anderen Ländern, besonders mit Deutschland, geriet die Idee der Lernortkooperation seit den 1980er-Jahren immer mehr in den Fokus. Die chinesische Regierung legt nebenbei besonderes Augenmerk auf das Konzept der *Kooperation zwischen Schulen und Betrieben*. Im Jahr 2005 hat der Staatsrat in der *Decision of the State Council on Vigorously Developing the Vocational Education* eindeutig betont: „the model of integrating working with learning as well as integrating schools with enterprises should be heavily promoted" (The State Council [2005] No. 35). 2006 veröffentlichte das chinesische Ministerium für Bildung (*Ministry of Education*, MoE) ein Dokument mit dem Titel *Views on Improving the Education and Teaching Quality of Higher Vocational Education* (Jiao gao [2006] No.16). Dieses Dokument stellt deutlich heraus, dass arbeitsintegriertes Lernen als Einstieg zur Reform des Ausbildungsmodells in der höheren Berufsbildung betrachtet werden sollte (vgl. Zhao 2011, S. 44). Seit 40 Jahren bemühen sich das ZK der KPCh und der Staatsrat gemeinsam, durch Förderung der Zusammenarbeit zwischen Schulen und Betrieben zur Verbesserung des Berufsbildungssystems beizutragen.

Kooperationstypen in der chinesischen Berufsbildung

Das Konzept der *Kooperation zwischen Schulen und Betrieben* befindet sich in China immer noch in einer Entwicklungs- und Erprobungsphase. Auf Grundlage unterschiedlicher Kooperationsansätze hat sich eine Vielzahl an Modellen und Modellvarianten entwickelt, wobei verschiedene Elemente ausländischer Systeme integriert wurden. Diese werden nun parallel in der Praxis erprobt. Die administrativen und formalen Grundlagen zur spezifischen Programmausgestaltung, Klärung von Zuständigkeiten, Abläufen, Abstimmungsprozessen, Kooperationsmechanismen, Sanktionen bei Nichteinhaltung etc., sind dabei jedoch nur unzureichend oder gar nicht definiert sind, was in der Praxis zu sehr uneinheitlichen Standards führt (vgl. Zhao 2011, S. 45). Das aktuell bestehende Gesamtsystem ist folglich sehr dynamisch und unübersichtlich. Aktuell lassen sich dabei acht verschiedene Kooperationstypen ausmachen, welche sich bezüglich Zeit, Raum und organisatorischen Faktoren voneinander unterscheiden (vgl. Zhao 2011, S. 44–47):

1. **Trennungsschulzeit** (deviding school years, 学年分段)
Dieses Modell umfasst zwei Möglichkeiten. Bei der ersten Option, dem *2+ 1-Modell*, verbringen die Auszubildenden das erste und zweite Jahr in der Schule und machen im dritten Jahr ein berufsbezogenes Praktikum. Dies ist derzeit das am meisten genutzte Modell in China. Die zweite Option ist das Modell *abgelegene Orte* (remote places, 异地分段). Bei diesem Konzept verbringt der Auszubildende sein erstes Schuljahr in seiner ländlichen Heimatregion. Das zweite Jahr wird in einer Schule in der Stadt absolviert, das dritte Jahr für ein berufsbezogenes Praktikum genutzt – angepasst an die örtlichen Gegebenheiten. (Vgl. Zhao 2011, S. 45)
2. **Halb-Arbeit-Halb-Schule** (half-work-half-study, 工学交替 / 半工半读)
Innerhalb des *Halb-Arbeit-Halb-Schule-Modells* entwickeln Schulen und Betriebe gemeinsam Ausbildungsinhalte für einen bestimmten Zeitabschnitt oder für ein Fachsemester. Dies hat den Vorteil, dass eine Kombination aus theoretischen und praxisrelevanten Inhalten erzielt wird. Des Weiteren können damit gerade Schüler aus ärmeren Familien ihre Ausbildung erfolgreich beenden, da diese neben der Erwerbsarbeit erfolgt (vgl. Zhao 2011, S. 45–46).
3. **Flexibles Arrangement** (flexible arrangement, 弹性教学安排)
Diese Ausbildung wird auch als nichtschulische Berufsbildung bezeichnet. Innerhalb des Modells *Flexible Anordnung / Arrangement* werden die Lernprozesse an saisonalen und periodischen Anforderungen (z. B. Touristensaison, Ausstellungsdauer oder Bauprojekte) ausgerichtet und sind entsprechend zeitlich begrenzt. Dies ist für die damit verbundenen Betriebe erforderlich, da abhängig vom Zeitraum ein sehr unterschiedlicher Personalbedarf besteht (vgl. Zhao 2011, S. 46). Diese Ausbildung findet in drei Stufen statt: Unterstufe, Mittelstufe und höhere Stufe und dauert drei bis sechs Monate. Der Inhalt und die Anzahl der Auszubildenden hängen stets vom aktuellen Bedarf der Betriebe ab (vgl. Zimmermann 2003, S. 204).
4. **Trainingsaufträge** (training orders, 订单培养)
Internationale Unternehmen wie z. B. Siemens nehmen eine bestimmte Anzahl an Absolventen auf, um diese speziell für die Bedürfnisse des Unternehmens auszubilden. Als Gegenleistung zahlt das Unternehmen einen entsprechenden Betrag an die Berufsschule. Unternehmen profitieren von diesem Modell der *Trainingsaufträge*, denn diese können Absolventen im Voraus nach dem aktuellen Bedarf bestellen (vgl. Zhao 2011, S. 46).

5. **Grundlagenlehre in den Betrieben** (work-study bases within the enterprises, 厂内工学基地)

   Das fünfte Modell ist eine Weiterentwicklung des vierten, in dem die Betriebe sowohl die schulische als auch die praktische Ausbildung mit eigenen Ausbildern sicherstellen. Dieses Programm ist besonders bei High-Tech-Unternehmen sehr beliebt und von Vorteil für die Schulen, da diese eine derartige hochtechnische Ausbildung nicht darstellen können. Die *Grundlagenlehre in den Betrieben* hat zum Vorteil, dass Unternehmen separate Lehrwerkstätten für Schüler einrichten, was wiederum dazu führt, dass Ressourcen seitens der Schule eingespart werden (vgl. Zhao 2011, S. 46).

6. **Sektoren geführtes Modell** (sector-led, 行业主导培养)

   Innerhalb des *Sektoren geführten Modells* werden kleine und mittlere Unternehmen zusammengeführt, die Lernortkooperationen anstreben und selbstständig Plattformen aufbauen, um die Zusammenarbeit zu organisieren und gemeinsam Praktika anbieten zu können. Ein aktuelles Beispiel für diese Zusammenarbeit ist die Henan Supply and Marketing Cooperation. Unter diesem Namen haben sich mehr als 1000 mittlere und kleinere Unternehmen zusammengeschlossen und eine Ausbildungskooperation mit fünf berufliche Schulen vereinbart. Die Unternehmen bieten Praktika und interne Schulungen an und stellen den Schulen für die fachbezogenen Fächer Teilzeitlehrer zur Verfügung. Durch die Vorauswahl und Gewinnung von späteren Arbeitskräften profitieren kleinen und mittleren Unternehmen von der Lernortkooperation (vgl. Zhao 2011, S. 46).

7. **Lern- / Unterrichtsfabriken** (teaching factories, 教学工厂)

   In diesem Programm transferieren die Betriebe ihre Produktionsstätten in die Schulen. Daraus ergibt sich eine Symbiose zwischen Schule und Betrieb. Das Unternehmen stellt Maschinen und Facharbeiter für die Ausbildung zur Verfügung und im Gegenzug produzieren die Auszubildenden für die Firma. Dies hat zur Folge, dass Schüler praktisch ausgebildet werden und später für den Betrieb von hohem Wert sind. Das Konzept bietet auch Vorteile für die Schule, da sie direkt den Lernprozess steuern und kontrollieren kann. Dies ist nicht nur bequem für die Schüler, sondern hilft auch der Schule, eine bessere Kontrolle über die Ausbildung zu erlangen. (Vgl. Zhao 2011, S. 46)

8. **Ersatzprogramm für Unternehmen** (Enterprises' program replacement 企业课程置换)

   Unternehmen bieten Schulen Lehrpläne an, die in dem jeweiligen Unternehmen selbst entwickelt worden sind. Wenn sich eine Schule dazu entschließt, diese Art der Kooperation mit einem Unternehmen einzugehen, erhält sie die technische Ausstattung, geschultes Personal und finanzielle Unterstützung. Der Nutzen für das Unternehmen ist ebenso vielschichtig: Das Unternehmen hat nicht nur die Kontrolle über die Ausbildungsinhalte, es kann darüber hinaus auch für sich und seine Produkte werben. Diese Art der Kooperation ist besonders bei Autoherstellern wie GM und Toyota sehr beliebt (vgl. Zhao 2011, S. 46–47).

Neben diesen Formen der *Kooperation zwischen Schulen und Betrieben* ist die sogenannte berufliche Bildungsgruppe (Vocational education group, 职教集团) eine weitere Erscheinungsform, welche in den frühen 1990er-Jahren entstanden ist. Hierbei handelt es sich um eine Zusammenarbeit, die in Form einer Plattform die Zusammenarbeit zwischen mehreren Schulen und Betriebe organisiert, um so eine kooperative Ausbildung von Arbeitskräften zu ermöglichen. Hierfür vernetzen sich Betriebe unterschiedlicher Ebenen miteinander und schaffen gemeinsame Bildungsressourcen. Sowohl Schulen als auch Betriebe bieten dabei Trainingsgrundlagen an. Ebenfalls beteiligen sich Betriebe an der Entwicklung von Lehrgängen und Lehrmaterialien. Auch gemeinsame Projektentwicklungen zwischen Schulen und Betrieben werden auf diese Weise angestoßen und gefördert und Praktika und Beschäftigungsmöglichkeiten für Schüler angeboten. Die berufliche Bildungsgruppe basiert als Netzwerk auf der freiwilligen Mitarbeit verschiedener Eliteschulen und Betriebe. (Vgl. Zhao 2011, S. 47)

Zusammenfassend und unabhängig von den einzelnen Modellen kann resümiert werden, dass die Formen der Lernortkooperation in China vielschichtig sind und beständig entsprechend dem Bedarf weiterentwickelt werden. Das System ist daher sehr flexibel und dynamisch, dies führt jedoch auch zu sehr unterschiedlichen Ausbildungsstandards und Intransparenz.

2.4.1.3 Zuständigkeiten in der chinesischen Berufsbildung

Bislang nicht behandelt wurde die Frage, wie das traditionelle und das neue Ausbildungsmodell in China organisiert sind. Hierzu werden die Abteilungen und Zuständigkeiten in der beruflichen Bildung kurz vorgestellt. Die Volksrepublik China ist ein Einparteienstaat. Ähnlich wie das politische System, ist das

Bildungssystem in gleicher Weise zentralistisch organisiert, jedoch aufgrund der Flächengröße und Heterogenität der verschiedenen gesellschaftlichen Gruppen gleichzeitig dezentralisiert.

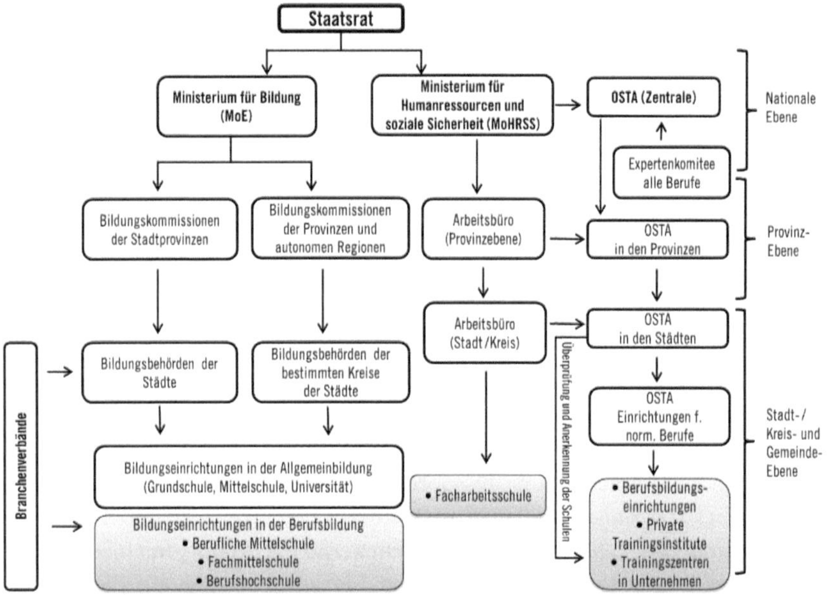

Abbildung 11: Institutionen und Zuständigkeiten in der beruflichen Bildung (China) [Eigene Darstellung]

Die oberste Behörde in der Volksrepublik China ist der Staatsrat. Auf der nationalen Ebene zwei Ministerien für die berufliche Bildung zuständig: das Ministerium für Bildung (*Ministry of Education*, MoE) (教育部) und das Ministerium für Humanressourcen und soziale Sicherheit[65] (*Ministry of Human Resource and Social Security*, MoHRSS) (人力资源和社会保障部).[66]

65 In manchen Veröffentlichungen ist für die deutsche Übersetzung auch die Bezeichnung *Ministerium für Personalverwaltung und Soziale Absicherung* gewählt.

66 Die englischen Bezeichnungen *Ministry of Education (MoE)* und *Ministry of Human Resource and Social Security (MoHRSS)* sowie die folgende *Occupational Skill Testing Authority (OSTA)* sind international gebräuchlich und werden daher gleichfalls auch in deutschsprachigen Veröffentlichungen verwendet.

Das MoE steht in seiner Eigenschaft als zentrale Planungs-, Koordinations- und Kontrollinstanz hauptverantwortlich für die Aspekte des Bildungssystems, einschließlich z. B. der obligatorischen Grundbildung, der beruflichen Bildung und der Hochschulbildung. Des Weiteren werden vom MoE politische Strategien, Gesetze und Regelungen formuliert, die richtungsweisend für den Rahmen der Bildungspolitik sind. Nachgeordnet sind ihm die Bildungskommissionen auf der Provinzebene[67] (教育厅) und die Bildungsbehörden der Stadt- und Kreisebenen (教育局) (vgl. Ministry of Education of the People's Republic of China – MoE). Im Berufsbildungssektor obliegen ihm die berufliche Mittelschule, Fachmittelschule und Berufshochschule (s. Abbildung 11).

Das MoHRSS ist grundsätzlich für die nationale Arbeitsmarktpolitik, Arbeitsnormen, Arbeitsvorschriften und die nationalen Sozialversicherungen zuständig. Dazu gehören das Arbeitskräftemanagement, die Neuordnung des Arbeitsverhältnisses, die Organisation der Sozialversicherung sowie die rechtliche Konstruktion der Arbeit. Dem MoHRSS unterstehen die Arbeitsbüros auf Provinzebene (人社厅) und auf der Stadt- und Kreisebene (人社局). Eine für die berufliche Bildung relevante Abteilung des MOHRSS ist die Behörde zum Test der beruflichen Qualifikation (Occupational Skill Testing Authority, OSTA) (职业技能鉴定中心). Sie hat die Aufgabe, Qualitätsstandards für alle Berufe zu erlassen, bestimmte Lernmaterialien und nationale Prüfungsunterlagen zu entwerfen, Prüfungstools aufzubauen, Prüfungen zu organisieren und Zeugnisse zu vergeben (vgl. Ministry of Human Resource and Social Security – MoHRSS 2019). Im Berufsbildungssektor obliegt ihr speziell die Facharbeitsschule. Zusätzlich werden im Auftrag des MoHRSS durch die OSTA andere Berufsbildungseinrichtungen, private Trainingsinstitute sowie Trainingszentren in Unternehmen anerkannt und überprüft (s. Abbildung 11).

Das Grundprinzip der Berufsbildung ist die Trennung von Verwaltung, Durchführung und Bewertung (管办评分离), d. h. die Regierung verwaltet das Bildungswesen, die beruflichen Schulen sind verantwortlich für die Durchführung der Berufsbildung und die Branchenverbände sind für die Bewertung der Bildungsqualität verantwortlich. In der Praxis jedoch sind diese Institutionen

67 Verwaltungsgliederungen auf Provinzebene: 1. die 23 Provinzen (aus Sicht der Volksrepublik inklusive Taiwan). Die meisten Provinzen existieren in ihren Grenzen seit der Ming-Dynastie; 2. die vier regierungsunmittelbaren Städte; 3. die beiden Sonderverwaltungszonen. Diese sind seit 1982 in der Verfassung vorgesehen, wurden aber erst unter dem Prinzip *Ein Land, zwei Systeme* bei der Rückgabe von Hongkong und Macau eingerichtet; 4. die fünf autonomen Gebiete, nach Errichtung der VR China für fünf große nationale Minderheiten in ihren traditionellen Siedlungsgebieten.

nicht in der Berufsbildungspolitik einig und es bestehen Überschneidungen und Dopplungen bei den Zuständigkeiten. Die beruflichen Schulen sind hierbei oftmals die Leidtragenden. Einerseits erhalten sie mehr nationale politische Unterstützung als früher, andererseits bestehen oftmals Mängel was die finanzielle und personelle Ausstattung betrifft und auch die Evaluationen der Branchenverbände erfolgen wenig einheitlich.

2.4.2 Die verschiedenen Formen der Berufsausbildung in Deutschland

Die seit Jahrzehnten in Deutschland bewährte duale Berufsausbildung als Qualifikationsmaschine der deutschen Berufsbildung genießt im Ausland einen sehr guten Ruf. Im Jahre 2014 gab es in Deutschland insgesamt 327 verschiedene Ausbildungsberufe, u. a. im kaufmännischen, technischen, handwerklichen, sozialen und medizinischen Bereich, wobei das Ausbildungsangebot über den Markt reguliert wird (vgl. Bundesinstitut für Berufsbildung – BIBB 2015, S. 126–127). Im weiteren Verlauf wird der Aufbau der Lernortkooperation in der dualen Berufsausbildung (klassische Variante) und der Verbundausbildung dargestellt.

2.4.2.1 Klassische Variante: Duale Berufsausbildung

Die Entstehung des heutigen Systems der dualen Berufsausbildung ist nicht das Ergebnis gezielter Planung und Entwicklung, sondern Folge einer vielschichtigen historischen Entwicklung (s. Abschnitt 2.2.2). Eine gute Berufsausbildung ist dabei nicht nur Sache der Schule, sondern ein systematisches Projekt, für das die Gesellschaft in ihrer Gesamtheit bezüglich Planung, Umsetzung und Weiterentwicklung Verantwortung trägt. In einem marktwirtschaftlichen Umfeld engagieren sich die Akteure (Bund, Länder, Wirtschaft / Arbeitgeber, Gewerkschaften und politische Parteien) auf allen Ebenen (Bundesebene, Länderebene, Regionalebene, Lernortsebene) bei der Entwicklung der beruflichen Bildung.

Der Begriff des dualen Systems ist lediglich ein Oberbegriff für die durch die Vielzahl verschiedener Lernsituationen und Lernorte verursachten nicht einheitlichen Organisationsstrukturen. Die Grundstruktur ist indes simpel: Die Dualität steht für eine parallele Ausbildung in Berufsschule und Betrieb. Der Betrieb übernimmt dabei die fachpraktische Ausbildung und die Berufsschule die Durchführung des allgemeinen Unterrichts sowie die theoretische Berufsausbildung. Wie Abbildung 12 zeigt, sind dabei auch alle administrativen und operativen Grundelemente des dualen Systems zweigeteilt, was die Ebenbürtigkeit von Betrieb und Schule unterstreicht (vgl. Georg 2015, S. 4–5).

Abbildung 12: Dualität der Berufsausbildung
[Georg 2015, S. 6]

Im gängigsten Modell der dualen Ausbildung sind die Auszubildenden drei bis vier Tage je Woche zur Ausbildung in ihrem Betrieb. Diese von einem haupt- oder nebenberuflichen Ausbilder[68] durchgeführte Erstausbildung wird durch das Berufsbildungsgesetz normiert und erfolgt im Rahmen eines Ausbildungsvertrages auf Grundlage einer Ausbildungsordnung. Die Auszubildenden haben das Recht, ihren Ausbildungsbetrieb frei zu wählen. Jedoch können auch die Betriebe ihre Auszubildenden frei wählen, wobei das Prinzip der Vertragsfreiheit gilt. Der Staat hingegen legt die Rahmenbedingungen für den

68 Gemäß Berufsbildungsgesetz (§ 28 Abs. 1 S. 2 BBiG) darf in Deutschland nur ausbilden, wer dafür persönlich und fachlich geeignet ist. Die Ausbildereignungsverordnung regelt die Voraussetzungen hierfür. Die Eignung des Betriebs wird von der zuständigen Stelle (Industrie- und Handelskammer, Handwerkskammer, Landwirtschaftskammer, Kammern der freien Berufe) festgestellt.

betrieblichen Teil der Ausbildung fest, um die überbetriebliche Verwertbarkeit der erworbenen Qualifikationen sicherzustellen. Die betriebliche Ausbildung wird von der zuständigen Stelle (Kammer) überwacht. Die Finanzierung erfolgt über den Ausbildungsbetrieb. Der Auszubildende erhält eine für seinen Ausbildungsberuf spezifische Vergütung.

Ein bis zwei Tage je Woche gehen die Auszubildenden in die Berufsschule. Es besteht auch die Möglichkeit des Blockmodells, bei dem die theoretische Ausbildung im Block mehrere Wochen im Jahr dauert und die Auszubildenden in der übrigen Zeit ausschließlich im Betrieb sind. Das berufsbezogene Lernen in der Berufsschule ist durch die Schulgesetze der Bundesländer festgelegt. Der Unterricht wird von Lehrpersonal durchgeführt, das über einen Hochschulabschluss sowie Berufserfahrung in mindestens einem Betrieb verfügt. Die Inhalte sind durch die für jeden Ausbildungsberuf spezifischen Rahmenlehrpläne der Kultusministerkonferenz vorgegeben. Die Finanzierung der Berufsschulausbildung erfolgt über den öffentlichen Schulträger (vgl. Georg 2015, S. 7–8) (s. Abbildung 12).

Außerdem ist ein Ausbildungsvertrag zwischen dem Auszubildenden und einem ausbildenden Betrieb vorgeschrieben. Die Ausbildungsdauer soll laut Berufsbildungsgesetz nicht weniger als zwei Jahre und nicht mehr als drei Jahre betragen. Ausnahmen gibt es in technischen Berufen, welche i. d. R. eine längere Ausbildungszeit in Anspruch nehmen, im Gegensatz zu den ‚weniger anspruchsvollen Berufen'. Die Aufgliederung der Inhalte in berufsspezifische sowie allgemeinbildende soll die Auszubildenden dazu befähigen, sowohl ihre Aufgaben in ihrem Beruf erfüllen zu können als auch zur Mitgestaltung der Gesellschaft und der Arbeitswelt auf eine ökologisch und sozial verantwortliche Weise beizutragen. Um eine stärkere Verzahnung von Praxis und Theorie im Berufsschulunterricht zu erreichen, wurde der Unterricht ab 1996 durch Rahmenlehrpläne in Lernfelder strukturiert. Dies Lernfeldkonzept fordert einen handlungsorientierten Unterricht, der sich als Ausgangslage beruflicher Problemstellungen bedient. Die Handlungskompetenz, die am Ende eines Lernprozesses erworben sein soll, vernetzt Selbst-, Fach und Sozialkompetenz (vgl. Kultusministerkonferenz – KMK 2011, S. 10–11). Über eine Abschlussprüfung wird festgestellt, ob der Auszubildende die berufliche Handlungskompetenz erworben hat (vgl. BBiG, §§ 5–7).

Die skizzierte einzigartige Verknüpfung von Theorie und Praxis, von Schule und Betrieb zeichnet die deutsche Berufsausbildung aus, und unterscheidet sie von allen anderen europäischen Ländern (vgl. Euler und Severing 2006, S. 20). „Das begründet ihre Leistungsfähigkeit bei der beruflichen Integration der Jugendlichen und ihre internationale Ausstrahlung" (Euler und Severing 2006,

S. 20). Dennoch weist auch die duale Ausbildung Deutschlands einige strukturelle Probleme (s. Abschnitt 2.3.3) auf, für die intensiv nach Lösungen gesucht wird, um die Zukunftsfähigkeit des dualen Systems bzw. einer qualitativ hochwertigen Berufsausbildung garantieren zu können.

2.4.2.2 Verbundausbildung

Die zweite Ausbildungsform in der Lernortkooperation ist die Verbundausbildung. Diese vergleichsweise neue Form der Ausbildung wurde 2005 erstmalig unter diesem Begriff in das Berufsbildungsgesetz aufgenommen: „Zur Erfüllung der vertraglichen Verpflichtungen der Ausbildenden können mehrere natürliche oder juristische Personen in einem Ausbildungsverbund zusammenwirken, soweit die Verantwortlichkeit für die einzelnen Ausbildungsabschnitte sowie für die Ausbildungszeit insgesamt sichergestellt ist (Verbundausbildung)" (BBiG, § 10). Für einige technische Berufe (bspw. Kfz-Mechaniker) kann ein Betrieb nicht alle Ausbildungsinhalte des Ausbildungsrahmenplans vermitteln. Deswegen bilden mehrere Betriebe den Jugendlichen gemeinsam aus, d. h., einzelne Ausbildungsabschnitte werden in anderen Institutionen vermittelt. In der Fachliteratur werden häufig vier klassische Organisationsformen der Verbundausbildung genannt:

In der ersten Variante der Verbundausbildung, *Leitbetrieb mit Partnerbetrieben*, wird ein Berufsausbildungsvertrag zwischen den Auszubildenden und dem Leitbetrieb abgeschlossen. Der Leitbetrieb als Stammbetrieb organisiert und koordiniert die Planung und die Entsendung der Auszubildenden in Partnerbetriebe, welche einzelne Ausbildungsabschnitte übernehmen. Diese Partnerbetriebe profitieren von den Erfahrungen des Stammbetriebes (vgl. Asmuth et al. 2011, S. 20).

In einem weiteren Modell *Auftragsausbildung* kooperieren Betriebe bei freier Ausbildungskapazität mit den Betrieben, die dieses Ausbildungsangebot gegen Kostenerstattung nutzen wollen. Somit wird dem Ausbildungsbetrieb ein Teil der Ausbildung als Auftrag vergeben und auf dem Markt verkauft. Weil die Auftragsausbildung flexibel durchführbar ist, findet sie als die am häufigsten verbreitete Form der Verbundausbildung Anwendung (vgl. Asmuth et al. 2011, S. 21).

Beim Modell *Ausbildungsverein* tritt dieser als Ausbilder auf, um die Ausbildungsaufgaben von den Mitgliedsfirmen zu übernehmen, sodass der Verwaltungsaufwand der einzelnen Betriebe minimiert wird (vgl. Asmuth et al. 2011, S. 21).

Beim *Ausbildungskonsortium* werden Ausbildungsverträge mit den beteiligten Ausbildungsbetrieben geschlossen, die ihrerseits Ausbildungsanteile an ein Ausbildungszentrum oder an einen anderen Betrieb abgeben. Jeder Betrieb ist somit sowohl aufnehmender als auch abgebender Betrieb. In diesem lockeren Zusammenschluss mehrerer Betriebe besteht der Vorteil darin, ein breiteres Themenspektrum zu erlangen (vgl. Asmuth et al. 2011, S. 21).

Die Verbundausbildung bleibt ein interessantes Instrument mit Gewinn für Betriebe und Auszubildende. In dieser Ausbildungsform werden das Ausbildungsplatzangebot und die Qualität der Ausbildung erhöht bzw. gesichert. Die bestehenden Ressourcen der Betriebe werden in die berufliche Bildung investiert, um die Ausbildung in Bezug auf die fachlichen und sozialen Kompetenzen der Auszubildenden zu optimieren (vgl. Schanz 2010, S. 59–60). Die Verbundausbildung ermöglicht es, zusätzliche Qualifikationen über Ausbildungsbausteine schon während der Ausbildung zu erwerben. Auch für die Umsetzung von Lernortkooperationen im Übergangssystem ist die Verbundausbildung eine Option (vgl. Asmuth et al. 2011, S. 11).

2.4.3 Resümee: Juxtaposition und Vergleich

In den vorangegangenen Abschnitten wurden die methodischen und didaktischen Konzepte der Lernortkooperation in China und Deutschland pointiert vorgestellt. Auf den ersten Blick erscheint die chinesische Lernortkooperation dem deutschen System sehr ähnlich. Sowohl China als auch Deutschland haben eine lange Tradition in Bezug auf eine Lernortkooperation im beruflichen Kontext. In beiden Ländern hat die berufliche Bildung im Laufe der Jahre einen höheren Stellenwert eingenommen, wobei Lernortkooperationen als wichtiges Instrument zur Steigerung der Qualität der beruflichen Bildung praktiziert werden. Bleibt noch die Fragestellung, welche Gemeinsamkeiten in der Entwicklung und Struktur der Systeme erkennbar sind und ob aus den systemischen Entwicklungen des jeweiligen anderen Landes auch Rückschlüsse auf zukünftige Entwicklungen möglich sind.

Theorie-Praxis-Verknüpfung und Modellvielfalt

Die chinesische Bildungstradition ist mit den Grundregeln konfuzianischen Denkens und moralischer Bildung verknüpft. Deswegen wurde die berufliche Ausbildung in China für sehr lange Zeit in erster Linie schulisch durchgeführt (s. Abschnitt 2.2.1). Die *Kooperation zwischen Schulen und Betrieben*, die auf Basis der chinesischen Bildungstradition verschiedene, qualitativ hochwertige ausländische Elemente integriert, befindet sich dabei noch in einer relativ frühen Entwicklungsphase. Gerade im heutigen China ist dieser Wandel deutlich spürbar und durch erste Erfolge belegt. Aus dem *Research Report on the Current Situation of Reform in Secondary Vocational Education* geht hervor, dass in 2006 etwa 1/3 aller Berufsschüler in den Programmen *Halb-Arbeit-Halb-Schule* und *Trainingsaufträge* untergebracht sind. Im Jahr 2007 haben 90 % aller Berufsschulabgänger in der Jiangsu-Provinz ein anschließendes Praktikum absolviert (vgl. Zhao 2011, S. 47). Gleichwohl besteht noch viel Potenzial zur Verbesserung der Verzahnung zwischen Theorie und Praxis, um die Qualität der Ausbildung zu steigern.

Aufgrund der großen Anzahl an Schülern in China und entsprechend großer Klassenverbände ist es schwierig, die Umsetzung der Kooperation einheitlich durchzuführen. Ein durch die praktische Ausbildung aufgeworfenes Problem der chinesischen Schulen besteht darin, dass diese erst mit Lehrwerkstätten ausgestattet werden müssen. In diesen Lehrwerkstätten ist oft nur eine geringe Anzahl an Maschinen vorhanden, und diese sind technisch meistens nicht auf dem neuesten Stand. So ist nicht gewährleistet, dass jeder Schüler an einem Gerät aktiv trainieren und arbeiten kann, vielmehr wird in großen Gruppen an diesen Maschinen ausgebildet und Schüler können dabei oft nur zusehen und nicht selbst ‚Hand anlegen'. Diese Überzahl an Schülern macht auch den Unterricht zu einer Herausforderung, da eine methodische Umsetzung des Lehrstoffes in diesen Gruppengrößen sehr schwierig ist. Die hohe Schülerzahl macht es aber auch für die kooperierenden Betriebe nicht einfach, für jeden Schüler einen Praktikumsplatz bereitzustellen. Somit werden praktische Erfahrungen meist erst zum Ende der Ausbildung gesammelt, was für ein Zusammenspiel von Theorie und Praxis nicht optimal ist, zumal sich die Schüler gegen Ende der Ausbildung bereits auf die Abschlussprüfungen vorbereiten müssen.

Eine weitere Herausforderung, die sich aus der Größe des Landes und der regionalen Unterschiede ergibt, ist die Modellvielfalt der Kooperationsformen. Um die berufliche Ausbildung den aktuellen Anforderungen anzupassen, werden in China mehr als acht verschiedene Modelltypen in der Praxis durchgeführt, welche sich auch im Theorie-Praxis-Bezug erheblich unterscheiden. Zur Diskussion steht dabei, ob eine größere Modellvielfalt letztendlich einen überwiegend positiven Effekt auf die Berufsbildung hat, da hierdurch das Gesamtsystem flexibler ist und stärker auf den aktuellen Bedarf reagieren kann, oder ob die negativen Effekte überwiegen, da z. B. Qualität der Ausbildung darunter leidet, dass ein gemeinsamer Standard fehlt.

In Deutschland existiert keine vergleichbare Modellvielfalt und es wird großer Wert auf die praktische Ausbildung gelegt. Besonders gilt dies für das duale System, hier stehen Theorie und Praxis in einem Verhältnis von 3:7. Jedoch erkennt man auch in Deutschland, dass trotz der engen Theorie-Praxis-Verzahnung vergleichbare Probleme, wie z. B. ein Fachkräftemangel existieren und diese aus unterschiedlichen Perspektiven anzugehen sind. Die berufsbildungspolitischen Anstrengungen konzentrieren sich zurzeit auf drei verschiedene Richtungen. Zunächst versteht man die Lernortkooperation als eine Möglichkeit, die Ausbildungszeit generell zu verkürzen. Dazu soll eine bessere Abstimmung der Ausbildungsinhalte vorgenommen werden, um Überschneidungen der Lerninhalte zu vermeiden. Des Weiteren sieht die Lernortkooperation eine Deregulierung des dualen Systems mit größerer Entscheidungskompetenz für die regionalen Strukturen vor, um so mehr Spielraum für bedarfsgerechte lokale Regelungen zu schaffen. Der Grund für diese Forderung ist der schnelle Wandel der Anforderungen von Wirtschaft, Staat und Gesellschaft. Dies führt dazu, dass Ausbildungsordnungen und Rahmenlehrpläne immer schneller überholt sind. Der dritte Leitgedanke beschäftigt sich mit der aktuellen Problemlage des Ausbildungsstellenmangels (vgl. Euler 2004a, S. 19–20). Neue Formen der Lernortkooperation in Deutschland könnten hier „als ein Instrument gesehen werden, die betrieblichen Ausbildungsressourcen vor Ort im Rahmen eines regionalen Ausbildungsmanagements besser auszuschöpfen und auf diese Weise zur Erhöhung des Ausbildungsstellenmarktes beitragen" (Euler 2004a, S. 20). Auch dies spricht für eine regionale Flexibilisierung, um örtlich angepasste Möglichkeiten zur Berufsbildung zu schaffen. Blick man nun auf China, erkennt man deutliche Parallelen, welche sich auch bereits in den Ausbildungsmodellen wiederfinden lassen. Das chinesische System zeichnet sich schließlich besonders durch flexible Anpassungen aus. Eine besonders drastische Form ist hier das Modell des *Flexiblen Arrangements* (弹性安排), bei dem nur noch praktisch ausgebildet und eine Kooperation mit den Schulen nicht mehr praktiziert wird, sodass sich diese Art der Ausbildung lediglich auf die Anforderungen der Betriebe beschränkt. Eine solche Ausbildung entspricht daher faktisch nur einem Anlernen im Beruf und stellt keine grundsätzliche Fachqualifizierung dar.

Generell gilt, dass eine große Modellvielfalt wie in China zwangsweise zu sehr unterschiedlichen Ausbildungsniveaus führt, was wiederum eine Vergleichbarkeit erschwert und dadurch potenziell der Reputation des Gesamtsystems schaden kann. Auch unter diesem Aspekt sollte daher eine grundsätzliche Deregulierung betrachtet werden. Bei einer Öffnung des Systems sollte daher immer bedacht werden, dass Grundstandards aufgestellt werden und sichergestellt sind.

Im Folgenden werden die wesentlichen Unterschiede und Gemeinsamkeiten der Systeme beider Länder zusammengefasst.

1. Für Deutschland ist festzuhalten, dass die Förderung und Sicherung des Ausbildungserfolgs besonderer Zielgruppen eine wichtige Rolle spielen, wobei Integration und Inklusion stärker fokussiert werden als in China. Dies wird durch das *Trennungsschulzeitmodell* deutlich, in welchem Auszubildende unterschiedlicher Herkunftsorte entweder das *2+1-Modell* oder das Modell der *Abgelegenen Orte* durchlaufen.
2. Das chinesische Programm *Trainingsaufträge* lässt sich nur schwer im deutschen Ausbildungssystem wiederfinden, wird jedoch in Ansätzen auch in Deutschland umgesetzt. Besonders internationale Unternehmen, die ein duales Studium anbieten, bilden zumeist an einem zentralen Standort aus.
3. China hat darüber hinaus noch zwei eigene Programme entwickelt: die *Lern- / Unterrichtsfabriken* und *das Ersatzprogramm für Unternehmen.* In beiden Fällen greifen Unternehmen stark in das Ausbildungssystem ein und erstellen die curricularen Anforderungen nach eigenen Bedürfnissen. Darüber hinaus sind die Auszubildenden aktiver Bestandteil der Produktionskette. Diese beiden Maßnahmen stellen eine völlig neue Art der Lernortkooperation dar, die es in Deutschland in vergleichbarer Form nicht gibt. Auch ist zu erkennen, dass Unternehmen in China innerhalb der vorgestellten Modelle enormen Einfluss auf die Ausbildungsinhalte nehmen können. In diesem Zusammenhang besteht die Gefahr, dass Unternehmen die Ausbildung zu ihren Gunsten verändern können.
4. China hat noch einen weiteren Aspekt für seine Reform entwickelt: die *Berufliche Bildungsgruppe*, vergleichbar mit der Verbundbildung der Lernortkooperation in Deutschland, mit dem Ziel, ein Netzwerk zwischen den Lernorten aufzubauen. Der Unterschied der Lernorte in beiden Ländern besteht darin, dass in China *die Berufliche Bildungsgruppe* eine Plattform für Schulen und Betriebe bildet, um eine kooperative Ausbildung von Arbeitskräften zu ermöglichen, während in Deutschland in der Verbundausbildung die kooperative Ausbildung durch eine direkte Verknüpfung zwischen Betrieben hergestellt wird.

Rechtsgrundlagen und Zuständigkeiten

In Deutschland ist die Zusammenarbeit durch das Berufsbildungsgesetz (BBiG), bzw. im Bereich des Handwerks in der Handwerksordnung (HwO) und in den Schulgesetzen geregelt. Die Industrie-, Handels- und Handwerkskammern übernehmen die Absprachen mit den verschiedenen Landeskultusministerien, um die entsprechenden curricularen Schwerpunkte für den jeweiligen Ausbildungsberuf zu erarbeiten, und somit die Lehrpläne der Schulen den aktuellen Bedürfnissen und Herausforderungen anzupassen. Es ist festzuhalten, dass Deutschland auf Grundlage des Lernfeldkonzepts die Lernortkooperation mit dem Ziel anstrebt, Auszubildenden umfassende Handlungskompetenzen zu vermitteln und eine stärkere Verzahnung von Theorie und Praxis zu erreichen. Dies spiegelt sich auch in den o. g. Gesetzen und Ordnungen wider (s. Abschnitt 2.4.2). Obwohl das chinesische Berufsbildungsgesetz schon im Jahr 1996 in Kraft trat, ist die Lernortkooperation hierin kein Teil und daher bislang auch nicht rechtlich bindend. Entsprechende gesetzliche Vorlagen wurden bis dato noch nicht verabschiedet.

In beiden Ländern ist festzustellen, dass die Lernortkooperation von allen Beteiligten angestrebt wird. In China sind jedoch zwei Ministerien (MoE und MoHRSS) für die Berufsbildung zuständig, die häufig eine unterschiedliche Berufsbildungspolitik verfolgen. In der Praxis führt dies zu Überschneidungen und Doppelzuständigkeiten, was ein effizientes, einheitliches und koordiniertes Gesamtsystem erschwert und damit der Qualitätssicherung im Wege steht. Im Gegensatz dazu gibt es in Deutschland eine spezielle Einrichtung zur Erforschung und Weiterentwicklung der beruflichen Aus- und Weiterbildung: das Bundesinstitut für Berufsbildung (BIBB). Wünschenswert und durchaus möglich wäre es, auch in China eine vergleichbare Einrichtung zu schaffen, welche primär für die Berufsbildung zuständig ist.

International Vocational Education

Die Bundesrepublik Deutschland und die Volksrepublik China haben am 11. Oktober 1972 diplomatische Beziehungen aufgenommen. Über die nächsten Jahre vollzog sich dann eine Öffnung gegenüber dem Ausland auch in bildungspolitischen Fragen; China vollbrachte einen Wechsel von einem weitestgehend theoretisch ausgerichteten Ausbildungssystem mit wenig Praxisanteil zu einer dualen Ausbildung mit einem höheren Anteil an praktischen Elementen. Deutschland war hierbei der erste Kooperationspartner Chinas und das duale System das erste Element der Berufsbildung, dass China vom Ausland übernommen und in der Praxis umgesetzt hat (vgl. Huang 2009, S. 742). Auch heute wird die Zusammenarbeit fortgesetzt. „Schwerpunkte der Zusammenarbeit im Bereich Berufsbildung sind die Kooperation zwischen Wirtschaft und Bildungseinrichtungen beider Länder, die Forschung und Entwicklung auf dem Gebiet der beruflichen Bildung, Entwicklung von Kompetenzstandards sowie die Anerkennung von Qualifikationen“ (Bundesministerium für Bildung und Forschung – BMBF 2015c).

Besonderes Interesse an den Entwicklungen der Berufsbildung in China haben auch deutsche Unternehmen, da China als attraktiver Produktionsstandort und Absatzmarkt gilt (vgl. Li 2013, S. 328). Da viele Unternehmen zunehmend auch Hochtechnologie und komplexe Spezialprodukte in China entwickeln und fertigen, steigt auch der Bedarf an qualifizierten Fachkräften kontinuierlich an, was die dortige Berufsausbildung wie auch das internationale Personalmanagement vor eine große Herausforderung stellt (vgl. Li 2013, S. 328). Viele Länder weltweit stehen indes vor ähnlichen Herausforderungen, sodass sich hier ein Forschungsfeld der international vergleichenden Berufsbildung ergibt (vgl. Li 2013, S. 328; Pohlmann 2012, S. 248) und die Chance der Zusammenarbeit bei der Konzeption zukunftsfähiger Modelle.

Insbesondere seit Anfang des 21. Jh. forciert China den Austausch und die Zusammenarbeit mit dem Ausland im Rahmen der Bildung und Berufsbildung. Im Bereich der Berufsbildung spielt China dabei sowohl als Nehmerland als auch als Geberland im internationalen Austausch und in der Zusammenarbeit eine bedeutende Rolle. Das neue Ausbildungsmodell in der Volksrepublik China – die *Kooperation zwischen Schulen und Betrieben* – orientiert sich derzeit in erheblichem Maße an ausländischen Modellen (s. Abschnitt 2.4.1.2). Im Vergleich zu China ist Deutschland hingegen immer nur als Geberland bekannt, das bemüht ist, sein duales System original – ohne Fremdelemente – zu exportieren. Es ist nun zumindest diskussionswürdig, ob die deutsche Berufsbildung nicht auch von einem stärkeren gegenseitigen Austausch mit anderen Systemen profitieren könnte.

2.5 Zwischenfazit

In diesem Kapitel wurden die Berufsbildungssysteme in China und Deutschland vorgestellt, miteinander verglichen und wesentliche Unterschiede näher betrachtet. Zunächst war dabei zu klären, was unter den für die Arbeit zentralen Schlüsselbegriffen – Bildung, Arbeit, Beruf, berufliche Bildung, Berufsbildung und Berufsausbildung – verstanden werden kann (s. Abschnitt 2.1). Darauf aufbauend folgten drei vergleichende Betrachtungen der Berufsbildungssysteme in China und Deutschland: Bezüglich der historischen Meilensteine und der politischen Entwicklung im Bildungswesen bzw. in der Berufsbildung (s. Abschnitt 2.2), zur bildungssystemischen Differenzierung (s. Abschnitt 2.3) sowie über die strukturelle Ausgestaltung der Berufsausbildung (s. Abschnitt 2.4).

Hierbei konnte festgestellt werden, dass das heutige Bildungs- und Berufsbildungssystem in beiden Ländern das Ergebnis einer langen historischen

Entwicklung ist. Entwicklungsgeschichtlich betrachtet, bestehen die Berufsbildungssysteme in ihrer heutigen Form dahin gehend erst vergleichsweise kurze Zeit. Ein wichtiger Unterschied zwischen Deutschland und China stellt dabei die Reputation und der Stellenwert der Berufsausbildung dar. Die berufliche Bildung in China wurde lange Zeit als nachrangig angesehen und widerfuhr gesellschaftlich und politisch wenig Wertschätzung. Erst in den 1980er-Jahren erfuhr die Berufsbildung in China eine Aufwertung. Im Vergleich dazu ist das deutsche Berufsbildungssystem hochgeschätzt und bis heute eine wichtige Grundlage der wirtschaftlichen und gesellschaftlichen Entwicklung. Von zentraler Bedeutung ist dabei auch der direkte Einbezug der Sozialpartner in die Gestaltungsprozesse. In China werden die formalen Prozesse hingegen ausschließlich durch staatliche Akteure bestimmt.

Bezüglich der Grundstruktur der Bildungssysteme können China und Deutschland als äquivalent bezeichnet werden: Beide Systeme gliedern sich in Vorschulbildung, Primarbereich, Sekundarbereich und tertiärer Bereich. Die Ausgestaltung der einzelnen Bereiche ist gleichwohl landesspezifisch und nur bedingt vergleichbar. Insbesondere ist die chinesische Berufsausbildung entgegen der deutschen hierarchisch unterteilt und umfasst dabei auch eine Hochschulebene. Insgesamt weißt das chinesische System eine große Artenvielfalt auf, wohingegen in Deutschland nur das duale System der Berufsausbildung sowie die vollzeitschulische Ausbildung bestehen.

Aus struktureller Sicht stellt die Lernortkooperation die zentrale Koordinierungsform dar. Die Hauptunterschiede zwischen den beiden Ländern bestehen besonders in den unterschiedlichen Erscheinungs- und Ausgestaltungsformen der Theorie-Praxis-Verknüpfung, welcher in Deutschland insgesamt ein höherer Stellenwert zukommt. In China gibt es hingegen sehr viele und sehr unterschiedliche Ausprägungsformen. Weitere Unterschiede bestehen bezüglich der Rechtsgrundlagen und Zuständigkeiten sowie in der Art der internationalen Zusammenarbeit.

Aus der Makro-Perspektive ist das heutige Bildungs- und Berufsbildungssystem in beiden Ländern als Ergebnis einer langfristigen Entwicklung in einem vielschichtig gewachsenen Prozess zu betrachten. Ein aussagekräftiger Vergleich muss daher in den Kontext der eigenen historischen Entwicklung gestellt werden. Aus diesem Grund wurden die historischen Meilensteine und die politische Entwicklung im Bildungswesen bzw. in der Berufsbildung als erster Schwerpunkt dargestellt.

Aufbauend darauf folgte eine Einführung und ein Vergleich der aktuellen Berufsbildungssysteme der beiden Länder, als zweiter Schwerpunkt. Diese vergleichende Untersuchung ist dabei zentral als Referenzpunkt für die nachfolgenden Kapitel dieser Arbeit, da sie einen Rahmen für den Vergleich der Berufsbildung im Einzelhandel sowie der Berufsausbildung für nachhaltige Entwicklung bietet.

Als dritter Schwerpunkt wurde schließlich die Ebene der strukturellen Gestaltung der Berufsbildung untersucht, um einen tieferen Einblick in die Art und Weise wie Berufsausbildung in beiden Ländern durchgeführt wird, zu erlauben.

Diese drei vergleichenden Betrachtungen bauen daher aufeinander auf. Mit diesem Kapitel wurden einerseits die wesentlichen Eckpfeiler der Berufsbildungssysteme in beiden Ländern erörtert und andererseits das theoretische Fundament für die darauf aufbauenden und weiterführenden Untersuchungen gelegt.

3. Forschungsdesign und methodisches Vorgehen zur Erarbeitung einer BBNE-Roadmap für den Einzelhandel in China

Im vorangegangenen Kapitel konnte gezeigt werden, wie die Berufsbildung in Deutschland und China organisiert ist. Durch eine dreiteilige Betrachtung wurden die Berufsbildungssysteme von China und Deutschland systematisch miteinander verglichen. In diesem Kapitel sollen nun darauf basierend das methodische Design und die Forschungsmethode thematisiert werden.

Im Vordergrund stehen hierbei Darstellung und Begründung der gewählten Forschungsmethodik. Unter Berücksichtigung der zuvor ausgeführten Forschungsfragestellungen und Zielsetzungen (s. Abschnitt 1.1) verfolgt die vorliegende Arbeit einen qualitativen Untersuchungsansatz für die Durchführung korrelativer Studien, wobei verschiedene Methoden der empirischen Forschung angewendet werden. Einen kurzen Überblick über das methodische Design zum Forschungsprozess dieser Arbeit gibt die folgende Darstellung:

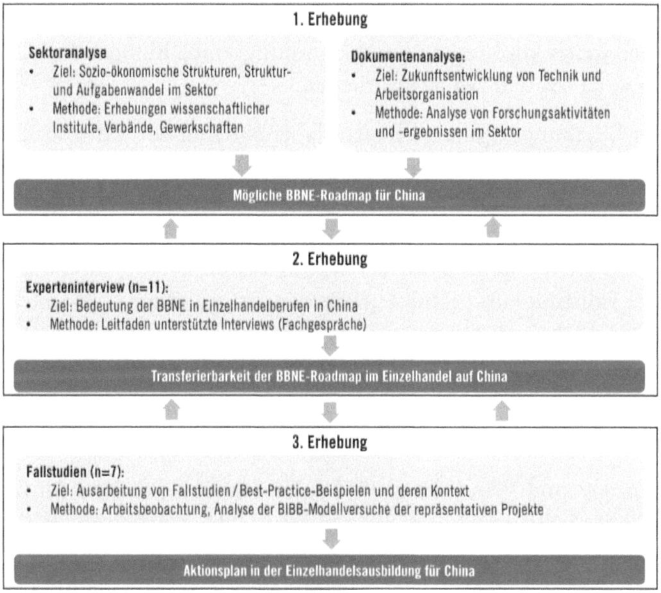

Abbildung 13: Das methodische Design zum Forschungsprozess
[Eigene Darstellung]

Wie in Abbildung 13 dargestellt, gliedert sich die Arbeit in drei Abschnitte:

- Erstens eine Sektoranalyse über den Einzelhandel beider Länder und eine Auswertung einschlägiger wissenschaftlicher Fachbeiträge und Studien im Rahmen einer Dokumentenanalyse in Bezug auf die BBNE. Darauf aufbauend erfolgt der Entwurf einer BBNE-Roadmap für China.
- Zweitens einer Erhebung mit dem Ziel, die Übertragbarkeit der BBNE-Roadmap auf den Einzelhandel in China zu untersuchen. Hierzu erfolgten Leitfadeninterviews mit Fachexperten in China. Insgesamt wurden elf Interviews in China bzw. in Guangzhou und in Beijing durchgeführt. Die Interviewpartner wurden hierbei aus dem Kreis des Schulamtspersonals, der Sozialpartner und Wissenschaftlern des Forschungsgebiets akquiriert.
- Drittens eine weitere Erhebung auf Basis von Fallstudien aus China und Deutschland. Hierfür wurden zunächst Recherchen durchgeführt, um potenziell geeignete Fallstudien festzustellen und auf ihre Eignung zu prüfen. Die chinabezogenen Fallstudien (n =3) bestehen aus Ausbildungsplänen ausgewählter beruflicher Schulen, um die allgemeine Situation der chinesischen Einzelhandelsausbildung aufzuzeigen. Für die deutschlandbezogenen Fallstudien (n =4) wurden abgeschlossene oder laufende Projekte, bzw. Modellversuche des BIBB, als Forschungsobjekte ausgewählt. Durch die Untersuchung der Fallstudien als Best-Practice-Beispiele wurde die BBNE-Roadmap weiter konkretisiert und Handlungsempfehlungen für eine BBNE-Reform in China wurden ausgearbeitet.

Diese drei Erhebungssegmente bauen dabei aufeinander auf und finden idealtypisch sequenziell nacheinander statt. Im Sinne eines hermeneutischen Erkenntnisprozesses haben sich jedoch insbesondere bei der Ergebnisanalyse Rückkoppelungen zwischen den Abschnitten ergeben. Bezüglich der angewendeten Methoden kann grundsätzlich zwischen Dokumentenanalyse, Sektoranalyse, Fallstudie und Experteninterview (s. Abbildung 13) unterschieden werden. Das hierbei zugrunde liegende Verständnis und die jeweilige Anwendung werden im Folgenden kurz vorgestellt.

3.1 Sektoranalyse

Nach Schnitger und Windelband (2008) ist die Sektoranalyse ein berufswissenschaftliches Instrument, um einen genauen, strukturierten Überblick über einen bestimmten wirtschaftlichen Bereich (Sektor) geben zu können. „Sektoranalysen sind vor allem zur Sicherung von Informationen über die Organisationsstruktur, wirtschaftliche Bedeutung, Beschäftigung, Abgrenzung des

Sektors, Fachkräftestruktur, Situation von Erwerbsberufen bzw. Domänen notwendig“ (Schnitger und Windelband 2008, S. 6).

In dieser vorliegenden Arbeit liegt der Fokus der Sektoranalysen auf der Fragestellung, wie der Einzelhandel in den beiden Ländern definiert ist und wie sich der Einzelhandel und seine Beschäftigungsstrukturen im Laufe der Zeit verändert haben. Dadurch sollen die Stärken und Schwächen der Branche, neue Entwicklungen und wichtige Trends, die Relevanz einzelner Geschäftsfelder und andere elementare Aspekte erschlossen werden. Ziel ist es, das Potenzial für eine nachhaltige Entwicklung des Einzelhandels zu erkunden und eine nachhaltige Entwicklung durch eine entsprechende berufliche Bildung anzustoßen. Die Erhebungen zu den beiden Ländern wurden durch die Auswertung von Informationen unterschiedlicher wissenschaftlicher Institute, Verbände und Gewerkschaften realisiert. Die Sektoranalyse des chinesischen Einzelhandels wurde teilweise um Informationen aus den Dokumentenanalysen, Fallstudien und Befragungen (Experteninterviews durch persönliche Treffen sowie Interviews durch Online-Videokonferenzen) ergänzt, um das Fehlen von Informationen aus öffentlichen Quellen auszugleichen. Die Ergebnisse der Sektorenanalyse beider Länder werden in den Abschnitten 4.2.1 und 4.3.1 dargestellt.

3.2 Dokumentenanalyse

Die Dokumentenanalyse wird vorrangig in der sozialwissenschaftlichen Forschung eingesetzt. Wenn ein direkter Zugang zu einem Thema über Beobachtung, Befragung und Messtechniken nicht möglich ist, können Daten aus bereits vorliegenden Dokumenten erhoben werden (vgl. Mayring 2002, S. 49). Dokumente sind „sämtliche gegenständliche(n) Zeugnisse, die als Quelle zur Erklärung menschlichen Verhaltens dienen können“ (Atteslander 1971, S. 53) und haben somit Belegcharakter. Sie zeichnen sich durch die Vielfalt des interpretierbaren Materials aus. Zu den Dokumenten zählen Unterlagen in Textform wie z. B. Schriftstücke, Verträge, Statistiken, Zeitungen oder Bücher, aber auch andere Darstellungsformen wie Fotografien, Karikaturen, Filme, Fernsehmitschnitte, Tonbänder, Werkzeuge, Bauten oder Kunstgegenstände. Die auf Quellen und Dokumenten basierende Analyse ist ein integraler Bestandteil des vorliegenden Forschungsplans (vgl. Mayring 2002, S. 47).

Wie werden die Daten bei einer Dokumentenanalyse erhoben und analysiert? Nach Atteslander (1971) lässt sich das klassische methodische Vorgehen in vier Stufen unterteilen: 1. Ist eine klare Formulierung der Fragestellung primäre Voraussetzung; 2. Muss definiert werden, was zu Dokumenten zählt und als Ausgangsmaterial bestimmt und gesammelt werden soll; 3. beurteilt die

Quellenkritik die o. g. Kriterien bezüglich der Aussagekraft der Dokumente und des Wertes für die Beantwortung der Fragestellung; 4. folgt schließlich die Interpretation der Dokumente im Sinne der Fragestellung (vgl. Mayring 2002, S. 48–49).

Die Anwendung der Methode in der vorliegen Arbeit war dabei die Folgende: Um das Verständnis einer (B)BNE in China (s. Abschnitt 5.2.1) darzulegen, wurde eine stichprobenhafte Untersuchung der zwischen 2010 und 2018 veröffentlichten und in der Datenbank CNKI (China National Knowledge Infrastructure) gelisteten wissenschaftlichen Artikel durchgeführt. Insgesamt wurden zwölf Dokumente analysiert (s. Anhang 4). Diese ausgewählten Dokumente wurden i. d. R. mindestens zweimal in der CNKI-Datenbank zitiert. Die Ergebnisse der Analyse umfassen hauptsächlich drei Aspekte: 1. In China gibt es Diskussionen über BNE, aber diese fokussieren sich primär auf den Bereich der allgemeinen Bildung. Die Bereiche Vorschulbildung und berufliche Bildung sind hingegen nahezu nicht vertreten. 2. Die meisten Beiträge konzentrieren sich zudem auf die theoretische Forschung, praktische Aspekte spielen nur eine stark untergeordnete Rolle. 3. Methodisch überwiegen eindeutig theoretisch-konzeptionelle Arbeiten. Nur wenige Artikel beinhalten empirische Studien.

Die aus der Analyse gewonnenen Erkenntnisse der folgenden empirischen Untersuchungen, werden für die Konzeption einer BBNE-Roadmap genutzt (s. Kapitel 6). Um die BBNE-Roadmap zu konzeptionieren und einen Prozessverlauf der nachhaltigen Berufsbildung am Beispiel der beruflichen Tätigkeit im Einzelhandel zu erarbeiten, wurden als zentrale strategische Dokumente die *Roadmap zur Umsetzung des Weltaktionsprogramms Bildung für nachhaltige Entwicklung* der UNESO und der deutsche Plan *Nationaler Aktionsplan Bildung für nachhaltige Entwicklung* ausgewählt, da diese Vorschläge und Strategien enthalten, um den Ansprüchen einer BBNE gerecht zu werden. Aus diesem Grund können beide Dokumente als wichtige Leitlinien für die vorliegende Arbeit betrachtet werden (s. Anhang 5). Die aus der intensiven Auseinandersetzung mit diesen Dokumenten gewonnenen Erkenntnisse, werden dann für die spätere Vergleichsanalyse und zur Realisierung der Forschungsziele angewendet (s. Kapitel 6).

3.3 Experteninterviews

Das Interview ist ein Erhebungsinstrument der empirischen Untersuchung, bei welcher die Datenerhebung in Form von Kommunikation erfolgt, und zwar in der Interaktion von Angesicht zu Angesicht zwischen zwei oder mehr Personen. „Das Experteninterview eignet sich zur Rekonstruktion komplexer

Wissensbestände. Es wird sowohl als eigenständiges Verfahren als auch im Rahmen eines Methodenmix eingesetzt“ (Meuser und Nagel 2010, S. 457). Da in der Forschungsdomäne in China ein Quellenmangel (unzureichende Dokumentenbelege und Hintergrundinformationen) zur aktuellen Situation der Einzelhandelsausbildung und den Entwicklungsstand der BBNE besteht (s. Abschnitte 4.2.1–4.2.2), wurden für diese Informationserhebung ergänzende Experteninterviews durchgeführt. Hierfür wurden chinesische Experten aus der Gruppe des Berufsbildungspersonals, der Sozialpartner und des wissenschaftlichen Forschungspersonals rekrutiert, und diese mittels Leitfadeninterviews qualitativ befragt. Eben diese Akteursgruppen wurden ausgewählt, da sie in besonderem Maße an der Berufsbildung (im Einzelhandelsberuf) mitwirken.

Vorbereitung der Interviews

Die Auswahl der Befragten erfolgte nach deren Expertise in den relevanten Themenbereichen, also der Berufsbildung im Einzelhandel in China und der Berufsbildung für nachhaltige Entwicklung (BBNE) in China. „Als Experte kommt in Betracht, wer sich durch eine institutionalisierte Kompetenz zur Konstruktion von Wirklichkeit auszeichnet“ (Meuser und Nagel 2010, S. 461). Entsprechend dieses Leitsatzes wurde ein Anforderungsprofil erstellt, welches insbesondere durch Personen aus der wissenschaftlichen Lehre erfüllt wurde (z. B. Schulamtspersonal, Professoren, wissenschaftliche Mitarbeiter), die über eine fachliche und institutionelle Themennähe verfügen und seit mehreren Jahren in diesem Bereich tätig sind. Auf dieser Grundlage wurde dann eine Recherche zu geeigneten Institutionen und Personen durchgeführt.

Die Zugänge zu den Befragten waren vielfältig und unterschieden sich von Fall zu Fall. Der erste Kontakt mit den Personen der jeweiligen Institutionen erfolgte per E-Mail mit kurzen, genauen Informationen über das Forschungsprojekt und der Bitte um ein Interview. Weitere Kontaktaufnahmen wurden direkt oder indirekt über bereits bekannte Professoren oder die Schulleitungen ermöglicht. Nach einer positiven Rückmeldung wurde ein Interviewtermin vereinbart.

Die Befragungen erfolgten als Leitfadeninterviews. Hierzu wurde ein Fragenkatalog entworfen, welcher als Befragungsleitfaden diente (weitere Informationen über den Interviewleitfaden s. Anhang 2). Grundlage für die Ausarbeitung des Leitfadens war die theoretische Auseinandersetzung mit den o. g. Themenbereichen. Die Experteninterviews wurden auf Grundlage dieses Leitfadens geführt, um alle vorab als relevant definierten Themenbereiche im Interview abzudecken. Zugleich wurde der Leitfaden jedoch nicht linear abgearbeitet, um hinreichend Flexibilität für die von den Befragten gesetzten Schwerpunkte des Gesprächs, im Sinne einer offenen Befragung zu gewährleisten und den Gesprächsfluss des Gegenübers möglichst wenig zu steuern.

Datenerhebung / Durchführung der Interviews

Die Experteninterviews waren inhaltlich auf die Darstellung der Gesamtsituation der Berufsbildung hinsichtlich nachhaltiger Entwicklung im Einzelhandel gerichtet und sollten hierbei antizipierte Folgen, mögliche Alternativen und wahrgenommene Barrieren abdecken. Die Befragungen wurden, wie bereits beschrieben, im Kreis der Akteursgruppen Berufsbildungspersonal, Sozialpartner und wissenschaftliches Forschungspersonal durchgeführt. Die Reihenfolge der Interviewfragen wurde mit Berücksichtigung des Interviewpartners vorgeplant aber konnte, je nach Gesprächssituation, flexibel umgestellt werden. Zehn Interviews wurden in chinesischer Sprache durchgeführt. Ein weiteres Interview wurde auf Englisch durchgeführt. Da sich hier im Gesprächsverlauf jedoch herausgestellt hat, dass der Befragte inhaltlich nicht über das erwartete Expertenwissen verfügt und die Fragen nicht beantworten konnte, wurde das Gespräch letztendlich verworfen (s. Tabelle 11). Die Interviews wurden in China im Zeitraum von 2015 bis 2018 geführt.

Tabelle 11. Durchführung der Interviews

Akteursgruppe	**Interviews (Anzahl)**	**Gesprächspartner (Anzahl)**
Berufsbildungspersonal	5	9
Sozialpartner	2	7
Wissenschaftliches Forschungspersonal	3	3
Sonstige	1	2
Gesamt	**11**	**21**

Vor Beginn der Gespräche wurde das Einverständnis zur Gesprächsaufzeichnung mittels Tonbandaufnahme eingeholt und über die Form der Anonymisierung aufgeklärt. Alle Gesprächspartner haben sich damit einverstanden erklärt. Die in Tabelle 11 vorgenommene Differenzierung zwischen Interviews und Gesprächspartner ist darauf zurückzuführen, dass die Interviews teilweise auch mit zwei oder drei Gesprächspartnern erfolgten, da die eigentlich als Gesprächspartner ausgewählten Personen zum Teil kurzfristig weitere Personen zu dem Gespräch hinzugezogen haben (z. B. Mitarbeiter oder Sekretärinnen). Auf die Details, wie Zeitpunkte und Orte der einzelnen Interviews, wird in den nachfolgenden Abschnitten (s. Abschnitten 4.2.2, 4.2.3, 5.2.1 sowie teilweise im Kapitel 6) eingegangen.

Datenauswertung und Präsentation der Ergebnisse

Die Interviews wurden mit Zustimmung der Befragten aufgezeichnet und anschließend transkribiert. Die Transskripte der Experteninterviews wurden dann mittels qualitativer Inhaltsanalysen ausgewertet. Die qualitative Inhaltsanalyse richtet sich darauf „Texte systematisch [zu] analysieren, indem sie das Material schrittweise mit theoriegeleitet am Material entwickelten Kategoriensystemen bearbeitet" (Mayring 2002, S. 114). Sie dient einerseits dazu, umfangreiches Material auf deren wesentliche Inhalte zu reduzieren, im Sinne einer Zusammenfassung. Andererseits bezieht sie sich darauf, zusätzliches Material zu einzelnen fraglichen Textteilen heranzutragen (Explikation) und bestimmte Aspekte aus dem Material herauszufiltern (vgl. Mayring 2002, S. 115).

Für die weitere Auswertung der Informationen wurden die Transskripte anhand eines abgestimmten Kategoriensystems codiert und in ein Textanalysesystem (MAXQDA) überführt. Gemäß den Themenbereichen des Interviewleitfadens ergab sich ein Kategoriensystem aus zwölf übergeordneten Themenbereichen mit insgesamt 404 Codes zu unterschiedlichen Aspekten, die den Befragten im Kontext der Berufsausbildung im Einzelhandel relevant erschienen (s. Anhang 3). Weil die vorliegende Arbeit auf Deutsch verfasst wurde, wurden alle Zitate wörtlich vom Chinesischen ins Deutsche übersetzt. Eine strukturierte Präsentation der Ergebnisse erfolgt in den folgenden Kapiteln (s. Abschnitten 4.2.2, 4.2.3, 5.2.1 sowie teilweise im Kapitel 6). Die Analyse aus den Interviews und den daraus resultierenden unterschiedlichen gesammelten Datenarten wurde in die Gesamtbeschreibung eingearbeitet (s. Abschnitten 4.2.2, 4.2.3, 5.2.1 sowie teilweise im Kapitel 6).

3.4 Fallstudien

Die vierte in der vorliegenden Arbeit angewandte Methode stellt die Fallstudie dar. Fallstudien in qualitativen Untersuchungen streben „eine wissenschaftliche Rekonstruktion von Handlungsmustern auf der Grundlage von alltagsweltlichen, realen Handlungsfiguren an" (Lamnek 1995, S. 16). Dabei handelt es sich um Handlungsmuster, „die zwar individuell festzumachen sind, aber keineswegs nur einmalig oder individuenspezifisch wären. Vielmehr manifestieren sich in diesen Handlungen [und Deutungen] generellere Strukturen“ (Lamnek 1995, S. 312). Mithilfe von lebens- und wirklichkeitsnahen sowie problem- und konflikthaltigen Fallstudien konnten komplexe Sachverhalte praxisnah analysiert und kognitive Strukturen für die vorliegende Arbeit entwickelt werden. Die Fallstudie als methodisches Instrument spielt demgemäß eine wichtige Rolle bei der Suche nach relevanten Einflussfaktoren und bei der Interpretation von Zusammenhängen (vgl. Mayring 2002, S. 42). Folglich können Fallstudien als exemplarische Beispiele für bestimmte Phänomene angesehen werden, welche der Auffindung und Erklärung von Wirkungszusammenhängen dienen können.

Die Auswahl der Fallstudien erfolgte nach den folgenden Kriterien: 1. Die Fallstudien sollten die Vielfalt der beschriebenen Potenziale abdecken; 2. Sie sollten über eine exemplarische Bedeutung im jeweiligen Themenbereich / Handlungsfeld verfügen und 3. sollten beide Länder – also China und Deutschland – vertreten sein. Zur Identifikation hierfür geeigneter Fallstudien wurden zunächst Recherchen betrieben, hierbei wurden etwa 20 Fallstudien als potenziell geeignet identifiziert. Diese wurden im nächsten Schritt näher auf ihre Eignung, insbesondere im Hinblick auf die o. g. drei Aspekte, analysiert. Die sieben Fallstudien wurden dabei insbesondere auch im Hinblick auf ihren inhaltlichen Schwerpunkt und eine geringe gegenseitige Überschneidung ausgewählt. Warum die jeweiligen Fallstudien im Besonderen als geeignet eingestuft und für die vorliegende Arbeit ausgewählt wurden, wird einführend bei der Beschreibung der einzelnen Fallstudien erläutert. Die Fallstudien wurden durch Dokumentanalysen und Interviews ausgearbeitet. Interviews kamen insbesondere dann zum Einsatz, wenn sich die Dokumentenlage als unzureichend erwies.

Auf Grundlage der Fallstudien wird zunächst die Berufsbildung Chinas im Einzelhandel erläutert (s. Abschnitt 4.2.3). In China besteht eine große Vielfalt an Ausbildungsberufen im Einzelhandel. Zugleich sind auch die Ausbildungskultur und die Organisationsstrukturen in den verschiedenen Bildungseinrichtungen sehr unterschiedlich ausgeprägt. Um die allgemeine Situation der chinesischen Einzelhandelsausbildung aufzuzeigen, wurden drei Ausbildungsgänge aus China als Fallstudien ausgewählt, welche drei zentrale Themenbereiche im Einzelhandel abdecken:

- Fallstudie 1: *Warenwirtschaft* vom Ministerium für Bildung (für einen Überblick s. Abschnitt 4.2.3.1)
- Fallstudie 2: *Marketing* vom Guangzhou Industry & Trade Technician College (für einen Überblick s. Abschnitt 4.2.3.2)

- Fallstudie 3: *Chain Operation Management* vom Beijing Vocational College of Finance and Commerce (für einen Überblick s. Abschnitt 4.2.3.3)

Die Fallstudie 1 ist ein Beispiel aus dem *Professionellen Katalog für berufsbildende Schulen der Sekundarstufe II* (vgl. Ministry of Education of the People's Republic of China – MoE 2017a, S. 54–66). Dabei handelt es sich überwiegend um eine Zusammenfassung der amtlichen nationalen Dokumente, sodass diesbezüglich auf die Methode der Dokumentenanalyse zurückgegriffen wurde. Im Vergleich dazu beziehen sich die Fallstudien 2 und 3 auf zwei einzigartige und als vorbildhaft angesehene Ausbildungsprogramme zweier beruflicher Schulen in Beijing und Guangdong, welche vom MoE bzw. dem MoHRSS verantwortet werden. Diese Fallstudien wurden auf der Grundlage von Dokumentenanalysen und Experteninterviews ausgearbeitet.

Der Fokus dieser Arbeit liegt auf der Konzeption einer BBNE-Roadmap für den Einzelhandel in China (s. Kapitel 6). Unter Berücksichtigung der Ausbildungssituation in China wurden hierfür fünf prioritäre Handlungsfelder identifiziert (s. Abschnitt 6.3). Um die Gestaltungsmöglichkeiten dieser Handlungsfelder aufzuzeigen und Handlungsempfehlungen aufzustellen, wurden exemplarische Fallstudien aus Deutschland erarbeitet:

- Fallstudie 4: *Good-Practice-Agentur NiBA* (für einen Überblick s. Abschnitt 6.3.1.3.1)
- Fallstudie 5: *BBS Futur 2.0* sowie *nachhaltige Schulentwicklung nach dem BBS Futur 2.0* (für einen Überblick s. Abschnitt 6.3.2.3.1)
- Fallstudie 6: *KONWIKA* (für einen Überblick s. Abschnitt 6.3.4.3.1)
- Fallstudie 7: *Pro-DEENLA* (für einen Überblick s. Abschnitt 6.3.5.3.1)

Bei den Fallstudien 4–7 handelt es sich um Modellversuche und Projekte zu BBNE (allgemein) oder BBNE im Einzelhandel in Deutschland. Diese zeigen einen praktischen und effektiven Ansatz für Chinas BBNE-Reform im Sinne von Best-Practice-Beispielen auf. Grundsätzlich sollte jedes Handlungsfeld dabei durch eine Fallstudie repräsentiert werden. Da die Fallstudie 5 (*BBS Futur 2.0*) über einen großen inhaltlichen Umfang verfügt und sowohl zu dem Handlungsfeld II als auch zu Handlungsfeld III erhebliche Schnittmengen aufweist, steht diese Fallstudie für beide Handlungsfelder. Die Ausarbeitung der Fallstudien erfolgte dabei hauptsächlich durch die Auswertung der Abschlussberichte der mit öffentlichen Geldern geförderten Projekte. Ergänzend wurde für Fallstudie 7 ein Experteninterview durchgeführt, da der Abschlussbericht zu diesem Zeitpunkt noch nicht vorlag.

Abhängig von der Art und Ausgestaltung der Fallstudien, wurden diese auf unterschiedliche Weise ausgewertet. Die Fallstudie 4 und 6 wurden insbesondere in Bezug zu den Anforderungen ihrer Handlungsfelder gesetzt und die wichtigsten Ergebnisse der Projekte analysiert (s. Abschnitte 6.3.1.3.2 und 6.3.4.3.2). Für die Fallstudie 5 wurden Kategoriensysteme gemäß der Lasswell-Formel (Lasswell 1948) erstellt, welche dann zur Analyse herangezogen wurden (s. Abschnitt 6.3.2.3.2). Bei Fallstudie 7 wurden Kategoriensysteme gemäß den Verortungsrahmen von Gerdsmeier (2004), Fischer und Hantke (2017) erstellt, die dann zur Analyse der Fallstudien gemäß 10 Indikatoren verwendet wurden (s. Abschnitt 6.3.5.3.2). Die Erkenntnisse aus der Auswertung der Fallstudien wurden abschließend zur Aufstellung von Handlungsempfehlungen für jedes Handlungsfeld genutzt (s. Abschnitte 6.3.1.3, 6.3.2.3, 6.3.3.3, 6.3.4.3 und 6.3.5.3).

4. Überblick über die Berufsbildung für die Tätigkeit des Einzelhandels im kaufmännischen Bereich

Der Einzelhandel stellt in jeder Volkswirtschaft einen wichtigen Wirtschaftssektor dar. Dieses Kapitel hat im ersten Schritt zum Ziel, relevante Begriffe aus den Bereichen Handel bzw. Einzelhandel kurz vorzustellen (s. Abschnitt 4.1). Ausgehend von der Forschungsfrage dieser Arbeit erfolgt dann im nächsten Schritt ein Vergleich der Berufsausbildung im Einzelhandel Deutschlands und Chinas, wobei gleichfalls das Vier-Phasen-Modell von Bereday (s. Abschnitt 1.3) herangezogen wird. Nachfolgend werden dann Gemeinsamkeiten und Unterschiede in der Ausbildung im Einzelhandel beider Länder diskutiert, für die Tätigkeit des Einzelhandels aufweisen, wird in den nachfolgenden Abschnitten die Berufsbildung im Einzelhandel in China (s. Abschnitt 4.2) und Deutschland (s. Abschnitt 4.3) separat thematisiert. Auf dieser Grundlage wird die aktuelle Ausbildungssituation im Einzelhandel in beiden Ländern betrachtet und miteinander verglichen. Entsprechend dem inhaltlichen Fokus des vorherigen Abschnitts soll dieser Vergleich dabei besonders auf die Aspekte zu Ausprägungen und Betriebstypen des Einzelhandels, dem wirtschaftlichen Status quo der Einzelhandel, der Ausbildungskultur im Einzelhandel, sowie der Rechtsgrundlagen der Einzelhandelsberufe und der Organisationsstrukturen und Prüfungskonzepte der Ausbildung (s. Abschnitt 4.4) eingegangen werden.

4.1 Begriffsbestimmungen zum Einzelhandel

4.1.1 Der Handel

Der Vorgang des Handels entstand durch die Ausbildung der gesellschaftlichen Arbeitsteilung, welche durch das Auseinanderfallen von Hersteller (Produzent) und Verbraucher (Konsument) gekennzeichnet ist. Handel fungiert dabei als Bindeglied zur Überbrückung zwischen diesen Akteuren. „In einer arbeitsteiligen Volkswirtschaft übernimmt der Handel die Aufgabe, räumliche, zeitliche, qualitative und quantitative Diskrepanzen zwischen der Produktion und der Konsumtion auszugleichen" (Häberle 2008, S. 532). Handel kann nach Tietz (1975, S. 12) mit einer engen und einer weiten Definition beschrieben werden: „Handel i. w. S. ist der Austausch von Waren und Diensten zwischen Wirtschaftspartnern. Handel i. e. S. oder Warenhandel ist der Austausch von

Waren zwischen Wirtschaftspartnern." Der Terminus Handel bezeichnet in der Mikroökonomie einen „Austauschvorgang", in der Makroökonomie einen „Sektor der Volkswirtschaft" (Tietz 1975, S. 12). In diesem Kontext wird von dem Prozess der Distribution, also der Verteilung von Waren, gesprochen. In Bezug auf die gesamte Wirtschaft gehört der Handel zum tertiären Bereich, dem u. a. auch „Verkehrswesen, Banken, Versicherungen und beratende Berufe angehören" (Tietz 1975, S. 12). Zudem kann zwischen Handel im funktionellen und institutionellen Sinn unterschieden werden: Im *Katalog E – Definitionen zu Handel und Distribution*, 5. Ausgabe von 2006, herausgegeben vom Institut für Handelsforschung an der Universität Köln, wird der Handelsbegriff wie folgt differenziert:

> „Handel im funktionellen Sinne liegt vor, wenn Markteilnehmer Güter, die sie i. d. R. nicht selbst be- oder verarbeiten (Handelswaren), von anderen Marktteilnehmern beschaffen und an Dritte absetzen. In der Praxis wird der Begriff im Allgemeinen auf den Austausch von Sachgütern, noch häufiger auf den Austausch von beweglichen Sachgütern eingeschränkt. Zu Handel im funktionellen Sinne kommt es, wenn die am Handel beteiligten Wirtschaftssubjekte durch den Handel ihren Wohlstand steigern können, weil sie dem erhaltenen Gut einen größeren Nutzen zuordnen als der Gegenleistung" (Ausschuss für Definitionen zu Handel und Distribution 2006, S. 18).

> „Handel im institutionellen Sinne – auch als Handelsunternehmung oder Handelsbetrieb bezeichnet – umfasst jene Institutionen, deren wirtschaftliche Tätigkeit ausschließlich oder überwiegend dem Handel im funktionellen Sinne zuzurechnen ist. In der amtlichen Statistik wird ein Unternehmen oder ein Betrieb dann dem Handel zugeordnet, wenn aus der Handelstätigkeit eine größere Wertschöpfung resultiert als aus einer zweiten oder aus mehreren sonstigen Tätigkeiten" (Ausschuss für Definitionen zu Handel und Distribution 2006, S. 19).

Der funktionale Begriff bezieht sich hier also auf die Marktfunktionen. Diese können z. B. auch Produktions-, Handwerks- und Landwirtschaftsbetriebe sein, die Handelswaren zukaufen, um ihr Absatzprogramm anzureichern (vgl. Häberle 2008, S. 532; Fischer et al. 2009, S. 70). Die institutionelle Interpretation des Begriffs ist somit enger als die funktionale, da hier für die Bezeichnung Handelsunternehmen bzw. Handelsbetriebe die Haupttätigkeit im Handel Voraussetzung ist (vgl. Fischer et al. 2009, S. 70).

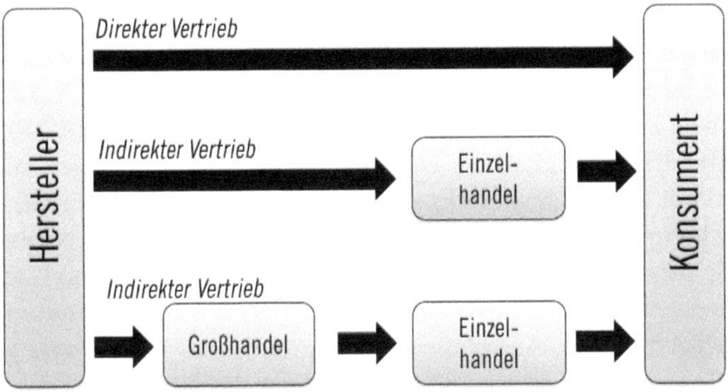

Abbildung 14: Vertriebswege
[Eigene Darstellung in Anlehnung an Becker 2013b, S. 328]

Handelsunternehmen lassen sich weiter bzgl. ihrer Betriebsformen in Einzel- und Großhandel[69] differenzieren. Abbildung 14 zeigt, wie beide Handelsarten in der Absatzkette einzuordnen sind. Diese Vertriebswege[70] bezeichnen „alle Stufen, die das Eigentum an einem Gut durchläuft, um vom Hersteller auf den Verbraucher überzugehen (z. B. über die Stufen Großhandel und Einzelhandel). Als Stufe wird hierbei der Entscheidungsträger bezeichnet, der die volle rechtliche Gewalt über die Ware erhält" (Schneck 2011, S. 252). Für den Absatz eines Gutes können verschiedene Wege in Betracht kommen. Beim direkten Absatzweg verkauft der Hersteller unmittelbar an den Endverbraucher. Hier sind Groß- und Einzelhandel nicht in der Vertriebskette integriert. Anders verhält es sich bei indirekten Absatzwegen. Bei diesen treten der Groß- und / oder Einzelhandel zwischen Hersteller und Verbraucher. Bei indirekten Absatzwegen kann daher zusätzlich danach differenziert werden, in welchem Ausmaß einzelne Betriebsformen des Groß- und Einzelhandels eingeschaltet werden. So gelangt die Ware bei dem sogenannten einstufigen Absatzweg direkt vom Hersteller zum Einzelhändler, der diese mit Gewinn an den Konsumenten

69 Großhandel und Einzelhandel unterscheiden sich wiederum durch die Ausrichtung auf den gewerblichen Bedarf (Großhandel) bzw. den Endverbraucher (Einzelhandel) (vgl. Ausschuss für Definitionen zu Handel und Distribution 2006, S. 24–25).

70 Vertriebswege werden auch als Absatzwege, Vertriebskanäle, Absatzkanäle oder Distributionswege bezeichnet. Manchmal werden auch im deutschsprachigen Raum die englischen Begriffe *Distribution Channel* oder *Marketing Channel* verwendet.

weiterverkauft. Bei den mehrstufigen Absatzwegen bezieht der Einzelhandel seine Ware von einem Großhändler, welcher wiederum die Ware von einem Hersteller oder einem weiteren Großhändler bezogen hat (vgl. Ausschuss für Definitionen zu Handel und Distribution 2006, S. 45; vgl. Häberle 2008, S. 6).

Der Handel hat folglich die Funktion, in einer arbeitsteiligen Wirtschaft eine Verbindung zwischen Produzenten und Konsumenten herzustellen. Diese Leistung kann räumlicher, zeitlicher, quantitativer, qualitativer oder sonstiger Art (z. B. unterschiedlicher Informationsstand bei Anbieter und Nachfrager) sein. Handelsfunktionen übernehmen alle an der Distribution mitwirkenden Marktteilnehmer (vgl. Ausschuss für Definitionen zu Handel und Distribution 2006, S. 19). Die folgende Tabelle 12 fasst die Funktionen des Handels zusammen:

Tabelle 12: Handelsfunktionen
[Eigene Darstellung basierend auf Hansen 1990, S. 15]

1. Funktionen des Güterstroms	2. Funktionen des Kommunikationsstroms	3. Funktionen des Wertstroms
• quantitative Warengruppierung (Sammlung, Aufteilung) • qualitative Warengruppierung (Sortimentierung, Warenveredlung und -pflege) • Raumüberbrückung (Warentransport) • zeitlicher Ausgleich (Lagerhaltung, Vordisposition)	• Angebots- und Nachfrageermittlung (Beschaffungs- und Absatzmarktforschung) • Angebots- und Nachfragelenkung (Werbung, persönlicher Verkauf)	• Preisermittlung (Kalkulation) • zeitlicher Zahlungsausgleich (Kreditierung, Vorfinanzierung)

4.1.2 Der Einzelhandel

Was ist Einzelhandel? Verschiedenen Sichtweisen entsprechend lassen sich zahlreiche Definitionsansätze zum Einzelhandel feststellen. Allgemein gesehen umfasst der Einzelhandel alle Unternehmen, die Waren beschaffen und diese unverändert oder nach üblicher Be- bzw. Verarbeitung in offenen Verkaufsstellen Endverbrauchern zum Verkauf anbieten. Der Einzelhandel zählt zu den indirekten Absatzwegen (vgl. Olfert und Rahn 2004, S. 265). Der vom Ausschuss für Begriffsdefinitionen aus Handel und Distribution erstellte *Katalog E* hat den Begriff des Einzelhandels wie folgt definiert: „Einzelhandel im funktionellen Sinne liegt vor, wenn Marktteilnehmer Güter, die sie i. d. R. nicht selber be- oder verarbeitet haben, von anderen Marktteilnehmern beschaffen und an private Haushalte absetzen" (Ausschuss für Definitionen zu Handel und Distribution 2006, S. 32). Gemeint sind also die Beschaffung und der Absatz von Handelswaren und sonstigen Leistungen an den Endverbraucher. In diesem Sinn kann Einzelhandel auch in volkswirtschaftlicher Hinsicht als ein Marktmittler zwischen Hersteller und Verbraucher (Konsument) verstanden werden.

Aus institutioneller Sicht umfasst der Einzelhandel alle Institutionen und Organisationen, die sich allgemein vornehmlich mit der o. g. Funktion beschäftigen. Der *Katalog E* definiert den Einzelhandel im institutionellen Sinne daher folgendermaßen: „Einzelhandel im institutionellen Sinne, auch als Einzelhandelsunternehmung, Einzelhandelsbetrieb oder Einzelhandlung bezeichnet, umfasst jene Institutionen, deren wirtschaftliche Tätigkeit ausschließlich oder überwiegend dem Einzelhandel im funktionellen Sinne zuzurechnen ist" (Ausschuss für Definitionen zu Handel und Distribution 2006, S. 32). Dabei kann der Einzelhandel unterschiedliche Betriebsformen annehmen, welche sich bedingt insbesondere durch die Branche, die im Sortiment geführte Ware, das Preisniveau, die Bedienungsform, die Fläche und den Standort unterscheiden (vgl. Ausschuss für Definitionen zu Handel und Distribution 2006, S. 29).

4.1.3 Der Lebensmitteleinzelhandel

Der Lebensmitteleinzelhandel ist die bedeutendste Subbranche und der größte Teilmarkt des Einzelhandels. Der Sammelbegriff Lebensmitteleinzelhandel bezeichnet Handelsunternehmen im Einzelhandel, deren Märkte oder Geschäfte ein überwiegend aus Lebensmitteln bestehendes Sortiment anbieten. Unter Lebensmittel versteht man „Stoffe, die dazu bestimmt sind, in unverändertem, zubereitetem oder verarbeitetem Zustand von Menschen verzehrt zu werden" (§ 1 des Lebensmittel- und Bedarfsgegenständegesetzes (LMBG) vom 08. August 2002). Hierunter fallen also alle Nahrungs- und Genussmittel. Branchenüblich werden zusätzlich jedoch auch nahrungsmittelnahe und weitere Waren insbesondere Güter des täglichen Bedarfs angeboten, z. B. Wasch-, Putz- und Reinigungsmittel. In der Branchenfachsprache wird hier zwischen food, near-food und non-food Artikeln unterschieden.

Aus institutioneller Sicht zählt zum Lebensmitteleinzelhandel insbesondere der stationäre Einzelhandel mit den Betriebsformen Verbrauchermarkt, Discounter, Supermarkt und Drogeriemarkt (vgl. Nielsen 2016, S. 12). Die funktionale Sicht des Lebensmitteleinzelhandels zielt auf die Handelsaktivität, im Zuge derer Ware an Endverbraucher verkauft werden. Der Verkauf umfasst dabei alle als Schnelldreher oder *Fast Moving Consumer Goods* (FMCG) bezeichneten Waren, zumeist geringpreisige Konsumgüter, welche einer hohen Nachfrage unterliegen und daher im Verkaufsregal schnell entnommen und wieder aus dem Warenlager ersetzt werden müssen. Dies wird fachsprachlich auch als Rotationsvorgang bezeichnet. Darunter fallen Güter des täglichen Bedarfs, vor allem Food-Produkte (z. B. Nahrungsmittel, alkoholfreie und alkoholische Getränke sowie Tabakwaren), aber auch Non-Food-Produkte (z. B. Körperpflegemittel und Kosmetik, Wasch-, Putz- und Reinigungsmittel, Papierhygiene und Heimtierbedarf) (vgl. Hompel und Heidenblut 2006, S. 1, S. 72, S. 204). Das inhaltliche Gegenstück zu den FMCG sind Langsamdreher, die sogenannten *Slow Moving Consumer Goods* (SMCG), somit eher höherpreisige Gebrauchsgüter mit einer längeren Lebensdauer. SMCG haben eine geringere Lagerumschlagsgeschwindigkeit und Verkaufsfrequenz, weil Bedarf und Absatzmengen insgesamt geringer sind. Hierzu gehören z. B. Möbel, Bekleidung und Elektroartikel (vgl. Hompel und Heidenblut 2006, S. 1, S. 214, S. 133). SMCG werden im Lebensmitteleinzelhandel klassischerweise nicht vertrieben.

4.2 Einzelhandel und einzelhandelsspezifische Berufsbildung in China

4.2.1 Sektoriale Rahmenbedingungen in China

Der Einzelhandel vertreibt Konsumgüter an Endverbraucher. Jedes Land verfügt zugleich auch über ein eigenes spezifisches Verständnis des Einzelhandels. Die chinaspezifischen Eigenschaften des Einzelhandels sollen im Folgenden erläutert werden.

Unter den Bedingungen der Planwirtschaft waren die chinesischen Einzelhandelstypen lange Zeit relativ gleichförmig und ihrer Vielfalt überschaubar, dominiert vor allem durch den ländlichen Markt (集货市场), die Versorgungs- und Vermarktungsgenossenschaften (供销合作社) in den Dörfern sowie Kaufhäuser (百货商店) und Lebensmittelgeschäfte (副食品商店) in den Städten.

Seit Mitte der 1990er-Jahre vollzieht sich in China jedoch ein grundlegender Wandel im Einzelhandel, welcher auch als Einzelhandelsrevolution (vgl. Li 2003a, S. 2–3) bezeichnet wird. Im Zuge dessen entstanden völlig neue Einzelhandelstypen und eine große Vielfalt, wodurch die bereits stattgefundenen Entwicklungen der Industriestaaten nachgeholt wurden (vgl. Li 2003a, S. 11–12).

4.2.1.1 Klassifizierung der Einzelhandelsformen in China

Für die Klassifizierung des Einzelhandels hat die Normungsverwaltung der Volksrepublik China (Standardization Administration of the People's Republic of China, SAC) im Jahr 2004 einen nationalen Standard vorgegeben, die *Classification of Retail Formats (GB/T 18106–2004).*

Mit dieser Norm wird der Einzelhandel gemäß der Struktur des Vertriebsweges, des Geschäftsmodells, der Produktstruktur, der Servicefunktion sowie der Standortwahl, des Geschäftskreises, der Größe der Ladeneinrichtungen, der Zielkunden und anderen Faktoren in zwei Geschäftsarten unterteilt: den stationären Einzelhandel (*Store-based Retailing*) und den nicht-stationären Einzelhandel (*Non-store Retailing*). Durch die rasante Entwicklung des Einzelhandels in China ist dieses Standardsystem jedoch noch ausbaufähig. So sind bspw. die Einstufungskriterien für den Einzelhandel nicht klar oder die Beschreibung für den Betriebstyp zu allgemein. Um die Klassifizierung des Einzelhandels für möglichst alle Einzelhandelsorganisationen zu ermöglichen, wird hier eine eigene Klassifizierung unter Verwendung eines erweiterten Standards vorgenommen (s. Tabelle 13). Dieser basiert auf der nationalen Standardklassifikation, ergänzt um die Einschätzung chinesischer Fachexperten (vgl. Li und Wang 2006). Wie dann in Tabelle 13 ersichtlich wird, kann Chinas Einzelhandelsbranche aus vier Blickwinkeln betrachtet werden: 1. stationärer Einzelhandel, 2. nicht-stationärer Einzelhandel, 3. Eigentümerart und 4. der Aggregationsgrad von Geschäften.

Tabelle 13: Einzelhandelsformen in China

[Eigene Darstellung basierend auf Standardization Administration of the People's Republic of China – SAC 2004; Li und Wang 2006, 126–145]

Stationärer Einzelhandel (*Store-based Retailing*)	
Lebensmitteleinzelhandel	Traditionelles Lebensmittelgeschäft, Convenience-Store, Discountgeschäft, Supermarkt, Hypermarkt, Lagerverkaufsverein
Allgemeiner Wareneinzelhandel	Kaufhaus, Fachgeschäft, Exklusives Geschäft, Einrichtungsgeschäft
Service-Einzelhandel	Post, Immobilien, Reiseleistungen, Reinigungsdienste, Fitnessprogramme, Catering
Nicht-stationärer Einzelhandel (*Non-Store Retailing*)	
Direktmarketing	Katalogmarketing, Direktes Mail-Marketing, Teleshopping, Television Shopping, Radio Marketing, Zeitungsmarketing, Online-Marketing
Direktverkauf	Einzelvorführungen, Partyplan, Multi-Level-Direktvertrieb
Andere Formen	Automatenverkauf, Gemeinsame Einkaufsgesellschaft

(Fortsetzung)

Tabelle 13: Fortsetzung

Eigentümerart (*Ownership Type*)	
Kette	Einzelunternehmenskette, Joint-Venture-Kette
Franchising	Gastronomie, Waren, Service
Freiwillige kooperative Gruppe	Auf Großhandelsebene, auf Einzelhandelsebene
Der Aggregationsgrad von Geschäften (*Store Gathering Grad*)	
Unabhängige Geschäfte	Stadtzentrum, Stadtrand
Geschäftsviertel	Zentraler Geschäftsbezirk, sekundärer Geschäftsbezirk, Nachbarschaft-Geschäftsviertel, Geschäftsstraße
Einkaufszentren	Community-basiertes Einkaufszentrum, regionales Einkaufszentrum, überregionales Einkaufszentrum, Factory-Outlet-Center

Die dritte und vierte Klassifizierung sind im internationalen Diskurs relativ selten. Nach der dritten Klassifizierung, der Eigentümerart, wird festlegt, dass der Einzelhandel in China die folgenden drei Formen umfasst: Kette (Chain连锁经营)[71], Franchising (特许经营)[72] und die sogenannte freiwillige kooperative Gruppe (Voluntary Cooperative Group自愿连锁).[73] Die drei Formen können sich innerhalb einer Unternehmenskette überschneiden und gleichzeitig existieren. Filialen können als Supermärkte, Convenience-Stores, Fachgeschäfte, Mehrzweckläden oder als andere Arten von Einzelhandelsgeschäften betrieben werden (vgl. Ministry of Internal Trade 1997, Art. 4 u. Art. 5). Die vierte Klassifizierung, der Aggregationsgrad von Geschäften, wird typischerweise nicht als ein Merkmal des Einzelhandelstyps verwendet, ist aber relevant bei

71 Alle Filialen einer Handelskette unterstehen einer Hauptverwaltung, die entweder vollständig die Filialen besitzt oder eine Mehrheitsbeteiligung an diesen hat. Außerdem werden alle Filialen einheitlich unter der direkten Leitung der Hauptverwaltung betrieben (vgl. Ministry of Internal Trade 1997, Art. 4).

72 Filialen im Franchisingmodell werden unabhängig betrieben, erwerben jedoch eine Lizenz des Zentralunternehmens zur Nutzung der Marke, des Handelsnamens, der Geschäftstechnologie und des Verkaufsgebiets und sind in Bezug auf ihren Betrieb stark von der Zentrale reguliert. Die Verwaltungsrechte sind in der Zentrale konzentriert (vgl. Ministry of Internal Trade 1997, Art. 4).

73 Die Filialen einer freiwilligen kooperativen Gruppe sind unabhängige juristische Personen, womit auch getrennte Vermögenswerte und Eigentumsrechte der einzelnen Filialen bestehen. Die Verkaufsstellen werden unter der Leitung der Hauptverwaltung gemeinsam verwaltet (vgl. Ministry of Internal Trade 1997, Art. 4).

der Auswahl eines Geschäftsstandorts (vgl. Levy et al. 2004, S. 271–280; Li und Wang 2006, S. 142). Auch weist der nationale Standard *Classification of Retail Formats (GB / T 18106-2004)* darauf hin, dass der Aggregationsgrad von Geschäften eine Divisionsmarke für die Art des Einzelhandels ist. Im Allgemeinen kann die Einzelhandelsform je nach Aggregationsgrad von Geschäften in drei Arten unterteilt werden: unabhängige Geschäfte (Independent Shops, 独立店),[74] Geschäftsviertel (Business Districts,商业区)[75] und Einkaufszentren (Shopping Center / Shopping Mall, 购物中心).[76]

Da die Unterscheidung in stationären und nicht-stationären Einzelhandel im internationalen Diskurs etabliert sind und auch im chinesischen Einzelhandel zur Definition herangezogen werden, werden sie in den folgenden Abschnitten 4.2.1.1.1 und 4.2.1.1.2 näher erläutert und für die Beschreibung der unterschiedlichen Geschäftstypen genutzt.

4.2.1.1.1 Stationärer Einzelhandel (Store-based Retailing)

Zur näheren Unterscheidung nach Art und Zweck kann der stationäre Einzelhandel in drei Formen unterteilt werden: Lebensmitteleinzelhandel (Food Retailing), allgemeiner Warenhandel (General Goods Retailing) und

74 Ein unabhängiges Geschäft ist ein unabhängiges Einzelhandelsgebäude in einer Fußgängerpassage oder Straße, in dessen Nähe es keine anderen konkurrierenden Einzelhändler gibt (vgl. Li und Wang 2006, S. 142).

75 Ein Geschäftsviertel ist eine Ansammlung von zwei oder mehr Geschäften, die einen Block einer bestimmten Länge bilden. Alle Geschäfte bilden gemeinsam einen Einkaufsort. Ein Geschäftsviertel kann je nach Größe in vier Typen unterteilt werden: Zentraler Geschäftsbezirk (Central Business District, 中心商业区), sekundärer Geschäftsbezirk (Secondary Business District, 次级商业区), Nachbarschaft-Geschäftsviertel (Neighborhood Business District, 邻里商业区) und Geschäftsstraße (String, 商业街) (vgl. Li und Wang 2006, S. 142–143).

76 Ein Einkaufszentrum ist ein kommerzieller Komplex, also eine räumliche und organisatorische Konzentration von Einzelhandelsgeschäften und Dienstleistungsbetrieben unterschiedlicher Branchen. Er konzentriert sich im Allgemeinen auf ein Gebäude oder ein Gebiet und stellt den Verbrauchern eine kommerzielle Sammlung integrierter Dienstleistungen zur Verfügung. Nach dem nationalem Standard werden Einkaufszentren in drei Arten unterteilt: Community-basierte Einkaufszentrum (Community Shopping Center, 社区购物中心), regionales Einkaufszentrum (Regional Shopping Center, 市区购物中心), überregionales Einkaufszentrum (Superregional Shopping Center, 城郊购物中心) und Factory Outlet Center (工厂直销中心) (vgl. Li und Wang 2006, S. 143–145; Standardization Administration of the People's Republic of China – SAC 2004, 4.1.11 u. 4.1.12).

Service-Einzelhandel (Service Retailing) (vgl. Levy et al. 2004, S. 28–42; Berman und Evans 2002, S. 119–142). Diese Differenzierung findet auch in China Verwendung (vgl. Li und Wang 2006, S. 126). Der weiterführende Teil befasst sich detailliert mit den häufigsten und bekanntesten Betriebstypen im stationären Einzelhandel in China.

Ausgewählte stationäre Betriebstypen im Lebensmitteleinzelhandel:

Traditionelles Lebensmittelgeschäft (Traditional Grocery Store, 食杂店)
Im Lebensmittelgeschäft werden hauptsächlich Haushaltsmittel, Zigaretten, Wein, Getränke und Snacks verkauft, ähnlich wie in einem Kiosk in Deutschland. Es handelt sich um ein unabhängiges, traditionelles Einzelhandelsformat ohne erkennbares Markenimage. Dieser Betriebstyp ist ein eher kleinflächiges Einzelhandelsgeschäft (kleiner als 100 qm) mit begrenztem Sortiment des täglichen Bedarfs bis hin zur Gastronomie. Diese Lebensmittelgeschäfte befinden sich im Wesentlichen in Wohngebieten oder in traditionellen Geschäftsvierteln. (Vgl. Standardization Administration of the People's Republic of China – SAC 2004, 4.1.1)

Convenience-Store (便利店)
Ein Convenience-Store ist ein ebenfalls eher kleinflächiges Einzelhandelsgeschäft (kleiner als 100 qm), das für mehr als 16 Stunden geöffnet ist. Convenience-Stores bieten Verbrauchern somit einen annähern den Rund-um-die-Uhr-Einkaufsservice. Dieser Betriebstyp bietet eine Reihe von Alltagsgegenständen wie Lebensmittel zum schnellen Verzehr, Snacks, Süßwaren, Softdrinks, Tabakwaren, rezeptfreie Medikamente, Toilettenartikel, Zeitungen und Zeitschriften. Diese Art von Geschäft befindet sich hauptsächlich im zentralen Bereich von Städten, also an Hauptstraßen und öffentlichen Plätzen wie Bahnhöfen, Krankenhäusern und Schulen, an Veranstaltungsorten, Bürogebäuden, Tankstellen usw. (vgl. Standardization Administration of the People's Republic of China – SAC 2004, 4.1.2). Beispiele für diese Betriebsform in China sind die Ladenketten *Easy Joy* der *Sinopec Group* (易捷), *7-Eleven* und *C-Store* (喜士多).

Discountgeschäft (Discount Store, 折扣店)
Die Standarddefinition von Discountern in China entspricht nicht der internationalen Praxis (s. Abschnitt 4.3.1.1.1). In China ist der Discounter ein kleines Supermarktformat (kleiner als 100 qm) mit einfacher Dekoration, begrenztem Service und niedrigem Preis. Im Sortiment befinden sich weniger als 2.000 Artikel, wobei die Eigenmarken wichtige Rollen spielen. Discounter werden

hauptsächlich in Wohngebieten, Transportgebieten und anderen Gebieten betrieben, in denen Mieten relativ günstig sind (vgl. Standardization Administration of the People's Republic of China – SAC 2004, 4.1.3).

Supermarkt (Supermarket, 超级市场)
Ein Supermarkt ist ein Einzelhandelsgeschäft, das eine offene Verkaufsfläche, zentralisierte Zahlung sowie Selbstbedienung anbietet. Dieses Einzelhandelsformat erfüllt die Bedürfnisse der Konsumenten in ihrem täglichen Leben. Entsprechend der unterschiedlichen Produktstruktur kann zwischen Lebensmittel-Supermärkten und allgemeinen Supermärkten unterschieden werden. Nach dem nationalen Standard verfügt ein Supermarkt über eine maximale Verkaufsfläche von 6.000 qm und wird primär in städtischen Gebieten und Geschäftszentrenbetrieben platziert (vgl. Standardization Administration of the People's Republic of China – SAC 2004, 4.1.4). Beispiele für diese Betriebsform sind *China Resources Vanguard* (华润万佳), *RT-Mart* (大润发) und *Yonghui Superstores* (永辉超市).

Hypermarkt (Hypermarket, 大型超市)
Ein Hypermarkt bezieht sich auf ein Einzelhandelsgeschäft mit einer Verkaufsfläche von mehr als 6.000 qm und einer vollständigen Produktpalette. Entsprechend der Struktur des Sortiments gibt es zwei Arten: Hypermärkte mit Nahrungsmitteln als Hauptgeschäft oder Hypermärkte für den täglichen Bedarf (bzw. Konsumgut, Haushaltswaren) als Kerngeschäft. Vergleichbar mit dem Supermarkt wird auch hier eine offene Verkaufsfläche, Selbstbedienung und zentralisierte Zahlung angeboten. Zusätzlich besteht die Vorgabe, dass ein Parkplatz von mindestens 40 % des Geschäftsbereichs angeboten wird (vgl. Standardization Administration of the People's Republic of China – SAC 2004, 4.1.5). Beispiele für diese Betriebsform sind *Lianhua Supermarket* (联华超市), *Carrefour* und *Wal-Mart* (China).

Lagerverkaufsverein (Warehouse Club, 仓储会员商店)
Hierbei handelt es sich um eine Mischform des Groß- und Einzelhandels. Die Betriebe mit einer Verkaufsfläche von mehr als 6.000 qm und einem Sortimentumfang von ca. 4000 Artikeln, stehen dabei ausschließlich (zahlenden) Mitgliedern offen. Gekennzeichnet durch begrenzte Dienstleistungen, preisgünstige Waren und ein integriertes Lager und Verkaufsfläche, kann diese Betriebsform auch als ein Großflächen-Discounter bezeichnet werden. Eine Betriebstätte muss einen Parkplatz in der Größe des Geschäftsbereichs haben (vgl. Standardization Administration of the People's Republic of China – SAC 2004, 4.1.6). Beispiele für diese Betriebsform sind *der städtische und ländliche*

Lagersupermarkt (城乡仓储超市) in Beijing und *Zhongbai Warehouse Supermarkt* (中百仓储超市) in Wuhan.

Ausgewählte stationäre Betriebstypen im allgemeinen Warenhandel:

Kaufhaus (Department Store, 百货商店)
Ein Kaufhaus ist durch ein breites Warenangebot gekennzeichnet, welches eine produkt- und servicebezogene Aufgliederung in mehrere Abteilungen (Departments) an einem Standort unter einheitlicher Geschäftsführung aufweist. Dieses Einzelhandelsformat fokussiert sich dabei auf ein breites Angebot an Bekleidungs- und Modeartikeln. Ein Kaufhaus ist ein größerer Einzelhandelsbetrieb (ca. 6.000–20.000 qm), der vorrangig in städtischen Geschäftszentren und kommerziellen Agglomerationsstandorten angesiedelt ist (vgl. Standardization Administration of the People's Republic of China – SAC 2004, 4.1.7). Der wirtschaftlichen und gesellschaftlichen Entwicklung folgend, können hierbei Anpassungen von Geschäftsmodell und Produktangebot beobachtet werden. Dies betrifft zum einen die Angebotsdiversifizierung: Neben dem Warenverkauf werden zunehmend verschiedene Dienstleistungsangebote, wie Coffeeshops, Gastronomiebereiche, Unterhaltungsangebote und Spielhallen, Tanzsäle, Ausstellungshallen, Parkhäuser, Lounges oder Telefonräume integriert. Zum anderen werden neue Geschäftsformen erprobt, etwa durch ein ergänzendes Großhandelsgeschäft und Formen der Preisdifferenzierung (ein nach der Zahlungsbereitschaft der Kunden gegliedertes Produktangebot). Beispiele für diese Betriebsform sind der *Beijing Wangfujing Department Store* (北京王府井百货商店) und der *Rainbow Department Store* (天虹百货).

Fachgeschäft (Specialty Store, 专业商店)
Das Fachgeschäft ist ein Einzelhandelsformat, das auf eine Warenkategorie spezialisiert ist. Beispiele hierfür sind Bürofachgeschäfte, Spielwarenläden, Fachgeschäfte für Hausgeräte, Drogeriemärkte oder Bekleidungsgeschäfte. Die meisten Fachgeschäfte befinden sich in Geschäftsvierteln, Einkaufszentren oder Kaufhäusern. Der Geschäftsbereich wird durch die Eigenschaften der Hauptprodukte bestimmt. Das Verkaufspersonal muss daher über eine vergleichsweise hohe Expertise verfügen. (Vgl. Standardization Administration of the People's Republic of China – SAC 2004, 4.1.8)

Exklusives Geschäft (Exclusive Shop, 专卖店)
Exklusive Geschäfte sind Einzelhandelsunternehmen, die sich auf den Vertrieb einer bestimmten Hersteller- oder Handelsmarke spezialisiert haben. Zumeist handelt sich dabei um Ladenketten, die entweder selbst durch das abstammende Markenunternehmen betrieben werden oder als Franchisesystem organisiert

sind und daher über ein vergleichsweise einheitliches Produktangebot und Filialkonzept verfügen. Diese Geschäfte befinden sich überwiegend in Geschäftsvierteln, Einkaufszentren oder Kaufhäusern. Das Geschäftsgebiet wird durch die Eigenschaften der gehandhabten Waren (z. B. Modeartikel, Bekleidung, Unterhaltungselektronik oder Möbel) bestimmt. Die Marken- und Produktreputation bestimmt dabei maßgeblich über den Geschäftserfolg. Das Verkaufspersonal muss oftmals über eine große Produktexpertise verfügen. Teilweise werden ergänzende Serviceleistungen (z. B. Reparaturdienste) angeboten. (Vgl. Standardization Administration of the People's Republic of China – SAC 2004, 4.1.9)

Service-Einzelhandel (服务零售)

Service-Einzelhandelsunternehmen fokussieren sich auf den Handel zwischen einem Unternehmen (oder einer Einzelperson) und einem Endverbraucher. Bei diesem Handel kauft der Verbraucher keine materielle Ware, sondern eine immaterielle Dienstleistung (vgl. Berman und Evans 2002, S. 139–147). Beispiele für diese Dienstleistungen sind Post- / Lieferdienste, Immobilienmaklerdienste, Reisebüros, Reinigungsdienste, Fitness-Programme oder Catering (vgl. Levy et al. 2004, S. 40; Li und Wang 2006, S. 134).

4.2.1.1.2 Nicht-stationärer Einzelhandel (Non-Store Retailing)

Gemäß des nationalen Standards in China ist der nicht-stationäre Einzelhandel jede Verkaufsform, welche nicht über ein lokales Geschäft vollzogen wird, sondern die Ware vom Hersteller oder Händler direkt an den Verbraucher vertreibt (vgl. Standardization Administration of the People's Republic of China – SAC 2004). Unterschieden wird dabei zwischen Direktmarketing (Direct Marketing), Direktverkauf (Direct Selling) sowie anderen Formen (bspw. automatischer Maschinenverkauf) (vgl. Berman und Evans 2002, S. 139–147; Li und Wang 2006, S. 135).

Der Vertrieb im Direktmarketing schließt alle medienbasierten Kundenkontakte ein (u. a. reine Onlineshops, Katalogversandhandel, Teleshopping) (vgl. Li und Wang 2006, S. 135). Der Direktverkauf umfasst Verkäufe über Einzelvorführungen (One to One,一对一直销), Partyplan (Party Plan System, 聚会直销) und andere persönliche Kontaktvereinbarungen sowie den Multi-Level-Direktvertrieb (Multilevel Direct Selling, 多层直销) (vgl. Li und Wang 2006, S. 138). Der Onlinehandel sticht dabei als die mit Abstand bedeutendste Form des nicht-stationären Einzelhandels hervor. Das Marktgeschehen in diesem dynamisch wachsenden Segment wird dabei von den zwei großen Plattformen *Taobao* (淘宝) des Alibaba Konzerns und *JD.com* (京东) dominiert.

4.2.1.2 Wirtschaftlicher Status quo

Der Einzelhandel ist aktuell einer der bedeutendsten Wirtschaftszweige in China. Im Jahr 2015 waren ca. 36 % des chinesischen BIP auf den Einzelhandel zurückzuführen (World Bank 2018; National Bureau of Statistics of China 2017, Abschnitt 15-4).

Chinas Einzelhandelssektor befindet sich in einem Wandel. Reduziertes Wirtschaftswachstum, steigende Betriebskosten, intensiver Wettbewerb und sich ändernde Verbraucherbedürfnisse stellen die Einzelhändler vor unternehmerische Herausforderungen. Gleichzeitig verändern neue Technologien und neuartige Geschäftsmodelle die Einzelhandelslandschaft.

In China existieren bislang keine einheitlichen statistischen Erhebungen zum Einzelhandel. Um dennoch einen Überblick geben zu können, wurden für die nachfolgende Untersuchung der Branche drei verschiedene Datenquellen betrachtet und kombiniert: Der *China retail industry development report 2016–2017* des Handelsministeriums der Volksrepublik China *(Chinese Ministry of Commerce,* MOFCOM); das *China Statistical Yearbook* des Staatlichen Amts für Statistik der Volksrepublik China (*National Bureau of Statistics of China,* NBS) sowie die Herausgabe *Investigation on basic situation of Retail industry and China Top 100 Chain Retailers 2016 (List of China Top 100 Chain Retailers 2016)* des chinesischen Branchenverbands *China Chain Store & Franchise Association.* Darüber hinaus existieren weitere Studien von anderen Akteuren (bspw. des *Fung Business Intelligence Center* oder der Unternehmensberatung *Deloitte*), welche kein grundsätzlich anderes Bild vermitteln, jedoch andere Abgrenzungsmerkmale (z. B. Sektoren, Regionen) verwenden und daher aus Gründen der Komplexitätsreduktion nicht eingeflossen sind.

Gesamtgröße des Einzelhandels

Statistiken des Handelsministeriums

Der am 3. Juli 2017 veröffentlichte *China Retail Industry Development Report 2016–2017* des Handelsministeriums der Volksrepublik China stellt die Entwicklung des chinesischen Einzelhandels im Jahr 2016 umfassend dar. Hierbei wird auch das Umfeld der Industrieentwicklung analysiert, auf Probleme in der Branche hingewiesen und der zukünftige Entwicklungstrend eingeschätzt. Der Bericht kommt hierbei zu der folgenden Einschätzung:

Im Jahr 2016 ist die Anzahl der im Einzelhandel tätigen Unternehmen in China auf hoher Basis weiter leicht gewachsen. Die Anzahl der Kapitalgesellschaften im Einzelhandel stieg deutlich. Zu Ende 2016 gab es in China ca. 18,19 Mio. im Einzelhandel tätige Unternehmen. Dies entspricht einem Anstieg von 5,2 % gegenüber dem Vorjahr. Im Vergleich dazu betrug die Anzahl der Kapitalgesellschaften 2,45 Mio., was einer Steigerung von 28 % gegenüber dem Vorjahr entspricht. Die Anzahl der Kapitalgesellschaften macht 13,5 % aller Einzelhandelsunternehmen aus. Die Anzahl der einzelnen Personengesellschaften, die im Einzelhandel tätig sind, betrug im Jahr 2016 15,67 Mio., dies sind 2,4 % mehr, als im Vorjahr und entspricht 86,5 % aller Einzelhandelsunternehmen. (Vgl. Ministry of Commerce of the People's Republic of China – MOFCOM 2017, S. 1–2)

Statistiken des Statistikamtes

Das nationale Statistikamt verfügt nur über Statistiken für einen Teil der Einzelhandelsunternehmen: Die registrierten Einzelhandelsunternehmen über ausgewiesener Größe[77] (限额以上零售业的法人企业); Selbstständige im Einzelhandel (个体经营户); Unternehmensketten (零售连锁集团); große Rohstoffhandelsmärkte mit einem Umsatz von mehr als hundert Mio. Yuan (成交额在亿元以上的商品交易市场); Körperschaften, wirtschaftlich aktive Einrichtungen und Selbstständige, die im Einzelhandel tätig sind; sowie Erbringer von Catering-Dienstleistungen (vgl. National Bureau of Statistics of China 2017, Abschnitt 15). Hierbei zeigt sich ein wesentlicher Unterschied zur Erhebung des Handelsministeriums, da im Statistischen Jahrbuch des Statistikamtes die hohe Anzahl kleiner und Kleinstunternehmen nicht erfasst wird. Die nachfolgende Tabelle 14 stellt die Entwicklung des Einzelhandels von 2012 bis 2016 gemäß des Statistikamts dar. Im Jahr 2016 waren in China demnach insgesamt rund sieben Mio. Beschäftigte in 98.305 Einzelhandelsunternehmen tätig. Im selben Jahr verfügten die Einzelhandelsunternehmen in China insgesamt über rund 335,05 Mio. qm Verkaufsfläche. Die Einzelhandelsumsätze stiegen im Jahresvergleich nominal um 10,82 % auf 12,66 Bio. Yuan im Jahr 2016 (National Bureau of Statistics of China 2017, Abschnitt 15-4).

77 Unternehmen über ausgewiesener Größe – diese Bezeichnung bezieht sich auf Unternehmen mit jährlichen Hauptgeschäftsumsätzen von mehr als 5 Mio. Yuan (ca. 650.000 EUR) und einer Mitarbeiterstärke von mehr als 60 Beschäftigten (vgl. National Bureau of Statistics of China 2017, Abschnitt 15). Somit sind sie nach dem Institut für Mittelstandsforschung äquivalent zu kleinen oder mittleren Unternehmen in der EU (vgl. https://www.ifm-bonn.org/definitionen/kmu-definition-der-eu-kommission/).

Tabelle 14: Grundlegende Bedingungen des Einzelhandels (China)
[National Bureau of Statistics of China 2017, Abschnitt 15–1]

Item (Einzelhandel)	2012	2013	2014	2015	2016
Anzahl Unternehmen (Betriebe)	65.921	80.366	87.652	91.258	98.305
Beschäftigte am Jahresende (in 1.000 Mitarbeitern)	5.752	6.553	6.819	6.828	6.977
Kosten der Beschaffung (in 1 Mrd. Yuan)	7.402,8	8.601,46	9.651,18	9.853,27	10.889,05
Importe (in Mrd. Yuan)	223,6	254,59	311,63	269,40	324,97
Umsätze (in Mrd. Yuan)	8.344,13	9.848,73	11.064,14	11.425,53	12.661,23
Exporte (in Mrd. Yuan)	6,5	4,98	10,45	8,81	11,59
Wert des Warenbestands zum Jahresende (in Mrd. Yuan)	773,54	916,13	1.204,29	1.121,32	1.109,29
Verkaufsfläche zum Jahresende (in 1.000 m^2)	251.349	288.275	312.558	326.513	339.053
a) Der Umfang des Einzelhandels umfasst Einzelhandelsunternehmen über ausgewiesener Größe. b) Für die Bestimmung der Größe wurde der Indikator auf der Grundlage von Erträgen aus dem Hauptgeschäft ermittelt.					

Beschäftigungsstruktur im Einzelhandel

Der Einzelhandel ist eine Branche mit ausdifferenzierten, komplexen Strukturen. Entsprechend vielfältig sind die Anforderungen an die im Einzelhandel tätigen Fachkräfte, welches sich u. a. in unterschiedlichen Kompetenz- und Bildungsniveaus, Wissensstrukturen, verschiedenen Altersstufen und körperlichen Anforderungen widerspiegelt. Zugrunde liegt hierbei ein umfassender mehrstufiger Wertschöpfungsprozess, welcher Tätigkeiten auf sehr unterschiedlichen Ebenen einschließt, u. a. in Forschung, Design, Herstellung, Logistik, Marketing, Vertrieb und After-Sales-Service. Im engeren Sinne bezieht sich der Einzelhandel Chinas als Dienstleistungsbranche dabei primär auf Transport- und Verkaufsaktivitäten und den Kundendienst. Hierbei dominieren traditionell einfache Tätigkeiten, daher verfügt der überwiegende Teil der Beschäftigten im Einzelhandel nur über ein niedriges oder mittleres Bildungsniveau. Der Anteil der Akademiker ist entsprechend gering (vgl. IP02-BP-2016, Position 70–72).

Stationäre Betriebstypen

Laut den Ergebnissen der *Untersuchung der Basissituation des Einzelhandels und der China Top 100 Chain Retailers 2016* der *China Chain Store & Franchise Association* betrug das Verkaufsvolumen der einhundert größten Filialisten zusammengenommen 2,1 Bio. Yuan, ein Anstieg von 3,5 % gegenüber dem Vorjahr. Diese 100 größten Einzelhandelsunternehmen verwalten in Summe mehr als 11.000 Supermärkte und Hypermärkte, 71.000 Convenience-Stores, 1.200 Kaufhäuser und Einkaufszentren, 22.000 Fachgeschäfte sowie über 9.000 Restaurants und andere Geschäfte. Das Umsatzwachstum der verschiedenen Geschäftstypen ist dabei sehr unterschiedlich: Convenience-Stores wiesen mit 16,7 % das höchste Wachstum auf. Fachgeschäfte erreichten einen Zuwachs von 6,5 %, Einkaufszentren, Supermärkte und Hypermärkte wuchsen um 1,6 respektive 1,5 %. Kaufhäuser verzeichneten hingegen einen Umsatzrückgang von -2,5 %. (Vgl. China Chain Store & Franchise Association 2017)

Es folgt eine kurze Übersicht über die wirtschaftliche Entwicklung der wichtigsten Geschäftstypen:

Kaufhaus (Department store, 百货店)

Nach Angaben des nationalen Statistikamtes verfügten im Jahr 2016 in China 107 Kaufhausketten über 263.000 Mitarbeiter und 4.987 Niederlassungen auf einer Gesamtfläche von 27,379 Mio. qm. Erwirtschaftet wurde ein Umsatz von 389,65 Mrd. Yuan (National Bureau of Statistics of China 2017, Abschnitt 15-7).

Chinas Warenhaussektor wird von inländischen Unternehmen dominiert. Gemäß der *China Chain Store & Franchise Association* sind die zehn größten Kaufhausbetreiber ausschließlich inländisch (s. Abbildung 15). Die in Beijing ansässige *Wangfujing Group* (王府井) ist gemessen am Bruttoumsatz (2016) die größte Kaufhausgruppe Chinas. Im Jahr 2016 wurden 52 große Kaufhäuser in China neu eröffnet. (Vgl. China Chain Store & Franchise Association 2017, S. 5)

Abbildung 15: Führende Kaufhausbetreiber in China im Jahr 2016 nach Umsatz (in Millionen Yuan)

[vgl. China Chain Store & Franchise Association 2017, S. 5]

Hypermarkt und Supermarkt (Hypermarket and supermarket, 超市)

In den späten 1980er-Jahren wurde Chinas erster Supermarkt, der *Meijia Supermarket*, in Guangdong eröffnet. Wenig später folgte der *Hualian Supermarkt* in Shanghai, welcher die Etablierung der chinesischen Supermärkte einleitete. Nach den vom Nationalen Statistikamt der Volksrepublik China veröffentlichten Zahlen gab es 2016 399 inländische Supermarkt-Unternehmenszentralen. Die Anzahl der Geschäfte umfasste 33.372, die Anzahl der Mitarbeiter 420.000, die Gesamtgeschäftsfläche 19,18 Mio. qm und der Warenumsatz betrug 306,72 Mrd. Yuan. Darüber hinaus entwickelten sich auch die Hypermärkte rasant: 2016 gab es 166 Unternehmen mit insgesamt 8452 Filialen, 535.000 Mitarbeitern, einer Gesamtgeschäftsfläche von 37,622 Mio. qm und einem Warenumsatz von 510,8 Mrd. Yuan. (National Bureau of Statistics of China 2017, Abschnitt 15-7)

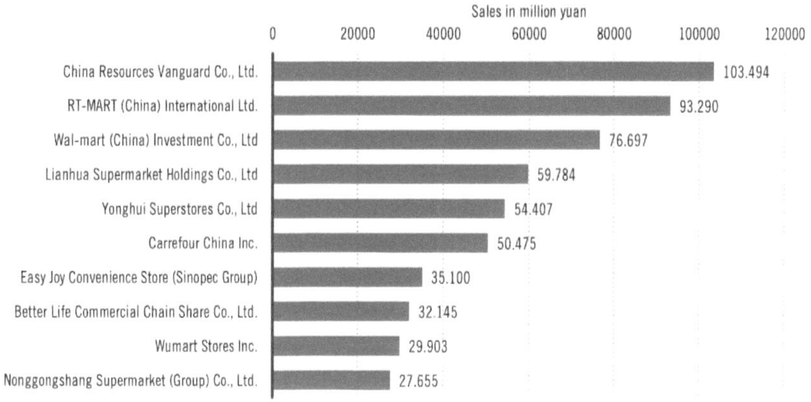

Abbildung 16: Top 10 FMCG Player in China in 2015, nach Umsatz (in Millionen Yuan)
[vgl. China Chain Store & Franchise Association 2017, S. 3]

Abbildung 16 zeigt die zehn umsatzstärksten Fast-Moving-Consumer-Goods (FMCG)-Betreiber im Jahr 2016. Die meisten hiervon sind dabei im Hypermarkt- und Supermarktgeschäft tätig. An der Spitze der Liste in dieser Kategorie steht *China Resources Vanguard* (华润万家), gefolgt von *RT-Mart* (大润发), *Wal-Mart* (China), *Lianhua Supermarket* (联华超市) und *Yonghui Superstores* (永辉超市).

Convenience-Store (便利店)

Convenience-Stores waren in den letzten Jahren das am schnellsten wachsende Einzelhandelsformat in China. Gemäß den vom Nationalen Statistikamt der Volksrepublik China veröffentlichten Zahlen gab es 2016 100 Unternehmen mit insgesamt 18.588 Filialen, 84.000 Mitarbeitern, einer Gesamtfläche von 1,622 Mio. qm und einem Warenumsatz von 42,24 Mrd. Yuan (vgl. National Bureau of Statistics of China 2017, Abschnitt 15-7). Nach Angaben der *China Chain Store & Franchise Association* ist das größte Unternehmen mit den meisten Filialen als Convenience-Store in China die Kette *Sinopec Group (Easy Joy)* (中石化易捷销售有限公司). (Vgl. China Chain Store & Franchise Association 2017, S. 6)

Führende Einzelhandelskettenbetreiber in China

Abbildung 17 zeigt die zehn größten Einzelhandelskettenbetreiber nach Umsätzen im Jahr 2016. Dominierend sind hierbei die *Suning Commerce Group* (苏宁云商集团股份有限公司) mit einem Gesamtumsatz von 173,5 Mrd. Yuan an der Spitze, gefolgt von der *Gome Electrical Appliances Gruppe* (vgl. China Chain Store & Franchise Association 2017, S. 1).

Nach der Öffnung des Binnenhandels im Zuge des WTO-Beitritts etablierten sich ab 2002 auch ausländische Einzelhandelsunternehmen in China. Die wichtigsten Anbieter ausländischer Einzelhandelskettenbetreiber in China sind die *Sun Art Retail Group und Wal-Mart* (vgl. China Chain Store & Franchise Association 2017, S. 8).

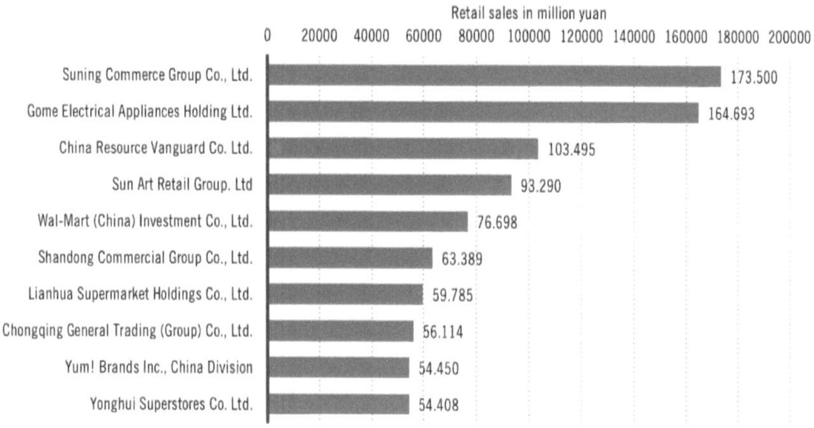

Abbildung 17: Führende Einzelhandelskettenbetreiber in China im Jahr 2016 nach Einzelhandelsumsätzen (in Millionen Yuan)
[vgl. China Chain Store & Franchise Association 2017, S. 1]

Onlinehandel

China zählt aufgrund der hohen Akzeptanz technischer Neuerungen wie auch der Bevölkerungs- und Marktgröße zu den wichtigsten Märkten für Onlinehandel weltweit. Nach einem anfänglichen sprunghaften Wachstum haben sich die Wachstumsraten inzwischen auf einem hohen Niveau stabilisiert.

Laut dem Nationalen Statistikamt der Volksrepublik China erzielte der Online-Einzelhandel 2016 einen Gesamtumsatz von 5,16 Bio. Yuan (ca. 670 Mrd. Euro), ein Anstieg von 26,2 % gegenüber dem Vorjahr. Die Wachstumsrate fiel damit um 7,1 Prozentpunkte niedriger aus als im Vorjahr. Der Online-Handel mit materiellen Gütern stieg um 25,6 % auf einen Wert von 4,19 Bio. Yuan an, was 12,6 % des gesamten Einzelhandelsumsatzes von Konsumgütern entspricht (vgl. Ministry of Commerce of the People's Republic of China - MOFCOM 2017, S. 5–6). Andere Quellen beziffern den Umsatz des Onlinehandels sogar auf 7,18 Bio. Yuan (vgl. China Internet Network Information Center - CNNIC 2018, S. 49).

Der größte Anbieter ist hierbei das Unternehmen *Alibaba.*[78] Dieses setzte im Geschäftsjahr 2017 rund 158,3 Mrd. Yuan um. Von diesem Umsatz wurden etwa 76 % durch den Binnenhandel in China erzielt (vgl. Alibaba Group 2018, S. 18–20).

4.2.1.3 Neue Entwicklungen und Schlüsseltrends

Der Einzelhandel im China verändert sich aktuell stark. Insbesondere neue technische Möglichkeiten spielen hierbei eine große Rolle. In diesem Bezug spricht man auch vom neuen Einzelhandel (New Retail oder Smart Retail). Im Folgenden werden einige der aktuellen Entwicklungen zusammengefasst und es wird versucht, diese mit Beispielen zu unterlegen. Die hier vorgestellten fünf Entwicklungstrends orientieren sich dabei am *China retail industry development report 2016–2017.*

Neue Formen der Online-Offline-Integration

Der traditionelle Einzelhandel hat in den letzten Jahren zunehmend starke Konkurrenz durch den Online-Handel erhalten. Die Daten der letzten zwei Jahre deuten jedoch darauf hin, dass sich diese Entwicklung nicht ungebremst fortsetzt und der E-Commerce-Markt zunehmend gesättigt ist (vgl. Ministry of Commerce of the People's Republic of China - MOFCOM 2017, S. 19). Die Art,

---

78 Die *Alibaba*-Gruppe - ein Unternehmen mit Sitz in Hangzhou, China - ist der größte E-Commerce-Anbieter Chinas. Das Unternehmen ist in unterschiedliche Firmenzweige untergliedert, die spezifische Marktsegmente bedienen: *Alibaba.com* (Business-to-Business-Handelsplattform), *AliExpress* (Business-to-Customer-Handelsplattform), *Taobao* und *Tmall.com* (Online-Auktionshaus nach dem Vorbild *eBay*), *Ant Financial* (Finanzdienstleistungen), *Alipay* (ein mit PayPal vergleichbares Online-Bezahlsystem), *AliYun* (Web-Service für Cloud Computing und Data Management), *1688.com* (regionale chinesische Business-to-Business-Handelsplattform), *juhuasuan.com* (Rabatt-Angebot Website), *amap.com* (Online-Kartendienst, angeboten von AutoNavi), *Alibaba Pictures Group* (Filmproduzenten und -investoren) und *Alibaba Cloud* (Cloud-Computing-Anbieter).

wie sich Konsumenten informieren, wie diese erreicht werden können und wie eingekauft wird, hat sich indes bereits stark verändert. Angesichts dieser Veränderungen bewegen sich der physische Einzelhandel und der Online-Handel allmählich auf eine Integration und Kooperation hin. Immer mehr physische Geschäfte haben erkannt, wie wichtig es ist, strategische Allianzen mit Internetunternehmen oder großen E-Commerce-Unternehmen einzugehen, um wettbewerbsfähig zu bleiben. Im zukünftigen Einzelhandelsmarkt, der von Technologien wie dem Internet, dem *Internet der Dinge*, *künstlicher Intelligenz* und *Big Data* angetrieben wird, wird die digitale Technologie die virtuelle Realität tief in die Realität integrieren. Zugleich bemerken auch die Onlinehändler, dass stationäre Geschäfte notwendig sind, insbesondere um weitere Geschäftsbereiche zu erschließen und mehr Kundenservice anzubieten. (Vgl. Ministry of Commerce of the People's Republic of China – MOFCOM 2017, S. 19–20)

Beispiel 1: Der *Rainbow Department Store* eröffnete im Januar 2017 den ersten *Sp@ce*-Supermarkt in Shenzhen. Früher ein gewöhnlicher Supermarkt wurde das Geschäft vollständig umgebaut, um nun eine völlig neue Einkaufs- und Dienstleistungserfahrung zu bieten. Als neues Supermarktformat können Verbraucher mit Rainbows offizieller App *Rainbow Scarf* ihre Produkte online kaufen und innerhalb von zwei Stunden über den Service *Rainbow Daojia* direkt nach Hause liefern lassen. *Sp@ce* unterstützt auch die Funktion Self-Check-out; Kunden können per App oder Handy mit *Wechat Pay*, *Alipay* und per Kreditkarte bezahlen, da an den Schaltern auch Kartenautomaten zur Verfügung stehen. Zugleich setzt man auf exklusive Produkte aus der ganzen Welt, mehr frische Lebensmittel und bietet auch ein Restaurant und Catering-Service an. *Rainbow* plant, in den kommenden drei Jahren 100–150 *Sp@ce*-Supermärkte zu eröffnen. (Vgl. Ministry of Commerce of the People's Republic of China – MOFCOM et al. 2018, S. 25)

Beispiel 2: Im Februar 2017 kündigte die zuvor nur im Online-Geschäft tätige *Jingdong Gruppe* (JD.com) an, im Laufe des Jahres landesweit 10.000 eigene Haushaltsgerätegeschäfte zu eröffnen.

Trend zur Diversifizierung

Die Einzelhandelsbranche wird sich aller Voraussicht nach weiter in Richtung Multiformat entwickeln (vgl. Ministry of Commerce of the People's Republic of China – MOFCOM 2017, S. 20). Vor allem Warenhausbetreiber aus dem stationären Einzelhandel versuchen immer mehr, ihren Geschäftsumfang zu erweitern und sich an format- und sektorübergreifenden Aktivitäten zu beteiligen, um sich an die sich ändernde Marktnachfrage, bzw. die Bedürfnisse der

Verbraucher, anzupassen (vgl. Ministry of Commerce of the People's Republic of China - MOFCOM et al. 2018, S. 20–21).

Beispiel: Die *Wangfujing Group* startete ursprünglich als Einkaufszentrum, jetzt gibt es nicht nur eigene Einkaufszentren, sondern u. a. auch eigene Convenience-Stores (bspw. *Wangfujing I Believe*), Supermärkte (bspw. *Wangfujing Sofly, Guan Park, Wangfujing Jixuan* Supermarkt) und Outlets (vgl. Ministry of Commerce of the People's Republic of China - MOFCOM et al. 2018, S. 21).

Soziale und szenische Schemata als Mainstream

Im Zeitalter des Internets ist die Wirkung der einseitigen werbeorientierten Kommunikation rückläufig. Reputation und Vertrauen sind zu wichtigen Faktoren geworden, damit Einzelhandelsmarken von den Verbrauchern wahrgenommen werden. Einzelhandelsunternehmen nutzen vermehrt soziale Medien für Werbung, persönliche Kundenansprache, Verkäufe, Service und andere Dienstleistungen. Durch die hochfrequente Interaktion mit Verbrauchern und Verbrauchergruppen verbessern sie ihre Reputation und Kundenbindung, verstehen Probleme und Bedürfnisse des Konsumenten besser und schneller und können auf dieser Grundlage informiert handeln. (Ministry of Commerce of the People's Republic of China - MOFCOM 2017, S. 21)

Schnelle und intelligente Lieferketten

Als Bindeglied zwischen Produktion und Konsum haben die traditionellen Einzelhandelsunternehmen eine hohe Abhängigkeit von ihren Lieferanten und wenig Einblick und Kontrolle auf die Lieferkette. Insbesondere führen Ungleichheiten zwischen Angebot und Nachfrage zu Problemen wie hohem Lagerbestand oder Produktengpässen. Mit der Entwicklung der Informationstechnologie und der Digitalisierung ergeben sich auch neue Möglichkeiten zur Gestaltung verbrauchsorientierter, reaktionsschneller und schnelllebiger Lieferketten (vgl. Ministry of Commerce of the People's Republic of China - MOFCOM 2017, S. 22)

Beispiel: Im September 2017 unternahm der *Wanda Department Store* seinen ersten Versuch, einen Käufershop mit dem Namen *Wanda Select* zu eröffnen. Als Käufershop ist *Wanda Select* in den Modellen *shop-in-shop* und *pop-up shop* tätig. Alle Produkte werden vom *Wanda*-Einkaufsteam direkt vom Hersteller aus dem Ausland bezogen, wobei die Produktkategorien Mode, Schmuck, Schuhe, Hautpflegeprodukte und Lebensmittel umfassen. *Wanda Select* kann die massiven Produktkategorien und Beschaffungskapazitäten von *Wanda*

Department Store nutzen, um die Betriebskosten zu senken, die Effizienz der Lieferkette zu verbessern und somit den Verbrauchern ein besseres Einkaufserlebnis zu bieten. (Vgl. Ministry of Commerce of the People's Republic of China – MOFCOM et al. 2018, S. 28)

Trend zu Kleinstgeschäften

Insbesondere aufgrund stark gestiegener Mieten ist die Verkleinerung von Geschäften des stationären Einzelhandels in China ein wichtiger Entwicklungstrend. Diese kleinformatigen Geschäfte wie bspw. Convenience-Stores, Boutique-Supermärkte und community shopping center können hierfür eine richtungsweisende Form von Einzelhandelsunternehmen darstellen (vgl. Ministry of Commerce of the People's Republic of China – MOFCOM 2017, S. 22).

Beispiel: 2017 gab die Jingdong Gruppe das *Millionen-Convenience-Store-Programm* bekannt. Es wird erwartet, dass mehr als eine Million Convenience-Stores landesweit in den nächsten fünf Jahren eröffnet werden (vgl. Ministry of Commerce of the People's Republic of China – MOFCOM 2017, S. 22–23).

Die hier dargestellten Entwicklungen und Beispiele machen deutlich, dass sich der chinesische Einzelhandel im Wandel befindet. Viele Einzelhandelsunternehmen untersuchen aktiv neue Geschäftsmodelle, erarbeiten neue Einzelhandelskonzepte und richten sich an spezifischere Kundengruppen, um sich an Trends anzupassen und im Markt zu behaupten.

4.2.2 Berufsbildung im Einzelhandel in China

Wie im vorhergehenden Abschnitt gezeigt, entwickelt sich die Einzelhandelsbranche in China dynamisch. Dies sorgt auch dafür, dass die Anforderungen an Personal und Management gestiegen sind. Die Unternehmen haben daher zunehmend Schwierigkeiten geeignetes Personal zu rekrutieren und dieses zu halten. Entsprechend steigen Kosten und Dauer der Rekrutierungsprozesse wie auch die Personalkosten insgesamt. Um den Personalbedarf trotzdem decken zu können, wird vermehrt auch auf die eigene Aus- und Weiterbildung gesetzt um ungelernte Kräfte zu schulen.

Basierend auf Leitfadeninterviews mit Experten und Dokumentenanalysen wird in diesem Abschnitt die aktuelle Situation der Berufsbildung im Einzelhandel in China untersucht. Die Datenerhebung hierzu fand in Form von qualitativen Befragungen, Vor-Ort-Besichtigungen und Dokumentenanalysen im Juli 2015, Dezember 2016, September und November 2018 in den Städten Guangzhou und Beijing statt.

4.2.2.1 *Überblick über den Ausbildungsmarkt*

Aufgrund der vielfältigen regionalen Unterschiede in China besteht ebenfalls eine sehr große Heterogenität im Konsumverhalten, welche sich auch durch deutlich unterschiedliche Einzelhandelsstrukturen, z. B. in Form der dominierenden Betriebsformate und Geschäftsbereiche ausdrücken. Entsprechend ist es nicht überraschend, dass Chinas Einzelhandel über kein einheitliches Ausbildungsmodell und keinen homogenen Personalausbildungsmechanismen verfügt. Aufgrund des rasanten Wandels des chinesischen Einzelhandels ist es äußerst schwierig, diesen in allen Einzelheiten zu dokumentieren und durch wissenschaftliche Quellen zu belegen. In diesem Zusammenhang wurde die Datenerhebung durch Interviews mit drei Expertengruppen durchgeführt: Berufsbildungspersonal (BP), Sozialpartner / -in (SP) und wissenschaftliches Forschungspersonal (WF). Die folgende Ausarbeitung wird sich deshalb auf einige für diese Arbeit wesentliche Schlüsselthemen aus den Experteninterviews[79] konzentrieren.

Formen der Berufsbildung im Einzelhandel in China

Es gibt drei Haupttypen der Berufsbildung im chinesischen Einzelhandel: die vollzeitschulische Ausbildung an einer beruflichen Schule, die ausschließlich betriebliche Ausbildung und die Sozialausbildung, bei der die Ausbildung durch sozialgesellschaftliche Ausbildungseinrichtungen oder Branchenverbände durchgeführt wird (vgl. Interview IP02-BP-2016, Position 10–16; IP03-BP-2016, Position 141–149).

Ausbildung an einer beruflichen Schule

Die schulische Ausbildung findet i. d. R. an einer staatlichen beruflichen Schule statt und wird deshalb auch als vollschulische Ausbildung bezeichnet. Sie ist die wichtigste Säule in der Ausbildung des chinesischen Einzelhandels. Wie zuvor dargestellt, ist das chinesische Berufsbildungssystem analog zum allgemeinbildenden Schulsystem dreistufig in die untere, mittlere und höhere Ebene unterteilt (s. Abschnitt 2.3.1.2). Die schulische Ausbildung für Einzelhandelberufe differenziert sich in der Schule in die mittlere und höhere Ebene. Die

79 Ab hier wird die Ergebnisauswertung den geführten Interviews gegenüberstellt. Details zum konkreten Erhebungs- sowie Auswertungsprozess des Interviews siehe Abschnitt 3.3. Weil die vorliegende Arbeit auf Deutsch verfasst ist, sind alle Zitate wörtlich vom Chinesischen ins Deutsche übersetzt worden. Die chinesischen Originalversionen der Zitate befinden sich am Anhang 3.

Ausbildungszeit beträgt im Allgemeinen drei Jahre. Das MoE und das MoHRSS teilen sich die Zuständigkeit auf der Ebene der Berufsbildung und verwalten verschiedene berufliche Schulen separat (s. Abschnitt 2.4.1.3).

Die Ausbildung an verschiedenen beruflichen Schulen ist auch aufgrund der Komplexität und Vielfalt des Einzelhandels verschieden. Ein Interviewpartner (IP02) berichtet:

> „Die berufliche Ausbildung in einer beruflichen Schule erfolgt i. d. R. in Vollzeit und ist nicht nach der Tätigkeit im Beruf gegliedert. [...] Ein Beispiel sind die Ausbildungsberufe im Bereich Marketing in China: Egal, ob es sich um ein Markenvertriebsmodell, ein Kettengeschäftsmodell oder ein Einzelhandelsmodell handelt, alle Auszubildenden lernen das gleiche Marketing! Wir haben kein Vertriebsmarketing oder Einzelhandelsmarketing. Wir sind nicht nach Berufen klassifiziert, sondern nach Branchen. Zum Beispiel haben wir in der Automobilindustrie ein Automobilmarketing, es gibt ein professionelles Arzneimittelmarketing, ein chinesisches Medizinmarketing und westliches Medizinmarketing, Schmuckmarketing, Immobilienmarketing usw. [...]. Diese Kategorie bezieht sich auf normale berufliche Vollzeitschulen. [...] Wie Sie sehen, ist die chinesische Berufsklassifizierung sehr grob" (Interview IP02-BP-2016, Position 12–14).

Ausbildung im Betrieb

Die betriebliche Ausbildung findet im Gegensatz zur schulischen ausschließlich im Betrieb statt. Die Dauer der betrieblichen Ausbildung ist nicht einheitlich, da sie von den Inhalten abhängt, von den Kompetenzen der Teilnehmer und den Bedürfnissen des jeweiligen Betriebes.

> „Die Ausbildung im Betrieb ist sehr spezifisch. Die Betriebe richten diese voll und ganz an den internen Anforderungen des Unternehmens aus. Wenn Sie einen Filialleiter benötigen, wird eine eigene Vertriebsschulung für Filialleiter entwickelt. Wenn sie einen Verkäufer benötigen, müssen sie den Verkäufer schulen, ein Spediteur braucht eine eigene Schulung. Das heißt, dass die Ausbildung im Betrieb vollständig an die Bedürfnisse des Unternehmens angepasst ist" (Interview IP02-BP-2016, Position 16).

Im Allgemeinen kann die Ausbildung im Betrieb in drei Arten unterteilt werden: die Ausbildung von Neuangestellten, Rotationstrainings für Mitarbeiter und die Ausbildung von Mitarbeitern des mittleren und oberen Managements. Nachdem die Mitarbeiter in das Unternehmen eingetreten sind, führt jeder Betrieb intern eine Schulung durch, von denen die meisten kurzfristig sind (bspw. drei Monate). Der spezifische Schulungsplan wird vom Unternehmen selbst festgelegt (vgl. Interview IP06-SP-2016, Position 46–52).

> „Tatsächlich verwenden viele Unternehmen E-Learning zum Lernen und Entwickeln von Kursen im eigenen Unternehmen. Beispiele dafür sind *Rainbow* oder *China Resources Vanguard*" (vgl. Interview IP05-SP-2016, Position 330).

Ausbildung in verschiedenen sozialgesellschaftlichen Bildungseinrichtungen

Diese Ausbildungsform bezieht sich hauptsächlich auf die Ausbildung durch sozialgesellschaftliche Aus- und Weiterbildungseinrichtungen, bspw. Bildungseinrichtungen von Einzelhandelsverbänden oder privaten Bildungseinrichtungen. Hierbei handelt es sich zumeist um außerschulische sowie außer- und überbetriebliche Bildungszentren. Diese Art der Ausbildung ist i. d. R. kein Vollzeittraining.

> „Eine solche Ausbildung wird im Allgemeinen gemäß den nationalen beruflichen Standards durchgeführt. Zum Beispiel der Ausbildungsberuf Marketing: Hierfür hat China nationale berufliche Standards" (vgl. Interview IP02-BP-2016, Position 16).

Sozialgesellschaftliche Einrichtungen umfassen hier „private Bildungseinrichtungen, kommunale Organisationen, die kommunistische Jugendliga, Frauenverbände, Gilden, einschließlich einiger Branchenorganisationen. Sie alle können einige Schulungsaktivitäten im Zusammenhang mit ihrer eigenen Branche durchführen" (Interview IP03-BP-2016, Position 149).

> „Es gibt heute viele dieser Ausbildungseinrichtungen in China und sie entwickeln sich recht gut. […] Ihre Ausbildung ist auf Vertriebsaufgaben ausgerichtet. Sie dient dazu, bspw. die Filialleiter und die Verkäufer zu schulen" (Interview IP06-SP-2016, Position 150–164).

Eine Ausbildung in sozialgesellschaftlichen Bildungseinrichtungen ist branchenspezifisch generalistisch angelegt und unterscheidet sich daher erheblich von einer betrieblichen Ausbildung, die sich stark am individuellen Unternehmen und der genauen beruflichen Tätigkeit ausrichtet. (Vgl. Interview IP02-BP-2016, Position 16)

Schwerpunkte der Einzelhandelsberufsausbildung und Zielgruppen

Es gibt es in China keine Ausbildungsberufe im Einzelhandel ohne Sortimentsbezug, wie diese in Deutschland üblich sind (z. B. Kaufmann / -frau im Einzelhandel, Verkäufer / -in) (s. Abschnitt 4.3.2). In China muss daher der genaue Ausbildungsfokus bereits am Anfang der Ausbildung gewählt werden. Zu diesem Thema haben verschiedene Experten unterschiedliche Meinungen. Dies hängt mit der persönlichen Erfahrung, der Ausbildung und dem beruflichen Hintergrund des Befragten zusammen. Im Folgenden werden die unterschiedlichen Standpunkte nach verschiedenen Gruppen – also Berufsbildungspersonal, wissenschaftliches Forschungspersonal, Sozialpartner / -in – dargestellt.

Berufsbildungspersonal

Nach Aussage des Experten im Bereich Berufsbildungspersonal (IP01) liegt der Schwerpunkt der Ausbildung im Einzelhandel auf der Logistik. Für die grundlegendste Tätigkeit im Einzelhandel, wie z. B. Verkäufer, wird keine systematische Schulung durchgeführt.

> „Wir nennen den Implementierungsprozess des Einzelhandels Umlauf (流通) oder Warenumlauf (物流).[80] Dies bezieht sich auf den Prozess, den Waren durchlaufen [...]. Was ist der Schwerpunkt bei der Ausbildung für die Einzelhandelsberufe? Der Schwerpunkt der Ausbildung in chinesischen Berufskollegs liegt auf der Logistik! Unsere chinesische Logistik umfasst viele Dinge, z. B. den Verkaufs- sowie den Zirkulations- und Wertschöpfungsprozess [...]. Wir bilden Verkäufer / -in nicht aus, weil dies nicht als spezieller Ausbildungsberuf angesehen wird. Da für diesen Beruf ein einfaches Training ausreicht, erfolgt die Schulung des Verkäufers direkt auf dem Markt. Zum Beispiel der Verkäufer von Essstäbchen [...]: Dieser Verkäufer wird in unseren Schulen grundsätzlich nicht ausgebildet, sondern direkt an den Markt weitergegeben. Die Angestellten können schon nach einer kurzen Schulung anfangen zu arbeiten, weil die Tätigkeit sehr einfach ist und die technischen Anforderungen sehr gering sind. Um einen einfachen Verkäufer auszubildenden, müssen wir nicht mehrere Jahre investieren“ (Interview IP01-BP-2015, Position 81–85).

Aber mit der Entwicklung von Wirtschaft und Gesellschaft hat der Ausbildungsberuf Logistik neue Elemente angenommen, z. B. E-Commerce. So glauben Experten (IP01, IP03), dass E-Commerce auch eine der wichtigsten Ausbildungen im Bereich des Einzelhandels ist.

> „Aber jetzt schrumpft die Logistik-Ausbildung, warum? Sie wird vom E-Commerce beeinflusst. Als nächstes habe ich das Gefühl, dass der Logistikbereich mit dem E-Commerce-Bereich fusionieren wird. Nun gibt es in China das sogenannte *Internet der Dinge* (物联网). Die neue Bezeichnung *Internet der Dinge* ist das Ergebnis der Fusion dieser beiden Berufe. Dieses Phänomen spiegelt die dynamische professionelle Anpassung wider! Daher muss die berufliche Ausbildung der Schule der Anpassung und Veränderung des Marktes und seiner industriellen Struktur folgen. Von der beruflichen Schule vom MoE oder die Facharbeitsschule vom MoHRSS: Die Entwicklung schreitet schon sehr gut voran“ (Interview IP01-BP-2015, Position 87–95).

---

80 Warenumlauf ist eine wörtliche Übersetzung von dem chinesischen Wort *Wu liu* (物流) – also *Wu* = Waren, *Liu* = Umlauf. Auf Deutsch heißt *Wu liu* Logistik.

Darüber hinaus sind weitere befragte Experten (IP03, IP10) der Ansicht, dass in der Einzelhandelsausbildung auch International Business, Marketing und Chain Management zentral sind:

> „In allen Schulen gibt es die Ausbildung für den Einzelhandel. ich leite zwei solcher Schulen. In der einen Schule kann der Ausbildungsberuf International Business gelernt werden. In der anderen Schule gibt es den Ausbildungsberuf Logistik, der sehr eng mit unserem Einzelhandel verbunden ist. Man kann auch Marketing und E-Commerce lernen. Jetzt, wo E-Commerce verbreitet ist, kann ich die Zusammenhänge aus der Sicht des Einzelhandels verstehen. Im E-Commerce ist Chinas Einzelhandel eng mit dem Internet verbunden. Dieses neue Phänomen heißt Smart Sales" (Interview IP03-BP-2016, Position 190–195).

> „Ausgehend von der Fachabteilung unserer Schule haben wir keine solche spezielle Ausbildung für den gesamten Bereich des Einzelhandels. Aber unsere Ausbildungsgänge Marketing und Chain Management sind typische Vertreter des Einzelhandels" (vgl. Interview IP10-BP-2018, Position 13–15).

Wissenschaftliches Forschungspersonal & Sozialpartner / -in

Nach Ansicht eines Experten aus dem Bereich des wissenschaftlichen Forschungspersonals ist der Ausbildungsfokus in den Einzelhandelsberufen ebenfalls sehr unterschiedlich. Der Experte (IP07) ist der Ansicht, dass es schwierig ist, den Schwerpunkt zu bestimmen. Aber die Ausbildungsberufe Marketing und Chain Operation Management sollten die am besten geeigneten Ausbildungsberufe für die Einzelhandelsausbildung sein.

> „Der Schwerpunkt bei der Ausbildung für Einzelhandelsberufe? Das ist nicht einfach zu beantworten. Dies hängt hauptsächlich von den Bedürfnissen des Unternehmens ab" (Interview IP07-WF-2018, Position 12). „Wir haben einen Ausbildungsberuf in China, der Marketing heißt. Dies sollte der am besten geeignete Ausbildungsberuf für die Ausbildung im Einzelhandel sein" (Interview IP07-WF-2018, Position 82).

> „Chinas Einzelhandel ist nicht nach professionellen Organisationen strukturiert, sondern nach den auszuführenden Positionen. [...] Was kann man in einem Geschäft tun? Zielt unsere berufliche Ausbildung darauf ab, die Arbeitskraft für diese Position auszubilden? Was ist das Ziel des Ausbildungsberufs Chain Operation Management in China? Natürlich werden Filialleiter ausgebildet. Es geht nicht darum, das Verkaufspersonal auszubilden. Jede Person kann ein Verkäufer sein und muss nicht geschult werden" (Interview IP07-WF-2018, Position 161–166).

Eine andere Auffassung eines Experten (IP08) des wissenschaftlichen Forschungspersonals ist, dass die Schule den Ausbildungsschwerpunkt an die spezifischen Bedürfnisse des kooperativen Betriebes anpassen wird. Diese Ansicht ist die gleiche wie die der befragten Sozialpartner (IP05).

„Unsere Hauptaufgabe hier ist Auftragstraining! Beispielsweise die Yonghui Store Manager Order Class: Das bedeutet, dass die Schule mit dem Yonghui Supermarket zusammenarbeitet, um das Kettenmanagement und zukünftige Fachkräfte zu fördern. Langfristiges Ziel ist die Schulung des Filialleiters. Das heißt, die ausgebildeten Lernenden können als Reserveleiter eingesetzt werden. [...] Aber in der Einschulungsphase müssen die Lernenden eine Art Bewusstsein entwickeln. Um später die Leitung einer Filiale oder eines Supermarktes zu übernehmen, müssen sie das Geschäft von der Basis aus kennenlernen. [...] Der Ausbildungsteil des Verkäufers ist der Anfang, aber sein langfristiges Ziel ist der Filialleiter. Einige Jahre später können sie Direktor werden, danach zum Abteilungsleiter aufsteigen und langfristig die Position des Filialleiters einnehmen. Natürlich sollte der Zeitraum durch kontinuierliche Schulung und Bewertung begleitet werden" (Interview IP08-WF-2018, Position 6–10).

„Der Einzelhandelsmarkt unseres Landes verändert sich sehr schnell, wir sind auf die Veränderungen des Marktes und die Bedürfnisse unserer Mitgliedsunternehmen abgestimmt, um Trainingsprogramme individuell anzupassen." (Interview IP05-SP-2016, Position 446–451).

Zusammenfassend lässt sich sagen, dass insbesondere die Themen Logistik, Chain Operation, Marketing und E-Commerce von den Befragten als die wichtigsten Schwerpunkte angesehen werden.

Gestaltung des Curriculums und Beurteilung des Unterrichtsstandardsystems

Dieses Thema ist mehrschichtig und kann anhand der verschiedenen Arten der Ausbildung erläutert werden.

Ausbildung in einer beruflichen Schule

In den letzten Jahren hat das Bildungsministerium aktiv den Aufbau eines Systems für Berufsbildungsstandards gefördert. Nach jahrelanger Arbeit hat das Bildungsministerium 2017 das nationale Unterrichtsstandardsystem (教学标准)[81] für Chinas sekundäre und höhere berufliche Bildung eingeführt. Chinas berufliche Bildung hat im Wesentlichen ein nationales Unterrichtsstandardsystem etabliert, das aus fünf Teilen besteht: professioneller Katalog, Standards der professionellen Lehre, Standards des Unterrichts, Standards für Praktika sowie Spezifikationen für professionelle Ausrüstung.

81 Ein Unterrichtsstandardsystem bezieht sich auf einen Lehrplan oder ein Lehrprogramm einer Ausbildung. Es stellt ein Unterrichtsleitfaden dar, der die Art des Faches, die Ziele des Lehrplans, die inhaltlichen Ziele und die Umsetzung von Empfehlungen definiert. Äquivalent dazu ist der Begriff *Curriculum* in Deutschland.

Die aktuellen Ergebnisse dieses Unterrichtsstandardsystems beinhalten: zwei Berufskataloge, und zwar den *Professionellen Katalog für berufsbildende Schulen der Sekundarstufe II* (中等职业学校专业目录) und seine Einstellungs- und Managementmethoden sowie den *Professionellen Katalog für die Berufshochschulen* (高等职业学校专业目录) und seine Einstellungs- und Managementmethoden; 230 Unterrichtsstandards für sekundäre berufliche Fachrichtungen und 410 Unterrichtsstandards für höhere berufliche Fachrichtungen, neun Lehrpläne für den öffentlichen Grundkurs der berufsbildenden Sekundarschule und neun Lehrpläne für den professionellen Grundkurs der berufsbildenden Sekundarschulen, 70 Praktikumsstandards und neun Spezifikationen für professionelle Instrumente und Ausrüstungen (vgl. Ministry of Education of the People's Republic of China – MoE 2017b). Im Einzelhandel lassen sich auch eine Reihe einschlägiger Standards für bestimmte Ausbildungsberufe feststellen (s. Abschnitt 4.2.2.2). Diesbezüglich wird im nächsten Abschnitt ein Ausbildungsberuf als Fallstudie ausgewählt und näher erläutert (s. Abschnitt 4.2.3.1). Zu diesem aktuellen Unterrichtsstandard haben die Experten (IP07 und IP10) aus den Bereichen Berufsbildungspersonal und wissenschaftliches Forschungspersonal ihre eigenen Stellungnahmen.

Auf der einen Seite betrachtet ein Experte (IP07) insbesondere den Gestaltungsprozess zur Standardsetzung als mangelhaft:

> „Das ist schrecklich, die Qualität der Aktivitäten des Bildungsministeriums ist sehr, sehr schlecht. Das Bildungsministerium hat eine Gruppe von Menschen gefunden, die eine Forschungsgruppe bilden. Diese Gruppe ließ sich von den verschiedenen beruflichen Schulen im ganzen Land die jeweiligen Berufsbezeichnungen (Titel für Berufslehrgänge) nennen. Wenn die Namen gleich waren, wurden sie einfach zu einem Ausbildungsberuf subsumiert. Wenn die Namen unterschiedlich waren, haben sie versucht, sie zusammenzufassen. Wenn es nicht funktionierte, erstellten sie einen komplett neuen Beruf – obwohl die Forschungsgruppe kein Verständnis dafür hatte und die Methode ablehnte. Die Auswirkungen dessen können weder gesehen noch gemessen werden" (Interview IP07-WF-2018, Position 69–72).

Auf der anderen Seite betonte der Experte (IP07), dass der Unterrichtsstandard trotz der schlechten Qualität noch über einen gewissen Nutzwert verfügt.

> „Das Bildungsministerium ist jetzt sehr besorgt, weil die von ihm entwickelten Standards nicht umgesetzt werden können oder die Schulen diese überhaupt nicht verwenden. Die entwickelten Standards sind überhaupt nicht anwendbar. Wenn alle beruflichen Schulen diese Standards verwenden, haben wir ein Problem. Aber ich kann auch verstehen, dass ein schlechter Standard immer noch besser ist, als überhaupt keiner. Viele schlechte berufliche Schulen in China haben bislang überhaupt keine Standards. Wenn das Bildungsministerium schlechte Standards für diese

> Schulen entwickelt, ist das immer noch besser als vorher. Es ist aber sehr unglücklich für Schulen, die zuvor bereits gut aufgestellt waren" (Interview IP07-WF-2018, Position 52).

Es kann resümiert werden, dass das vom Bildungsministerium entwickelte Unterrichtsstandardsystem eine einheitliche Grundlage bildet, welche ein Mindestniveau der Ausbildung garantieren soll. Einerseits ist dieser Standard für ‚schlechte' Schulen, also Schulen mit bislang sehr niedrigem Bildungsniveau, ein Leitfaden zur Verbesserung. Andererseits stellt dieser Standard für ‚gute' Schulen, also Schulen mit einem besseren Bildungsniveau, zumindest eine Referenzgröße dar, um sich vergleichen zu können. Aufgrund der Neuheit des Standards bleibt die Beurteilung wie dieser letztendlich integriert und akzeptiert wird gleichwohl abzuwarten. Fest steht damit jedoch auch, dass es bislang kaum einheitliche Curricula gab und gibt. Die gleiche Ansicht wurde auch von einem Experten aus dem Bereich Berufsbildungspersonal (IP10) vertreten (vgl. IP10-BP-2018, Position 72–73). In den folgenden Abschnitten wird das Ausbildungssystem von zwei von den Experten als besonders vorbildlich angesehenen Schulen in Beijing und Guangzhou als Fallstudie beschrieben und analysiert (s. Abschnitte 4.2.3.2–4.2.3.3).

Ausbildung im Betrieb und anderen Bildungseinrichtungen

Auch die Ausbildung im Betrieb und anderen Ausbildungseinrichtungen ist vielfältig. Im Allgemeinen entwickeln diese Ausbildungseinrichtungen ihre eigenen Ausbildungsprogramme entsprechend den Bedürfnissen des Betriebes:

> „Wir entwickeln immer noch weitere Trainingsbereiche, […] wir haben keine 14 vollständigen Lernfelder wie Deutschland […]. Wir schauen erst einmal, welche Lernfelder der Markt braucht und dann entwickeln wir die entsprechenden Kurse" (Interview IP05-SP-2016, Position 438–450).

> „Unsere Ausbildung hier ist sehr speziell: Es ist für uns unmöglich, alle Auszubildenden dieser Branche zur Ausbildung zusammenzubringen. Wie können sie bloß die Zeit dafür aufbringen? Wir können alle Trainingskurse nur auf das Wochenende verschieben. Trotzdem können einige Auszubildende am Wochenende nicht kommen, weil die meistens Chinesen sehr weit weg vom Trainingsort wohnen und es viele Staus gibt. Deshalb entwickeln wir jetzt eine Lernplattform für mobile Apps. […] Wir unterrichten jeden Monat am 1., 5., 10., 15., 20., 25. und 30. Tag des Monats. Am 5. und am 10. halten wir Prüfungen ab. Die an der Schulung teilnehmenden Auszubildenden lernen somit eigenverantwortlich. Sie können lernen, wo sie wollen. Sie können online über die App oder in unserem Schulungsraum lernen" (Interview IP05-SP-2016, Position 320–322).

Aus der obigen Beschreibung wird deutlich, dass keine einheitliche Ausbildung in Chinas Einzelhandel existiert. Egal, ob es sich um das Ausbildungsfach, den Auszubildenden, die Ausbildungsinhalte oder das Ausbildungsmodell handelt: Es gibt keine landesweit einheitliche Regelung. Die Ausbildungsmodelle sind weitgehend in Schulen, Betrieben und sozialgesellschaftlichen Bildungseinrichtungen angesiedelt und erfüllen die Bedürfnisse der lokalen Wirtschaftsentwicklung.

4.2.2.2 Ausbildungsberufe im Einzelhandel

Wie viele Ausbildungsberufe im Einzelhandel gibt es in China? Aufgrund der Größe Chinas und der Vielfalt an Ausbildungsgegenständen und ihrer Modelle ist es schwierig, eine konkrete Antwort auf diese Frage zu geben. Um einen ersten Eindruck auf der Makroebene zu geben, wurden jedoch der vom Bildungsministerium herausgegebene *Professionelle Katalog für berufsbildende Schulen von Sekundarstufe II* (中等职业学校专业目录) und der *Professionelle Katalog für Berufshochschulen* (高等职业学校专业目录) für die Datenextraktion ausgewählt.

Die mittlere Ebene der Berufsbildung (Berufsbildung Sekundarstufe II)

Die mittlere Ebene der Berufsbildung (entsprechend dem berufsbildenden Teil der Sekundarstufe II), ist die Hauptform der chinesischen Berufsbildung (s. Abschnitt 2.3.1.2). Anstelle des deutschen Begriffs Berufsfeld[82] wird in China

82 In Deutschland umfasst ein Berufsfeld ähnliche Ausbildungsberufe und stellt eine grundlegende gemeinsame inhaltliche Schnittmenge der verschiedenen ähnlichen Ausbildungsberufe dar. Beispiele für Berufsfelder sind: Wirtschaft / Verwaltung (Bürokaufleute, Bankkaufleute, Verwaltungsfachangestellte, Einzelhandelskaufleute, Verkäufer); Metalltechnik (Industriemechaniker, Zerspanungsmechaniker, Metallbauer, Werkzeugmechaniker); Elektrotechnik (IT-Systemelektroniker); Bautechnik (Maurer); Holztechnik (Tischler); Textiltechnik und Bekleidung (Textilreiniger, Maßschneider); Chemie, Physik, Biologie (Chemielaborant); Drucktechnik (Drucker); Farbtechnik und Raumgestaltung (Maler und Lackierer, Gestalter für visuelles Marketing); Gesundheit (Krankenpfleger, Physiotherapeuten, Medizinische Fachangestellte); Körperpflege (Masseur und Medizinischer Bademeister, Friseur, Kosmetiker); Ernährung und Hauswirtschaft (Bäcker, Koch, Restaurantfachangestellte, Hotelfachleute, Speiseeishersteller, Hauswirtschafterin); Agrarwirtschaft (Gärtner); Pädagogik (Erzieher, Kinderpfleger, Altenpfleger, Heilerziehungspfleger) (vgl. Schelten 2010, S. 47–48).

der Begriff Fachbereich verwendet. Aktuell sind auf der mittleren Ebene der Berufsbildung in China insgesamt 18 Fachbereiche[83] mit ca. 320 verschiedenen Ausbildungsberufen vorhanden. Die Ausbildung zu kaufmännischen Berufen konzentriert sich hauptsächlich auf den Fachbereich Finanz- und Handelswirtschaft. In diesem Bereich gibt es 21 Ausbildungsberufe: Buchhaltung, Rechnungswesen durch elektronische Datenverarbeitung, Statistik, Finanzen, Versicherung, Treuhandschaft, Warenwirtschaft, Management eines Fachgeschäftes, Kettenbetrieb und -management, Marketing, E-Commerce, Internationaler Handel, kaufmännische Fremdsprachen (Englisch, Japanisch, Deutsch, Koreanisch, Russisch, Französisch), Logistik Service und Management, Immobilienmarketing und -management sowie Kundenservice. Die Ausbildungsberufe sind meistens in verschiedene berufliche Orientierungen, sogenannte Fachrichtungen, unterteilt. In der folgenden Tabelle sind die Ausbildungsberufe für den Einzelhandel aufgelistet (vgl. Ministry of Education of the People's Republic of China – MoE 2010).

83 Im Einzelnen sind diese: Agrarwirtschaft, Forstwirtschaft, Viehwirtschaft und Fischereiwesen (农林牧渔类), Ressource und Umwelt (资源环境类), Energie und neue Energie (能源与新能源类), Bauingenieurwesen und Wasserwirtschaft (土木水利类), Verarbeitungs- und Herstellungstechnik (加工制造类), Petrochemische Technologie (石油化工类), Textiltechnik und Lebensmittelwirtschaft (轻纺食品类), Transport (交通运输类), Informationstechnologie (信息技术类), Medizin und Gesundheitswesen (医药卫生类), Freizeit und Gesundheitspflege (休闲保健类), Finanz- und Handelswirtschaft (财经商贸类), Tourismus und Dienstleistungen (旅游服务类), Kultur und Kunst (文化艺术类), Sport und Fitness (体育与健身类), Pädagogik (教育类), Justizdienste (司法服务类), Öffentliche Verwaltung und Dienstleistungen (公共管理与服务类), etc. (vgl. Ministry of Education of the People's Republic of China – MoE 2010).

Tabelle 15: Berufsbildung der Sekundarstufe II nach den chinesischen staatlichen Vorschriften und Verordnungen in ausgewählten, für den Einzelhandel relevanten Berufen (grau hinterlegt die für die Fallstudie 1 ausgewählte Fachrichtung) [Ministry of Education of the People's Republic of China – MoE 2010]

Ausbildungsberufs-bezeichnung	Fachrichtung	Entsprechender Beruf (Job) im EH (Beispiel)	Ausbildungsdauer (in Jahren)
Buchhaltung (会计)	Geschäftsbuchhaltung, Finanzbuchhaltung, Rechnungswesen der Regierung, Non-Profit-Organisation, Buchhaltung, Steuerbehörde	Kassierer, Buchhalter, Controller	3–4
Rechnungswesen durch elektronische Datenverarbeitung (会计电算化)	Rechnungswesen durch elektronische Datenverarbeitung	Kassierer, Buchhalter	3–4
Warenwirtschaft (商品经营)	Haushaltswarengeschäft, Lebensmittelgeschäft, Pharmazeutisches, Rohstoffmanagement, Jade-Schmuckgeschäft, Geschäft für Möbelbaustoffe	Ladenangestellter, Verkäufer, Kassierer, Lagerhalter, Strichlistenführer, Commodity-Betreuer, Einkäufer, Publikationsverteiler, Einkäufer von pharmazeutischen Rohstoffen, Schmuck Gutachter	3
Management eines Fachgeschäfts (专卖店经营)	Verwaltung des Fachgeschäfts, Tabakhandel	Ladenangestellter, Verkäufer	3
Kettenbetrieb und -management (连锁经营与管理)	Commodity-Chain-Betrieb und Management, Service-Chain-Betrieb und Management, Franchising und Franchising-Systembau	Ladenangestellter, Kassierer, Verkäufer, Einkäufer	3
Marketing (市场营销)	Elektronisches Produktmarketing, Automobilmarketing, Kosmetisches Marketing	Ladenangestellter, Verkäufer, Kassierer	3–4

(Fortsetzung)

Tabelle 15: Fortsetzung

Ausbildungsberufs-bezeichnung	**Fachrichtung**	**Entsprechender Beruf (Job) im EH (Beispiel)**	**Ausbildungsdauer (in Jahren)**
E-Commerce (电子商务)	Internet-Marketing, E-Commerce-Logistik, Kundenservice-Management, Wartung der Business-Website	E-Commerce-Ingenieur, Computer-Operator, Computernetzwerk-Administrator, Computer-Netzwerk-Techniker	3–4
Logistik Service und Management (物流服务与管理)	Lagerung und Vertrieb, Transportgeschäft, Hafenlogistik, Express-Geschäft, Logistik Kundenservice, Recycling-Logistik	Logistikpersonal, Personal für Kühllagerung, Lagerhalter, Strichlistenführer, Commodity-Betreuer, Personal für Lagerung und Transport der medizinischen Produkte, Publikationslagerhalter	3–4
Kundenservice (客户服务)	Kundendienst für Finanzunternehmen, Unterhaltungs-undFreizeitservice, Produktverkaufs-Kundendienst, Telekommunikations-service	Kundendienstmitarbeiter, Kundendienst-Manager	3

Die höhere Ebene der Berufsbildung (Höhere Berufsbildung)

Die höhere Ebene der chinesischen Berufsbildung besteht aus der Berufshochschule (高职), die dem tertiären Bereich zugeordnet ist (s. Abschnitt 2.3.1.2). Nach den staatlichen Vorschriften und Verordnungen (*Professioneller Katalog für Berufshochschulen)* ist die höhere Berufsbildung in China in insgesamt 19 Fachbereiche[84] mit ca. 760 verschiedenen Ausbildungsberufen unterteilt

84 Diese sind im Einzelnen: Agrarwirtschaft, Forstwirtschaft, Viehwirtschaft und Fischereiwesen (农林牧渔类), Ressourcen, Umwelt und Sicherheit (资源环境与安全大类), Energie und Materialien (能源动力与材料大类), Bauingenieurwesen (土木建筑大类), Wasserwirtschaft (水利大类), Fertigung der Ausrüstung (装备制造大类), Biologie und Chemie (生物与化工大类), Leichtindustrie und Textilindustrie (轻工纺织大类), Lebensmittel-, Pharmazie- und Lebensmittelkategorien (食品药品

(Ministry of Education of the People's Republic of China – MoE 2015b). Die Hochschulausbildung in kaufmännischen Berufen konzentriert sich hauptsächlich auf den Fachbereich Finanz- und Handelswirtschaft, in dem 47 Ausbildungsberufe angesiedelt sind. Im Vergleich zu den kaufmännischen Berufen in der Sekundarstufe II ist die Klassifikation in der höheren beruflichen Bildung viel detaillierter. In der folgenden Tabelle sind die Teilbereiche der höheren Berufsbildung für den Einzelhandel aufgelistet.

Tabelle 16: Höhere Berufsbildung nach den chinesischen staatlichen Vorschriften und Verordnungen in ausgewählten, für den Einzelhandel relevanten Berufen
[Ministry of Education of the People's Republic of China – MoE 2015b]

Ausbildungsberufs-bezeichnung	**Fachrichtung (Beispiel)**	**Entsprechender Beruf (Job) im EH (Beispiel)**	**Konvergenz der Sekundarstufe II (Beispiel)**
Finanzmanagement (财务管理)		Buchführungsfach-kräfte	Buchhaltung, Rechnungswesen durch elektronische Datenverarbeitung
Buchhaltung (会计)		Buchführungsfach-kräfte	Buchhaltung, Rechnungswesen durch elektronische Datenverarbeitung
Management von Wirtschaftsinforma-tionen (经济信息管理)		Mitarbeiter für Software- und IT-Service, Verkaufspersonal	E-Commerce
Betriebswirtschafts-lehre (工商企业管理)	Industrielles Unter-nehmensmanagement, Management von Handelsunternehmen, Kleinstunternehmens-verwaltung, Business-Praxis-Management	Unternehmensführer, Personalfachleute, Mitarbeiter im Business Consulting	Warenwirtschaft, Management eines Fachgeschäftes, Kettenbetrieb und -management, Kundenservice

(Fortsetzung)

与粮食大类), Transport (交通运输大类), Informationstechnologie (电子信息大类), Medizin und Gesundheitswesen (医药卫生大类), Finanz- und Handelswirtschaft (财经商贸大类), Tourismus (旅游大类), Kultur und Kunst (文化艺术大类), Nachrichtenwesen & Information (新闻传播大类), Pädagogik und Sport (教育与体育大类), Öffentliche Sicherheit und Justiz (公安与司法大类), Öffentliche Verwaltung und Dienstleistungen (公共管理与服务大类).

Tabelle 16: Fortsetzung

Ausbildungsberufs-bezeichnung	Fachrichtung (Beispiel)	Entsprechender Beruf (Job) im EH (Beispiel)	Konvergenz der Sekundarstufe II (Beispiel)
Kettenbetrieb und -management (连锁经营管理)	Geschäftsverwaltung, Franchise-Kette	Verkaufspersonal, Einkaufspersonal, Unternehmensführer	Warenwirtschaft, Management eines Fachgeschäftes, Kettenbetrieb und -management, Kundenservice
Markenvertriebsmanagement (品牌代理经营)		Geschäftsleute, Verkaufspersonal, Unternehmensführer	Warenwirtschaft, Kettenbetrieb und -management, Marketing, Management eines Fachgeschäftes
Marketing (市场营销)	Industriemarketing, Marketing und Planung, Marktentwicklung und Marketing	Verkaufspersonal, Geschäftsleute	Marketing
Automobilmarketing und Dienstleistungen (汽车营销与服务)	Kraftfahrzeuge und Ersatzteile, Verkauf, Gebrauchtwagenidentifikation und -bewertung	Verkaufspersonal, Geschäftsleute, Leasing Personal, Pfanddienstpersonal	Fahrzeug- und Zubehörmarketing
Werbeplanung und Marketing (广告策划与营销)		Verkaufspersonal, Geschäftsleute	Warenwirtschaft, Marketing
Teekunst und Tee-Marketing (茶艺和茶叶营销)	Tee-Rezension, Teekultur und -leistung, Tee-Marketing	Geschäftsleute, Catering-Fachpersonal	Teeproduktion und -verarbeitung, Warenwirtschaft, Marketing, Management eines Fachgeschäftes
E-Commerce (电子商务)	Website-(Shop)-Betrieb, grenzüberschreitender E-Commerce	Verkaufspersonal, Mitarbeiter in Business Consulting	E-Commerce, Kundeninformationsdienst, Marketing
Mobile Commerce (移动商务)	Mobile Geschäftsabwicklung und -verwaltung, Mobile Commerce-Anwendungstechnologie, Mobiles Business-Anwendungsdesign, Mobiles Marketing	Verkaufspersonal, Mitarbeiter für Software- und IT-Service	E-Commerce Marketing, Software- und Informationsdienste

Tabelle 16: Fortsetzung

Ausbildungsberufs-bezeichnung	**Fachrichtung (Beispiel)**	**Entsprechender Beruf (Job) im EH (Beispiel)**	**Konvergenz der Sekundarstufe II (Beispiel)**
Internet-Marketing (网络营销)	Netzwerkpromotion, Business-Datenanalyse-Anwendung	Verkaufspersonal, Geschäftsleute	E-Commerce, Marketing
Logistiktechnik (物流工程技术)		Managementtechniker (Industrie), Lagermitarbeiter	Logistik-Service und Management
Logistikinformations-technologie (物流信息技术)	Internet der Dinge	Managementtechniker (Industrie), Mitarbeiter für Software- und IT-Service	Computeranwendungen, Kundeninformationsdienst
Logistikmanagement (物流管理)	Produktionslogistik-Management, Business Logistik Management, Lagerung und Vertrieb, E-Commerce-Logistik	Managementtechniker (Industrie), Lagermitarbeiter	Logistik Service und Management
Technologie und Management der Kühlkettenlogistik (冷链物流技术与管理)	Pharmazeutische Logistik, Kalte und frische Logistik	Managementtechniker (Industrie), Lagermitarbeiter	Landwirtschaftliches Marketing und Lagerung
Einkauf und Liefermanagement (采购与供应管理)		Einkaufspersonal, Lagermitarbeiter	Logistik Service und Management

Die obigen Tabellen 15 und 16 listen Berufsbilder und Ausbildungsberufe im Einzelhandel auf. Dies bedeutet jedoch nicht, dass die Ausbildung des Einzelhandels in China gleichmäßig auf die verschiedenen o. g. Fachgebiete verteilt wäre. Worauf konzentriert sich die Ausbildung des chinesischen Einzelhandels? Im vorherigen Abschnitt wurden bereits die verschiedenen Meinungen der befragten Experten aufgezeigt (s. Abschnitt 4.2.2.1). Um für diese Frage, wie auch für die Art und den Ablauf der Ausbildung ein tieferes Verständnis zu vermittelt, werden nun im folgenden Abschnitt drei Ausbildungsgangbeispiele aus unterschiedlichen Bereichen als Fallstudien vorgestellt.

4.2.3 Exemplarische Curricula für die Ausbildung im Einzelhandel

Wie wird die Berufsbildung in Chinas Einzelhandelsbranche durchgeführt? Basierend auf der obigen Darstellung (s. Abschnitt 4.2.2) muss diese Frage aus verschiedenen Blickwinkeln betrachtet werden. Die chinesische Berufsbildung im Einzelhandel ist vor allem in drei Kategorien unterteilt: Ausbildung in einer beruflichen Schule, Ausbildung in Betrieb und Ausbildung in verschiedenen Bildungseinrichtungen. Da sich der Hauptteil der Ausbildung immer noch auf die berufliche Schule konzentriert, werden im Folgenden drei typische Fälle aus Sicht der Schule ausgewählt, um die Ausbildung im Einzelhandel in China exemplarisch darzustellen. Die Auswahl der Ausbildungsgänge erfolgte dabei gezielt zur Abdeckung des Tätigkeitsspektrums des Einzelhandels (Näheres zu den Auswahlkriterien der Fallstudien und der Auswertungsmethode siehe Abschnitt 3.4). Im Einzelnen untersucht wurden dabei der Ausbildungsgang, *Warenwirtschaft, der* vom Ministerium für Bildung konzipiert wurde (s. Abschnitt 4.2.3.1), der Ausbildungsgang *Marketing* des Guangzhou Industry & Trade Technician College (s. Abschnitt 4.2.3.2) und der Ausbildungsgang *Chain Operation Management* des Beijing Vocational College of Finance and Commerce (s. Abschnitt 4.2.3.3).

4.2.3.1 Fallstudie 1: Warenwirtschaft – Ministerium für Bildung (MoE)

Fallstudie 1 ist ein aus dem *Professionellen Katalog für berufsbildende Schulen der Sekundarstufe II* entnommenes Beispiel und basiert dabei auf dem neu gefassten und bereits mehrmals angesprochenen nationalen Bildungsstandardsystem des Ministeriums für Bildung (MoE) (s. Abschnitt 4.2.2.1). Entsprechend soll die Fallstudie dazu dienen einen Eindruck dieses Systems zu vermitteln. Die Fallstudie wurde auf Grundlage einer Dokumentenanalyse der amtlichen Dokumente erstellt.

4.2.3.1.1 Curriculare Struktur und Anforderungen

Der Ausbildungsberuf *Warenwirtschaft* (商品经营) ist ein für den Einzelhandel typischer Ausbildungsberuf des vom Bildungsministerium vorgeschriebenen Unterrichtsstandardsystems. Wie bei anderen Ausbildungsberufen im Einzelhandel ist die Zugangsvoraussetzung ein Abschluss der Unterstufe der Mittelschule. Die Ausbildung dauert i. d. R. drei Jahre und zielt darauf ab, hoch qualifizierte Arbeitskräfte und qualifiziertes Personal für Lebensmittelgeschäfte, Supermärkte, Fachgeschäfte, große und mittlere Kaufhäuser und

Warenhäuser auszubilden. Entsprechende Tätigkeiten sind bspw. Ladenangestellter, Verkäufer, Kassierer, Lagerhalter, Strichlistenführer, Commodity-Betreuer, Einkäufer, Publikationsverteiler, Einkäufer von pharmazeutischen Rohstoffen, Schmuckgutachter, Einkaufsleiter etc. (Vgl. Ministry of Education of the People's Republic of China – MoE 2017a, S. 54)

Diese Ausbildung kann in drei Fachrichtungen unterteilt werden: Haushaltswaren, Lebensmittelgeschäft sowie Geschäft für Möbelbaustoffe. Das Curriculum für diese Ausbildung ist unterteilt in Pflichtlehrveranstaltungen (allgemeine Grundlagenkurse und professionelle Fachkurse) sowie Wahlpflichtlehrveranstaltungen (s. Abbildung 18).

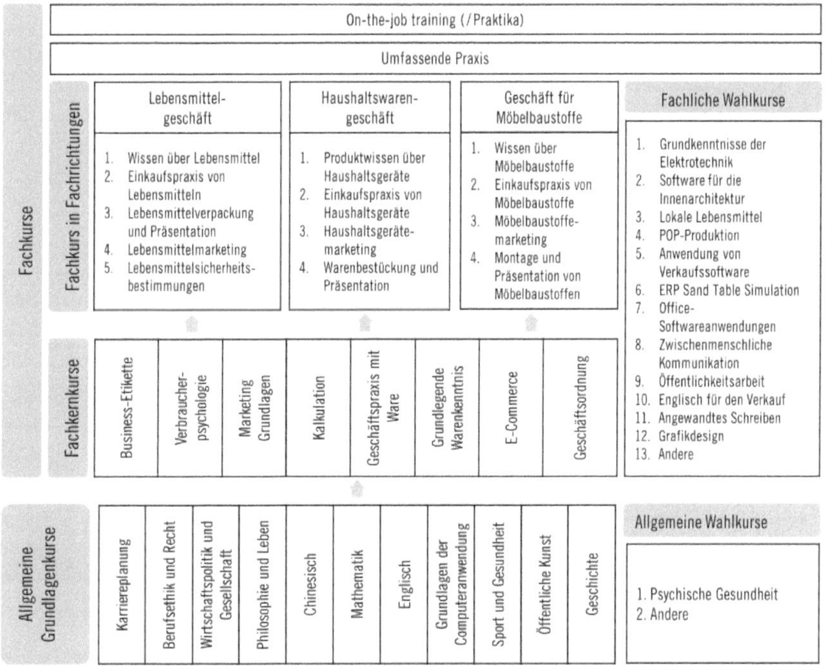

Abbildung 18: Kursstruktur für den Ausbildungsberuf *Warenwirtschaft*
[Ministry of Education of the People's Republic of China – MoE 2017a, S. 56]

Tabelle 17: Lehrplan für die Pflichtlehrveranstaltungen im Ausbildungsberuf *Warenwirtschaft*
[Ministry of Education of the People's Republic of China – MoE 2017a, S. 63]

Kurstyp	Kurstitel	CP	Std.	Semester					
				1	2	3	4	5	6
Allgemeine Grundlagenkurse	Karriereplanung	2	32	X					
	Berufsethik und Recht	2	32		X				
	Wirtschaftspolitik und Gesellschaft	2	32			X			
	Philosophie und Leben	2	32				X		
	Chinesisch	10	180	X	X	X			
	Mathematik	8	144	X	X				
	Englisch	8	144	X	X				
	Grundlagen der Computeranwendung	6	108	X					
	Sport und Gesundheit	10	180	X	X	X	X	X	
	Öffentliche Kunst	2	36	X					
	Geschichte	2	36		X				
	Zwischensumme für allg. Grundlagenkurse	54	956						
Fachkurse – Fachkernkurse	Business-Etikette	4	72	X					
	Verbraucherpsychologie	4	72			X			
	Marketing Grundlagen	4	72				X		
	Kalkulation	4	72					X	
	Geschäftspraxis mit Ware	4	72			X			
	Grundlegende Warenkenntnisse	4	72		X				
	E-Commerce	4	72				X		
	Geschäftsordnung	2	36		X				
	Teilsumme	*30*	*540*						
Fachkurse – Fachkurs für jeweilige Fachrichtung – Lebensmittel	Wissen über Lebensmittel	4	72			X			
	Einkaufspraxis von Lebensmitteln	4	72			X			
	Lebensmittelverpackung und Präsentation	4	72				X		
	Lebensmittelmarketing	4	72				X		
	Lebensmittelsicherheitsbestimmungen	2	36				X		
	Teilsumme	*18*	*324*						
Fachkurse – Fachkurs für jeweilige Fachrichtung – Hanshaltsw.	Produktwissen über Haushaltsgeräte	6	108			X	X		
	Einkaufspraxis von Haushaltsgeräten	4	72			X			
	Marketing für Haushaltsgeräte	4	72				X		
	Warenbestückung und Präsentation	4	72				X		
	Teilsumme	*18*	*324*						
Fachkurse – Fachkurs für jeweilige Fachrichtung – Möbelbaust.	Wissen über Möbelbaustoffe	6	108			X	X		
	Einkaufspraxis von Möbelbaustoffen	4	72			X			
	Marketing für Möbelbaustoffe	4	72				X		
	Montage und Präsentation von Möbelbaustoffen	4	72				X		
	Teilsumme	*18*	*324*						

Tabelle 17: Fortsetzung

Kurstyp		**Kurstitel**	**CP**	**Std.**	**Semester**					
					1	**2**	**3**	**4**	**5**	**6**
	Umfassende Praxis	Fertigkeitentraining für Einkaufsleiter	4	72					X	
		Fertigkeitentraining für Kassierer	2	36					X	
		Fertigkeitentraining für Kundendienst	4	72					X	
		Fertigkeitentraining für Entrepreneurship	4	72					X	
		Teilsumme	*14*	*252*						
	On-the-Job-Training (/Praktika)		30	540						X
	Zwischensumme für Fachkurse		92	1656						
Summe			146	2612						

Tabelle 17 zeigt die Lernarrangements und grundlegenden Anforderungen für die Ausbildung. Jedes Schuljahr dauert 52 Wochen, wobei die Unterrichtszeit 40 Wochen (einschließlich der Klausurwoche) und die Ferien 12 Wochen betragen. Die wöchentliche Lernzeit der Schüler liegt im Durchschnitt bei 28 Stunden. On-the-Job-Trainings (/ Praktika) werden 30 Stunden pro Woche angeboten. Deswegen beträgt die gesamte Lernzeit in drei Jahren ca. 3.000–3.300 Stunden. Jede Schule kann diese entsprechend an ihre Situation anpassen (vgl. Ministry of Education of the People's Republic of China – MoE 2017a, S. 61).

Die allgemeinen Grundlagenkurse machen etwa ein Drittel der gesamten Lernzeit aus. Jede Schule darf ihre Kursstruktur innerhalb des vorgegebenen Rahmens nach den tatsächlichen Bedürfnissen der Personalausbildung in der Branche ausrichten. Es muss jedoch sichergestellt werden, dass die Lernenden die obligatorischen Grundinhalte und Stunden der allgemeinen Grundlagenkurse absolvieren (vgl. Ministry of Education of the People's Republic of China – MoE 2017a, S. 61).

Für die Ausgestaltung der allgemeinen Grundlagenkurse gibt das Bildungsministerium Grundanforderungen bezüglich der Bildungsinhalte und der Unterrichtsgestaltung vor. Der Unterricht soll demnach entsprechend der wissenschaftlichen und kulturellen Qualitäten der Lernenden ausgerichtet sein, sodass dieser dem professionellen Lernen und der lebenslangen Entwicklung der Schüler dient. Der Einsatz neuer Lehrmethoden und -modellen wird ausdrücklich gefordert, um die Lernbegeisterung der Lernenden zu mobilisieren (Ministry of Education of the People's Republic of China – MoE 2017a, S. 63–64).

Der Anteil der Fachkurse an der Gesamtzahl der Unterrichtsstunden beträgt etwa zwei Drittel, wobei die Praktikumszeit je nach Bedarf zusammenhängend oder auseinandergezogen gestaltet werden kann und im letzten Schuljahr obligatorisch ein Praktikum stattfindet (vgl. Ministry of Education of the People's Republic of China – MoE 2017a, S. 62).

Der Unterricht der professionsbezogenen Fachkurse soll Theorie und Praxis integrieren und die Besonderheiten der beruflichen Bildung im *Learning by Doing* vermitteln. Das Curriculum verwendet hierfür Lehrmethoden wie Projektunterricht, Fallunterricht, Aufgabenunterricht, Rollenspiele und Simulation und nutzt interne und externe praktische Trainingsstützpunkte, um das selbstständige, kooperative und vom Lehrpersonal geleitete Lernen miteinander zu kombinieren. Der Unterricht sollte die professionellen Fähigkeiten und Fertigkeiten der Lernenden fördern. Insbesondere sollten das Wissen über Warengeschäfte und die Stellenanforderungen von Warenwirtschaftsunternehmen in die Lehre integriert werden, sodass es den Lernenden ermöglicht wird, die Geschäftsprozesse und betrieblichen Praktiken des Warenmanagements zu beherrschen (vgl. Ministry of Education of the People's Republic of China – MoE 2017a, S. 64).

Die meisten Wahlkurse sind fachlichen Inhalts und sollten im Curriculum berücksichtigt werden. Der Anteil der Gesamtstunden sollte dabei nicht weniger als 10 % betragen (vgl. Ministry of Education of the People's Republic of China – MoE 2017a, S. 62).

4.2.3.1.2 Evaluation von Lehr- und Lernprozessen

Die Lehr- und Lernevaluation sollte die Vielfalt von Evaluationsgegenstand, -methode und -prozess widerspiegeln. Gemeint ist damit, dass einerseits die Evaluation aus Lehrer-, Unternehmensbewertung und Selbsteinschätzung der Lernenden kombiniert und andererseits Prozessbewertung und Ergebnisauswertung verknüpft werden sollen. Die Prozessbewertung sollte die Leistungen der Lernenden im gesamten Lernprozess umfassen und dabei Aspekte wie die emotionale Einstellung, die Arbeitsfähigkeit und das berufliche Verhalten auswerten. Die Ergebnisbewertung basiert auf dem Verständnis des Wissens und der Beherrschung der Fähigkeiten und Fertigkeiten. Dies wird normalerweise durch eine Prüfung gemessen. Dieser kombinierte Evaluationsprozess konzentriert sich nicht nur auf die Fach- und Methodenkompetenz, sondern schließt auch die Selbst- und Sozialkompetenz ein. Ein Bewusstsein und eigene Ideen für Energie- und Rohstoffeinsparungen sowie für den Produktions- und Umweltschutz werden inzwischen ebenfalls berücksichtigt. (Vgl. Ministry of Education of the People's Republic of China – MoE 2017a, S. 64)

Um sich an die Bewertungsmethoden der Industrie und der Unternehmen anzupassen, sollten auch Bewertungsstandards aus Industriezweigen und Unternehmen einbezogen werden. Experten von Industrie und Unternehmen sollten hierfür eingeladen werden, an der Bewertungsverfahrensgestaltung mitzuwirken. In verschiedenen Kursen sollen unterschiedliche Bewertungsmethoden vorgestellt werden, sodass sich daraus folgend ein Bewertungssystem zur langfristigen Entwicklung für die Lernenden etabliert.

Im Berufsbildungsgesetz der Volksrepublik China ist explizit angegeben: „Die Durchführung der Berufsbildung soll dem praktischen Bedarf und den staatlich festgelegten Kriterien für die Klassifikation und Einstufung der Berufe entsprechen. Die Erstellung von Zeugnissen für die Ausbildungsrichtungen, für Fortbildungen und Berufsqualifikationen erfolgt innerhalb eines Bewertungssystems" (BBiG der VR China, 1996, § 9). Nach Abschluss der Ausbildung können die Lernenden gemäß den Bewertungsergebnissen der Beruflichen Qualifikation Testing Authority (OSTA) (s. Abschnitt 2.4.1.3) ein oder zwei Berufsqualifizierungszertifikate[85] als Verkäufer (Stufe 4), Kassierer (Stufe 4) oder Einkäufer (Stufe 4) erhalten (vgl. Ministry of Education of the People's Republic of China – MoE 2017a, S. 54). Ob ein Lernender ein oder zwei Zertifikate erhalten kann, ist abhängig von der regionalen Ausgestaltung sowie den beruflichen Fähigkeiten und Leistung des Lernenden.

Nach der Berufsausbildung gibt es eine Reihe von beruflichen Möglichkeiten für Absolventen. Auf der einen Seite haben junge Menschen mit dem Ausbildungsnachweis eines Berufsqualifizierungszertifikats gute Chancen auf dem Arbeitsmarkt. Auf der anderen Seite bieten sich dadurch vielfältige berufliche Entwicklungsmöglichkeiten. Hierzu gehören: Aufstiegsfortbildung (z. B. höhere Berufsbildung im Fach Marketing, Marktentwicklung und Marketing, Marketing und Planung), Studium (z. B. Bachelor im Studiengang Marketing) oder eine Umschulung für eine neue Arbeitstätigkeit (vgl. Ministry of Education of the People's Republic of China – MoE 2017a, S. 55).

Zwischenfazit

Bewerten man nun das Curriculum und den damit gesetzten Bildungsstandard, fällt auf, dass dieser lediglich eine allgemeine Struktur für das

85 Im September 2017 veröffentlichte das MOHRSS den nationalen beruflichen Qualifikationskatalog. Dadurch wurden insgesamt 140 Berufsqualifikationen offiziell gelistet (inkl. Betriebsbereiche, Produktionsbereiche, Handels- und Dienstleistungsbereiche, Technologie und andere) (vgl. Ministry of Human Resource and Social Security – MoHRSS 2017). Rechtsgrundlage ist das Arbeitsrecht der Volksrepublik China (Kapitel VIII § 69): „Der Staat legt die Berufsklassifikation und berufsqualifizierende Standards für vorgeschriebene Berufe fest und führt ein Berufsqualifikationszertifikat ein. Eine von der Regierung anerkannte Beurteilungsstelle ist für die Bewertung und Beurteilung der beruflichen Fähigkeiten der Arbeitnehmer zuständig". Das staatliche Berufseignungszertifikat in China verfügt dabei über fünf Stufen, abgestuft nach Qualifikation: Die fünfte Stufe ist die Basisstufe und die erste Stufe ist die höchste Berufsbezeichnung.

Ausbildungsprogramm vorgibt. Geregelt sind die groben Themen der Kurse, die Kursabfolge, das Verhältnis von Allgemeinbildung, Fachkursen und Praxisanwendungen wie auch deren Umfang. Die inhaltliche Ausgestaltung der Kurse bleibt jedoch ungeregelt. Es werden keinerlei Lehrpläne für die einzelnen Kurse vorgegeben oder vorgeschlagen auch konkrete Methoden werden nicht benannt. Das gesamte Dokument umfasst lediglich fünf Seiten. Der Standard kann daher nur als ein sehr grober Rahmen verstanden werden.

4.2.3.2 Fallstudie 2: Marketing – Guangzhou Industry & Trade Technician College

Gemäß den nationalen Vorschriften können Schulen je nach ihren eigenen Lehr- und Marktbedürfnissen eigene, individuelle Schulungsprogramme aufstellen. Fallstudie 2 beinhaltet einzigartige Ausbildungsprogramme vom *Guangzhou Industry & Trade Technician College*[86], das vom MoHRSS geleitet wird.

Wie bereits erwähnt, ist in China die Zuständigkeit für berufliche Bildung zwischen zwei verschiedenen Ministerien – MoE und MoHRSS – aufgeteilt. Das MoHRSS ist dabei zuständig für die Ausbildung von Fachkräften und entwickelt deshalb auch den einheitlichen Standard für deren Ausbildung. Im Jahr 2013 hat das MoHRSS hierfür zwei zentrale Dokumente verfasst: Die *Richtlinien für die Erstellung nationaler Ausbildungsstandards für Fachkräfte* (国家技能人才培养标准编制指南) und die *Technischen Vorschriften für die Entwicklung integrierter Curricula* (一体化课程规范开发技术规程). Das erste Dokument gilt für alle beruflichen Schulen in China. Das zweite Dokument richtet sich nur an berufliche Schulen, die vom MoHRSS selbst verwaltet werden. Die beiden Dokumente umfassen drei Aspekte: 1. den grundlegenden Weg für die Entwicklung von Ausbildungsstandards für Fachkräfte, 2. grundlegende

86 Das *Guangzhou Industry & Trade Technician College* wurde im Jahr 1958 gegründet und ist ein öffentliches Techniker-College, welches in Vollzeit besucht wird und dem städtischen Arbeitsbüro für MoHRSS in Guangzhou angeschlossen ist. Das College hat 10.232 Lernende (Stand 2017) und fünf Hauptabteilungen im Bereich der Industrie: Abteilung für fortgeschrittene Fertigungsindustrie, Abteilung für Informationsdienstleistungen, Abteilung für Kultur- und Kreativwirtschaft, Abteilung für neue Energieanwendungen und Abteilung für Business-Service-Industrie. Die insgesamt 39 Fachgebiete sind eng mit der regionalen wirtschaftlichen und sozialen Entwicklung verbunden. Die Abteilung für Business-Service-Industrie, auch Abteilung für Wirtschaft und Handel genannt, hat eine Reihe von Ausbildungsprogrammen mit eigenen Schwerpunkten selbst entwickelt, wie z. B. Marketing, E-Commerce und Finanzmanagement, Tourismus und Hotelmanagement.

Anforderungen für die Entwicklung eines integrierten Curriculums und 3. eine Anleitung für die Entwicklung von Lehrmitteln in integrierten Kursen.

Das offizielle Dokument *Technische Vorschriften für die Entwicklung integrierter Curricula* stellt eine Vorlage dar, welche die Schulen prinzipiell entsprechend implementieren sollen. Hierbei sind sie jedoch gleichzeitig aufgefordert, Anpassungen an die individuelle Situation vorzunehmen. Das *Guangzhou Industry & Trade Technician College* hat die nationale Vorlage flexibel angepasst und einen eigenen Lehrplan aufgestellt, der den Bedürfnissen der Schule, der Lernenden und der lokalen Wirtschaft entspricht. Der Ausbildungsberuf *Marketing* ist hierbei ein gutes Beispiel im kaufmännischen Bereich. Vor diesem Hintergrund wurde der Ausbildungsgang *Marketing* als Fallstudie ausgewählt. Die Fallstudie wurde durch ein Experteninterview (IP04), welches ca. 60 Minuten dauerte, ergänzt, um die literaturgestützten Ergebnisse zu ergänzen und zu vertiefen. Zudem wurden ein paar Seminare in dieser Schule besucht (also eine Arbeitsbeobachtung durchgeführt). Die Datenerhebung (Interview, Vor-Ort-Besuche und Dokumentenrecherche / -analyse) erfolgte im Dezember 2016 und September 2018 in der Stadt Guangzhou.

Die folgenden Inhalte stammen aus den erhobenen Daten, die während des Forschungsaufenthaltes gesammelt wurden.

4.2.3.2.1 Makroplanung der Ausbildung

Der Lehrplan für die Ausbildung *Marketing* vom *Guangzhou Industry & Trade Technician College* ist ein typisches integriertes Curriculum. Dabei gilt es zunächst zu klären, was ein integriertes Curriculum in China umfasst. Eine klare Definition ist in dem offiziellen Dokument des MoHRSS – *Technische Vorschriften für die Entwicklung von integrierten Curricula* (一体化课程规范开发技术规程) – enthalten: Das integrierte Curriculum basiert auf den Bedürfnissen der wirtschaftlichen und sozialen Entwicklung und dem Entwicklungsgesetz zur Förderung von Fachkräften. Kurz gesagt: Das integrierte Curriculum spiegelt die Integration von theoretischem und praktischem Unterricht, die Vereinbarkeit von beruflichem Lernen und Arbeitspraxis, die Kombination von Kompetenzentwicklung und Arbeitsplatz wider (vgl. Ministry of Human Resource and Social Security – MoHRSS 2013, S. 3).

Die Ausbildung *Marketing* in diesem College dauert drei Jahre und zielt darauf ab, Fachkräfte auszubilden, die Marketing- und Managementaufgaben in Betrieben, Institutionen und Regierungsbehörden übernehmen. Zugangsvoraussetzung ist ein Abschluss der allgemeinbildenden Mittelschule-Oberstufe oder der beruflichen Schule. (Vgl. Guangzhou Industry & Trade Technician College 2016, S. 1)

Lernziele

Dieser Ausbildungsberuf dient der lokalen Wirtschaft. Der Schwerpunkt liegt darauf, Arbeitskräfte auszubilden, die Marketing und Management betreiben können und über umfassende praktische Fähigkeiten in Betrieben, Institutionen und Regierungsbehörden verfügen. Nach der Ausbildung müssen die Lernenden über ein solides Fundament an Marketingtechniken beherrschen, nationale Wirtschafts- und Handelsrichtlinien und -gesetze kennen und über ein breites Wissensspektrum verfügen. Kenntnisse über das Import- und Exportgeschäft sind genauso Voraussetzung wie die Anwendung und Nutzung Neuer Medien. (Vgl. Guangzhou Industry & Trade Technician College 2016, S. 1)

Umfassende Berufskompetenz

Die Lernenden müssen / sollen …

1. sich strikt an das betriebliche Arbeitssystem halten, die Arbeitsanordnung des Betriebes befolgen und streng die Sicherheitsmaßnahmen der Industrie durchsetzen;
2. relevante Materialien und Informationen entsprechend den Arbeitsanforderungen sammeln, verstehen, klassifizieren und organisieren;
3. die grundlegenden Theorien und Grundkenntnisse in Wirtschaft, Management und modernem Marketing beherrschen und die qualitativen und quantitativen Analysemethoden des Marketings bewältigen;
4. großen Wert auf die Marketingpraxis legen, die Grundausbildung in Marketingmethoden und -techniken absolvieren und über die grundlegende Fähigkeit verfügen, praktische Marketingprobleme zu analysieren und zu lösen;
5. über Sprach- und Textkompetenz, Kommunikationsfähigkeit und Ausdrucksfähigkeit verfügen;
6. die grundlegenden Methoden der Literatursuche und Datenabfrage beherrschen und eine grundlegende wissenschaftliche Forschungsfähigkeit besitzen;
7. über eine gute psychologische Qualität und Anpassungsfähigkeit verfügen, die grundlegenden Fähigkeiten des wissenschaftlichen Trainings beherrschen und den vom Staat festgelegten Standards für körperliche Gesundheit und militärische Ausbildung entsprechen;
8. eine gute Berufsethik und Teamgeist haben. (Guangzhou Industry & Trade Technician College 2016, S. 1)

Kursaufbau und Trainingsdurchführung

Tabelle 18: Lehrplan der Ausbildung Marketing an dem Guangzhou Industry & Trade Technician College
[Eigene Darstellung in Anlehnung an Guangzhou Industry & Trade Technician College 2016, S. 38–42]

Nr.	Stufe	Integrierter Kurs	Std.	CP	Kurstyp	Prüfungs-typ	Semester (und Anzahl der einzelnen Kursblöcke und Stunden)						Anm.
							1	2	3	4	5	6	
1	primär	Eigenständiges Lernen	80	5	Pflichtfach	Prüfung	4*20						
2	primär	Grundlagen der Computeranwendung	120	6	Pflichtfach	Zertifikat	6*20						
3	primär	Sport	80	4	Pflichtfach	Prüfung	2*20	2*20					
4	primär	Sammlung und Analyse von Marktinformationen	120	6	Pflichtfach	Prüfung	4*20						
5	primär	Unternehmenserkenntnis und Marktbesuche	80	4	Pflichtfach	Prüfung	4*20						
6	primär	Geschäftsempfang und soziale Etikette	80	4	Pflichtfach	Prüfung	4*20						
7	primär	Kommunikationsfähigkeit	80	5	Pflichtfach	Prüfung		4*20					
8	primär	Kundenentwicklung und -management	120	6	Pflichtfach	Prüfung		4*20					
9	primär	Professionelles Englisch	80	4	Pflichtfach	Prüfung		4*20					
10	primär	Implementierung des Produktvertriebs	120	6	Pflichtfach	Prüfung		6*20					
11	mittlere	Network-Marketing-Planung	80	4	Pflichtfach	Prüfung			4*20				
12	mittlere	Marketingplanung	80	4	Pflichtfach	Prüfung		4*20	4*20				
13	fort-geschrittene	E-Commerce-Ingenieur	260	13	Pflichtfach	Zertifikat			8*20	10*10			

(*Fortsetzung*)

Tabelle 18: Fortsetzung

Nr.	Stufe	Integrierter Kurs	Std.	CP	Kurstyp	Prüfungstyp	Semester (und Anzahl der einzelnen Kursblöcke und Stunden)						Anm.
							1	2	3	4	5	6	
14	mittlere	Vertriebstraining	80	4	Pflichtfach	Prüfung			4*20				Erforderlich
15	mittlere	Teamarbeit	80	5	Pflichtfach	Prüfung		4*20					
16	fortgeschrittene	PR-Planung	80	4	Pflichtfach	Prüfung				4*20			
17	fortgeschrittene	Administrative Koordinierung	80	4	Pflichtfach	Prüfung				4*20			
18	fortgeschrittene	Leitung des Marketingteams	80	5	Pflichtfach	Prüfung				4*20			
19	fortgeschrittene	Fähigkeiten zur Problemlösung	80	4	Pflichtfach	Prüfung				4*20			
20	fortgeschrittene	Entrepreneurship-Ausbildung	60	3	Pflichtfach	Prüfung				6*10			11–20
21	betriebliche Praxis	Soziale Praxis	1040	35	Pflichtfach	Prüfung					26*20	26*20	
22	*öffentliche Kurse*	*Sportstunde*	*160*	*8,5*	*Pflichtfach*	*Prüfung*	*2*20*	*2*20*	*2*20*	*2*20*			
Summe			**3120**	**143,5**									
Summe Pflichtfach			3120	143,5									
Summe Wahlfach													
Unterschrift der Jury													
Unterschrift des Abteilungsleiters				Unterschrift des Akademischen Direktors					Genehmigung des stellvertretenden Dekans für Lehre				

Ausbildungsabschluss

Neben dem erfolgreichen Abschluss der Ausbildung erhalten die Lernenden das nationale Marketing-Qualifikationszertifikat (Stufe 3) (国家职业资格营销师资格证书) (vgl. Guangzhou Industry & Trade Technician College 2016, S. 2).

4.2.3.2.2 Mikroplanung: Exemplarische Darstellung eines integrierten Kurses

Wie Tabelle 18 zeigt, ist die Kursstruktur in Primarstufe, Mittelstufe und Oberstufe unterteilt. Dies spiegelt die typischen Merkmale eines integrierten Lehrplans wider, der auf dem von Dreyfus und Dreyfus (1987, S. 41–43) entwickelten Novizen-Experten-Paradigma basiert.

Laut einer Studie des chinesischen Wissenschaftlers Zhiqun Zhao besteht ein Beruf i. d. R. aus 10–20 typischen beruflichen Aufgaben *(professional tasks)*, welche eine wichtige Brücke zwischen der professionellen Tätigkeit *(job)* und dem Rahmencurriculum bilden (vgl. Zhao 2009, S. 33–34; Rauner et al. 2010, S. 72). Diesem Gedanken folgend, wurden als Grundlage des integrierten Curriculums typische berufliche Aufgaben des Marketings identifiziert und beschrieben. Um einen genauen Eindruck hiervon zu bekommen, wurde ein integrierter Kurs der mittleren Stufe für eine detaillierte Einführung ausgewählt: Die *Network-Marketing-Planung*. Die integrierte Kursbeschreibung ist in der nachfolgenden Tabelle 19 wiedergegeben.

Tabelle 19: Beschreibung der typischen beruflichen Aufgaben des Kurses *Network Marketing Planung*
[Eigene Darstellung in Anlehnung an Guangzhou Industry & Trade Technician College 2016, 21–24]

Kursname 11: Network Marketing Planung	
Ausbildungszeit: 3. Semester	Zeitrichtwert: 80 Stunden
Beschreibung der typischen beruflichen Aufgaben	
Netzwerkgeschäfte können nicht von Network-Marketing-Aktivitäten getrennt werden. Diese Aktivitäten sind vor allem Netzwerkverkauf, Netzwerkpromotion, Netzwerkbearbeitung, Netzwerk-Kundendienst. Die Funktionen dieser Positionen bestehen hauptsächlich darin, Netzwerkinformationen über Suchmaschinen zu recherchieren, entsprechende Websites und Online-Werbung zu entwerfen, zu verbessern und zu pflegen, sowie gleichzeitig die Einrichtung von Online-Einkaufszentren und den Aufbau von Netzwerkkanälen zu planen. Die Lernenden haben ein systematisches Verständnis des Marketingsystems und können entsprechende Aufgaben durchführen. Sie besitzen ein umfassendes Verständnis der Prinzipien und Merkmale der Marketingaktivitäten im virtuellen Markt wie die Umgebung, Methoden, Instrumente, Mittel, Ziele und Durchführungskontrolle, sodass sie die operativen Aufgaben des Network-Marketings meistern.	

(Fortsetzung)

Tabelle 19: Fortsetzung

Netzwerk-Marktforschung sollte die Forschung an einem Produkt abschließen, Forschungsprobleme identifizieren und Forschungsziele festlegen. Auf der Grundlage von Problemen und Zielen sollen die Lernenden Erhebungspläne entwickeln, Informationen sammeln, Feedback-Informationen analysieren und Forschungsberichte zeitnah zusammenfassen und einreichen. Durch den Bau des Campus-Supermarktes des Guangzhou Industry & Trade Technician-Colleges schließen die Lernenden den Prozess des Supermarktbaus ab, erstellen eine Produktstrategie für den Campus-Supermarkt, wählen die optimale Preismethode und -strategie gemäß den Arten von Campus-Supermärkten aus, legen wirksame Maßnahmen fest, entwickeln effektive Werbeprogramme und nutzen verschiedene Formen der Werbung in Supermärkten auf dem Campus. Der Channel-Aufbau sollte die Auswahl der Channels abschließen, bei Verkaufsprojekten gute Arbeit leisten, Channel-Mitglieder auswählen, die Channel-Produktlinie durchkämmen, die Channel-Preis-Engine starten und das Channel-Terminal ansteuern. Die Website-Promotion umfasst das Durchführen einer Reihe von Vorgängen für vorhandene Websites, um die Fähigkeiten eines Webseitenbetreibers zu erlangen: Die Optimierung der Website abschließen, nach Austauschressourcen suchen, die Website nach Besucheranalyse, Inhaltsvermarktung, Kreditkonstruktion etc. durchsuchen, verschiedenen Möglichkeiten des Internet-Marketings zusammenfassen, einen Website-Aktionsplan und einen Website-Betriebsplan erstellen. Design Online-Werbung: Grundlegende Planung und operative Bewertung. Diese Phase führt über den kreativen Prozess bis hin zum Design, Release, Evaluation und ist mit Supervision abgeschlossen. Aufbau von Online-Kanälen: Die Vertriebskanäle für ein Produkt gemäß den Kundenanforderungen planen und entwerfen, einen Vertriebskanal verwalten und aufbauen, Kanalkonflikte lösen und die Leistung der aufgebauten Kanäle bewerten, den Aufbau eines Einzelhandelskanals für den Einzelhandel simulieren.
Zielformulierung
Nach dem Abschluss dieses Kurses sollten die Lernenden in der Lage sein: 1. mit verschiedenen Netzwerkdiensten umzugehen und neue Wege und Formen des Netzwerkmarketings zu erkunden; 2. die Daten von Suchmaschinen zu analysieren und die Strategie zur Ausgabenbereitstellung in Suchmaschinen rechtzeitig anpassen; 3. die Aufgaben der Marketingabteilung abzuwickeln, zu quantifizieren und zu verfeinern; 4. den Einsatz von Mitarbeitern in Unternehmen zu optimieren, bei der Beratung mitzuwirken, mit Marketingmitarbeitern zusammenzuarbeiten, um verschiedene Aufgaben zu erledigen; 5. in engem Kontakt mit dem Leiter der Partner-Website zu bleiben, um die höchsten Online-Werbemittel zu erhalten; 6. sorgfältig die Berichte der Abteilungsmitarbeiter zu überprüfen, verschiedene Daten zusammenzufassen und effektive Online-Marketing-Methoden zu analysieren und zusammenzufassen; 7. sich beim Online-Kundendienst anzumelden, Online-Kundendienstnachrichten aufzuzeichnen und sinnvoll zu ordnen sowie die zugehörige Verarbeitung zu erledigen; 8. Print- und Media-Anzeigen zu verwenden, um Werbetexte zeitnah zu aktualisieren und neu zu drucken sowie den Einfluss von Websites und Marken zu vergrößern; 9. die Partner-Website täglich zu überprüfen und entsprechende Anpassungen an der eigenen Website vorzunehmen, um sicherzustellen, dass die Bedeutung der eigenen Website nicht reduziert wird;

Tabelle 19: Fortsetzung

<table>
<tr><td colspan="3">10. verwandte Websites zu durchsuchen und die neuesten Nachrichten und Informationen der Branche zu entdecken, um die eigene Website zu bereichern; die Abteilungsmitarbeiter zu überprüfen, um Mängel herauszufinden und diese rechtzeitig zu beheben;
11. Aktualisierungen für Blogs in Verbindung mit Änderungen an der Website zu synchronisieren;
12. die internen Produkte und Artikel zeitnah zu aktualisiert;
13. Werbeslogans kreativ zu formulieren;
14. die Benutzeroberfläche und die Nutzererfahrung der Webseite zu entwerfen (einschließlich des Layouts der Website, der Verteilung des Inhalts, des Abgleichs von Grafiken und Texten, der Koordination von Schriftarten und Farben sowie des Abgleichs der gesamten Webseite);
15. die Produktkarte der Website zu verschönern;
16. monatliche Themen und Events zu erstellen;
17. Anschlagtafeln zu entwerfen;
18. monatlich ein Treffen über die Überarbeitung der Website abzuhalten, eine monatliche Datenanalyse und den Arbeitsplan für den nächsten Monat zu erstellen;
19. interne Weiterbildungen zu organisieren, um die Arbeitsfähigkeit der Mitarbeiter zu verbessern;
20. besonders auf das Netzwerkförderungsmodell anderer Institutionen zu achten, um auf gute Methoden zurückzugreifen und diese anzuwenden;
21. eine Zusammenfassung der an diesen Aufgaben geleisteten Arbeit zu schreiben.</td></tr>
<tr><td colspan="3">Arbeits- und Lerninhalte</td></tr>
<tr><td>Arbeitsobjekte:
1. Akzeptanz der Aufgaben und Klärung der Aufgabenanforderungen;
2. Website-Optimierung;
3. Erfassung eines Artikels und Durchführung der Statistiken und Analysen des Website-Verkehrs,
4. Planung und Bewertung der Website, Durchführung der Online-Marktforschung,
5. Datenerhebung mithilfe von Methoden zur Erfassung von Netzwerkinformationen,
6. Preiskalkulation von Online-Werbung,
7. Planung und Umsetzung von Online-Werbung,
8. Veröffentlichung der Online-Werbung, Überwachung der Wirksamkeit von Online-Werbung und Bewertung der Wirksamkeit,</td><td>Werkzeuge, Materialien, Ausrüstung:
Computer-, Netzwerk-, CorelDRAW-Software, Blackboard, Multimedia-Unterrichtssoftware, Videowiedergabesoftware, Marktanalysebericht, Marketingprodukte
Arbeitsmethode:
Art des Zugriffs auf Informationen, Methode zur Verwendung von Software, Gruppenarbeit, Methode zur Ausfüllung des Abnahmeberichts.

Arbeitsorganisation:
1. Im Allgemeinen in kleinen Gruppen installiert,
2. Arbeitsaufträge vom Abteilungsleiter erhalten,</td><td>Anforderungen an den Arbeitsplatz:
Die Lernenden sollen …
1. Aufgaben annehmen, die Aufgabenanforderungen klären und die Arbeitsabläufe befolgen,
2. Website-Optimierungsarbeit durchführen;
3. Texte schreiben und die Statistik und Analyse des Website-Verkehrs vervollständigen,
4. die Website planen und bewerben und einen Plan für die Websiteplanung und -werbung schreiben sowie Verfahren und Anforderungen für die Online-Marktforschung vervollständigen,</td></tr>
</table>

(*Fortsetzung*)

Tabelle 19: Fortsetzung

9. Gestaltung der Online-Kanäle nach Kanalfunktionen 10. Methodenbeherrschung zur Beseitigung von Konflikten	3. effektiv mit anderen Abteilungen kommunizieren, um konstruktive Arbeitsbedingungen zu schaffen, 4. effektiv mit Kollegen kommunizieren und zusammenarbeiten, um die Installationsaufgabe abzuschließen, 5. spezielle Werkzeuge und Materialien vom Lernarbeitsplatz erhalten.	5. Informationen mithilfe der Erfassungsmethoden von Netzwerkinformationen sammeln; 6. Online-Werbepreise ermitteln; 7. Online-Werbung planen und erstellen; 8. Online-Werbung veröffentlichen und die Wirksamkeit von Online-Werbung überwachen; 9. die Online-Kanäle gemäß der Funktion des Kanals entwerfen; 10. Lösungen zu finden, um Konflikte zu lösen

Es handelt sich hier um typische berufliche Aufgaben eines integrierten Kurses, insgesamt 10 Arbeitsobjekte. Für jedes der 10 Arbeitsobjekte, bzw. Lernaufgaben, müssen die Lernenden die Aufgaben in bestimmten Arbeitssituationen erledigen.

4.2.3.2.3 Evaluation von Lehr- und Lernprozessen

Der Ausbildungsgang basiert auf einer Kombination aus Prozessbewertung und summativer Bewertung, um die Unterrichtssituation und die Qualität der Personalschulung bei der Bewertung einbeziehen zu können. Weil sich dieses Konzept noch in der Erprobungsphase befindet, ist es noch nicht formell dokumentiert. Nach Angaben von Experten (IP04) besteht die Evaluation von Lehr- und Lernprozessen des Ausbildungsgangs derzeit aus vier Teilen:

Zur Selbstevaluation des Ausbildungsgangs wird die erbrachte Leistung der Schüler, insbesondere der Abschlussklasse analysiert. Zudem werden regelmäßig die Anforderungen der Industrieunternehmen analysiert und das Programm dahin gehend auf Aktualität geprüft. Drittens werden die eigenen Bewertungsstandards und Testaufgaben überprüft und viertens wird auch der berufliche Werdegang von Absolventen nachverfolgt und deren Arbeitgeberzufriedenheit abgefragt. Dies alles dient der Sicherstellung einer umfassenden Berufsbefähigung der Ausbildung.

4.2.3.2.4 Zwischenfazit

Diese Fallstudie ist ein typisches Beispiel für einen Integrationskurs im Bereich der kaufmännischen Ausbildung. Dieses Curriculum wird gemeinsam vom College, dem Unternehmen und den Lernenden im Rahmen der nationalen Politik des Landes festgelegt. Gleichzeitig ist der Ansatz im Vergleich zum nationalen Unterrichtsstand innovativ, was sich besonders in den folgenden beiden Punkten widerspiegelt:

Ausrichtung der Ausbildung am Marktbedarf und kontinuierliche Verbesserungsprozesse

Um die schnelle Entwicklung im chinesischen Einzelhandel und dem technologischen Fortschritt Rechnung zu tragen, wird der Einzelhandelsmarkt sehr genau beobachtet, neuen Entwicklungen analysiert und Implikationen für das Ausbildungsprogramm abgeleitet. Auf dieser Grundlage wird das Curriculum dann regelmäßig aktualisiert (vgl. Interview IP04-BP-2016, Position 237–239).

Das College führt zudem eine spezielle Analyse des Ausbildungsbedarfs durch, bevor ein Ausbildungsprogramm bzw. die typischen Arbeitsaufgaben entwickelt werden, um die Übereinstimmung zwischen den Ausbildungszielen und den -ergebnissen zu gewährleisten. Die Ausbildungsbedarfsanalyse bestimmt die genaue Festlegung der Ausbildungsziele, sodass unnötige Ausbildungskosten reduziert werden.

Die Entwicklung der typischen Arbeitsaufgaben ist in zwei Schritte unterteilt:

1. Praktisches Expertenseminar: Durch partizipative Seminare sollten Fachspezialisten (wie Teamleiter und andere Leiter der Abteilung) ihre Karriereplanung präsentieren und in Entwicklungsstufen aufteilen. Dann arbeiten alle Teilnehmer zusammen, um repräsentative und herausfordernde Aufgaben in jeder Phase zu finden und den Rahmen typischer Arbeitsaufgaben zusammenzufassen.
2. Analyse und Beschreibung typischer Arbeitsaufgaben: Lehrer und praktische Experten bilden Arbeitsgruppen, die gemeinsam die Details typischer Arbeitsaufgaben identifizieren und beschreiben, darunter: Arbeits- und Geschäftsprozesse, Arbeitsobjekte, Werkzeuge, Arbeitsmethoden, -organisation und Anforderungen an die Arbeit.

Bei der Formulierung von Lernaufgaben ist die Schule eng mit der Entwicklung der marktwirtschaftlichen Bedürfnisse verbunden. Diese formulierten typischen beruflichen Aufgaben sind spezifische Arbeitsbereiche in der Berufstätigkeit, die auch als professionelle Handlungsfelder bezeichnet werden. Es handelt sich um umfassende Aufgaben mit einer vollständigen Struktur des Arbeitsprozesses, die den typischen Arbeitsinhalt und -stil des Berufes widerspiegelt. Die Erfüllung der typischen beruflichen Aufgaben kann die berufliche Kompetenz der Lernenden fördern. Die Art und Weise, wie Aufgaben erledigt werden (also die Lehrmethoden), ist vielfältig und die Ergebnisse sind meist offen.

Der befragte Experte (IP04) erklärt:

> „Um ein Curriculum zu entwickeln, müssen wir unsere Schüler zuerst analysieren. Dies umfasst insbesondere den Job, den sie später ausführen werden. Dazu nehmen wir die typischen Aufgaben, die sie später übernehmen, von den Mitarbeitern, die sich derzeit in diesen Positionen befinden. […] Wir analysieren auch die Beschäftigungssituation früherer Absolventen: Die meisten meiner Schüler gehen bspw. später in den Verkauf. Ich weiß, in welchen Unternehmen sie hauptsächlich beschäftigt sind. Von diesen suchen wir Kooperationsbetriebe aus, die uns bei der Entwicklung des Curriculums helfen. Mit anderen Worten: wir entwickeln gemeinsam spezifische Lerninhalte in der Praxis." (Interview IP04-BP-2016, Position 131–137).

Abgestuftes Ausbildungskonzept

Das Wachstum der beruflichen Fähigkeiten eines Menschen durchläuft nach Dreyfus und Dreyfus fünf Phasen: „Novize (Anfänger) – Fortgeschrittener Anfänger – Kompetenter – Gewandter – Experte" (Dreyfus und Dreyfus 1987, S. 41–43). Diesem Ansatz folgenden, ist auch das integrierte Curriculum nach verschiedenen Phasen der beruflichen Entwicklung abgestuft – Primärstufe, mittlere Stufe und fortgeschrittene Stufe. Zugleich muss das Design jeder typischen Arbeitsaufgabe auch dieses Novizen-Experten-Paradigma berücksichtigen. So sind bspw. die Aufgaben zu Beginn der Ausbildungszeit einfach, fragmentarisch, technisch und abgeschlossen; die Aufgaben in den späteren Phasen des Trainings sind komplex, umfassend, verwaltend und offen. Auf diese Weise soll das integrierte Curriculum den Konstruktionsprozess des handlungsorientierten Lehrplans widerspiegeln und den Regeln des beruflichen Wachstums folgen – von leicht bis schwierig, von fragmentiert bis umfassend, von geschlossen bis offen.

4.2.3.3 Fallstudie 3: Chain Operation Management – Beijing Vocational College of Finance and Commerce

Wie für die zweite Fallstudie wurde auch für die dritte Fallstudie ein einzigartiges Ausbildungsprogramm einer beruflichen Schule gewählt. In diesem Fall handelt es sich jedoch um eine Berufshochschule, das *Beijing Vocational College of Finance and Commerce*[87], welche vom MoE verwaltet wird. Neben mehreren ausgezeichneten Ausbildungsgängen verfügt das College seit Mai 2015 auch über drei berufliche Ausbildungsgänge (Chain Operation Management, Logistikmanagement, Internationale Reiseleitung), welche als führend auf nationaler Ebene ausgezeichnet wurden und nun im Sinne einer Exzellenzinitiative von der Zentralregierung unterstützt werden. Vor diesem Hintergrund wurde der Ausbildungsgang *Chain Operation Management* als Fallstudie ausgewählt. Die Datenerhebung (Experteninterviews, Vor-Ort-Besuche und Dokumentenrecherche / -analyse) erfolgte im Juli 2018.

4.2.3.3.1 Makroplanung der Ausbildung

Die Ausbildung *Chain Operation Management* dauert drei Jahre und zielt darauf ab, hoch qualifizierte Arbeitskräfte und qualifiziertes Personal – insbesondere Filialleiter – für Kettengeschäfte auszubilden. Da diese Ausbildung zur höheren Berufsbildung gehört, müssen die registrierten Schüler schon einen Abschluss der Oberstufe der Mittelschule oder beruflichen Schule vorweisen. (Vgl. Beijing Vocational College of Finance and Commerce 2015, S. 1)

Berufsorientierte Tätigkeiten (Jobs) und Standards für die Personalausbildung

Diese Ausbildung ist hauptsächlich auf Einzelhandelsketten ausgerichtet, um zukünftige Filialleiter auszubilden. Die Absolventen beginnen ihr berufliches Leben i. d. R. trotzdem als einfache Berufseinsteiger. Nach ein oder zwei Jahren anfänglicher Arbeit werden einige Absolventen schrittweise in die Entwicklungsposition eintreten, wie z. B. Fach- und Führungspositionen.

Die der Berufsbildung entsprechende Einstiegspositionen sind Strichlistenführer, Verkäufer und Kassierer. Aufbauende Entwicklungsposition sind Gruppenleiter, Abteilungsleiter und Filialleiter. Die für jede Position erforderlichen beruflichen Kenntnisse, Fähigkeiten und persönliche Eigenschaft sind in Tabelle 20 dargestellt. Für diese Arbeitsplatzanalyse bezieht die Schule *Wal-Mart*, *7-11*, *Wumei* und andere große Unternehmensketten ein, um Positionsanforderungen umfassend analysieren zu können.

---

87 Das *Beijing Vocational College of Finance and Commerce* wurde im Jahr 1958 in Beijing gegründet und ist eine städtische öffentliche Hochschuleinrichtung und ein nationales Modellprojekt für die höhere Berufsbildung in China.

Tabelle 20: Berufsorientierte Tätigkeiten und Spezifikationen für die Ausbildung *Chain Operation Management*
[Eigene Darstellung in Anlehnung an Beijing Vocational College of Finance and Commerce 2015, S. 1]

	Nr.	Jobs	Berufliche Kenntnisse, Fähigkeiten und persönliche Eigenschaft
Einstiegsposition	1	Strichlis-tenführer	**Berufliche Kenntnisse**: Warenwissen, Warenbestand, Sicherheitswissen **Fähigkeiten**: Frachtmanagement **Persönliche Eigenschaft**: Freundlichkeit, Ehrlichkeit, Verantwortungsbewusstsein
	2	Verkäufer	**Berufliche Kenntnisse**: Warenwissen, Warenbestand, Sicherheitswissen **Fähigkeiten**: Warenverkauf, Bestandsprüfung **Persönliche Eigenschaft**: Freundlichkeit, Ehrlichkeit, Verantwortungsbewusstsein
	3	Kassierer	**Berufliche Kenntnisse**: Warenwissen, Kassieren und Warenbestand, Sicherheitswissen **Fähigkeiten**: Kassieren **Persönliche Eigenschaft**: Freundlichkeit, Ehrlichkeit, Verantwortungsbewusstsein
Entwicklungsposition	4	Teamleiter	**Berufliche Kenntnisse**: Warenwissen, Kassieren und Warenbestand, Service-Wissen, Sicherheitswissen, Personalmanagement **Fähigkeiten**: Warenwirtschaft, Vertriebsmanagement, Servicemanagement **Persönliche Eigenschaft**: Freundlichkeit, Ehrlichkeit, Verantwortungsbewusstsein
	5	Abteilungs-leiter	**Berufliche Kenntnisse**: Warenwissen, Kassieren und Warenbestand, Service-Wissen, Sicherheitswissen, Personalmanagement; **Fähigkeiten**: Warenwirtschaft, Vertriebsmanagement, Servicemanagement **Persönliche Eigenschaft**: Freundlichkeit, Ehrlichkeit, Verantwortungsbewusstsein
	6	Filialleiter	**Berufliche Kenntnisse**: Warenwissen, Kassieren und Warenbestand, Service-Wissen, Sicherheitswissen, Personalmanagement, Filialmarketing, Ladengestaltung, Finanzanalyse, Informationsmanagement **Fähigkeiten**: Warenwirtschaft, Vertriebsmanagement, Servicemanagement; Sicherheitsmanagement, Textmanagement, Konferenzmanagement, Personalmanagement, Informationsmanagement, Ladengestaltung, Filialmarketing **Persönliche Eigenschaft**: Freundlichkeit, Ehrlichkeit, Verantwortungsbewusstsein

Kompetenzanalyse

Tabelle 21 fasst die durch die Ausbildung *Chain Operation Management* zu vermittelnden Berufskompetenzen zusammen. Diese wurden durch das College mittels Befragungen von örtlichen Geschäftsleitern und Analysen zur Position des Geschäftsleiters erhoben.

Tabelle 21: Allgemeine Kompetenzanforderungen für die Ausbildung *Chain Operation Management*

[Eigene Darstellung in Anlehnung an Beijing Vocational College of Finance and Commerce 2015, S. 1–2]

<table>
<tr><th colspan="2">Fertigungskompetenz</th><th>Sozialkompetenz</th><th>Eigenständige Entwicklungskompetenz</th></tr>
<tr><td colspan="2">Frachtmanagementgeschäft: Auftragserstellung, Warenannahme, Kassieren, Warenbestand</td><td rowspan="9">1. zwischenmenschliche Kommunikation, Ausdrucksfähigkeit
2. Team- und Kommunikationsfähigkeit
3. Fähigkeit zur Teambildung
4. Zwischenmenschliche Kommunikation, Dienstleistungsbewusstsein
5. Umwelt- und Tierschutz sowie andere soziale Verantwortung</td><td rowspan="9">1. Selbstständige Lernfähigkeit
2. Die Fähigkeit zur Informationserfassung, -Zusammenstellung und Analyse
3. Fähigkeit zur Analyse und Lösung von Problemen
4. Allgemeine Managementfähigkeit
5. Selbstmanagementfähigkeit des Arbeitsprozesses
6. Überwachung und Anleitung der Arbeitsprozesse
7. Bewertungsfähigkeitder Arbeitsergebnisse
8. Systemdenken, Entscheidungsfindung und Innovationsfähigkeit</td></tr>
<tr><td colspan="2">Kategorienmanagement: Positionierung der Kategorienrollen, Strategie, Taktiken, Umsetzung, Bewertung</td></tr>
<tr><td colspan="2">Shop-Layout und Präsentation: Layout-Design, Ausstellungs-Design</td></tr>
<tr><td colspan="2">Shop-Marketing-Plan: Planung und Durchführung von Verkaufsaktivitäten an Wochenenden, bei Saisonwechseln, Festivals und Ladenfeiern</td></tr>
<tr><td rowspan="5">Filialverwaltung</td><td>Vertriebsmanagement: Marketingfähigkeiten, Kommunikationskompetenz</td></tr>
<tr><td>Servicemanagement: Serviceprozess, Reklamationsabwicklung</td></tr>
<tr><td>Informationsmanagement: Management-Informationssystem (MIS)</td></tr>
<tr><td>Einkaufs- und Distributionsmanagement: Warenbeschaffung & -verteilung</td></tr>
<tr><td>Human Ressource Management: Teambildung, Leistungsbewertung, Mitarbeiteranreize, Rekrutierung und Schulung</td></tr>
</table>

Lehrplan

Entsprechend der o. g. Stellen- und Kompetenzanalyse sowie der berufsorientierten Tätigkeiten wurde der Lehrplan der Ausbildung *Chain Operation Management* am *Beijing Vocational College of Finance and Commerce* konzipiert. Eine Übersicht über den Lehrplan wird auf den folgenden zwei Seiten gegeben (s. Tabelle 22).

Tabelle 22: Lehrplan der Ausbildung *Chain Operation Management* am Beijing Vocational College of Finance and Commerce
[Eigene Darstellung in Anlehnung an Beijing Vocational College of Finance and Commerce 2015, S. 9]

Kurstitel		**Kurstyp**	**Prüfungstyp**	**CP**	**Verteilung (Std.)**			**Semester- und Stundenaufteilung (Std.)**					
					Theorie	**Praxis**	**Summe**	**1**	**2**	**3**	**4**	**5**	**6**
Kulturelle Grundkurse	Einführung in Maoismus und die Theorie des Sozialismus mit chinesischen Eigenschaften	Pflichtfach	Klausur	4	48	24	**72**		72				
	Ideologische und moralische Kultivierung und Rechtsgrundlage	Pflichtfach	Klausur	3	36	18	**54**	54					
	Wirtschaftswissenschaften und Angewandte Mathematik	Pflichtfach	Klausur	3	54		**54**		54				
	College Chinesisch	Pflichtfach	Klausur	3	54		**54**	54					
	Praktisches Englisch	Pflichtfach	Klausur	7	126		**126**	54	72				
	Computergrundlagen und Anwendungstechnik	Pflichtfach	Klausur	3	18	36	**54**		54				
	Militärische Ausbildung und nationale Verteidigungserziehung	Pflichtfach	Klausur	3	18	36	**54**	54					
	Sport	Pflichtfach	Prüfung	4	18	54	**72**	20	20	16	16		
	Politische Zusammenhänge	Pflichtfach	Prüfung	1				Vorlesung					

Kurstitel			Kurstyp	Prüfungstyp	CP	Verteilung (Std.)			Semester- und Stundenaufteilung (Std.)					
						Theorie	Praxis	Summe	1	2	3	4	5	6
Zwischensumme für kulturelle Grundkurse: 540 Unterrichtsstunden					**31**	**372**	**168**	**540**	**236**	**272**	**16**	**16**	**0**	**0**
Berufliche Grundkurse	Professionelle Wahrnehmung		Pflichtfach	Prüfung	1	8	10	**18**	9	9				
Berufliche Grundkurse	Wirtschaftswissenschaftliche Grundlagen		Pflichtfach	Klausur	4	56	16	**72**	72					
Berufliche Grundkurse	Grundlagen des Rechnungswesens und der Finanzanalyse		Pflichtfach	Prüfung	4	30	24	**54**	54					
Berufliche Grundkurse	Grundlagen des Managements		Pflichtfach	Klausur	4	62	10	**72**		72				
Berufliche Grundkurse	Einzelhandelsmanagement		Pflichtfach	Klausur	4	46	26	**72**		72				
Berufliche Grundkurse	Marktforschung und Statistiken		Pflichtfach	Klausur	3	32	22	**54**		54				
Berufliche Grundkurse	Geschäftskommunikation		Pflichtfach	Klausur	3	30	24	**54**			54			
Berufliche Grundkurse	Marketing		Pflichtfach	Prüfung	3	44	10	**54**			54			
Berufliche Grundkurse	Englisch für Business Services		Pflichtfach	Klausur	2	20	16	**36**			36			
Berufliche Grundkurse	Analyse des Verbraucherverhaltens		Pflichtfach	Prüfung	3	38	16	**54**				54		
Berufliche Grundkurse	Wirtschaftsrecht		Pflichtfach	Prüfung	3	38	16	**54**				54		
Berufliche Grundkurse	Internationale Handelspraxis		Pflichtfach	Prüfung	3	40	14	**54**			54			
Zwischensumme für berufliche Grundkurse: 648 Unterrichtsstunden					**37**	**444**	**204**	**648**	**135**	**207**	**198**	**108**	**0**	**0**
Fachkurs	Frachtmanagement		Pflichtfach	Klausur	4	24	48	**72**			72			
Fachkurs	Filialmanagement ◆	Informationsmanagement	Pflichtfach	Klausur	3	18	36	**54**			54			
Fachkurs	Filialmanagement ◆	Vertriebsmanagement	Pflichtfach	Klausur	4	34	38	**72**			72			
Fachkurs	Filialmanagement ◆	Beschaffungs- und Distributionsmanagement	Pflichtfach	Klausur	3	22	32	**54**			54			
Fachkurs	Filialmanagement ◆	Servicemanagement	Pflichtfach	Klausur	4	36	36	**72**				72		
Fachkurs	Filialmanagement ◆	Personalmanagement	Pflichtfach	Prüfung	3	26	28	**54**				54		

(*Fortsetzung*)

Tabelle 22: Fortsetzung

Kurstitel		Kurstyp	Prüfungstyp	CP	Verteilung (Std.)			Semester- und Stundenaufteilung (Std.)					
					Theorie	Praxis	Summe	1	2	3	4	5	6
	Kategorie-Management ◆▲	Pflichtfach	Klausur	3	24	30	**54**				54		
	Ladenlayout und -anzeige ◆	Pflichtfach	Klausur	4	28	44	**72**				72		
	Qualitätsmanagement ◆	Pflichtfach	Prüfung	3	18	36	**54**					54	
	Marketingplanung ◆	Pflichtfach	Klausur	4	18	36	**54**					54	
	Internet + Einzelhandel	Pflichtfach	Prüfung	3	18	36	**54**					54	
	Berufserfahrung im Einzelhandel	Pflichtfach	Prüfung	2	0	40	**40**					40	
	Praktikum	Pflichtfach	Prüfung	24	0	480	**480**					80	400
Zwischensumme für Kurs der Berufsfähigkeit: 1186 Unterrichtsstunden				**64**	**266**	**920**	**1186**	**0**	**0**	**252**	**252**	**282**	**400**
Kurs Finanz-marktwissen	Finanz- und Handelskompetenz	Pflichtfach	Prüfung	5	18	72	**90**	18	18	18	18	18	
	Psychische Gesundheitserziehung	Pflichtfach	Klausur	2	18	18	**36**	36					
	Karriereentwicklung und Beschäftigungsberatung	Pflichtfach	Prüfung	2	18	18	**36**	18				18	
	Qualitätsentwicklungskurs	Wahlfach	Prüfung	8	144	0	**144**	36	36	36	36		
Zwischensumme für Kurs Finanzmarktwissen: 306 Unterrichtsstunden				**17**	**198**	**108**	**306**	**108**	**54**	**54**	**54**	**36**	**0**
Summe: 2680 Unterrichtsstunden				**149**	**1280**	**1400**	**2680**	**479**	**533**	**520**	**430**	**318**	**400**

Hinweis: ◆ steht für professioneller Kernkurs. ▲ steht für Kurs zum Erhalt eines Zertifikats.

Abschlusskriterien der Ausbildung

Voraussetzung für den Abschluss ist, die Kurse und die Leistungspunkte des Lehrplans innerhalb des festgelegten Zeitraums zu absolvieren, das Berufsqualifikationszertifikat, das Sprachzertifikat in Englisch und das Computerzertifikat des Colleges zu erlangen und schließlich die Abschlussarbeit und die Verteidigung zu vervollständigen. Die Zertifikate, die durch diese Ausbildung jeweils erreicht werden können, werden in der folgenden Tabelle gezeigt (s. Tabelle 23):

Tabelle 23: Zertifikate der Ausbildung *Chain Operation Management*
[Eigene Darstellung in Anlehnung an Beijing Vocational College of Finance and Commerce 2015, S. 2]

<table>
<tr><th>Nr.</th><th>Bezeichnung des Zertifikats</th><th>Vergabeeinheit</th><th>Grad</th><th>Anmerkung</th></tr>
<tr><td>1</td><td>Nationale Computerrangprüfung</td><td>Ministerium für Bildung (MoE)</td><td>Stufe 1 oder höher</td><td>Erforderlich</td></tr>
<tr><td>2</td><td>Englischkenntnisse in der Anwendung an Hochschulen und Universitäten</td><td>Ministerium für Bildung (MoE)</td><td>Klasse B oder höher</td><td>Erforderlich</td></tr>
<tr><td>3</td><td>Zertifikat für Finanzen und Handel</td><td>Beijing Vocational College of Finance and Commerce</td><td></td><td>Erforderlich</td></tr>
<tr><td>4</td><td>Registrierter Kategoriemanager</td><td>China Chain-Store & Franchise Association (CCFA)</td><td>Assistent</td><td>Erforderlich</td></tr>
<tr><td>5</td><td>OSTA-C&G Handels- und Einzelhandelsqualifizierungszertifikat</td><td>Gemeinsam herausgegeben vom Ministerium für Humanressourcen und soziale Sicherheit (MoHRSS) und Stadt und Gilden von London Institut</td><td>Stufe 1</td><td rowspan="3">Optional</td></tr>
<tr><td>6</td><td>Allgemeine Managementfähigkeit</td><td>Ministerium für Humanressourcen und soziale Sicherheit (MoHRSS)</td><td>Grundlegendes Niveau</td></tr>
<tr><td>7</td><td>Warenverkäufer</td><td>Ministerium für Humanressourcen und soziale Sicherheit (MoHRSS)</td><td>Fortgeschritten</td></tr>
</table>

4.2.3.3.2 Mikroplanung: Exemplarische Darstellung einer Veranstaltung

Für jeden einzelnen Kurs gibt es einen entsprechenden Curriculumstandard. Um hier von einem Eindruck zu vermitteln, soll im Folgenden ein Kurs exemplarisch beschrieben werden: Das Frachtmanagement.

Kursübersicht

Frachtmanagement ist ein Fachkurs (s. Tabelle 22) und gleichzeitig auch ein professioneller Kernkurs dieser Ausbildung. Dieser Kurs findet i. d. R. im 3. Semester statt und wird mit 3 CP berechnet. Er umfasst insgesamt fünf Lehrprojekte, nämlich Auftragsabwicklung, Warenannahme, Produktausstellung, Front-End-Verkauf und Lagerbestandsführung.

In diesem Kurs wird arbeitsorientiertes Lernen und forschungsorientiertes Arbeiten in einer simulierten Umgebung durchgeführt und reale Arbeitsaufgaben vervollständigt.

Inhalte und Zielsetzungen

Der Kurs zielt darauf ab, qualifizierte Filialleiter für Unternehmensketten in Beijing auszubilden. Bei den Lernenden wird hierfür hohe professionelle Qualität, gute Moral und Professionalität vorausgesetzt. Sie müssen über die Fähigkeit verfügen, das theoretische Wissen bei der Durchführung von Geschäftsvorgängen praktisch anwenden zu können. Die konkreten Ziele lauten wie folgt (vgl. Beijing Vocational College of Finance and Commerce 2015, Anlage):

1. Fachwissen
   A. Beherrschung der Definition von Betrieb, Wissen über angemessene Bestellung, Vertrieb sowie Inventar
   B. Anwendung der Theoriekenntnisse des Filialbetriebs in der Praxis
   C. Beherrschung des Prinzips der Beziehung zwischen Bestellung und Verkauf
   D. Beherrschung der Grundprinzipien der Warenpräsentation
   E. Beherrschung der Basistechnologie von Filialvertrieb und Inventur

2. Berufliche Kompetenz (Berufsfähigkeit und allgemeine Fähigkeiten)
   F. Wahrnehmung der Gesamtstruktur und der Struktur des Filialbetriebs
   G. Wahrnehmung der Elemente von Waren, Regalen, Kassen, Lagern usw.
   H. Interpretation der Kaufverwaltung für Geschäfte
   I. Einschätzung der Bestandssituation des Lagers und des Laderaums, Erfassung und Berechnung der Verkaufsdaten
   J. Fähigkeit, Bestellungen per Hand und mit dem Computer aufzunehmen

K. Wahrnehmung der Elemente des Filialbetriebs
L. Erstellung der Inventarliste
M. Ausfüllen des Warenbestellformulars, Überprüfung des Ladungsverzeichnisses
N. Fähigkeit, die Registrierkasse zu benutzen, um Waren zu verkaufen
O. Fähigkeit zur selbstständigen Annahme von Waren

3. Professionalisierung

P. Freundlichkeit, Loyalität, Engagement und Hingabe zur Erfüllung der Berufsethik
Q. Präzision: Präzision ist die Grundlage für Professionalität und Qualität, die bei der Auftragsabwicklung, der Warenannahme, dem Warenpräsentationstraining, dem Front-End-Verkauf und dem Lagerbestandstraining eine wichtige Rolle spielt
R. Verantwortung: Der Fokus liegt auf dem Sicherheits- und Qualitätsbewusstsein, der Verantwortung für das Unternehmen, für sich selbst, für die Arbeit und für das Lernen

Übersicht über die einzelnen Unterrichtseinheiten und Verteilung der Unterrichtsstunden

Tabelle 24: Unterrichtseinheiten für den Kurs *Frachtmanagement*

[Eigene Darstellung in Anlehnung an Beijing Vocational College of Finance and Commerce 2015, Anlage]

Nr.	Inhalt	Aufgabe	Lernziel			Methode	Std.
			Fähigkeiten	Wissen	Anwendung		
1	Auftragsabwicklung	Definition eines Auftrags		Beherrschung der Definition eines Auftrags		Lehrervortrag	4
2	Auftragsabwicklung	Auftragsklassifizierung	Manuelle Shop-Bestellung	Beherrschung der Klassifizierung von Aufträgen		Lehrervortrag, Fallstudie	4
3	Auftragsabwicklung	Kombi-Auftrag	Bestellungen per Computer	Die Grundlage und das Verfahren zur Bewältigung des kombinierten Auftrags		Lehrervortrag, Fallstudie	4
4	Warenannahme	Wahrnehmung der Elemente des Filialbetriebs und der -struktur	Erfassung der Bestandssituation des Lagers	Verstehen der Faktoren, die den Verkauf von Geschäften beeinflussen; Ausfüllen des Registrierungsformulars für Supermarkt und Lager	Awareness-Training des strengen Arbeitsstils und selbstlernendes Bewusstsein	Lehrervortrag und Beratung, Praxis vor Ort, physische Vorführung	4
5	Warenannahme	Interpretation von Warenannahmebestimmungen	Verfassung des Lagerbestandsanalyseberichtes, Interpretation von Warenannahmebestimmungen	Beherrschung der Kenntnisse von der Inhalts- und Spezifikationsanforderungen des Analyseberichts für die Warenannahme	Teamwork, Arbeitsteilung, verantwortlicher Arbeitsstil	Lehrervortrag, Demonstrationsaufgabe Realübung	6

Nr.	Inhalt	Aufgabe	Lernziel			Methode	Std.
			Fähigkeiten	Wissen	Anwendung		
6	Produktausstellung	Wahrnehmung der Ausstellungselemente und Strukturen der Filiale		Beherrschung der Produktausstellungskarte und Produktkonfigurationstabelle	Awareness-Training zu Arbeitsstil selbstlernendem Bewusstsein	Lehrervortrag und Beratung, Praxis vor Ort, physische Vorführung	4
7		Interpretation der Präsentation einer Filiale	Erkennen der Rolle der Warenpräsentation im Ladenverkauf	Art der Produktdarstellung	Awareness-Training zu Arbeitsstils und selbstlernendem Bewusstsein	Lehrervortrag, physische Vorführung	4
8	Front-End-Verkauf	Wahrnehmung der Struktur vom Front-End-Verkauf		Beherrschung des Kassiererservice und damit verbundener Verkaufskompetenzen	Awareness-Training zu Arbeitsstils und selbstlernendes Bewusstsein		4
9		Interpretation des Kassiererservices und damit verbundener Verkaufskompetenzen	Erkennen der Rolle der Kassiererdienste im Filialbetrieb	Einsicht des Kassenmodus, verschiedener Formate	Awareness-Training zu Arbeitsstils und selbstlernendem Bewusstsein		4
10	Lagerbestandsführung	Wahrnehmung der zugehörigen Elemente des Ladenbestands		Verstehen der Bedeutung und Rolle des Filialinventars	Awareness-Training zu Arbeitsstils und selbstlernendem Bewusstsein		4
11		Interpretation der Bedeutung des Filialinventars	Beherrschung der Beziehung zwischen Filialverkäufen und Bestand	Beherrschung der Methoden und Fähigkeiten der Filialinventur	Awareness-Training zu Arbeitsstils und selbstlernendem Bewusstsein		4

(fortgeführt)

Tabelle 24: Fortsetzung

Nr.	Inhalt	Aufgabe	Lernziel			Methode	Std.
			Fähigkeiten	Wissen	Anwendung		
12	**Ganzheitlicher Wettbewerb**	Skill-Wettbewerb	Überprüfung der umfassenden Wirkung des Kurses	Konsolidierung und Prüfung der Anwendung von theoretischem Wissen	Training der beruflichen Unabhängigkeit und Anpassungsfähigkeit der Lernenden	Der Lehrer teilt den Zweck, die Anforderungen, die Regeln und die Bewertungsstandards des Wettbewerbs mit	4
13	**Prüfungsvorbereitung**						4
Gesamtunterrichtsstunden							**54**

Beurteilung und Evaluierung

Dieser Kurs verwendet eine Multi-Index-Bewertungsmethode, um die Lernsituation der Lernenden zu beurteilen. Hierbei wird das 100-Punkte-System[88] verwendet, einschließlich der Bewertung von Anwesenheit, aktive Unterrichtsteilnahme, Hausaufgaben und Klausur. Die Anwesenheit macht 10 % aus, Leistungen im Unterricht / regelmäßige Hausaufgaben machen 40 % aus und 50 % die Klausur. Der genaue Bewertungsplan ist in der nachfolgenden Tabelle 25 wiedergegeben.

Tabelle 25: Bewertungsplan

[Eigene Darstellung in Anlehnung an Beijing Vocational College of Finance and Commerce 2015, Anlage]

Bewertungsobjekt	Gewichtung	Bewertungsmethode
Anwesenheit	10 %	Ein Abzug von 2 Punkten pro Fehlzeit, bis zum Ende des Abzuges
Leistungen im Unterricht	20 %	Bewertung der Lernenden mit max. 20 Punkten entsprechend der üblichen Frage-Antwort-Runde im Klassenzimmer sowie andere Leistungen. Bewertungsinhalt: I, K, N (s. die ‚Inhalte und Zielsetzungen' in diesem Abschnitt)
Regelmäßige Hausaufgaben	20 %	Insgesamt 4 Mal Hausaufgaben mit jeweils 5 Punkten Bewertungsinhalt: J, L, M, O, P, Q, R (s. die ‚Inhalte und Zielsetzungen' in diesem Abschnitt)
Klausur	50 %	Klausur mit einer Gesamtpunktzahl von 100 Bewertungsinhalt: A, B, C, D, E, F, G, H (s. die ‚Inhalte und Zielsetzungen' in diesem Abschnitt)

88 Die Prüfungsleistungen werden in China i. d. R. nach dem 100-Punkte-System bewertet. Eine Punktzahl zwischen 90-100 ist eine den Anforderungen in besonderem Maße entsprechende Leistung, also ‚ausgezeichnet'; Eine Punktzahl zwischen 80-90 bedeutet eine den Anforderungen voll entsprechende Leistung, (gut); Eine Punktzahl zwischen 70-80 bedeutet eine den Anforderungen im Allgemeinen entsprechende Leistung (befriedigend); 60-70 bedeutet eine Leistung, die zwar Mängel aufweist, aber im Ganzen den Anforderungen noch entspricht (ausreichend); unterhalb von 60 Punkten bedeutet ungenügend.

4.2.3.3.3 Evaluation von Lehr- und Lernprozessen

Das Qualitätsmanagementsystem für die Ausbildung *Chain Operation Management* besteht aus einem zweistufigen Managementprozess und einem externen Bewertungsmechanismus. Die konkreten Bewertungsmethoden sind wie folgt gestaltet (vgl. Beijing Vocational College of Finance and Commerce 2015, S. 13):

1. Jedes Semester erfolgt eine umfassende Untersuchung und Bewertung der Unterrichtsqualität der Lehrenden. Diese besteht aus vier Teilen, nämlich: Bewertung der Lernenden, Peer-Evaluation der Lehrenden, Umsetzung des Lehrstandards der Fakultät (bzw. Abteilung), Lehrinspektion durch die Schulverwaltung (einschließlich aller Führungskräfte und Supervisoren). Die prozentuale Gewichtung der Teile sind 60 %, 20 %, 10 % und 10 %.
2. Die Prüfungszeit und die Bewertungsmethode für die Qualitätsüberwachung lauten wie folgt:
   - Die Überprüfung der Umsetzung der Unterrichtsstandards basiert hauptsächlich auf einer Selbstprüfung durch die Abteilung und einer stichprobenartigen Kontrolle der Schulverwaltung. Die Prüfungszeit ist die dritte Woche jedes Semesters und die Halbzeit-Lehrinspektionswoche.
   - Die Prüfung des Unterrichts im Klassenzimmer umfasst die folgenden drei Formen: Führungskräfte auf allen Ebenen besuchen die Vorlesungen und Seminare, Peer-Lehrer besuchen Vorlesungen und evaluieren den Unterricht und die Lernenden bewerten die Veranstaltungen.
   - Die Lehrsituationsprüfung von Praktikum, Kursdesign, Abschlussarbeit, etc. basiert hauptsächlich auf der Methode der Fragebogenerhebung unter den Lernenden. Diese findet am Ende des Kurses statt.
   - Die Prüfung der Leistungsnachweise wird von den Fakultäten und Abteilungen durchgeführt, um die täglichen Hausaufgaben und Testaufzeichnungen der Lernenden zu überprüfen und die Prüfungsergebnisse bei der Schulverwaltung zu melden. Die Schulverwaltung organisiert Prüfungen, Expertenanalysen und die Bewertung der Qualität der Prüfungsunterlagen.
3. Evaluationsergebnisse: Die Evaluationsergebnisse des vorangegangenen Semesters werden zu Beginn jedes Semesters bekannt gegeben. Die Bewertungsergebnisse dienen als wichtige Referenz für die Begutachtung der Berufsbezeichnungen[89] der Lehrkräfte und verschiedene Auszeichnungen.

---

89 Es gibt fünf formale hierarchische Stufen für Lehrer, die den beruflichen Status in China anzeigen: 1. Lehrer der dritten Stufe oder Anfänger (三级教师); 2. Lehrer der

4. Externe Bewertung durch Drittanbieter: Neben der internen Evaluierung des Kollegiums wurde zusätzlich ein externer Evaluierungsmechanismus eingeführt, der eine Erhebung bei kooperierenden Unternehmen und die unabhängige Erhebung durch Drittanbieter umfasste. Durch diese wird die Bewertung der Qualität der Personalausbildung in kooperativen Unternehmen durch das *Department of Business Administration* organisiert und die unabhängige Untersuchung von Drittanbieter wird von *MyCOS*[90] durchgeführt.
5. Wettbewerb der beruflichen Fähigkeiten: Die Ausbildung ist nach dem nationalen Berufsqualifikationsstandard Verkäufer (2010 überarbeitet) konzipiert, um in einem klasseninternen Wettbewerb Verkäuferfertigkeiten zu demonstrieren. Durch den Wettbewerb wird auf der einen Seite die umfassende Anwendbarkeit des Fachwissens der Lernenden getestet. Auf der anderen Seite erfolgt dies um das Interesse und das Potenzial der Lernenden zu wecken, die Fähigkeit zur Innovation und Zusammenarbeit sowie zur praktischen Problemlösung zu entwickeln um den Schüler somit bessere Chancen auf dem Arbeitsmarkt zu ermöglichen.

4.2.3.3.4 Zwischenfazit

Diese Fallstudie ist ein erfolgreiches Beispiel für die kaufmännische Ausbildung. Das Curriculum wird gemeinsam vom College, den Unternehmen und den Lernenden unter Beachtung der Rahmenvorgaben des nationalen Unterrichtsstandards festgelegt. Im Vergleich zu den allgemeinen Vorgaben des nationalen Unterrichtsstandards spiegelt sich seine Innovation vor allem in den folgenden beiden Punkten wider:

Lernortkooperation

Bei diesem Ausbildungsgang ist die Zusammenarbeit zwischen Schule und Unternehmen eng gestaltet. Die berufliche Bildung zeichnet sich

---

zweiten Stufe oder der Mittelstufe (二级教师); 3. Lehrer der ersten Stufe oder fortgeschrittene Lehrer (一级教师); 4. Senior-Lehrer (高级教师); 5. Professor- Senior-Lehrer (正高级教师). Es gibt auch einen speziellen Titel, Special-Grade-Lehrer, der ein Ehrentitel für Lehrer ist, die als hervorragend gelten. Konkrete Bewertungsmethoden für Berufsbezeichnungen variieren von Provinz zu Provinz.

90 *MyCOS* ist das erste Unternehmen in China, das sich auf Datenanalyse im Bereich des Hochschulmanagements spezialisiert hat. *MyCOS* bietet Beratungsdienste für Datenerhebung und -analyse für über 1000 Hochschuleinrichtungen in ganz China an und veranstaltet Chinas größtes Forum für Hochschulmanagement.

dementsprechend durch die Kombination aus Theorie und Praxis aus. Die zeitliche Verteilung der Ausbildung *Chain Operation Management* an dem *Beijing Vocational College of Finance and Commerce* ist in Tabelle 26 dargestellt. Aus der Tabelle geht hervor, dass der Anteil der Praxis (53 %) den Anteil der Theorie (47 %) übersteigt. Dies ist in China sehr ungewöhnlich, zumeist überwiegt der theoretische Anteil stark.

Tabelle 26: Verteilung der Unterrichtsstunden der Ausbildung *Chain Operation Management* an dem Beijing Vocational College of Finance and Commerce

[Eigene Darstellung in Anlehnung an Beijing Vocational College of Finance and Commerce 2015, S. 10]

Nr.	Lehrveranstaltung	Unterrichtsstunden			Gewichtung (%)
		Theorie	Praxis	Summe	
1	Kulturelle Grundkurse	372	168	540	**20 %**
2	Berufliche Grundkurse	430	272	702	**26 %**
3	Fachkurse	248	884	1132	**42 %**
4	Finanzmarktwissenskurse	198	108	306	**12 %**
Summe	**Unterrichtsstunden**	**1248**	**1432**	**2680**	**100 %**
	Gewichtung (%)	**47 %**	**53 %**	**100 %**	

Die Art der Zusammenarbeit zwischen Schule und Unternehmen hängt stark von dem schuleigenen Institutionenaufbau ab. Die drei nachstehend aufgeführten Punkte sind dabei die Schlüsselfaktoren (vgl. Beijing Vocational College of Finance and Commerce 2015, S. 11–12):

Ausschuss für strategische Zusammenarbeit
Das College und die kooperierenden Unternehmen haben gemeinsam einen Ausschuss für die strategische Zusammenarbeit eingerichtet, der sich aus den Leitern beider Organisationen und den entsprechenden Abteilungsleitern zusammensetzt. Dieser Ausschuss trifft sich regelmäßig und veranstaltet jedes Jahr ein Strategietreffen, um wichtige Fragen, neue Ideen und Ziele der Kooperation zu erörtern und die weitere Zusammenarbeit festzulegen. Die Schule und das Unternehmen bestimmen dabei jeweils einen leitenden Mitarbeiter, der für die tägliche Kommunikation im Tagesgeschäft zuständig ist.

Lenkungsausschuss für die berufliche Entwicklung

Das College hat mit einer Reihe von Unternehmen in Beijing strategische Kooperationsvereinbarungen unterzeichnet und Branchenexperten für die Beratung eingestellt. Außerdem wurde gemeinsam mit Unternehmen ein professioneller Lenkungsausschuss für die berufliche Entwicklung ins Leben gerufen. Zu diesen Kooperationspartnern gehören u. a. *Beijing Wangfujing Department Store (Group) Co., Ltd.; Beijing Caishikou Department Store Co., Ltd.; Beijing Qianxiangyi Silk Co., Ltd.* Die spezifische Arbeit des Lenkungsausschusses umfasst folgende Aspekte:

- die Einrichtung einer gemeinsamen Abteilung für Lehre und Forschung zwischen Schule und Unternehmen, um die Entwicklung des arbeitsintegrierten und lernorientierten Kurses zu koordinieren;
- die Forschungsarbeit von hauptberuflichen Lehrern in Unternehmen;
- die Einbindung von Branchenexperten zur Demonstration der beruflichen Entwicklung;
- den Aufbau eines Projektteams für die Zusammenarbeit zwischen Schulen und Unternehmen, das für Beratungsprojekte im relevanten Bereich verantwortlich ist;
- die Koordination der betrieblichen Berufsbildung.

Hauptform der Kooperation zwischen Schulen und Betrieben

Die Unternehmen bieten Praktikums- und Ausbildungspraktikumsplätze an und verfügen über Lehrkräfte für das Praktikum. Das College gilt damit als Talentbasis für die Genossenschaftsunternehmen und richtet nach dem Personalplan des Betriebs eine Auftragsklasse (the Ordered Class, 订单班*)* ein. So können die Lernenden gezielt ausgebildet werden, um den Bedarf der Genossenschaftsunternehmen an hoch qualifiziertem Personal zu decken.

Genossenschaftliche Unternehmen beschäftigen Lehrer in Teilzeitarbeit oder für Research-Studien. So können diese an betriebswirtschaftlichen Aktivitäten teilnehmen, sodass die Qualität und die praktischen Fähigkeiten des doppelqualifizierten Lehrers – der sowohl auf Theorie als auch auf Praxis spezialisiert ist – verbessert werden können.

Während des Praktikums erhalten die Lernenden eine persönliche Anleitung und Betreuung durch je einen Tutor vom College sowie vom Unternehmen.

Wettbewerb der beruflichen Fähigkeiten

Die Schule bindet aktiv Konzepte des Berufsbildungswettbewerbs *WorldSkills Competition*[91] ein. Als Teil des Lehrplans (s. Tabelle 24) findet ein eigener Kompetenzwettbewerb statt, bei der die Schüler ihre Fähigkeiten praktisch demonstrieren und sich miteinander messen. Bei sehr gutem Erfolg haben die Schüler die Möglichkeit sich für den internationalen Wettbewerb zu bewerben. Der Wettbewerbsgedanke wird zugleich auch als ein zentraler Leitgedanke verstanden, um sich verbessern zu können und sich hierfür zu motivieren. Dieses gilt dabei für Schüler, Lehrer und Schule gleichermaßen. So erklärt der Experte (IP08):

> „Wir sprechen oft von dem Wettbewerbsprinzip: ‚das Lernen im Wettbewerb zu fördern, den Unterricht im Wettbewerb zu fördern, die Reform im Wettbewerb zu fördern'. [...] Aber was ist konkret mit diesen Aussagen gemeint? Das Lernen im Wettbewerb zu fördern, bedeutet, dass das Lernen vom Standard des Wettbewerbs abhängt und dies vom Lehrer geleitet wird. Den Unterricht im Wettbewerb zu fördern, meint, die Lehrer sollen, durch die Methode des Wettbewerbs die Schüler dazu motivieren, ihre Fähigkeiten und Kenntnisse zu verbessern. Was ist Förderung der Reform im Wettbewerb? Hierbei geht es darum, sich zu verändern, Reformen durchzuführen und den Unterricht professioneller zu gestalten" (Interview IP08-WF-2018, Position 74).

4.3 Einzelhandel und einzelhandelsspezifische Berufsbildung in Deutschland

4.3.1 Sektoriale Rahmenbedingungen in Deutschland

4.3.1.1 Systematik des institutionellen Einzelhandels in Deutschland

Typische Einzelhandelsformen in Deutschland sind das Fach- und Spezialgeschäft, die Boutique, der Fachmarkt, das Warenhaus, das

---

91 Die Veranstaltung *WorldSkills* ist das größte globale Schaufenster für berufliche Kompetenzen. Inoffiziell wird das Event auch als Berufsolympiade oder Berufsweltmeisterschaft bezeichnet. Im Rahmen der seit 70 Jahren stattfindenden internationalen *WorldSkills Competition* (kurz: WSC) zeigen Jugendliche (18-23 Jahre) aus über 60 Ländern ihre berufliche Kompetenz in mehr als 50 Berufen. Diese Berufsweltmeisterschaft bietet jungen Menschen eine renommierte Plattform, ihre Talente zu demonstrieren und Wertschätzung für diese zu erfahren. Zugleich ist diese für die Teilnehmerstaaten ein starkes Instrument, „um auf das eigene Bildungssystem sowie den eigenen Wirtschaftsstandort aufmerksam und für diese Werbung zu machen. Sie [diese öffentlichkeitswirksamen Wettbewerbe] helfen, das nationale Ausbildungssystem laufend zu vergleichen und ihm neue Impulse zu geben" (WorldSkills Germany 2016). In vielen Ländern (bspw. China, Südkorea, Finnland) wird die Veranstaltung als Impulsgeber für das Berufsbildungssystem betrachtet.

Selbstbedienungswarenhaus, das Gemeinschaftswarenhaus, das Kaufhaus, der Discounter, das Gemischtwarengeschäft, der Convenience-Store, der Supermarkt sowie der Verbrauchermarkt (vgl. Ausschuss für Definitionen zu Handel und Distribution 2006, S. 29). Aufgrund der Diversität und Komplexität der Betriebstypen des Einzelhandels ist es nicht möglich, alle derzeit bekannten Betriebstypen eindeutig in einem Diagramm darzustellen. Abbildung 19 bietet jedoch in vereinfachter Form einen Überblick über die bedeutendsten Betriebstypen des Einzelhandels in Deutschland.

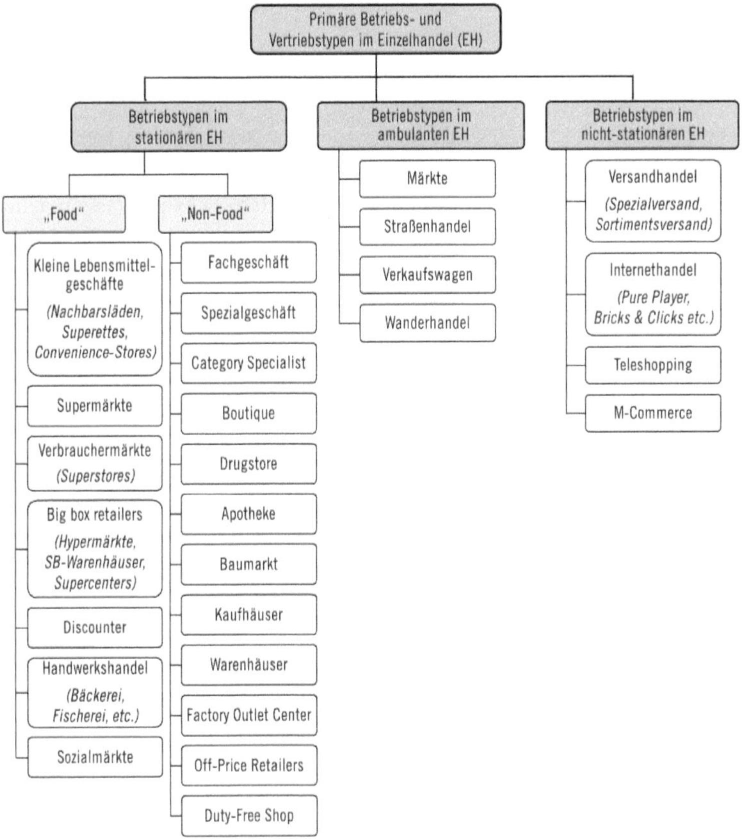

Abbildung 19: Systematik des institutionellen Einzelhandels

[Gittenberger et al. 2007, 41 f.; Gittenberger und Teller 2009, S. 352; Lerchenmüller et al. 2011, 11 f.; Levy und Weitz 2009, 34 f.; Müller-Hagedorn und Natter 2011, 90 f.; Nielsen 2009, S. 14; zit. n. Gittenberger und Teller 2012, S. 222]

Obwohl der Einzelhandel äußerst vielfältig gegliedert ist, lassen sich dennoch übergreifende Merkmale feststellen, mithilfe derer Betriebstypen systematisiert werden. Diese Unterscheidungskriterien sind die Sortimentspolitik und Betriebsgröße, das Bedienungsprinzip, die Art des Inkassos, der Preisgestaltung und des Kundenkreises und die Integration eines Betriebes in eine Agglomeration. Bei der Definition der einzelnen Betriebstypen wird dabei nicht auf alle Merkmale, sondern nur auf die jeweils konstituierenden Merkmale zurückgegriffen (vgl. Ausschuss für Definitionen zu Handel und Distribution 2006, S. 29). Betriebstypen lassen sich hier – je nach Ausprägung bestimmter Merkmale – in stationären Einzelhandel, nicht-stationären Einzelhandel und ambulanten Einzelhandel gliedern.

4.3.1.1.1 Stationärer Einzelhandel

Der stationäre Einzelhandel spielt im Handel eine besonders wichtige Rolle und ist durch Ladenlokale mit festem Standort gekennzeichnet (Bruhn 2001, S. 176). Innerhalb des stationären Einzelhandels kommt dem Lebensmitteleinzelhandel die umsatzmäßig größte Bedeutung zu. Der Lebensmitteleinzelhandel beschäftigt sich hauptsächlich mit dem Verkauf von Lebensmitteln an Endverbraucher, wodurch dieser zum Food-Bereich gezählt wird. Hierzu gehören im Einzelnen kleine Lebensmittelgeschäfte, Supermärkte, Verbrauchermärkte, Discounter, Handwerkshandel und Sozialmärkte. Zum Non-Food-Bereich zählen dahingegen insbesondere Fach- und Spezialgeschäfte, Boutiquen, Apotheken, Baumärkte, Waren- und Kaufhäuser, Factory Outlets Center sowie Duty-Free Shop (s. Abbildung 19). Der weiterführende Teil befasst sich detailliert mit den häufigsten / bekanntesten Betriebstypen im stationären Einzelhandel in Deutschland.

Ausgewählte stationäre Betriebstypen im Food-Bereich:

Kleine Lebensmittelgeschäfte

Kleine Lebensmitteleinzelhandelsgeschäfte werden auch als Convenience-Stores bezeichnet. Dieser Betriebstyp ist ein eher kleinflächiges Einzelhandelsgeschäft (kleiner als 400 qm) mit begrenztem Sortiment des täglichen Bedarfs bis hin zur Gastronomie. Durch seine spezielle Lage kann sich ein Convenience-Store meist ein erhöhtes Preisniveau erlauben. Denn die Stores sind oft in Nähe zu Wohn- und / oder Arbeitsorten zu finden. Beispiele für diese Betriebsform sind Tankstellen-Shops, Bahnhofs-Shops, Kioske. Dies gelingt durch längere Öffnungszeiten (bis zu 24 Stunden, unterschiedlich nach Regelung des Bundeslandes). (Vgl. Ausschuss für Definitionen zu Handel und Distribution 2006, S. 30–31)

Supermärkte

Supermärkte stellen den dominanten Betriebstyp im Lebensmitteleinzelhandel dar. „Der Supermarkt ist ein Einzelhandelsbetrieb, der auf einer Verkaufsfläche von mindestens 400 qm[92] Nahrungs- und Genussmittel, einschließlich Frischwaren (z. B. Obst, Gemüse, Südfrüchte, Fleisch) und ergänzend Waren des täglichen und des kurzfristigen Bedarfs anderer Branchen vorwiegend in Selbstbedienung anbietet“ (Ausschuss für Definitionen zu Handel und Distribution 2006, S. 40). Das Sortiment eines Supermarktes umfasst jegliche Güter, derer es keiner Verkaufsberatung bedarf. Die Kunden sind mit diesen sogenannten problemlosen Gütern vertraut und brauchen daher keine gezielte Verkaufsberatung. Im Sortiment befinden sich 3000 bis 10.000 Artikel (Lerchenmüller et al., S. 181), wobei der Frischebereich eine zentrale Rolle spielt (Schneck 2011, S. 460). Supermärkte liegen in räumlicher Nähe zu Wohnquartieren, meistens in Innenstadt-Lagen, um den Konsumenten einen bequemen Einkauf anzubieten (vgl. Schneck 2011, S. 460; Lerchenmüller et al. 2011, S. 181). Beispiele für diesen Betriebstyp sind EDEKA-Märkte.

Discounter

„Discounter bieten ein enges, auf raschen Umschlag ausgerichtetes Sortiment zu niedrigen Preisen an. Da Discounter für diese Strategie große artikelspezifische Einkaufsvolumina und hohe Kundenfrequenzen benötigen, wird das Discountgeschäft fast ausschließlich von großen Einzelhandelsunternehmungen nach dem Filialprinzip betrieben“ (Ausschuss für Definitionen zu Handel und Distribution 2006, S. 31). Diese Betriebsform verfügt über eine kleine Verkaufsfläche (maximal 800 qm) mit beschränktem Sortiment (600 bis 1200 Artikel) (vgl. Schneck 2011, S. 460). Lebensmittel-Discounter hingegen sind unabhängig

---

92 Nach der amtlichen Statistik hat der Supermarkt höchstens eine Verkaufsfläche von 1.000 qm und nach der Einteilung von Marktforschungsinstituten höchstens 800 qm. Das EuroHandelsinstitut legt hingegen keine Obergrenze in absoluten Quadratmeterzahlen fest. Der Supermarkt ist – laut EuroHandelsinstitut – primär dadurch gekennzeichnet, dass der Anteil der für Non-Food vorgesehenen Fläche nicht über 25 Prozent liegt (vgl. Ausschuss für Definitionen zu Handel und Distribution 2006, S. 40).
Laut der Nielsen-Publikation *Handel – Verbraucher – Werbung 2016* zeichnen sich Lebensmittel-Einzelhandelsgeschäfte durch Läden mit einer Verkaufsfläche von 100-999 qm aus. Wenn Lebensmittel-Einzelhandelsgeschäfte über eine Verkaufsfläche von 400-999 qm verfügen, werden sie als große Supermärkte bezeichnet. Bei einer Verkaufsfläche von 100-399 qm werden diese Geschäfte kleine Supermärkte genannt (vgl. Nielsen 2016, S. 12).

von der Größe der Verkaufsfläche (vgl. Nielsen 2016, S. 12). Ihre Attraktivität liegt in der Preisgestaltung. Beispiele für Discounter in Deutschland sind *Aldi*, *Lidl*, *Netto* und *Penny*.

Verbrauchermärkte
Der Verbrauchermarkt zählt zu den Großbetriebsformen des Einzelhandelsbetriebs, der ein breites Sortiment an Nahrungs- und Genussmitteln sowie an Ge- und Verbrauchsgütern des kurz- und mittelfristigen Bedarfs, überwiegend in Selbstbedienung, anbietet. Diese Betriebsform verfügt über eine Verkaufsfläche von mindestens 1.000 qm.[93] Der Standort ist i. d. R. auf Kundschaften mit einem Auto fokussiert (vgl. Ausschuss für Definitionen zu Handel und Distribution 2006, S. 42). Im Angebot befinden sich ein Vollsortiment im Food-Bereich und ein kleineres Non-Food-Sortiment. Verbrauchermärkte werden oft entweder auf eine Dauerniedrigpreispolitik oder auf eine Sonderangebotspolitik abgestellt. Das Preis-Niveau befindet sich in einer Sandwich-Position zwischen Supermarkt und Discounter (vgl. Schneck 2011, S. 460). Ein Beispiel für diese Betriebsform ist der Real-Verbrauchermarkt.

Handwerkshandel
Als Handwerkshandel wird die Handelstätigkeit von Handwerksbetrieben bezeichnet. Neben dem Vertrieb eigenproduzierter Güter werden hierbei auch fremdbezogene Güter bezogen und verkauft. Dies kann sowohl in Form eines Einzelhandelsbetriebs als auch als Großhandelstätigkeit erfolgen (vgl. Ausschuss für Definitionen zu Handel und Distribution 2006, S. 34). Zu diesen Handwerksbetrieben zählen bspw. Bäcker, Fleischer, Tischler, Elektroinstallateure, Kraftfahrzeugmechaniker und Friseure.

---

93 Die Verkaufsfläche liegt nach der amtlichen Statistik bei mindestens 1000 qm, nach der Abgrenzung des EuroHandelsinstituts bei mindestens 1500 qm, gemäß Marktforschungsinstituten mindestens 800 qm. Teilweise unterscheiden die Marktforscher noch zwischen kleinen (800-1500 qm) und großen Verbrauchermärkten (1500-5000 qm) (vgl. Ausschuss für Definitionen zu Handel und Distribution 2006, S. 42).
In der Nielsen-Publikation *Handel – Verbraucher – Werbung 2016* haben Verbrauchermärkte mindestens 1.000 qm Verkaufsfläche. Große Verbrauchermärkte sind Einzelhandelsgeschäfte mit mindestens 2.500 qm Verkaufsfläche, die ein breites, warenhausähnliches Sortiment des Lebensmittel- und Nichtlebensmittelbereichs in Selbstbedienung anbieten. Kleine Verbrauchermärkte sind Lebensmittel-Einzelhandelsgeschäfte mit einer Verkaufsfläche zwischen 1.000 und 2.499 qm, die ein breites, warenhausähnliches Sortiment des Lebensmittel- und Nichtlebensmittelbereichs in Selbstbedienung anbieten (vgl. Nielsen 2016, S. 12).

Sozialmärkte
Sozialmärkte sind gemeinwohlorientierte, kleinflächige Betriebe des Einzelhandels, die sich ausschließlich an finanzschwache, bedürftige Personengruppen richten. Sie vertreiben Güter des täglichen Bedarfs zu einem stark vergünstigten oder nur symbolischen Preis exklusiv an diesen Personenkreis. Zumeist erhalten Sozialmärkte ihre Ware kostenfrei aus Restbeständen und der Ausschuss- oder Überproduktion von Handels- und Industrieunternehmen (vgl. Lienbacher und Holweg 2011, I). Die Märkte werden zumeist von sozialwohlorientierten Vereinen und Einrichtungen mit Unterstützung durch ehrenamtliche Mitarbeiter betrieben. Eine Gewinnabsicht besteht nicht, erzielte Überschüsse fließen ebenfalls sozialen Zwecken zu. Ein Sozialmarkt kann auch als zugangsbeschränkter Discounter für Personen mit geringem Einkommen angesehen werden.

Ausgewählte stationäre Betriebstypen im Non-Food-Bereich:

Fachgeschäfte
Diese Betriebsform bietet ein branchenspezifisches oder bedarfsgruppenorientiertes Sortiment in großer Auswahl und in unterschiedlichen Qualitäten und Preislagen an. Oft werden auch zusätzliche Dienstleistungen angeboten (z. B. Kundenservice). (Vgl. Ausschuss für Definitionen zu Handel und Distribution 2006, S. 33)

Warenhäuser
Ein Warenhaus ist ein großflächiger Einzelhandelsbetrieb, das sich zumeist über mehrere erstreckt und sich typischerweise in gehobener Lage in der Innenstadt oder in Einkaufszentren befindet. Angeboten wird eine breite Produktpalette bei großer Produktauswahl, wobei das Sortiment mittel- bis hochpreisig orientiert ist. Das Produktangebot ist schwerpunktmäßig im Non-Food Bereich angesiedelt und umfasst zumeist die Bereiche „Bekleidung, Heimtextilien, Sport, Hausrat, Einrichtung, Kosmetik, Drogeriewaren, Schmuck, Unterhaltung. Dazu kommen Dienstleistungssortimente der Bereiche Gastronomie, Reisevermittlung und Finanzdienstleistungen“ (Ausschuss für Definitionen zu Handel und Distribution 2006, S. 44). Diese Betriebsform lässt sich durch eine große Verkaufsfläche kennzeichnen, die nach der amtlichen Statistik häufig weit über 3.000 qm liegt. Bekannte Warenhäuser in Deutschland sind z. B. *Karstadt*, *Kaufhof* oder das *KaDeWe* in Berlin.

Kaufhäuser
Ein Kaufhaus ist ein größerer Einzelhandelsbetrieb (ca. 1.500–3.000 qm), der überwiegend auf dem Wege der Bedienung Waren aus zwei oder mehr Branchen, davon wenigstens aus einer Branche in tiefer Ausgestaltung, anbietet. Am stärksten verbreitet sind Kaufhäuser mit Textilien, Bekleidung und verwandten Bedarfsrichtungen, die auch als Textilkaufhäuser bezeichnet werden. Im Vergleich zum Warenhaus werden hier keine Lebensmittel zum Kauf angeboten und es erfolgt eine stärkere Konzentration auf ausgewählte Warengruppen (vgl. Ausschuss für Definitionen zu Handel und Distribution 2006, S. 35). Beispiele für diesen Betriebstyp sind *H&M* und *C&A*.

Boutiquen
Die Boutique ist eher ein kleinerer Einzelhandelsbetrieb, der ein modisches, begrenztes und auf seine Zielgruppe abgestimmtes Sortiment anbietet. Boutiquen finden sich meist in den Bereichen Bekleidung, Schmuck und Einrichtungsgegenstände. Diese Verkaufsform ist auch häufig als Shop-in-Shop (z. B. in Waren- und Kaufhäusern) gekennzeichnet. (Vgl. Ausschuss für Definitionen zu Handel und Distribution 2006, S. 30)

Fabrikläden und Factory Outlet Center
Fabrikläden, neudeutsch auch als Factory Outlets bezeichnet, sind mittel- und großflächige Einzelhandelsbetriebe, welche Ware eines bestimmten Herstellers im Direktvertrieb an den Endverbraucher verkauft. Hierbei handelt es sich primär um Waren der letzten Saison, zweiter Wahl, Überbestände und Retouren, welche mit deutlichen Preisabschlägen zumeist in Selbstbedienung abverkauft werden. Traditionell an einem Standort des Herstellers als Laden angegliedert, wird diese Form des Vertriebs auch als Fabrikverkauf bezeichnet. Insbesondere in den letzten 20 Jahren hat sich zudem eine neue Form dieses Fabrikverkaufs etabliert: ein Zusammenschluss vieler verschiedener Fabrikläden zu sogenannten Factory-Outlet-Centern (vgl. Ausschuss für Definitionen zu Handel und Distribution 2006, S. 33). Derartige Center umfassen dann mehrere Tausend Quadratmeter Verkaufsfläche und bis zu 100 Läden an zumeist verkehrsgünstigen Standorten. In Deutschland gibt es aktuell 15 Factory Outlet Center, u. a. in Metzingen, Neumünster, Soltau und Zweibrücken.

4.3.1.1.2 Ambulanter Einzelhandel

Der ambulante Einzelhandel ist ein Teil des Einzelhandels, bei dem der Verkauf nicht an festen Standorten stattfindet, sondern mit beweglichen Verkaufsstellen oder ganz ohne offene Verkaufsstellen erfolgt. Nach *Katalog E* sind im

Einzelnen zu unterscheiden (vgl. Ausschuss für Definitionen zu Handel und Distribution 2006, S. 28):

- Hausierer (Wanderhandel), die private Haushalte aufsuchen und die angebotenen Waren mit sich führen
- Markthandel (z. B. Wochen-, Bauern- und Weihnachtsmärkte)
- Straßenhandel (z. B. Obstkarren) und Verkaufswagen, deren Inhaber teils als Spezialisten Waren (Obst, Gemüse, Eier, Fische und sonstige Frischwaren) anbieten, teils größere Sortimente führen und vorzugsweise in Regionen mit dünnem Einzelhandelsnetz zu finden sind (mobile Läden)

4.3.1.1.3 Nicht-stationärer Einzelhandel

Im Gegensatz zum stationären Einzelhandel ist nicht-stationärer Einzelhandel – auch synonym als Distanzhandel bezeichnet – ein Sammelbegriff für jene Vertriebsform, die im Wesentlichen durch räumliche Distanz zwischen Handel und Kunde gekennzeichnet ist (vgl. Häberle 2008, S. 293). Dazu zählen z. B. Versandhandel, Internethandel. Diese Begriffe werden im Folgenden im Detail erläutert.

Versandhandel

Bei Versandhandel und Versandgeschäften handelt es sich um Formen des Distanzhandels, d. h., zwischen Verkäufer und Käufer besteht eine räumliche Distanz. Diese Distanz wird mittels einem Medium überbrückt. Heutzutage betrifft dies primär die Inserierung und Geschäftsabwicklung über das Internet. Zu dieser Handelsform gehören ebenfalls der klassische Versandhandel via Katalog, Prospekte und Anzeigen, wie auch die Bewerbung durch Außendienstmitarbeiter. Der Käufer bestellt die Ware dann schriftlich, telefonisch oder elektronisch und erhält diese anschließend per Post oder Logistikdienstleister (vgl. Ausschuss für Definitionen zu Handel und Distribution 2006, S. 43).

Internethandel

Internethandel ist der Teil des E-Commerce,[94] bei dem Waren, Produkte und Dienstleistungen über das Internet angeboten und so ein Einkauf vom PC oder

94 E-Commerce, auch E-Business, bezeichnet Geschäftsverkehr zwischen Unternehmen (Business to Business, B-to-B) oder zwischen Unternehmen und ihren Kunden (Business to Consumer, B-to-C), der ganz oder teilweise über das Internet oder ähnliche offene oder geschlossene Computernetze abgewickelt wird (vgl. Schneck 2011, S. 267–268).

einem mobilen Endgerät aus ermöglicht wird (vgl. Lerchenmüller et al. 2011, S. 48). Online-Shops des Internets geben den Betriebsweg vor. „Analog zum Einkauf bei einem stationären, können bei dieser Form des Distanzhandels Waren aus dem präsentierten Angebot ausgewählt und in einen sogenannten Warenkorb aufgenommen werden. Der Bestellvorgang wird abgeschlossen, indem die Bestellung online übermittelt wird“ (Ausschuss für Definitionen zu Handel und Distribution 2006, S. 37). Beispiele für diesen Betriebstyp sind in Deutschland *eBay* sowie *Amazon*.

4.3.1.2 Wirtschaftlicher Status quo

In Deutschland ist der Handel – als drittgrößter Wirtschaftsbereich nach Industrie und Handwerk – für die Binnenwirtschaft von großer Bedeutung. 6,1 Mio. Personen waren im Jahr 2014 in 594.000 Unternehmen tätig. Sie erwirtschaften fast 1,9 Bio. Euro Jahresumsatz, wovon der Großhandel mit 1,2 Bio. Euro deutlich mehr als die Hälfte umsetzte. Der Einzelhandel erzielte 2014 einem Umsatz von 526 Mrd. Euro (Statistisches Bundesamt 2016b, S. 575). Der Einzelhandelsumsatz i. e. S.[95] betrug ca. 460 Mrd. Euro (2014), das entspricht rund 16 % des Bruttoinlandsprodukts (BIP) und etwa 28 % des privaten Konsums[96] (vgl. Statistisches Bundesamt 2016b, S. 577; Handelsverband Deutschland – HDE 2015, S. 5). Diese Zahlen zeigen deutlich, dass der Einzelhandel eine starke Stellung in der deutschen Wirtschaft einnimmt. Tendenziell erhöht sich die Leistung des Einzelhandels dabei stetig: Im Jahr 2015 erwirtschafteten die Unternehmen des deutschen Einzelhandels einen Gesamtumsatz von 471,5 Mrd. Euro, im Vergleich zum Vorjahr entspricht dies einer Steigerung um 2,9 %. Im Jahr 2016 wurden 483 Mrd. Euro Gesamtumsatz erzielt, dies entspricht einem gesteigerten Jahresumsatz von rund 2,4 % im Vergleich zum Vorjahr (vgl. Statistisches Bundesamt 2017b).

---

95 Die Zahlen beziehen sich dabei auf den sogenannten Einzelhandel im engeren Sinne, der den Handel mit Kraftfahrzeugen und Brennstoffen, Tankstellen und Apotheken ausklammert. Die folgende Beschreibung des Einzelhandels / Einzelhandelsumsatzes, die im Fließtext erscheint, bezieht sich ebenfalls auf den Einzelhandel im engeren Sinne.

96 Der Einzelhandelsumsatz ist keine ausschließliche Teilmenge des privaten Konsums (d. h. Haushalte und gemeinnützige Institutionen wie Kirchen, Gewerkschaften, politische Parteien) im Sinne der Volkswirtschaftlichen Gesamtrechnung, da ein Teil der Waren auch von gewinnorientierten Organisationen und dem Staat abgenommen wird.

Der Lebensmittelhandel stellt mit einem Anteil von rund 30 % jährlich dabei den größten Teilmarkt im Einzelhandel in Deutschland dar. Laut der Berechnung von Nielsen (2016) erwirtschaftete der deutsche Lebensmitteleinzelhandel im Jahr 2015 einen Gesamtumsatz von rund 175,67 Mrd. Euro. Im Vergleich der prozentualen Umsatzanteile konnten vor allem Discounter, die einen Marktanteil von rund 38 % des Gesamtumsatzes erzielen, in den letzten Jahren hinzugewinnen (vgl. Nielsen 2016, S. 18).

Beschäftigungsstruktur und -ebenen im Einzelhandel

Der Einzelhandel als Branche ist einer der größten Arbeitgeber in Deutschland. Im Jahr 2016 gab es rund 3,04 Mio. Beschäftigte im EH (vgl. Handelsverband Deutschland – HDE 2017, S. 30). In der letzten Dekade ist sowohl die Zahl der Arbeitnehmer als auch das Arbeitsvolumen um 10 % gestiegen (vgl. Deutscher Bundestag 2016). Die Erwerbstätigen im Einzelhandel sind dabei überwiegend Frauen, nicht nur beim Verkaufspersonal, sondern auch in Führungspositionen. Analog zu einer insgesamt gestiegenen Beschäftigungsquote von Frauen, hat sich der Frauenanteil über die letzten Jahre weiter erhöht. Inzwischen sind fast zwei Drittel der Erwerbstätigen im Einzelhandel Frauen (vgl. Statistisches Bundesamt 2017a), die gleichzeitig überwiegend in Teilzeit oder geringfügig beschäftigt sind. Teilzeit- und geringfügige Beschäftigung spielen daher eine bedeutsame Rolle in der Branche und unterscheidet diese von den meisten anderen Wirtschaftszweigen.

> „Durch den Einsatz von Teilzeitbeschäftigten kann flexibler auf anfallende Kundenströme oder andere Faktoren reagiert werden als durch die Beschäftigung von Vollzeitarbeitskräften […]. Durch den Einsatz von geringfügig Beschäftigten kann, vor dem Hintergrund einer angestrebten engen Personaleinsatzplanung, ebenfalls flexibel auf Kundenströme und den anfallenden Arbeitsbedarf reagiert werden“ (Dummert 2013, S. 14).

Abbildung 20 gibt einen Überblick über die Entwicklung der Beschäftigten und die Art der Beschäftigung für die Jahre 2004 bis 2016. Der Anteil der Vollzeitbeschäftigten hat über die letzten Jahre abgenommen und beträgt etwas weniger als 40 %. Auch in absoluten Zahlen ging die Vollzeitbeschäftigung zurück. Die Zahl der insgesamt Beschäftigten stieg hingegen. Deutlich gewachsen ist dabei die Zahl der sozialversicherungspflichtigen Teilzeitbeschäftigten, die inzwischen etwa 35 % der Beschäftigten ausmachen. Obwohl Teilzeit- und geringfügige Beschäftigung eine hervorgehobene Rolle spielen, kam es zu keiner Verdrängung sozialversicherungspflichtiger Jobs im Einzelhandel. Knapp 85 % des Arbeitszeitvolumens wurde im Jahr 2016 durch sozialversicherungspflichtig

Beschäftigte (inkl. Vollzeit-SvB und Teilzeit-SvB) geleistet. Nur etwa 15 % entfällt auf geringfügig Beschäftigte (sogenannte Minijobs) (vgl. Handelsverband Deutschland – HDE 2016, S. 6).

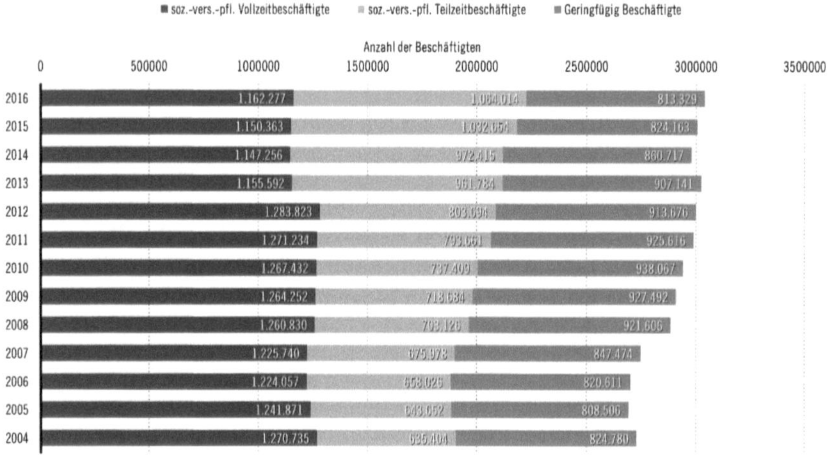

Abbildung 20: Anzahl der Beschäftigten im Einzelhandel in Deutschland nach Beschäftigungsform in den Jahren 2004 bis 2016
[Bundesagentur für Arbeit; Handelsverband Deutschland – HDE 2017, S. 30]

Eine Branchenbesonderheit ist auch das Qualifikationsniveau der Beschäftigten: „Erwerbstätige im Einzelhandel sind unterdurchschnittlich qualifiziert und häufiger als in anderen Branchen in einfachen Tätigkeiten eingesetzt. Der Anteil der berufsfremd tätigen Personen ist hoch“ (Schäfer und Schmidt 2016, S. 35). Nach Angaben der Statistik der Bundesagentur für Arbeit verfügten im März 2015 von den sozialversicherungspflichtig und geringfügig Beschäftigten im Einzelhandel 15 % über keine abgeschlossene Berufsausbildung. 80 % können einen beruflichen Bildungsabschluss vorweisen, lediglich 5 % haben einen Hochschulabschluss (Berechnung von Schäfer und Schmidt 2016, S. 30).

Verkaufsfläche und Betriebsformen im Einzelhandel

Im Jahr 2015 verfügten die Einzelhandelsunternehmen in Deutschland insgesamt über rund 123,7 Mio. qm Verkaufsfläche, die sich auf ca. 349.952 verschiedene Geschäfte verteilte (vgl. Statistisches Bundesamt; zit. n. Handelsverband Deutschland - HDE 2017). Die wichtigsten Betriebsformen stellen im Vertriebswegemix der filialisierte und nicht-filialisierte Fachhandel sowie Fachmärkte dar. Kauf- und Warenhäuser wie *Karstadt* und *Kaufhof*, einst Symbole der Konsumgesellschaft, haben mit sinkender Bedeutung zu kämpfen. Im Jahr 2016 erreichten sie noch einen Marktanteil von insgesamt 2,6 % gegenüber etwa 4,2 % im Jahr 2000 (vgl. Handelsverband Deutschland – HDE 2017, S. 25). Die Gründe dafür liegen in der zunehmenden Bedeutung des interaktiven Handels (Katalog und vor allem Online-Versand) sowie des (Filial-)Fachhandels.

Führende Lebensmittelhändler in Deutschland

Im Jahr 2015 lag die Anzahl der Unternehmen des Einzelhandels bei 349.952 mit ca. 36.655 Verkaufsstellen im Lebensmitteleinzelhandel (vgl. Statistisches Bundesamt 2017c, S. 21–22). Dem Umsatzanteil entsprechend gehören die führenden deutschen Lebensmittelhändler zu den größten Retailern weltweit: Die *Schwarz*-Gruppe nahm hier 2015 mit einem Umsatz von etwa 94,4 Mrd. US-Dollar den vierten Platz ein; mit etwa 82,2 Mrd. US-Dollar folgte *Aldi* auf dem achten Platz, und *Metro* mit etwa 68,1 Mrd. US-Dollar auf dem 13. Platz sowie *Edeka* mit etwa 52,5 Mrd. US-Dollar auf dem 18. Platz (vgl. Deloitte 2017, S. 17). Abbildung 21 zeigt den wertmäßigen Marktanteil der führenden Unternehmensgruppen im deutschen Lebensmitteleinzelhandel im Jahr 2016. Die größten vier Handelsketten – *Edeka, Rewe*, die *Schwarz*-Gruppe (*Lidl* und *Kaufland*) und der Discounter *Aldi* – teilen sich nach Angaben des Bundeskartellamtes 67 % des Marktes. Dies führt zu einem intensiven Preiswettbewerb und hohen Anforderungen an die Lieferanten. Die Edeka-Gruppe ist gemessen am Bruttoumsatz (53,81 Mrd. Euro in 2016) der größte Lebensmittelhändler Deutschlands. Die Übernahme der *Kaiser's Tengelmann*-Märkte durch *EDEKA* und *Rewe* führte erneut zur Konzentration im Lebensmitteleinzelhandel und zu einer Verschärfung der Kartellbildung (vgl. Bundesvereinigung der Deutschen Ernährungsindustrie – BVE 2017, S. 23).

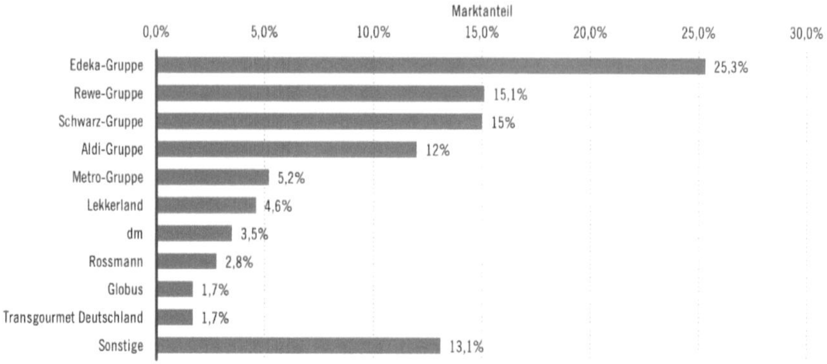

Abbildung 21: Marktanteile der führenden Unternehmen im Lebensmittelhandel in Deutschland im Jahr 2016

[TradeDimensions; zit. n. Bundesvereinigung der Deutschen Ernährungsindustrie – BVE 2017, S. 23]

Bio-Lebensmittel

Ein bedeutsamer Trend im Lebensmitteleinzelhandel stellt der Markt für Bio-Lebensmittel dar. Bio bedeutet in diesem Kontext, dass die Produkte aus einer ökologischen Landwirtschaft stammen, ohne Chemie weiterverarbeitet werden und die Produkte nicht gentechnisch verändert sind (vgl. Rat der Europäischen Union 2008). In der EU dürfen nur solche Produkte als Bio-Lebensmittel bezeichnet und gekennzeichnet werden, die entsprechend der EG-Öko-Verordnung[97] produziert und kontrolliert werden. Im September 2001 wurde das deutsche staatliche Bio-Siegel eingeführt, mit dem in Deutschland Lebensmittel und andere Produkte gekennzeichnet werden, die den Kriterien der EG-Öko-Verordnung genügen. Im Jahr 2016 waren in Deutschland insgesamt 74.737 Produkte mit dem Bio-Siegel erhältlich. Die wichtigsten Warengruppen stellen dabei Heißgetränke, Kräuter und Gewürze sowie Brot und Backwaren dar (bmel.de). Die GfK schätzte den Marktanteil der Bio-Lebensmittel im Jahr 2015 auf 5,3 %.

97 Die EG-Öko-Verordnung (oder Europäische Öko-Verordnung) ist der Kurztitel für *Verordnung (EG) Nr. 834/2007 des Rates vom 28. Juni 2007 über die ökologische / biologische Produktion und die Kennzeichnung von ökologischen / biologischen Erzeugnissen*. Sie definiert, wie Erzeugnisse und Lebensmittel, die als Öko-Produkte gekennzeichnet sind, erzeugt und hergestellt werden müssen. Sie ist Nachfolger der Verordnung (EWG) Nr. 2092/91, die damit aufgehoben wurde.

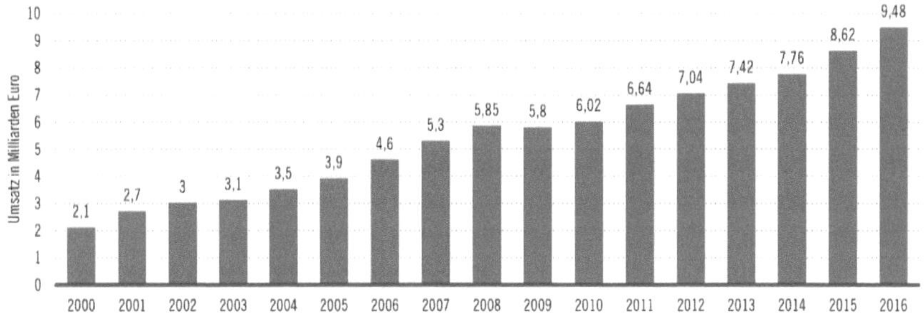

Abbildung 22: Umsatz mit Bio-Lebensmitteln in Deutschland in den Jahren 2000 bis 2016

[BÖLW; GfK; Nielsen; bioVista; AMI; Uni Kassel]

Abbildung 22 beinhaltet die Entwicklung der Umsätze[98] mit Bio-Lebensmitteln in Deutschland in den Jahren von 2000 bis einschließlich 2016. In den vergangenen 16 Jahren sind die Umsätze nahezu um das Fünffache, auf rund 9,5 Mrd. Euro gestiegen (Bundesverband E-Commerce und Versandhandel Deutschland e.V. – bevh 2016). Entsprechend ist auch das Bio-Produktangebot über die Jahre deutlich gestiegen (vgl. Bund Ökologische Lebensmittelwirtschaft e. V. – BÖLW 2017, S. 15). Weltweit ist Deutschland gemessen am Pro-Kopf-Umsatz in den Top-10 vertreten, wobei die Schweiz hier an der Spitze steht (vgl. Bund Ökologische Lebensmittelwirtschaft e. V. – BÖLW 2017, S. 21).

Fair-Trade-Produkte

Fair Trade[99] bezeichnet ein kontrolliertes Handelssystem, welches auf Nachhaltigkeit im Sinne einer Erzeugung unter sozialverträglichen Bedingungen

98 Der Umsatz versteht sich in diesem Fall ohne den Außer-Haus-Verzehr.

99 Laut der European Fair Trade Association wird Fair Trade wie folgt definiert: „Fair Trade is a trading partnership, based on dialogue, transparency and respect, that seeks greater equity in international trade. It contributes to sustainable development by offering better trading conditions to, and securing the rights of, marginalized producers and workers – especially in the South. Fair Trade organisations (backed by consumers) are engaged actively in supporting producers, awareness raising and in campaigning for changes in the rules and practice of conventional international trade" (Memento vom 2. August 2006 im Internet Archive). Fair Trade verbindet Konsumentinnen und Konsumenten sowie Unternehmen und Produzentenorganisationen

ausgerichtet ist. Hierfür sind sozial- und Umweltstandards sowie Mindestpreise festgelegt, welche auch kontrolliert werden. Die Produkte sind durch ein spezielles Siegel gekennzeichnet und so für den Verbraucher erkennbar. Weltweit wurden 2015 mehr als 7 Mrd. Euro mit Fair-Trade-Produkten umgesetzt. Der bedeutendste Markt für ‚fair' gehandelte Produkte war dabei das Vereinigte Königreich (UK), mit einem Umsatzvolumen von umgerechnet rund 2,19 Mrd. Euro, gefolgt von Deutschland mit 0,98 Mrd. Euro (vgl. Fair Trade International 2016). Ähnlich wie bei Bio-Produkten wächst das Segment dabei stark. In 2016 wurde mit Fair-Trade-Produkten bereits rund 1,1 Mrd. Euro umgesetzt, was einem Plus von über 12 % gegenüber dem Vorjahr entspricht. Damit sind die Pro-Kopf-Ausgaben auf 13 Euro pro Jahr angestiegen. Bundesweit sind fast 7.000 Fair-Trade-Produkte in rund 42.000 Verkaufsstellen verfügbar. Hinzu kommt das Angebot in mehr als 30.000 gastronomischen Betrieben. 345 Partnerunternehmen bieten ebenfalls Produkte mit dem Fair-Trade-Siegel an: Kaffee, Südfrüchte (v. a. Bananen), (Schnitt-)Blumen und Eiscreme bilden die mit Abstand wichtigsten Segmente fair gehandelter Produkte in Deutschland. (Vgl. TransFair – Verein zur Förderung des Fairen Handels in der Einen Welt 2017, S. 6)

Zusätzlich zu den Bio- und Fair-Trade-Siegeln existieren inzwischen zahlreiche weitere Kennzeichnungen, welche Auskunft über die Herkunft oder Entstehung von Lebensmitteln, aber auch anderen Produkten geben. Beispiele hierfür sind etwa das Tierwohllabel, Haltungsform-Angaben, FSC (Holz), MSC und ASC (Fisch) sowie Regionalkennzeichnungen. Die Bundesanstalt für Landwirtschaft und Ernährung beziffert die Zahl der Gütesiegel auf über 1.000 in Deutschland, wobei nur sehr wenige staatlich geregelt sind oder extern überprüft werden (vgl. Menn 2020). Allein etwa 450 Label beziehen sich auf das Thema Nachhaltigkeit.

Einkaufsverhalten und Online-Handel

Die Verbreitung neuer Technologien wie auch eine Veränderung der Arbeitswelt haben sich auch auf die Konsumgewohnheiten ausgewirkt. So stellt der

---

und verändert Handel durch besseres Einkommen für Kleinbauernfamilien bei menschenwürdigen Arbeitsbedingungen für Beschäftigte auf Plantagen in Entwicklungs- und Schwellenländern. Die Siegel, die Fair-Trade-Produkte kennzeichnen, werden von nationalen Vereinen (‚TransFair' in Deutschland) vergeben, die wiederum in der Fairtrade Labelling Organizations International organisiert sind (vgl. TransFair – Verein zur Förderung des Fairen Handels in der Einen Welt o. J.)

Aufschwung des E-Commerce den klassischen deutschen Einzelhandel vor große Herausforderungen. Im Jahr 2005 erwirtschaften die Unternehmen des stationären Einzelhandels lediglich 1,3 % ihrer Umsätze online. Nach gut 10 Jahren hat sich der deutsche Online-Handel rasch entwickelt. Der Umsatzanteil des E-Commerce im stationären Einzelhandel betrug im Jahr 2015 bereits 8,5 % des gesamten Umsatzes (Statistisches Bundesamt 2017d).

In Deutschland bestellen immer mehr Menschen regelmäßig Waren und Dienstleistungen im Internet, am häufigsten Mode, Reisen und Bahn- / Flugtickets (IfD Allensbach 2016). Nach wie vor kaufen deutsche Kunden allerdings Lebensmittel überwiegend im Laden vor Ort, nämlich im klassischen Einzelhandel. Online-Bestellung von Lebensmitteln wird in Deutschland noch vergleichsweise wenig genutzt, obwohl in den letzten Jahren eine leicht steigende Tendenz zu verzeichnen ist. 2015 erreichte der Online-Handel mit Lebensmitteln einen Marktanteil von rund 0,8 %, was einem Umsatz von 1,6 Mrd. Euro entspricht (vgl. IFH Köln 2015, S. 6). Zum Vergleich: Der Online-Anteil über alle Branchen hinweg liegt bei 9,9 % (IFH Köln 2016). Der digitale Trend ist bei den deutschen Lebensmitteleinzelhändlern bereits angekommen, jedoch wird ein Online-Verkauf mit Blick auf den Marktanteil und die Wettbewerbsfähigkeit eher selten angeboten. Die Konzerne *Edeka* und *Rewe Group* verfolgen bei ihren Online-Shops unterschiedliche Konzepte. Während *Edeka* über die Regionalgesellschaften eine Vielzahl an Online-Shops (z. B. edeka24.de, edeka-shops.de, bringmeister.de, edeka.de) mit unterschiedlichen Sortimenten und Lieferanten betreibt, bündelt die *Rewe Group* ihr Angebot auf einem Portal (rewe.de).

Auch weitere große Einzelhändler wie *Lidl, Penny* und *Aldi* betreiben Onlineshops, meistens jedoch nur mit Non-Food sowie einigen ausgewählten Lebensmitteln (z. B. Wein, Kaffee oder Feinkost). Zugleich stoßen auch neue zuvor branchenfremde Anbieter (z. B. Amazon) in den Lebensmittelmarkt vor. Hierzu zählen auch die sogenannten Pure Player[100] (z. B. AllyouneedFresh.de, getnow.com, food.de, myTime.de), welche aber zumeist noch keine Profitabilität erreichen (vgl. IFH Köln 2015, S. 8). Der Online-Handel mit Lebensmitteln wächst insgesamt deutlich, und insbesondere in den Großstädten entstehen neue Angebote, zugleich haben mehrere Anbieter ihre Bestrebungen zwischenzeitlich wieder aufgegeben (z. B. Lebensmittel.de oder Kaufland), da es sehr schwierig ist, in diesem Segment profitabel zu wirtschaften.

---

100 Pure-Player sind Unternehmen im E-Commerce, die keinen stationären Handel besitzen und ihre Produkte und Dienstleistungen ausschließlich online im elektronischen Handel anbieten.

Berufsausbildung im Einzelhandel

Wie bereits genannt, ist der Einzelhandel in starkem Maße durch Beschäftigte mit Berufsausbildung geprägt. Der Einzelhandel ist damit „besonders auf das Leistungspotenzial der beruflich Qualifizierten angewiesen“ (Handelsverband Deutschland – HDE 2016, S. 13). Im Jahr 2015 wurden in Deutschland insgesamt 516.639 neu abgeschlossene Ausbildungsverträge registriert, davon waren 30.474 Verträge für den Beruf Kaufmann / -frau im Einzelhandel, was dies zu dem am stärksten besetzten Ausbildungsberuf in Deutschland macht. Darüber hinaus platziert sich der Einzelhandelberuf Verkäufer / -in, mit 24.027 neuen Ausbildungsverträgen auf dem dritten Platz der beliebtesten Ausbildungsberufe (vgl. Statistisches Bundesamt 2016a, S. 50).

Auch im Vergleich zur Gesamtwirtschaft liegen Ausbildungsquote und Ausbildungsbetriebsquote im deutschen Einzelhandel seit Jahren über dem Durchschnitt. Die Ausbildungsquote bezeichnet den Anteil der Auszubildenden an den Beschäftigten, die Ausbildungsbetriebsquote den Anteil der Ausbildungsbetriebe an den Betrieben insgesamt. Nach Berechnung der HDE lag die Ausbildungsquote im deutschen Einzelhandel 2014 bei 6,4 % (Gesamtwirtschat: 5,2 %) und die Ausbildungsbetriebsquote bei 22,8 % (Gesamtwirtschaft: 20,3 %) (vgl. Handelsverband Deutschland – HDE 2011, S. 21).

Tabelle 27: Auszubildende und Ausbildungsquote nach Wirtschaftssektoren 2007, 2012, 2014

[BIBB-Datenreport 2016; Beschäftigtenstatistik der BA; zit. n. Handelsverband Deutschland – HDE 2016, S. 14]

Sektor	**Auszubildende**			**Ausbildungsquote**		
	2007	**2012**	**2014**	**2007**	**2012**	**2014**
Einzelhandel	157.979	153.563	146.139	7,7	6,9	6,4
Maschinen-, Automobilbau	112.915	116.964	121.239	5,6	5,4	5,5
Kfz-Handel, Großhandel	158.724	148.825	144.576	8,1	7,6	7,4
Wirtschaft insgesamt	1.774.334	1.635.646	1.582.705	6,5	5,5	5,2

Tabelle 28: Ausbildungsbetriebe und Ausbildungsbetriebsquote nach Wirtschaftssektoren 2007, 2012, 2014

[BIBB-Datenreport 2016; Beschäftigtenstatistik der BA; zit. n. Handelsverband Deutschland – HDE 2016, S. 14]

Sektor	**Ausbildungsbetriebe**			**Ausbildungsbetriebsquote**		
	2007	**2012**	**2014**	**2007**	**2012**	**2014**
Einzelhandel	65.473	59.877	56.645	25,9	23,6	22,8
Maschinen-, Automobilbau	11.991	11.529	11.353	41,8	37,3	36,5
Kfz-Handel, Großhandel	48.529	43.496	41.537	28,1	25,3	24,7
Wirtschaft insgesamt	489.890	446.797	431.121	24,1	21,2	20,3

Bei genauerer Betrachtung fällt allerdings auf, dass auch der Einzelhandel in Bezug auf die Gewinnung von qualifiziertem Nachwuchs Probleme hat. Die Tabelle 27 zeigt, dass die Anzahl der Auszubildenden zwischen 2007 und 2014 um 7,5 % auf 146.139 sank, obwohl die Beschäftigtenzahl in dieser Zeit um 11,4 % zugenommen hat. Deshalb sank auch die Ausbildungsquote von 7,7 % (2007) auf 6,4 % (2014) (vgl. Handelsverband Deutschland – HDE 2016, S. 13). Tabelle 28 zeigt, dass gleichfalls die Zahl der Ausbildungsbetriebe um 13,5 % auf 56.645 zurückging.[101] Damit folgt der Einzelhandel dem allgemeinen rückläufigen Trend bei den Ausbildungszahlen in Deutschland.

4.3.2 Die Ausbildungsberufe Kaufmann / -frau im Einzelhandel und Verkäufer / -in

Die Ausbildungsberufe Kaufmann / -frau im Einzelhandel (3-jährig) und Verkäufer / -in (2-jährig) sind nach § 4 Absatz 1 des Berufsbildungsgesetzes staatlich anerkannt und gelten als die bedeutendsten Berufe des Einzelhandels (vgl. VO-2017, §§ 1–2). Wie in Tabelle 29 dargestellt, decken die Ausbildungsberufe Kaufmann / -frau im Einzelhandel und Verkäufer / -in seit vielen Jahren ca. drei Viertel der ausgewählten Ausbildungsberufe mit starkem Bezug zum Einzelhandel ab. „Die beiden Ausbildungsberufe sind unspezifisch gegenüber einzelnen Warengruppen und bieten daher den späteren Fachkräften berufliche Anschlussmöglichkeiten in großen Gebieten des Einzelhandels“ (Vock et al. 2015, S. 47). Deshalb sind diese beiden Berufe als Kernberufe des Einzelhandels anzusehen, die im Mittelpunkt der vorliegenden Untersuchung stehen. Weil der Ausbildungsberuf Kaufmann / -frau im Einzelhandel inhaltlich eng mit

101 Die Zahl der Einzelhandelsbetriebe ist zwischen 2007 und 2014 um 2,1 % gesunken.

der Ausbildung zum Beruf Verkäufer / -in verknüpft ist, werden im Folgenden die quantitativen Ausbildungsstrukturen beider Berufe gemeinsam betrachtet.

Tabelle 29: Neue Ausbildungsverträge in ausgewählten Berufen 2007 bis 2015
[BBIB-Erhebungen zum 30.09.2015; Eigene Darstellung in Anlehnung an Handelsverband Deutschland – HDE 2016, S. 16]

	Ausbildungsdauer	**2007**	**2009**	**2011**	**2013**	**2014**	**2015**	***2015 zu 2014***
Verkaufsberufe im Einzelhandel ohne Sortimentsbezug								
Kaufmann / -frau im Einzelhandel	36 M.	34.030	31.257	29.801	26.871	26.514	26.223	*-1,1*
Verkäufer / -in	24 M.	24.660	26.479	27.697	25.773	25.209	24.618	*-2,3*
Verkaufsberufe im Einzelhandel mit Sortimentsbezug								
Fachverkäufer / -in im Lebensmittelhandwerk	36 M.	12.934	12.056	10.584	8.700	7.887	7.443	*-5,6*
Buchhändler / – in	36 M.	811	578	656	441	471	450	*-4,5*
Drogist / -in	36 M.	846	1.014	1.148	1.322	1.344	1.407	*+4,7*
Automobilkaufmann / -frau	36 M.	4.063	3.324	4.400	3.954	4.371	4.608	*+5,4*
Bodenleger / -in	36 M.	261	235	236	222	222	234	*+5,4*
Fachkraft für Lagerlogistik	36 M.	8.981	8.242	10.688	9.897	10.167	10.182	*+4,1*
Fahrradmonteur / -in	24 M.	413	354	262	216	198	228	*+15,2*
Florist / -in	36 M.	2617	1998	1471	1218	1161	1200	*+3,3*
Kosmetiker / -in	36 M.	549	516	289	321	303	318	*+5,3*
Musikfachhändler / -in	36 M.	23	43	25	21	21	24	*+4,5*
Tankwart / -wärtin	36 M.	217	244	169	102	96	63	*-33,7*
Fotomedienfachmann / -frau	36 M.	-	104	93	78	63	48	*-21*
Alle Berufe	-	616.259	564307	570140	529542	522231	522165	*-0,0*

Voraussetzungen für die Ausbildung

Wie bei anderen anerkannten Ausbildungsberufen auch, ist für eine kaufmännische Ausbildung im Einzelhandel nach dem Berufsbildungsgesetz oder der Handwerksordnung keine bestimmte schulische oder berufliche Vorbildung nötig. Das heißt, wer eine kaufmännische Ausbildung im Einzelhandel beginnen möchte, kann dies mit jedem Schulabschluss oder sogar ganz ohne Abschluss tun. Nur für einige Tätigkeiten im Einzelhandel sind bestimmte Dokumente vorzuweisen: z. B. muss für die Ausbildung der Einzelhandelskaufleute im Lebensmittelbereich vor Beginn ein ärztliches Gesundheitszeugnis vorgelegt werden. Außerdem sollten die Auszubildenden einige Soft Skills mitbringen, u. a. Kommunikationsfähigkeit, soziale Kompetenz und Beratungs- sowie Verkaufstalent.

Rechtsgrundlagen der Einzelhandelsberufe[102]

Die Einzelhandelsberufe haben eine lange Tradition im rechtlich geregelten Berufsbildungswesen. Die Ausbildung im Einzelhandel basiert auf dem Berufsbildungsgesetz. Daneben gelten z. B. jedoch auch die Handwerksordnung, das Berufsbildungsförderungsgesetz, die Ausbildereignungsverordnung oder die Fortbildungsverordnungen. Am wichtigsten für die Einzelhandelberufe sind die Ausbildungsordnungen. Die nachfolgende Tabelle 31 fasst die Geschichte der Ausbildungsberufe Kaufmann / -frau im Einzelhandel bis zu deren Ursprung in den 1940er-Jahren zusammen. Der Ausbildungsberuf Verkäufer / -in ist seit 1968 institutionell geregelt (s. Tabelle 30).

Tabelle 30: Historie der Rechtsgrundlagen für die Berufsausbildung im Beruf Verkäufer / -in

[vgl. Vock et al. 2015, S. 25–26; Bundesinstitut für Berufsbildung – BIBB 2019]

Jahr	**Verkäufer / -in (IH) (Verkäufer / Verkäuferin) (1968–2004)**
27.03.1968	Erlass BMWi im Einvernehmen mit BMA_IIB5_465022_10
16.07.2004	aufgegangen im Verkäufer / -in (IH) vom 16.07.2004 [BGBl. I S. 1806]
Jahr	**Verkäufer / -in (IH) (Verkäufer / Verkäuferin) (2004–2017)**
16.07.2004	*Verordnung (VO) Berufsausbildung im Einzelhandel in den Ausbildungsberufen Verkäufer / -in und Kaufmann im Einzelhandel / Kauffrau im Einzelhandel vom 16.07.2004 [BGBl. I S. 1806]*
22.03.2005	Erste VO zur Änderung vom 22.03.2005 [BGBl. I S. 895]
20.08.2007	Berichtigung der VO über die Berufsausbildung vom 20.08.2007 [BGBl. I S. 2203]
Jahr	**Verkäufer / -in (IH) (Verkäufer / Verkäuferin) (Seit 2017)**
20.03.2017	*VO über die Berufsausbildungen zum Verkäufer und zur Verkäuferin und zum Kaufmann im Einzelhandel und zur Kauffrau im Einzelhandel vom 13.03.2017 [BGBl. I S. 458]*
01.06.2017	Erste VO zur Änderung vom 01.06.2017 [BGBl. I S. 1503]

102 Wenn im Folgenden zusammenfassend von Einzelhandelsberufen gesprochen wird, so bezieht sich dies immer auf die beiden anerkannten Ausbildungsberufe Kaufmann / -frau im Einzelhandel und Verkäufer / -in. Andere anerkannte Ausbildungsberufe, die ebenfalls gezielt für Berufstätigkeiten im Einzelhandel qualifizieren (vgl. unten Tabelle 29), sind damit nicht gemeint.

Tabelle 31: Historie der Rechtsgrundlagen für die Berufsausbildung im Beruf Kaufmann / -frau im Einzelhandel

[vgl. Vock et al. 2015, S. 25–26; Bundesinstitut für Berufsbildung – BIBB 2019]

Jahr	**Einzelhandelskaufmann (1940–1968)**
20.03.1940	am 20.03.1940 erstmals als anerkannter Lehrberuf in den Listen des Reichs-Instituts verzeichnet, Anerkennungsdatum im Aktenbestand R 11 nicht nachweisbar; vom 20.03.1940
01.03.1950	Anerkennung des Lehrberufs durch Erl. BMWi vom 01.03.1950 – II/6/5508/50 [BWMBl. Nr. 5/50, S. 57];[II/6/5508/50 [BWMBl. Nr. 5/50, S. 57]]
27.03.1968	aufgegangen im Einzelhandelskaufmann (IH) vom 27.03.1968
14.01.1987	aufgehoben durch VO über die Berufsausbildung zum Kaufmann im Einzelhandel vom 14.01.1987
Jahr	**Fachkaufmann / Fachkauffrau im Radiohandel (1951–1987)**
17.01.1951	in Berlin zugelassen und anerkannt am 17.01.1951 [Amtsblatt für Berlin, 1. Jg., Nr. 41 vom 08.12.1951, S. 499]; [Amtsblatt für Berlin, 1. Jg., Nr. 41 vom 08.12.1951, S. 499]
14.01.1987	aufgehoben durch VO über die Berufsausbildung zum Kaufmann im Einzelhandel vom 14.01.1987
Jahr	**Einzelhandelskaufmann (1968–1987)**
27.03.1968	erneut anerkannt durch Erl. BMWi vom 27.03.1968 – II B 5 – 46 50 22–10 [BWMBl. Nr. 7/68, S. 83], Einführung der Stufenausbildung – 2. Stufe: Einzelhandelskaufmann – 1. Stufe: Verkäufer / -in [II B 5 – 46 50 22–10 [BWMBl. Nr. 7/68, S. 83]]
14.01.1987	aufgegangen im Kaufmann / -frau im Einzelhandel (IH) vom 14.01.1987
Jahr	**Kaufmann / Kauffrau im Einzelhandel (1987–2004)**
14.01.1987	VO Berufsausbildung zum Kaufmann im Einzelhandel / zur Kauffrau im Einzelhandel vom 14.01.1987 [153]
16.07.2004	aufgegangen im Kaufmann / -frau im Einzelhandel (IH) vom 16.07.2004
Jahr	**Kaufmann / Kauffrau im Einzelhandel (2004–2007)**
16.07.2004	*VO Berufsausbildung im Einzelhandel in den Ausbildungsberufen Verkäufer / Verkäuferin und Kaufmann im Einzelhandel / Kauffrau im Einzelhandel vom 16.07.2004 [BGBl. I S. 1806]*
22.03.2005	Erste VO zur Änderung vom 22.03.2005 [BGBl. I S. 895]
20.08.2007	Berichtigung der VO über die Berufsausbildung vom 20.08.2007 [BGBl. I S. 2203]
04.09.2007	aufgegangen im Kaufmann / -frau im Einzelhandel (IH) vom 04.09.2007

Tabelle 31: Fortsetzung

Jahr	**Kaufmann / Kauffrau im Einzelhandel (2007–2009)**
04.09.2007	*VO über die Erprobung abweichender Ausbildungs- und Prüfungsbestimmungen in der Berufsausbildung im Einzelhandel in dem Ausbildungsberuf Kaufmann im Einzelhandel / Kauffrau im Einzelhandel vom 04.09.2007 [BGBl. I S. 2270]*
24.03.2009	aufgegangen im Kaufmann / -frau im Einzelhandel (IH) vom 24.03.2009
Jahr	**Kaufmann im Einzelhandel / Kauffrau im Einzelhandel (2009–2017)**
24.03.2009	*VO über die Erprobung abweichender Ausbildungs- und Prüfungsbestimmungen in der Berufsausbildung im Einzelhandel in dem Ausbildungsberuf Kaufmann im Einzelhandel / Kauffrau im Einzelhandel vom 24.03.2009 [BGBl. I S. 671]*
25.05.2009	Erste VO zur Änderung vom 25.05.2009 [BGBl. I S. 1166]
19.12.2014	Zweite VO zur Änderung vom 19.12.2014 [BGBl. I S. 2335]
Jahr	**Kaufmann im Einzelhandel / Kauffrau im Einzelhandel (Seit 2017)**
20.03.2017	*Verordnung über die Berufsausbildungen zum Verkäufer und zur Verkäuferin und zum Kaufmann im Einzelhandel und zur Kauffrau im Einzelhandel vom 13.03.2017 [BGBl. I S. 458]*
01.06.2017	Erste VO zur Änderung vom 01.06.2017 [BGBl. I S. 1503]

Seit Jahren wurde die Ausbildung im Einzelhandel mehrmals modernisiert, um die Ausbildungsvorschriften den aktuellen Anforderungen der Praxis anzupassen. Die Neuordnung der Einzelhandelsberufe von 2004 wurde in der betrieblichen und schulischen Praxis gut angenommen (VO-2004). 2007 und 2009 wurde diese durch Einführung der weiteren Wahlqualifikation *Grundlagen unternehmerischer Selbstständigkeit* und der gestreckten Abschlussprüfung für den / die Kaufmann / -frau im Einzelhandel ergänzt (VO-2007; ErprobungsVO-2009). Die o. g. Ergänzungen wurden 2009 probeweise verordnet und am 01. August 2017 zum Ausbildungsstart leicht verändert eingeführt. Zu erwähnen ist hierbei, dass die Wahlqualifikationen mit neuen Bezeichnungen inhaltlich überarbeitet wurden (z. B. die Wahlqualifikation *Onlinehandel*). Im Rahmen des fallbezogenen Fachgesprächs der mündlichen Abschlussprüfung wurde zudem die Bedeutung der Warenkenntnisse gestärkt.

4.3.3 Planung und Durchführung der dualen Ausbildung in den Einzelhandelsberufen

Wer sich in Deutschland für eine duale Ausbildung entscheidet, wird im Wechsel an mindestens zwei verschiedenen Orten ausgebildet – an der Berufsschule und in dem zuständigen Betrieb. Diese beiden Faktoren machen das duale Berufsausbildungssystem aus. Abbildung 23 zeigt die Organisationsstrukturen.

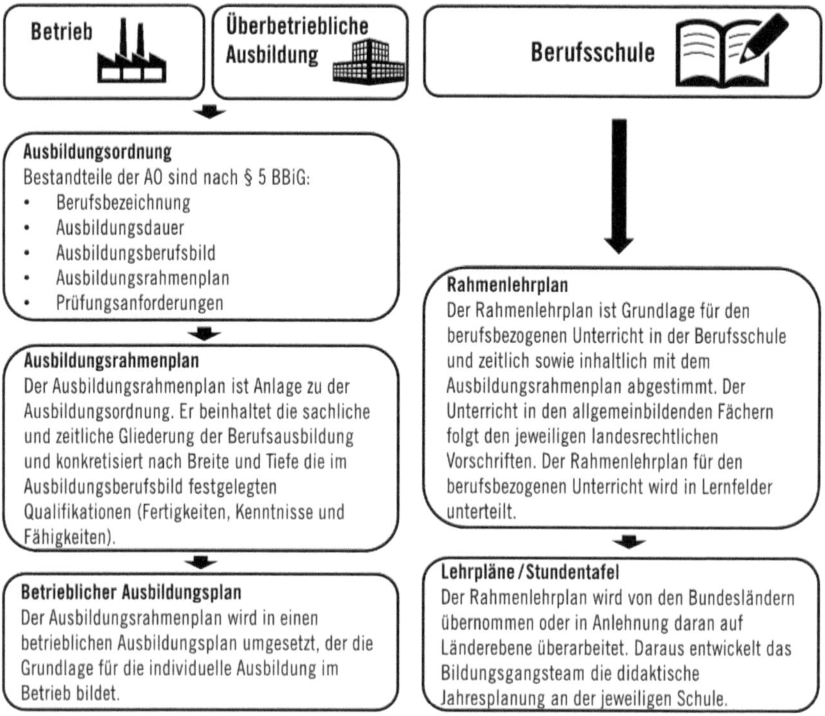

Abbildung 23: Organisationsstrukturen der Ausbildung
[Schamel 2010, S. 162]

4.3.3.1 Betriebliche Ausbildung

Die praxisorientierte betriebliche Ausbildung wird durch das Berufsbildungsgesetz bundesweit einheitlich geregelt. Im Betrieb übernehmen die Auszubildenden bereits konkrete Aufgaben. Hier werden die für die Ausübung einer qualifizierten beruflichen Tätigkeit in einer sich wandelnden Arbeitswelt notwendigen beruflichen Fertigkeiten, Kenntnisse und Fähigkeiten (berufliche Handlungsfähigkeit) in einem geordneten Ausbildungsgang vermittelt. Außerdem wird der Erwerb beruflicher Handlungskompetenz und erforderlicher Berufserfahrung ermöglicht (vgl. BBiG, § 1 Abs. 3). Grundlage für die inhaltliche Ausbildung im Betrieb ist die Ausbildungsordnung, die für jeden staatlich anerkannten Ausbildungsberuf gilt und für die Ausbildungsbetriebe, die folgenden Mindestnormen enthält: Bezeichnung des Ausbildungsberufs, Ausbildungsdauer, Ausbildungsberufsbild, Ausbildungsrahmenplan sowie Prüfungsanforderungen (vgl. BBiG, § 5 Abs. 1). Ergo darf in einem anerkannten Ausbildungsberuf nur nach der Ausbildungsordnung ausgebildet werden. Tabelle 32 zeigt diese in den Ausbildungsordnungen (VO-2017) festgelegten beruflichen Fertigkeiten, Kenntnisse und Fähigkeiten im Einzelhandelberufen sowie die zeitliche Gliederung der Berufsausbildung in den Berufen.

Die Ausbildung als Verkäufer / -in gliedert sich in drei Teile: (A1) sieben wahlqualifikationsübergreifende berufsprofilgebende Fertigkeiten, Kenntnisse und Fähigkeiten; (B1) eine im Ausbildungsvertrag festzulegende Wahlqualifikation sowie (C1, C2) fünf wahlqualifikationsübergreifende, integrativ zu vermittelnde Fertigkeiten, Kenntnisse und Fähigkeiten (s. Tabelle 32). Die sieben Berufsbildpositionen der wahlqualifikationsübergreifenden berufsprofilgebenden Fertigkeiten, Kenntnisse und Fähigkeiten (A1) werden in den ersten beiden Ausbildungsjahren in 74 Wochen vermittelt. Die Lehre in diesen Wochen beinhaltet die grundlegend erforderlichen Inhalte für alle Betriebsformen des Einzelhandels. Als im Ausbildungsvertrag festzulegende Wahlqualifikation (B1) wird zur Vertiefung eine der vier Wahlqualifikationen ausgewählt, die im zweiten Ausbildungsjahr binnen 12 Wochen absolviert werden soll (VO-2017, § 4). Durch die Wahlmöglichkeit kann auf die spezifischen Anforderungen der unterschiedlichen Betriebsformen reagiert werden. Im Unterschied zu den alten Ausbildungsordnungen (VO-2004, §§ 4–9; ErprobungsVO-2009, §§ 2–4) sind in der im Jahr 2017 verabschiedeten Ausbildungsordnung fünf Berufsbildpositionen der wahlqualifikationsübergreifenden, integrativ zu vermittelnden Fertigkeiten, Kenntnisse und Fähigkeiten (C1, C2) in der Ausbildungsstruktur hinzugefügt worden. Die ersten drei Berufsbildpositionen (C1), nämlich Nr. 1–3, werden im ersten Ausbildungsjahr durchgeführt. Die Berufsbildpositionen Nr. 4–5 (C2) werden während der gesamten Ausbildung berücksichtigt (VO-2017, Anlage 1).

Wer einen Ausbildungsvertrag zum / zur Verkäufer / -in abgeschlossen hat, kann nach Erreichen der vorher beschriebenen Fertigkeiten, Kenntnisse und Fähigkeiten im zweiten Ausbildungsjahr zur Abschlussprüfung zugelassen werden. Wer einen Ausbildungsvertrag zum / zur Kaufmann / -frau im

Einzelhandel abgeschlossen hat, setzt die Ausbildung im dritten Ausbildungsjahr fort.

Die genannte Ausbildung umfasst die gleichen Fertigkeiten, Kenntnisse und Fähigkeiten des ersten und zweiten Ausbildungsjahres. Im dritten Ausbildungsjahr sind zusätzliche wahlqualifikationsübergreifende berufsprofilgebende Fertigkeiten, Kenntnisse und Fähigkeiten (A2) in 13 Wochen zu vermitteln. Außerdem wird die Ausbildung – je nach Bedarf und Betriebsform – vertieft und spezieller in weiteren acht Wahlqualifikationen (B2) behandelt. Aus den acht Wahlqualifikationen werden drei ausgewählt, davon mindestens eine aus Nr. 1–3 zu wählen ist (s. Tabelle 32). Diese drei Wahlqualifikationen werden im Ausbildungsvertrag festgelegt (VO-2017, § 5). Darüber hinaus gibt es im Ausbildungsberuf Kaufmann / -frau im Einzelhandel die Möglichkeit, vertragsgemäß die Dauer der Ausbildungszeit zu verkürzen. Das Berufsbildungsgesetz (BBiG) bildet die rechtliche Grundlage für jeden Antrag auf Verkürzung.

Tabelle 32: Qualifikationseinheiten der Ausbildung in den Berufen Kaufmann / -frau im Einzelhandel und Verkäufer / -in

[Eigene Darstellung in Anlehnung an VO-2017, §§ 3–5; Vock et al. 2015, S. 29]

Verkäufer / -in			**Kaufmann / -frau im Einzelhandel**	
(C2). Die Berufsbildpositionen der wahlqualifikationsübergreifenden, integrativ zu vermittelnden Fertigkeiten, Kenntnisse und Fähigkeiten (während der gesamten Ausbildung): 4. Sicherheit und Gesundheitsschutz bei der Arbeit 5. Umweltschutz				
1. Ausbildungsjahr	**(C1). Die Berufsbildpositionen der wahlqualifikationsübergreifenden, integrativ zu vermittelnden Fertigkeiten, Kenntnisse und Fähigkeiten** 1. Berufsbildung, arbeits- und sozialrechtliche Vorschriften, 2. Bedeutung und Struktur des Einzelhandels und des Ausbildungsbetriebes 3. Information und Kommunikation	**1. und 2. Ausbildungsjahr: (A1). Die Berufsbildpositionen der wahlqualifikationsübergreifenden, berufsprofilgebenden Fertigkeiten, Kenntnisse und Fähigkeiten** 1. Waren- und Dienstleistungsangebot des Ausbildungsbetriebes 2. Warenpräsentation und Werbemaßnahmen 3. Preiskalkulation 4. Warenbestandskontrolle 5. Warenannahme und -lagerung 6. Verkauf von Waren 7. Servicebereich Kasse **(Vermittlung in 74 Wochen)**	**(C1). Die Berufsbildpositionen der wahlqualifikationsübergreifenden, integrativ zu vermittelnden Fertigkeiten, Kenntnisse und Fähigkeiten** 1. Berufsbildung, arbeits- und sozialrechtliche Vorschriften, 2. Bedeutung und Struktur des Einzelhandels und des Ausbildungsbetriebes 3. Information und Kommunikation	**1. Ausbildungsjahr**

Tabelle 32: Fortsetzung

2. Ausbildungsjahr	**(B1). Auswahl von einer aus vier Wahlqualifikationen** 1. Sicherstellung der Warenpräsenz 2. Beratung von Kunden 3. Kassensystemdaten und Kundenservice 4. Werbung und Verkaufsförderung **(Vermittlung in 12 Wochen)**		**(B1). Auswahl von einer aus vier Wahlqualifikationen** 1. Sicherstellung der Warenpräsenz 2. Beratung von Kunden 3. Kassensystemdaten und Kundenservice 4. Werbung und Verkaufsförderung **(Vermittlung in 12 Wochen)**	2. Ausbildungsjahr
			(A2). Die Berufsbildpositionen der wahlqualifikationsübergreifenden, berufsprofilgebenden Fertigkeiten, Kenntnisse und Fähigkeiten 8. Einzelhandelsprozesse **(Vermittlung in 13 Wochen)**	3. Ausbildungsjahr
			(B2). Auswahl von drei aus acht Wahlqualifikationen, davon mindestens eine aus Nr. 1–3 1. Beratung von Kunden in komplexen Situationen 2. Beschaffung von Waren 3. Warenbestandssteuerung 4. kaufmännische Steuerung und Kontrolle 5. Marketingmaßnahmen 6. Onlinehandel 7. Mitarbeiterführungund-entwicklung 8. Vorbereitung unternehmerischer Selbstständigkeit **(Vermittlung in 13 Wochen)**	

Wenn ein Betrieb nicht sämtliche Ausbildungsinhalte der Ausbildungsordnungen vermitteln kann, wird die betriebliche Praxis durch Verbundausbildung (s. Abschnitt 2.4.2.2) oder überbetriebliche Ausbildung ergänzt (vgl. Schamel 2010, S. 163). Die Schaffung von Wahlqualifikationseinheiten erlaubt zudem betriebsspezifisch eine Schwerpunktsetzung und Ausrichtung der Ausbildung. Mit diesem flexiblen und differenzierten Bausteinsystem (s. Tabelle 32) entscheidet jeder einzelne Betrieb nach dem eigenen Qualifikationsbedarf selbst darüber, welche Qualifikationsbündel zusammengestellt werden sollen. Der Ausbildungsbetrieb hat dabei spätestens zu Beginn der Ausbildung auf der Grundlage des Ausbildungsrahmenplans für jeden Auszubildenden einen individuellen Ausbildungsplan zu erstellen (VO-2017, § 6).

Zuständige Stellen für die Berufsausbildung in den Berufen Kaufmann / -frau im Einzelhandel und Verkäufer / -in sind die Industrie- und Handelskammern (IHK). Das Berufsbildungsgesetz unterscheidet zwischen der Eignung der Ausbildungsstätte (BBiG, § 27) sowie der persönlichen und fachlichen Eignung des Personals (BBiG, §§ 28–30). Die IHK prüft und überwacht, ob ein Betrieb diese Ausbildungsbefähigung besitzt, d. h., ob in dem Betrieb persönlich und fachlich geeignete Ausbilder / -innen arbeiten und die Berufsausbildung richtig nach der Ausbildungsordnung (AO) durchgeführt wird.

4.3.3.2 Schulische Ausbildung

Der zweite große Eckpunkt der dualen Ausbildung ist die Berufsschule. Als eigenständiger Lernort arbeitet die Berufsschule gleichberechtigt mit dem Ausbildungsbetrieb zusammen. Während die betriebliche Ausbildung dem Auszubildenden die praktischen Fähigkeiten für den späteren Beruf näher bringt, hat die Berufsschule die Aufgabe, den Schülern berufliche und allgemeine Lerninhalte unter besonderer Berücksichtigung der Anforderungen der Berufsausbildung zu vermitteln (vgl. Kultusministerkonferenz – KMK 2016, S. 3).

Die Lernziele und -inhalte des berufsbezogenen Unterrichts an der Berufsschule orientieren sich am Rahmenlehrplan,[103] der durch die Ständige

103 Ein Rahmenlehrplan definiert die Lernziele und -inhalte für den berufsbezogenen Unterricht der Berufsschule. Dieser ist vom Ausbildungsrahmenplan strikt zu trennen, der in Deutschland als genereller Bestandteil einer Ausbildungsordnung den praktischen Teil der betrieblichen Ausbildung abdeckt. Im Unterschied zum Rahmenlehrplan beschreibt der Ausbildungsrahmenplan eine Anleitung zur sachlichen und zeitlichen Gliederung der Vermittlung der beruflichen Fertigkeiten, Kenntnisse und Fähigkeiten, die die Auszubildenden während ihrer Ausbildung in einem Betrieb erlernen sollen.

Konferenz der Kultusminister der Länder in der Bundesrepublik Deutschland (Kurzform: Kultusministerkonferenz, Abk. KMK) beschlossen wird. Der aktuelle *Rahmenlehrplan für die Berufsausbildungen zum Kaufmann im Einzelhandel und zur Kauffrau im Einzelhandel und zum Verkäufer und zur Verkäuferin* ist mit der *Verordnung über die Berufsausbildungen zum Verkäufer und zur Verkäuferin und zum Kaufmann im Einzelhandel und zur Kauffrau im Einzelhandel vom 13.03.2017* abgestimmt (BGBl. I S. 458; zit. n. Kultusministerkonferenz - KMK 2016, S. 6) und umfasst folgende Inhalte: Vorbemerkungen, Bildungsauftrag der Berufsschule, didaktische Grundsätze, berufsbezogene Vorbemerkungen und Lernfelder.[104] Die verbindlichen Lerninhalte für den Berufsschulunterricht sind im beruflichen Lernbereich in Lernfeldern gebündelt, die sich an exemplarischen Handlungsfeldern[105] orientieren und somit eine wirkungsvolle sowie enge Verzahnung der praktischen und theoretischen Fachinhalte bewirken. Die in Tabelle 33 dargestellten Lernfelder beschreiben die Mindestanforderungen in den Ausbildungsberufen Verkäufer / -in (Nr. 1–10) und Kaufmann / -frau im Einzelhandel (Nr. 1–14). Diese Lernfeldanordnung zeigt, dass sich im ersten Jahr insbesondere mit dem Warenverkauf und der Kundenorientierung beschäftigt wird. Im zweiten Ausbildungsjahr stehen hingegen besonders interne Prozesse zur Organisation des Geschäftsablaufs im Fokus. Im dritten Ausbildungsjahr wird sich insbesondere mit betriebswirtschaftlichen Aspekten auseinandergesetzt.

---

104 „Lernfelder sind didaktisch begründete, schulisch aufbereitete Handlungsfelder. Sie fassen komplexe Aufgabenstellungen zusammen, deren unterrichtliche Bearbeitung in handlungsorientierten Lernsituationen erfolgt. Lernfelder sind durch Zielformulierungen im Sinne von Kompetenzbeschreibungen und durch Inhaltsangaben ausgelegt" (Bader und Schäfer 1998, S. 229).

105 „Handlungsfelder sind zusammengehörige Aufgabenkomplexe mit beruflichen sowie lebens- und gesellschaftsbedeutsamen Handlungssituationen, zu deren Bewältigung befähigt werden soll. Handlungsfelder sind immer mehrdimensional, indem sie stets berufliche, gesellschaftliche und individuelle Problemstellungen miteinander verknüpfen. Die Gewichtung der einzelnen Dimensionen kann dabei variieren. Eine Trennung der drei Dimensionen hat nur analytischen Charakter" (Bader und Schäfer 1998, S. 229).

Tabelle 33: Übersicht über die Lernfelder für die Ausbildungsberufe Verkäufer / -in (1–10) und Kaufmann / -frau im Einzelhandel (1–14)
[Eigene Darstellung in Anlehnung an Kultusministerkonferenz – KMK 2016, S. 7]

Lernfelder		**Zeitrichtwerte in Stunden**		
Nr.		1. Jahr	2. Jahr	3. Jahr
1	Das Einzelhandelsunternehmen repräsentieren	80		
2	Verkaufsgespräche kundenorientiert führen	80		
3	Kunden im Servicebereich Kasse betreuen	80		
4	Waren präsentieren	40		
5	Werben und den Verkauf fördern	40		
6	Waren beschaffen		60	
7	Waren annehmen, lagern und pflegen		60	
8	Geschäftsprozesse erfassen und kontrollieren		60	
9	Preispolitische Maßnahmen vorbereiten und durchführen		40	
10	Besondere Verkaufssituationen bewältigen		60	
11	Geschäftsprozesse erfolgsorientiert steuern			80
12	Mit Marketingkonzepten Kunden gewinnen und binden			80
13	Personaleinsatz planen und Mitarbeiter führen			60
14	Ein Einzelhandelsunternehmen leiten und entwickeln			60
	Summen (insgesamt 880 Stunden)	**320**	**280**	**280**

Aus den Lernfeldern des Lehrplans werden kleinere thematische Einheiten – die sogenannten Lernsituationen[106] – entwickelt. Am Ende des Lernprozesses soll eine Handlungskompetenz erworben werden, die Fach-, Personal- und Sozialkompetenz miteinander verbindet. Während der unterrichtlichen Umsetzung der Lernfelder in handlungsorientierte Lernsituationen ist zu berücksichtigen, dass die Lernsituationen in Summe die im Lernfeld zu vermittelnden Kompetenzen in ihrer Gesamtheit abdecken müssen (vgl. Kultusministerkonferenz – KMK 2011, S. 11).

Der Berufsschulunterricht findet dabei entweder in Teilzeitform (1–2 Tage pro Woche) oder in ein- oder mehrwöchigen Abschnitten als Blockunterricht

106 „Lernsituationen konkretisieren die Lernfelder. Dies geschieht in Bildungsgangkonferenzen durch eine didaktische Reflexion der beruflichen sowie lebens- und gesellschaftsbedeutsamen Handlungssituationen" (Bader und Schäfer 1998, S. 229).

statt. Die Finanzierung der schulischen Ausbildung erfolgt aus gemeinsamen Steuermitteln der Bundesländer und Gemeinden.

4.3.3.3 Lernortkooperation

Die Ausbildungsinhalte in Betrieb und Berufsschule sind im dualen Ausbildungssystem miteinander verzahnt, wobei der Betrieb mehr für die Ausübung der Praxis und die Berufsschule mehr für die Theorie zuständig ist. Dieses produktive Zusammenspiel von Praxis und Theorie soll den Erfolg der Ausbildung garantieren.

Entsprechungen zwischen Ausbildungsrahmenplan und Rahmenlehrplan

Wie funktioniert nun konkret das Zusammenspiel von Praxis und Theorie in der dualen Ausbildung in den Einzelhandelsberufen? Berufsschule und Ausbildungsbetriebe erfüllen in der dualen Berufsausbildung den gemeinsamen Bildungsauftrag. Der Rahmenlehrplan für die Berufsschule ist mit dem Ausbildungsrahmenplan für den Betrieb abgestimmt und regelt die Ziele und Inhalte der Berufsausbildung. Tabelle 34 und 35 zeigen die Entsprechungen zwischen Rahmenlehrplan für die Berufsschule und Ausbildungsrahmenplan für den Betrieb in den Ausbildungsberufen Verkäufer / -in und Kaufmann / -frau im Einzelhandel.

Tabelle 34: Entsprechungen zwischen Ausbildungsrahmenplan und Rahmenlehrplan der Berufsausbildungen zum / zur Verkäufer / -in

[Eigene Darstellung in Anlehnung an Kultusministerkonferenz – KMK 2016]

Ausbildungsrahmenlehrplan (Betrieb)				**Rahmenlehrplan (Berufsschule)**			
Ausbildungsberufsbildposition	**Ausbildungsjahr**			**Schuljahr**			**Lernfelder**
	1	**2**	**3**	**1**	**2**	**3**	
Abschnitt A: berufsprofilgebende Fertigkeiten, Kenntnisse und Fähigkeiten in den Pflichtqualifikationseinheiten:							
1. Waren und Dienstleistungsangebot des Ausbildungsbetriebes	X			X	X		1, 2, 3, 4, 5, 7
2. Warenpräsentation und Werbemaßnahmen		X		X	X		2, 3, 4, 5, 9
3. Preiskalkulation		X			X		4, 6, 7, 8, 9
4. Warenbestandskontrolle		X			X		6, 7, 8, 10
5. Warenannahme und -lagerung		X			X		7

(*Fortsetzung*)

Tabelle 34: Fortsetzung

Ausbildungsrahmenlehrplan (Betrieb)				**Rahmenlehrplan (Berufsschule)**			
Ausbildungsberufsbildposition	**Ausbildungsjahr**			**Schuljahr**			**Lernfelder**
	1	**2**	**3**	**1**	**2**	**3**	
6. Verkaufen von Waren	X			X	X		1, 2, 3, 10
7. Servicebereich Kasse	X			X			3
Abschnitt B: berufsprofilgebende Fertigkeiten, Kenntnisse und Fähigkeiten in den Wahlqualifikationen; davon ist eine im Ausbildungsvertrag auszuweisen:							
1. Sicherstellung der Warenpräsenz		X		X	X		3, 6, 7, 8
2. Beratung von Kunden		X		X	X		2, 3, 8, 10
3. Kassensystemdaten und Kundenservice		X		X	X		3, 8
4. Werbung und Verkaufsförderung		X		X	X		2, 3, 5, 9
Abschnitt C: wahlqualifikationsübergreifende, integrativ zu vermittelnde Fertigkeiten, Kenntnisse und Fähigkeiten:							
1. Berufsbildung, arbeits- und sozialrechtliche Vorschriften	X			X			1
2. Bedeutung und Struktur des Einzelhandels und des Ausbildungsbetriebes	X			X			1, 4
3. Information und Kommunikation	X			X	X		1, 2, 3, 5, 6, 7, 8, 10
4. Sicherheit und Gesundheitsschutz bei der Arbeit	X	X		X			1
5. Umweltschutz	X	X		X	X		1, 2, 4, 5, 6, 7

Tabelle 35: Entsprechungen zwischen Ausbildungsrahmenplan und Rahmenlehrplan der Berufsausbildungen zum / zur Kaufmann / -frau im Einzelhandel
[Eigene Darstellung in Anlehnung an Kultusministerkonferenz – KMK 2016]

Ausbildungsrahmenlehrplan				**Rahmenlehrplan**			
Ausbildungsberufsbildposition	**Ausbildungsjahr**			**Schuljahr**			**Lernfelder**
	1	2	3	1	2	3	
Abschnitt A: berufsprofilgebende Fertigkeiten, Kenntnisse und Fähigkeiten in den Pflichtqualifikationseinheiten:							
1. Waren und Dienstleistungsangebot des Ausbildungsbetriebes	X			X		X	1, 2, 4, 6, 7, 12
2. Warenpräsentation und Werbemaßnahmen		X		X	X	X	2, 3, 4, 5, 9, 12
3. Preiskalkulation		X		X	X		4, 6, 7, 8, 9

Tabelle 35: Fortsetzung

Ausbildungsrahmenlehrplan				**Rahmenlehrplan**			
Ausbildungsberufsbildposition	**Ausbildungsjahr**			**Schuljahr**			**Lernfelder**
	1	**2**	**3**	**1**	**2**	**3**	
4. Warenbestandskontrolle		X			X		7, 8, 10
5. Warenannahme und -lagerung		X			X		7
6. Verkaufen von Waren	X			X	X		1, 2, 3, 10, 13
7. Servicebereich Kasse	X				X		3
8. Einzelhandelsprozesse			X	X	X	X	1, 2, 3, 5, 6, 7, 8, 9, 10, 11, 12, 13, 14
Abschnitt B: berufsprofilgebende Fertigkeiten, Kenntnisse und Fähigkeiten in den Wahlqualifikationen nach § 5 Absatz 3; davon ist eine im Ausbildungsvertrag auszuweisen:							
1. Sicherstellung der Warenpräsenz		X		X			3, 6, 7, 8
2. Beratung von Kunden		X		X	X		1, 2, 3, 6, 9, 10
3. Kassensystemdaten und Kundenservice		X		X			2, 3, 10
4. Werbung und Verkaufsförderung		X		X	X	X	4, 5, 8, 9, 10, 11, 12
Abschnitt C: berufsprofilgebende Fertigkeiten, Kenntnisse und Fähigkeiten in den Wahlqualifikationen nach § 5 Absatz 4; davon sind drei im Ausbildungsvertrag auszuweisen, darunter mindestens eine aus den laufenden Nummern 1 bis 3:							
1. Beratung von Kunden in komplexen Situationen			X	X	X	X	2, 3, 10, 13
2. Beschaffung von Waren			X		X	X	6, 7, 8, 11
3. Warenbestandssteuerung			X		X	X	7, 8, 11
4. kaufmännische Steuerung und Kontrolle			X		X	X	7, 8, 9, 11, 13
5. Marketingmaßnahmen			X	X		X	4, 5, 11, 12
6. Onlinehandel			X	X	X	X	2, 5, 6, 7, 8, 11, 12
7. Mitarbeiterführung und -entwicklung			X	X		X	1, 13, 14
8. Vorbereitung unternehmerischer Selbstständigkeit			X			X	12, 13, 14
Abschnitt D: wahlqualifikationsübergreifende, integrativ zu vermittelnde Fertigkeiten, Kenntnisse und Fähigkeiten:							
1. Berufsbildung, arbeits- und sozialrechtliche Vorschriften	X			X		X	1, 13
2. Bedeutung und Struktur des Einzelhandels und des Ausbildungsbetriebes	X			X		X	1, 12
3. Information und Kommunikation	X			X	X	X	1, 2, 3, 5, 6, 7, 8, 10, 11, 12, 13
4. Sicherheit und Gesundheitsschutz bei der Arbeit	X	X		X			1
5. Umweltschutz	X	X		X	X		1, 5, 6, 7

Didaktische Überlegungen

Die Qualität und Effizienz der Berufsausbildung soll durch aktive Lernformen und -methoden sichergestellt werden, die hinsichtlich der schulischen und betrieblichen Ausbildung nach folgenden Gesichtspunkten erfolgen:

Die Berufsschulen sollen mittels der Umsetzung der Rahmenlehrpläne eine berufliche Handlungskompetenz vermitteln. Dies erfordert, „den Unterricht an einer auf die Aufgaben der Berufsschule zugeschnittenen Pädagogik auszurichten, die Handlungsorientierung betont und junge Menschen zu selbstständigem Planen, Durchführen und Beurteilen von Arbeitsaufgaben im Rahmen ihrer Berufstätigkeit befähigt" (Kultusministerkonferenz – KMK 2016, S. 5). Um handlungsorientiertes Lernen zu fördern, sind im *Rahmenlehrplan für die Berufsausbildungen zum Kaufmann im Einzelhandel und zur Kauffrau im Einzelhandel und zum Verkäufer und zur Verkäuferin* folgende Orientierungspunkte für die Umsetzung des Berufsschulunterrichts vorgegeben (Kultusministerkonferenz – KMK 2016, S. 5):

- „Didaktische Bezugspunkte sind Situationen, die für die Berufsausübung bedeutsam sind (Lernen für Handeln).
- Den Ausgangspunkt des Lernens bilden Handlungen, möglichst selbst ausgeführt oder aber gedanklich nachvollzogen (Lernen durch Handeln).
- Handlungen müssen von den Lernenden möglichst selbstständig geplant, durchgeführt, überprüft, ggf. korrigiert und schließlich bewertet werden.
- Handlungen sollten ein ganzheitliches Erfassen der beruflichen Wirklichkeit fördern, z. B. technische, sicherheitstechnische, ökonomische, rechtliche, ökologische und soziale Aspekte einbeziehen.
- Handlungen müssen in die Erfahrungen der Lernenden integriert und in Bezug auf ihre gesellschaftlichen Auswirkungen reflektiert werden.
- Handlungen sollen auch soziale Prozesse, z. B. die Interessenserklärung oder die Konfliktbewältigung, einbeziehen" (Kultusministerkonferenz – KMK 2016, S. 5).

In Bezug auf das Lernen im Betrieb kann zwischen zwei wesentlichen Formen des geplanten Lernens unterschieden werden: die Unterweisung am Arbeitsplatz und das selbstgesteuerte Lernen. Die Unterweisung am Arbeitsplatz dient vor allem der Vermittlung von Fertigkeiten, wobei jedoch nicht auf die Wissensvermittlung, die sich im praktischen Mithandeln vollzieht, verzichtet werden soll. Grundlegende Ausbildungsmethoden sind bspw. die

Vier-Stufen-Methode[107] und die Leittextmethode.[108] Das selbstgesteuerte Lernen ist der Oberbegriff für alle Lernformen, in denen die Lernenden ihren Lernprozess weitgehend über Aufgaben, Methoden und Zeitaufwand selbst bestimmen und verantworten können. Der Ausbilder ist hierbei nicht mehr der Unterweiser, sondern Lernberater (vgl. Schamel 2010, S. 187–188).

Das Lernen in der Berufsschule und die Ausbildung im Betrieb ergänzen sich also und werden durch unterschiedliche Methoden verwirklicht. Abbildung 24 zeigt beispielhaft einige Ausbildungsmethoden.

---

107 Die Vier-Stufen-Methode wurde im Zweiten Weltkrieg in der amerikanischen Industrie im Rahmen des Training Within-Industry-Programmes (TWI) entwickelt und später in Deutschland durch den REFA-Verband (heute: Verband für Arbeitsstudien und Betriebsorganisation e. V.) adaptiert (vgl. REFA – Verband für Arbeitsstudien und Betriebsorganisation 1987, S. 133). Ausgangspunkt ist die Analyse von Arbeitstätigkeiten erfahrener Industriearbeiter. „Die Vier-Stufen-Methode ist immer dann einsetzbar, wenn es sich um Arbeiten handelt, die manuell, relativ konstant und reproduktiv angelegt sind. – Bei geistiger, differenzierter und fallweise variabler Arbeit ist die Vier-Stufen-Methode weniger am Platz" (REFA – Verband für Arbeitsstudien und Betriebsorganisation 1987, S. 133). Die Vier-Stufen-Methode ist eine ausbilderzentrierte Methode, die bei den handwerklichen Berufen (Tischler, Kfz-Mechatroniker etc.) und industriellen Berufen (Industriemechaniker etc.) häufig Anwendung findet. Ihre Arbeitsunterweisung ist in vier Stufen gegliedert: Vorbereiten, Vormachen, Nachmachen und selbstständiges Anwenden (vgl. Arnold et al. 1998, S. 39).

108 Die Leittextmethode zielt auf die Selbstunterweisung der Auszubildenden. Dabei werden die zu vermittelnden Fertigkeiten und Kenntnisse in Form von Texten, Tabellen, Stücklisten, Bildern, Zeichnungen usw. dem Lernenden als Arbeitsunterlage gegeben. Die Lernenden werden bei der Bewältigung von praktischen Aufgaben durch diese schriftlichen Arbeitsunterlagen – als Leittexte bezeichnet – angeleitet. Diese Leittexte basieren auf vier Bestandteilen: Leitfragen, Arbeitsplan, Kontrollbogen und Leitsatz mit allen für die Problemlösung notwendigen Informationen. Basierend auf dem Prinzip der vollständigen Handlung und dem Konzept der Handlungskompetenz, ist die Leittextmethode in sechs Stufen gegliedert: Informieren, Planen, Entscheiden, Ausführen, Kontrollieren und Bewerten (vgl. Pampus 1987, S. 43–51; Arnold et al. 1998, S. 40).

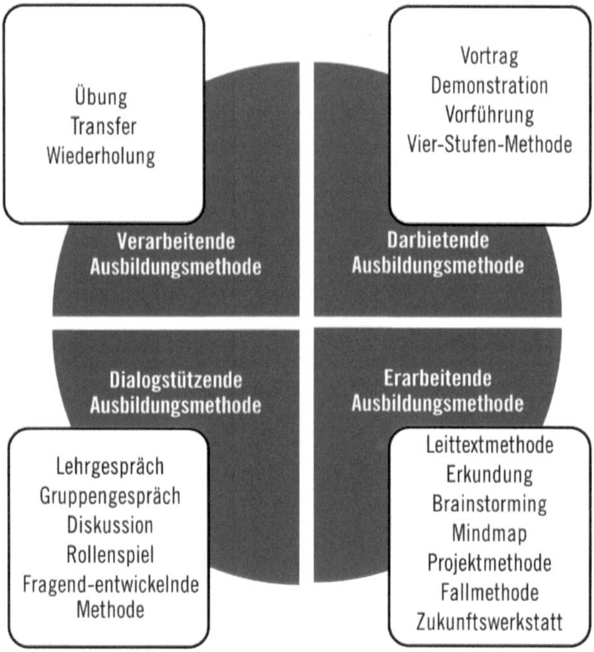

Abbildung 24: Überblick ausgewählter eingesetzten Ausbildungsmethoden [Schamel 2010, S. 189]

4.3.4 Prüfungskonzepte

Um Unterschiede und Gemeinsamkeiten der Prüfungskonzepte zwischen den beiden Einzelhandelsberufen zu ermitteln, ist eine differenzierte Betrachtung nach Branchen notwendig.

Prüfungskonzepte der Verkäufer / -in

Tabelle 36: Abschlussprüfung der Verkäufer / -in
[Eigene Darstellung in Anlehnung an Schamel 2010, S. 14; VO-2017, §§ 8–18]

<table>
<tr><td rowspan="6">Bestehensregelung:
Gesamtergebnis sowie zwei der drei schriftlichen Prüfungsbereiche und fallbezogenes Fachgespräch mindestens Note 4, keine Note 6</td><td colspan="3"><u>Schriftliche Prüfungsbereiche</u></td><td rowspan="2"><u>Mündliche Prüfungsbereiche</u>
15 min. (Vorbereitung)
20 min. (Fachgespräch)</td></tr>
<tr><td>90 Min.</td><td>60 Min.</td><td>60 Min.</td></tr>
<tr><td>1.
Verkauf und Werbemaßnahmen</td><td>2.
Warenwirtschaft und Kalkulation</td><td>3.
Wirtschafts- und Sozialkunde</td><td>4.
Fallbezogenes Fachgespräch
Wahlqualifikation als Grundlage; Warenbereich berücksichtigen</td></tr>
<tr><td>25 % +</td><td>15 % +</td><td>10 %</td><td></td></tr>
<tr><td colspan="3">= 50 % Gewichtung</td><td>50 % Gewichtung</td></tr>
<tr><td colspan="3">Mündliche Ergänzungsprüfung in einem Bereich
→ bei zwei Noten 5 und mindestens eine Note 4 in der schriftlichen Prüfung
Gewichtung → 1 : 2 zum schriftlichen Bereich</td><td></td></tr>
</table>

Für den Ausbildungsberuf Verkäufer / -in gibt es eine Zwischenprüfung und eine Abschlussprüfung, die nach der neuen Verordnung von 2017 geregelt ist. Die Zwischenprüfung ist eine schriftliche Prüfung, die zu Beginn des zweiten Ausbildungsjahres stattfindet und höchstens 90 Minuten dauert. Diese Prüfung findet im Prüfungsbereich der Verkaufsprozesse statt. Die inhaltlichen Themen der Prüfung sind: Waren- und Dienstleistungsangebot des Ausbildungsbetriebes, Verkaufen von Waren sowie der Servicebereich Kasse (vgl. VO-2017, §§ 8–10). Die Abschlussprüfung Verkäufer / -in besteht aus drei schriftlichen Arbeiten und einem mündlichen fallbezogenen Fachgespräch und erfolgt am Ende des 2. Ausbildungsjahres (s. Tabelle 36). Bei den drei schriftlichen Arbeiten sind dies die drei Prüfungsbereiche: Verkauf und Werbemaßnahmen (höchstens 90 Minuten; Gewichtung 25 %), Warenwirtschaft und Kalkulation (höchstens 60 Minuten; Gewichtung 15 %) sowie Wirtschafts- und Sozialkunde (höchstens 60 Minuten; Gewichtung 10 %). Beim mündlichen fallbezogenen Fachgespräch (mit einer Vorbereitungszeit von höchstens 15 Minuten und einem Gespräch von höchstens 20 Minuten; Gewichtung 50 %) werden zwei praxisbezogene Aufgaben gestellt, aus dem der Prüfling eine Aufgabe auswählt. Grundlage der Aufgabenstellung ist die im Ausbildungsvertrag ausgewiesene Wahlqualifikation. Das fallbezogene Fachgespräch wird in einer Darstellung des Lösungsweges durch den Prüfling eingeleitet. Auch der Warenbereich ist zu berücksichtigen und im Ausbildungsnachweis zu dokumentieren. Die Bestehensregelung legt fest, dass das Gesamtergebnis sowie zwei der drei schriftlichen Prüfungsbereiche und das fallbezogene Fachgespräch mit mindestens Note 4 bestanden sein müssen. Durch die Abschlussprüfung ist festzustellen, ob der Prüfling die berufliche Handlungsfähigkeit erworben hat. (Vgl. VO-2017, §§ 11–18)

Tabelle 37: Gestreckte Abschlussprüfung im Ausbildungsberuf Kaufmann / -frau im Einzelhandel

[Eigene Darstellung in Anlehnung an Schamel 2010, S. 15; VO-2017, §§ 19–29]

Teil 1			**Teil 2**		
Prüfungsbereiche	**Dauer**	**Gewichtung**	**Prüfungsbereiche**	**Dauer**	**Gewichtung**
1. Verkauf und Werbemaßnahmen	90 Min.	15 %	4. Geschäftsprozesse im Einzelhandel	120 Min.	25 %
2. Warenwirtschaft und Kalkulation	60 Min.	10 %	5. Fachgespräch in den Wahlqualifikationen (inkl. 15 Min. Vorbereitung)	20 Min.	40 %
3. Wirtschafts- und Sozialkunde	60 Min.	10 %	**Ggf. mündliche Ergänzungsprüfung** (bei einer Note 5 im Prüfungsbereich 4)		
Am Ende des 2. Jahres			**Am Ende des 3. Jahres**		
Bestehensregelung Gesamtergebnis von Teil 1 und 2 sowie Prüfungsbereiche *Geschäftsprozesse im Einzelhandel* und *Fallbezogenes Fachgespräch* mindestens Note 4					

Gestreckte Abschlussprüfung im Ausbildungsberuf Kaufmann / -frau im Einzelhandel

Die Abschlussprüfung im Ausbildungsberuf Kaufmann / -frau im Einzelhandel gliedert sich in Teil 1 und Teil 2 der *Gestreckten Abschlussprüfung*[109] (eine

109 Das Konzept der *Gestreckten Abschlussprüfung* in der dualen Berufsausbildung wurde 2002 in einigen Ausbildungsberufen als Regelungsoption im Berufsbildungsgesetz (BBiG) und der Handwerksordnung (HwO) verankert. „Hierbei wird die Abschlussprüfung nicht in Form einer Gesamtprüfung am Ende der

Zwischenprüfung entfällt für die Kaufleute) (s. Tabelle 37). Teil 1 der Abschlussprüfung umfasst die Inhalte der ersten beiden Ausbildungsjahre und findet am Ende des zweiten Ausbildungsjahres statt. Dies erfolgt durch eine schriftliche Prüfung in den Bereichen Verkauf und Werbemaßnahmen (höchstens 90 Minuten; Gewichtung 15 %), Warenwirtschaft und Kalkulation (höchstens 60 Minuten; Gewichtung 10 %) sowie Wirtschafts- und Sozialkunde (höchstens 60 Minuten; Gewichtung 10 %). Teil 2 der Abschlussprüfung enthält die Inhalte des dritten Ausbildungsjahres und wird am Ende des dritten Ausbildungsjahres durchgeführt. Dieser Prüfungsbereich besteht aus der schriftlichen Prüfung Geschäftsprozesse im Einzelhandel (höchstens 120 Minuten; Gewichtung 25 %) und einem fallbezogenen Fachgespräch in der Wahlqualifikation (mit einer Vorbereitungszeit von höchstens 15 Minuten und einem Fachgespräch von höchstens 20 Minuten; Gewichtung 40 %). Das Fachgespräch ist hier ähnlich, wie der mündliche Prüfungsbereich im Ausbildungsberuf Verkäufer / -in strukturiert. Für das Gesamtergebnis wird der Teil 1 der Abschlussprüfung mit 35 % und der Teil 2 der Abschlussprüfung mit 65 % gewichtet. Die Bestehensregelung legt fest, dass das Gesamtergebnis von Teil 1 und Teil 2 sowie auch die Prüfung Geschäftsprozesse im Einzelhandel und das fallbezogene Fachgespräch mit mindestens Note 4 bestanden sein müssen. (Vgl. VO-2017, §§ 19–29)

Durchlässigkeit zwischen beiden Ausbildungsberufen

Für den Ausbildungsberuf Kaufmann / -frau im Einzelhandel wurde 2009 die *Gestreckte Prüfung* nach BBiG (§ 5) und ErprobungsVO-2009 (§ 5, § 9) eingeführt. Durch die Neuordnung der Einzelhandelsberufe von 2017 wurde zudem die Durchlässigkeit zwischen der Ausbildung zum Verkäufer / -in und

---

Ausbildungszeit durchgeführt, sondern sie findet in zwei zeitlich auseinander fallenden Teilen statt. Dabei sind beide Prüfungsteile als integrale Bestandteile einer einzigen Abschlussprüfung zu sehen, d. h., Teil 1 der *Gestreckten Abschlussprüfung* fungiert nicht als Vor- oder Zwischenprüfung. Vielmehr werden in Teil 1 der *Gestreckten Abschlussprüfung* eigenständige Elemente der beruflichen Handlungsfähigkeit bereits abschließend geprüft, die im weiteren Verlauf nicht mehr eigenständig Gegenstand der Ausbildung sind und auch nicht mehr im Rahmen des Teils 2 der beruflichen Handlungsfähigkeit geprüft werden können" (Vock et al. 2015, S. 10). Für den Ausbildungsberuf Kaufmann / -frau im Einzelhandel wurde die *Gestreckte Abschlussprüfung* nach § 5 Absatz 2 BBiG 2009 eingeführt. Durch die ErprobungsVO-2009 wurde die klassische Prüfungsstruktur zum Abschluss einer Berufsausbildung mit Zwischen- und Abschlussprüfung durch die gestreckte Prüfung abgelöst.

dem Kaufmann / -frau im Einzelhandel erhöht. Konkret erhalten die Prüflinge mit einer erfolgreich abgeschlossenen Berufsausbildung zum Verkäufer / -in die Möglichkeit des einfachen Übergangs in den Ausbildungsberuf Kaufmann / -frau im Einzelhandel. Unter Anerkennung der Leistungen aus den Prüfungsbereichen 1–3 der Abschlussprüfung zum Verkäufer / -in als Teil 1 der Abschlussprüfung zum Kaufmann / -frau im Einzelhandel ist damit eine einfache Fortsetzung der Ausbildung durch ein drittes Lehrjahr möglich (vgl. VO-2017, § 30).

4.4 Resümee: Juxtaposition und Vergleich

In den vorangegangenen Abschnitten des 4. Kapitels wurde die Berufsbildung für eine kaufmännische Tätigkeit im Einzelhandel in China und Deutschland erläutert. Hierzu wurden zunächst zentrale Begriffe erörtert, um so ein einheitliches Verständnis der Begrifflichkeiten sicherzustellen. Im zweiten Schritt erfolgte dann eine Sektorenanalyse, um die wirtschaftliche Bedeutung und die Strukturen des Einzelhandels für beide Länder offenzulegen. Darauf folgend wurden die Ausbildungssituation und die vorherrschenden Ausbildungsgänge im Einzelhandel analysiert. Abschließend sollen nun zentrale Aspekte der bislang vorgestellten Inhalte für Deutschland und China systematisch gegenübergestellt und verglichen werden.

Definition, Ausprägungen und Betriebstypen des Einzelhandels

Insgesamt ist die Definition des Einzelhandels in China und Deutschland sehr ähnlich und unterscheidet sich primär nur in landesspezifischen Feinheiten. In beiden Ländern lassen sich die zentralen Betriebstypen des stationären Einzelhandels (Supermarkt, Discounter, Kaufhaus, Convenience-Store, etc.) und nicht-stationären Einzelhandels (Versandhandel, Internethandel, Teleshopping, etc.) feststellen. In der deutschen Klassifikation wird zusätzlich der Typus des ambulanten Einzelhandels (s. Abschnitt 4.3.1.1.2) verwendet. In China wird abweichend eine Einteilung nach der Art des Eigentümers und dem Grad der Aggregation der Geschäfte (s. Tabelle 13, Abschnitt 4.2.1.1) vorgenommen. Auch die Definitionen der einzelnen Betriebstypen weichen aufgrund des unterschiedlichen wirtschaftlichen Entwicklungsstandes und der verschiedenen nationalen Gegebenheiten etwas ab, was etwa die gängigen Betriebsgrößen, das Sortiment oder die Bedienungsart betrifft. Zugleich verfügen beide Länder über eigene, landespezifische Typen (z. B. Traditionelle Lebensmittelgeschäfte und Community-basierte Einkaufszentren in China und Sozialmärkte in Deutschland).

Wirtschaftlicher Status quo und aktuelle Entwicklungen

In Deutschland und China ist der Einzelhandel essenziell zur Versorgung der Bevölkerung und zudem ein wichtiger Wirtschafts- und Beschäftigungsfaktor. Der Lebensmitteleinzelhandelsmarkt in Deutschland ist sehr konzentriert und Discountermärkte spielen eine große Rolle. Die meisten Beschäftigten verfügen über eine einschlägige Berufsausbildung. Aktuelle Wachstumstrends im Einzelhandel sind insbesondere Bio- und Fair-Trade-Produkte sowie Online-Shopping, wobei das Konsumverhalten insgesamt jedoch als relativ traditionell angesehen werden kann. In China sind viele Beschäftigte im Einzelhandel ohne Berufsausbildung, eine Ausbildung zum Verkäufer existiert nicht. Technische Neuerung und elektronische Bezahlarten spielen in China hingegen bereits eine große Rolle und verändern die Branche aktuell nachhaltig (z. B. Integration von Online-Offline-Konzepten, Kundenpflege und Vertrieb über Social-Media-Kanäle, datengetriebene Geschäftsmodelle, mobiles Bezahlen). In dieser Beziehung scheint China neuen technologischen Möglichkeiten deutlich aufgeschlossener zu sein. Mit Unterstützung der Technologie hat Chinas Einzelhandelsindustrie allmählich die sogenannte datenbasierte + mobile + ohne Bargeld-Phase (数据化 移动化 无钞化) erreicht (s. Abschnitt 4.2.1.3).

Ausbildungsstruktur im Einzelhandel

Die Organisationsstruktur der Einzelhandelsausbildung in Deutschland ist hauptsächlich nach Branchen / Sektoren gegliedert. So werden z. B. Verkaufsberufe im Einzelhandel nach der Kategorisierung mit Sortimentsbezug (Fachverkäufer / -in im Lebensmittelhandwerk, Buchhändler / -in, Drogist / -in, Automobilkaufmann / -frau) und ohne Sortimentsbezug (Kaufmann / -frau im Einzelhandel und Verkäufer / -in) unterschieden (s. Abschnitt 4.3.2). Die zentralen Ausbildungsgänge im Einzelhandel sind Kaufmann / -frau im Einzelhandel und Verkäufers / -in. Die Auszubildenden lernen dabei bundesweit einheitlich geregelt das gesamte Aufgabenspektrum des Einzelhandels kennen (z. B. Warenverkauf, Beschaffung, Lagerung, Datenbearbeitung, betriebliche Handlungssituationen) (s. Abschnitt 4.3.3). Der Ausbildungsbetrieb kann durch Wahlmodule gleichwohl jedoch noch einen inhaltlichen Qualifizierungsschwerpunkt setzen. Im Vergleich dazu ist die Ausbildung in Chinas Einzelhandel von ihrer Organisationsstruktur her nicht auf die Branchen / Sektoren, sondern auf die spezifische Tätigkeit (Job) und oftmals auch genau auf das ausbildende Unternehmen ausgerichtet. Die Ausbildung umfasst dann nur einzelne Aufgabenbereiche, bspw. Design, Beschaffung, Marketing, Logistik oder Vertrieb (s. Abschnitt 4.2.2.1). Das Modell der chinesischen

Einzelhandelsausbildung verfolgt damit eine zweckmäßige und tätigkeitsorientierte Organisationsstruktur. Im Gegensatz zu Deutschland gibt es dadurch auch eine sehr große Anzahl spezifischer Ausbildungsgänge.

Diese beiden Ausbildungsstrukturen bringen spezifische Vor- und Nachteile mit sich. Die Art der branchenorientierten Ausbildungsstruktur in Deutschland ist vorteilhafter für die Entwicklung von voll qualifizierten Nachwuchskräften, im Sinne einer breiten Qualifikation. Den Auszubildenden stehen nach ihrer Ausbildung damit auch mehr Beschäftigungsmöglichkeiten offen, was einen Arbeitsplatzwechsel tendenziell erleichtert. Die chinesischen Absolventen verfügen hingegen über eine größere Spezialisierung, womit sie unmittelbar befähigt als spezialisierte Facharbeitskräfte in den erlernten Beruf einzusteigen. Für die Arbeitgeber hat dies den Vorteil, dass durch Spezialisierung und Arbeitsteilung zumeist eine größere Wertschöpfung erzielt werden kann. Nachteile bietet dieses Modell jedoch hinsichtlich eines Wechsels von Arbeitsplatz oder Arbeitgeber. In diesem Sinne sind die ausgebildeten Kräfte nur eilqualifiziert, da sie nur über Kenntnisse in einem begrenzten Gebiet, bspw. Marketing, verfügen.

Die große Anzahl an Ausbildungsgängen erschwert die Vergleichbarkeit und sorgt für sehr uneinheitliche Qualifikationsniveaus, je nach Unternehmen, Schule und Ausbildungsgang. Zugleich kann mit diesem Modell jedoch flexibler auf Veränderungen reagiert werden, da neue Ausbildungsgänge je nach Bedarf in kurzer Zeit konzipiert und begonnen werden können. Hierzu findet ein enger Austausch mit der regionalen Wirtschaft statt. Gerade unter Beachtung sich schnell verändernder Rahmenbedingungen stellt dies besonders für die beteiligten Unternehmen ein Vorteil dar. In Deutschland sind die Berufsschulen dagegen stark standardisiert. Ein direkter Austausch mit den Ausbildungsbetrieben findet zumeist nicht statt. Dahin gehend ist das deutsche System erheblich langsamer, was die Anpassung der Ausbildungsinhalte und den Einbezug neuer technologischer Entwicklungen betrifft.

Rechtsgrundlagen der Einzelhandelsberufe

Die Einzelhandelsberufe in Deutschland haben eine lange Tradition im rechtlich geregelten Berufsbildungswesen. Die Ausbildung im Einzelhandel basiert auf dem Berufsbildungsgesetz. Daneben gelten noch weitere Rechtsvorschriften. Am wichtigsten für die Einzelhandelberufe sind jedoch die Ausbildungsordnungen, die regelmäßig modernisiert wurden. Die o. g. Ergänzungen der Ausbildungsberufe im Einzelhandel (s. Abschnitt 4.3.3) wurden 2009 probeweise verordnet und am 01. August 2017 mit Ausbildungsstart leicht verändert eingeführt.

Im Vergleich zu Deutschland ist das Positionspapier für den chinesischen Einzelhandel älter. So wurde bspw. das aktuelle Dokument für die Klassifizierung des Einzelhandels, das *Classification of Retail Formats (GB/T 18106-2004)*, im Jahr 2004 veröffentlicht, und bis heute nicht aktualisiert, obwohl sich der chinesische Einzelhandelssektor in der Zwischenzeit erheblich verändert hat. Im Bereich der Berufsbildung hat das Bildungsministerium in den letzten Jahren den Aufbau eines Systems für die Berufsbildungsstandards aktiv gefördert und nun 2017 das nationale Unterrichtsstandardsystem für Chinas sekundäre und höhere berufliche Bildung eingeführt. Darin finden sich eine Reihe einschlägiger Standards für bestimmte Ausbildungsberufe im Einzelhandel. Wie in der Fallstudie 1 beispielhaft aufgezeigt wurde, zeigt das Unterrichtsstandardsystem jedoch nur einen groben Ausbildungsrahmen auf, ohne das konkrete Lehrinhalte oder spezifische Methoden vorgegeben werden. Die inhaltliche Ausgestaltung ist ungeregelt und fällt dadurch in der Praxis sehr unterschiedlich aus. Dies ermöglicht einerseits zwar wiederum Flexibilität und Vielfältigkeit im System, konterkariert damit aber auch dem Ziel eines Qualitätssicherungsinstruments, ein Mindestmaß an (Ausbildungs-)Qualität flächendeckend sicherzustellen und damit eine Vergleichbarkeit (von Abschlüssen) zu ermöglichen.

Organisationsstrukturen der Ausbildung

In Deutschland werden die Ausbildungsgänge Kaufmann / -frau im Einzelhandel und Verkäufer / -in im dualen System durchgeführt. Während die betriebliche Ausbildung dem Auszubildenden die praktischen Fähigkeiten für den späteren Beruf vermittelt, hat die Berufsschule die Aufgabe, den Schüler berufliche und allgemeine Lerninhalte unter besonderer Berücksichtigung der Anforderungen des Berufsbilds zu vermitteln. Dieses produktive Zusammenspiel von Praxis und Theorie (Im Allgemeinen: 3–4 Tage in Betrieb, 1–2 Tage in Berufsschule) ist bundesweit einheitlich geregelt und das zentrale organisatorische Merkmal der dualen Ausbildung in Deutschland.

Im Vergleich zu Deutschland gibt es in China eine größere Vielfalt an Ausbildungsberufen im Einzelhandel. Ausbildungsträger können sowohl Betriebe, berufliche Schule als auch sonstige Bildungseinrichtungen sein. Damit konzentriert sich Chinas Einzelhandelsausbildung nicht nur auf die formale Bildung, sondern auch die informelle und non-formale Bildung nehmen eine wichtige Stellung ein. Die üblichste Form der Berufsbildung im Einzelhandel ist dabei jedoch die Ausbildung an einer beruflichen Schule. Bezüglich der betrieblichen Kooperation sieht der als Fallstudie 1 vorgestellte allgemeine Unterrichtsstandard ein Praktikum oder On-the-Job-Training vor, welches etwa den Umfang von drei Monaten (540 Stunden) umfasst. Nähere Anforderungen zur Ausgestaltung werden nicht gestellt. Die in Fallstudie 2 und 3 beschriebenen konkreten Ausbildungsprogramme umfassen beide eine deutlich umfassendere Lernortkooperation mit der lokalen Wirtschaft. Im Programm der Fallstudie 2 werden zwei Jahre in der Schule und das dritte Jahr als On-the-Job-Training / Praktika absolviert. In der Fallstudie 3 umfasst die Kombination aus Theorie und Praxis hingegen die gesamte dreijährige Ausbildung, welche damit dem deutschen dualen Ausbildungsmodell ähnelt.

Im Vergleich der drei Fallstudien fällt auf, dass die einzelnen Ausbildungsgänge sehr unterschiedlich ausgestaltet sind. Dies ist auch dadurch zu erklären, dass es einen intensiven Wettbewerb zwischen Bildungseinrichtungen in China gibt, der auch politisch gewollt ist. So ist z. B. die Entwicklung von Ausbildungsprogrammen ein großer Fokus in Bildungsinstituten, da diese aktiv um Kooperationspartner und Schüler werben müssen. Dies folgt dann dem marktwirtschaftlichen Gedanken, dass wer als Erster ein marktorientiertes Ausbildungsprogramm entwickelt, sich mit großer Wahrscheinlichkeit auch am Markt abheben und durchsetzen kann. Politisch ist der Gedanke dahinter, dass ausgezeichnete Fälle und Programme die Entwicklung der gesamten Branche vorantreiben können. Der Vorteil dieses Ansatzes besteht darin, dass er Innovationen fördert und die Anpassungs- und Wandlungsfähigkeit des Bildungssystems stärkt. Der Nachteil liegt darin, dass ein übermäßiger Wettbewerb zwischen den Bildungseinrichtungen der Zusammenarbeit nicht förderlich ist, und zu einer Verschwendung von Ressourcen führen kann. Außerdem ist fraglich, ob dieses Vorgehen für die Gesamtqualität des Bildungssystems letztendlich zuträglich ist, da dies ein Ansatz zur Spitzenförderung darstellt, der tendenziell die Schulen (und deren Abschlüsse) die bereits jetzt über einen schlechten Ruf verfügen, weiter zurückfallen lassen wird.

Prüfungskonzepte

Auch das Prüfungskonzept der beiden Ausbildungsberufe Kaufmann / -frau im Einzelhandel und Verkäufer / -in ist in Deutschland einheitlich gestaltet. Die Zwischenprüfung für beide Ausbildungsberufe ist gleich und enthält die Inhalte des ersten Ausbildungsjahres. Bei der schriftlichen Abschlussprüfung sind drei Prüfungsbereiche vorgegeben. Auch dieser mündliche Prüfungsbereich des fallbezogenen Fachgesprächs ist in beiden Ausbildungsberufen ähnlich strukturiert: Es werden zwei Aufgaben vorgestellt, von denen eine zu wählen ist.

Im Vergleich dazu ist die Lehr- und Lernevaluation in China komplizierter und uneinheitlich geregelt. So kann sich die Gesamtnote z. B. aus der Lehrerbewertung, Unternehmensbewertung und Selbstevaluation zusammensetzen oder die Prozessbewertung und Ergebnisbewertung miteinander verknüpft werden (s. Fallstudie 3). In einzelnen Schulen müssen die Schüler ein oder mehrere Berufsqualifizierungszertifikate erwerben, um dann den Abschluss erreichen zu können. Ob ein Lernender hierbei ein oder zwei Zertifikate erhalten kann, ist abhängig von der tatsächlichen Situation der jeweiligen Region sowie den beruflichen Fähigkeiten und Leistung des Lernenden.

5. Ansätze der deutschen und chinesischen Berufsbildung zur nachhaltigen Entwicklung in den Einzelhandelsberufen

Die Schlagwörter Nachhaltigkeit (sustainability) und nachhaltige Entwicklung (sustainable development) sind zurzeit in Deutschland allgegenwertig. Viele Menschen sind sich der Bedeutung der Umwelt für die Wirtschaft und die Gesellschaft in ihrer Gesamtheit bewusst geworden. Ein zu großer Ressourcenverbrauch schädigt die Umwelt und entzieht damit auch den Menschen langfristig die Lebensgrundlage. Nachhaltige Entwicklung soll helfen, die Erhaltung von Umwelt und Natur sicherzustellen und die Wirtschaft mit dieser in Einklang bringen.

Dieses Kapitel bezieht sich auf die aktuelle Situation der deutschen und chinesischen Berufsbildung zur nachhaltigen Entwicklung in den Einzelhandelsberufen. In einem ersten Schritt wird hierfür auf internationaler Ebene geklärt, was unter nachhaltiger Entwicklung (NE), Bildung für nachhaltige Entwicklung (BNE) und Berufsbildung für nachhaltige Entwicklung (BBNE) zu verstehen ist (s. Abschnitt 5.1). Nach dieser ausführlichen Einführung zum Nachhaltigkeitsdiskurs wird die nationale Wahrnehmung der BBNE in den Einzelhandelsberufen Chinas und Deutschlands exemplarisch dargestellt und auf vier Systemebenen (Makro-, Exo-, Meso- und Mikroebene) miteinander verglichen (s. Abschnitt 5.2). Hierzu wurde auf das bereits vorgestellte Vier-Phasen-Modell von Bereday (s. Abschnitt 1.3) zurückgegriffen.

5.1 Zum internationalen normativen Diskurs: NE – BNE – BBNE

Wenig Begriffe wurden in den letzten Jahren so stark diskutiert wie die Termini Nachhaltigkeit (sustainability) und nachhaltige Entwicklung (sustainable development). Doch was kann unter diesen Begriffen verstanden werden und was haben diese mit Berufsbildung zu tun (BBNE)? Im Folgenden wird diese Fragestellung untersucht, um Erkenntnisse über die Kernelemente von Nachhaltigkeit zu gewinnen.

5.1.1 Wege zu einer nachhaltigen Entwicklung (NE)

Die Begriffe Nachhaltigkeit und nachhaltige Entwicklung – oft fälschlich synonym verwendet – unterscheidet ein wesentlicher Aspekt: Nachhaltige Entwicklung bezeichnet „einen Prozess gesellschaftlicher Veränderung, während der Begriff der Nachhaltigkeit (sustainability) das Ende eines solchen Prozesses, also einen Zustand beschreibt" (Grunwald und Kopfmüller 2006, S. 7). Nachhaltigkeit ist somit das Ziel und Ergebnis einer nachhaltigen Entwicklung.

Ursprung des Nachhaltigkeitsgedankens in der Forstwirtschaft

Der Nachhaltigkeitsgedanke findet sich in vielen Kulturen. Ein Beispiel dafür ist der Name, den amerikanische Ureinwohner einem See in Südamerika gaben: „Manchau gagog changau gagog chaugo gagog amaug". Das bedeutet sinngemäß: „Wir fischen auf unserer Seite, ihr fischt auf eurer Seite und niemand fischt in der Mitte." Diese Regel ist offensichtlich eine einfache Anweisung für den nachhaltigen Umgang mit lebensnotwendigen Ressourcen (vgl. Schreiber 2004; Spindler 2013, S. 10). Die erste nachweisliche Erwähnung des heutzutage nahezu überall geforderten Prinzips der Nachhaltigkeit findet sich in der Forstwirtschaft und hat tiefe historische Wurzeln in Deutschland (vgl. Grober 2002, S. 119).

In diesem Bezug, als Erfinder des Prinzips der Nachhaltigkeit bekannt, ist Hans Carl von Carlowitz (1645–1714). Von Carlowitz war königlich-polnischer und kurfürstlich-sächsischer Kammer und Bergrat sowie Oberberghauptmann des Erzgebirges (vgl. Grober 1999). Er hat den Gedanken der Nachhaltigkeit in Bezug auf die Waldwirtschaft formuliert und gilt damit als wesentlicher Schöpfer des Nachhaltigkeitsbegriffs in der Forstwirtschaft. Seine Schrift *Sylvicultura oeconomica oder Hauswirthliche Nachricht und Naturgemäße Anweisung zur Wilden Baumzucht*, erschienen 1713 in Leipzig, ist das erste geschlossene Werk über die Forstwirtschaft, indem angesichts einer drohenden Holzknappheit eine nachhaltende Waldbewirtschaftung gefordert wird, welches im folgendem Originalzitat verdeutlicht wird:

> „Denn je mehr Jahr vergehen / in welchem nichts gepflanzet und gesaet wird / je langsamer hat man den Nutzen zugewarten / und um so viel tausend leidet man von Zeit zu Zeit Schaden / ja um so viel mehr geschickt weitere Verwüstung / daß [sic!] endlich die annoch vorhandenen Gehöltze angegriffen / vollends consumiret und sich je mehr und mehr vermindern müssen [...] Wird derhalben die größte Kunst / Wissenschaft / Fleiß und Einrichtung hiesiger Lande darinnen beruhen / wie eine sothane Conservation und Anbau des Holtzes anzustellen / daß [sic!] es eine continuierliche beständige und nachhaltende Nutzung gebe / weiln es eine unentberliche Sache ist / ohne welche

das Land in seinem Esse (Lat. im Sinne von Wesen, Dasein, d. Verf.) nicht bleiben mag“ [110] (Carlowitz 1713, S. 105–106).

In diesem Originalzitat werden der Begriff und das Prinzip der Nachhaltigkeit erstmals formuliert, die hier nicht als Substantiv, sondern als Adjektiv ‚nachhaltend nutzen‘ auftauchen. Damit betonte von Carlowitz, dass pro Jahr nicht mehr Holz geschlagen wird als auch wieder nachwächst. Er selbst fasste die Ziele nachhaltiger Forstpolitik in seinem Werk folgendermaßen zusammen:

> „Zum Besten des gemeinen Wesens geht es um das Aufnehmen des Landes und der Untertanen, die Hebung von Handel und Wandel, die florierende Commercia [...]. Die Ökonomie hat der Wohlfahrt des Gemeinwesens zu dienen. Sie ist zu einem schonenden Umgang mit der gütigen Natur verpflichtet und an die Verantwortung für künftige Generationen gebunden“ (Grober 1999, S. 5).

In diesen Worten lassen sich auch schon die wesentlichen Strukturen des Nachhaltigkeitsdenkens und die Konturen des modernen Dreiecks der Nachhaltigkeit – Ökologie, Ökonomie und Soziales – erkennen. Zugleich stellt dies das in der heutigen Literatur allgemein akzeptierte ressourcenökonomische Prinzip dar (vgl. Hauff und Kleine 2009, S. 3). Danach hatte sich die Forderung nach Nachhaltigkeit im Forstwesen allgemein in den Fachkreisen verbreitet. Zur späteren Durchsetzung des Nachhaltigkeitsbegriffes in der Forstwirtschaft trugen u. a. auch Hermann Friedrich von Göchhausen,[111] Wilhelm Gottfried Moser,[112] Herzogin Anna

---

110 Die originalen Sätze in der Schrift sind in barocker Sprache und Syntax abgefasst.

111 Hermann Friedrich von Göchhausen (1663-1733) war sächsischer Oberlandjägermeister und Landrat zu Weimar. Er übernahm 1729 von Hans Carl von Carlowitz den Begriff der Nachhaltigkeit. In seinem *Forstlagerbuch* notiert er, „wie Holz künftighin pfleglich und nachhaltig zu gebrauchen sei und was dessen jährlicher Ertrag sein könne“ (vgl. Schwartz 1960, S. 587; Zit. n. Grober 2002, S. 123). Im Jahr 1732 übernahm er den Begriff ebenfalls in seinem Werk *Notabilia venatoris, oder Jagd- und Weidwercks-Anmerckungen*. Hier beschreibt er, „wie das Gehölz vorteilhaft zu gebrauchen und nachhaltig abzuholzen“ sei. Er nennt als Aufgabe des Oberjägermeisters unter anderem die „Kontrolle über die nachhaltige, nicht übermäßige Nutzung der Forsten [...]“ (Tremmel 2003, S. 98).

112 Der Württemberger Wilhelm Gottfried Moser (1729-1793) griff das Carlowitzsche Wort *nachhaltend* auf und forderte 1757 in seinem zweibändigen Werk *Grundsätze der Forst-Oeconomie* eine „nachhaltige Wirtschaft in unseren Wäldern“. Das Vorwort beginnt mit dem Satz: „Die Forstwirtschaft lehrt die Waldungen so zu behandeln, dass sie als solche größten Nutzen nachhaltig gewähren“ (Grober 2010, S. 121). „[...] so fieng man endlich an, den Holz-Mangel schmerzlich zu fühlen.

Amalia,[113] Georg Ludwig Hartig,[114] Heinrich Cotta,[115] und Alexander von Humboldt[116] bei.

Und dieses hat uns nunmehro gedrungen: 1. Auf eine nachhaltige Wirtschaft mit unseren Wäldern. 2. Auf Holzsparkünste, 3. Auf Nachpflanzen und neuen Holz-Anbau sowohl im einzeln, als in denen Blössen der Wälder, theils vor uns, theils vor unsere Kinder und Nachkommen zu denken: und dieses ist so vernünftig, gerecht, klug und gesellschaftlich, je gewisser es ist, daß [sic!] kein Mensch nur blos für sich, sondern auch für andere und für die Nachkommenschaft leben müsse" (Grober 2002, S. 123).

113 Anna Amalia von Braunschweig-Wolfenbüttel (1739-1807), durch Heirat Herzogin von Sachsen-Weimar und Eisenach, war die Mutter des Großherzogs Carl August, in dessen Diensten Johann Wolfgang von Goethe stand. In ihrer Verfügung von 1760 verfügte sie, dass die Wälder des Landes „geometrisch ausgemessen, forstmäßig beschrieben und eine auf richtigen Grundsätzen der Forstwissenschaft festgesetzte neue und nachhaltige Forsteinrichtung" erhalten sollten (Schwartz 1959, S. 339; zit. n. Grober 2002, S. 123).

114 Georg Ludwig Hartig (1764-1873) war ein bedeutender deutscher Forstwissenschaftler. Er schrieb 1795 in seinem Buch *Anweisung zur Taxation der Forste oder zur Bestimmung des Holzertrags der Wälder*: „Es läßt [sic!] sich keine dauerhafte Forstwirtschaft denken und erwarten, wenn die Holzabgabe aus den Wäldern nicht auf Nachhaltigkeit berechnet ist. Jede weise Forstdirektion muss daher die Waldungen [...] so hoch als möglich, doch so zu benutzen suchen, daß [sic!] die Nachkommenschaft wenigstens ebensoviel Vorteil daraus ziehen kann, wie sich die jetzt lebende Generation zueignet" (Grober 2010, S. 1).

115 Heinrich Cotta (1763-1844) war ein bedeutender deutscher Forstwissenschaftler. Er nahm den Begriff Anfang des 19. Jh. auf, organisierte die Taxierung der Wälder Sachsens und gründete eine Forstschule bei Dresden. Aus diesen Anfängen entstand 1816 die erste Forstakademie der Welt. 1817 schrieb er in seinem Buch *Anweisung zum Waldbau*: „Forstwirtschaft lehrt die Waldungen so zu behandeln, dass sie als solche den größten Nutzen nachhaltig gewähren" (Grober 2002, S. 123–124).

116 Friedrich Wilhelm Heinrich Alexander von Humboldt (1769-1859), der jüngere Bruder von Wilhelm von Humboldt, war ein deutscher Naturforscher mit weit über Europa hinausreichendem Wirkungsfeld. Während seiner Tätigkeit bei der Bergbehörde Bayreuth hatte er auch mit forstlichen Fragen zu tun. In einem Bericht an seinen Vorgesetzten, den preußischen Minister Heynitz, schreibt er 1792: „Einteilung in Schläge mit vorhergehender forstlicher Vermessung fehlt noch ganz und ein regelmäßiger sicherer Haushalt, eine Balance zwischen Nachwuchs und jährlichem Consumo, ist ohne diese kaum denkbar" (Humboldt und Kühnert 1959, S. 153). Mit seinen späteren Forschungen zur Pflanzengeographie und -soziologie schuf Humboldt wesentliche Voraussetzungen für die Herausbildung der Ökologie als Wissenschaft, die heute zur Grundlage jedes Nachhaltigkeitsdenkens geworden ist (Grober 2002, S. 125).

Nachhaltigkeit im 19. und 20. Jh.

Während sich die Verwendung des Konzeptes der nachhaltigen Forstwirtschaft im Laufe des 18. Jh. In der deutschsprachigen Forstwirtschaft / -wissenschaft etablierte, gibt es zu der Zeit noch keine eindeutige Formulierung in anderen Sprachen. Erst im 19. Jh. folgten Übersetzungen ins Französische, Englische, Finnische und Schwedische (vgl. Grober 2010, S. 204–209).

Erst 1829 wurde diese ökonomische Forderung auch für den landwirtschaftlichen Bereich erhoben: „nachhaltiger ertrag des bodens wird nur erzielt, wenn der boden in gutem stand erhalten wird" (Weber 1838, S. 382). Dieses Zitat wird aus dem Allgemeinen deutschen terminologischen ökonomischen Lexikon und Idiotikon aus dem Jahre 1838 zitiert. Seitdem gibt es entsprechend auch die nachhaltige Fischerei-, Wasser-, Energie- und Jagdwirtschaft (vgl. Brown et al. 1987, S. 714). Seit dem 20. Jh. wird der Begriff der Nachhaltigkeit schließlich in nahezu allen Wirtschaftsbereichen als Ausdruck für die Substanzerhaltung zur Sicherstellung einer zeitüberdauernden Bewirtschaftungskontinuität verstanden. Dieser Logik folgt auch der allgemeine heutige Sprachgebrauch des Begriffes (vgl. Schanz 1996, S. 31).

Begriffsverwendung durch die Vereinten Nationen und im internationalen Diskurs

Die zentrale Entwicklung in der Nachhaltigkeitsdebatte vollzog sich im Rahmen der zunehmenden internationalen, politischen und volkswirtschaftlichen Diskussion seit den Siebzigerjahren. Die Begriffsbezeichnung sustainable development fand dabei maßgeblich in mehreren Konferenzen und Tagungen Anwendung. Auf internationaler Ebene wurde das erste Mal durch die Vereinten Nationen mit der Weltumweltkonferenz in Stockholm 1972 über Konzepte der nachhaltigen Entwicklung diskutiert. Mit dem Bericht *Die Grenzen des Wachstums* des Club of Rome, dem Brundtland-Report der *WCED (World Commission on Environment and Development)* 1987 sowie dem Weltgipfel in Rio de Janeiro im Jahr 1992 folgten weitere Meilensteine im internationalen Nachhaltigkeitsdiskurs. Zur erstmaligen Erreichung einer breiten (Fach-)Öffentlichkeit waren insbesondere der Bericht *Die Grenzen des Wachstums* des Club of Rome und der Brundtlandt-Report der Vereinten Nationen von großer Bedeutung.

Der Bericht *Die Grenzen des Wachstums (Limits to growth)* des Diskussionsforums *Club of Rome* aus dem Jahre 1972 widmet sich den Auswirkungen eines stetig anhaltenden Wachstums und der Endlichkeit der weltweiten Ressourcen.

Auf Grundlage von Modellszenarien und Computersimulationen lauten die zentralen Schlussfolgerungen des Berichtes:

> „Wenn die gegenwärtige Zunahme der Weltbevölkerung, der Industrialisierung, der Umweltverschmutzung, der Nahrungsmittelproduktion und der Ausbeutung von natürlichen Rohstoffen unverändert anhält, werden die absoluten Wachstumsgrenzen auf der Erde im Laufe der nächsten hundert Jahre erreicht" (Meadows et al. 1972, S. 17).

Dieses Statement hat eine bis heute andauernde Besorgnis und heftige Diskussionen in der Welt ausgelöst. Dem ersten Bericht folgten weitere Studien, so u. a. 1992 *Die neuen Grenzen des Wachstums* und 2006 das *30-Jahre-up-date.*

Im Jahr 1987 wurde der Bericht *Unsere gemeinsame Zukunft* (Our Common Future) – der sogenannte Brundtland-Bericht – von der WCED veröffentlicht, der als zentrales Dokument für das Konzept der nachhaltigen Entwicklung gilt. Von der WECD wurde dabei die folgende Definition aufgestellt: „Sustainable development is development that meets the needs of the present without compromising the ability of future generations to meet their own needs" (World Commission on Environment and Development 1987, S. 41). In der deutschen Übersetzung dieses Berichts (*Unsere Gemeinsame Zukunft*) lautet die entsprechende Passage: „Dauerhafte Entwicklung[117] ist eine Entwicklung, die die Lebensqualität der gegenwärtigen Generation sichert und gleichzeitig zukünftigen Generationen die Wahlmöglichkeit zur Gestaltung ihres Lebens erhält" (Hauff 1987, S. 46). Darin werden drei Grundprinzipien nachhaltiger Entwicklung vorgestellt:

> „die globale Perspektive, die untrennbare Verknüpfung zwischen Umwelt- und Entwicklungsaspekten sowie die Realisierung von Gerechtigkeit zugleich in der intergenerativen Perspektive (Zukunftsverantwortung) und in der intragenerativen Perspektive (Verteilungsgerechtigkeit unter den heute lebenden Menschen)" (Grunwald und Kopfmüller 2006, S. 21).

Ein wichtiger Meilenstein für die Nachhaltigkeitsdiskussion auf politischer Ebene war schließlich die von der UNO-Vollversammlung beschlossene *Konferenz der Vereinten Nationen über Umwelt und Entwicklung (United Nations Conference on Environment and Development, UNCED)*, die 1992 in Rio de Janeiro

---

117 In späteren Übersetzungen wird dann der Begriff nachhaltig anstatt dauerhaft verwendet. Die Bezeichnung nachhaltige Entwicklung steht spätestens nach der UNCED (United Nations Conference on Environment and Development) im Jahr 1992 fest. Die dort verabschiedete *Rio-Deklaration* und die *Agenda 21* verwenden häufig den Begriff der nachhaltigen Entwicklung.

stattfand. Diese Konferenz ist auch unter dem Namen Erdgipfel bekannt, bei welchem Grundsätze und Prinzipien des der nachhaltigen Entwicklung vereinbart wurden. Insgesamt wurden fünf Dokumente in Rio unterzeichnet: Die *Rio-Deklaration zu Umwelt und Entwicklung (kurz: Rio-Deklaration)*,[118] die *Agenda 21*,[119] *die Klimarahmenkonvention*[120], die *Konvention über die biologische Vielfalt (Biodiversitätskonvention)*[121] und die *Wald-Deklaration*[122] (vgl. United Nations - UN 1992).

Zur Umsetzung der Nachhaltigkeitsziele folgten der Rio-Konferenz 1992 weitere UN-Sondergeneralversammlungen, bspw. in New York (Rio+5) im Jahr 1997, in Johannesburg (Rio+10) im Jahr 2002 und in Rio de Janeiro (Rio+20) im Jahr 2012, mit dem Ziel, die bisherige Umsetzung der Rio-Konventionen zu überprüfen und zu überarbeiten.

Die Nachfolgeagenda *Ziele für nachhaltige Entwicklung* (Sustainable Development Goals; SDGs) wurde am 25. September 2015 von der UN-Generalversammlung verabschiedet, die auch als *Transformation unserer Welt: die Agenda 2030 für nachhaltige Entwicklung (Transforming our World: the 2030 Agenda for Sustainable Development)* oder kurz *Agenda 2030* bezeichnet wird (vgl. United Nations - UN 2015, 1). Diese neue Agenda trat am 1. Januar

---

118 Die *Rio-Deklaration* umfasst 27 Grundsätze, die die Staaten bezüglich Politik, Gesetzgebung, Wirtschaft und Wissenschaft beachten sollen, um den Schutz der Umwelt und eine nachhaltige Entwicklung zu gewährleisten (vgl. United Nations - UN 1992; Grunwald und Kopfmüller 2006, 23)

119 Die *Agenda 21*, ein Aktionsprogramm für Ziele, Maßnahmen und Instrumente zur Umsetzung des Leitbilds, in dem unterschiedliche Schwerpunkte für Industrie- und Entwicklungsländer gesetzt werden. Ihre kommunale Umsetzung ist die Lokale Agenda 21. (vgl. United Nations - UN 1992; Grunwald und Kopfmüller 2006, S. 23).

120 Die *Klimarahmenkonvention* mit dem Ziel einer „Stabilisierung der Treibhausgasemissionen in der Atmosphäre auf einem Niveau, auf dem eine gefährliche anthropogene Störung des Klimasystems verhindert wird" (United Nations - UN 1992; Grunwald und Kopfmüller 2006, S. 23).

121 Die *Konvention über biologische Vielfalt (Biodiversitätskonvention)* mit dem Ziel der „Erhaltung der biologischen Vielfalt, der nachhaltigen Nutzung ihrer Bestandteile und der gerechten Aufteilung der sich aus der Nutzung der genetischen Ressourcenergebenden Vorteile" (United Nations - UN 1992; Grunwald und Kopfmüller 2006, S. 23).

122 Die *Walderklärung* mit dem Ziel, „zur Bewirtschaftung, Erhaltung und nachhaltigen Entwicklung der Wälder beizutragen und deren vielfältige und sich gegenseitig ergänzende Funktionen und Nutzungen zu sichern" (United Nations - UN 1992; Grunwald und Kopfmüller 2006, S. 23).

2016 mit einer Laufzeit von 15 Jahren (bis 2030) in Kraft und umfasst 17 Oberziele für nachhaltige Entwicklung, die durch 169 Unterziele erläutert und konkretisiert werden (vgl. United Nations – UN 2015, S. 6). Die Ziele beinhalten eine breite Themenpalette ökonomischer Fragen (Armut, Gesundheit, Ernährung, Konsum- und Produktionsweisen usw.), ökologische Aspekte (Klimawandel, Ozeane, Meere und Meeresressourcen, Landökosysteme usw.), soziale Perspektiven von Zielgruppen und Akteuren (Gleichstellung der Geschlechter, Frieden, Gerechtigkeit, usw.) sowie Fragen geeigneter Umsetzungsinstrumente (internationale Kooperation, Bildung und Wissenschaft, Technologietransfer, Institutionen usw.) (s. Tabelle 38). Die *Agenda 2030* gilt als Meilenstein in der jüngeren Geschichte der Vereinten Nationen.

Tabelle 38: Ziele für nachhaltige Entwicklung
[United Nations – UN 2015, S. 15]

Ziel 1. Armut in allen ihren Formen und überall beenden
Ziel 2. Den Hunger beenden, Ernährungssicherheit und eine bessere Ernährung erreichen und eine nachhaltige Landwirtschaft fördern
Ziel 3. Ein gesundes Leben für alle Menschen jeden Alters gewährleisten und ihr Wohlergehen fördern
Ziel 4. Inklusive, gleichberechtigte und hochwertige Bildung gewährleisten und Möglichkeiten lebenslangen Lernens für alle fördern
Ziel 5. Geschlechtergleichstellung erreichen und alle Frauen und Mädchen zur Selbstbestimmung befähigen
Ziel 6. Verfügbarkeit und nachhaltige Bewirtschaftung von Wasser und Sanitärversorgung für alle gewährleisten
Ziel 7. Zugang zu bezahlbarer, verlässlicher, nachhaltiger und moderner Energie für alle sichern
Ziel 8. Dauerhaftes, breitenwirksames und nachhaltiges Wirtschaftswachstum, produktive Vollbeschäftigung und menschenwürdige Arbeit für alle fördern
Ziel 9. Eine widerstandsfähige Infrastruktur aufbauen, breitenwirksame und nachhaltige Industrialisierung fördern und Innovationen unterstützen
Ziel 10. Ungleichheit in und zwischen Ländern verringern
Ziel 11. Städte und Siedlungen inklusiv, sicher, widerstandsfähig und nachhaltig gestalten
Ziel 12. Nachhaltige Konsum- und Produktionsmuster sicherstellen
Ziel 13. Umgehend Maßnahmen zur Bekämpfung des Klimawandels und seiner Auswirkungen ergreifen*
Ziel 14. Ozeane, Meere und Meeresressourcen im Sinne nachhaltiger Entwicklung erhalten und nachhaltig nutzen

Tabelle 38: Fortsetzung

Ziel 15. Landökosysteme schützen, wiederherstellen und ihre nachhaltige Nutzung fördern, Wälder nachhaltig bewirtschaften, Wüstenbildung bekämpfen, Bodendegradation beenden und umkehren und dem Verlust der biologischen Vielfalt ein Ende setzen
Ziel 16. Friedliche und inklusive Gesellschaften für eine nachhaltige Entwicklung fördern, allen Menschen Zugang zur Justiz ermöglichen und leistungsfähige, rechenschaftspflichtige und inklusive Institutionen auf allen Ebenen aufbauen
Ziel 17. Umsetzungsmittel stärken und die Globale Partnerschaft für nachhaltige Entwicklung mit neuem Leben erfüllen
* In Anerkennung dessen, dass das Rahmenübereinkommen der Vereinten Nationen über Klimaänderungen das zentrale internationale zwischenstaatliche Forum für Verhandlungen über die globale Antwort auf den Klimawandel ist.

Mit der Zeit ist die Idee der Nachhaltigkeit damit zu einem Leitbild für politisches, wirtschaftliches und ökologisches Handeln geworden. Im Kontext der wissenschaftlichen Diskussion über den Begriff der Nachhaltigkeit wurde in den vergangenen Jahren eine Vielzahl an Modellen und Konzepten mit unterschiedlichen Ansätzen entwickelt, hierzu zählen etwa: das *Drei-Säulen-Modell*, das *Ein-Säulen-Modell & Pyramidenmodell*, das *Nachhaltigkeitsdreieck*, *Vier- und Mehr-Säulen-Konzepte / Agenda 21* oder das *Doughnut-Modell* (vgl. Renn et al. 2007, S. 27–28; Spindler 2013, S. 21–27; Raworth 2012). Am bekanntesten ist wahrscheinlich das Drei-Säulen-Modell, das im Kern die nachhaltige Entwicklung als ein Konzept beschreibt, welches auf dem Zusammenschluss dreier Säulen basiert: Ökologie, Ökonomie und Soziales. Diese drei Dimensionen werden häufig als sogenanntes Dreieck der Nachhaltigkeit dargestellt (vgl. Spindler 2013, S. 23). Die Ziele der Vernetzung dieser drei Schwerpunkte sind Chancengleichheit, Leistungs-, Bedarfs-, und Generationsgerechtigkeit. Die gegenseitige Abstimmung von Ökologie, Ökonomie und Sozialem sichert dabei eine nachhaltige Entwicklung, wenn sie in einem ausgeglichenen Verhältnis zueinanderstehen.

Das Drei-Säulen-Modell trug in diesem Sinne zu einer größeren Akzeptanz des Nachhaltigkeitsgedankens und zu der Anerkennung der jeweiligen Interessen bei. Gerade das gleichberechtigte Nebeneinanderstehen von wirtschaftlichen und ökologischen Interessen wurde im weiteren Verlauf der Nachhaltigkeitsdiskussion jedoch auch kritisiert (vgl. Ott 2009; Winter 2007). Ein wesentlicher Punkt der Kritik betrifft hierbei den Stellenwert von Ressourcenverbrauch und Ressourceneinsatz als eigentliche Kernthemen der Nachhaltigkeit:

Die Menschheit beeinflusst und verändert ihr eigenes Ökosystem stark. Als Konsequenz des menschlichen Einwirkens auf die Umwelt ist der Klimawandel möglicherweise die größte Herausforderung der heutigen Zeit. Artenstreben und Umweltverschmutzung sind gleichfalls Phänomene, die das Ökosystem stark beeinflussen. Über die letzten Jahrzehnte ist die Erkenntnis gewachsen, dass das Umweltsystem der Erde – welches menschliches Leben erst möglich macht – fragil ist und durch menschliches Handeln aus der Balance gebracht werden kann. Es scheint daher unabdingbar, dass der Mensch sein eigenes Handeln innerhalb umweltverträglicher Grenzen gestalten muss. Das zuvor angeführte Drei-Säulen-Modell greift in diesem Aspekt zu kurz, da ökologische, ökonomische und soziale Interessen hierbei gleichgewichtet werden. Dies schränkt zugleich die Anwendung des Modells auf die Praxis stark ein, da diese drei Perspektiven zumeist widersprüchlich und somit de facto schwer integrierbar sind. Dieses Integrationsproblem führe damit letztendlich zu einer inhaltlichen Auflösung des Nachhaltigkeitsbegriffs, so Ott (2009), da sich aus dieser Position heraus Abwägungen von ökonomischen und ökologischen Interessen begründen lassen, was letztendlich gerade nicht zu einer Gleichberechtigung der Nachhaltigkeitsinteressen führe, sondern die Beibehaltung bestehender Prozesse und Strukturen fördere.

Im Sinne eines starken Nachhaltigkeitsbegriffs wird daher die Forderung erhoben, dass der Umwelterhaltungsansatz, welcher mit dem ursprünglichen Nachhaltigkeitsgedanken inhärent verbunden ist, zunächst die grundlegende Anforderung darstellen sollte, um die ökologische Grundlage, und damit die in der Zukunft verfügbaren Ressourcen und Handlungsoptionen nicht (weiter) zu verkleinern.

Ergänzend hierzu sollte das menschliche Handeln jedoch auch sozialen Kriterien gerecht werden, um ein menschenwürdiges Leben für alle Menschen auf Grundlage der verfügbaren Ressourcen zu ermöglichen. In diesem Zusammenhang werden daher Konzepte diskutiert, welche die Menschenrechte aller Menschen durch einen gerechten und umweltverträglichen Ressourceneinsatz gewährleisten können um eine ökologische und soziale Nachhaltigkeit zu erreichen. Ein zentraler Ansatz hierfür stellt das sog. Doughnut-Modell von Raworth (vgl. Raworth 2012; Leach et al. 2013) dar. Im Unterschied zum Drei-Säulen-Modell setzt das Doughnut-Modell soziale Grundanforderungen des menschlichen Handelns sowie ökologische Grenzen fest und zeigt für beide Aspekte beispielhaft Unterkategorien und Bewertungsparameter auf. Auf dieser Grundlage ist es dann möglich, qualifizierte Bewertungen vorzunehmen, wodurch zum einen aktuelle Prozesse gezielt auf ihre Nachhaltigkeit analysieren werden können. Andererseits erlaubt dies auch zukünftige

Handlungsoptionen miteinander zu vergleichen, und die Option mit dem größten Nachhaltigkeitspotential zu identifizieren. Bezogen auf die verfügbaren Ressourcen innerhalb der ökologischen Grenzen kann hierdurch eine optimale Ressourcenallokation erfolgen. Idealerweise kann so ein ökologischer und sozialer Rahmen geschaffen werden, innerhalb dessen ein nachhaltiges Handeln gewährleistet ist. Gleichwohl gibt es auch an diesem Konzept Kritik: Ein derartiger Ansatz wäre in der Praxis zwar praktikabler handhabbar, ist aber nur schwer für den Übergang von der aktuellen auf eine nachhaltige Gesellschaft einsetzbar.

5.1.2 Wege zu einer nachhaltigen beruflichen Bildung

Nachhaltige Entwicklung ist als ein Prozess zu verstehen, welcher auf der individuellen Verständnis- und Handlungsebene ansetzen muss, um Wirksamkeit zu erreichen. Es handelt sich daher um eine gesamtgesellschaftliche Aufgabe, welche eine Veränderung der vorherrschenden Denk- und Handlungsmuster in allen Lebensbereichen erfordert:

> „Nachhaltige Entwicklung ist nicht allein durch politische Vereinbarungen, finanzielle Anreize oder technologische Lösungen zu erreichen. Eine nachhaltige Entwicklung erfordert eine Änderung unserer Denk- und Handlungsweisen. Bildung spielt für diese Veränderung eine entscheidende Rolle" (UNESCO 2014, S. 32).

Der Wissenschaftliche Beirat Globale Umweltveränderungen (WBGU) konkretisierte die Rolle der Bildung für die nachhaltige Entwicklung in seinem Gutachten aus dem Jahr 2011 folgendermaßen: „Nur durch Bildung in unterschiedlichsten und vielfältigen Strukturen und über neu aufzuarbeitende Bildungsinhalte kann die Gesellschaft die erforderlichen Kompetenzen für die aktive Beteiligung am Transformationsprozess in all seiner Komplexität erlangen" (Wissenschaftlicher Beirat Globale Umweltveränderungen - WBGU 2011, S. 380). Daraus lässt sich ableiten, dass eine auf Nachhaltigkeit ausgerichtete Gesellschaft und Wirtschaft unbedingt ein Bildungswesen benötigt, das dazu beiträgt, alle Menschen zur Mitgestaltung einer nachhaltigen Entwicklung zu befähigen. Dies kann als ein Bildungsauftrag verstanden werden.

Die berufliche Bildung ist ein Bildungsteilbereich, welcher sowohl auf die Bildung beruflicher Handlungskompetenz als auch auf die Allgemeinbildung gerichtet ist. Die berufliche Bildung trägt damit besondere Verantwortung nicht nur für die Befähigung der Schüler im Privaten, sondern auch als wirtschaftliche Akteure. Hieran schließt sich unmittelbar die Frage an, welchem Verständnis eine nachhaltige berufliche Bildung folgt und welche Aufgaben sie zu erfüllen hat (vgl. Fischer et al. 2009, S. 51). Diesem Thema wird sich im Nachfolgenden gewidmet.

Bildung für nachhaltige Entwicklung (BNE)

Die bisherige Entwicklung im Bereich der Bildung für nachhaltige Entwicklung (BNE) ist eng mit der Nachhaltigkeitsbewegung verbunden. Die internationale Diskussion von BNE kann dabei durch vier Meilensteine charakterisiert werden, die im Folgenden erläutert werden:

Der Ausgangspunkt von BNE ist Kapitel 36 der *Agenda 21* (Förderung der Bildung, der Bewusstseinsbildung und der Aus- und Fortbildung). Dort wird das Verständnis von Bildung, einschließlich formaler Bildung, öffentlicher Bewusstseinsbildung und Aus- und Fortbildung, neu gefasst:

> „Bildung ist eine unerlässliche Voraussetzung für die Förderung der nachhaltigen Entwicklung und die bessere Befähigung der Menschen, sich mit Umwelt- und Entwicklungsfragen auseinanderzusetzen. Während die Grunderziehung den Unterbau für jede Umwelt- und Entwicklungserziehung liefert, muss letztere zum wesentlichen Bestandteil allen Lernens werden. Sowohl die formale als auch die nichtformale Bildung sind unabdingbar für die Herbeiführung eines Einstellungswandels bei den Menschen, damit sie über die Voraussetzungen verfügen, die Dinge, um die es ihnen im Zusammenhang mit der nachhaltigen Entwicklung geht, zu bewerten und anzugehen. Sie [beide Bildungsformen] sind auch von entscheidender Bedeutung für die Schaffung eines ökologischen und eines ethischen Bewusstseins, von Werten und Einstellungen, Fähigkeiten und Verhaltensweisen, die mit einer nachhaltigen Entwicklung vereinbar sind, sowie für eine wirksame Beteiligung der Öffentlichkeit an der Entscheidungsfindung." (Vereinte Nationen – UN und BMU 1993, S. 329)

Damit ist deutlich, dass BNE sehr breit verstanden werden muss, die alle formalen, non-formalen und informellen Bildungsmaßnahmen auf allen Ebenen und für alle Bevölkerungsgruppen umfasst und als lebenslanges Lernen konzipiert sein muss (vgl. Becker 2013a, S. 193). Dies verstärkte die internationalen Fachdiskurse über die kritische Rolle von Bildung, Ausbildung und öffentlichem Bewusstsein auf dem Weg zu nachhaltiger Entwicklung.

Als weiterer Meilenstein der Entwicklung einer BNE zählt die Johannesburg-Konferenz, in der für den Zeitraum 2005–2014 eine Weltdekade zur Bildung für eine nachhaltige Entwicklung ausgerufen wurde, die von der UNESCO koordiniert wurde (vgl. Michelsen 2006, S. 21–22). Im Rahmen dieser Weltdekade waren alle Mitgliedstaaten der UN aufgefordert, nationale und internationale Bildungsaktivitäten zu entwickeln, sodass die Lebens- und Überlebensbedingungen intergenerational bewahrt werden können (vgl. Michelsen 2006, S. 22).

Die transnationale Strategie zur Bildung für eine nachhaltige Entwicklung (Education for Sustainable Development) der UNECE[123] ist als dritter Meilenstein zu bezeichnen. Die Strategie soll die Einführung und Förderung der BNE in den Staaten der UNECE ermöglichen und die Mitgliedsstaaten ermutigen, BNE in der formalen, non-formalen und informellen Bildung zu integrieren (vgl. Michelsen 2006, S. 22).

Als Ergebnis und Folge der UN-Dekade Bildung für nachhaltige Entwicklung ist 2014 das Weltaktionsprogramm (WAP) BNE von der UNESCO-Generalversammlung aufgesetzt worden. Das WAP enthält internationale Ziele und Strategien sowie Umsetzungsvorschläge zur BNE und hat hierfür fünf prioritäre Handlungsfelder formuliert (vgl. UNESCO 2014, S. 15–25):

1. Politische Unterstützung: Integration des BNE-Konzepts in der Politik in den Bereichen Bildung und nachhaltige Entwicklung, um ein günstiges Umfeld für BNE zu schaffen und eine systemische Veränderung zu bewirken;
2. Ganzheitliche Transformation von Lern- und Lehrumgebungen: Integration von Nachhaltigkeitsprinzipien in Bildungs- und Ausbildungskontexte;
3. Kompetenzentwicklung bei Lehrenden und Multiplikatoren: Stärkung der Kompetenzen von Erziehern und Multiplikatoren für effektivere Ergebnisse im Bereich BNE;
4. Stärkung und Mobilisierung der Jugend: Einführung weiterer BNE-Maßnahmen für Jugendliche;
5. Förderung nachhaltiger Entwicklung auf lokaler Ebene: Ausweitung der BNE-Programme und -Netzwerke auf der Ebene von Städten, Gemeinden und Regionen.

Als vierter Meilenstein der BNE ist die von der UN-Generalversammlung in 2015 verabschiedete *Agenda 2030* anzusehen. Die neue Agenda umfasst 17 Oberziele (sowie 169 Unterziele) für nachhaltige Entwicklung und gibt den Rahmen für die Bewältigung immenser Herausforderungen vor wie Armut, Geschlechterungleichheit, weltweite Gesundheitsgefahren, häufiger auftretende und an Intensität zunehmende Naturkatastrophen, gewalttätiger Extremismus, Terrorismus und damit zusammenhängende humanitäre Krisen und

123 UNECE (United Nations Economic Commission for Europe) ist eine Einrichtung des Wirtschaft- und Sozialrats der UN und eine von fünf regionalen Kommissionen der UN. Der UNECE gehören 56 Länder von den USA und Kanada allen Ländern im geografischen Europa sowie der Türkei bis zu Russland und den Ländern Zentralasiens an.

die Vertreibung von Menschen, die Erschöpfung der natürlichen Ressourcen und dem Klimawandel (s. Tabelle 38). Um diese Ziele zu erreichen, wird Bildung als zentrales Instrument angesehen: „Sie ermöglicht ein fundiertes Verständnis der Herausforderungen und eine kritische Diskussion über mögliche Lösungswege. Bildung befähigt zur Gestaltung von politischen, wirtschaftlichen und zivilgesellschaftlichen Veränderungen“ (Nationale Plattform Bildung für nachhaltige Entwicklung 2017, S. 7). In der *Agenda 2030* wird BNE erstmals auch als eigenständiges Handlungsfeld definiert. Ziel ist es:

> „Bis 2030 sicherstellen, dass alle Lernenden die notwendigen Kenntnisse und Qualifikationen zur Förderung nachhaltiger Entwicklung erwerben, unter anderem durch Bildung für nachhaltige Entwicklung und nachhaltige Lebensweisen, Menschenrechte, Geschlechtergleichstellung, eine Kultur des Friedens und der Gewaltlosigkeit, Weltbürgerschaft und die Wertschätzung kultureller Vielfalt und des Beitrags der Kultur zu nachhaltiger Entwicklung“ (Unterziel 4.7 der Ziele nachhaltiger Entwicklung der Vereinten Nationen, vgl. United Nations – UN 2015, S. 19).

Auf dieser Grundlage wurde im November 2019 das neue UNESCO-Programm unter dem Titel *Education for Sustainable Development: Towards achieving the SDGs (ESD for 2030)* von der UNESCO-Generalkonferenz verabschiedet. Das Programm hat eine Laufzeit von 2020 bis 2030 und widmet sich ganz konkret der Umsetzung der *Agenda 2030* und den damit verknüpften globalen Zielen für nachhaltige Entwicklung (vgl. UNESCO 2019, Annex I).

Berufsbildung für nachhaltige Entwicklung (BBNE)

Die Berufsbildung für nachhaltige Entwicklung (BBNE) nimmt eine wichtige Position im Gesamtbereich BNE ein und gilt im Rahmen der *Agenda 21* als „eine der wichtigsten Voraussetzungen für die Erschließung der menschlichen Ressourcen und die Erleichterung des Übergangs in eine nachhaltigere Welt“ (Vereinte Nationen – UN und BMU 1993, S. 334). Zentral ist hierbei die Integration berufsspezifischer Umwelt- und Entwicklungsaspekte im Sinne einer fachlichen Qualifizierung, um damit sowohl die berufliche Kompetenz als auch das Bewusstsein der Lernenden zu fördern.

Damit verbunden sind zentrale Fragen zur praktischen Ausgestaltung der BBNE:

> „Lässt sich ein derart komplexes und offenes Leitbild auf Handlungsstränge der Berufsbildung beziehen und welches sind dann die Herausforderungen des Berufsbildungssystems, welche nachhaltigkeitsrelevanten Kompetenzen ergeben sich aus dem Leitbild, wie werden sie vermittelt, erworben und mit einem

Mehrwert an Beschäftigungsfähigkeit, Effektivität einsetzbar gemacht. Wie kann in der Berufsausübung tatsächlich ein Ausgleich im Nachhaltigkeitsviereck von Ökonomie und Ökologie sowie sozialer und globaler Perspektive hergestellt werden? Welche individuellen Handlungsspielräume für Nachhaltigkeit bestehen überhaupt auf der Ebene der Facharbeit angesichts von Rahmenbedingungen, die sich vorwiegend an Marktgesetzen und ökonomischen Rationalitätskriterien orientieren?" (Kutt 2006, S. 35).

Als Ziele und Maßnahmen werden hierfür u. a. vorgeschlagen (vgl. Vereinte Nationen – UN und BMU 1993, S. 335–336):

- Einführung oder Erweiterung von Berufsbildungsprogrammen, die den Umwelt- und Entwicklungsbedürfnissen gerecht werden,
- Schaffung eines Arbeitnehmerpotentials, das gut gerüstet ist, um die wachsenden Umwelt- und Entwicklungsprobleme und den sich aus dem Weg in eine nachhaltige Gesellschaft ergebenden Veränderungen angemessen begegnen zu können,
- Ausbau der nationalen Kapazität, insbesondere im Bereich der wissenschaftlichen Aus- und Fortbildung, um sowohl Transferleistungen zu erleichtern als auch Arbeitgebern und Arbeitnehmern die Chance zu bieten, ihre Umwelt- und Entwicklungsziele zu verwirklichen,
- Gewährleistung, dass umwelt- und humanökologische Überlegungen auf allen Managementebenen und in allen funktionalen Managementbereichen wie etwa Vermarktung, Produktion und Finanzen integriert werden,
- Klärung des Ausbildungsbedarfs,
- Verbesserung des Umweltbezugs und Umweltengagements im Rahmen der verschiedensten Berufsverbände,
- Einbindung der angestrebten Inhalte einer nachhaltigen Entwicklung in die Ausbildungspläne sowie
- Integration und Ausbau des Umweltmanagements in alle einschlägigen Aus- und Fortbildungsaktivitäten in allen relevanten gesellschaftlichen Bereichen (besondere Angebote betreffen die Ausbildung der Ausbilder).

Zusammenfassend kann resümiert werden, dass BBNE Menschen befähigen soll, auch in ihrem Berufsumfeld nachhaltig zu handeln – ökonomisch, ökologisch und sozial verantwortlich. Die BBNE soll es damit ermöglichen Fachkräfte so auszubilden, dass sie in der Lage sind, berufliche Handlungssituationen auch im Sinne der Leitideen nachhaltiger Entwicklungsprozesse gestalten zu können.

5.2 Nationale Wahrnehmung der BBNE in den Einzelhandelsberufen

Wie zuvor dargestellt, ist der Einzelhandel nicht nur einer der größten Wirtschaftszweige beider Länder, sondern auch im Hinblick auf nachhaltiges Handeln unverzichtbar. In diesem Abschnitt soll nun ein Überblick darüber gegeben werden, welche deutschen und chinesischen Berufsbildungsinitiativen für eine nachhaltige Entwicklung im Einzelhandel bestehen. Zuerst wird der Stand und die Herausforderungen der BNE und BBNE in China im Abschnitt 5.2.1.1 und die BBNE in den chinesischen Einzelhandelsberufen im Abschnitt 5.2.1.2 ausgeführt. Die entsprechende Diskussion über die Verwurzelung und Wahrnehmung der BBNE in den Einzelhandelsberufen Deutschlands wird im nachfolgenden Abschnitt 5.2.2 stattfinden. Anschließend folgt ein direkter und simultaner Vergleich beider Länder (s. Abschnitt 5.2.3). Für eine Analysekategorie verwendet der Vergleich hierbei die von Fischer et al. (2009, S. 11–25) entwickelten vier Systemebenen (Makro-, Exo-, Meso- und Mikroebene) in Anlehnung an Bronfenbrenner et al. (1981).

5.2.1 Der aktuelle Stand der BBNE in China unter besonderer Berücksichtigung der Ausbildung im Einzelhandel

5.2.1.1 Der aktuelle Stand der Wissenschaft und des bildungspolitischen Prozesses

Insbesondere infolge des schnellen wirtschaftlichen Aufstiegs und der damit einhergehenden Umweltprobleme hat China das Thema der Gestaltung einer nachhaltigen Entwicklung zu einem zentralen politischen Ziel erklärt. In den letzten 20 Jahren hat China dabei auch das Thema der BNE intensiv politisch bearbeitet und zahlreiche Dokumente und Beschlüsse verfasst, um dieses in der Bildungspolitik zu verwurzeln.

- *China's Agenda 21* (中国 21 世纪议程), die zwei Jahre nach der Konferenz der Vereinten Nationen über Umwelt und Entwicklung von 1992 vorgelegt wurde, stellt die Entwicklung des Landes bis ins 21. Jh. dar.
- Das vom Bildungsministerium 2003 herausgegebene *Bildungsprogramm zur Umweltbildung für Schüler der Grund- und Mittelschulen* (中小学环境教育专题教育大纲) markiert den Beginn des Lehrplans für die Umwelterziehung in Primar- und Sekundarschulen.
- Am 5. Mai 2010 hat der Staatsrat die Grundzüge des *nationalen mittel- und langfristigen Bildungs- und Entwicklungsplans 2010–2020*

(国家中长期教育改革和发展规划纲要2010–2020年) geprüft und verabschiedet. Zum ersten Mal wird in diesem Dokument klar gesagt, dass der BNE besondere Aufmerksamkeit gewidmet werden sollte, was darauf hinweist, dass BNE auf nationaler Ebene formal in die öffentliche Bildungspolitik aufgenommen wurde.

- Am 19. September 2016 leitete Ministerpräsident Li Keqiang das Symposium *Sustainable Development Goals: A Universal Push to Transform Our World – China's Perspective* im UN-Hauptquartier in New York und kündigte die Veröffentlichung von *Chinas nationalem Plan zur Umsetzung der Agenda 2030 für nachhaltige Entwicklung* (中国落实2030年可持续发展议程) an. Der nationale Plan besteht aus fünf Teilen: Errungenschaften und Erfahrungen bei der Umsetzung der Millenniums-Entwicklungsziele in China, Chancen und Herausforderungen bei der Umsetzung der *Agenda 2030* für nachhaltige Entwicklung in China, Leitgedanken und allgemeine Prinzipien für Chinas Umsetzung der *Agenda 2030* für nachhaltige Entwicklung, Gesamtansätze für Chinas Umsetzung der *Agenda 2030* für nachhaltige Entwicklung und die Umsetzung der 17 nachhaltigen Entwicklungsziele. China legt laut dem Außenministerium großen Wert auf die *Agenda 2030* (Ministry of Foreign Affairs of the People's Republic of China – MOFA 2016).
- Der 13. Fünfjahresplan (2016–2020) (中华人民共和国国民经济和社会发展第十三个五年规划纲要) wurde von der vierten Tagung des 12. Nationalen Volkskongresses im März 2016 überprüft und gebilligt, wobei er die *Agenda 2030* mit nationalen mittel- und langfristigen Entwicklungsstrategien verknüpfte. Der nationale Plan soll ein Handlungsleitfaden für China darstellen, um eine nachhaltige Entwicklung in der gesamten Gesellschaft zu erreichen:

  > „Wir müssen die wirtschaftliche Entwicklung weiterhin als zentral betrachten, uns der Realitäten der chinesischen Situation bewusst bleiben, alle neuen Merkmale der Entwicklung erfassen, die Strukturreformen verstärken und die Transformation des Wachstumsmodells beschleunigen, um eine qualitativ hochwertigere, effizientere, gerechtere und nachhaltigere Entwicklung zu erreichen" (vgl. State Council of the People's Republic of China 2016, S. 8–9).

  Im 59. Kapitel des Plans wird klar vorgeschlagen, die Modernisierung der Bildung zu fördern. Insbesondere sollte die berufliche Bildung die Integration von Industrie und Berufsbildung fördern (vgl. State Council of the People's Republic of China 2016, S. 142–144).

Die o. g. nationalen bildungspolitischen Dokumente wurden wesentlich von der nationalen strategischen Führungsebene erstellt. Unter dieser Leitung formulieren alle Provinzen und Städte des Landes eine entsprechende Politik, die in Kombination mit den lokalen Bedürfnissen einen Schritt zur Konkretisierung dieser Dokumente bedeutet. Zu den lokalen Dokumenten gehören bspw. die *Beijinger Bildungsreform und der Entwicklungsplan während des 13. Fünfjahresplan (2016–2020)* (北京市十三五时期教育改革和发展规划2016–2020) (veröffentlicht: 26. September 2016, Beijing) oder der *13. Fünfjahresplan für die Reform und Entwicklung der Berufsbildung in Shenzhen* (深圳市职业教育改革发展十三五规划) (veröffentlicht: 7. November 2017, Shenzhen). Bei diesen Dokumenten handelt es sich jedoch um aufgaben- und politikorientierte Anweisungen und es fehlt an spezifischen Methoden und Handlungsstrategien, die in der Praxis umgesetzt werden können.

Konkrete Aktivitäten wurden dabei bislang insbesondere im Bereich der allgemeinen Bildung durchgeführt. Im Bereich der beruflichen Bildung gibt es lediglich Forschungsprojekte wie bspw. das internationale Projekt *Systematic Design of Green Skills Development in Technical and Vocational Education and Training* (TVET, 职业教育与培训系统开发绿色技能) (APEC, 2014)[124].

Intensive Arbeit findet insbesondere auf wissenschaftlicher Ebene statt. Als Indikator hierfür kann die CNKI (China National Knowledge Infrastructure) herangezogen werden. Aktuell sind hier über 15.000 wissenschaftliche Dokumente zu den Stichworten Nachhaltigkeit (可持续性) oder nachhaltige Entwicklung (可持续发展) registriert. Zum Stichwort BNE (可持续发展教育) gibt es 2.726 wissenschaftliche Veröffentlichungen (vgl. http://www.cnki.net/; Stand: 2018). Eine stichprobenhafte Untersuchung der zwischen 2010 und 2018 veröffentlichten und in der Datenbank gelisteten wissenschaftlichen Artikel zeigt jedoch einen deutlichen Fokus auf den Bereich der Grund- und Sekundarstufe (s. Anhang 4). Vereinzelt werden auch Bezüge zwischen der nachhaltigen Entwicklung und bestimmten Studiengängen hergestellt. Die Bereiche Vorschulbildung und berufliche Bildung sind hingegen nahezu nicht vertreten. Methodisch überwiegen zudem klar theoretisch-konzeptionelle Arbeiten. Nur wenige Artikel beinhalten empirische Studien. Auch wenn die vorhandenen Arbeiten bereits Anhalts- und Bezugspunkte bieten, scheinen aktuell noch deutliche Defizite bezüglich

---

124 Das 2014 bis 2015 durchgeführte Projekt wurde durch die APEC gefördert und vom chinesischen Bildungsministerium durchgeführt. Inhaltlich befasste sich das Projekt mit der Aufstellung von Kompetenzanforderungen nachhaltigen Handelns („green skills"). Als Hauptergebnis wurden 12 Fertigkeitsgebiete identifiziert sowie ein internationaler Austausch angeregt (vgl. Asia-Pacific Economic Cooperation Secretariat 2017).

empirischer Arbeiten im Allgemeinen und im Besonderen mit Bezug zur beruflichen Bildung zu bestehen.

Um einen makroskopischen, möglichst umfassenden und aktuellen Eindruck von der chinesischen BBNE zu erhalten, werden in dieser Studie einerseits bestehende Forschungsergebnisse zur BBNE in China analysiert. Andererseits wird der Forschungsbereich durch Interviews mit 10 inländischen Berufsbildungsexperten weiter erschlossen. Diese erfolgten als qualitative Leitfadeninterviews mit Experten der drei Akteursgruppen, die an der Berufsbildung (besonders in Einzelhandelsberufen) mitwirken: Berufsbildungspersonal, Sozialpartner / -in und wissenschaftliches Forschungspersonal. Die folgende Ausarbeitung konzentriert sich dabei auf einige Schlüsselthemen aus den Experteninterviews.[125]

Aktueller Stand der BBNE in China

Zu dem aktuellen Stand der BBNE in China haben die Interviewpartner unterschiedliche Auffassungen, welche im Folgenden nach Akteursgruppen zusammengefasst wiedergegeben werden.

Berufsbildungspersonal

Nach Aussage von zwei Experten (IP03, IP10) im Bereich Berufsbildungspersonal gibt es in China bereits eine BBNE. Sie existiert nicht nur im Bereich der nationalen Politik, sondern wurde auch probeweise in die Praxis umgesetzt.

> „Wir haben nicht nur finanzielle Unterstützung, sondern auch spezifische politische Unterstützung. Beispielsweise legt das Dokument Nr. 19[126] des Staatsrates aus dem

125 Ab hier wird die Ergebnisauswertung den geführten Interviews gegenüberstellt. Details zum konkreten Erhebungs- sowie Auswertungsprozess des Interviews siehe Abschnitt 3.3. Weil die vorliegende Arbeit auf Deutsch verfasst ist, wurden alle Zitate wörtlich vom Chinesischen ins Deutsche übersetzt. Die chinesische Originalversion der Zitate befindet sich am Anhang 3.

126 Das hier genannte Dokument ist der *Beschluss des Staatsrates über die Beschleunigung der Entwicklung einer modernen beruflichen Bildung* (国务院关于加快发展现代职业教育的决定). Der Beschluss definiert die Leitidee, die Grundprinzipien, die Ziele, die Aufgaben und die politischen Maßnahmen zur Beschleunigung der Entwicklung einer modernen beruflichen Bildung in der kommenden Zeit. Der Beschluss stellt auch fest, dass „bis 2020 ein modernes Berufsbildungssystem mit chinesischen Merkmalen und Weltklasse-Status aufgebaut wird, um den Bedürfnissen der Entwicklung, der Integration von Industrie und Berufsbildung, der Verbindung von beruflicher Hochschulbildung, der Kommunikation zwischen beruflicher

Jahr 2014 einige Richtlinien zur BBNE fest. Nach der Nationalen Berufsbildungskonferenz des Staatsrates im Mai 2014, haben im Jahr 2015 und der ersten Hälfte des Jahres 2016 bereits mindestens 20 von 34 Verwaltungsbezirken der Provinz im ganzen Land dieses Dokument des Staatsrates ausgearbeitet und umgesetzt. Auf Provinzebene haben die verschiedenen Provinzen und Städte zusammen mit ihrer eigenen Situation die vom Staatsrat vorgeschlagene Strategie für eine BBNE weiterentwickelt und umgesetzt. [...] Daher hat unser Land nicht nur eine Strategie zur BBNE, sondern setzt diese auch Stück für Stück um, sodass bisher bestimmte Ergebnisse erzielt wurden" (Interview IP03-BP-2016, Position 29–37).

„Ein ähnliches Konzept gibt es in China bereits. Seit dem Jahr 2000 entwickelt sich unsere Berufsbildung fortlaufend und verschiedene Fachrichtungen sind überall vorhanden. Heute sagen wir allgemein, dass die berufliche Bildung die Hälfte unserer Bildung in China ausmacht. [...] Aber unsere berufliche Bildung muss mit der Entwicklung der Wirtschaft kontinuierlich weiterentwickelt werden. Eines der Wörter, über die wir jetzt oft sprechen, sind ‚Transformation und Modernisierung' (转型升级): Um eine nachhaltige Wirtschaft zu transformieren und zu modernisieren, muss unsere berufliche Bildung auf einer breiteren Ebene mithalten und sich weiterentwickeln. Daher legen nicht nur die chinesische Regierung, sondern auch die Bildungsverwaltungsabteilungen auf allen Ebenen großen Wert auf diesen Beitrag" (Interview IP10-BP-2018, Position 39–41).

Dieser Position widerspricht ein anderer Experte (IP04) im Bereich Berufsbildungspersonal:

„Diese Art der nachhaltigen Ausbildung, lässt den Praktizierenden keine Ressourcen verschwenden und die Ressourcen so weit wie möglich teilen, das haben wir noch nicht" (Interview IP04-BP-2016, Position 431).

Wissenschaftliches Forschungspersonal

Die Experten (IP07, IP08) aus dem Bereich des wissenschaftlichen Forschungspersonals sind der Auffassung, dass BBNE in der Praxis der Berufsausbildung keine Rolle spielt und die Implementierung eine große Herausforderung darstellt.

„Die Frage, ob es BBNE in China gibt oder nicht, ist schwer zu beantworten. Wir gehen davon aus, dass Chinas berufliche Bildung nicht nachhaltig ist. Aber unsere berufliche Bildung ist im Prozess und wird dahingehend laufend überarbeitet, ständig verbessert und entwickelt sich immer weiter. [...] Aber es gibt viele konkrete Probleme bei der Ausführung des Mechanismus, die die Qualität der Ausbildung beeinflussen.

Bildung und allgemeiner Bildung sowie dem Konzept der lebenslangen Bildung zu entsprechen" (State Council of the People's Republic of China 2014).

> Daher ist es notwendig, laufend Probleme zu identifizieren, diese zu lösen oder das System zu ändern. Wenn dies nicht geschieht, kann nachhaltige Entwicklung natürlich auch problematisch sein“ (vgl. Interview IP07-WF-2018, Position 2–6).

> „Wenn Chinas berufliche Bildung nachhaltig sein soll, sind die Probleme in diesem Bereich noch relativ groß“ (Interview IP08-WF-2018, Position 32).

Sozialpartner / -in

Ein weiterer Experte (IP06), also ein Sozialpartner, ist der Meinung, dass es in China die gleiche Art von Ausbildung gibt wie die BBNE in Deutschland, aber sie wird in China unter einem anderen Namen geführt.

> „Wir haben vielleicht nicht die nachhaltig ausgerichtete berufliche Handlungskompetenz ausdrücklich erwähnt, wie dies die BBNE in Deutschland tut. Man muss jedoch wissen, dass viele ausländische Namen oder Ausdrücke in China anders genannt werden.“ (Interview IP06-SP-2016, Position 247)

Aus den hier erfolgten Antworten ergibt sich ein uneinheitliches Bild. Konkrete Beispiele aus der Praxis wurden nicht genannt, wohl aber politische Bestrebungen.

Grundlegendes Verständnis der BBNE in China

Wie aus den oben aufgeführten Expertenperspektiven ersichtlich wird, ist die Antwort darauf, ob es eine BBNE in China gibt, nicht eindeutig. Daher werden weitere Fragen in Bezug auf wesentliche Gedanken der BBNE in China an die Experten gerichtet. Weil es in China keine einheitliche Definition für eine BBNE gibt und wie diese entwickelt werden sollte, gibt es heterogene Meinungen darüber, was die wesentlichen Gedanken einer BBNE in China sind oder sein sollten. Im Folgenden wird die Sichtweise des Berufsbildungspersonals und des wissenschaftlichen Forschungspersonals dargelegt. (Die Erkenntnisse des / der Sozialpartners / -in sind dem Abschnitt 5.2.1.2 zu entnehmen).

Berufsbildungspersonal

Nach Aussage des Experten im Bereich Berufsbildungspersonal (IP01) ist der integrierte Ausbildungsmodus (s. Abschnitt 4.2.3.2) die erste Wahl für die Entwicklung von BBNE in China. Eine effektive Zusammenarbeit zwischen Schulen und Betrieben sei für die Förderung von BBNE von entscheidender Bedeutung.

> „Unser aktueller Ansatz ist das integrierte Ausbildungsmodell. Das heißt, dass wir sowohl Schulen als auch Betriebe zur Zusammenarbeit ermutigen. Mein Standpunkt dazu lässt sich wie folgt zusammenfassen: *Vier Hilfen, zwei Ermöglichungen, acht zusammen.*

Vier Hilfen meint: 1. Schulen helfen Betrieben, den Fachkräftemangel zu beheben; 2. Das qualifizierte Lehrpersonal in den Schulen hilft den Betrieben, die technischen Schwierigkeiten zu überwinden; 3. Schulen unterstützen Betriebe bei der Schulung ihrer Mitarbeiter, um eine weitere Verbesserung ihrer Fähigkeiten zu erreichen; 4. Schulen helfen Betrieben, neue Technologien oder Projekte zu entwickeln und neue Wachstumspunkte zu erschließen.

Die *zwei Ermöglichungen* beziehen sich auf diese Aspekte: 1. Schulen ermöglichen es den Betrieben, die Praxisbasis der Schule und die fortschrittliche Ausrüstung mitzubenutzen; 2. Schulen ermöglichen den besten Absolventen, sich vorrangig für die Partnerbetriebe zu entscheiden.

Wir können sehen, dass Schulen den Betrieben zuerst durch sechs Aspekte der *Vier Hilfen, zwei Ermöglichungen* geholfen haben. Wenn Betriebe von den Vorteilen profitiert haben, sind sie sicherlich bereit, der Schule zu helfen, acht Aspekte zu lösen, die ich die *acht zusammen* nenne: Schulen und Betriebe 1. richten gemeinsam eine Ausbildung ein und passen ihre Ausbildung ständig an, 2. entwickeln zusammen Standards für die berufliche Ausbildung, 3. führen in Zusammenarbeit die Rekrutierung durch, 4. bilden in Kooperation Lehrkräfte aus, 5. bilden eine einheitliche Ausbildungsbasis, 6. erarbeiten gemeinsam das Curriculum, 7. kooperieren, um die Campuskultur[127] aufzubauen, 8. wirken zusammen, um die Beschäftigung der Schüler zu fördern. Auf diese Weise haben Schulen und Betriebe eine Win-Win-Situation erreicht und sind zu einer Interessensgemeinschaft geworden, sodass sie einen langfristigen Kooperationsmechanismus bilden. Das ist ein wertvoller Kreis“ (vgl. Interview IP01-BP-2015, Position 195–209).

Der Experte beschreibt hier einen grundsätzlichen Ansatz zur Verbesserung der Ausbildung durch die intensive Unternehmenszusammenarbeit. Eine direkte Verbindung zur BBNE wird dabei jedoch nicht hergestellt. Hier wird nachhaltige Entwicklung offenbar im Sinne einer nachhaltigen Verbesserung verstanden. Dies ist vor allem daraus zu erklären, dass China bislang kein eindeutiges Verständnis für BBNE existiert.

Auch nach Aussage eines weiteren Experten (IP10) sei die Kooperation mit Unternehmen der Schlüssel zur erfolgreichen Umsetzung einer BBNE. Insbesondere geeignet sei dafür ein neues Konzept namens *Integration von Industrie und Berufsbildung* (产教融合), welches nun praktiziert wird.

127 Campuskultur bezieht sich auf eine einzigartige Kulturform, die von den Lernenden geschaffen und gestaltet werden, um den reibungslosen Ablauf von Bildungsaktivitäten in Schulen zu gewährleisten. Der Hauptinhalt besteht darin, die Lernenden als Hauptorgane und außerschulische Lernaktivitäten aufzunehmen. So planen und organisieren die Lernenden in jedem Semester eine Veranstaltungsreihe rund um ein festgelegtes Thema mit Ausstellungen, Lesungen, Exkursionen, Kursen, Vorträgen, etc.

„Dies [die Integration von Industrie und Berufsbildung] bedeutet, dass die beruflichen Schulen entsprechend den von ihnen eingerichteten Ausbildungen aktiv Industrieberufe aufbauen und die Industrie und Ausbildung eng miteinander verbinden sollen, sodass sich die Berufsausbildung und Berufswelten gegenseitig unterstützen und fördern. Auf diese Weise können wir ein schulaktives Modell bilden, das Schulen und Betriebe integriert. Unabhängig davon, ob es sich um die so genannte Transformation und Modernisierung oder um BBNE handelt, besteht der zukünftige Entwicklungstrend darin, beides miteinander zu kombinieren. Dann kann unsere berufliche Bildung sich auf ein neues Niveau hin entwickeln" (vgl. Interview IP10-BP-2018, Position 41–47).

Wissenschaftliches Forschungspersonal

Nach Ansicht des Experten (IP07) aus dem Bereich des wissenschaftlichen Forschungspersonals kann Chinas Heterogenität im Bildungsbereich auch als ein Merkmal einer nachhaltigen Entwicklung gelten.

„Als Entwicklungsland hat China mit Herausforderungen bei der Entwicklung der beruflichen Bildung zu kämpfen. [...] In den ersten fünf Jahren dieses Jahrhunderts begannen wir mit der Reform des Lehrplans. Damals wurde das Konzept des Curriculums aus dem Ausland eingeführt, sodass wir zunächst einen Curriculum-Standard aufstellten, der für einen Kurs bestimmt ist. Dann entwickelten wir das Talentförderungsprogramm (人才培养计划), das sich an einen Ausbildungsgang richtet. Damit erhielt jede Schule ein eigenes Talentförderungsprogramm." (vgl. Interview IP07-WF-2018, Position 52).

Die Meinung des Experten ist es hier, dass die Entwicklung ausbildungseinrichtungsspezifischer Programme, die den lokalen Marktbedürfnissen entsprechen, die koordinierte Entwicklung von sozioökonomischen und ökologischen Aspekten fördert und so einen Beitrag zur nachhaltigen Entwicklung leistet.

Eine ähnliche Auffassung hat hier der Experte IP08, der in der kontinuierlichen Veränderung die chinesische Art der BBNE Implementierung sieht, welche dann von Außen durch die Marktbedürfnisse an die Berufsbildung herangetragen und von dieser aufgenommen werden würde:

„Ohne eine Veränderung der Berufsbildung in China, wäre es für China auch nicht möglich, eine BBNE wie in Deutschland zu erlangen. [...] Daher haben wir kontinuierlich Bildungs- und Unterrichtsreformen durchgeführt. Durch diesen kontinuierlichen Veränderungsprozess und die Integration des Marktes werden einerseits unsere Lehraufgaben erledigt und andererseits wird die berufliche Bildung nachhaltiger" (vgl. Interview IP08-WF-2018, Position 32–34).

Abschließend fasste der Experte (IP08) die Schlüsselpunkte für Chinas nachhaltige Entwicklung zusammen: Innovation, Talente, Kooperation.

> „Aus Sicht des Lernenden soll die Entwicklung einer BBNE seine persönlichen Fähigkeiten fördern. Schulen können ihre Wettbewerbsfähigkeit im Vergleich zu anderen beruflichen Schulen verbessern. Aus nationaler Sicht kann auch die Wettbewerbsfähigkeit des Landes gesteigert werden. Der erste Schlüssel dazu ist Innovation. Schulen müssen innovatives Bewusstsein nutzen, um Schüler auszubilden und Betriebe müssen kontinuierliche Reformen und Innovationen durchführen, um sich an die Marktnachfrage anzupassen. Auf dieser Grundlage kann dann die Wettbewerbsfähigkeit des Landes verbessert werden. Der zweite Schlüssel zur Verbesserung der Wettbewerbsfähigkeit sind Talente. Die Talente müssen vom Staat, der Gesellschaft, der Wirtschaft, den Schulen und den Einzelpersonen (oder Schüler, einschließlich der Eltern) gemeinsam gefördert werden. […] Der letzte Schlüssel ist die Kooperation. Die sogenannte Kooperation bedeutet hier, dass Betriebe und Schulen uneingeschränkt zusammenarbeiten sollten, um dadurch eine Win-Win-Situation erreichen" (vgl. Interview IP08-WF-2018, Position 39–42).

So betont der Experte, dass es bei den drei Schlüsselpunkten darum geht, den langfristigen Erfolg der chinesischen Berufsbildung zu sichern.

Über den Stellenwert der Nachhaltigkeit in der beruflichen Bildung

Wie aus den zuvor ausgeführten Expertenperspektiven hervorgeht, gibt es stark unterschiedliche Meinungen darüber, ob es in China eine BBNE gibt und was die Hauptgedanken einer BBNE in China sind. Zu diesem Thema gaben auch das Berufsbildungspersonal und das wissenschaftliche Forschungspersonal unterschiedliche Einblicke:

Berufsbildungspersonal

Der Experte IP10 ist der Ansicht, dass die berufliche Bildung diejenige ist, die am engsten mit der Industrie verbunden ist. Weil die chinesische Industrie heutzutage für eine nachhaltige Entwicklung (vgl. State Council of the People's Republic of China 2016, S. 8–9) eintritt, sollte die berufliche Bildung auch diesem Trend folgen.

> „Weil die Industrie sich verändern und weiterentwickeln muss, muss unsere berufliche Bildung mit ihr Schritt halten, was bedeutet, dass sich unsere berufliche Bildung auf einer breiteren Ebene nachhaltig entwickeln muss" (Interview IP10-BP-2018, Position 41).

Wissenschaftliches Forschungspersonal

Der Experte IP08 ist der Meinung, dass der Wettbewerb zwischen den Bildungseinrichtungen wichtige Impulse zur Förderung einer BBNE-Reform geben kann.

„So wurden bspw. Absolventen einer beruflichen Schule von guten Betrieben gern angenommen. Dies kann einerseits den beruflichen Schulen und den Betrieben in der Interaktion und der gegenseitigen Unterstützung helfen, um die Integration von Industrie und Berufsbildung besser zu erreichen. Andererseits kann dies den Ruf der Schule verbessern und es der Schule ermöglichen, gute Schüler für die zukünftige Einschreibung zu gewinnen, wodurch die Wettbewerbsfähigkeit der Schule indirekt verbessert wird. Darüber hinaus wird der Einzelne unter dem Einfluss des Wettbewerbs ein ständiges Bewusstsein für die Selbstverbesserung entwickeln. Beispielsweise werden Betriebe überlegen, wie sie mit begrenzten Kosten einen maximalen wirtschaftlichen Nutzen erzielen können und wie sie einen langfristigen Mehrwert erreichen können. Die Schule wird sich bemühen, ihre Bildungsphilosophie kontinuierlich zu verbessern, um qualifiziertes Personal auszubilden, die den Bedürfnissen des Betriebes entsprechen. Daher ist Wettbewerbsfähigkeit die kinetische Energie der nachhaltigen Entwicklung Chinas" (vgl. Interview IP08-WF-2018, Position 35–38).

Der Experte IP08 meint auch, dass die Besinnung auf den Handwerkergeist[128] (Craftsman's spirit, 工匠精神) eine wichtige Voraussetzung für die Umsetzung einer nachhaltigen Entwicklung in China sei (vgl. Interview IP08-WF-2018, Position 80). Insbesondere bestehe der Handwerkergeist aus den folgenden drei Aspekten: 1. Den eigenen Fähigkeiten, Fertigkeiten und Kenntnissen; 2. der Einstellung zur Arbeit, insbesondere durch Durchhaltevermögen und Perfektionismus und 3. Weiterentwicklung, Erneuerung und soziale Kompetenzen (vgl. Li 2016, S. 1).

Staatliche Maßnahmen zur Implementierung einer nachhaltigen Entwicklung

Mit der erfolgreichen Implementierung nationaler Strategien wie der *Verjüngung des Landes durch Wissenschaft und Bildung* (科教兴国战略)[129] und der

128 Der Begriff Handwerkergeist stammt ursprünglich von dem Handwerker, der über seine eigenen Produkte nachdenkt und nach Spitzenleistungen strebt. Der chinesische Ministerpräsident Li Keqiang führte das Konzept des Handwerkergeistes in seinem Regierungsbericht während der vierten Sitzungen des 12. Nationalen Volkskongresses (2016) ein. Heutzutage umfasst der Handwerkergeist i. w. S. ein Berufsethos in China, der Berufsethik, professionelle Fähigkeit und Qualität widerspiegelt. Dies bezieht sich jetzt auf berufliche Anforderungen für alle Berufsbereiche (inkl. des Einzelhandels).

129 Im Mai 1995 legte Herr Jiang Zemin, der ehemalige Vorsitzende in China von 1993 bis 2003, in seiner Rede auf der *National Science and Technology Conference* die Strategie *Verjüngung des Landes durch Wissenschaft und Bildung* vor. Auf diese Weise ist die Etablierung von Wissenschaft, Technologie und Bildung das Mittel und die Grundlage für die Verjüngung des Landes.

Stärkung des Landes durch Talente (人才强国战略)[130] wurde Chinas Bildungswesen gestärkt und ausgebaut. Als öffentlicher Sektor ist das Bildungswesen unmittelbar auf die staatliche Unterstützung und Führung angewiesen. Sowohl der beruflichen Bildung als auch dem Thema der nachhaltigen Entwicklung wird politisch großer Bedeutung beigemessen. Dies zeigt, dass die Entwicklung der chinesischen Bildung untrennbar mit der starken Unterstützung des Staates verbunden ist. Wenn BBNE in China erfolgreich umgesetzt werden soll, wird auch die Politik eine sehr wichtige Rolle dabei spielen.

Aber der Diskurs über eine BBNE wird wirtschafts- bzw. beschäftigungspolitisch nur marginal aufgegriffen. Dies führt zu der Frage, was bzw. ob der Staat aktiv etwas zur Umsetzung einer nachhaltigen Entwicklung unternimmt.

Nachfolgend ist die Sichtweise des Berufsbildungspersonals und wissenschaftlichen Forschungspersonals auf diese Interviewfrage dargestellt (die Erkenntnisse der Sozialpartner / -in sind dem Abschnitt 5.2.1.2 zu entnehmen).

Berufsbildungspersonal

Laut dem Experten zum Berufsbildungspersonal (IP03) investiert der Staat ständig in nachhaltige Entwicklung und legt großen Wert darauf. Dies zeige sich daran, dass der Staat viele relevante politische Richtlinien und Gesetze erlassen hat.

> „Derzeit ist der 13. Fünfjahresplan des Landes als nachhaltige Entwicklungsstrategie anzusehen. Es gibt auch den Beschluss des Staatsrates in Dokument 19 von 2014, der als Aufruf zur nachhaltigen Entwicklung gilt. […] Unser Land hat viele strategische Dokumente zur nachhaltigen Entwicklung, bzw. BNE veröffentlicht“ (vgl. Interview IP03-BP-2016, Position 9–15).

Ein anderer Experte (IP10) stimmt dem zu und merkt an, dass der Staat auch regelmäßig gute Praxisbeispiele auszeichnet und diese als landesweite Vorbilder fördert.

> „Unsere chinesische Regierung hat einige Richtlinien oder Dokumente eingeführt, um auf die weitere Entwicklung der Berufsbildung hinzuweisen. Dann führten die beruflichen Schulen im ganzen Land eigene Pilotprojekte unter der Anleitung der

130 Kapitel 12 des 2001 veröffentlichten Zehnten Fünfjahresplan (2001–2005) (中华人民共和国国民经济和社会发展第十个五年计划纲要) befasst sich mit der Umsetzung der Talentstrategie und Stärkung des Talentepools. Dies ist das erste Mal, dass China eine Strategie zur Fachkräfteentwicklung als nationale Strategie festgelegt und in die Gesamtplanung und Gestaltung der wirtschaftlichen und sozialen Entwicklung einbezogen hat.

Dokumente durch. Nach einer gewissen Zeit der Praxis wird der Staat dann einige hochrangige Pilotprojekte oder hochrangige berufliche Schulen bewerten. […] Dies sind die vom Staat gesetzten Maßstäbe und sie spielen eine führende Rolle. Das bedeutet, dass andere Schulen von ihnen lernen können. Ein solcher Ansatz soll es unserer beruflichen Bildung ermöglichen, besser voranzukommen“ (vgl. Interview IP10-BP-2018, Position 57).

Wissenschaftliches Forschungspersonal

Aus den Experteninterviews mit wissenschaftlichem Forschungspersonal (IP07) kann gefolgert werden, dass Chinas Berufsbildung vom Staat aus makroökonomischer Sicht hochgeschätzt wird. Der Staat verwaltet die Berufsbildung durch die Ausgabe von Dokumenten[131] und stärkt die Bedeutung der Berufsbildung.

„Bei den Dokumenten handelt es sich z. B. um nationale Umsetzungsprogramme, Umsetzungsmethoden, Programmansätze in verschiedenen Provinzen und Gemeinden, etc. Deshalb wird die Verwaltung dieses Landes meiner Meinung nach also im Wesentlichen durch Dokumente gesteuert. Durch die hierarchische Ebene der Entsendeagentur verschiedener Dokumente können wir den Umfang der nationalen Aufmerksamkeit in dieser Angelegenheit erkennen. So wurden im vergangenen Jahr zwei besonders wichtige Dokumente zur beruflichen Bildung herausgegeben. Das erste ist das vom Staatsrat herausgegebene Dokument zur Verbesserung der Bildungsqualität: *Leitende Stellungnahmen des Staatsrates des Zentralausschusses des KVZ zur Durchführung von Maßnahmen zur Qualitätsverbesserung* (中共中央国务院关于开展质量提升行动的指导意见). Es wird bspw. ausdrücklich vorgeschlagen, die Qualität der beruflichen Bildung zu verbessern, wobei der Schwerpunkt auf der Stärkung des Anlernverhältnisses und dem neuen modernen Anlernverhältnis (s. Abschnitt 2.4.1.2) liegt. Ein weiteres ist das vom Staatsrat herausgegebene Dokument *Mehrere Meinungen zur Vertiefung der Integration von Industrie und Berufsbildung* (关于深化产教融合的若干意见), in dem die Kombination von Produktion und Bildung hervorgehoben wird. […] Um den Stellenwert der beruflichen Bildung in China zu ermitteln, reicht es daher aus, die Anzahl von Dokumenten zu überblicken, die der Staatsrat des GKP-Zentralausschusses übermittelt“ (vgl. Interview IP07-WF-2018, Position 10–20).

Obwohl der Staat der Berufsbildung (und damit evtl. auch einer BBNE) große Bedeutung beimisst und viele Dokumente zu ihrer Entwicklung herausgegeben

131 Chinas staatliche Verwaltung wird durch Dokumente gesteuert. Das ist ein Unterschied zu der Verwaltung der westlichen Welt, wie z. B. der Verwaltung Deutschlands, die i. d. R. auf dem Gesetz basiert. Weil China ein großes Land ist, in dem der Unterschied zwischen seinen Provinzen und Städten entsprechend groß ist, müsste ein Gesetz sehr umfassend gestaltet werden. Deswegen müssen viele unterschiedliche Dokumente vorhanden sein, um diese Verwaltung landesweit zu unterstützen.

hat, obliegt die Formulierung von Maßnahmen und deren Implementierung immer der einzelnen Schule. Hierbei sieht der Experte große Probleme, da diesen politischen Vorgaben die Praxisbezogenheit fehlt, wodurch sie oft überhaupt nicht umsetzbar sind:

> „Es gibt auch viele Dokumente zu spezifischen Umsetzungsentscheidungen zur Weiterentwicklung der beruflichen Bildung, von denen die meisten vom Bildungsministerium herausgegeben werden. […] Das Bildungsministerium veröffentlicht sämtliche Dokumente und ist sehr gründlich verwaltet. Die von ihm übersandten Dokumente umfassen alle möglichen Aspekte. […] Aber daraus entstehen große Probleme. Es ist fraglich, ob diese Dokumente mit den nationalen Bedingungen Chinas übereinstimmen und ob diese am Ende umgesetzt werden können" (vgl. Interview IP07-WF-2018, Position 21–24).

Der Stand der Umsetzung der BBNE auf praktischer Ebene und Beispiele zur konkreten Ausgestaltung

In Einklang mit der vorangegangenen Diskussion wird auch dieses Thema sehr unterschiedlich beurteilt. Einige Experten glauben, dass Chinas Engagement für BBNE nach wie vor nur auf der theoretischen Ebene existiert, da es bislang kaum Konzepte und Materialien für die Praxis gibt (vgl. Interview IP04-BP-2016, Position 431). Andere Experten sind der Meinung, dass eine domänenspezifische didaktische und methodische Umsetzung in einigen Bildungseinrichtungen und für ausgewählte Ausbildungsberufe bereits erprobt wird, sich im Allgemeinen jedoch noch in den Anfängen befindet. Einige Bildungseinrichtungen berücksichtigten den Nachhaltigkeitsgedanken sogar bereits teilweise in ihren Lehr-Lern-Materialien (vgl. Interview IP10-BP-2018, Position 109–111; Interview IP08-WF-2018, Position 49–56). Die einzelnen Kernaussagen lauten hierbei wie folgt:

Berufsbildungspersonal

Laut dem Experten zum Berufsbildungspersonal IP10 ist das Curriculum im Rahmen der *Integration von Industrie und Berufsbildung* (产教融合) ein konkretes Beispiel für die Gestaltung von Lehr-Lern-Arrangements in einer BBNE. Im Rahmen der Diskussion basiert das Curriculum nicht nur auf den wirtschaftlichen Interessen der Betriebe, sondern berücksichtigt auch soziale und ökologische Faktoren.

> „Es ist so, dass bei unserm bisherigen Ausbildungsmodell, das als *School-Enterprise Cooperation* bezeichnet wurde, einfach aus der Perspektive eines Betriebes ein Curriculum aufgestellt werden soll. Daher können soziale, ökologische und andere Aspekte nicht ausreichend berücksichtigt werden. Nach einer Umgestaltung heißt unser

Ausbildungsmodell nun *Integration von Industrie und Berufsbildung*. Das heißt, dass unsere berufliche Bildung aus der Perspektive der Entwicklung der gesamten Branche erfolgen sollte, daher müssen die Sozialisierung der Industrie, der Wirtschaft sowie einige Aspekte des Umweltschutzes im Curriculum berücksichtigt werden. [...] Beispielsweise startete das Bildungsministerium mit dem 13. Fünfjahresplan eine *National Occupational Capability Evaluation* (职业能力测评). Diese Evaluation ist eine Leistungsstudie, die auf der Bewertung des Wissensniveaus und der beruflichen Fähigkeiten von Fachkräften basiert. Sie umfasst einen Test und eine Bewertung der beruflichen Kompetenz von Fachkräften in verschiedenen Branchen im ganzen Land. Die Testfragen decken viele soziale, wirtschaftliche und ökologische Aspekte ab. Deshalb passen die Schulen ihre Curricula nun schnell an, sodass der Unterricht diese neuen Faktoren so weit wie möglich berücksichtigt" (vgl. Interview IP10-BP-2018, Position 109–111).

Wissenschaftliches Forschungspersonal

Der Experter IP08 ist der Ansicht, dass einige Bildungseinrichtungen den Nachhaltigkeitsgedanken durch verschiedene Maßnahmen, bspw. die Einführung von Ausbildungskonzepten des *World Skills Competition*, in ihren Lehr- und Lernmaterialien berücksichtigen und versuchen, die Beschäftigungsquote von Berufsschülern durch diesen Wandel zu erhöhen.

„In meinem Arbeitsbereich gibt es noch viele ähnliche und hervorragende Beispiele oder Lehrprojekte. Ich werde Ihnen später ein bestimmtes Beispiel (s. Abschnitt 4.2.3.3, Fallstudie 3) senden. Weil sich die Lernenden an Berufshochschulen von den Studenten an herausragenden Universitäten unterscheiden, sind die Lernenden, die in der Berufsbildung ausgebildet werden, nicht unbedingt in allen Kursen hervorragend. Aber wir sagen, dass sie alle Gewinner sind. Wir würden uns wünschen, dass die Lernenden auch ohne akademischen Titel den richtigen Job finden und die Betriebe das richtige qualifizierte Personal rekrutieren. Ein typisches Beispiel ist die *World Skills Competition*. Als Förderinitiative für berufliche Wettbewerbe zielt *Worldskills China* darauf ab, Bildungssport als didaktisches Konzept stärker in der beruflichen Bildung zu verankern. Ein paar berufliche Schulen in China haben schon angefangen, diese hochwertigen Ressourcen in Lehrmaterial und Kurse einzusetzen" (vgl. Interview IP08-WF-2018, Position 49–51).

„Inländische berufliche Wettbewerbe sind ein Weg der nachhaltigen Entwicklung in der beruflichen Bildung. Sie werden oft als *Encouraging strong point education* (扬长教育) bezeichnet. Diese Trainingsform nutzt die Initiative und Begeisterung aller und weckt umfassend die Begeisterung der Schüler für das Lernen" (vgl. Interview IP08-WF-2018, Position 51–56).

Zusammenfassend lässt sich feststellen, dass sich Chinas Diskussion über BNE und BBNE noch in der Anfangsphase befindet. Auf der politischen Ebene wurden Strategien festgelegt und Leitlinien ausgearbeitet. Aber auf der wissenschaftlichen / akademischen Ebene scheint es keinen ausgeprägten Diskurs zu geben. Weil es noch kein einheitliches und verständliches Begriffsverständnis über BNE und BBNE in China gibt, erschienen in den Interviews unterschiedliche Meinungen darüber, ob es eine BBNE in China gibt und was die wesentlichen Gedanken dieser sind, welche Gründe zu der BBNE in China geführt haben und inwieweit sich Aspekte der BBNE in Lernsituationen sowie in der Gestaltung von Lehr-Lern-Arrangements wiederfinden. Die in den Interviews geäußerten Vorstellungen von BNE und BBNE in China weichen teilweise deutlich von denen in Deutschland im Nachhaltigkeitsdiskurs geläufigen Vorstellungen ab (s. Abschnitt 5.2.2). Gerade da das Thema in China noch wenig geläufig ist, sind die hier angeführten Expertenmeinungen, Einordnungen und Assoziationen gleichwohl von großer Bedeutung um ein allgemeines Verständnis von Standpunkten zu erhalten und Anknüpfpunkte zu finden.

5.2.1.2 BBNE in den Einzelhandelsberufen

Mit Beginn der Reform- und Öffnungspolitik (1978) ist Chinas Wirtschaft in den letzten 40 Jahren rasch gewachsen. Dies ist vor allem auf die Troika (Dreiergruppe) zurückzuführen, die das Wirtschaftswachstum Chinas antreibt: Investitionen, Export und Konsum. In den letzten Jahren war das Wachstum von Investitionen und Export allerdings rückläufig, während der Konsum deutlich schneller gewachsen ist. Die Regierung beschloss daher den Konsum zur wesentlichen Stütze des weiteren Wachstums zu machen und diesen gezielt zu fördern, wie das folgende Zitat der Regierungserklärung vom 13. August 2013 verdeutlicht:

> „We should unswervingly take expanding domestic demand as our long-term strategy for economic development, and make full use of the basic function of consumption and the key role of investment. The difficulty in and key to expanding domestic demand lies in consumption, and that is also where the potential lies. To expand individual consumption, we should enhance people's ability to consume, keep their consumption expectations stable, boost their desire to consume, improve the consumption environment and make economic growth more consumption-driven" (Wen 2013, S. 19–20).

Als direkt mit dem privaten Konsum verknüpfte Branche, bedeutet dies auch eine wichtigere Rolle des Einzelhandels für die wirtschaftliche Entwicklung in China.

Chinas Premier Li Keqiang betone zum Auftakt des Volkskongresses im Jahre 2015 einen langfristig angelegten Wandel, der für einzelne Bereiche der

Wirtschaft im 13. Fünfjahresplan (2016–2020) festgehalten wurde und ebenso die Nachhaltigkeit im Wirtschaftsprozess fokussierte. Dem Handel (wie auch der Berufsbildung) kam bei dieser politischen Planung zur nachhaltigen Ausrichtung und Umgestaltung der Wirtschaft allerdings kaum Bedeutung zu. Ein Diskurs zu dem Bereich BBNE findet vorrangig außerhalb der politischen Kreise statt. Einige Erkenntnisse zu diesem Diskurs und über Chinas aktuelle Position zur BBNE wurden im Rahmen von Experteninterviews gesammelt. Diese Erkenntnisse von Berufsbildungspersonal, Sozialpartnern / -innen und wissenschaftlichem Forschungspersonal werden im Folgenden, gegliedert nach den Leitfragen, dargestellt.

Über das nachhaltige berufliche Handeln in der Domäne des Einzelhandels

Da es in China noch kein einheitliches und klares Begriffsverständnis über BNE und BBNE existiert, gibt es ein sehr heterogenes Verständnis davon, was nachhaltiges berufliches Handeln ist und inwieweit das nachhaltige berufliche Handeln in der Domäne des Einzelhandels aufgegriffen wird. Die folgende Diskussion zeigt, wie jeder Experte auf der Grundlage seiner Branchen- und Berufserfahrung die Frage beantwortet. Bei den meisten handelt es sich um Beispiele oder Ansätze, die der nachhaltigen Entwicklung (laut Experten) ähneln.

Berufsbildungspersonal

Nach Ansicht des Experten des Berufsbildungspersonals IP04 ist das nachhaltige berufliche Handeln im chinesischen Einzelhandel nicht dasselbe wie im internationalen oder deutschen Nachhaltigkeitsdiskurs (s. Abschnitt 5.2.2.2). In China reagiert der Einzelhandel stärker auf die Entwicklung des Verbrauchermarktes und die Bedürfnisse der Kunden nach Variabilität.

> „Unser Einzelhandel ist, wie ganz China, marktorientiert ausgerichtet. Wir suchen immer nach Verkaufsargumenten, nach Highlights, nach Durchbrüchen und nach neuen Ideen in der Entwicklung. Deswegen sollte unsere nachhaltige Entwicklung eine solche Entwicklung sein. In der Vergangenheit deckte unser Einzelhandel die täglichen Grundbedürfnisse der Menschen. Aber jetzt, da die Nachfrage gedeckt ist, geht es darum, die Bedürfnisse der Menschen für ein Produkt zu wecken. Um diese Bedürfnisse herauszufinden, entsteht ein großer Wettbewerb. Aber im Moment verfeinern wir keine normative Sache, wie bspw. eine schriftliche festgelegte Ausbildungsordnung. Daher ist es unser Ansatz, herauszufinden, was einfach zu bedienen ist, wie man gute Schüler rekrutiert und wie man die Beschäftigung fördert. Die Art der nachhaltigen Ausbildung wie die BBNE in Deutschland lässt die Marktteilnehmer keine Ressourcen verschwenden und die Ressourcen so weit wie möglich teilen, das haben wir noch nicht. Warum passiert das? Weil die Marktinformationen

asymmetrisch sind. Jeder macht seine eigene Arbeit und es gibt keine Kommunikation. Der Vorteil dieses Ansatzes ist, dass es immer eine *Quelle für die Wassereinspritzung*[132] geben wird. Der Nachteil ist Ressourcenverschwendung, denn es ist möglich, dass alle sich wiederholende Arbeit leisten“ (vgl. Interview IP04-BP-2016, Position 428–436).

Ein weiterer Experte (IP10) ist der Meinung, dass es einen neuen Ansatz für einen nachhaltigen beruflichen Einzelhandel gibt, der *New Retail* genannt wird.

„Eine der Hauptideen des *New Retail* ist die Integration der gesamten Lieferkette (Integrated Supply Chain) mit dem Ziel, den Kunden einen besseren Service zu bieten. Integrierte Lieferkette beinhaltet hier die Integration über alle Phasen des Einzelhandels, also Frontend, Middleware und Backend. [...] Zum Beispiel bezeichnen wir einen Begriff in der Logistik oft als *nicht vorrätig* (out-of-Stock, 缺货)[133]. Warum gibt es einen Mangel? In der Logistikbranche, in der ich arbeite, sollte sich die Logistik einschließlich Beschaffung und Lagerung in der Mitte der Kette befinden. Das letzte Glied ist der Verkauf. Der letzte Verkaufslink ist sehr wichtig, aber die Dauer kann sehr kurz sein: Wenn keine Unterstützung und kein Service vor der Logistikbeschaffung vorhanden sind, kann der nachfolgende Verkauf nicht gut durchgeführt werden. [...] Die Lösung dieses Problems und die Realisierung der Integration einer Lieferkette ist also das, was wir im Moment tun“ (vgl. Interview IP10-BP-2018, Position 21–31).

Wissenschaftliches Forschungspersonal

Ein Experte auf dem Gebiet der wissenschaftlichen Forschung (IP07) ist der Ansicht, dass die rasante Entwicklung der Internet-Informationstechnologie die traditionelle Einzelhandelsstruktur Chinas stark verändert hat. Und diese Änderung bestimme auch die Richtung für Chinas derzeitige Einzelhandelsausbildung:

„In Chinas Einzelhandel existiert ein neues großes Themengebiet, das als *Internet der Dinge* bezeichnet wird. Dieses macht den chinesischen Einzelhandelsmarkt extrem innovativ, insbesondere im Bereich des mobilen Zahlungsverkehrs, der die chinesische Einzelhandelsrevolution direkt befördert. Chinas Einzelhandel befindet sich also in einem turbulenten Prozess, der von vielen neuen Impulsen geprägt ist, z. B. Erlebniswirtschaft, Erfahrungskonsum, WeChat-Zahlung, unbemannte Läden. Die

---

132 *Quelle für die Wassereinspritzung* ist eine Abkürzung eines chinesischen Idioms: Das frische Wasser kommt aus dem Quellkopf. Es ist eine Metapher für die Quelle und Kraft der Entwicklung der Dinge.

133 Nicht vorrätig (Out-of-Stock) ist ein Begriff, der in der Logistikbranche verwendet wird. Er bedeutet, dass ein bestimmter Lagerbestand in der Lieferkette die Nachfrage nicht decken kann.

> Entwicklung in diesem Bereich ist besonders schnell und niemand weiß, wie er sich in Zukunft entwickeln soll. Wir können nicht sagen, dass diese Entwicklungen gut sind, wir können aber auch nicht sagen, dass sie schlecht sind" (vgl. Interview IP07-WF-2018, Position 62–66, 99).

Weitere Experten (IP06, IP08, IP10) gehen davon aus, dass verschiedene Skill-Wettbewerbe / Berufswettbewerbe im Bereich der Einzelhandelsausbildung auch ein wirksames Instrument für die Förderung der BBNE sein könnten. Durch diese Wettbewerbe wird die Entwicklung der Ausbildung im Einzelhandel gefördert. In den letzten Jahren wurden in den Sekundarschulen und Berufshochschulen im ganzen Land schulübergreifende Berufswettbewerbe entwickelt. Durch diese Art von Wettbewerb konnte die Motivation der teilnehmenden Schüler stark angeregt und die Selbstlernfähigkeit sowie der Forschungsgeist erheblich verbessert werden. Außerdem lernen die Ausbilder und Lehrer während des Wettkampfleitungs- und -vorbereitungsprozesses das neueste Wissen und die neuesten Technologien der Branche kennen und verbessern damit ihre Lehrfähigkeiten. Der Skill-Wettbewerb hat die Kommunikation zwischen den beruflichen Schulen und den Betrieben verbessert: Die Betriebe können als Sponsoren an Bekanntheit und Reputation gewinnen. Die beruflichen Schulen erhalten von dieser dafür technischen Unterstützung bei der Wettbewerbsdurchführung. So ergibt sich eine Win-Win-Kooperation (vgl. Interview IP06-SP-2016, Position 162–190; IP08-WF-2018, Position 57–58, 65–68, 71–74; IP10-BP-2018, Position 99).

Sozialpartner / -in

Der Experte IP05 ist eine Führungspersönlichkeit eines großen Einzelhandelsverbands. In Bezug auf das Thema ging er auf die folgenden vier Aspekte ein. Diese sind auch die Änderungen, die der Einzelhandelsverband vorgenommen hat, um sich an die Entwicklung des neuen Einzelhandels anzupassen.

1.) Die Entwicklung der eigener Marken zur Stärkung des chinesischen Einzelhandels und als Beitrag für eine nachhaltige Entwicklung. Denn einerseits kann die lokale Wirtschaftsentwicklung unterstützt werden, andererseits kann das Klima durch kurze Transportwege geschont werden.

> „Seitdem unsere First Lady Peng Liyuan zum ersten Mal mit Staatspräsident Xi Jinping zu einem Staatsbesuch war, trägt sie Kleidung und Accessoires von chinesischen Marken. Ihre elegante Garderobe hat die Aufmerksamkeit des chinesischen Volkes auf sich gezogen. Dies hat einen erheblichen Einfluss auf unseren einheimischen Einzelhandel. Der Präsident unseres Verbandes hat vorausgesagt, dass chinesische Marken stark sein werden. Daher konzentrierten wir uns seitdem auf die Entwicklung eigener chinesischer Marken" (vgl. Interview IP05-SP-2016, Position 98).

2.) Der Aufbau eines zuverlässigen Netzwerks als Strategie für eine nachhaltige Entwicklung. Lokale Unternehmensnetzwerke erlauben den Austausch von Ideen und die Anbahnung von Geschäften und fördern damit die lokale Kooperation und den lokalen Konsum. Eine der einflussreichsten Initiativen des Branchenverbandes ist die jährliche Fachkonferenz – die *Development of China Brand Conference* (中国品牌连锁发展大会). Durch diese Plattform können Unternehmer ist auch informieren, wie sie ihre Marken nachhaltig ausrichten und auf dem Weg der Markenbildung stabiler werden können (vgl. Interview IP05-SP-2016, Position 98).

3.) Trend zum kleinformatigen Einzelhandel sorgt für lokale Beschäftigung, geringerem Flächenverbrauch und weniger Verkehr. Um die Bedürfnisse des Marktes und der Kunden besser zu begegnen, setzen auch große Einzelhandelsunternehmen allmählich auf kleine Läden wie kleine Community-Einkaufszentren, kleine Supermärkte oder Convenience-Stores verwandelt (s. Abschnitt 4.2.1.3). In diesem Zusammenhang hat der Arbeitsschwerpunkt in diesem Branchenverband sich auch von großen Einzelhandelsformaten hin zu kleinen Kettenmarken verlagert (vgl. Interview IP05-SP-2016, Position 98).

Stellenwert einer nachhaltig ausgerichteten beruflichen Handlungskompetenz in der Domäne des Einzelhandels

Zu diesem Thema konnte keiner der Befragten konkrete Beiträge liefern. Dies kann als Beleg dafür gewertet werden, dass diesem Thema in der Praxis bislang keine Beachtung zukommt. Ein Experte (IP06) der befragten Sozialpartner äußerte sich indirekt zu diesem Thema:

> „Wir haben vielleicht nicht die nachhaltig ausgerichtete berufliche Handlungskompetenz erwähnt, über die Sie gerade sprechen. Man muss jedoch wissen, dass viele ausländische Namen oder Ausdrücke in China einen anderen Namen haben. […] Die Einzelhandelsunternehmen hier haben einen besonderen Charakter: Sie legen großen Wert auf die Ausbildung. Ihre Ausbildung dient nicht nur der Popularisierung ihrer eigenen Unternehmenskultur, sondern auch der Kerntechnologie des Unternehmens, die sich an ihrer eigenen Wettbewerbsfähigkeit entwickelt“ (Interview IP06-SP-2016, Position 247).

Der individuelle Zugang und eigene Wege zu einer BBNE würden dahin gehend in der konkreten Praxis jedoch schrittweise erkundet.

> „Unsere Branche verfügt über eine eigene Wettbewerbsfähigkeit. Daher sind viele Schulungsstrategien vertraulich. Dies bedeutet, dass viele Mitarbeiter vom Unternehmen selbst geschult werden. […] Viele Chefs in diesen Branchen sind bereits Experten und sie verfügen über eine große Forschungs- und Entwicklungsstärke. […] Natürlich, Sie haben gerade das Wort Innovation genutzt und ihm den Namen ‚nachhaltig

> ausgerichtete berufliche Handlungskompetenz' gegeben. Diesen professionellen Namen haben wir nicht, aber jeder unserer Schulungsinhalte ist zu Innovation und nachhaltiger Entwicklung fähig, sonst kann das Unternehmen nicht überleben" (vgl. Interview IP06-SP-2016, Position 251–255). „Das Bildungsniveau unserer Mitarbeiter ist sehr niedrig: Wir können nicht genau sagen, was Nachhaltigkeit ist. Unabhängig von unserem Trainingsprozess spiegelt unser Arbeitsprozess diese einzelnen Elemente wider" (vgl. Interview IP06-SP-2016, Position 256).

Zusammenfassend kann festgestellt werden, dass die chinesische Diskussion über BBNE im Einzelhandel noch in den Anfängen steckt. Wie die Fachgespräche gezeigt haben, wird das Thema Nachhaltigkeit im aktuellen Ausbildungsprogramm nicht bzw. nur indirekt behandelt. Die Interviewpartner haben eine Vielzahl von Ideen und Vorstellungen geäußert, welche nach ihrem Verständnis Anknüpfpunkte und Ansätze für eine BBNE sind. Auch in diesem Bezug wurde deutlich, dass es kein gemeinsames Grundverständnis von nachhaltiger Entwicklung gibt, was auch anschaulich macht, dass das Thema bislang in der Praxis nicht als solches behandelt wurde. Als zentrale Themen im Einzelhandel, wie auch in der Ausbildung, werden aktuell andere Aspekte angesehen.

Wie durch die Interviews gezeigt werden konnte, ist die Berufsbildung in China stark auf die Bedürfnisse des Arbeitsmarktes ausgerichtet. Im Vordergrund der Ausbildung steht dabei die Befähigung für konkrete Tätigkeiten und Berufspositionen. Die Schulen passen die Ausbildung nach dem Markt- und Unternehmensbedarf an, und scheinen durch eine starke Konkurrenz untereinander hier auch in einer deutlichen Abhängigkeit zur Wirtschaft zu stehen. Impulse zur Reformation der Berufsbildung im Sinne der BBNE werden daher primär von der Wirtschaft erwartet. Ohne diese Nachfrage aus der Wirtschaft, wird nicht die Notwendigkeit gesehen, das Thema zu integrieren. Auf politischer Ebene wurden zwar bereits Strategien ausgearbeitet und Leitlinien aufgestellt, diese scheinen aber auf der operativen Seite praktisch keine Effekte hervorzurufen. Konkrete Maßnahmen zur thematischen Verankerung einer BBNE sind daher in China aktuell nicht erkennbar.

5.2.2 Der aktuelle Stand der BBNE in Deutschland unter besonderer Berücksichtigung der Ausbildung im Einzelhandel

5.2.2.1 Der aktuelle Stand der BNE und BBNE

In diesem Abschnitt werden der aktuelle Stand der Forschung sowie der Umsetzung der BNE und BBNE in Deutschland dargestellt. Hierzu muss zuerst der Hauptzugang – BNE – erklärt werden. Daran anknüpfend werden dann der aktuelle Stand und die Herausforderungen der BBNE skizziert.

5.2.2.1.1 Entwicklung einer BNE in Deutschland

Die Diskussion um die systematische Konzeptentwicklung der BNE setzt in Deutschland ca. vier Jahre nach der Rio-Konferenz ein (s. die erste Veröffentlichung: De Haan 1998, S. 193). Nach Michelsen gibt es drei Entwicklungsphasen einer BNE in Deutschland: die reflexive, die konstruktive und die expansive Phase (vgl. Michelsen 2006, S. 23–27), welche durch die internationale Entwicklung des Leitbildes einer BNE beeinflusst werden (s. Tabelle 39). In der reflexiven Phase entwickelte sich die BNE auf der Grundlage von Gutachten des SRU und WBGU als nationales Instrument zur Erzielung einer nachhaltigen Entwicklung. Diese Phase endete mit dem ersten Umweltbildungsbericht der Bundesregierung (1997 veröffentlicht) und einer Evaluationsstudie, in der die bisherigen Modellversuche der Bund-Länder-Kommission für Bildungsplanung und Forschungsförderung (BLK) analysiert wurden (vgl. Michelsen 2006, S. 25). Die konstruktive Phase begann mit der Vorbereitung des BLK-Programms *21* (1999–2004), das u. a. die folgenden Schwerpunkte setzte: Paradigmenwechsel von der Umweltbildung zur BNE, Verankerung der BNE in der schulischen Regelpraxis, Vermittlung von Gestaltungskompetenz (zum Begriff s. u.) an Schüler / -innen in der Sekundarstufe (vgl. Bund-Länder-Kommission für Bildungsplanung und Forschungsförderung – BLK 2005, S. 7; Michelsen 2006, S. 25–26). In der dritten expansiven Phase wurde das BLK-Programm *Transfer 21* (2004–2008) durchgeführt, welches das Nachfolgeprojekt des BLK-Programms *21* darstellt. Hierbei lag das Ziel darin, die BNE auf den Grundschulbereich auszuweiten und das Programm *Demokratie lernen & leben* (2002–2007) zu etablieren, um alle Kinder und Jugendlichen zu erreichen und für die Demokratie zu gewinnen (vgl. Michelsen 2006, S. 26–27). Das nächste wegweisende Ereignis war im Jahr 2015, als die Deutsche UNESCO-Kommission die *Zukunftsstrategie Bne 2015+* herausgab, welche konkrete Aufgaben für die nachhaltige Entwicklung von Vorschul-, Grund-, Berufs-, Hochschul- und Weiterbildung klar definiert (vgl. Deutsche UNESCO-Kommission e.V. – DUK 2013, S. 4). Auf dieser Basis legte Deutschland einen nationalen Aktionsplan für BNE vor. Der Aktionsplan umfasst die Bereiche der frühkindlichen Bildung, der schulischen Bildung, der beruflichen Bildung, der Hochschulbildung, des non-formalen, informellen Lernens, der Jugend sowie der Kommunen und ist in prioritäre Aktionsbereiche, Ziele und Empfehlungen für Schlüsselmaßnahmen in jedem Bildungsbereich unterteilt (vgl. Nationale Plattform Bildung für nachhaltige Entwicklung 2017, S. 9–97).

Tabelle 39: Entwicklungsphasen einer BNE in Deutschland
[vgl. Michelsen 2006, S. 27]

Phasen	**Hauptaktivität**
Reflexive Phase	Wiss. Gutachten; Evaluation; Umweltbildungsbericht
Konstruktive Phase	BLK-Orientierungsrahmen; BLK-Programm *21*; Bericht *Bildung für eine nachhaltige Entwicklung*
Expansive Phase	Transfer 21; Demokratie lernen & leben; UN-Dekade *Bildung für eine nachhaltige Entwicklung*; *Zukunftsstrategie Bne 2015+*, Nationale Plattform Bildung für nachhaltige Entwicklung, Nationaler Aktionsplan Bildung für nachhaltige Entwicklung

Begriffsverständnis einer BNE in Deutschland

Für den Begriff der Nachhaltigkeit wie auch den der nachhaltigen Entwicklung, gibt es auch im deutschen Fachdiskurs keine einheitlichen, allgemeingültigen Definitionen. In aller Regel dient der Begriff Nachhaltigkeit jedoch als normativer und regulativer Zielbegriff. Damit haben Definitionen der Nachhaltigkeit nur einen vorläufigen und hypothetischen Charakter; Nachhaltigkeit wird zu einem „orientierenden Rahmen für einen langfristigen Such-, Erfahrungs- und Lernprozess" (Deutscher Bundestag 1998, S. 72). Gleichwohl lassen sich aus dem Fachdiskurs zentrale Aspekte der nachhaltigen Entwicklung identifizieren, welche als Leitmotive oder Kategorien begriffen werden können und die das Spannungs- und Bezugsfeld nachhaltiger Entwicklung erkennen lassen. Die vorliegende Arbeit orientiert sich dabei an den acht Kategorien der Nachhaltigen Entwicklung, wie diese von Fischer (Fischer et al. 2009, S. 28; Fischer 1998, S. 27) vorgestellt wurde.

Im Einzelnen umfasst dies die folgenden Aspekte:

- Der Gedanke der Gesamtvernetzung (Retinität) – nachhaltige Entwicklung muss als komplexer vernetzer Prozess verstanden werden.
- Die inter- und intragenerationelle Gerechtigkeit (Gerechtigkeit) – nachhaltige Entwicklung ist darauf gerichtet, die Interessen innerhalb und zwischen den heutigen und zukünftigen Generationen in Einklang zu bringen und damit eine Verteilungsgerechtigkeit anzustreben.
- Die ethisch-moralische Fundierung der Verantwortung (Verantwortung) – nachhaltige Entwicklung bedeutet, Verantwortung für sich selbst und seine soziale und ökologische Umwelt zu übernehmen.

- Der globale universale Ansatz (Globalität) – nachhaltige Entwicklung ist ein globales Thema, welches in allen Aspekten nur als globale Herausforderung adäquat adressiert werden kann.
- Der zukunftsorientierte und zugleich utopische Charakter (Zukunft) – nachhaltige Entwicklung beinhaltet die ethische und moralische Verantwortung, eine Lebensgrundlage und möglichst intakte Natur für nachkommende Generationen zu sichern.
- Die kommunikative, diskursiv-prozessorientierte Ausrichtung (Kommunikation) –nachhaltige Entwicklung muss als Prozess verstanden werden, welcher gesellschaftlich ausgehandelt werden muss.
- Der partizipative Gedanke (Partizipation) – nachhaltige Entwicklung kann nicht politisch verordnet werden sonder erfordert die Überzeugung und den Handlungswillen einer breiten Basis.
- Die Idee der Sustainable Ratio (nachhaltige Rationalität) – nachhaltige Entwicklung zu realisieren erfordert den Einsatz unterschiedlicher Strategien um Ressourcen möglichst effizient einzusetzen, gezielte Umstellungen auf umweltverträglichere Alternativen vorzunehmen sowie eine Hinterfragung des Konsumverhaltens anzuregen.

Ausgehend hiervon stellt sich die Frage, was unter dem Begriff der Bildung für nachhaltige Entwicklung (BNE) verstanden werden kann. Es handelt sich hierbei um ein Konzept, mit dem die normativen Ideen einer nachhaltigen Entwicklung umgesetzt werden sollen (vgl. Pütz 2013, S. 11). Abbildung 25 bietet hierfür einen Überblick, welcher die Einordnung der Bildung für nachhaltige Entwicklung in das Bildungsumfeld ermöglichen und zentrale Bezugspunkte benennen soll. Im Mittelpunkt der Darstellung steht dabei der Begriff der nachhaltigen Entwicklung mit den genannten Einzelaspekten.

Diese werden als zentrale Merkmale der Nachhaltigkeitsidee begriffen und dienen dieser Arbeit als theoretischer Referenzrahmen. Mittlerweile gibt es unterschiedliche Bildungskonzepte, welche die Aufmerksamkeit der Öffentlichkeit auf das Thema BNE lenken, um BNE umzusetzen. Das Verständnis der BNE bezieht sich in dieser Arbeit auf die im zweiten Ring der Abbildung 25 dargestellten pädagogischen Disziplinen, welche aus dem kategorialen Beziehungsgeflecht der Nachhaltigkeitsidee folgen. Nach Becker (2013a, S. 193) steht das Leitbild einer nachhaltigen Entwicklung innerhalb der verschiedenen pädagogischen Disziplinen wie bspw. der interkulturellen Bildung, der politischen Bildung oder auch der Friedensbildung nicht im Fokus, wenngleich es vereinzelte Impulse zu verzeichnen gibt. Andere pädagogische Disziplinen wie bspw. Umweltbildung, Ökonomische Bildung, Sozioökonomische Bildung,

Partizipatorische Bildung wurden – zumindest in Deutschland – schon stark diskutiert. Im Folgenden werden diese pädagogischen Disziplinen in Bezug auf die BNE erläutert.

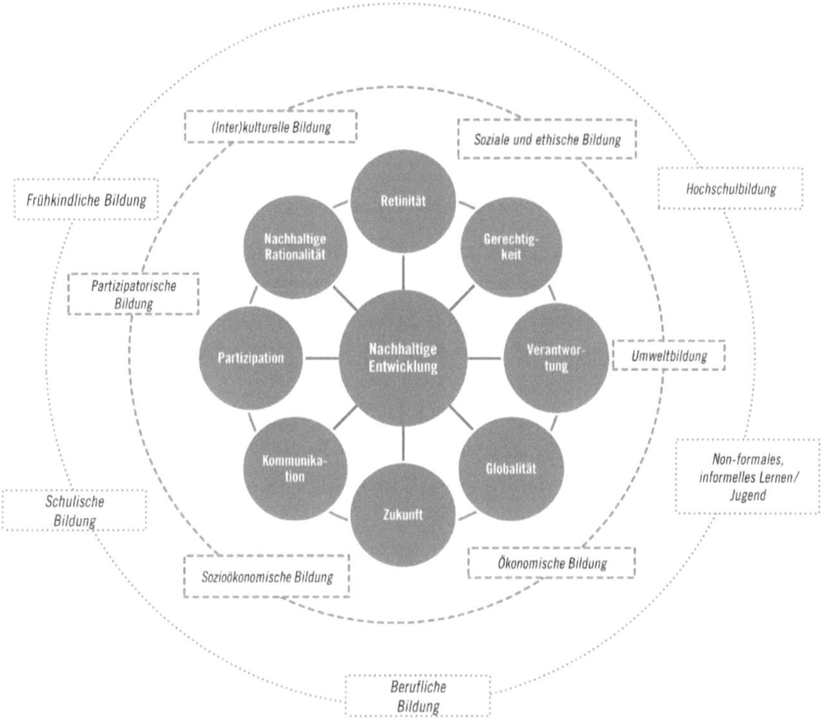

Abbildung 25: Einordnung der Bildung für nachhaltige Entwicklung in das Bildungsumfeld

[Eigene Darstellung in Anlehnung an Fischer et al. 2009, S. 28; Becker 2013a, S. 197; Nationale Plattform Bildung für nachhaltige Entwicklung 2017]

Umweltbildung

Da die BNE in ihrer Entwicklung eng mit der Nachhaltigkeitsbewegung verbunden ist und von Akteuren aus der Umweltbildung vorangebracht worden ist, wurde ihr anfänglich eine Umweltlastigkeit vorgeworfen (vgl. De Haan 2006, S. 6).

Für Umweltbildung bestehen unterschiedliche Begriffe wie Umwelterziehung, Ökopädagogik, Naturpädagogik, ökologisches Lernen oder Umweltlernen. Die am weitesten akzeptierte Definition von Umweltbildung wurde 1970 von der UNESCO und der IUCN[134] auf dem ersten internationalen Arbeitstreffen zur Umweltbildung vorgelegt:

> „Environmental Education is the process of recognising values and clarifying concepts in order to develop skills and attitudes necessary to understand and appreciate the inter-relatedness among man, his culture and his biophysical surroundings. Environmental education also entails practice in decision making and self-formulation of a code of behaviour about issues concerning environmental quality“ (International Union for Conservation of Nature and Natural Resources – IUCN 1970, S. 11).

In Anlehnung an den SRU bezieht sich Umweltbildung darauf, dass Menschen sich durch Bildungsprozesse Sensibilität, Einsichten, Einstellungen und Werthaltungen aneignen können, die den Erhalt der Umwelt und den Schutz der Gesundheit ermöglichen (vgl. Der Rat von Sachverständigen für Umweltfragen – SRU 1994, S. 26).

Ähnlich wie in der *Agenda 21* wird die Förderung eines Umwelt- und Entwicklungsbewusstseins als wesentliche Ziele der Bildungsarbeit hervorgehoben. Weiterhin soll jedem der Zugang zu umwelt- und entwicklungsorientierter Erziehung ermöglicht werden.

> „Um wirksam zu sein, sollte sich die Umwelt- und Entwicklungserziehung sowohl mit der Dynamik der physikalischen / biologischen und der sozioökonomischen Umwelt als auch mit der menschlichen (eventuell auch einschließlich der geistigen) Entwicklung befassen, in alle Fachdisziplinen eingebunden werden und formale wie nichtformale Methoden wie auch wirksame Kommunikationsmittel verwenden“ (Vereinte Nationen – UN und BMU 1993, S. 329).

Schon seit Ende der 1980er-Jahre gibt es Umweltbildungsakteure in allen Bildungssektoren, d. h. von der frühkindlichen Bildung über Schule, Hochschule, berufliche und allgemeine (Weiter-)Bildung bis zum informellen Lernen. Nach der *Agenda 21* entwickelte sich die Umweltbildung international immer mehr in Richtung der BNE.

---

134 Die IUCN (*International Union for Conservation of Nature and Natural Resources*; deutsch: *Internationale Union zur Bewahrung der Natur und natürlicher Ressourcen*), auch Weltnaturschutzunion, ist eine internationale Nichtregierungsorganisation und Dachverband zahlreicher internationaler Regierungs- und Nichtregierungsorganisationen.

Ökonomische Bildung

Die ökonomische Bildung ist in modernen Industriegesellschaften in zweifacher Hinsicht zu verstehen:

> „Einerseits bestehen in weiten Teilen dieser Gesellschaften trotz der zentralen Bedeutung wirtschaftlicher Zusammenhänge erhebliche Defizite im Grundverständnis ökonomischer Prozesse. Andererseits zeigen sich die sozialen und ökologischen Nebenfolgen globalisierter Ökonomie immer deutlicher und prägen die öffentliche Diskussion" (Schneidewind 2007, S. 15).

Entsprechend wird hier ein sehr breites und wichtiges Themenspektrum eingeschlossen. Doch was ist die Aufgabe der ökonomischen Bildung? Geht es darum, die wirtschaftlichen Aspekte dieser Welt lediglich aus dem Blickwinkel der theoretischen und angewandten Wirtschaftswissenschaften zu betrachten, oder müssen hierbei auch Nachbardisziplinen wie die Soziologie, Politik und Geschichte einbezogen werden? Wozu sollen die Lernenden durch die ökonomische Bildung befähigt werden? Ist es das Ziel, sie auf die Übernahme von festen Rollen in einem definierten System vorzubereiten, indem sie das Systemverständnis, das Handwerk und die Sprache erwerben? Oder sollte es auch ein Ziel sein, die Lernenden darin zu unterstützen, sich unter Wahrung ihres Selbstbestimmungsrechtes ihre eigenen Handlungsräume in ökonomischen geprägten Lebenssituationen zu erschließen und dazu zu befähigen, in entsprechenden Handlungssituationen ökonomische und politische Kompetenzen miteinander zu verknüpfen (vgl. Haarmann 2014, S. 206–208).

Das als Homo oeconomicus bezeichnete modellierte Abbild des Menschen ist ein ethikresistentes, rein rational handelndes Wirtschaftssubjekt, welches ein primär auf den eigenen Nutzen, respektive Gewinn, fokussiertes Maximierungskalkül verfolgt. Demzufolge stellt Egoismus aus der Sicht der (neo-)klassischen Wirtschaftstheorie keineswegs etwas moralisch Verwerfliches dar, sondern wird als fundamentales Handlungsmotiv akzeptiert und jedem Akteur unterstellt (vgl. Skrzipietz 2007, S. 101).

Das aufgezeigte Selbstverständnis der Wirtschaftswissenschaft sowie das ihr zugrunde liegende Menschenbild zeigen sich insbesondere bei einem Blick auf die ökonomischen Lehrbücher, die aufgrund einer starken Standardisierung fast ausnahmslos auf einer einzigen methodischen Überzeugung gründen (vgl. Graupe 2014, S. 179–180). Damit haben sich die Wirtschaftswissenschaften zu einer wahren Lehrbuchwissenschaft gewandelt. Zudem wurde die neoklassische Theorie, welche noch im 20. Jh. lediglich als eine ökonomische Schule unter vielen galt, zum Paradigma in der standardökonomischen Bildung erklärt (vgl. Graupe 2014, S. 144–145).

Die Lernenden sollen durch die ökonomische Bildung dazu befähigt werden, auf der Grundlage eines Konzeptes Probleme aus einer wirtschaftlichen Perspektive heraus zu untersuchen und zu lösen. Es geht rein um das Erwerben und Anwenden analytischer Fertigkeiten auf aktuelle ökonomische Probleme. Somit folgt die ökonomische Bildung dem Walrasianischen Diktum, nach dem die ökonomische Theorie eben nicht an der Wirklichkeit überprüfbar sei, sondern lediglich auf diese anwendbar. Die Analyse der Sinnhaftigkeit und der gesamtgesellschaftlichen Konsequenzen stehen hierbei gerade nicht im Fokus. Diese dogmatische Ausrichtung der Wirtschaftswissenschaft ist gerade in Wissenschaftskreisen umstritten und spaltet diese. Ein Kernkritikpunkt aus Bildungssicht ist hierbei, dass solche paradigmatischen Einschränkungen die Lernenden dann daran hindern, ein konkretes eigenes Verständnis ihrer alltäglichen Situationen und Bedürfnisse zu entwickeln, da ihnen die zuvor genannten Vorstellungsbilder den Blick versperren (vgl. Graupe 2014, S. 200).

Aus Perspektive der Nachhaltigkeit sollte aufgrund der Relevanz und der Interdependenz ökonomischer Fragen in heutigen Gesellschaften, die Auseinandersetzung mit diesen nicht nur rein ökonomisch, sondern auch philosophisch, historisch, kulturell, politisch, ökologisch oder anthropologisch erfolgen (vgl. Fischer und Seeber 2007, S. 1). Gerade auch im Sinne der Etablierung des Nachhaltigkeitsdiskurses sollten diese Aspekte in die ökonomische Bildung integriert werden, um nicht nur das Handeln selbst, sondern auch dessen Konsequenzen zu thematisieren.

Sozioökonomische Bildung

Grundsätzlich kann das Themenfeld, mit dem sich die sozioökonomische Bildung auseinandersetzt, mit der Formel „Wirtschaft in der und für die Gesellschaft umrissen" werden (vgl. Hedtke 2015, S. 21). Der Gegenstandsbereich Wirtschaft wird in der sozioökonomischen Perspektive folglich als ein soziales Konstrukt aufgefasst, in dem zahlreiche materielle und ideelle Phänomene ordnend zusammengefasst werden.

Sozioökonomie beschäftigt sich stets mit dem Realitätsbereich oder Funktionssystem Wirtschaft, welches das Produzieren, Verteilen und Konsumieren von Gütern ebenso einschließt wie Regeln, Kulturen und Normen. Hieraus ergibt sich, dass aus sozioökonomischer Perspektive heraus Wirtschaft als historisches, kulturelles, vielfältiges und wandelbares Phänomen begriffen wird (vgl. Hedtke 2015, S. 21–22). Die sozioökonomische Bildung bindet sich an keine bezugswissenschaftliche Strömung, auch wenn sie der Sozioökonomie als Strömung in den Wirtschafts- und Sozialwissenschaften nahesteht. Die

Sozioökonomie ist dabei jedoch nur Quelle wissenschaftlichen Wissens und eine Perspektive, die neben anderen betrachtet wird (vgl. Hedtke 2015, S. 28).

Wirtschaft wird nicht als autonom, wertfrei und quasi-naturwissenschaftlich betrachtet, sondern immer eingebettet in Kultur und Gesellschaft. Dies steht somit im Gegensatz zur quasi naturwissenschaftlichen Betrachtung, der Verkürzung der Ökonomie auf die Ökonomik und neoliberale Denkansätze (vgl. Tafner 2014, S. 293).

Aus sozioökonomischer Perspektive erscheint der Homo oeconomicus aufgrund seiner strengen Definition über transitive und vollständige Präferenzfolgen sowie einer Konzentration auf die Maximierung des individuellen materiellen Nutzens als ein kontextloser Akteur ohne Biographie, Sozialisation und kulturellem Umfeld. Die Sozioökonomie versucht, diesen isolierten Akteur um soziale Aspekte, als Teil der Gesellschaft, zu ergänzen. Statt normativer Definitionen soll empirische Evidenz über menschliches Handeln angewendet werden (vgl. Hellmich 2014, S. 37–38). Zugrunde liegt das Verständnis, dass sich der Mensch erst als ein in der Gesellschaft handelndes Wesen entfalten kann, wodurch auch Handlungsmotive wie Dankbarkeit, Mitleid, Solidarität und Umweltbewusstsein relevant sind, welche nicht dem unmittelbaren materiellen Eigennutzen dienen (vgl. Engartner und Krisanthan 2014, S. 162–163).

Der sozialwissenschaftliche Ansatz ökonomischer Bildung ist grundsätzlich durch eine Subjektorientierung, einen ausgeprägten Gesellschaftsbezug sowie eine kritische Auseinandersetzung mit Wissenschaft geprägt (vgl. Hedtke 2008, S. 14). Gerade dadurch ergibt sich eine Schnittmenge zum Nachhaltigkeitsdiskurs, da dieser Ansatz den Lernenden die Möglichkeit bietet, ihre Rollen im Spannungsverhältnis zwischen ökonomischem, ökologischem und sozialkulturellem Denken und Handeln kritisch zu reflektieren und einen humanistischen Zugang zu den zeitgenössischen großen Fragen hinsichtlich der BNE zu schaffen.

Die Ziele einer sozioökonomischen Bildung bestehen darin, über ökonomisch geprägte Lebenssituationen aufzuklären, relevante Kategorien zu ermitteln und kritisch zu reflektieren sowie alternative ökonomische und sozialwissenschaftliche Denkansätze einzubeziehen (vgl. Hedtke 2015, S. 24).

Partizipatorische Bildung

Partizipation im Sinne der Pädagogik bezieht sich primär auf den Einsatz von partizipativen Lernformen und -methoden (Bund-Länder-Kommission für Bildungsplanung und Forschungsförderung – BLK 1998; 1999), sodass hier gleichzeitig das Subjekt des Lernenden fokussiert wird. Dies ist insbesondere im Kontext der Nachhaltigkeitsbildung relevant, da hierdurch das Einlassen auf Nachhaltigkeit und die Reflexion von Veränderungen in Bezug auf sich selbst begünstigt wird (vgl. Fischer et al. 2009, S. 55).

Mit der Partizipation der Lernenden wird eine authentische Identifikation und Sinnstiftung ermöglicht. Für eine nachhaltige Entwicklung ist über die aktive Partizipation des Individuums an dem Innovationsprozess auch die Mitgestaltung von Lernsituationen und ein generelles Mitspracherecht in den Bildungsprozess zu implementieren (vgl. Fischer 1998, S. 95; Fischer et al. 2009, S. 55). Dieses soll „nicht als wertfreies, pädagogisch und politisch interessenloses neutrales Instrument verstanden werden", sondern sei „im Sinne einer demokratischen, am Selbstbestimmungs- und Solidaritätsprinzip orientieren Bildungsauffassung" auszulegen (Klafki 1996, S. 266). Innerhalb des bildungstheoretischen Ansatzes werden individuelle Lernformen bevorzugt, die an das Vorwissen der Lernenden anknüpfen und sich weiter verbinden lassen. Zudem stehen der Zukunftsbezug und eine Unterrichtskultur der Partizipation im Zentrum.

Die bisherige Diskussion in Deutschland hat deutlich gemacht, dass die BNE als sehr umfassend zu verstehen ist, weil sie die gesamte formale, non-formale und informelle Bildung auf allen Ebenen (vom primären bis zum tertiären Bildungsbereich) und für alle Bevölkerungsgruppen einschließt. Die Perspektive der nachhaltigen Entwicklung ist daher in den Bildungsprozess zu integrieren und schließt auch hier an die o. g. vielfältigen pädagogischen Disziplinen an.

Gestaltungskompetenz

Was ist das pädagogische Ziel einer BNE? Die von de Haan am Ende der 90er-Jahre entwickelte Gestaltungskompetenz wird als Bildungsziel der BNE bezeichnet. Gemeint ist damit, dass den Menschen die Möglichkeit gegeben werden sollte, Gestaltungskompetenz zu erwerben (vgl. Consentius und De Haan 2011, S. 12–13). Diese wurde in Anlehnung an den Referenzrahmen für Schlüsselqualifikationen der OECD entwickelt und wird für die Sekundarstufen in zwölf Teilkompetenzen ausdifferenziert, in denen die Lernenden für die Zukunft ausgebildet werden sollen (s. Tabelle 40).

Tabelle 40: Darstellung der Teilkompetenzen und Zuordnung zu den Kompetenzkategorien der OECD (2005)
(vgl. De Haan et al. 2008, S. 188)

Schlüsselkompetenzen der OECD	**Teilkompetenzen der Gestaltungskompetenz**
Interaktive Verwendung von Medien und Tools	*T.1 Kompetenz zur Perspektivübernahme:* Weltoffene und neue Perspektiven integrierend Wissen aufbauen
	T.2 Kompetenz zur Antizipation: Vorausschauend Entwicklungen analysieren und beurteilen können
	T.3 Kompetenz zur disziplinenübergreifenden Erkenntnisgewinnung: Interdisziplinär Erkenntnisse gewinnen und dementsprechend handeln
	T.4 Kompetenz zum Umgang mit unvollständigen und überkomplexen Informationen: Risiken, Gefahren und Unsicherheiten erkennen und abwägen können
Interagieren in heterogenen Gruppen	*G.1 Kompetenz zur Kooperation:* Gemeinsam mit anderen planen und handeln können
	G.2 Kompetenz zur Bewältigung individueller Entscheidungsdilemmata: Zielkonflikte bei der Reflexion über Handlungsstrategien berücksichtigen können
	G.3 Kompetenz zur Partizipation: An kollektiven Entscheidungsprozessen teilhaben können
	G.4 Kompetenz zur Motivation: Sich und andere motivieren können, aktiv zu werden
Eigenständiges Handeln	*E.1 Kompetenz zur Reflexion auf Leitbilder:* Die eigenen Leitbilder und die anderer reflektieren können
	E.2 Kompetenz zum moralischen Handeln: Vorstellungen von Gerechtigkeit als Entscheidungs- und Handlungsgrundlage nutzen können
	E.3 Kompetenz zum eigenständigen Handeln: Selbstständig planen und handeln können
	E.4 Kompetenz zur Unterstützung anderer: Empathie für andere zeigen können

De Haans Definitionsansatz für Gestaltungskompetenz lautet dabei wie folgt:

> „Mit Gestaltungskompetenz wird die Fähigkeit bezeichnet, Wissen über nachhaltige Entwicklung anwenden und Probleme nicht nachhaltiger Entwicklung erkennen zu können. Das heißt, aus Gegenwartsanalysen und Zukunftsstudien Schlussfolgerungen über ökologische, ökonomische und soziale Entwicklungen in ihrer wechselseitigen Abhängigkeit ziehen und darauf basierende Entscheidungen treffen, verstehen und umsetzen zu können, mit denen sich nachhaltige Entwicklungsprozesse verwirklichen lassen" (De Haan 2006, S. 5; De Haan et al. 2008, S. 187).

Demnach hat die BNE das Ziel, Lernenden ein systematisch generiertes und begründetes Angebot zu den Themen, Aufgaben und Instrumenten von nachhaltiger Entwicklung zu machen. Dieses Angebot sollte den Lernenden die Möglichkeit bieten, Kompetenzen zu erwerben, an der zukunftsfähigen Gestaltung der Weltgesellschaft aktiv und verantwortungsvoll mitzuwirken und im eigenen Lebensumfeld einen Beitrag zu einer gerechten und umweltverträglichen Weltentwicklung leisten zu können (vgl. De Haan 2002, S. 23).

Im aktuellen BNE-Diskurs steht die Gestaltungskompetenz im Vordergrund. Um die Förderung der Gestaltungskompetenz im Sinne der nachhaltigen Entwicklung zu unterstützen, werden von dem BLK-Programm drei zentrale Unterrichts- und Organisationsprinzipien vorgeschlagen. Hierzu zählen das im Zuge des interdisziplinären Wissens erforderliche vernetzte Denken, das Schlüsselprinzip der Retinität, also die Vernetzung von Natur und Kultur sowie die Problemlösekompetenz (vgl. Fischer et al. 2009, S. 55). Weltweite Maßnahmen und internationale Zusammenarbeit sind diesbezüglich unbedingt notwendig.

5.2.2.1.2 Entwicklung einer BBNE in Deutschland

Ausgangspunkt für eine BBNE ist die berufliche Umweltbildung, die auch als Vorläufer der BBNE zu betrachten ist. In der BBNE engagiert sich besonders das BIBB, das bereits seit den 1980er- und 1990er-Jahren in der beruflichen Umweltbildung mit Modellversuchsschwerpunkten aktiv war (vgl. Kutt 2006, S. 36; Kuhlmeier et al. 2014, S. 8). In der Fachöffentlichkeit und politischen Aufmerksamkeit markiert das Jahr 2000 den Übergang von der beruflichen Umweltbildung zur Berufsbildung für eine nachhaltige Entwicklung (vgl. Kutt 2006, S. 36–39). Wie die Beschreibung der Entwicklung einer BNE können auch die Entwicklungsphasen der BBNE in Deutschland in drei Phasen – Reflexive Phase, Konstruktive Phase, Expansive Phase – skizziert werden (s. Tabelle 41).

Tabelle 41: Meilensteine und Phasen der BBNE in Deutschland
[Eigene Darstellung]

Phasen	Hauptaktivität
Reflexive Phase	• Beschluss des Deutschen *Bundestages Bildung für eine nachhaltige Entwicklung* (2000) • Vorbereitung eines Aktionsprogramms BBNE des BIBB im Auftrag des BMBF *Berufsbildung für eine nachhaltige Entwicklung* (2000–2003) • Machbarkeitsstudie im Auftrag des BMBF *Berufsbildung für eine nachhaltige Entwicklung* (2001)
Konstruktive Phase	• Wirtschaftsmodellversuche zur BBNE (2001–2009, gefördert durch BMBF) • Formulierung eines Orientierungsrahmens zur BBNE mit sechs Handlungsfeldern (2003) • Good-Practise-Agentur (2005–2009 gefördert von der Deutschen Bundesstiftung Umwelt DBU) • Bundesarbeitsgemeinschaft Berufsbildung bei der Deutschen UNESCO-Kommission, moderiert durch das BIBB (seit 2004 mit Unterbrechung). • Globalität und Interkulturalität als integrale Bestandteile beruflicher Bildung für eine nachhaltige Entwicklung (2006–2007 gef. durch BMBF)
Expansive Phase	• Modellversuche im Förderschwerpunkt BBNE (2010–2013, BIBB im Auftrag des BMBF) • Modellversuche im Förderschwerpunkt BBNE (2015–2019, BIBB im Auftrag des BMBF) • Nationaler Aktionsplan Bildung für nachhaltige Entwicklung (2017) • Arbeitsforen der Modellversuche BBNE (2018)

Die reflexive Phase begann mit dem Beschluss des Deutschen Bundestages *Bildung für eine nachhaltige Entwicklung* vom 29. Juni 2000, in der der Berufsbildung ein hoher Stellenwert beim Übergang in eine nachhaltige Welt eingeräumt wurde (vgl. Kutt 2006, S. 39). Danach wurde in dieser Phase das Aktionsprogramm BBNE (2000–2003) vorbereitet und eine Machbarkeitsstudie (2001) durchgeführt, in der die Möglichkeiten und Grenzen der Realisierbarkeit einer BBNE analysiert wurden.

In der konstruktiven Phase wurde das Konzept der BBNE in einem dialogischen, partizipativen Prozess unter Einbeziehung möglichst vieler Akteure umgesetzt. Ab 2004 richtete das BIBB im Rahmen seiner gesetzlichen Aufgabe *Förderung von Modellversuchen einschließlich ihrer wissenschaftlichen*

Begleitung einen Arbeitsschwerpunkt zur Umsetzung des Leitbildes der Nachhaltigen Entwicklung in die Praxis der Berufsbildung ein. In diesem Rahmen wurden viele Maßnahmen unternommen, es wurde ein Internetportal[135] eingerichtet, Fachtagungen / Fachkongresse durchgeführt,[136] Modellversuche unternommen,[137] Forschungsprogramme[138] und Arbeitsgruppen / Gremien[139] zu umfangreichen Themengebieten der BBNE durchgeführt (vgl. Diettrich et al. 2007, S. 9).

Daran schloss sich die dritte Phase, welche als expansive Phase bezeichnet wird, mit weiteren Modellversuchen im Förderschwerpunkt BBNE (2010–2013; 2015–2019) an, die das BIBB im Auftrag des BMBF förderte. Die zwischen 2010 und 2013 durchgeführten Modellversuche mit insgesamt sechs Verbundprojekten waren in den Branchen Metall / Elektro (Schwerpunkt erneuerbare Energien), Bauen / Wohnen sowie Chemie / Ernährung angesiedelt. Hierbei wurden Qualifikationsanforderungen analysiert, Curricula entwickelt sowie Lernmodule formuliert, um nachhaltigkeitsorientierte Kompetenzen zu schaffen (vgl. Kuhlmeier et al. 2014, S. 8–9). Die nachfolgenden Modellversuche, durchgeführt zwischen 2015 und 2019 bauten auf den Ergebnissen der vorherigen Modellversuche auf. Diese 12 Verbundprojekte befassten sich dabei primär mit der strukturellen Verankerung von nachhaltiger Entwicklung in der beruflichen Bildung. Sechs Modellversuche fokussierten die kaufmännischen Branchen – also Kaufleute im Einzelhandel, Groß- und Außenhandelskaufleute sowie Kaufleute für Spedition und Logistikdienstleistungen; sechs weitere Modellversuche befassten sich mit der Gestaltung nachhaltiger Lernorte (vgl. Bundesinstitut für Berufsbildung – BIBB 2016, S. 4–5). Zugleich wurde

---

135 Internetportal meint hier (www.bibb.de/nachhaltigkeit) die seit 2003 kontinuierliche Website, die seit Juni 2007 mit dem Portal der UN-Dekade verlinkt ist.

136 Beispiele hierfür sind die Fachtagung *Nachhaltigkeit in Berufsbildung und Arbeit 2006*; die Hochschultage *Berufliche Bildung 2004 und 2006*; die Didacta: Foren *Gläserne Fachtagung* (2006) und *Nachhaltige Waldwirtschaft* (2007) sowie der BIBB-Fachkongress: Forum *Nachhaltige Entwicklung in der Berufsbildung* (2007).

137 Schwerpunktthema Berufsbildung für eine nachhaltige Entwicklung (2001-2010), darunter gibt es insgesamt 11 Modellversuche, z. B. die Entwicklung eines Indikatorenmodells zur Messung von nachhaltiger Entwicklung; Entwicklung eines Kurses *Nachwachsende Rohstoffe – Biogas.*

138 *Nachhaltige Waldwirtschaft (2005-2009)*, z. B. Errichtung einer Modellregion *Berliner Wald*, *Berufsbildung für eine nachhaltige Entwicklung (2003-2005).*

139 UN-Dekade 2005-2014: Nationalkomitee, Runder Tisch für alle Bildungsbereiche Bundesarbeitsgemeinschaft zur beruflichen Aus- und Weiterbildung (moderiert vom BIBB).

durch das BMBF 2015 die Nationale Plattform Bildung für nachhaltige Entwicklung geschaffen, welche 2017 den nationalen Aktionsplan BNE verabschiedete. In diesem Aktionsplan werden alle Bildungsbereiche thematisiert (s. Abschnitt 5.2.2.1.1). Die Berufsbildung zur nachhaltigen Entwicklung wird dabei in fünf vorrangige Handlungsbereiche unterteilt (vgl. Nationale Plattform Bildung für nachhaltige Entwicklung 2017, S. 9–97):

- Bestandsaufnahmen auf allen Ebenen: Mithilfe einer Sammlung von Best-Practice-Beispielen sind die vorhandenen Ordnungsmittel im Hinblick auf Nachhaltigkeitsaspekte zu sichten, um mögliche Ansatzpunkte für BNE zu identifizieren.
- Potenziale der beruflichen BNE: Es gilt, weitere Potenziale für BNE in der beruflichen Bildung zu erschließen, indem die formale berufliche Bildung mit der informellen bzw. erfahrungsorientierten Bildung / Berufserfahrung verzahnt wird. Innovationen aus der betrieblichen Praxis sollen schneller in die Ausbildung fließen, so wie dies in branchenübergreifenden Modellversuchen bereits entwickelt und erprobt wurde. Zudem sind die Nachhaltigkeitsziele über Qualitätssicherungsinstrumente zu sichern, um eine Verstetigung der BBNE zu erreichen.
- Betriebe und berufliche Schulen als nachhaltige Lernorte etablieren: Um Betriebe und Schulen als nachhaltige Lernorte zu festigen, bedarf es der Entwicklung von Indikatoren, die als Roadmap dienen können. Die Netzwerkbildung innerhalb dieser nachhaltigen Lernorte soll mit Blick auf Anschlüsse und Schnittstellen verbessert werden. Dazu muss auch das Ausbildungspersonal entsprechend qualifiziert und zu Fort- und Weiterbildungen motiviert werden.
- Kompetenzanforderungen zur Nachhaltigkeit: Eine nachhaltig ausgerichtete Beschäftigungsfähigkeit umfasst nicht nur berufliches, sondern auch gesellschaftliches und privates Handeln. Es gilt, Kompetenzen zu definieren, um den Aspekt der Nachhaltigkeit im Ausbildungs- und Arbeitsprozess umsetzen zu können.
- Curriculare und didaktische Umsetzung von beruflicher BNE: Eine breite Umsetzung von beruflicher BNE wird maßgeblich durch die strukturelle Verankerung von nachhaltigkeitsorientierten Kompetenzentwicklungszielen in der Berufsbildung gefördert. Anhand der Bestandsaufnahme sind nachhaltigkeitsorientierte Kompetenzen in die Curricula zu integrieren und geeignete didaktische Mittel zu entwickeln.

5.2.2.2 BBNE in den Einzelhandelsberufen

In Deutschland ist in den letzten Jahren das Thema Nachhaltigkeit verstärkt umgesetzt worden, sodass auch im Bereich der beruflichen Bildung für Einzelhandel eine Veränderung eingetreten ist. Die aktuelle Forschung zur BBNE in den Einzelhandelsberufen wird in den folgenden zwei Aspekten erläutert.

Aktualisierung der gesetzlichen Bestimmungen zur Berufsausbildung zur Sicherung der Qualität der BBNE-Reform

In Deutschland ist das moderne und effiziente Berufsbildungssystem untrennbar mit den standardisierten Berufsbildungsgesetzen und -vorschriften verbunden und bildet die Grundlage für eine zukunftsorientierte Berufsausbildung. Um die BBNE-Reform in Deutschland voranzutreiben, ist es daher eine wichtige Maßnahme, die Vorschriften diesbezüglich zu aktualisieren. Insbesondere betrifft dies die Ausbildungsordnungen und Rahmenlehrpläne. Der Schwerpunkt der Aktualisierung liegt auf der Einbeziehung von BBNE-Inhalten in die Vorschriften, wodurch eine grundlegende rechtliche Garantie für die BBNE-Reform gegeben wird. Zur Durchführung dieser Maßnahme sollte auf die vorhandenen Strukturen und Ordnungsmittel (Ausbildungsordnung und Rahmenlehrplan) zurückgegriffen werden.

Die Erläuterung der Berufsausbildung in den Kernberufen des Einzelhandels, nämlich Kaufmann / -frau im Einzelhandel (3-jährig) und Verkäufer / -in (2-jährig), wurde bereits in den Abschnitten 4.3.2–4.3.4 vorweggenommen. Sie erfolgen auf der Grundlage der bundeseinheitlich erlassenen Berufsordnungsmittel: Rahmenlehrplan und Ausbildungsordnung, die regelmäßig modernisiert (s. Tabelle 30 und 31) werden, sodass die Ausbildungsvorschriften den aktuellen Anforderungen der Praxis entsprechen. In der neuesten Version sind nachhaltigkeitsrelevante Aspekte zum Teil bereits berücksichtigt. Die Aspekte der nachhaltigen Entwicklung dieser beiden Ausbildungsvorschriften sind im Folgenden kurz aufgeführt.

<u>Novelle Ausbildungsordnung:</u>

Die aktuelle Ausbildungsordnung wurde am 01. August 2017 novelliert, sodass es zu einer strukturellen Verankerung des Nachhaltigkeitsgedankens kam. Das erste Merkmal ist die Ausbildungsgestaltung als Wahl- und Zusatzqualifikation (wahlqualifikationsübergreifende berufsprofilgebende Fertigkeiten, Kenntnisse und Fähigkeiten; Wahlqualifikation; wahlqualifikationsübergreifende, integrativ zu vermittelnde Fertigkeiten, Kenntnisse und Fähigkeiten). Im Vergleich zu der alten AO werden einige berufsspezifische Berufsbildpositionen neu hinzugefügt oder mit neuen Bezeichnungen inhaltlich überarbeitet

(z. B. die Wahlqualifikation Onlinehandel). Ein weiteres wichtiges Merkmal liegt darin, dass extra ein Querschnitt für alle drei Ausbildungsjahre eingeführt wurde (s. Abschnitt 4.3.3.1 und Tabelle 32). Beispiel: Der vierte und fünfte Punkt der Berufsbildposition der wahlqualifikationsübergreifenden, integrativ zu vermittelnden Fertigkeiten, Kenntnisse und Fähigkeiten (Sicherheit und Gesundheitsschutz bei der Arbeit; Umweltschutz) wird während der gesamten Ausbildung beider Ausbildungsberufe berücksichtigt (s. Tabelle 32). Besonders bemerkenswert ist, dass die Ausbildungsinhalte auch unter dem Gesichtspunkt der Nachhaltigkeit gestaltet sind. Exemplarisch hierfür können die folgenden Punkte angeführt werden:

- Umweltschutz (§ 5 Absatz 5 Nummer 5): „Zur Vermeidung betriebsbedingter Umweltbelastungen im beruflichen Einwirkungsbereich beitragen, insbesondere a) mögliche Umweltbelastungen durch den Ausbildungsbetrieb und seinen Beitrag zum Umweltschutz an Beispielen erklären, b) für den Ausbildungsbetrieb geltende Regelungen des Umweltschutzes anwenden, c) Möglichkeiten der wirtschaftlichen und umweltschonenden Energie- und Materialverwendung nutzen, d) Abfälle vermeiden sowie Stoffe und Materialien einer umweltschonenden Entsorgung zuführen“ (VO-2017, Anlage 1).
- Warenannahme und -lagerung (§ 5 Absatz 2 Nummer 5): „[…] g) im Lager und beim Umgang mit Verpackungen ökonomische und ökologische Anforderungen berücksichtigen, insbesondere Energie sparsam einsetzen“ (VO-2017, Anlage 2).
- Beratung von Kunden in komplexen Situationen (§ 5 Absatz 4 Satz 1 Nummer 1): „[…] h) die Gesundheits- und Umweltverträglichkeit sowie die Nachhaltigkeit von Waren beurteilen und Kunden hierüber informieren […] l) Kunden über rechtliche und betriebliche Rücknahmeregelungen sowie über umweltgerechte Möglichkeiten der Entsorgung von Waren informieren“ (VO-2017, Anlage 2).
- Vorbereitung unternehmerischer Selbstständigkeit (§ 5 Absatz 4 Satz 1 Nummer 8): „[…] h) Kennziffern der Unternehmensbewertung nutzen, daraus Maßnahmen ableiten und dabei Nachhaltigkeit berücksichtigen“ (VO-2017, Anlage 2).

<u>Neuer Rahmenlehrplan:</u>
In den berufsbezogenen Vorbemerkungen bezieht sich der Rahmenlehrplan explizit auf das Nachhaltigkeitskonzept: „Die Dimensionen der Nachhaltigkeit – Ökonomie, Ökologie und Soziales – erstrecken sich auf alle Aktionsbereiche des Einzelhandels und werden in die Lernfelder integriert. Sie bieten

vielfältige Anlässe für wirtschafts- und warenethische Bezüge“ (Kultusministerkonferenz – KMK 2016, S. 6). Unter dem Gesichtspunkt der Nachhaltigkeit werden die Lernfelder wie folgt dargestellt:

- Lernfeld 1 (Das Einzelhandelsunternehmen repräsentieren): „Die Schülerinnen und Schüler […] erläutern das Unternehmensleitbild, die ökonomischen und ökologischen Zielsetzungen sowie die gesamtgesellschaftliche Verantwortung des Unternehmens“ (Kultusministerkonferenz – KMK 2016, S. 8).
- Lernfeld 5 (Werben und den Verkauf fördern): „Die Schülerinnen und Schüler […] beziehen Serviceleistungen als Mittel der Kundenbindung ein. Sie wählen Verpackungsmaterialien und Möglichkeiten der Warenzustellung nach ökonomischen und ökologischen Gesichtspunkten aus“ (Kultusministerkonferenz – KMK 2016, S. 12).
- Lernfeld 6 (Waren beschaffen): „Die Schülerinnen und Schüler beschaffen Waren und berücksichtigen ökonomische, rechtliche und ökologische Aspekte“ (Kultusministerkonferenz – KMK 2016, S. 13)
- Lernfeld 7 (Waren annehmen, lagern und pflegen): „Im Lager und beim Umgang mit Verpackungen berücksichtigen sie ökonomische, rechtliche und ökologische Aspekte“ (Kultusministerkonferenz – KMK 2016, S. 14).

Modellversuche und Projekte der prioritären Bereiche für die BBNE-Reform

Im Bereich der beruflichen Bildung für Einzelhandel werden viele Aktivitäten, wie Modellversuche und Forschungsprogramme zu bestimmten Themengebieten der BBNE durchgeführt.

Aus Sicht der Projekttypen gibt es internationale Projekte (z. B. *GreenSkills4VET*[140]), nationale Projekte und Projekte in verschiedenen Bundesländern. Die

140 *GreenSkills4VET* ist ein Projekt von sieben Partnerinstitutionen aus fünf europäischen Ländern (Deutschland, Frankreich, Österreich, Griechenland, Bulgarien) mit einer Laufzeit von Oktober 2016 bis September 2018. Das Projekt verfolgt das Ziel, das Thema der nachhaltigen Entwicklung in seinen drei Dimensionen Ökologie, Soziales, Ökonomie in der beruflichen Ausbildung zu verankern, und frei verfügbare Bildungsmaterialien, sogenannte *Open Educational Resources* (OER) für die Berufszweige Logistik (Kaufmann / -frau für Spedition und Logistikdienstleistung) und Pflege (Krankenpfleger / -in) zu entwickeln. Jeder beteiligte internationale Partner verpflichtet sich, ein Thema zu behandeln. Bei der Erarbeitung der Materialien wird das traditionelle Fachkompetenzmodell um Kompetenzen der BNE sowie Medienkompetenzen (digitale Kompetenzen) erweitert. Diese Materialien unterliegen keinem herkömmlichen Copyright und bringen den Lernenden in eine aktivere Rolle. Das *GreenSkills4VET-Projekt* wurde von der NA beim BIBB, der

heterogenen Akteure sind Vertreter aller Ebenen der deutschen Gesellschaft – Bund, Länder, Wirtschaft und Arbeitgeber sowie Gewerkschaften und politische Parteien. Beispielsweise unterstützt das BMBF den vom BIBB geförderten Schwerpunkt *Berufsbildung für nachhaltige Entwicklung (BBNE) 2015–2019*. Die Förderlinie 1 widmet sich der Kompetenzentwicklung bei Ausbildenden und Auszubildenden in kaufmännischen Berufen des Einzel-, / Groß- und Außenhandels und der Logistik / Spedition. Diese Verbundprojekte mit verschiedenen Schwerpunkten, wie z. B. *InnoNE*[141] und *Pro-DEENLA* (für einen Überblick s. Abschnitt 6.3.5.3), werden gemeinsam von wissenschaftlichen Forschungseinrichtungen, wirtschaftlichen Organisationen (Betrieben) und Sozialpartnern umgesetzt (vgl. Bundesinstitut für Berufsbildung – BIBB 2016, S. 4–5).

Aus Sicht der Zielgruppe gibt es Modellversuche über Nachhaltigkeitshandeln in kaufmännischen Berufen sowohl zu den Lernenden – Schülern und Auszubildenden – als auch zum Berufsausbildungspersonal. Repräsentative Beispiele sind *InnoLA*[142] und *Pro-DEENLA* (für einen Überblick s. Abschnitt 6.3.5.3).

---

nationalen Agentur für das EU-Bildungsprogramm *Erasmus+* in der beruflichen Aus- und Weiterbildung in Deutschland, betreut. (Vgl. https://www.greenskills4vet.eu/)

141 Das Projekt *InnoNE* steht für *Innovationsprojekte und Innovationskompetenz für eine Nachhaltige Entwicklung*. Bei dem Modellversuch handelt es sich um ein Verbundprojekt des Fachgebiets Berufs- und Wirtschaftspädagogik der Carl von Ossietzky Universität und der Professur für Berufs- und Arbeitspädagogik der Helmut-Schmidt-Universität / Universität der Bundeswehr Hamburg. Es ist Bestandteil des Modellversuchsförderschwerpunkts *Berufsbildung für nachhaltige Entwicklung 2015-2019* des Bundesinstituts für Berufsbildung (BIBB) und wird aus Mitteln des Bundesministeriums für Bildung und Forschung (BMBF) gefördert. Der dreijährige Modellversuch *InnoNE* (01.05.2016-30.04.2019) richtet sich an kleine und mittlere Einzelhandelsunternehmen, leitet die Planung und Durchführung nachhaltigkeitsorientierter Innovationsprojekte bedarfsgerecht an und befördert die Innovationskompetenz der Projektbeteiligten. Hierzu werden Innovationsteams gebildet, denen Personen verschiedener Unternehmensbereiche (u. a. Geschäftsführung, Personen mit Kundenkontakt, Berufsbildungspersonal) angehören. (vgl. Bundesinstitut für Berufsbildung – BIBB 2016, S. 22–23)

142 *InnoLA* steht für *innovatives, interaktives Lern- und Assessmentmodul für kaufmännisches Ausbildungspersonal*. Ziel des durch das Bundesministerium für Bildung und Forschung (BMBF) (01.04.2016-31.03.2019) geförderten Verbundprojekts (Förderkennzeichen 21BBNE13) war die Entwicklung, Implementierung und Dissemination eines computer- und simulationsgestützten Lern- und Assessmentmoduls über Nachhaltigkeitshandeln in kaufmännischen Berufen für das

Aus dem Projektinhalt ergeben sich Themen im allgemeinen und branchenspezifischen Sinn. Themen im allgemeinen Sinne sind z. B. kaufmännische Kompetenzmodelle. Die wichtigsten Pilotprojekte hierzu sind bspw. *ZUKKER*[143] und *KONWIKA* (für einen Überblick s. Abschnitt 6.3.4.3). Außerdem gibt es noch Pilotprojekte für eine bestimmte Branche in einem Einzelhandelssektor, wie z. B. Kaufmann / -frau im Einzelhandel, Kaufmann / -frau für Spedition und Logistikdienstleistungen, Fachkraft für Lagerlogistik sowie Industriekaufmann / -frau, etc. Repräsentative Pilotprojekte in Deutschland sind bspw. *ILoNa*[144]oder *GreenSkills4VET.*

Berufsausbildungspersonal. Zielgruppe ist das betriebliche Ausbildungspersonal im Bereich Spedition und Logistik. Der Schwerpunkt liegt hierbei auf den Ausbildungsberufen Kaufmann / -frau für Spedition und Logistikdienstleistungen, Fachkraft für Lagerlogistik sowie Industriekaufmann / -frau. Das Lern- und Assessmentmodul greift vor dem Hintergrund der entsprechenden berufsbezogenen Handlungsfelder und Geschäftsvorfälle verschiedene Themen des Nachhaltigkeitsmanagements an kaufmännischen Arbeitsplätzen auf. Insbesondere sollen die Zielkonflikte, Wechselwirkungen und Dilemmata zwischen den drei Dimensionen der Nachhaltigkeit dargelegt und in konkreten Entscheidungssituationen für das betriebliche Berufsausbildungspersonal und letztendlich die Auszubildenden erlebbar und nachvollziehbar gemacht werden. (vgl. Bundesinstitut für Berufsbildung – BIBB 2016, S. 14–15)

143 Das Projekt *ZUKKER* richtete sich darauf, wie zukunftsfähige Kompetenzen für die Märkte von morgen erworben werden können. Das Projekt (2010–2012) wurde im Rahmen des BMBF-Ausbildungsstrukturprogramms *JOBSTARTER – für die Zukunft ausbilden* gefördert (Förderzeichen JO05120A bzw. JO05120B). Ziel des Projekts war die Entwicklung, Erprobung, Optimierung und Implementierung modularer (Selbstlern-)Bausteine zum zukunftsfähigen Marktsegment fairer Handel für Auszubildende im Einzelhandel, um bei den Auszubildenden Gestaltungskompetenzen zu fördern und gleichzeitig die regionale Ausbildungssituation zu verbessern. (vgl. Fischer et al. 2013, S. 1)

144 Das Projekt *ILoNa* steht für *innovative Logistik für nachhaltige Lebensstile.* Das dreijährige, vom BMBF geförderte Projekt (Mai 2015-April 2018) zielte darauf ab, Unternehmen in ihrem Transformationspotential zu stärken und bezog für die Logistikbranche die Entwicklungsperspektiven zum 6PL (Sixth Party Logistics Service Provider / Lead Sustainability Service Provider) mit ein. Zudem wurden die Transformationspotentiale auf Unternehmens-, bzw. Supply-Chain-Ebene in verschiedenen Entwicklungsszenarien sozioökonomischer Rahmenbedingungen gespiegelt und die Ebene für Politikempfehlungen mit einbezogen. Dabei sind weiterentwickelte Methoden des Accountings und der Modellierung von Nachhaltigkeit angewendet worden. (Vgl. https://logistik-lebensstile.de/)

5.2.3 Resümee: Juxtaposition und Vergleich

Spätestens seitdem die Vereinten Nationen im Jahr 2005 die Weltdekade zur *Bildung für eine nachhaltige Entwicklung* ausgerufen haben, ist BNE zu einem anerkannten Bildungskonzept geworden. China und Deutschland haben diesbezüglich unterschiedliche Erfolge erzielt. In diesem Abschnitt findet ein direkter und simultaner Vergleich beider Länder statt. Für eine Analysekategorie werden im Vergleich hierbei die von Fischer et al. (2009, S. 11–25) entwickelten vier Systemebenen (Makro-, Exo-, Meso- und Mikroebene) in Anlehnung an Bronfenbrenner et al. (1981) verwendet. Diese Methodik wurde gewählt, da die Ebenenunterscheidung die Gestaltungshierarchie der Akteure verdeutlicht, die eine BBNE initiieren, beeinflussen und umsetzen. Ausgehend von diesem Schema kann der Vergleich beider Länder im Folgenden von der Makro- bis zur Mikroebene strukturiert werden.

Makroebene: Gesellschaftliche Metaebene

Auf der Makroebene, ergo der gesellschaftlichen Metaebene, können die politischen, wirtschaftlichen und rechtlichen Systeme im Hinblick auf die Nachhaltigkeit beider Länder verglichen werden.

In China wurden viele Strategien auf der politischen Ebene festgelegt. Auf der wissenschaftlichen / akademischen Ebene scheint es hingegen bislang keinen ausgeprägten Diskurs zu geben. Wie aus den politischen Dokumenten Chinas ersichtlich ist, ist die nationale Politik nur auf strategischer Ebene führend. Die lokale Bildungspolitik ist zwar eine Weiterentwicklung der nationalen Politik, aber sie hat nur eine aufgabenorientierte politische Ausrichtung. Diese zeigt jedoch einen deutlichen Fokus auf den Bereich der Grund- und Sekundarstufe, also die Ebene der BNE. Bewusstsein und Kenntnis über eine BBNE scheinen jedoch nur marginal vorhanden zu sein. Es wurden zwar unterschiedliche Meinungen darüber geäußert, ob es bereits eine BBNE in China gibt und was die wesentlichen Gedanken dieser sind. Der bestehende Nachhaltigkeitsdiskurs ist insgesamt jedoch durch Mehrdeutigkeiten und Widersprüche gekennzeichnet. Fazit ist, dass es in China keine einheitliche Definition für eine BBNE gibt und auch keine praktische Vorstellung, wie diese entwickelt werden sollte (s. Abschnitt 5.2.1.1).

Im Vergleich zu China findet das Thema einer nachhaltigen Entwicklung in Deutschland aus einer gesellschaftlichen Sicht eine anerkennende Bedeutungszuweisung. Jedoch wird der Diskurs über eine BBNE wirtschafts- bzw. beschäftigungspolitisch nur marginal aufgegriffen. Die Wortzusammenstellung *Berufsbildung für nachhaltige Entwicklung* wird in erster Linie „von (Bildungs-)

politikern, von Projektträgern, vielleicht auch von lokalen Aktivisten oder PR-Profis der Wirtschaft" verbreitet (vgl. Fischer et al. 2009, S. 16). Obwohl es nach jahrelanger Diskussion keine einheitliche, allgemein akzeptierte Definition von Nachhaltigkeit gibt, dient der Begriff in aller Regel als normativer und regulativer Zielbegriff. Im Kontext der deutschen wissenschaftlichen Diskussion über den Begriff der Nachhaltigkeit wurden in den vergangenen Jahren mehrere Modelle und Konzepte mit unterschiedlichen Ansätzen entwickelt, den Bedeutungsgehalt nachhaltiger Entwicklung zu interpretieren, bspw. das Drei- und Vier-Säulen-Modell, die acht Kategorien oder die Sustainability-Idee in Kristallisationselementen.

Auf der Grundlage des Lernens aus dem deutschen Konzept sollte China seine eigene BBNE definieren, Kompetenzstandards für ein nachhaltiges Handeln der Arbeitsprozesse und Geschäftsprozesse chinesischer Unternehmen entwickeln sowie Lehrpläne und Unterrichtsstandards formulieren, die die Entwicklung der chinesischen Berufsbildung berücksichtigen. Dies sollte der Ausgangspunkt für Chinas BBNE-Reform sein.

Exoebene: Strukturelle Ebene

Auf der Exoebene, also der Strukturebene, befinden sich das Bildungs- / Beschäftigungssystem, Curriculare Vorgaben, Lehrpläne und Ausbildungsordnungen, Lernortorganisation und Rahmenbedingungen.

In China wird Nachhaltigkeit im aktuellen Ausbildungsprogramm lediglich vereinzelt und indirekt behandelt. Es fehlt immer noch an spezifischen Methoden und Handlungsstrategien, die in der Praxis umgesetzt werden. In Prüfungsordnungen hat sich der Nachhaltigkeitsgedanke noch nicht durchgesetzt. Aber in einzelnen nationalen Prüfungen wurde der nachhaltige Gedanke bereits teilweise berücksichtigt (z. B. *National Occupational Capability Evaluation*) (s. Abschnitt 5.2.1.1).

Im Vergleich dazu nimmt Deutschland in dieser Hinsicht bereits eine führende Position ein. Seit 2000 vertieft Deutschland die Reform der BBNE weiter. Der programmatische Diskurs über eine BBNE hat sich in der UN-Dekade intensiviert. In Deutschland wurden viele Aktivitäten wie ein Internetportal, Fachtagungen und -kongresse, Modellversuche, Forschungsprogramme und Arbeitsgruppen / Gremien zu umfangreichen Themengebieten der BBNE durchgeführt. Good-Practice-Beispiele wurden ebenfalls bereits publiziert (s. Abschnitt 5.2.2.1). Das im Diskurs federführende BIBB fokussiert seine Aktivitäten auf die betriebliche Bildungsarbeit. Auch in Bezug auf die BBNE-Reform hat Deutschland die Rahmenlehrpläne und Ausbildungsordnungen bereits modernisiert. Diese Initiative gewährleistet die effektive Umsetzung der BBNE im gesamten Ausbildungsprozess in verschiedenen Berufsfeldern. Für den konkreten aktuellen Anwendungsfall des / der Kaufmanns / -frau im Einzelhandel (3-jährig) und Verkäufer / -in (2-jährig) wurde die Ausbildungsordnung am 01. August 2017 novelliert, womit es zu einer strukturellen Verankerung des Nachhaltigkeitsgedankens kam (s. Abschnitt 5.2.2.2). So legten diese Reihe von Aktivitäten den Grundstein für die wissenschaftliche und ordnungsgemäße Durchführung einer BBNE in Deutschland.

Diese deutschen Initiativen können ein Vorbild für die chinesische Regierung sein, um von der Führungsebene umsetzbare und konkrete Handlungsschritte zu planen. Denn die Entwicklung der beruflichen Bildung kann nicht von der rechtlichen Grundlage im Berufsbildungssystem getrennt werden. In China spielt das 1996 erlassene Berufsbildungsgesetz eine wichtige Rolle bei der Förderung der Entwicklung der Berufsbildung. Jedoch wurde es in den letzten 23 Jahren (bis 2019) trotz der schnellen wirtschaftlichen und sozialen Entwicklung in China nicht überarbeitet. Die chinesische Regierung hat in den letzten Jahren zwar verschiedene Dokumente als Leitlinien herausgegeben, um die Entwicklung einer modernen Berufsbildung zu fördern, diese haben als normative Dokumente keine Rechtswirkung. Aus diesen Gründen scheint es erforderlich, das Berufsbildungsgesetz im Hinblick auf die neuen wirtschaftlichen und sozialen Entwicklungen, unter Einschluss der BBNE, anzupassen. Gleichzeitig sollten die Aspekte der nachhaltigen Entwicklung auch in die Ausbildungsvorschriften (z. B. Lehrpläne und Lehrstandards) der verschiedenen Ausbildungsgänge integriert werden, um konkrete Ausbildungspläne und Umsetzungsstandards für die Vertiefung einer nachhaltigen Berufsbildungsreform bereitzustellen und damit auch in die Praxis überführen zu können.

Mesoebene: Institutionelle Ebene

Auf der Mesoebene, somit der institutionellen Ebene, liegt die Organisation der Bildungseinrichtungen.

Das am häufigsten zur Sprache gekommene Thema der Experteninterviews war die Kooperation zwischen Schule und Betrieb, um die Integration von Beruf und Berufsbildung sicherzustellen. Das zentrale Kriterium für die Ausgestaltung der Ausbildung ist dabei der Unternehmensbedarf. Ohne ein Interesse der Wirtschaft am Thema der nachhaltigen Entwicklung, wird daher auch der BBNE wenig Relevanz beigemessen. Zusätzlich wurde in China im Allgemeinen noch kein klares Verständnis dafür entwickelt, was eine (B)BNE ist. Bisher ist die konzeptionelle Diskussion über die Bedingungen für die Umsetzung von Nachhaltigkeit bei der Organisation von Schulen und betrieblichen Ausbildungseinrichtungen noch sehr gering, obwohl dem Thema auf politischer Ebene bereits eine große Bedeutung beigemessen wird (s. Abschnitt 5.2.1.1).

Die BBNE-Reform in Deutschland integriert aktiv alle Ressourcen, die für eine BBNE genutzt werden können. Von der Erforschung und Formulierung der Initiative bis hin zur Umsetzung haben sich mehrere heterogene Akteure an dem Prozess beteiligt und eine aktive Rolle gespielt. Konzeptionell wird diskutiert, unter welchen Bedingungen berufliche Bildungsstätten Nachhaltigkeit in der Organisationsentwicklung berücksichtigen können. Für den schulischen Lernort werden Netzwerke zur nachhaltigen Schulentwicklung entwickelt. Auf dieser Ebene werden Good-Practice-Beispiele publiziert (s. Abschnitt 5.2.2.1).

Im Vergleich dazu mangelt es in China an Kontakten und Austauschmöglichkeiten der Akteure. Vor diesem Hintergrund kann das deutsche Modell für China eine gute Referenz sein. Aus diesen Überlegungen heraus ist es für eine BBNE-Reform in China folglich erforderlich, dass heterogene Akteure aktiv an dem Prozess zu einer BBNE teilnehmen und zusammenarbeiten können. Das heißt, dass der Staat (z. B. MoE, HoHRSS, OSTA), die berufliche Schule, die Betriebe und Ausbildungsbetriebe, der Branchenverband und die Forschungseinrichtungen zusammenarbeiten, um ein gemeinsames Netzwerk für die BBNE zu etablieren. Nur so können alle Akteure effektiv zusammenarbeiten, um die Reform der BBNE voranzutreiben. Den Impuls für die praktische Umsetzung muss dabei der Staat bzw. die Ministerin übernehmen, so wie dies auch in Deutschland erfolgt ist.

Mikroebene: Situative Ebene

Auf der Mikroebene, d. h. der situativen Ebene, werden Lernsituationen und die Gestaltung von Lehr-Lern-Vereinbarungen durchgeführt.

In China gibt es jedoch kaum Konzepte und Materialien für die Praxis. Auch eine domänenspezifische didaktische und methodische Umsetzung befindet sich im Allgemeinen noch in den Anfängen (bezogen auf die Fallstudie 2 und 3, s. Abschnitte 4.2.3.2–4.2.3.3). Einzelne Themen mit Nachhaltigkeitsbezug scheinen im Lehr-Lern-Arrangements jedoch bereits Einfluss zu finden (s. Abschnitt 5.2.1.1).

Obwohl diese sich auch in Deutschland im Allgemeinen noch in den Anfängen befindet, wurde eine domänenspezifische didaktische und methodische Umsetzung im Rahmen von BIBB-Modellversuchen für einige Ausbildungsberufe erprobt. Eine systematische, fundierte und domänenspezifische Qualifizierung der lehrenden Akteure findet ebenfalls im Rahmen von

BIBB-Modellversuchen statt, ist jedoch nicht strukturell verankert. In Lehr-Lern-Materialien wird der Nachhaltigkeitsgedanke teilweise bereits berücksichtigt. Diese Materialien zur BBNE werden vom BIBB bereitgestellt und im Rahmen von Netzwerken angelegt und ausgetauscht. Auch auf dieser Ebene werden Good-Practice-Beispiele publiziert.

Der Vergleich macht deutlich, dass der Nachhaltigkeitsgedanke in beiden Ländern teilweise auf der situativen Ebene berücksichtigt wird. Der Unterschied ist, dass diese Bestrebungen in Deutschland national koordiniert werden und es sich in China um individuelle Handlungen handelt. Genauer gesagt, wird diese Initiative in Deutschland systematisch und praktisch unter der Organisation der deutschen Regierung, bzw. im Rahmen von BIBB-Modellversuchen umgesetzt. In China hingegen geht es nur um einzelne Schulen die einzelnen Nachhaltigkeitsaspekte aus dem sozialen, wirtschaftlichen oder ökologischen Bereich in ihren Lehrplan aufgenommen haben.

Es kann zusammengefasst werden, dass der Diskurs über eine BBNE in China sich im Allgemeinen noch in den Anfängen befindet und die deutsche BBNE-Reform eine neue theoretische Perspektive und Handlungsreferenz für Chinas Berufsbildungsreform darstellt. Deswegen konzentriert sich das nächste Kapitel auf die Ergebnisse der internationalen sowie besonders der deutschen Forschung und wird Empfehlungen für die Gestaltung von Rahmenbedingungen für die BBNE in Chinas Einzelhandel aussprechen.

6. Ergebnisdarstellung: Mögliche BBNE-Roadmap für China

Bisher wurden die aktuellen Ansätze der deutschen und chinesischen Berufsbildung für nachhaltige Entwicklung im Einzelhandel erörtert, verglichen und wesentliche Unterschiede herausgearbeitet (s. Kapitel 5). Zusammenfassend lässt sich hierbei feststellen: Über die grundsätzliche Notwendigkeit der Integration von nachhaltiger Entwicklung in das Berufsbildungssystem in China scheint auf nationaler Ebene bereits ein weitgehender Konsens zu herrschen. Gleichwohl existiert bislang jedoch noch kein entsprechender Unterstützungs- und Handlungsrahmen, um die Entwicklung der BBNE politisch zu gestalten. Im Vergleich dazu, ist die BBNE in Deutschland bezüglich der konkreten Ausgestaltung und Umsetzung zwar noch in der Anfangsphase. Die Rahmenbedingungen und die Entwicklungsrichtung einer BBNE in Deutschland sind jedoch bereits definiert und erste Aspekte finden in der Praxis schon Anwendung.

Weil die vorliegende Dissertation eine idiographisch und melioristisch orientierte vergleichende Studie ist, deren Ergebnisse nicht nur auf die deutsche oder chinesische Situation in der BBNE bezogen sind, sondern auch nach Anregungen für Veränderungen der beruflichen Bildung in beiden Ländern sucht und damit einen nachhaltigen Zukunftsweg für beide Länder aufzeigen möchte. Wie bisher gezeigt werden konnte, fehlt für China aktuell ein Rahmenkonzept zur Ausgestaltung der BBNE. In Deutschland hat man sich hingegen auf konzeptioneller Ebene bereits intensiv mit dieser Thematik auseinandergesetzt und hierzu auch Pilotprojekte zur praktischen Erprobung aufgesetzt. Vor diesem Hintergrund soll im Folgenden ein mögliches chinesisches Rahmenkonzept erarbeitet werden, um Zugänge und Möglichkeiten zur Gestaltung und Umsetzung einer BBNE im chinesischen Einzelhandel aufzuzeigen.

Im Ergebnis soll so eine BBNE-Roadmap für China entstehen. Diese Roadmap soll sich einerseits an deutschen und internationalen Erfahrungen orientieren und andererseits mit der aktuellen Situation der chinesischen Berufsbildung verknüpft sein. Bezug genommen wird hierbei auf zentrale Elemente des internationalen Fachdiskurses über die nachhaltige Entwicklung, insbesondere die *Roadmap zur Umsetzung des Weltaktionsprogramms Bildung für nachhaltige Entwicklung* (2014) der UNESCO (s. Abschnitt 5.1.2) sowie dem *Nationalen Aktionsplan Bildung für nachhaltige Entwicklung* (2017) Deutschlands (s. Abschnitt 5.2.2.1.2). Beide Dokumente können als wichtige Leitlinien für die vorliegende Arbeit betrachtet werden, da diese Vorschläge und

Strategien zur Ausgestaltung einer BBNE enthalten (Näheres zur Auswahl und Bewertung der beiden Dokumente s. Abschnitt 3.2 und Anhang 5). Zur Ausgestaltung der Handlungsebene wurden zudem einzelne Pilotprojekte mit BBNE-Bezug als Best-Practice-Beispiele ausgewählt und als Fallstudien ausgearbeitet (Näheres hierzu s. Abschnitt 6.3 sowie 3.2). Die folgende Abbildung 26 gibt einen ersten Überblick über die Gliederung und Ausgestaltung der Roadmap. Die Roadmap folgt dem Top-down-Prinzip und gliedert sich dabei in sechs Ebenen: Ausgehend von einem hohen Abstraktionsgrad erfolgt eine schrittweise Feingliederung, Unterteilung und Konkretisierung, um so den Übergang vom Status-Quo des traditionellen beruflichen Handelns zu einem nachhaltigen Handeln zu ermöglichen. Ausgehend von der Zielsetzung (Ebene eins) (s. Abschnitt 6.1) werden Strategien festgelegt (Ebene zwei) (s. Abschnitt 6.2), Handlungsfelder (Ebene drei) (s. Abschnitt 6.3) sowie Mechanismen (Ebene vier) (s. Abschnitt 6.4) benannt und Ressourcen (Ebene fünf) (s. Abschnitt 6.5) sowie Evaluierungsformen (Ebene sechs) (s. Abschnitt 6.6) definiert. In den folgenden Abschnitten werden die einzelnen Ebenen gemäß dieser Roadmap detailliert dargestellt.

Abbildung 26: Zentrale Ebenen einer BBNE-Roadmap (vereinfachte Darstellung) [Eigene Darstellung]

6.1 Zielsetzungen

Der 13. Fünfjahresplan skizziert ein neues, ‚grünes' Entwicklungskonzept. Dieses verlangt von China, „sich auf den Weg der nachhaltigen Entwicklung zu begeben", „den Aufbau einer ressourcenschonenden und umweltfreundlichen Gesellschaft zu beschleunigen" und „neue Beiträge zur globalen ökologischen Sicherheit zu leisten" (State Council of the People's Republic of China 2016, S. 14). Abgesehen von einigen wenigen Einzelinitiativen beruflicher Schulen, die bereits versuchen, Nachhaltigkeitsaspekte in die Unterrichtsprogramme einzubeziehen, finden bislang kaum Umsetzungen einer BBNE statt.

Vorrangiges Hauptziel der Roadmap ist es daher, Zugänge zur Gestaltung und Umsetzung einer BBNE im chinesischen Einzelhandel aufzuzeigen und damit Aktivitäten anzustoßen und zu intensivieren, die auf eine ökonomische, ökologische, soziale und kulturelle Nachhaltigkeit hinwirken.

Aufbauend auf diesem Hauptziel wurden weitere Unterziele erarbeitet und formuliert:

- Umsetzung des Weltaktionsprogramms (WAP) in China und Verbesserung der öffentlichen Wahrnehmung der BBNE
- Neuorientierung der Bildungsphilosophie im Einzelhandel zur Förderung von Wissen, Fähigkeiten, Werten und Einstellungen in Bezug auf eine nachhaltigere gesellschaftliche Entwicklung
- Durchführung von Modellversuchen für die BBNE im Einzelhandel: Berücksichtigung und Stärkung von Nachhaltigkeitsaspekten bei allen Projekten, Programmen und Aktivitäten, die sich auf die Berufsbildung im Einzelhandel beziehen
- Integration der BBNE in Lehr- und Lernumgebungen, Verstärkung internationaler und nationaler Lernortkooperationen
- Verbesserung von Wissen, Fähigkeiten, Einstellungen, Wertvorstellungen und ethischen Aspekten von Lehrkräften und Lehrenden zum Themenbereich Nachhaltigkeit

6.2 Strategien

Das Leitbild der Nachhaltigkeit repräsentiert die Idee, dass die Ressourcen von Wirtschaft und Gesellschaft nicht länger nur zu verbrauchen sind, sondern aktiv in den Nachschub an ökologischen, sozialen und ökonomischen Ressourcen zu investieren sind (vgl. Fischer et al. 2009, S. 56). Um die Wege zur Nachhaltigkeit zu realisieren, stehen eine Reihe von verschiedenen Strategien zur

Nachhaltigkeit im Mittelpunkt. Die drei bekannten Strategien der Effizienz, der Suffizienz und der Konsistenz, sind unverzichtbar im Diskurs zur nachhaltigen Entwicklung. Die BBNE orientiert sich bei dieser Roadmap an den Nachhaltigkeitsstrategien der Effizienz, der Suffizienz und der Konsistenz.

Effizienz, Suffizienz und Konsistenz

Die Effizienzperspektive fokussiert sich auf eine Optimierung des Verhältnisses von Aufwand zunutzen. Dies bedeutet, dass die verfügbaren Ressourcen durch neues Wissen effizienter genutzt werden sollen, um ein besseres Ergebnis zu erreichen. Der Schwerpunkt dieser Effizienzstrategie liegt auf einem technologieorientierten Effizienzkonzept, das eine hohe Innovationsfähigkeit der Wirtschaft (Produkt- und Prozessinnovationen sowie organisatorische Innovationen) erfordert (vgl. Fischer 1998, S. 35–39). Generell muss zwischen einer ökonomischen und einer ökologischen Effizienz unterschieden werden. In der ökonomischen Effizienz findet sich das Wirtschaftlichkeitsdenken der Erwerbsökonomie – das Maximierungsprinzip – am ehesten wieder, die sich in zwei Leitfragen erklären lässt: Welcher maximale Output kann durch einen gegebenen Input erreicht werden bzw. wie lässt sich ein gegebener Output durch einen minimalen Input erzielen? Diesem Gedanken liegt das Streben nach größtmöglichem Nutzen bei beschränkten Handlungsalternativen zugrunde, nämlich „jede Einheit Wertschöpfung mehr ist rational“ (Müller-Christ 2001, S. 333). In Abgrenzung zur ökonomischen Effizienz, befasst sich die ökologische Effizienz, auch kurz Öko-Effizienz genannt, vorrangig mit dem Erhalt der natürlichen Ressourcen durch eine effizientere Nutzung. Dies kann bspw. durch Energieeinsparung, Recyclingmethoden, Abfallvermeidung oder verbesserte technische Prozesse und Organisation erfolgen. Allgemein betrachtet wird also versucht, „aus weniger mehr zu machen“ (vgl. Kinkel 2012). Die Verfolgung des Effiziensgedankens ermöglicht auf diesem Wege eine nachhaltige Entwicklung.

„Auf die ökologische Frage angewandt, bedeutet Konsistenz die umweltverträgliche Beschaffenheit von Stoff- und Energiegewinnung“ (Huber 1995, S. 41). Gemeint ist damit, dass sich anthropogene Stoffströme (bzw. das menschliche Wirken und Handeln) und geogene Stoffströme (bzw. natürliche Abläufe) einander nicht stören bzw. sich symbiotisch-synergetisch verstärken (vgl. Huber 1995, S. 41). Dafür ist es von Bedeutung, dass die technischen Abläufe so organisiert werden, sodass es idealtypischerweise in der Technosphäre wie in der Natur nur recycelbare Produkte gibt und Abfälle vermieden werden. Sollte dies nicht möglich sein, sollen die Produkte nicht weiter verwendet werden (vgl. Hauff 2011, S. 21) .

Der Begriff Suffizienz steht in der Nachhaltigkeitsforschung für ‚das richtige Maß', um einen möglichst geringen Rohstoff- und Energieverbrauch zu gewährleisten. Entscheidend sind hierbei ein Mentalitätswandel und eine Neubesinnung auf das eigentlich Wichtige im Leben, um ein zufriedenes Leben auch mit weniger Konsum und materiellem Besitz führen zu können. Hauff) (2011 erklärt die Suffizienzorientierung folgendermaßen:

> „Die Suffizienzstrategie fordert ökologische- und sozialverträgliche Obergrenzen für die Ökonomie bzw. das Wirtschaftswachstum, um die ökologischen Belastungsgrenzen der ökologischen Systeme einhalten zu können. Hierbei geht es um die Auffassung, wonach ein verminderter Ressourcen- und Umweltverbrauch auch ein zufriedenstellendes (suffizientes) Leben ermöglicht. Ansatzpunkte hierfür sind ein entsprechender Bewusstseinswandel der Menschen und die sich daraus begründende Veränderung der Lebensführung […]" (Hauff 2011, S. 22).

Im Effekt sollen die gegenwärtigen Lebensstile kritisch hinterfragt und so verändert werden, dass diese umweltverträglich werden (vgl. Fischer 1998, S. 35). Es ist deshalb im Suffizienzgedanken erstrebenswert, wenn sich Ressourcenzufluss und -verbrauch in einem ausgeglichen Verhältnis zueinander befinden. Ein Gedanke, der sich auch in der Haushaltsökonomie wiederfindet. In diesem Zusammenhang bleibt offen, „welches Maß an Lebensstandard realisiert werden kann, ohne dass die Ressourcenbasis verbraucht wird" (Müller-Christ 2001, S. 333). Müller-Christ bezeichnet nachhaltige Rationalität als ein normatives Leitbild in einer sog. haushaltsökonomischen Rationalität des Wirtschaftens: Es sei rational, die betriebliche Ressourcenbasis und -substanz zu erhalten, indem in die Reproduktion der Ressourcen investiert wird, um die dauerhafte Verfügbarkeit der benötigten Ressourcen sicherstellen zu können. Ein Unternehmen wirtschafte dann nachhaltig, wenn zwischen Ressourcenverbrauch und Ressourcennachschub ein dauerhafter Ausgleich geschaffen wird. (vgl. Müller-Christ 2001, 91–92)

Kurz und prägnant lassen sich diese Strategien wie folgt definieren: Die Effizienz-Strategie setzt im ökonomischen Bereich vor allem auf eine systematische Steigerung der Arbeits- und Kapitalproduktivität mit geringstmöglichem Material- und Energieeinsatz. Die Konsistenz-Strategie bezieht sich auf Umweltverträglichkeit von Stoff und Energieströmen mit dem Ziel, dass anthropogene und geogene Stoffströme einander nicht stören oder wechselseitig verstärken. Die Suffizienz-Strategie fordert ökologie- und sozialverträgliche Obergrenzen für die Ökonomie bzw. das Wirtschaftswachstum, um die ökologischen Belastungsgrenzen der ökologischen Systeme einhalten zu können (Huber 1995, S. 39–42; Schulz 2001, S. 250; vgl.Hauff 2011, S. 22).

Umgang mit Widersprüchen: Die Grundlage der BBNE

Wie eine konkrete Ausgestaltung des Zusammenspiels der o. g. Strategien erfolgen kann, bleibt hingegen unscharf und ist auch im Hinblick auf das Konfliktpotenzial der verschiedenen Anspruchsgruppen bei der Umsetzung der BBNE mit praktischen Schwierigkeiten verbunden. Zentral ist es daher, potenzielle Konflikte und Dilemmata frühzeitig zu antizipieren und diese bei der Konzeptionalisierung der Gesamtstrategie zu berücksichtigen.

Auf der betrieblichen Ebene existiert ebenfalls ein vielschichtiges und widersprüchliches Spannungsverhältnis von Nachhaltigkeit und Effizienz. Nach Müller-Christ (2014, S. 361) und Fischer et al (2017, S. 5–6) lassen sich als Entscheidungsprämissen für ein nachhaltig ausgerichtetes berufliches Handeln zunächst festhalten, dass das komplexe berufliche Handeln:

- funktionieren muss (Funktionalität),
- sich rechnen muss (ökonomische Effizienz),
- legal sein muss (Gesetzeskonformität / Legalität),
- ökologisch verträglich sein muss (ökologische Effizienz),
- sozial verantwortbar sein muss (Sozialverträglichkeit),
- die Substanz der Ressourcen bzw. des Unternehmens erhalten muss (Dauerhaftigkeit),
- moralisch einwandfrei sein muss (Ethik).

Die dargestellten Prämissen eines nachhaltig ausgerichteten beruflichen Handelns gehen zurück auf den ressourcenorientierten Managementansatz von Müller-Christ. Durch die Multidimensionalität ergibt sich dabei ein komplexer Abwägungsprozess:

> „Die Betriebswirtschaftslehre eines Gutenbergs fügte der fast alleinigen Entscheidungsprämisse der **Funktionalität** der Produktion die Entscheidungsprämisse der Produktivität und daraus abgeleitet die der **Effizienz** hinzu. Mit der zunehmenden Komplexität folgte die rechtliche **Legalität**, dann die der **Sozialverträglichkeit** und später die der **Umweltverträglichkeit**. Moral als Entscheidungsprämisse war immer im Hintergrund vorhanden und erlangte durch die Diskussion um eine Wirtschaftsethik mehr Bedeutung. Seit Beginn des Jahrtausends ist **Nachhaltigkeit** eine weitere Entscheidungsprämisse für betriebliches Handeln, welche häufig zerlegt wird in Öko-Effizienz, Verantwortung (CSR) und auch Substanzerhaltung. Mit Blick auf die Entscheidungsprämisse entsteht Komplexität nicht alleine durch eine Ausdifferenzierung der Prämissen, sondern vor allem durch deren unklare, weil nicht sichtbaren Beziehungen“ (Müller-Christ 2014, S. 361).

Die Voraussetzungen für ein nachhaltig ausgerichtetes berufliches Handeln ergeben sich aus diesen Entscheidungsprämissen, wobei hierbei zwischen den Prämissen des traditionellen beruflichen Handelns (vier kurzfristigen und effizienzorientierten Handlungs- und Entscheidungsfeldern) und dem nachhaltigen beruflichen Handeln (drei langfristig und verantwortungsorientierte Handlungs- und Entscheidungsfelder) unterschieden werden kann (s. Tabelle 42). Durch diese unterschiedlichen Prämissen entsteht ein widersprüchliches Beziehungsgeflecht zwischen Effizienzrationalität und Nachhaltigkeitsrationalität.

Tabelle 42: Implikationszusammenhang zwischen den Handlungs- und Entscheidungsfeldern
[Fischer et al. 2017, S. 6–7]

Kurzfristige Effizienzrationalität							**langfristige Nachhaltigkeitsrationalität**
→							
Prämissen / Handlungsspielräume	Funktionalität	ökonom. Effizienz	Legalität	ökolog. Effizienz	Sozialverträglichkeit	dauerhafte Substanzerhaltung	Verantwortungsethik
konkretes, nicht nachhaltig ausgerichtetes berufliches Handeln							
abstraktes, nachhaltig ausgerichtetes berufliches Handeln							

Nun stellt sich die Frage, wie mit diesem Dilemma bzw. diesen Spannungen umgegangen werden kann. Der Umgang mit den hierbei auftretenden Zielkonflikten oder sogenannten Trade-Offs ist in diesem Zusammenhang elementar. Von einem Trade-Off-Problem kann dann gesprochen werden, „wenn man eine Verbesserung oder Erlangung eines Aspektes (durch Zuweisung von Mitteln) nur unter Inkaufnahme der Verschlechterung oder des Verlustes des anderen Aspektes (durch Nicht-Zuweisung von Mitteln) erreichen kann“ (Müller-Christ 2014, S. 281). Nach Fischer et al. (2017) sollten Lehr-Lern-Arrangements diese

Spannungen mit dem Ziel aufgreifen, eine Ambiguitäts- oder Ambivalenztoleranz[145] zu fördern.

BBNE durch Resilienz-Steigerung

Die obigen Beschreibungen zum Umgang mit Widersprüchen im beruflichen Handeln fokussieren sich auf das frühe Stadium der Entscheidungsfindung. Offen bleibt hierbei, wie Gegensätze und Differenzen während der Umsetzungsphase gelöst werden können. Ansätze hierfür bietet die Resilienztheorie.

Der Begriff der Resilienz (aus dem Lateinischen: *resalire* = zurückspringen) ist eng mit dem Basismodell der Nachhaltigkeit, dem Drei-Säulen-Modell, verknüpft. „Resilience is the capacity of a system to absorb disturbance and reorganize while undergoing change so as to still retain essentially the same function, structure, identity, and feedbacks – in other words, stay in the same basin of attraction." (Walker et al. 2004, S. 6). Resilienz bezeichnet damit die Leistungsfähigkeit eines Systems nach Abklingen einer Störung selbstständig den ursprünglichen Zustand wiederherstellen zu können.

Dieser Anpassungsprozess wird in der Resilienztheorie als adaptiver Zyklus bezeichnet. Ein aktuelles Beispiel hierfür ist etwa der Umgang mit der COVID-19 Pandemie. Für viele Unternehmen war die Pandemie und die damit verbundenen Effekte ein externer Schock: Lieferketten wurden unterbrochen, Geschäfte mussten schließen und Büroarbeit sollte plötzlich möglichst in Heimarbeit erfolgen. Die Unternehmen reagierten auf diese Herausforderungen sehr unterschiedlich. Während manche Unternehmen den Betrieb stark einschränkten oder ganz einstellten, setzte diese Krise bei vielen Unternehmen jedoch auch große Kreativität, Spontanität und Organisationstalent frei. Produktionen und Produktangebote wurden angepasst, Arbeitsabläufe verändert, neue Technologien eingesetzt und andere Vertriebsformen gewählt. Dies kann

145 Die Ambivalenztoleranz und Ambiguitätstoleranz sind zwei Konzepte aus der psychologischen Forschung. Ambiguitätstoleranz (von lateinisch *ambiguitas* = Zweideutigkeit, Doppelsinn; und *tolerare* = erdulden). Ambiguitätstoleranz ist die Fähigkeit, mehrdeutige Situationen und widersprüchliche Handlungsweisen zu ertragen. Sie ist damit Voraussetzung für interkulturelle Kompetenz. Ambivalenztoleranz (von lateinisch *ambo* = beide und *valere* = gelten) meint das Nebeneinander von gegensätzlichen Gefühlen und Einstellungen in einer Person, die ein Gegenüber erduldet, wenn er tolerant ist. Die beiden Toleranzkonzepte beschäftigen sich damit, wie Individuen gegenüber anderen Individuen oder Dingen parallel positive und negative Eigenschaften wahrnehmen und hieraus folgend ambivalente Gefühle, wie Zuneigung und Ablehnung aushalten (vgl. Müller-Christ 2014, S. 434–435).

als Neuorientierung und Neuanfang angesehen werden, wodurch neue Möglichkeiten realisiert werden können (s. Abbildung 27). Aus dieser Entwicklung kann dann ein neuer Normalzustand entstehen oder es kann nach Beendigung der Krise zum früheren Normalzustand zurückgekehrt werden.

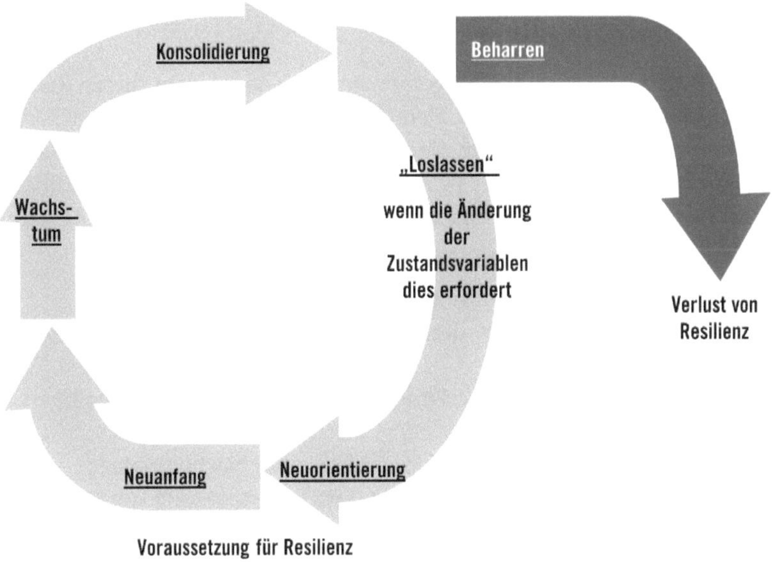

Abbildung 27: Graphische Darstellung eines adaptiven Zyklus
[Wilderer und Hauff 2014]

So wie in dem genannten Beispiel kann jedes System durch ein Ereignis aus der bisher bestehenden Ordnung gebracht werden. Um in einer derartigen Veränderung möglichst nachhaltig zu handeln, ist es erforderlich, sich Veränderungen anzupassen und gewohnte Handlungsweisen wieder aufzunehmen, wenn dies die Umstände zulassen. Der Zyklus wird anschließend erneut gestartet. Zusammengenommen ermöglichen die Fähigkeiten zur Neuausrichtung und Neuanfang dem System eine Widerstandsfähigkeit (vgl. Wilderer und Hauff 2014). Als Beispiel kann auch hier die Berufsbildung im Einzelhandel herangezogen werden. Eine sich schnell verändernde Wirtschaftsgesellschaft kann als Hindernis für die Ausbildung angesehen werden. Weil bspw. Ausbildungskonzepte zu neuen technischen Methoden und Entwicklungen nicht dauerhaft aktualisiert werden können, ist es auch schwierig, geeignete Fachkräfte für die aktuellen Bedürfnisse der Gesellschaft auszubilden. So kann resümiert werden, dass ein positiver Umgang mit Veränderung und eine flexible Anpassung an die sich stetig ändernden Randbedingungen die Erhaltung der Resilienz im Ausbildungssystem darstellt. Somit ist die Resilienz ein dynamisches Leitbild der nachhaltigen Entwicklung (vgl. Wilderer und Hauff 2014).

6.3 Prioritäre Handlungsfelder

Um die BBNE im Einzelhandel voranzubringen, werden in dieser Roadmap fünf prioritäre Handlungsfelder identifiziert, welche sich am UNESCO-WAP (s. Abschnitt 5.2.2.1.1) und dem *Nationalen Aktionsplan Bildung für nachhaltige Entwicklung* Deutschlands (s. Abschnitt 5.2.2.1.2) orientieren. Aufbauend hierauf und unter Berücksichtigung der Ausgangslage in China (s. Abschnitte 4.2 und 5.2.1), wurden die folgenden fünf Handlungsfelder definiert:

- Handlungsfeld I. Bestandsaufnahmen auf allen Ebenen
- Handlungsfeld II. Zugänge der beruflichen Bildung für nachhaltige Entwicklung
- Handlungsfeld III. Berufliche Bildungseinrichtungen als nachhaltige Lernorte etablieren
- Handlungsfeld IV. Kompetenzanforderungen zur Nachhaltigkeit
- Handlungsfeld V. Curriculare und didaktische Umsetzung von BBNE

Diese Handlungsfelder orientieren sich in Auseinandersetzung mit dem Nachhaltigkeitsdiskurs an den acht Kategorien der Sustainability-Idee (s. Abschnitt 5.2.2.1.1) und bewegen sich damit analog zu den Erfolgen, Herausforderungen und unerledigten Aufgaben der UN-Dekade und dem deutschen Aktionsplan. Um die Machbarkeit der Initialen BBNE weiter zu präzisieren, werden hierfür typologische Fallstudien aus Deutschland dargelegt. Im Einzelnen umfassen diese die *Good-Practice-Agentur NiBA* (s. Abschnitt 6.3.1.3.1), das Projekt *BBS Futur 2.0* sowie eine *nachhaltige Schulentwicklung auf der Grundlage von BBS Futur 2.0* (s. Abschnitt 6.3.2.3.1) sowie die Projekte *KONWIKA* (s. Abschnitt 6.3.4.3.1) und *Pro-DEENLA* (s. Abschnitt 6.3.5.3.1). Anhand dieser Fallstudien wird ein praxisnaher und effektiver Ansatz für Chinas BBNE-Reform im Sinne von Best-Practice-Beispielen aufgezeigt. In den Fallanalysen wird jedoch nicht jede Fallstudie (bzw. jedes Projekt) vollständig und ausführlich interpretiert, sondern es erfolgt hierzu eine thematische Einordnung, um dann die wichtigsten Erkenntnisse in Bezug auf die BBNE-Roadmap darzulegen (nähere Informationen zu den Auswahlkriterien der Fallstudien und der Auswertungsform siehe Abschnitt 3.4). Darüber hinaus beziehen sich die

Handlungsfelder auch auf die chinesischen Arbeitsmarktanforderungen und die ordnungsrechtlichen Vorgaben der Ausbildungsberufe des Einzelhandels. Im Folgenden werden die Handlungsfelder näher dargestellt.

6.3.1 Handlungsfeld I. Bestandsaufnahmen auf allen Ebenen

In den letzten Jahren hat China viel Arbeit in der BNE geleistet und zahlreiche politische Dokumente veröffentlicht. Die Entwicklung einer BNE in China konzentriert sich jedoch hauptsächlich auf den Bereich der allgemeinen Bildung. Die berufliche Bildung hingegen wird selten thematisiert. Es gibt immer noch keinen eindeutigen Definitionsansatz dafür, was als nachhaltig oder nicht nachhaltig in der Berufsbildung gilt und bisher gibt es kaum Konzepte und Materialien für die Praxis (s. Abschnitt 5.2.1). Vor diesem Hintergrund steht im ersten prioritären Handlungsfeld die *Bestandsaufnahme auf allen Ebenen* der chinesischen BBNE-Reform im Mittelpunkt. Wie zu erwarten, ist der erste Schritt der chinesischen BBNE-Reform derselbe wie im deutschen Aktionsplan: „Mithilfe einer Sammlung von Best-Practice-Beispielen sind die vorhandenen Ordnungsmittel im Hinblick auf Nachhaltigkeitsaspekte zu sichten, um mögliche Ansatzpunkte für BNE zu identifizieren“ (vgl. Nationale Plattform Bildung für nachhaltige Entwicklung 2017, S. 41).

6.3.1.1 Bezug zur Berufsbildung im Einzelhandel

Eine solche systematische Bestandsaufnahme kann in Bezug auf die BBNE nur unter Berücksichtigung der verschiedenen Bezugsebenen erfolgen. Wie aus dem Kapitel über die Berufsbildung im chinesischen Einzelhandel (s. Abschnitte 4.2.2 und 4.2.3) hervorgeht, umfasst der Einzelhandel in China unterschiedliche Ausbildungsmodelle und -schwerpunkte, die sich je nach Faktoren auf unterschiedliche Bereiche konzentrieren. Hieraus ergibt sich eine komplexe Struktur. Um diese begreifbar zu machen, werden alle Ebenen in dem folgenden dreidimensionalen Diagramm dargestellt (s. Abbildung 28).

Zu der Dimension: Art der Ausbildung

Es gibt drei Haupttypen der Berufsbildung im chinesischen Einzelhandel: die vollzeitschulische Ausbildung an einer beruflichen Schule, die betriebliche Ausbildung und die Sozialausbildung, welche durch sozialgesellschaftliche Ausbildungseinrichtungen oder Branchenverbände durchgeführt wird (s. Abschnitt 4.2.2.1). Das Ausbildungssystem ist somit ein Multisystem, das sich aus dem formalen Lernen, dem non-formalen Lernen sowie dem informellen Lernen zusammensetzt.

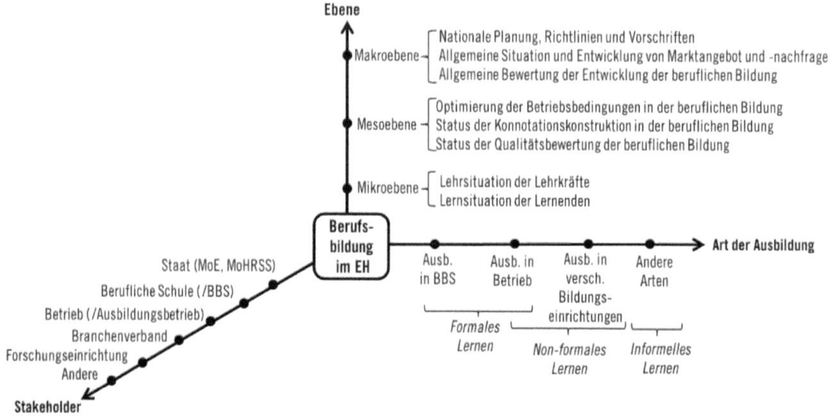

Abbildung 28: 3D-Einführung der Berufsbildung für den chinesischen Einzelhandel [Eigene Darstellung]

Zu der Dimension: Stakeholder

Der Begriff Stakeholder kommt aus dem Englischen, und kann näherungsweise als Anspruchs- oder Interessensgruppe übersetzt werden. Die ursprüngliche enge Definition des Stanford Research Institute (SRI) beschreibt Stakeholder als „those groups without whose support the organization would cease to exist" (Freeman 1984, S. 31). Hierunter würden im Kontext der Berufsbildung die Berufsschüler, berufliche Schulen und Betriebe bzw. Ausbildungsbetriebe fallen, also diejenigen Akteure, die für die unmittelbare Durchführung der Berufsbildung im Einzelhandel relevant sind.

Im weiteren Sinne kann Stakeholder auch definiert werden als „any group or individual who can affect or is affected by the achievement of the firm's objectives" (Freeman 1984, S. 25). Nach diesem Definitionsansatz gehört dazu jede Gruppe oder Einzelperson, die die Zielerreichung beeinflussen kann oder von ihr beeinflusst wird. Diese Definition erweitert den Kreis der Stakeholder auf Wettbewerber, Medien, Gewerkschaften, Behörden, kritische Interessensgruppen oder Politiker, d. h. externe Gruppen, die auch Anforderungen an die Durchführung der Ausbildung stellen (Freeman 1984, S. 46).

In Kombination mit der o. g. Darstellung des chinesischen Berufsbildungssystems (s. Abschnitt 2.3.1.2 und 2.4.1.3) und der Analyse der aktuellen Situation der Einzelhandelsausbildung in China (s. Abschnitt 4.2.2) können zu den Stakeholdern zumindest die folgenden Akteure gezählt werden: Staatliche Organe

(z. B. MoE, HoHRSS, OSTA), Berufsschüler, berufliche Schulen, Betriebs- und Ausbildungsbetriebe, Branchenverbände und Forschungseinrichtungen.

Zu der Dimension: Ebene

Hier werden die drei analytischen Ebenen genutzt, um die Ausbildung im Einzelhandel zu konkretisieren:

Die Makroebene bezieht sich auf die gesellschaftliche Metaebene, also das gesellschaftliche, politische, ökonomische und rechtliche System. Dazu gehören bspw. die nationalen Planungen, Richtlinien und Vorschriften, die allgemeine Situation und Entwicklung von Marktangebot und -nachfrage sowie die allgemeine Bewertung der Entwicklung der beruflichen Bildung.

Die Mesoebene verweist auf die formelle Organisation der Ausbildung, z. B. die Lernorte und Aufsichtsinstitutionen. Die Institutionen dieser Ebene müssen Informationen darüber bereitstellen, wie qualitativ hochwertige Lernergebnisse auf nachhaltige Weise erzielt werden können.

Die Mikroebene konzentriert sich hauptsächlich auf die Umsetzung der Ausbildung, also die Lernsituationen und die Gestaltung von Lehr-Lern-Arrangements. Auf dieser Ebene sollen praktische Handlungs- und Lernsituationen entwickelt werden, die sich in den Berufsalltag umsetzen lassen, um im Sinne der Nachhaltigkeit zu handeln.

6.3.1.2 Anvisierte Ergebnisse

Eine Bestandsaufnahme bezeichnet die systematische und vollständige Erfassung des aktuellen Zustands (Status quo) mit dem Ziel, einen Überblick über diesen zu erhalten.

Bestandsaufnahmen finden in unterschiedlicher Form in vielen Bereichen von Wirtschaft und Gesellschaft statt, sei es zur Warenerfassung (Inventur), Unternehmensberatung (z. B. *SWOT-Analyse*[146]) oder im Bildungswesen (z. B. *PISA-Test*[147]). Hierbei liegt die Gemeinsamkeit darin, dass nach einem definierten Schema vorgegangen wird.

---

146 Die *SWOT-Analyse* ist ein Instrument der strategischen Planung. Sie steht als Abkürzung für *Analysis of strengths, weakness, opportunities and threats.* Auf Deutsch wird diese auch als Stärken-Schwächen-Chancen-Risiken-Analyse bezeichnet. Sie dient der Positionsbestimmung und der Strategieentwicklung von Unternehmen und anderen Organisationen. (vgl. Meffert et al. 2008, S. 236)

147 Das *Programme for International Student Assessment* (PISA) ist eine internationale Schulleistungsuntersuchung, die seit dem Jahr 2000 in dreijährlichem Turnus in den meisten Mitgliedstaaten der OECD und einer zunehmenden Anzahl von

BBNE ist in China noch ein recht neues Konzept. Der Diskurs über eine BBNE wird wirtschafts- bzw. beschäftigungspolitisch bislang nur marginal aufgegriffen. Für BBNE bzw. BBNE im Einzelhandel gibt es keine eindeutige Definition (s. Abschnitt 5.2.1).

Ausgehend von den Ergebnissen der Bestandsaufnahme ist es möglich, Defizite und Potenziale im aktuellen Zustand zu identifizieren, um Handlungen im Hinblick auf einen angestrebten zukünftigen Soll-Zustand zu gestalten.

6.3.1.3 Handlungsempfehlungen

Um das anvisierte Ergebnis zu erreichen, ist es unerlässlich, Handlungsempfehlungen zu entwickeln, die den nationalen Bedingungen Chinas entsprechen. Dies kann anhand erfolgreicher Fallbeispiele geschehen, sofern diese als potenziell geeignet und in den chinesischen Kontext übertragbar erscheinen (näher erläutert wird dies im nachfolgenden Abschnitt 6.3.1.3.2: Transferpotenziale der Fallstudie).

In den letzten Jahren wurden unterschiedliche Ansätze und Aktivitäten zur BBNE in Deutschland verfolgt, z. B. durch die Etablierung von Internetportalen, Fachtagungen und Kongressen, Modellversuchen, Forschungsprogrammen und Arbeitsgruppen oder Gremien zu umfangreichen Themengebieten von BBNE, die jedoch nur zu einem kleinen Teil über die jeweiligen Projektkontexte hinaus Verbreitung fanden (s. Abschnitt 5.2.2.1). In diesem Zusammenhang sieht das erste prioritäre Handlungsfeld des deutschen Aktionsplans die *Bestandsaufnahmen auf allen Ebenen* vor. Wie können jedoch die vorhandenen Wissensbestände und Praxiserfahrungen gesammelt und ausgewertet werden, um mögliche Ansatzpunkte für BBNE zu identifizieren? Ein praktischer und effektiver Ansatz zeigt hierfür das Projekt der *Good-Practice-Agentur NiBA* in Deutschland auf. Im nächsten Abschnitt wird das Projekt als Fallstudie vorgestellt und die Handlungsempfehlungen anhand dieses exemplarischen Beispiels weiterentwickelt.

6.3.1.3.1 Fallstudie 4: Good-Practice-Agentur NiBA

Das Kooperationsprojekt zum Aufbau der ***G****ood-****P****ractice-****A****gentur* ***N****achhaltige Entwicklung* ***i****n* ***B****eruf und* ***A****rbeit* (GPA NiBA, 01.07.2005-31.05.2009) geht auf

Partnerstaaten durchgeführt wird. Es wird untersucht, inwieweit Schüler gegen Ende ihrer Pflichtschulzeit Kenntnisse und Fähigkeiten in Lesen, Mathematik und Naturwissenschaften erworben haben und in der Lage sind diese anzuwenden. (vgl. OECD 2019)

eine gemeinsame Initiative der Deutschen Bundesstiftung Umwelt (DBU) und des Bundesinstituts für Berufsbildung (BIBB) zurück (vgl. Winzier 2009). Der Aufbau dieser Agentur zur Förderung der Integration des Leitbilds der nachhaltigen Entwicklung in der beruflichen Bildung erfolgte durch das Bundesinstitut für Berufsbildung mit Unterstützung des Instituts für Umweltschutz in der Berufsbildung.

Zielsetzung

Die *GPA NiBA* hat im Wesentlichen eine Dokumentations- und Verbreitungsfunktion und versteht sich als Kommunikationsschnittstelle für alle interessierten Akteure der Berufsbildung sowie als Kontaktbörse für gute Praxis. Ihre wichtigsten Ziele sind die Förderung und Verbreitung des Leitbildes der nachhaltigen Entwicklung in der Berufsbildungspraxis sowie die Verbesserung der Integration der nachhaltigen Entwicklung in die Strukturen, Regelungssysteme und Zuständigkeiten innerhalb der beruflichen Aus- und Weiterbildung.

Dabei kommt dem aktiven Transfer und der systematischen Vernetzung eine zentrale Bedeutung zu. Regionale Netzwerke, Akteurskonferenzen, Erfahrungsaustausch- und Arbeitsgemeinschaften mit direkten Begegnungen und unmittelbaren Gesprächen sollen daher zusätzlich zu Internetportal und virtuellen Communities eingerichtet werden. Eine Basis für die virtuelle Sammelstelle von Praxisbeispielen bildet die derzeit im Aufbau befindliche Internetplattform www.bibb.de/nachhaltigkeit. Diese wird im Zuge des Projektes um geförderte und nicht geförderte Praxisbeispiele, Materialien, Ausbildungshilfen und Chat-Möglichkeiten ergänzt. Mit der *GPA NiBA* soll keine neue Organisationseinheit entstehen, sondern vielmehr eine in die Struktur des BIBB dauerhaft integrierte Wahrnehmung der genannten Aufgaben angestrebt werden (Winzier 2009).

Projektphasen

Das dreijährige Projekt hat vier Entwicklungsstufen durchlaufen und dabei die folgenden Teilaufgaben realisiert (Winzier 2009; Hilgers und Mertineit 2007):

1. Bereitstellung von Praxisbeispielen, Materialien und Ausbildungshilfen (Good-Practice): Bis zum Ende des Förderzeitraums sollten über 100 Praxisbeispiele integriert werden, die nach verschiedenen Kategorien (Themen, Berufsfelder / Branchen, Lernorte, Methoden etc.) sortiert bzw. aufgefunden werden können. Zudem sollten Gütekriterien und Standards entwickelt werden, nach denen die Praxisbeispiele bewertet werden können.

2. Bündelung, Vernetzung und Verbreitung (aktiver Transfer): Es sollte eine Bundesarbeitsgemeinschaft BBNE und mehrere Landesarbeitsgemeinschaften sowie sechs bis acht berufsfachliche oder domänenspezifische Arbeitskreise aufgebaut und unter dem Dach der *GPA NiBA* begleitet, dokumentiert und koordiniert werden. Daneben wurden 25 Infoveranstaltungen und Workshops durchgeführt, die sich insbesondere auch an Vertreter der unmittelbaren Berufsbildungspraxis richteten. Im letzten Drittel der Laufzeit wurde im Zentrum für Umweltkommunikation der DBU die dritte bundesweite Fachtagung zur BBNE durchgeführt werden.
3. Aufbau einer ergänzenden virtuellen *GPA NiBA* zur virtuellen Verstetigung des Transfer- bzw. Dialogprozesses sowie zur Vernetzung der Akteure und Aktivitäten durch die Einrichtung von Communities und Foren im Internet.
4. Entwicklung eines Sensibilisierungs- und Qualifizierungsangebots für das Berufsbildungspersonal einschließlich einer Konzept-DVD (mit Basisinformationen, Konzepten, Materialien, Methodenwissen, guten Beispielen, Praxiserfahrungen und kommentierten Linklisten) und Themenheften.

Eine prozessbegleitende Evaluation sollte Erfolgs- und Wirkungsindikatoren benennen und die Arbeit der *GPA NiBA* als ganze sowie insbesondere die Umsetzung der Schwerpunkte 2. bis 4. verfolgen.

Ergebnisse / Kernaufgaben

Der *GPA NiBA* kommen im Einzelnen drei Kernaufgaben zu (vgl. Hilgers und Mertineit 2007, S. 70–71):

1.) Dokumentation

Im Mittelpunkt dieses Bereichs steht die Präsentation von Beispielen gelungener Praxis. Dies erfolgt anhand einer einheitlichen Struktur: Ideen / Ziele, Konzept / Vorgehen, Ergebnisse. Die Präsentation soll mit systematisch geeigneten Materialien sowie bereits existierenden Aus-, Fort- und Weiterbildungsgängen verknüpft werden. Basis hierfür ist das unter www.bibb.de/nachhaltigkeit eingerichtete Informationsportal des BIBB. Zum Ende des Projekts waren deutlich mehr als die angestrebten 100 Praxisbeispiele dokumentiert.

2.) Aktiver Transfer

Über die Erfassung und Präsentation von Praxisbeispielen und Lehr- /Lernhilfen im Internet hinaus, werden Präsenzveranstaltungen zur BBNE und das Lernen aus guter Praxis durchgeführt (Vorträge und Infoveranstaltungen, Workshops und Akteurskonferenzen). Um die Ressourcen zu bündeln und möglichst effizient zu arbeiten, erfolgte in der Aufbauphase der *GPA NiBA* eine Konzentration auf die drei Leitthemen *Chemieberufe*, *Bauen und Wohnen* sowie *Energie*. Hier initiiert und koordiniert die *GPA NiBA* die Zusammenarbeit zwischen Akteuren, die in diesen Bereichen tätig und an der Mitarbeit interessiert sind.

3.) NiBA-Netz
Ein Kern der Aktivitäten der *GPA NiBA* ist der systematische Auf- und Ausbau eines Akteursnetzwerkes. Dieses besteht aus Arbeitsgruppen und -einheiten. Die Arbeitsgruppen beginnen ihre Arbeit zumeist in Präsenzveranstaltungen und treffen sich auch weiterhin regelmäßig vor Ort. Die wesentliche Arbeit erfolgt jedoch zwischen den Treffen im Rahmen virtueller Vernetzung über das Internetportal der NIBA. Durch das NiBA-Netz wird ein persönliches Informations- und Mitwirkungsangebot in unterschiedlichen Arbeitsgruppen zur Verfügung gestellt. Aus den Beiträgen aller Akteure bildet sich ein lernendes Gesamtsystem der BBNE.

6.3.1.3.2 Transferpotenziale der Fallstudie

Es ist offensichtlich, dass die Implementierung von BBNE in China auf allen drei Ebenen (Makro-, Meso- und Mikroebene) in allen Arten der Berufsbildung erfolgen muss (s. Abschnitt 6.3.1.1). Aufgrund des Umfangs und der Komplexität stellt dies eine große Herausforderung für die Stakeholder dar. Zur praktischen Unterstützung eines derartigen Vorhabens stellt der Ansatz der *Good-Practice-Agentur NiBA* einen möglichen Lösungsansatz dar. Die Übertragbarkeit dieses Ansatzes auf China könnte zunächst im Hinblick auf das Potenzial geprüft werden. Fällt diese Analyse positiv aus, könnte der Ansatz unter Einbeziehung der örtlichen Gegebenheiten adaptiert werden. Im Mittelpunkt stehen hierbei primär Aspekte der Dokumentation, die Anregung eines aktiven Transfers bereits bewährter Praktiken sowie die Einbindung der Stakeholder und Kommunikation und Kooperation zwischen diesen. Diese Aspekte sollen im Folgenden näher erläutert werden.

Dokumentation

In der *GPA NiBA* wurden bis Projektende 113 Best Practices einer (B)BNE zusammengestellt. Gegenwärtig wird diese Agentur zu einer Informations- und Kommunikationsplattform (www.bibb.de/Nachhaltigkeit) ausgebaut. Die Praxisbeispiele werden archiviert oder aktualisiert und systematisch aufbereitet. Anhand dieser Projekte erarbeitet die Agentur zusammen mit Experten Qualitätskriterien für nachhaltige Entwicklung, die sie auf die Praxis der beruflichen Aus- und Weiterbildung übertragen möchte. Damit wendet sie sich sowohl an Ausbilder und Lehrer als auch an Kammern, Prüfungsausschüsse und Behörden. Aus dieser Sicht lassen sich folgende mögliche Handlungsempfehlungen für China ableiten:

- Einrichtung oder Benennung einer zentralen Koordinierungsstelle für diese Tätigkeiten,
- unter Einbeziehung aller relevanten Ausbildungsarten eine Definition für BBNE zu erarbeiten,
- bestehende Best Practices wie z. B. Modellversuche, ausgezeichnete Projekte der UN-Dekade sowie europäische Projekte zusammenzutragen und zu systematisieren,
- Ergebnisse wissenschaftlicher Untersuchungen zu BBNE sammeln und sichten,
- unterstützenden Materialien für das Ausbildungspersonal und
- Lehr- / Lernmaterialien und Lehr- / Lernarrangements im Hinblick auf BBNE zu sammeln und diese zu sichten.

Aktiver Transfer

Die Dokumentation bildet die Grundlage für den aktiven Transfer von Best Practice. Dabei werden für die Information der interessierten Fachöffentlichkeit grundsätzlich zwei Wege angeboten: Der erste Weg ist die direkte (Face-to-Face) Kommunikation in Veranstaltungen mit unterschiedlichem Zuschnitt; der zweite Weg ist, die virtuelle Kommunikation über das Internet im NiBA-Netz zu ermöglichen (vgl. Hilgers und Mertineit 2007, S. 70–76). Aus dieser Sicht wären mögliche Handlungsempfehlungen für China:

- Vorbildliche Konzepte und Umsetzungen zu fördern und politisch zu unterstützen
- Best-Practice-Inhalte und Methoden zur freien Verwendung zur Verfügung zu stellen, um die Adaption und den thematischen Austausch zu fördern

Kommunikation und Kooperation

Eine Kernaktivität der *GPA NiBA* ist der systematische Auf- und Ausbau einer Informations- und Kommunikationsplattform (www.bibb.de/Nachhaltigkeit) im Feld der BBNE. Die Zielgruppen der *GPA NiBA* sind dabei letztlich alle an der Berufsbildung beteiligten Personengruppen (Stakeholder) der unmittelbaren und institutionalisierten Praxis (vgl. Hilgers und Mertineit 2007, S. 72). Dies zeigt für China, dass eine Onlineplattform für Inhaltsbereitstellung und Vernetzung ein praktischer und effektiver Ansatz für dieses Handlungsfeld darstellt. Löst man sich vom speziellen Thema der BBNE, ist die Einrichtung derartiger Plattformen keine neue Maßnahme, sodass bei der Konzeptionalisierung zahlreiche Beispiele zur Orientierung herangezogen werden können.

Auf internationaler Ebene können bspw. *UNESCO-Datenbanken, Worldcat, National Library of Education, KVK-Karlsruher Virtueller Katalog, Wiley Online Library, ERIC-Database of Educational Science* usw. als Referenzen genannt werden. Obwohl dies Datenbanken oftmals nur als Metaverzeichnis fungieren, können sehr viele Publikationen und nicht veröffentlichte wissenschaftliche Schriften für den Themenbereich BNE und verwandte Bereiche hierdurch recherchiert werden.

Auf nationaler Ebene existieren in Deutschland neben der Zusammenfassung des *UBINOS*[148] zahlreiche Einzelportale: z. B. das *BNE-Portal,*[149] *Portal Globales Lernen,*[150] sowie eine Auswahl von Landesbildungsservern, *Grünes*

148 *UBINOS* ist der wissenschaftliche Arbeitsbereich des Vereins für Ökologie und Umweltbildung Osnabrück e. V.. Er ist eine universitätsnahe Einrichtung der Universität Osnabrück und führt zahlreiche Praxisprojekte durch. UBINOS betreibt Forschung, Entwicklung, Beratung, Kommunikation im Bereich Umweltbildung / Bildung für nachhaltige Entwicklung / Globales Lernen und unterstützt vereinseigene Projekte. (Vgl. http://www.bne-literatur.de)

149 Das *BNE-Portal* wird von der Deutschen UNESCO-Kommission geführt. Auf diesem Portal gibt es eine Zusammenstellung ausgewählter Lehr- und Lernmaterialien zu BNE und eine Liste von Publikationen der BNE-Dekade. (www.bne-portal.de)

150 Das *Portal Globales Lernen* versteht sich selbst als das zentrale Portal zum Globalen Lernen und zur Bildung für nachhaltige Entwicklung (BNE). Es ist ein Gemeinschaftsprojekt der EWIK (Eine Welt Internet Konferenz) und wird über den WUS (World University Service e. V.) von ENGAGEMENT GLOBAL im Auftrag des Bundesministeriums für wirtschaftliche Zusammenarbeit und Entwicklung (BMZ) gefördert. In diesem Portal werden Informations- und Bildungsangebote zum Globalen Lernen und zur BNE gebündelt. Zielgruppen sind Multiplikatoren in Schulen, Jugend- und Gemeindearbeit, Personen / Teilnehmer in der Lehreraus- und -fortbildung, staatliche und nicht staatliche Akteure in Entwicklungspolitik und entwicklungspolitischer Bildungsarbeit sowie die entwicklungspolitisch interessierte Öffentlichkeit. In der Rubrik Bildungsmaterialien werden ausgewählte Unterrichtseinheiten und -materialien zum kostenlosen Download bereitgestellt, die über eine kombinierte Themen-, Länder-, Zielgruppen-, Schulfach- und Autorensuche erschlossen werden können. OER (Open Educational Resources)-Materialien im Themenfeld Globales Lernen / BNE werden hier integriert und als solche gekennzeichnet. Ziel ist die Erstellung eines eigenen Repositoriums mit OER-Bildungsmaterialien zu Globalem Lernen und BNE. (www.globaleslernen.de)

Wissen,[151] *Bildungssuchmaschine learn: line NRW*,[152] Online-Katalog der DBU, *Nibis* (Infos zur Bildung für nachhaltige Entwicklung in Niedersachsen), Literaturdatenbank *Globales Lernen* (Comenius-Institut), *Eine Welt Unterrichtsmaterialien* – Datenbank Bielefeld, Misereor Unterrichtsmaterialien *Globales Lernen*, *Misereor Online*-Datenbank zu Entwicklungszusammenarbeit und Entwicklungspolitik, *Literaturdatenbank der Alfred Töpfer Akademie*, *Internet-Lexikon der Nachhaltigkeit*, *DNL-Online des BfN*, *Online-Bibliothek zum Thema Umweltethik und Nachhaltigkeit* (UBINOS 2017).

Im Gegensatz dazu gibt es in China derzeit keine Informations- und Kommunikationsplattform oder Datenbank zur (B)BNE. Auf der wichtigsten chinesischen Datenbank *China National Knowledge Infrastructure* (CNKI) wurden bereits wissenschaftliche Dokumente mit dem Schlüsselwort (B)BNE registriert (s. Abschnitt 5.2.1.1). Diese sind jedoch fragmentiert und es ist kein System dahinter zu erkennen. Darüber hinaus steht die Gebührenpflichtigkeit der CNKI einer gemeinsamen und offenen Nutzung von Bildungsressourcen entgegen, sodass diese nicht als Plattform zur Förderung der BBNE-Reform geeignet ist. Deshalb wäre die Einrichtung einer Datenbank für (B)BNE in China zunächst Hauptaufgabe dieses Handlungsfelds.

Die Umsetzung dieser Maßnahme kann hierbei nur auf politischer Initiative hin geschehen, sollte durch eine zentrale agierende Institution bewältigt und dann Schritt für Schritt vorangetrieben werden. Gleichzeitig können hierbei die Erfahrungen Deutschlands und der internationalen Gemeinschaft aktiv genutzt werden.

---

151 *Grünes Wissen* ist ein Wissenschaftsportal für nachhaltige Entwicklung. In dem Portal sind vielfältige Themen im Bereich nachhaltiger Entwicklung zu finden, z. B. Bildung für nachhaltige Entwicklung, Biodiversität, Fairer Handel, Forschung mit der Praxis, Journalismus und Nachhaltigkeit, nachhaltiger Konsum, Nachhaltigkeitskommunikation, Nachhaltigkeitsmanagement etc. Diese sind zu thematischen Schwerpunkten (z. B. nachhaltiger Konsum, Biodiversität) zusammengefasst. (www.grueneswissen.de)

152 Über diese Plattform für Lehrer findet man mit differenzierten Recherchefunktionen unterschiedliche unterrichtsspezifische Quellen, Materialien und Konzepte. 2010 waren es 14.000 Bildungsmedien. Die Suchmaschine verweist auch auf elektronische Medien und weiterführende Literatur. Die Themen umfassen u. a. Bildung für nachhaltige Entwicklung, Nachhaltigkeit, Globalisierung, Umwelterziehung und nachhaltiger Konsum (http://www.learnline.schulministerium.nrw.de/).

6.3.2 Handlungsfeld II. Zugänge der beruflichen Bildung für nachhaltige Entwicklung

Für die faktische Etablierung einer BBNE ist letztlich die praktische Umsetzung von größerer Bedeutung als die theoretische Auseinandersetzung (vgl. UNESCO 2014, S. 18). Deshalb ist es zentral, die Zugänge zur Praxis der BBNE einzubeziehen.

6.3.2.1 Bezug zur Berufsbildung im Einzelhandel

Der amerikanische Politik- und Kommunikationswissenschaftler Harold Dwight Lasswell veröffentlichte 1948 einen Artikel zur *Struktur und Funktion von Kommunikation in der Gesellschaft*. In diesem Artikel stellte Lasswell den Kommunikationsprozess und seine fünf grundlegenden Elemente klar dar:

WER →	Sagt WAS →	In welchem KANAL →	Zu WEM →	Mit welchem EFFEKT
(who)	(says what)	(in which channel)	(to whom)	(with what effect)

Dieses leicht verständliche Funktions- und Prozessmodell wird als Lasswell-Formel bezeichnet (vgl. Lasswell 1948, S. 32–51) und gehört zu den wichtigsten Grundmodellen der Kommunikationswissenschaften. Da es auch auf den Prozess des Wissenstransfers im Bildungsbereich übertragbar ist, soll dieses Modell im nächsten Schritt auf die Zugänge der BBNE für den Einzelhandelsberuf angewendet werden.

Stakeholder-orientierter Zugang: WER

Mit dem ersten Bestandteil der Formel *WER* werden „solche Parameter untersucht, die den jeweiligen Kommunikationsprozess einleiten und lenken" (Arens 2008, S. 198), nämlich als Kommunikator bzw. Sender der Nachricht. Im Kontext der BBNE lässt sich der Kommunikator als Lehrender und Multiplikator[153] verstehen.

153 Als Multiplikatoren im Bildungsbereich gelten Personen, Einrichtungen, Publikationsorgane und Medien, die Fachinformationen, -wissen und -können, Forschungsergebnisse und Lehrmeinungen an andere weitergeben und damit zu ihrer Verbreitung beitragen (vgl. Wissenschaftlicher Rat der Dudenredaktion 2007, S. 909).

In der WAP ist der *Kompetenzaufbau bei Lehrenden und Multiplikatoren* als das dritte prioritäre Handlungsfeld benannt worden. In diesem Bezug wird in der WAP näher darauf eingegangen:

> „Lehrende und Multiplikatoren sind wirkungsvolle Change Agents für die Ausrichtung von Bildung auf nachhaltige Entwicklung. Damit sie aber zur Transformation zu einer nachhaltigeren Gesellschaft beitragen können, müssen sie sich zunächst die notwendigen Kenntnisse, Einstellungen und Werte aneignen. Um Themen der nachhaltigen Entwicklung anzugehen, müssen sie auch die erforderliche Motivation entwickeln" (UNESCO 2014, S. 20).

Prozedural betrachtet können Lehrende und Multiplikatoren auch als Ausgangspunkt des Lehr-Kommunikationsprozesses angesehen werden, die den gesamten Prozess der Berufsbildung kontrollieren und gleichzeitig die Qualität und Wirkung des Unterrichts wesentlich beeinflussen. Daher wird diese Gruppe als der erste und wichtigste Zugang in diesem Handlungsfeld angesehen. Bezogen auf die BBNE stehen seitens der Lehrenden Fragen der Wissensverbreitung im Vordergrund, bspw. wie sie die Nachhaltigkeit in ihrem Unterricht adäquat integrieren können und die Informationen, die sie im Hinblick auf die BBNE erhalten, effektiv weitergeben können.

Inhaltsanalytischer Zugang: Sagt WAS

Das zweite Element *Sagt WAS* erfordert „einen inhaltsanalytischen Zugang und befasst sich mit den originärpublizistisch Verbreiteten sowie auch mit den [...] veröffentlichten Inhalten" (Arens 2008, S. 198). Was lässt sich mit diesem inhaltsanalytischen Vorgehen vermitteln? Chinas Einzelhandelsbranche ist sehr weitreichend und birgt vielfältige potenzielle Bezüge zur Förderung von nachhaltiger Entwicklung auf verschiedenen Systemebenen (in Anlehnung an Bronfenbrenner et al. 1981). Dies sind vor allem relevante nationale Politiken, der lokale Stand der wirtschaftlichen und technologischen Entwicklung, die Besonderheiten der Arbeitsplatzgestaltung, die im Unternehmen vorherrschenden Strategien und persönliche Dispositionen von Beschäftigten (s. Abschnitte 4.2.1 und 4.2.2).

Ausgehend von den bisherigen Aktivitäten in Deutschland lässt sich der inhaltsanalytische Ansatz in drei Aspekte unterteilen: Sustainable-Pull-Strategien, interne Strategien und Sustainable-Push-Strategien, die ein Referenzmodell für China zur Förderung eines BBNE im Einzelhandel darstellen (s. Tabelle 43). Die vom Einzelhandel (bzw. Lebensmitteleinzelhandel) zugrunde gelegten nachhaltigen Kriterien spiegeln sich vor allem in folgenden Leitfragen wider (mit eigenen Ergänzungen aus Fischer et al. 2009, S. 82–83; Lebensmittel Zeitung 2007; Berding et al. 2017, S. 4–5; Schulz 2001, S. 16):

Tabelle 43: Nachhaltige Ansprüche und Anspruchsgruppen im Einzelhandel (in Anlehnung an das Gate-Keeper-Modell)

[Eigene Darstellung basierend auf Fischer et al. 2009, S. 82–83; Lebensmittel Zeitung 2007; Berding et al. 2017, S. 4–5; Schulz 2001, S. 16]

Kategaorien	**Kriterien**	**Leitfragen (mögliche nachhaltige Ansprüche)**
Sustainable-pull-Strategien	Lieferantenkette	• Welche Nachhaltigkeitskriterien müssen Lieferanten und Vorlieferanten erfüllen? • Wie gut werden diese durchgesetzt?
	Offene Briefe	• Wie kann Nachhaltigkeit durch das Engagement von Kunden gefördert werden?
Interne Strategie	Unternehmenspolitik	• Wie kann sich die Unternehmenspolitik in Bezug auf Angebots- / Sortiments-, Produkt-, Kommunikations- und Distributionspolitik dem Bereich Nachhaltigkeit annähern?
	Energie und Ressourcen	• Wie hoch ist der Energieverbrauch pro Quadratmeter? • Welche Maßnahmen werden ergriffen, um den Energieverbrauch zu reduzieren? • Werden regenerativ erzeugte Energien eingesetzt? (Bestehen Stromlieferverträge mit Öko-Stromanbietern? Bestehen eigene Anlagen, z. B. Solartechnologie, zur Erzeugung regenerativer Energie?) • Werden beim Bau neuer Märkte nachhaltigkeitsbezogene Aspekte berücksichtigt? • Wie können die derzeitigen Zahlungsmittel einen nachhaltigen Umgang mit Ressourcen fördern? (Bspw. Bargeld / elektronische Zahlungsmittel)
	Logistik	• Existiert ein intelligentes Warenstrommanagement? • Inwiefern leistet das Warenstrommanagement einen Beitrag zur Verkürzung von Transportwegen und zu einer optimalen Auslastung der Lieferwagen?

(*Fortsetzung*)

Tabelle 43: Fortsetzung

	Verpackungs- und Verwertungsgestaltung	• Werden Verpackungsmaterialien effizient eingesetzt? • Wie hoch ist die Recycling-Quote von Verpackungen? • Werden Lebensmittelabfälle Biogasanlagen zugeführt, um daraus Strom und Wärme zu produzieren?
	Fuhrparkmanagement	• Ist der Fuhrpark unter ökologischen Aspekten konfiguriert – vom Transporter bis zu den Dienstwagen der Führungskräfte? • Werden LKW mit Biodiesel betrieben? • Werden Kraftstoffeinsparungen durch Schulungen der Fernfahrer genutzt?
	Personal	• Wie kann eine konkrete Ausgestaltung der Arbeitsbedingungen in Bezug auf die Entlohnung, die Gleichberechtigung sowie die Vereinbarkeit von Familie und Beruf aussehen? – *Anteilseigner*: Zunehmendes Interesse an sozial-ökologisch orientierten Anlagemöglichkeiten (green funds) – *Management*: Image des Unternehmens in der Öffentlichkeit – *Mitarbeiter*: Gesundheitsschutz, Sicherheit am Arbeitsplatz, Image des Unternehmens in der Öffentlichkeit – *Kunden*: Wachsende Nachfrage nach (relativ) umweltverträglichen Produkten, keine negativen Auswirkungen auf die Gesundheit, unproblematische Entsorgung bzw. Wiedereinführung in den Nutzungskreislauf
	Aus- und Weiterbildung	• Wie kann die Qualität der betrieblichen Ausbildung gesteigert werden? • Wie können die Angebote zur beruflichen Weiterbildung in Hinblick auf BBNE erweitert werden? • Welche Aktionsfelder tragen zu einer Förderung der BBNE bei? (Bspw. Verantwortung, Methode / Arrangements, Aufgaben, Materialien, Diagnostik, Organisationsentwicklung)

Tabelle 43: Fortsetzung

Sustainable-push-Strategien	Service-leistungen	• Wie kann der Versicherungssektor zu einer Reduzierung ökologischer (Störfall-)Risiken zur Vermeidung von Haftungsrisiken partizipieren? • Wie kann der Bankensektor zu einer Reduzierung ökologischer Risiken zur Vermeidung von Kreditausfällen beitragen?
	Politik & Strategie	• Wie kann die Politik dazu beitragen, dass besonders im Bereich Handel der Umweltschutz sowie die Durchsetzung der Umweltpolitik mehr gefördert werden?
	Gesellschaft-liches Engagement	• Wie können die Unternehmen dazu beitragen, dass die Bürger gesellschaftliche Verantwortung übernehmen? – Interessensgruppen: Generelles ökologisches Interesse wie Umweltverbände – Nachbarn / Anwohner: Schutz vor direkten negativen Auswirkungen im Normalbetrieb, Schutz vor Störfällen

Methodischer und prozessorientierter Zugang: In welchem KANAL

Um die Verbreitung von Inhalten effektiv abzuschließen, ist es notwendig, einen bestimmten Kanal zu verwenden. Der Kanal bezieht sich hier auf die Methodik und die Medienwahl. In Bezug auf die angeführten Inhalte ist zunächst offen, welche Medien oder Methodiken besonders effektiv zur Vermittlung und Verbreitung geeignet sind. Im Sinne einer offenen Unterrichtsorganisation der BBNE sollte es sich um Mittel handeln, die einen gegenseitigen Informationsaustausch möglich machen (vgl. Arens 2008, S. 199).

Subjektorientierter Zugang: Zu WEM

Das vierte Element *Zu WEM* spiegelt den Rezipienten bzw. Empfänger wider. Hierbei muss die Information, die vermittelt werden soll, zielgruppenorientiert sein, um eine erfolgreiche Übermittlung zu gewährleisten. Bezogen auf die Berufsbildung im Einzelhandel sind vorrangige Rezipienten zunächst Lernende an einer beruflichen Schule (s. Abschnitt 4.2.2). Und da ein großer Teil der Einzelhandelsausbildung in China auch im Betrieb und in anderen verschiedenen sozialgesellschaftlichen Bildungseinrichtungen stattfindet, werden bei allen Auszubildenden auch aktive Beschäftigte als sekundäre Empfänger einbezogen.

Outputorientierter Zugang: Mit welchem EFFEKT

Mit welchem EFFEKT kann als Ergebnis oder Zweck der Kommunikation angesehen werden. Aufgabe der BBNE ist es, „die Menschen auf allen Ebenen, von der Facharbeit bis zum Management, zu befähigen, Verantwortung zu übernehmen, ressourcenschonend und energieeffizient zu wirtschaften sowie die Globalisierung gerecht und sozialverträglich zu gestalten“ (Diettrich et al. 2007, S. 8). Der wesentliche Zweck der Umsetzung der BBNE im Einzelhandel besteht somit darin, Aktivitäten des Einzelhandelns anzustoßen und zu intensivieren, um eine Veränderung der Denk- und Handlungsweisen hin zu einer ökonomischen, ökologischen, sozialen und kulturellen Nachhaltigkeit zu bewirken.

6.3.2.2 *Anvisierte Ergebnisse*

Zu den anvisierten Ergebnissen dieses Handlungsfelds gehört die Erschließung der Zugänge für BBNE, um die Umsetzung des WAP in China zu fördern und die BBNE-Reform in China zu erleichtern. Diese o. g. fünf Zugänge bieten eine Orientierungshilfe für die BBNE-Reform in China. Gleichzeitig soll die öffentliche Wahrnehmung von BBNE verbessert werden.

6.3.2.3 *Handlungsempfehlungen*

Um die oben erwähnten Bezüge zur BBNE im Einzelhandel zu konkretisieren, wird eine Fallstudie – das Projekt *Aufbau eines Netzwerkes von Berufsbildenden Schulen mit dem Schwerpunkt Nachhaltigkeit: BBS futur 2.0* (kurz: BBS futur 2.0) – zur Analyse der spezifischen Maßnahmen für Chinas BBNE-Reform verwendet. Bei dem Projekt handelt es sich um einen Modellversuch in Deutschland (01.09.2013 – 29.02.2016). Im Jahr 2014 wurde das Projekt von der Deutschen UNESCO-Kommission als Projekt der UN-Dekade *Bildung für nachhaltige Entwicklung* ausgezeichnet. Im Jahr 2015 wurde BBS futur 2.0 vom Nachhaltigkeitsrat als *Werkstatt N Projekt* ausgezeichnet. Im Folgenden wird der Modellversuch hinsichtlich der Lernortkooperation vorgestellt. Die folgende kurze Einführung in das Projekt stammt aus dem Abschlussbericht des Projekts (vgl. Fischer et al. 2016, 1).

6.3.2.3.1 Fallstudie 5: BBS Futur 2.0

Im Rahmen des Projektes *BBS futur 2.0* entstand eine Netzwerkplattform für eine nachhaltige und zukunftsfähige berufliche Bildung, die vom Projektteam der Leuphana Universität Lüneburg (Niedersachsen, Deutschland) entwickelt wurde.

Zielsetzung

Es gibt inzwischen hervorragende Unterrichtskonzepte sowie Einzelprojekte im Bereich der BBNE. Im Rahmen des Projekts *BBS futur 2.0* fand ein systematischer Austausch über die bestehenden Ansätze und Erfahrungen statt. Zentrales Ziel des Projekts war es, durch den Aufbau eines maßgeschneiderten Unterstützungssystems in Form eines überregionalen, bundeslandübergreifenden Netzwerkes (Netzwerkplattform) für Lehrkräfte berufsbildender Schulen nachhaltigkeitsrelevante domänenspezifische Kompetenzen von Auszubildenden bzw. in Ausbildung befindlichen Jugendlichen zu fördern. Konkret ging es darum, nachhaltige Inhalte, Lehr-Lern-Arrangements, Materialien sowie professionelle Qualifizierungsaktivitäten für eine nachhaltige Entwicklung in Unterricht und Schulentwicklung an berufsbildenden Schulen kontinuierlich zu verbreiten, zu vertiefen und zu verstetigen (vgl. Fischer et al. 2016, S. 6).

Projektphasen

Um dieses Ziel zu erreichen, wurden die Aufgaben im Rahmen des Projektes in sechs Arbeitsphasen unterteilt. Jede dieser Phasen beinhaltete individuelle inhaltliche und operative Schwerpunkte (Fischer et al. 2016, S. 7).

1.) Konzeptionelle und organisatorische Vorbereitungen und Betreuung einschlägiger Arbeitsgruppen
2.) Netzwerkbildung und -arbeit (onlinegestützter Peer-Support) sowie berufsfeldspezifische Workshops / Fortbildungen
3.) Netzwerkarbeit (onlinegestützter Peer-Support) sowie berufsfeldspezifische Workshops / Fortbildungen
4.) Netzwerkgestützte Implementierung (Peer-Support) der Inhalte, Materialien, Methoden in die berufsspezifischen curricularen Referenzrahmen / Lernfelder
5.) Aufbau eines kontinuierlich arbeitenden Netzwerks durch Öffnung schul- und berufsspezifischer Netzwerke sowie proaktive Gestaltung des Unterstützungssystems
6.) Verstetigung eines Peer-gestützten Mentorenprogramms zwischen Schulen sowie zwischen Schulen und Betrieben

Ergebnisse

Im Wesentlichen werden die Arbeit und die Ergebnisse von *BBS futur 2.0* abschließend entlang folgender acht Komponenten reflektiert (Fischer et al. 2016, S. 32–37; Fischer 2017a, S. 144–149):

1.) Strategische Zielsetzung

Auch für *BBS futur 2.0* gilt die nüchterne Erkenntnis, dass die BBNE vielfach immer noch ein Insiderthema darstellt. Noch immer klafft zwischen der normativ geprägten BBNE-Diskussion und dem domänenspezifischen Unterricht eine operative Lücke. Zudem erlebte das Projektteam in der Praxis einen großen Bedarf an aktuellen Bildungsmaterialien, die an die Bedürfnisse in den Klassen oder in den Schulen anzupassen sind.

Hier setzte *BBS futur 2.0* an, um die isoliert auftretenden Einzelkämpfer, die im Unterrichtsalltag versuchen, eine BBNE zu realisieren, und die relativ wenigen Schulen, die eine BBNE in Managementkonzept proaktiv in den Mittelpunkt stellen, onlinegestützt und durch Face-to-Face-Veranstaltungen zu unterstützen.

So betrachtet ist ein onlinegestütztes Netzwerk ein ideales Format, um die Bildungsmaterialien zum Thema Nachhaltigkeit in den berufsbildenden Schulen von den lehrenden Akteuren 1. zu konzipieren und zu verbreiten und sich dabei 2. gleichzeitig zu qualifizieren. Das Gleiche gilt für die Kommunikation über nachhaltig ausgerichtete Schulen. Die Nutzung des webbasierten Netzwerkes kann nicht nur die Verbreitung der Materialien, sondern auch einen Face-to-Face-Austausch unter den berufsbildenden Schulen deutschlandweit anregen.

2.) Koordination des Netzwerks

Für die gewollte selbstorganisierte Qualifizierung der Lehrkräfte, die neudeutsch als *lesson sharing* umschrieben werden könnte, ist das Netzwerk ein Angebot, das für alle Interessierten offen, aber zugleich geschlossen ist. Offen ist es, weil alle Interessierten sich über einen zukunftsorientierten beruflichen Unterricht mit anderen verbinden und austauschen können, um gemeinsam selbstorganisiert und vernetzt die Ideen, Erfahrungen und Materialien zu teilen, also ein *lesson sharing* anzustreben.

Vom Projektteam wurden die Teilnehmenden professionell unterstützt, um die Hürden der onlinegestützten Zusammenarbeit so gering wie möglich zu halten. Die Projektmitarbeiter von *BBS futur 2.0* haben das Koordinieren nicht als Anleiten begriffen. Dies ist angesichts der heterogenen BBNE weder möglich, noch war dies aufgrund der Bottom-up-Philosophie gewollt. Somit ist das

Projekt *BBS futur 2.0* vielmehr ein Impulsgeber für das Engagement jedes Einzelnen. *BBS futur 2.0* sollte zugleich die Rolle eines Multiplikators einnehmen, denn die entwickelten Materialien und Konzepte wurden allen Teilnehmenden der Netzwerkplattform frei zur Verfügung gestellt.

Um die Qualität von *BBS futur 2.0* zu sichern, wurde ein Beirat als Kontrollinstrument ins Leben gerufen. Das Gremium setzt sich aus hochrangigen Vertreterinnen und Vertretern aus Politik, Wirtschaft und Bildung zusammen und nahm vorrangig eine beratende Funktion ein.

3.) Interne und externe Kooperation der Netzwerker

Bei *BBS futur 2.0* stand das prozessorientierte Gestalten im Fokus. Entsprechend wurden Kooperationen als Möglichkeit angeboten, die Unterrichtsrituale anzureichern und zu ergänzen. Hierbei wurde besonderen Wert auf das Eigene gelegt. Wenn auf Entwürfe und Erfahrungen von Kollegen zurückgriffen und schulintern kooperiert wurde, dann wurden diese Konzepte nicht nur lediglich kopiert oder wiederholt, sondern mit eigenen Ansätzen ergänzt. Zugleich wurden die Akteure in ihrem Versuch unterstützt, ihre eigene Kooperationsstrategie zu finden – in pädagogischer Freiheit und selbstverantwortlich. Im Projekt *BBS futur 2.0* wurde beim Arrangieren von kooperationsgestützten Lernumwelten und den dazu zu klärenden technisch-organisatorischen Fragen immer jener Option Vorzug gegeben, die mit der eigenen Persönlichkeit in Einklang steht und zum eigenen Lehrstil bzw. der eigenen Lehrkunst passt. Denn die Lehr-Lern-Arrangements werden geprägt von den Erfahrungen und den Kenntnissen der Lehrenden sowie vom Schulalltag und vom vorhandenen Wissen über BBNE.

4.) Partizipation und Kommunikation

BBS futur 2.0 stand allen Lehrenden sowie allen Schulleitern berufsbildender Schulen offen. Nach der Registrierung konnten sie sich in ein berufsfeldbezogenes Team zu den Themen *Bau, Architektur, Vermessung* oder *nachhaltige Schulentwicklung* einschreiben. Die jeweiligen Teambereiche bieten zahlreiche Möglichkeiten des Austauschs und der Zusammenarbeit. Vom klassischen Chat, in dem sich die Mitglieder bspw. über gemeinsame Ziele austauschen, über Foren, in denen konkrete Ideen entwickelt werden, bis hin zu einem Tool, das das gemeinsame Arbeiten am selben Dokument ermöglicht, bot *BBS futur 2.0* Platz für ein gemeinsames Schaffen, das nicht ortsgebunden ist. Daneben wurden Veranstaltungstipps und interessante Materialien mit Nachhaltigkeitsbezug und eine offene Materialsammlung bereits gestellt, in die fertige Unterrichtsmaterialien eingestellt wurden.

5.) Prozess- und Outputorientierung

Die Arbeit von *BBS futur 2.0* lässt sich im Überblick wie folgt bilanzieren:

- Teilnehmende von mehr als 120 Schulen haben sich beteiligt. Insgesamt haben sich über 550 Lehrende auf der Plattform angemeldet.
- Mehr als 200 Unterrichtsideen konnten eingearbeitet werden. Nicht alle Unterrichtskonzepte konnten veröffentlicht werden; die juristischen Regelungen und die Rechtsprechung, die sich in den beiden letzten Jahren entwickelt haben, machen es nicht möglich, jene Unterrichtskonzepte zu präsentieren, in denen nicht korrekt mit dem Copyright gearbeitet wurde. Hier besteht ein juristischer Handlungsbedarf, auf den das Projekt keinen Einfluss hatte. Allerdings wurde im Rahmen des Projekts ein Leitfaden zum Thema Urheberrecht im Unterrichtsalltag entwickelt, der diese Probleme aufgreift und mit dem Verweis auf OER – Open Educational Resources, eine konkrete Lösung anbietet.
- Es wurde kontinuierlich über Konzepte einer nachhaltig ausgerichteten Schulentwicklung kommuniziert und umsetzungsorientierte Strategien erarbeitet.
- Mehr als 2.500 Hinweise auf Unterrichtskonzepte und Ideen wurden aufgenommen.
- Fünf Tagungen wurden organisiert und von über 570 Teilnehmenden besucht.
- Zwischen den Tagungen wurden Workshops angeboten. Hier waren vor allem jene Akteure sehr aktiv, die sich mit der Schulentwicklung beschäftigt haben.
- Es wurde für jene Netzwerkanbieter (Kümmerer) ein Workshop angeboten, um mit ihnen entlang der neuen und innovativen Methode des Design Thinkings Strategien zu erarbeiten, wie die BBNE im Schulalltag integriert werden kann.
- In einschlägigen Medien wurde auf *BBS futur 2.0* und somit auf die BBNE hingewiesen.
- *BBS futur 2.0* und somit die BBNE konnte auf zahlreichen Veranstaltungen präsentiert werden.

6.) Einordnung im BBNE-Diskurs: berufsbildende Schulen

Um die Arbeit von *BBS futur 2.0* im Kontext einer BBNE einordnen zu können, bietet es sich zunächst an, entlang der o. g. Komponenten einen Referenzrahmen zu erarbeiten, der sich (idealtypisch) aus folgenden Entwicklungsstufen der BBNE zusammensetzt:

- Stufe 1: In den einschlägigen Curricula / Prüfungsordnungen der unterschiedlichen Domänen sowie den Schulentwicklungsprogrammen gibt es keine systematische Einbindung nachhaltiger Themen, sondern lediglich den programmatischen Hinweis, dass domänenspezifische Angelegenheiten mit Blick auf soziale und ökologische Fragen zu thematisieren sind. Entsprechend zählt eine nachhaltig ausgerichtete berufliche Bildung nicht zu den Arbeitsroutinen.
- Stufe 2: In den einschlägigen Curricula / Prüfungsordnungen der unterschiedlichen Domänen sowie den Schulentwicklungsprogrammen finden sich vereinzelt Hinweise, domänenspezifische Angelegenheiten mit Blick auf soziale und ökologische Fragen zu thematisieren, was vereinzelt im Unterrichts- und Schulalltag realisiert wird.
- Stufe 3: In einzelnen berufsbildenden Schulen wird versucht, die einschlägigen Curricula / Prüfungsordnungen offensiv nachhaltig zu interpretieren sowie ein nachhaltig ausgerichtetes Schulentwicklungsmanagement zu implementieren.
- Stufe 4: In den berufsbildenden Schulen wird eine BBNE als bildungspolitische Aufgabe mitgestaltet.
- Stufe 5: Von den einschlägigen Ministerien sowie sozialen Partnern der beruflichen Bildung wird eine BBNE als moderne berufliche Bildung verstanden und durch ordnungspolitische Maßnahmen aktiv gestaltet.

Nach diesem Entwicklungsstufenmodell hat *BBS futur 2.0* die Aktivitäten in den ersten drei Aktivitätsstufen unterstützt. Aufgrund der Öffentlichkeitsarbeit sowie der ausgesprochenen Einladungen von Vertretern einschlägiger Ministerien sowie sozialer Partner der beruflichen Bildung blieben die Stufen vier und fünf im Blick.

7.) Ökologische, technologische und ökonomische Bewertung von BBS futur 2.0

Welche ökologischen, technologischen bzw. ökonomischen Auswirkungen das Projekt hat, lässt sich nicht erfassen und nicht beziffern. Vielmehr steht mit dem Transfer von Unterrichtsmaterialien vor allem die Förderung von Kompetenzen für ein nachhaltig ausgerichtetes domänenspezifisches Handeln im Mittelpunkt, das wiederum von ökologischer, technologischer bzw. ökonomischer Relevanz ist.

Auch in den Konzepten einer nachhaltigen Schulprogrammentwicklung steht zunächst das regulative Leitbild im Mittelpunkt, aus dem organisations- und personalpolitische Strategien abgleitet werden. Die Diskussion, wie dies ökologisch, technologisch bzw. ökonomisch erfassbar und messbar ist, wurde (noch) nicht diskutiert.

8.) Verstetigung im BBNE-Diskurs

Der Praxistransfer von Unterrichtsmaterialien sowie Konzepten einer nachhaltigen Schulprogrammentwicklung ist, wie allgemein die Dissemination der im Projekt erworbenen Kompetenzen, zumeist eine Schwachstelle von Innovationsvorhaben. Das Problem liegt u. a. darin begründet, dass das einfache Zur-Verfügung-Stellen von neuen Materialien und Ergebnissen nicht ausreicht, um zur Verbreitung beizutragen.

Um die weitere Verbreitung zu unterstützen, wurde das Projekt *BBS futur 2.0* von der Arbeitseinheit Wirtschaftspädagogik / Wirtschaftsdidaktik der Leuphana Universität über die Projektlaufzeit hinaus fortgeführt, allerdings im verringerten Umfang, weil das Vorhaben mit eigenen Bordmitteln finanziert werden musste. Die onlinegestützte Arbeit an nachhaltigen Unterrichtsmaterialien sowie schulpolitischen Konzepten wurde so fortgesetzt und jene Arbeitsgruppen weiter unterstützt, die besonders aktiv die vom Projekt angebotene Infrastruktur genutzt haben.

Die in *BBS futur 2.0* angebotenen Face-to-Face-Veranstaltungen wurden auf regionaler Ebene ebenfalls fortgesetzt, indem vom Kompetenzzentrum für Lehrerfortbildung (der Leuphana Universität) einschlägige Veranstaltungen angeboten wurden. Hier konnten die Unterrichtsmaterialien sowie Konzepte weiterentwickelt und angesichts der zu erwartenden Herausforderungen reproduziert werden.

Ein onlinegestütztes Netzwerk erscheint dabei als ideales Format, um die lehrenden Akteure nicht nur bei der Konzeption und Verbreitung von Bildungsmaterialien zum Thema Nachhaltigkeit in den berufsbildenden Schulen zu unterstützen, sondern auch um diesen Möglichkeiten der Selbstqualifikation anzubieten. Für eine weitere Verbreitung wurden zudem kurz-, mittel- und langfristige Ziele definiert für eine Prozessbestätigung:

- Kurzfristig: Adaption der Netzwerkarbeit als Aufgabe der regionalen Institutionen für Lehrerfort- und -weiterbildung.
- Kurz- und mittelfristig: Selbstorganisierte Fortführung der Netzwerkarbeit im Kontext der OER (offenes, frei verfügbares Bildungsmaterial).
- Langfristig: Der Aufbau einer Entwicklungs-, Netzwerk-Clearingsstelle oder einer BBNE-Agentur bzw. BBNE-Akademie, von der die prozess- und outputorientierte (Selbst-)Qualifizierung der Lehrenden sowie des Schulmanagements moderiert wird.

Eine zentrale Rolle spielt dabei immer das Zusammenwirken zwischen einem Netzwerkanbieter (Kümmerer) und den möglichen Netzwerkern (Lehrende). Das Projekt *BBS futur 2.0* hat gezeigt, dass es weiterhin eines proaktiven mediativen und netzwerkanbietenden Vermittlers (bzw. einer Netzwerkagentur) bedarf, um die Kommunikation über und den Austausch von nachhaltigen Ansätzen zu moderieren.

6.3.2.3.2 Transferpotenziale der Fallstudie

Versucht man den Ansatz und die Aktivitäten im Projekt *BBS futur 2.0* auf den aktuellen Stand der derzeitigen Einzelhandelsausbildung in China (s. Abschnitt 4.2) zu beziehen, erscheint es sinnvoll mögliche Handlungsempfehlungen in Bezug auf die fünf Zugänge (s. Abschnitt 6.3.2.1) zu analysieren:

Stakeholder-orientierter Zugang: WER

Die *WER*-Frage nach den Akteuren – Lehrende und Multiplikatoren – ist die erste relevante Frage in diesem Handlungsfeld. Wie können die Lehrenden in China die Fragen der Nachhaltigkeit in ihrem Unterricht thematisieren? Wie können sie Informationen und Inhalte über BBNE erhalten und effektiv an die Lernenden weitergegeben? Im Rahmen des Projekts *BBS futur 2.0* wurden Lehrkräfte berufsbildender Schulen qualifiziert, indem sie miteinander vernetzt, motiviert und in die Lage versetzt wurden, in domänenspezifischen Arbeitsgruppen selbstorganisiert und im schulübergreifenden Austausch, Unterrichtskonzepte und -materialien zu erstellen, weiterzuentwickeln und zu erproben. Diese wurden in den Unterrichts- und Schulalltag implementiert, für den Transfer aufbereitet und über das Netzwerk verbreitet. Übertragen auf China könnten mit diesem Ansatz die folgenden Handlungsempfehlungen aufgestellt werden:

- Bildungspersonal wird an Ausbildungsinstituten im Rahmen der Aus- und Weiterbildung zum Thema BBNE geschult.
- Nationale Berufsbildungszentren vermitteln Lehrenden und Ausbildenden die nötige Kompetenz im Bereich BBNE. Fort- und Weiterbildungsangebote sowie unterstützende Angebote für das Bildungspersonal zur Förderung einer nachhaltigen Entwicklung werden über dezentrale Multiplikatoren (z. B. MoE und MoHRSS und Branchenverbände) erfasst und verbreitet.
- Eine nationale oder regionale Plattform wird aufgebaut, sodass die Lehrenden sich über ihren Unterricht austauschen können.
- Betriebliche, schulische und außerschulische Akteure vernetzten sich im Kontext von BBNE auf nationaler Ebene und treffen sich regelmäßig.
- Unterstützende Akteure für BBNE aus den formalen, non-formalen und informellen Bereichen werden regional und branchenbezogen erfasst und bekannt gemacht.
- Die regionale Vernetzung der Akteure für BBNE wird über Berufsbildungsausschüsse sowie lokale Initiativen gefördert.

Inhaltsanalytischer, methodischer und prozessorientierter Zugang: Sagt WAS & In welchem KANAL

In China sind die Beschäftigten im Einzelhandel geografisch relativ breit verteilt und in viele Altersgruppen gegliedert. Sie wechseln häufig die Arbeitsschichten und der Personalbestand ist mobil. In diesem Bezug scheint die Kombination der beiden Megatrends Nachhaltigkeit und Digitalisierung ein wirksamer Weg, um BBNE zu entwickeln. Das heißt, dass ein vernetztes Lehren und Lernen in der Berufsbildung realisiert werden sollte. Hierfür ist die Einrichtung einer Internetplattform im Bereich der Ausbildung erforderlich, die den Lernenden ermöglicht online per Computer, Tablet oder mithilfe von Smartphones lernen können. Bezüglich der konkreten Ausgestaltung eines solchen Angebots kann das Projekt *BBS futur 2.0* Orientierung bieten. Im Rahmen von *BBS futur 2.0* wurden domänenspezifische bzw. berufsfeldspezifische Workshops und Fortbildungen angeboten, in denen die Netzwerkakteure neben der onlinegestützten Kommunikation auf der Netzwerkplattform persönlich (Face-to-Face) an nachhaltig ausgerichteten Unterrichtseinheiten bzw. an einer nachhaltig ausgerichteten Schulentwicklung arbeiteten. Insbesondere gehörten die folgenden Schwerpunktbereiche der Nachhaltigkeit dazu: Energie- & Ressourceneffizienz, erneuerbare Energien & nachwachsende Rohstoffe, nachhaltiges Bauen & Wohnen, gesunde Lebensmittel & nachhaltiger Konsum, nachhaltiger Handel & nachhaltiges Wirtschaften, nachhaltige Logistik & nachhaltige Mobilität. Für jeden Schwerpunktbereich des Projekts wurden Workshops zwischen den Tagungsveranstaltungen angeboten. Weiterhin wurde ein Workshop für die Kümmerer angeboten, um mit ihnen entlang der neuen und innovativen Methode des Design Thinkings Strategien zu erarbeiten, wie die BBNE im Schulalltag integriert werden kann. Mehr als 200 Unterrichtsideen konnten erarbeitet werden. Gleichzeitig wurde die selbstorganisierte Netzwerkarbeit im Kontext der Open Educational Resources (OER), also gestaltungsoffener und frei verfügbarer Bildungsmaterialien, konzipiert. Das heißt, dass die entwickelten Materialien und Konzepte allen Teilnehmenden der Netzwerkplattform frei zur Verfügung gestellt werden (vgl. Fischer et al. 2016, S. 33–36).

Das deutsche Beispiel legt nahe, dass BBNE in China durch die folgenden Handlungsempfehlungen entwickelt werden kann:

- Die vorhandenen Curricula und Unterrichtsmaterialien werden ausgewertet, um die prioritären Ausbildungsgänge / Bereiche festzulegen und Pilotprojekte durchzuführen.
- Die vorhandenen Materialien, Konzepte und erfolgreichen Praxisbeispiele werden über eine zentrale Plattform zugänglich gemacht und mit vorhandenen Plattformen der beruflichen Bildung verlinkt.

- Innovative Bildungsmaterialien werden als OER entwickelt, um diese frei für jedermann zugänglich zu machen.
- Eine Netzwerkplattform wird aufgebaut, um eine effektive Kommunikation und Zusammenarbeit zu ermöglichen, z. B. MOOC-Plattform (s. Abschnitt 2.3.1.4).
- Der Arbeits- bzw. Unterrichts- und Lernort besteht aus dem realen Unterricht / der Schulorganisation und wird um das Netz als virtuellen Lernort erweitert.
- Neue und innovative Methoden sollten in Lehraufgaben eingeführt werden (z. B. systemische Visualisierung / Design Thinking).

Subjektorientierter Zugang: Zu WEM

Am Projekt *BBS futur 2.0* beteiligten sich insgesamt über 500 Teilnehmende aus über 100 berufsbildenden Schulen sowie rund 60 außerschulische Partner. Dazu zählten u. a. Lehrer, Schüler, Wissenschaftler, Studierende, Personal von Regierungsbehörden, soziale Partner. Zusammen haben sie mehr als 200 Unterrichtsideen eingearbeitet, welche auf die Förderung von Kompetenzen für ein nachhaltig ausgerichtetes domänenspezifisches Handeln abzielen (vgl. Fischer et al. 2016, 16, 33–35). Auf diese vom Projekt entwickelten Materialien und Konzepte können allen Teilnehmenden der Netzwerkplattform nicht nur frei zugreifen, sondern diese auch ohne Einschränkungen weiterverbreiten. Dieser Ansatz verkörpert nicht nur das regulative Leitbild der nachhaltigen Entwicklung, sondern steht auch im Einklang mit dem Konzept der Open Education, also Bildung für alle.

Angesichts der heterogenen Berufsbildung in China gehören zu dieser Zielgruppe alle, die im Einzelhandel ausgebildet werden. Vorrangig richtet sich das Angebot daher an die Lernenden an den beruflichen Schulen und Betrieben sowie sonstigen Ausbildungsbeinrichtungen. Darüber hinaus können jedoch auch ausbildungsinteressierte Schüler, bereits Berufstätige und Weiterbildungsinteressierte, Ausbilder, Verbände und weitere Stakeholder angesprochen werden. Hieraus ergeben sich folgende mögliche Handlungsempfehlungen:

- Nachhaltigkeitsrelevante Aspekte beruflichen Handelns in Maßnahmen der Berufsorientierung zu integrieren.
- Lernen und Arbeit miteinander verbinden, Learning by Doing.
- Berufliche Bildungseinrichtungen und öffentlich-private Partnerschaften (ÖPP) sollten kostenlose Smartphone-Apps entwickeln. Einerseits können diese Informationen über BBNE und ein nachhaltiges Konsumverhalten vermittelt, andererseits ermöglichen sie den Lernenden, jederzeit selektiv und ortsunabhängig zu lernen.

Outputorientierter Zugang: Mit welchem EFFEKT

Ziel der Anstrengungen zur Etablierung einer BBNE ist es praxisbezogenes nachhaltiges Denken und Handeln zu befördern. Der Effekt stellt dabei eine messbare Veränderung hin zu diesem Ziel dar, die auf die ergriffenen Maßnahmen zurückzuführen ist. Derzeit befindet sich der chinesische Einzelhandel in einem Umbruch. Ebenso gibt es eine große Anzahl an Variablen in der Einzelhandelsausbildung. Es ist deshalb ausgesprochen schwierig, die ökologischen, ökonomischen und sozialen Auswirkungen von BBNE im Einzelhandel zu bestimmen und zu beziffern. An diesem Punkt findet das berühmte Sprichwort von Xunzi (298–233 v. Chr.) Anwendung: „A journey of a thousand miles begins with a single step". Ohne den Mut zum ersten Schritt sowie einer allmählichen Näherung an das Ziel kann es nicht erreicht werden. Die Herausforderung besteht also zunächst in der Förderung des ersten Schritts bzw. Annährungen in Richtung BBNE in China.

Unter diesem Aspekt bietet auch das Projekt *BBS futur 2.0* Erkenntnisse. Das Projekt diente dazu isolierte ‚Einzelkämpfer', die im Unterrichtsalltag versuchen, eine BBNE zu realisieren, und die relativ wenigen Schulen, die eine BBNE im Managementkonzept proaktiv in den Mittelpunkt stellen, onlinegestützt und durch Face-to-Face-Veranstaltungen zu unterstützen und zu vernetzen. Insgesamt war das Projekt *BBS futur 2.0* damit ein Impulsgeber für das Engagement einer und eines jeden Einzelnen. *BBS futur 2.0* war zugleich Multiplikator, denn die entwickelten Materialien und Konzepte werden allen Teilnehmenden der Netzwerkplattform zur Verfügung gestellt. In diesem Bezug hatte das Projekt auch einen messbaren Effekt, der durch die Ergreifung ähnlicher Maßnahmen auch auf China übertragbar erscheint.

Mögliche Handlungsempfehlungen wären:

- Weitere Potenziale für BBNE zu erschließen, indem die formale Berufsbildung mit der informellen und non-formalen Bildung verzahnt wird.
- BBNE als Qualitätskriterium in den bestehenden Qualitätsmanagementsystemen der berufsbildenden Schulen zu verankern

6.3.3 Handlungsfeld III. Berufsbildungseinrichtungen als nachhaltige Lernorte etablieren

In der UNESCO-WAP wird die *ganzheitliche Transformation von Lern- und Lehrumgebungen* als das zweite prioritäre Handlungsfeld benannt (vgl. UNESCO 2014, S. 15). Auch der deutsche Beitrag zur UNESCO-WAP, der *Nationale Aktionsplan Bildung für nachhaltige Entwicklung* legt die Etablierung von

Betrieben und beruflichen Schulen als nachhaltige Lernorte als ein prioritäres Handlungsfeld fest (Nationale Plattform Bildung für nachhaltige Entwicklung 2017, S. 44–45). Beide Instanzen sind damit der Ansicht, dass eine Integration von Nachhaltigkeitsgrundsätzen in den Bildungs- und Ausbildungskontexten erfolgen muss. Dies ist jedoch eingegrenzt auf den Bereich der beruflichen Bildung, d. h., dass die Implementierung der BBNE als zentrale Aufgabe zu den beruflichen Bildungseinrichtungen gehört (vgl. Mertineit 2013, S. 54).

Eine ganzheitliche Transformation von Lern- und Lehrumgebungen in China wendet sich ebenfalls grundsätzlich an alle Lernorte beruflicher Bildung im Einzelhandel, an Betriebe wie auch berufliche Schulen sowie verschiedene sozialgesellschaftliche Bildungseinrichtungen. In diesem Bezug wird als das dritte Handlungsfeld der chinesischen BBNE-Reform der Bereich *Berufsbildungseinrichtungen als nachhaltige Lernorte etablieren* festgelegt.

6.3.3.1 Bezug zur Berufsbildung im Einzelhandel

Was aber kennzeichnet eine Lern- und Lehrumgebungen, bzw. einen nachhaltigen Lernort? Welche Merkmale und Kriterien zeichnen diese aus? Im UNESCO-WAP gibt es eine konkrete Beschreibung: Ein nachhaltiger Lernort bezeichnet nachhaltige Lernumgebungen wie Öko-Schulen oder das Prinzip *Green Campus*, d. h. „d[en] Lehrenden und Lernenden gleichermaßen die Möglichkeit [zu geben], Nachhaltigkeitsprinzipien in ihren Alltag zu integrieren. Bei der Transformation von Lern- und Lehrumgebungen geht es nicht nur darum, Einrichtungen nachhaltiger zu verwalten, sondern auch Werte und Strukturen der gesamten Institution zu verändern" (UNESCO 2014, S. 18).

Chinas traditionelle Berufsbildung basiert auf der schulischen Ausbildung (s. Abschnitte 2.3.1.2 und 4.2.2.1), für welche die chinesische Regierung die Beteiligung von Betrieben an der Berufsbildung nachdrücklich gefördert hat. In Anbetracht der Situation – von der Veröffentlichung des ersten nationalen Dokuments im Jahr 2002 (s. Tabelle 2) bis heute sind inzwischen mehr als 17 Jahre vergangen – war und ist die Rolle der Betriebe bei der Teilnahme an der Berufsbildung im Allgemeinen minimal. Gleiches gilt für die Ausbildung im Einzelhandel (bezogen auf das Experteninterview und die Fallstudien 1, 2 und 3, s. Abschnitte 4.2.2–4.2.3). Chinas Berufsbildung im Einzelhandel ist marktorientiert ausgerichtet. Jede Berufsbildungseinrichtung verrichtet ihre Arbeit selbst, und es fehlt an einer effektiven Kommunikation zwischen den verschiedenen Lernorten (s. Abschnitt 5.2.1.2).

Zur Beschleunigung der Entwicklung der Berufsbildung schlug Xi Jinping an der Nationalen Berufsbildungsarbeitskonferenz in Beijing im Jahr 2014

Folgendes vor: „Um die Entwicklung der Berufsbildung zu beschleunigen, müssen wir die Integration von Industrie und Berufsbildung, die Kooperation zwischen Schulen und Betrieben, die Kombination von Arbeit und Lernen berücksichtigen" (People's Daily 2014).

Obwohl es keine eindeutige Definition für BNE bzw. BBNE in China gibt, glauben sieben der zehn befragten Experten, dass das Festhalten an der *Integration von Industrie und Berufsbildung* (产教融合), an der *Kooperation zwischen Schulen und Betrieben* (校企合作) und an der Einhaltung der *Integration von Arbeit und Lernen* (工学结合) ein zentraler Weg auch für die BBNE-Reform sei. Das heißt, sie sind der Meinung, dass dies die Essenz der Entwicklung der BBNE in China ist oder sein müsste (s. Abschnitt 5.2.1.1).

In China sind diese Konzepte miteinander verknüpft und werden oftmals redundant verwendet. Auch viele Berufsbildungsexperten verwenden zur Vereinfachung nur eine Kooperationsbezeichnung, z. B. die *Kooperation zwischen Schulen und Betrieben*, die sich auf die Zusammenarbeit zwischen beruflichen Schulen und Betriebe i. e. S. bezieht, aber i. w. S. auch auf eine Kooperation zwischen beruflichen Schulen, Hochschulen, Betrieben etc. verweist (s. Abschnitt 2.4.1.2). Jedoch sind diese drei Begriffe von der Bezugsebene aus unterschiedlich:

- Die *Integration von Industrie und Berufsbildung* erfolgt aus makroökonomischer Sicht und bezieht sich auf die Kombination von Industrie und beruflicher Bildung. Sie ist auf die Schulebene ausgerichtet und spielt eine grundlegende Rolle bei der Neuorientierung der Bildungsphilosophie. Die Hauptakteure sind Regierung, Unternehmen, Schulen, Branchen, Gesellschaft, etc. (vgl. State Council of the People's Republic of China 2017).
- Die *Kooperation zwischen Schulen und Betrieben* stellt die mesoskopische Sicht dar, um die Zusammenarbeit von Industrie und Berufsbildung zu bezeichnen. Sie ist auf die institutionelle Ebene (bzw. Organisation der Bildungseinrichtungen) ausgerichtet und spielt eine Schlüsselrolle bei der Optimierung der Lernortkooperation für die berufliche Bildung. Die Hauptakteure sind Schulen, Betriebe, Regierungen und Branchen (vgl. Ministry of Education of the People's Republic of China – MoE 2018).
- Die *Kombination von Arbeit und Lernen* erfolgt aus mikroskopischer Sicht und bezieht sich auf die Integration von Arbeit und Lernen. Sie ist auf die situative Ebene (bzw. Lernsituationen, Gestaltung von Lehr-Lern-Arrangements) ausgerichtet und spielt eine entscheidende Rolle bei der Sicherung der Qualität der beruflichen Bildung. Die Hauptakteure hierbei sind Lehrende und Lernende.

Zusammen mit den Ansichten der Experteninterviews (s. Abschnitt 5.2.1.1) lässt sich schließen, dass es zur erfolgreichen Förderung eines nachhaltigen Lernorts wichtig erscheint, diese drei Aspekte zu integrieren bzw. zu fördern.

6.3.3.2 Anvisierte Ergebnisse

Nach wie vor besteht immer noch eine operative Lücke zwischen der normativen BBNE-Diskussion (die o. g. drei Aspekte) und der BBNE-Praxis. Obwohl eine domänenspezifische didaktische und methodische Umsetzung in einigen Bildungseinrichtungen für ausgewählte Ausbildungsberufe erprobt wurde, findet ein systematischer Austausch über die Ansätze und Erfahrungen noch nicht statt (bezogen auf die Fallstudien 2 und 3, s. Abschnitte 4.2.3.2 und 4.2.3.3). In diesem Zusammenhang gehören daher die Schließung der Lücke und die Förderung eines systematischen Austauschs zu den anvisierten Ergebnissen des Handlungsfeldes. Einerseits werden Nachhaltigkeitspläne oder -strategien von beruflichen Bildungseinrichtungen umgesetzt. Andererseits gilt es, die Veränderungen der Werte und Strukturen der gesamten Institution vor dem Ziel zu fördern, die *Integration von Industrie und Berufsbildung* und *Kooperation zwischen Schulen und Betrieben* sowie eine *Integration von Arbeit und Lernen* zu erreichen.

6.3.3.3 Handlungsempfehlungen (Transferpotenziale der Fallstudie 5: BBS Futur 2.0)

Welche Maßnahmen werden zur Erreichung der o. g. Ziele ergriffen? In Bezug auf die im Handlungsfeld II genannte Fallstudie *BBS futur 2.0* und den aktuellen Stand der derzeitigen Einzelhandelsausbildung in China (s. Abschnitt 4.2) können spezifische Handlungsempfehlungen aufgestellt werden. Der Hauptinhalt kann dabei unter zwei Aspekte subsumiert werden, dem kollektiven Effekt und der Selbstorganisation.

Kollektiver Effekt

In Deutschland gibt es immer noch eine operative Lücke zwischen der normativ geprägten BBNE-Diskussion und dem domänenspezifischen Unterricht. Daher besteht in der Praxis ein großer Bedarf an aktuellen Bildungsmaterialien, die an die Bedürfnisse der Klassen oder Schulen angepasst werden können. Hier setzte *BBS futur 2.0* an, um spezifische Unterstützungsangebote zu schaffen. *BBS futur 2.0* steht allen Lehrenden sowie allen Schulleitern berufsbildender Schulen offen. Nach der Registrierung können sie sich in ein berufsfeldbezogenes Team einschreiben. Die jeweiligen Teambereiche bieten zahlreiche

Möglichkeiten des Austauschs und der Zusammenarbeit (vgl. Fischer et al. 2016, S. 32–33). Diese strategische Zielsetzung und aktive Kommunikationsweise von *BBS futur 2.0* könnte richtungsweisend im Sinne eines kooperativen BBNE-Ansatzes auch für China sein.

Die Berufsbildung im chinesischen Einzelhandel kann auch als Gesamtsystem angesehen werden, welches aus mehreren miteinander wechselwirkenden Subsystemen zusammengesetzt ist. Ordnungsparameter prägen hierbei maßgeblich das Entscheidungs- und Aktionsverhalten der verschiedenen Akteure (berufliche Schulen, Betriebe und verschiedene Bildungseinrichtungen), welche wiederum die kollektive Ordnung bekräftigen.[154]

Die Herausforderung besteht darin, wie der Ordnungsparameter zwischen allen Subsystemen so befördert werden kann, dass alle Subsysteme durch Interaktion an dem Schwellenwert qualitative Änderungen erfahren und eine umfassende BBNE erreichen. Aus den Ergebnissen des Projekts und teilweise von der deutschen Nationalen Plattform Bildung für nachhaltige Entwicklung (2017, S. 44–45) können folgende Vorschläge zur Erreichung eines kollektiven Effekts gemacht werden:

- Indikatoren für nachhaltige Lernorte werden entwickelt und eine Roadmap zur Umsetzung erstellt. Nationale und lokale Stakeholder streben gemeinsam mit den weiteren Akteuren die Entwicklung oder weitere Ausgestaltung vorhandener (Unter-)Indikatoren für die nachhaltigen Lernorte der beruflichen Bildung an.
- Multi-Stakeholder-Netzwerke auf nationaler Ebene werden aufgebaut. Vor allem sollen Netzwerke für Lehrkräfte und Schulleitungsmitglieder aufgebaut werden, die schulübergreifend, selbstorganisiert und onlinegestützt sind.
- Die Motivation für Fort- und Weiterbildung wird erhöht, indem nationale und lokale Stakeholder spezielle Angebote der Berufsbildungseinrichtungen schaffen und Betriebe Mitarbeiter dafür freistellen. Dadurch kann die Wahrnehmung und Praxis von BBNE gefördert werden.

---

154 Als eine Umschreibung dieses Aspekts kann die These von Aristoteles aufgefasst werden: „Das, was aus Bestandteilen so zusammengesetzt ist, dass es ein einheitliches Ganzes bildet, nicht nach Art eines Haufens, sondern wie eine Silbe, das ist offenbar mehr als bloß die Summe seiner Bestandteile. Eine Silbe ist nicht die Summe ihrer Laute; ba ist nicht dasselbe wie b plus a, […] Die Silbe ist also etwas für sich; sie ist nicht bloß ihre Laute, […] sondern noch etwas Weiteres.“ (Aristoteles 1907, S. 129). Der Aspekt kann einfach als „Das Ganze ist mehr als die Summe seiner Teile“ verstanden werden.

- Nationale und lokale Stakeholder streben an, die Qualität lokaler Lern- und Kooperationsplattformen zu verbessern (s. Handlungsfeld I) und eine Vernetzung und Kommunikation zwischen Berufsbildungseinrichtungen zu etablieren.

Eine erfolgreiche Kommunikation kann hierbei insgesamt als Schlüssel zur Erreichung eines kollektiven Effekts angesehen werden. Die Voraussetzung für diese kann mit der Formel „V^7" umschrieben werden. Dahinter verbergen sich die Schlagwörter „Verstehen", „Vertrauen", „Vereinbarung", „Verantwortung", „Verlässlichkeit", „Verwertbarkeit" und „Verbesserung" (Fischer 2017b, S. 22). Diese sieben „V" müssen als Rahmenbedingungen bzw. Grundvoraussetzungen erfüllt sein. Zusätzlich sind noch vier Mal „E" zu beachten: „Eigeninitiative", „Engagement", „Erfolgserlebnis" sowie die „Echos" der Akteure (Fischer 2017b, S. 24).

Selbstorganisation

Das Projekt *BBS futur 2.0* funktionierte als ein Impulsgeber für das Engagement jedes Einzelnen. Fischer hat sich im Abschlussbericht näher mit diesem Punkt befasst:

> „Die lehrenden Akteure, die in den berufsbildenden Schulen i. d. R. isoliert und domänenspezifisch an einer nachhaltig ausgerichteten beruflichen Bildung curricular und didaktisch arbeiten, vernetzen sich unter domänenspezifischen Gesichtspunkten berufsschulübergreifend und treiben die unterrichtspraktische Verwirklichung von Nachhaltigkeit voran. Gefördert wird ein Bottom-up-Ansatz, bei dem (unterrichts-)praktische Materialien entwickelt werden, die zunächst auf der Netzwerkplattform von *BBS futur 2.0* verfügbar sind; gleichzeitig qualifizieren sich die Akteure informell und selbstorganisiert" (Fischer 2017a, S. 132).

Beispielsweise wurde ein *Modell für nachhaltige Schulentwicklung* in diesem Projekt von Mertineit und den weiteren Mitgliedern einer Arbeitsgruppe entwickelt, das zehn Qualitätsbereiche umfasst. Abbildung 29 zeigt das Modell für nachhaltige Schulentwicklung von *BBS futur 2.0* (ausführlich s. Mertineit 2017). Die fünf Säulen sind als reine Output- / Outcome-Bereiche definiert und in die Bereiche *Campus & Arbeitsplätze, Kompetenzentwicklung, Lernkultur, Öffnung der Schule, Schulkultur* gegliedert. Das Dach, d. h. die Einbettung in das Schulmanagement, wurde in fünf Qualitätsfelder differenziert, die die wesentlichen Input-Qualitätsfelder einer nachhaltigen Schulentwicklung beinhalten, welche sind: *Schule führen, Schule entwickeln, Personal führen und entwickeln, Kooperationen entwickeln & Ressourcen bewirtschaften, Bildungsangebote gestalten.* Dieses Modell ist kompatibel mit gängigen, in den einzelnen Bundesländern vorliegenden

QM-Konzepten für berufsbildende Schulen und bietet einen ganzheitlichen, über den Unterricht oder betriebsökologische Gesichtspunkte hinausgehenden Rahmen für nachhaltige Schulentwicklung (vgl. Mertineit 2017, S. 24–32).

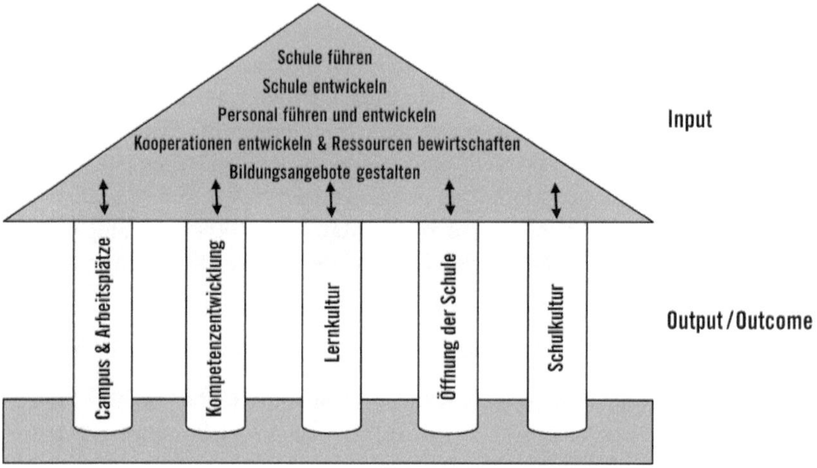

Abbildung 29: BBS futur 2.0 – Modell für nachhaltige Schulentwicklung
[Mertineit 2017, S. 25; Mertineit / AG nachhaltige Schulentwicklung]

Diese Koordinationsart des Netzwerkes von *BBS futur 2.0* kann China für die Entwicklung einer BBNE dahin gehend Orientierung bieten, da es aufzeigt, dass jeder Bildungseinrichtung ausreichend Entscheidungsfreiheit und Entwicklungsraum gegeben werden muss. Das Modell für eine nachhaltige Schulentwicklung kann zudem auch in China einen ganzheitlichen Rahmen für die Entwicklung von Indikatoren für nachhaltige Lernorte darstellen.

Als eine Darstellung dieses Aspekts kann die These des deutschen Physikers Hermann Haken zur Synergetik[155] aufgefasst werden. Die Synergetik lässt sich

155 Synergetik, auch Synergie genannt, ist eine interdisziplinäre Disziplin, die seit den siebziger Jahren auf der Grundlage multidisziplinärer Forschung schrittweise gebildet und erstmalig von dem deutschen Physiker Hermann Haken anhand seiner Untersuchungen von Selbstorganisationsprozessen in der menschlichen Wahrnehmung und in der Natur entwickelt wurde. Die Synergetik ist die Lehre vom Zusammenwirken von Elementen, die innerhalb eines komplexen dynamischen Systems miteinander in Wechselwirkung treten. Deswegen ist die Synergetik auch

im Kern auf Ordnungen reduzieren, die als die Relation *Alte Ordnung – Unordnung (Chaos) – neue Ordnung* ausgedrückt werden. Aber wie löst die Unordnung die alte Ordnung auf? Wie entsteht neue Ordnung aus Unordnung? Selbstorganisation spielt eine wichtige Rolle in den Phasenübergängen (vgl. Haken 1995, S. 45). Das Prinzip der Selbstorganisation bedeutet, dass das System automatisch eine bestimmte Struktur bilden oder spezifische Funktionen nach definierten Regeln ohne externe Befehle / Auswirkung ausführen kann. Es besitzt inhärente und selbst erzeugte Eigenschaften.

Das Berufsbildungssystem Chinas Einzelhandels ist ein Multi-Komponenten-System, welches sich aus in Wechselwirkung befindenden Subsystemen zusammensetzt. Die im Rahmen dieses Systems existierenden Subsysteme sind: die vollzeitschulische Ausbildung an einer beruflichen Schule, die Ausbildung in einem Betrieb und die Ausbildung von sozialgesellschaftlichen Ausbildungseinrichtungen. Durch die Selbstorganisation des jeweiligen Subsystems bleibt das ganze System lebendig, weil sich das Innere nach Veränderungen neu organisiert. Mit der Strategie der Resilienz (s. Abschnitt 6.2) ist gemeint, dass die Fähigkeit des Subsystems trotz äußerer Einwirkungen – wie die Neuausrichtung des chinesischen Einzelhandels – weiter bestehen und wichtige Funktionen aufrechterhalten werden. Somit spielt Selbstorganisation eine wichtige Rolle auf dem Weg zu einer nachhaltigen Gestaltung von Lernorten der beruflichen Bildung.

Um die Entwicklung der Selbstorganisation jedes Subsystems zu fördern, sind die folgenden Probleme aus synergetischer Sicht zu beantworten: Wie können die einzelnen Subsysteme durch aktive Veränderung oder Entwicklungsverweigerung ein lebendiges System bleiben? Wie können die Phasenübergänge zumindest semiquantitativ aus der Struktur von Modellgleichungen her verstanden werden? Wie können unter genügend genau definierten Bedingungen die dynamischen Gleichungen zum Vergleich mit empirischen gesellschaftlichen Situationen einschließlich gewisser Voraussagen herangezogen werden? Aus den Ergebnissen des Projekts können hierzu folgende Vorschläge gemacht werden:

- Leiter von Berufsbildungseinrichtungen sollten dazu aufgerufen und befähigt werden, BBNE ganzheitlich zu sehen und sich nicht nur darauf zu

als Komplexitätstheorie bekannt (vgl. Haken und Graham 1971, S. 191–195). Die Synergetik hat ein breites Spektrum an universeller Anwendung, nicht nur in den Naturwissenschaften wie Physik, Chemie und Biologie, sondern auch in den Geisteswissenschaften wie Psychologie, Soziologie etc. (vgl. Haken 1995, S. 45–46).

konzentrieren, Inhalte über nachhaltige Entwicklung zu vermitteln, sondern Nachhaltigkeit vorzuleben, z. B. Entwicklung und Verbreitung von Qualifizierungskonzepten für Führungskräfte in den Lernorten, durch Maßnahmen zur Reduktion des ökologischen Fußabdrucks der eigenen Institution. Dabei ist die Zusammenarbeit zwischen Bildungsinstitutionen und Betrieben sehr wichtig (vgl. UNESCO 2014, S. 18).
- Das Berufsbildungspersonal sollte qualifiziert werden, um die Fragen der Nachhaltigkeit in ihrem Unterrichtsalltag zu thematisieren (s. Handlungsfeld II).
- Die vorhandenen Materialien, Konzepte und positiven Praxisbeispiele sollten über eine zentrale Plattform oder eine andere Organisationsform für Berufsbildungspersonal zugänglich gemacht (s. Handlungsfeld II).

Der Transfer der Projektergebnisse auf die BBNE für den chinesischen Einzelhandel kann dabei helfen, das Systemumfeld und die Probleme bei der Entwicklung der nachhaltigen Berufsbildungseinrichtungen von Schule, Betrieben, und anderen Bildungseinrichtungen zu erfassen. Dies bietet eine neue Denkweise und Methodenberatung für die Entwicklung der Lernortkooperation (s. Abschnitt 2.4.1.2) im Hinblick auf BBNE.

6.3.4 Handlungsfeld IV. Kompetenzanforderungen zur Nachhaltigkeit

Aufgabe der BBNE ist es, „die Menschen auf allen Ebenen, von der Facharbeit bis zum Management, zu befähigen, Verantwortung zu übernehmen, ressourcenschonend und energieeffizient zu wirtschaften sowie die Globalisierung gerecht und sozialverträglich zu gestalten" (Diettrich et al. 2007, S. 8). Wesentlich ist hierbei, dass die Kompetenzen der Lernenden gestärkt werden, um Nachhaltigkeit in berufsbezogenen Lern- und Arbeitsprozessen zu etablieren. Deswegen werden die *Kompetenzanforderungen zur Nachhaltigkeit* als ein weiteres Handlungsfeld definiert, um Aspekte der Nachhaltigkeit im Ausbildungs- und Arbeitsprozess umsetzen zu können.

6.3.4.1 Bezug zur Berufsbildung im Einzelhandel

Die Ergebnisse der Experteninterviews haben gezeigt, dass es in China sehr unterschiedliche Auffassungen zur BBNE gibt. Obwohl bereits Einzelinitiativen in der Domäne des Einzelhandels in China bestehen, die Überscheidungspunkte zur nachhaltigen Entwicklung aufweisen, existiert aktuell keine normative Festlegung der Kompetenzanforderungen (s. Abschnitt 5.2.1).

Folglich bestehen im Bereich BBNE bis dato keine Instrumente zur Erfassung von Einstellungen, Überzeugungen und Wertehaltungen bezüglich des nachhaltigen Handelns. Aus diesem Grund befasst sich der folgende Unterabschnitt damit, den Bezug zwischen der Berufsbildung im Einzelhandel und bestehenden deutschen Kompetenzmodellen herzustellen, um eine Orientierung für die Kompetenzanforderungen zur chinesischen BBNE-Reform zu ermöglichen.

Der Begriff der Kompetenz ist seit vielen Jahren ein Modebegriff der Sozial- und Erziehungswissenschaften, der in vielfältiger Weise genutzt und immer wieder neu definiert worden ist (vgl. Klieme und Hartig 2008, S. 12). Je nach Fachrichtung sind sich Wissenschaftler nicht einig, welches Kompetenzmodell hierzu am besten geeignet ist. Deshalb gibt es bis heute keinen systematisch einheitlichen Kompetenzbegriff bzw. Kompetenzmodelle.

Im Hinblick auf die BNE zielt die Gestaltungskompetenz an erster Stelle auf ein Kompetenzverständnis ab. Die von Gerhard de Haan und Dorothee Harenberg am Ende der 90er-Jahre entwickelte Gestaltungskompetenz wird als Bildungsziel der BNE bezeichnet (s. Abschnitt 5.2.2.1.1). Der Begriff der Gestaltungskompetenz und die zugehörigen Teilkompetenzen (s. Tabelle 40, s. Abschnitt 5.2.2.1.1) beziehen sich auf die allgemeine Bildung. Ein Transfer auf die berufliche Bildung bedarf daher einer Erweiterung um den Teil der beruflichen Bildung sowie einer Konkretisierung hierfür.

Eine weitere Kompetenz, die hier einbezogen werden muss, ist die Handlungskompetenz. Diese ist aufgrund der praktischen Orientierung der Berufsbildung als Befähigung zum eigenen Handeln zentral. Die KMK hat hierzu eine eigene begriffliche Bestimmung aufgestellt, welcher auch daher von Bedeutung ist, da die KMK als Herausgeber des Rahmenlehrplans für die Ausbildungsberufe Kaufmann / -frau im Einzelhandel und Verkäufer / -in ein wichtiger Akteur der BBNE ist. Hierzu führt die KMK-Handreichung aus: Handlungskompetenz wird verstanden als „die Bereitschaft und Befähigung des Einzelnen, sich in beruflichen, gesellschaftlichen und privaten Situationen sachgerecht durchdacht sowie individuell und sozial verantwortlich zu verhalten. Handlungskompetenz entfaltet sich in den Dimensionen von Fachkompetenz, Selbstkompetenz und Sozialkompetenz“ (Kultusministerkonferenz – KMK 2011, S. 15) (s. Abschnitt 2.1.1). Methodenkompetenz, kommunikative Kompetenz und Lernkompetenz sind dabei immanenter Bestandteil dieser Fähigkeiten (vgl. Kultusministerkonferenz – KMK 2011, S. 16).

Eine direkte Übertragung des deutschen Kompetenzmodells auf den Kontext der chinesischen Berufsbildung hat aufgrund der unterschiedlichen Einzelhandelsformate und Systemausgestaltungen wenig Aussicht auf Erfolg. Vielmehr scheint die Ausgestaltung eines eigenen Konzepts unter Einbezug und ggf. Anpassung bestehender Konzepte angeraten. Basierend auf den o. g. Kompetenzbegriffen und -modellen sowie der kategorialen Erschließung des Nachhaltigkeitsdiskurses (s. Abschnitt 5.2.2.1.1) wurde daher ein eigenes BBNE-Kompetenzmodell erarbeitet, welches in der nachfolgenden Abbildung dargestellt wird (s. Abbildung 30).

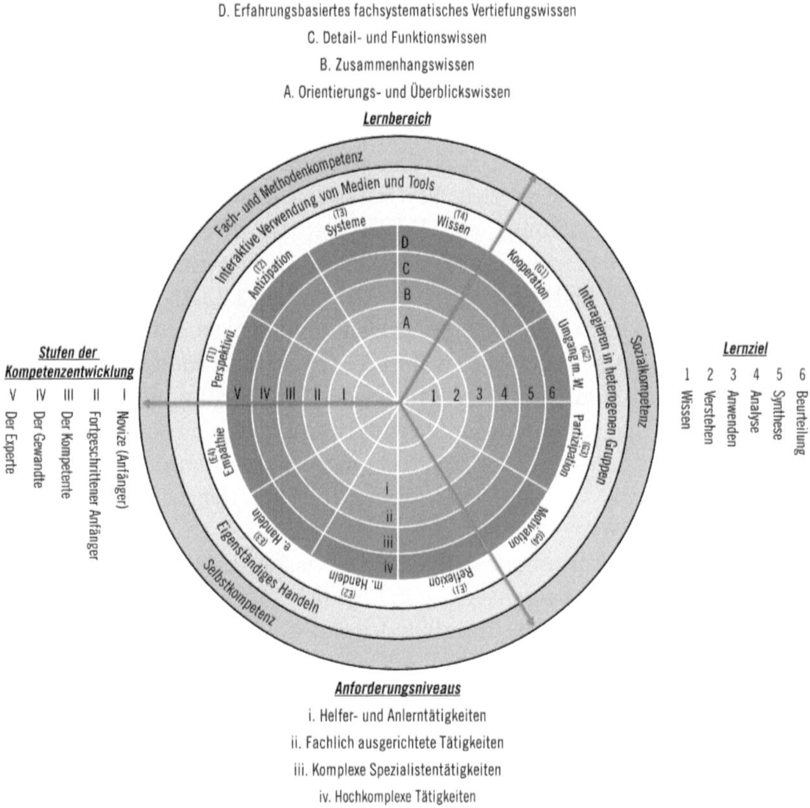

Abbildung 30: Übergreifende Kompetenzen zur Erreichung der BBNE

[Eigene Darstellung in Anlehnung an De Haan et al. 2008; Kultusministerkonferenz - KMK 2011; Dreyfus und Dreyfus 1987; Bundesagentur für Arbeit 2011; Rauner 2002; Bloom 1974; Meyer 1975]

Die Darstellung folgt hierbei sowohl einer hierarchischen als auch einer ganzheitlichen Gliederung des Kompetenzverständnisses. Das als

Kreis-Netz-Diagramm dargestellte Modell ist insgesamt in drei Kompetenzkategorien gegliedert:

- Die Gestaltungskompetenz, welche den Bereich der Fach- und Methodenkompetenz umfasst und im oberen Drittel abgebildet ist.
- Die Schlüsselkompetenzen der OECD, welche den Bereich der Sozialkompetenz umfasst und rechts angeordnet ist.
- Die Handlungskompetenz, die den Bereich der Selbstkompetenz umfasst und in der Abbildung den unteren Bereich darstellt.

Die Kompetenzkategorien sind dabei wiederum in Indikatorgruppen untergliedert. Dies entspricht dem im Folgenden beschriebenen ganzheitlichen Kompetenzverständnis der BBNE. Im Innenbereich des Kreisdiagramms erfolgt eine Aufteilung der Fähigkeit unter vier Aspekten: Kompetenzentwicklung, Anforderungsniveaus, Lernbereiche und Lernziele. Alle vier Aspekte sind dabei hierarchisch in Stufen gegliedert, zur Differenzierung der Komplexitätsebene. Dies ist das hierarchische Kompetenzverständnis für die BBNE. Die in diesem Modell enthaltenen Kompetenzanforderungen zur Nachhaltigkeit werden im Folgenden unter dem Aspekt des ganzheitlichen Kompetenzverständnisses und des hierarchischen Kompetenzverständnisses näher erläutert.

Ganzheitliches Kompetenzverständnis zur BBNE

Abbildung 30 zeigt die Inklusionsbeziehung zwischen den verschiedenen Kompetenzmodellen in einem Kreis-Netz-Diagramm, wobei der Querschnitt in drei große Einheiten unterteilt ist. Als nächstes wird jede Einheit von außen nach innen kurz im Hinblick auf BBNE im Einzelhandel vorgestellt.

Fach- und Methodenkompetenz werden im Referenzrahmen der OECD als eine interaktive Anwendung von Medien und Tools bezeichnet, dazu gehört die Fähigkeit zur interaktiven Anwendung von Sprache, Symbolen und Texten sowie die Fähigkeit zur interaktiven Nutzung von Wissen und Informationen zur Anwendung von Technologien (OECD 2005, S. 12–13). In diesem Kontext werden die vier Teilkompetenzen (T1-4) der Gestaltungskompetenz bestimmt:

- T1: Die erste Teilkompetenz ist die Kompetenz zur Perspektivübernahme. Konkret meint dies den Wissensaufbau mit einer weltoffenen Haltung, die neue Perspektiven integriert. Für die Analyse von Problemlagen, die einen nicht nachhaltigen Charakter aufweisen, reichen nationale oder lokale Betrachtungen nicht aus. Die Findung verschiedener Lösungswege – in Bezug auf eine nachhaltige Entwicklung – kann erst durch die Perspektivübernahme anderer Kulturen und Nationen erfolgen. Diese weltoffene

Betrachtung macht es möglich, Chancen und Risiken zu identifizieren und zu nutzen (vgl. De Haan et al. 2008, S. 189). Dies gilt ebenso für die BBNE im Einzelhandel. Es gilt, die Unternehmen, besonders im Einzelhandel, zu sensibilisieren und eine ganzheitliche Betrachtung der nachhaltigen Aspekte zu fördern. Besonders diese Branche ist weltweit vertreten, sodass ein gewinnbringender Dialog entstehen kann.

- T2: Kompetenz zur Antizipation bedeutet, vorausschauend Entwicklungen analysieren und beurteilen zu können. Dies bezeichnet den vorausschauend-orientierten Zeithorizont der Nachhaltigkeitswissenschaft. Durch Prognosen und Szenarien, Simulationen etc. bezüglich der Veränderungen des (wirtschaftlichen) Klimas werden Zukunftsvisionen entwickelt und Handlungsstrategien und Entscheidungen für eine BBNE entworfen (vgl. De Haan et al. 2008, S. 191–192).
- T3: Die Kompetenz zur disziplinenübergreifenden Erkenntnisgewinnung ist ein Ausdruck dafür, interdisziplinär Erkenntnisse zu erlangen und danach zu handeln. Dies lässt sich durch die Arbeitsform der Nachhaltigkeitswissenschaft nachweisen (vgl. De Haan et al. 2008, S. 190). Insbesondere der chinesische Einzelhandel befindet sich in einer Umbruchphase mit großer Reichweite und schnellem Wandel, weshalb es im Rahmen der BBNE von besonderer Bedeutung ist, sich selbstständig bei anderen Akteuren / Individuen interdisziplinär und multiperspektivisch informieren zu können.
- T4: Die vierte Teilkompetenz steht dafür, Risiken, Gefahren und Unsicherheiten erkennen und abwägen zu können. Ressourcenverschwendende und temporäre Entwicklungen bergen Wagnisse und Bedrohungen für die Ökosysteme. Auch nationale, globale sowie individuelle Entwicklungen können davon betroffen sein. Wissenschaftliche wie auch massenmediale Formen der Kommunikation über zukünftige Entwicklungen sind grundsätzlich von Unsicherheit, Risiken und Gefahren geprägt (vgl. De Haan et al. 2008, S. 190). Daher ist es von elementarer Bedeutung, im schulischen Kontext die Individuen dahin gehend zu sensibilisieren und einen Umgang mit diesen Risiken und Gefahren zu fördern. Hierbei spielt als ein Kernziel besonders die Entwicklung einer kritischen Handlungsfähigkeit der Schüler eine tragende Rolle (vgl. De Haan et al. 2008, S. 190–191).

Die Sozialkompetenz und das Interagieren in heterogenen Gruppen beinhalten die Fähigkeiten, gute und tragfähige Beziehungen zu anderen Menschen zu führen, Kooperationsfähigkeit sowie die Fähigkeit zur Bewältigung und Lösung von Konflikten (OECD 2005, 14–15). In diesem Kontext umfasst diese Gestaltungskompetenz ebenfalls vier Teilkompetenzen (G1-4):

- G1 und G3: Die Notwendigkeit von Kompetenzen zur Kooperation (G1) und Partizipation (G3) ergibt sich daraus, dass eine umfassende nachhaltige Entwicklung nicht allein auf staatlichem Handeln, auf den Erkenntnissen und Strategien von Wirtschaftsunternehmen, auf Gesetzen, Vorschriften und deren Durchsetzung beruhen kann (vgl. De Haan et al. 2008, S. 191), sondern auch eine gemeinsame Überzeugung und kollektive Entscheidungsprozesse erfordert.
- G2: Die Kompetenz zur Bewältigung individueller Entscheidungsdilemmata erlangt ihre Legitimation durch die oben skizzierte Strategie zum *Umgang mit Widersprüchen* (s. Abschnitt 6.2) und Zielkonflikten, die i. d. R. entstehen, wenn ein nachhaltiger Entwicklungsprozess initiiert wird. Zur Reflexion über Handlungsstrategien und Zielsetzungen müssen Individuen diese Widersprüche erkennen und berücksichtigen können. Nicht alle Widersprüche sind dabei durch eine Rangfolge der Zielsetzungen lösbar, in diesem Zusammenhang ist dann eine Abwägung der sogenannten Trade-Offs erforderlich (s. Abschnitt 6.2) (vgl. De Haan et al. 2008, S. 192).
- G4: Die Kompetenz zur Motivation ist geprägt von der Fähigkeit, sich und andere zu aktivieren zu können, um motiviert zu agieren. Im Erwerbsprozess dieser Kompetenz spielt die Selbst- und Fremdkompetenz eine tragende Rolle, da Kompetenzen als Fertigkeiten im Zusammenhang mit Handlungsfähigkeiten in Alltagssituationen definiert sind (vgl. De Haan et al. 2008, S. 192). Dies gilt insbesondere für den Einzelhandelssektor. Für einen Verkäufer ist bspw. nicht nur fachliches Wissen wichtig, sondern auch die sogenannten Soft Skills, wie z. B. Affinität zu den Produkten, Einfühlungsvermögen, Einflussnahme, Kommunikationsfähigkeit und Ausdrucksfähigkeit. Zur Bedeutung der Motivation merken De Haan et al. an:

> „Was wäre in diesem Kontext ein besserer Ausweis bezüglich der erworbenen Fähigkeiten sowohl im Umgang mit Unsicherheiten wie der Selbst- und Fremdmotivation zum Handeln im Sinne der Nachhaltigkeit als jener, nicht nur sich selbst, sondern auch andere dazu bewegen zu können, sich für nachhaltige Entwicklung zu engagieren?“ (De Haan et al. 2008, S. 193).

Selbstkompetenz, bzw. die Fähigkeit zum eigenständigen Handeln, umfasst die Fähigkeiten zum Handeln im größeren Kontext, die Fertigkeit, Lebenspläne und persönliche Projekte zu gestalten und zu realisieren sowie die Fähigkeit zur Wahrnehmung berechtigter Interessen, Grenzen und Bedürfnisse (OECD 2005, 16–17). In diesem Kontext umfasst Gestaltungskompetenz desgleichen vier Teilkompetenzen:

- E1: Die erste Teilkompetenz zur Reflexion der Leitbilder bedeutet im Hinblick auf BNE die Fähigkeit zur gedanklichen Auseinandersetzung mit dem Lebensstiel und den Lebenshintergründen sowie den Vorstellungen und Erwartungen von einem selbst und anderen. Besonders die Lebensweisen im Zusammenhang mit nachhaltigem Konsum sowie einem ressourcenschonenden Umgang im Alltag sind wichtige Aspekte der nachhaltigen Entwicklung (vgl. De Haan et al. 2008, S. 193). In Bezug auf den Einzelhandel bedeutet dies, im Hinblick auf BBNE zu handeln und sich eigener Werte und Normen und deren Ursprünge bewusst zu werden.
- E2: Die zweite Teilkompetenz erklärt sich aus dem moralischen Handeln, d. h. Vorstellungen von Gerechtigkeit als Entscheidungs- und Handlungsgrundlage nutzen zu können. Dies hat seinen Ursprung in dem Anspruch, zeitlich und räumlich gerechtere Bedingungen zu errichten – also eine intergenerationelle und intragenerationelle Gerechtigkeit anzustreben. Im Kontext von BBNE im Einzelhandel bedeutet dies, die ausgleichende Gerechtigkeit in soziale und natürliche Umwelt ganzheitlich und im globalen wirtschaftlichen Kontext wahrzunehmen und auf die Ansprüche der künftigen Generationen Rücksicht zu nehmen.
- E3: Die Kompetenz zum eigenständigen Handeln bedeutet hier, selbstständig planen und handeln zu können. Diese Kompetenz bezieht sich besonders auf die individuelle Seite. Das persönliche Engagement in Bezug auf die Veränderung von Konsumgewohnheiten und die Entwicklung einer eigenen nachhaltigen Lebensweise sind Fertigkeiten, die dieser Teilkompetenz zugeschrieben werden (vgl. De Haan et al. 2008, S. 194).
- E4: Die letzte Teilkompetenz, Empathie für andere zeigen können, beschäftigt sich mit der innergenerationellen und der generationenübergreifenden Gerechtigkeit. Diese Teilkompetenz soll unter der Genese gefördert werden, Individuen die Möglichkeit zu geben, Solidarität ausüben zu können. Dabei ist das Ziel des nachhaltigen Handelns, humane Lebensverhältnisse für alle zu schaffen. Hier ist besonders der Umgang mit der Natur und ihren Ressourcen hervorzuheben. Es besteht jedoch ein Konflikt: Nachhaltige Entwicklung ist ein anthropozentrisches Konzept. Das bedeutet, dass der Schutz der Natur um ihrer selbst willen nicht umsetzbar ist. Es gilt, die Schüler dahin gehend zu fördern, ein Gespür und Empathie für Solidarität zu entwickeln, um Möglichkeiten zu gestalten, unterdrückte und arme Teile der Weltbevölkerung zu verstehen (vgl. De Haan et al. 2008, S. 194–195).

Hierarchisches Kompetenzverständnis zur BBNE

Abbildung 30 verwendet das Muster eines Spinnennetzes, das eine mehrdimensionale Struktur aufzeigt. Dies soll visualisieren, dass das o. g. ganzheitliche Kompetenzverständnis Fähigkeiten auf verschiedenen Niveaustufen fördert. Im Zentrum befindet sich der Null- bzw. Einstiegspunkt, welcher den Ausbildungsbeginn symbolisiert. Hier sind noch keine Vorkenntnisse vorhanden. Durch den Aufbau von Erfahrung, Wissen und Verständnis kann ein Aufstieg in eine höhere Kompetenzstufe erfolgen. Der Einflussbereich von innen nach außen erweitert sich allmählich. Die Hierarchisierung von BBNE-Kompetenzen kann in Bezug auf die folgenden vier Aspekten erfolgen:

- Stufen der Kompetenzentwicklung: Ein ursprüngliches Modell zur Bestimmung von Expertise ist das aus der Kognitionspsychologie stammende Novizen-Experten-Paradigma, das in fünf Kompetenzstufen unterteilt ist: I. Novize (Anfänger), II. fortgeschrittener Anfänger, III. der Kompetente, IV. der Gewandte, V. der Experte (Dreyfus und Dreyfus 1987, S. 41–43).
- Dimension des Anforderungsniveaus: Eine weitere Möglichkeit zur Ermittlung der Hierarchisierung von Kompetenzen kann über die Einordnung der Tätigkeit in die berufskundlichen Gruppen[156] erfolgen, die als Anforderungsniveaus wie folgt geclustert wurden: i. Helfer- und Anlerntätigkeiten, ii. fachlich ausgerichtete Tätigkeiten, iii. komplexe Spezialistentätigkeiten, iv. hochkomplexe Tätigkeiten (Bundesagentur für Arbeit 2011). Diese vier Anforderungsniveaus bilden die Komplexität der auszuübenden Tätigkeit ab und die Übergänge sind fließend (vgl. Bundesagentur für Arbeit 2011, S. 27).
- Stufen der Lernbereiche: Unter dem Gesichtspunkt des Novizen-Experten-Paradigmas sowie des Anforderungsniveaus sollte die Frage gestellt werden, unter welchen spezifischen Bedingungen der Übergang von einer Entwicklungsphase zur anderen erreicht und gefördert werden kann. Hierbei sind insbesondere die angesammelte Erfahrung und das angeeignete Wissen im Sinne einer Fachexpertise ausschlaggebend, wobei vier Lernbereiche unterschieden werden: A. Orientierungs- und Überblickswissen, B. Zusammenhangswissen, C. Detail- und Funktionswissen, D. erfahrungsbasiertes fachsystematisches Vertiefungswissen (vgl. Rauner 2002, S. 115–117).
- Hierarchisierung von Lernzielen: Die Entwicklung von Lernbereichen muss sich an den Lernzielen ausrichten, die auch nach verschiedenen

156 Die berufskundliche Gruppe ist „ein Merkmal, anhand dessen Berufe mittels ihrer Zugangsvoraussetzungen im Sinne einer erforderlichen Qualifikation typisiert werden“ (Bundesagentur für Arbeit 2011, S. 39).

Hierarchiestufen unterschieden werden können: 1. Wissen, 2. Verstehen, 3. Anwenden, 4. Analyse, 5. Synthese, 6. Beurteilung (vgl. Bloom 1974; Meyer 1975, S. 103).

Ein Beispiel aus dem kaufmännischen Bereich – *Chain Operation Management* (bezogen auf die Fallstudie 3, s. Abschnitt 4.2.3.3) – macht die Beschreibungen im Folgenden konkreter:

Novize (Anfänger) und fortgeschrittener Anfänger bezeichnen Anfänger, die gerade erst in eine Branche eingetreten sind und keine Berufserfahrung haben. Meist bezeichnet der Begriff Praktikanten, die im Laufe ihrer Ausbildung noch Erfahrungen sammeln müssen, um die einzelnen Kompetenzstufen zu durchlaufen. Sie fungieren als Helfer und Auszubildende und üben einfache, wenig komplexe Tätigkeiten aus, bei denen sie mit einigen allgemeinen Regeln vertraut sind. Sie bewegen sich daher auf der Ebene Kennen und Verstehen.

Der Kompetente soll fachlich ausgerichtete Tätigkeiten übernehmen und mit komplexeren Problemstellungen umgehen können. Die Berufe Strichlistenführer, Verkäufer und Kassierer sind z. B. diesem Anforderungsniveau zugeordnet. Der Lernbereich der Kompetenten umfasst Zusammenhangswissen, dazu gehören z. B. Warenverkauf oder Bestandsprüfung. Im Interesse einer BBNE sollen sie bspw. Informationen zur Arbeitssicherheit erfassen und verarbeiten, um diese Informationen besser auf ihre Tätigkeit anzuwenden.

Der Gewandte sollte über berufliches Orientierungs-, Überblicks- und Zusammenhangswissen verfügen und fähig sein, problembehaftete komplexe Spezialistentätigkeiten auszuführen. Das heißt, dass der Gewandte über eine gute Situationsverarbeitungsfähigkeit und intuitiv einsetzbares Detail- und Funktionswissen verfügt. Hierunter fallen z. B. die Tätigkeiten eines Team- und Abteilungsleiters, welche zudem mit Planungs- und Kontrolltätigkeiten verbunden sind. Im Rahmen der BBNE sollen sie z. B. die Ergebnisse verschiedener technischer Lösungsansätze, Umweltmanagementmodelle und Nachhaltigkeitskonzepte zur Synthese bringen können, um soziale Verantwortung mit den Kerntätigkeiten zu verbinden. Ein möglicher Anwendungsbereich hierfür wäre etwa die Entwicklung nachhaltiger Beschaffungs- und Logistikprozesse.

Experten zeichnen sich durch hochkomplexe Tätigkeiten aus, dazu gehört z. B. Personal für die Filialverwaltung/-management. Sie müssen in der Lage sein, routiniert, schnell und angemessen auf eine Vielfalt unterschiedlicher und schwieriger Situation im Unternehmen zu reagieren, und daraufhin abgestimmte Maßnahmen zu ergreifen. Im Hinblick auf BBNE sollen sie sich

z. B. auf eine nachhaltige Unternehmensstrategie, Corporate Identity oder Social Responsibility fokussieren, um Geschäftsprozesse in Bezug auf nachhaltigkeitsrelevante Aspekte zu entwickeln.

6.3.4.2 Anvisierte Ergebnisse

Zu den anvisierten Ergebnissen gehört es, den Lernenden zu ermöglichen, Nachhaltigkeit in berufsbezogenen Lern- und Arbeitsprozessen umzusetzen. In der aktuellen deutschen Debatte wird davon ausgegangen, dass sich Kompetenzen grundsätzlich in Abhängigkeit von einem bestimmten Kontext entwickeln. Aus diesem Konsens folgt, dass Kontexte – sprich Domänen – als übergeordneter sinnstiftender, thematischer Handlungskontext für nachhaltiges berufliches Handeln betrachtet und festgehalten werden sollten (vgl. Winther 2010, S. 85; Fischer et al. 2015, S. 146). Auf Grundlage dieser Überlegungen genügt es also nicht, umfangreiche Kompetenzkataloge voluntaristisch zusammenzustellen, wie es in dem zuvor dargestellten Kompetenzverständnis der Fall ist (s. Abbildung 30). Deshalb kann dieses Kompetenzverständnis zur BBNE nur eine Übersicht im makroskopischen Sinne darlegen. Für die Kompetenzanforderungen zur BBNE im kaufmännischen Bereich ist hingegen eine weitere Verfeinerung erforderlich. Das bedeutet aber auch, dass die Kompetenzanforderungen möglichst präzise erfasst werden müssen. Nach wie vor ist es in China unklar, welche Arten von Wissen, Einstellungen und Kompetenzen Lernende in der beruflichen Bildung für eine nachhaltige Entwicklung erwerben sollten. Das in diesem Abschnitt ausgearbeitete Kompetenzmodell kann hierfür Impulse geben, bedarf aber einer Weiterentwicklung und Einbettung in den spezifischen Kontext. Für eine BBNE-Reform in China ist folglich anzuraten, dass auch das Thema der Kompetenzen integriert werden sollte, wobei diese klar und präzise definiert und Testmethoden dafür entwickelt werden sollten.

6.3.4.3 Handlungsempfehlungen

Um die o.g. anvisierten Ergebnisse zu erzielen, muss zunächst beantwortet werden, wie dieser Verfeinerungsprozess des Kompetenzverständnisses vollzogen werden kann. Ein praktischer und effektiver Ansatz hierfür zeigt das Projekt *KONWIKA* in Deutschland auf. Im nächsten Abschnitt wird dieses Projekt als Fallstudie kurz vorgestellt. Anhand dieses Beispiels sollen dann Handlungsempfehlungen für China konkretisiert werden.

6.3.4.3.1 *Fallstudie 6: KONWIKA*

Das Projekt *KONWIKA* steht für die Entwicklung und Prüfung eines *Kompetenzmodells für ein nachhaltiges Wirtschaften kaufmännischer Auszubildender.* Die Durchführung des Projektes erfolgte im Zeitraum vom 01. November 2011 bis 30. April 2014, gefördert durch das BMBF. Bei dem Projekt *KONWIKA* handelte es sich um ein Verbundprojekt als arbeitsteilige Kooperation zwischen der Professur für Berufs- & Wirtschaftspädagogik / Didaktik der Wirtschaftslehre der Leuphana Universität Lüneburg sowie der Professur für Wirtschaftspädagogik und Personalentwicklung der Georg-August-Universität Göttingen (vgl. Seeber und Fischer 2012; Fischer und Müller-Harms 2014).

Zielsetzung

Ziel des Projektes war es, ein Kompetenzmodell für ein nachhaltiges Wirtschaften kaufmännischer Auszubildender zu konzipieren und empirisch zu prüfen. Konkret ergaben sich daraus die folgenden Teilziele (Fischer und Müller-Harms 2014, S. 5):

- Identifikation von Kernbereichen und Anforderungen nachhaltigen Wirtschaftens in den gewählten Berufen und Kompetenzbereichen
- Ausdifferenzierung eines theoretischen Kompetenzmodells für nachhaltiges Wirtschaften in kaufmännischen Handlungsfeldern
- Entwicklung von Aufgaben (verschiedene Aufgabenformate und Testmethoden) zur Messung von Kompetenzen für nachhaltiges Wirtschaften in kaufmännischen Handlungsfeldern
- Empirische Prüfung und Validierung des konzipierten Kompetenzmodells

Projektphasen

KONWIKA wurde in verschiedene Projektphasen unterteilt. Als Ergebnis wurden die folgenden zehn Entwicklungsstufen und Teilaufgaben durchgeführt (vgl. Fischer und Müller-Harms 2014, S. 7–8):

1.) Ausdifferenzierung des Domänenmodells (curriculare Analysen und Expertenbefragung in den Betrieben)
2.) Systematische Aufarbeitung bestehender kaufmännischer Kompetenzmodelle; Modifikation mit dem Schwerpunkt nachhaltiger Entwicklung
3.) Prüfung und Modifikation bestehender Instrumente zur Erfassung von Einstellungen, Überzeugungen und Werthaltungen

4.) Prüfung bestehender Tests, Analyse von Prüfungsaufgaben hinsichtlich Wissens über Nachhaltigkeit; Itementwicklungen
5.) Entwicklung von Situational Judgement Tests
6.) Pilotierung der Instrumente; Auswertung der Pilotdaten und Überarbeitung der Testinstrumente
7.) Haupterhebung
8.) Dateneingabe
9.) Auswertung der empirischen Daten
10.) Berichtslegung, Rückmeldung der Befunde an die beteiligten Schulen

Ergebnisse

Im Wesentlichen sind als Projektergebnis von *KONWIKA* drei Komponenten entwickelt und erprobt worden, ein Domänenmodell für nachhaltiges Wirtschaften in kaufmännischen Handlungsfeldern, ein spezifisches Kompetenzmodell sowie Instrumente zur Messung der Modellkomponenten (vgl. Seeber und Fischer 2012; Fischer und Müller-Harms 2014; Fischer et al. 2015):

1.) Entwicklung eines Domänenmodells für nachhaltiges Wirtschaften in kaufmännischen Handlungsfeldern

Im Rahmen von *KONWIKA* wurden zunächst Domänenanalysen und -modellierungen der als repräsentativ für das betriebswirtschaftlich-kaufmännische Handlungsfeld zu betrachtenden Berufe Verkäufer / -in, Kaufmann / -frau im Einzelhandel, Bürokaufmann / -frau sowie Kaufmann / -frau für Spedition und Logistikdienstleistungen vorgenommen, um typische Tätigkeitsfelder nachhaltigen Handelns in der betriebswirtschaftlich-kaufmännischen Domäne zu identifizieren. Dabei wurde der Handlungskontext durch Domänenanalysen, Fall- sowie Arbeitsprozessstudien untersucht. Das Domänenmodell (s. Abbildung 31) basiert auf dem St. Gallener Managementmodell von Rüegg-Stürm (2004) sowie dem Domänenmodell kaufmännischen Handelns nach Winther (2010, S. 88, 92) und bildet insbesondere jene typischen kaufmännischen Handlungssituationen und Anforderungen ab, bei denen Aspekte nachhaltigen Handelns in besonderem Maße identifiziert werden können. Dies betrifft im kaufmännischen Bereich sowohl Geschäfts- und Steuerungs- als auch Unterstützungsprozesse.

Im Ergebnis der Analysen zeichnen sich folgende vier kaufmännische Tätigkeitsbereiche mit engem Bezug zu nachhaltigem Handeln ab:

- Umweltbelastungen reduzieren
- Waren rational, umweltverträglich und fair beschaffen, verwenden und entsorgen
- Transportprozesse rational und umweltverträglich organisieren
- Gesamtgesellschaftliche Verantwortung des Unternehmens annehmen

Diese vier Tätigkeitsbereiche bilden das an dieser Stelle überblicksartig dargestellte Ergebnis der Domänenanalyse und -modellierung ab und dienen als Grundlage der Erfassung von Kompetenzen nachhaltigen Wirtschaftens im kaufmännischen Handlungsfeld (vgl. Fischer und Müller-Harms 2014, S. 15–16).

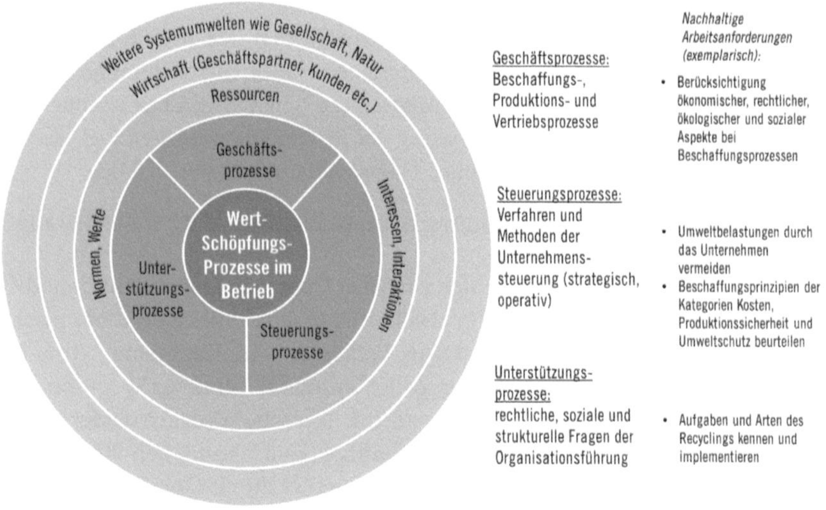

Abbildung 31: Domänenmodell für betriebswirtschaftlich-kaufmännische Berufe
[Seeber et al. 2014, S. 13; in Anlehnung an Winther 2010; Rüegg-Stürm 2004]

2.) Entwicklung eines Kompetenzmodells

Um die Domäne kaufmännischen Handelns und die darin enthaltenen Anforderungen für ein nachhaltiges Wirtschaften zu beschreiben, wurden einerseits die Curricula, in denen Ziel- und Lerninhaltsstrukturen enthalten sind und andererseits kaufmännische Arbeitsplatzanforderungen in der Unternehmensrealität untersucht. Für die Entwicklung eines domänenspezifischen Kompetenzmodells für nachhaltiges Wirtschaften wurde dann auf bestehende und empirisch geprüfte kaufmännische Kompetenzmodelle, die sich vor allem auf kognitionspsychologische Annahmen stützen, zurückgegriffen. Diese Modelle wurden dann um affektive und einstellungs- bzw. wertbezogene Komponenten erweitert, die für ein nachhaltiges Wirtschaften eine zentrale verhaltenssteuernde Komponente darstellen. Die Verschränkung der genannten kognitionspsychologischen Ansätze mit der Theorie des geplanten Verhaltens von Ajzen (1985) stellte die theoretische Ausgangsbasis für das zu entwickelnde und prüfende Kompetenzmodell dar (Seeber und Fischer 2012, S. 2).

Einen Überblick über die für ein nachhaltiges Handeln relevanten Determinanten bietet die folgende Abbildung 32:

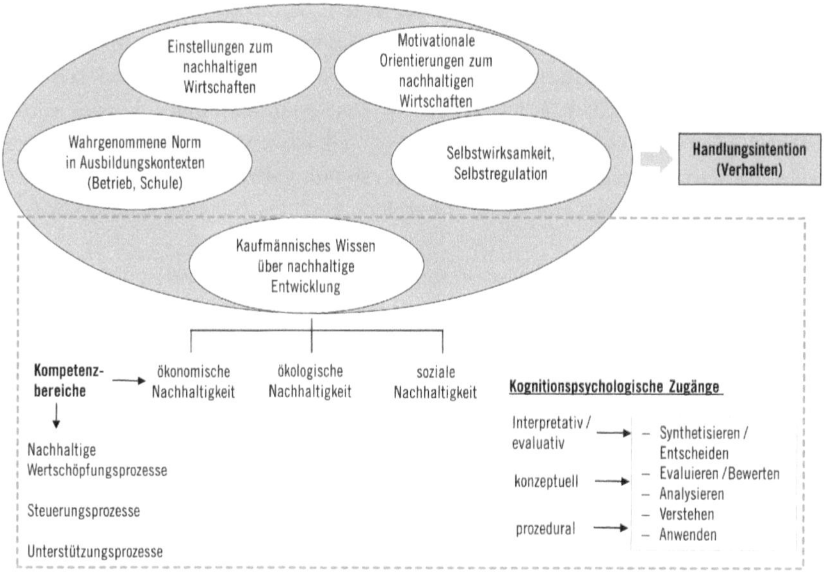

Abbildung 32: Skizze des zugrunde gelegten Kompetenzmodells für nachhaltiges Handeln
[vgl. Seeber und Fischer 2012, S. 2]

3.) Entwicklung und Pilotierung von Instrumenten zur Messung der Modellkomponenten —Situational Judgement Tests

Im Rahmen der Messung von Kompetenzen einer BNE ergeben sich einige Besonderheiten. Die Kompetenzstrukturen in diesem Bereich sind sehr komplex und darüber hinaus entwickeln sie sich in spezifischen Kontexten, sind also situationsgebunden. Im Zuge der Ausdifferenzierung des Assessments wurde auf das Konzept des Situational Judgement Tests (SJT) zurückgegriffen, dessen Items sich durch komplexe Situationsbeschreibungen mit unterschiedlichen Handlungsalternativen auszeichnen. Der Kern eines SJT-Items besteht darin, dass Probanden im Rahmen der Beurteilung einer erfolgskritischen Situation eine Handlungsempfehlung abgeben. (vgl. Fischer und Müller-Harms 2014, S. 19)

Für den SJT wurden 15 Items entwickelt, die aus dem beruflichen und außerberuflichen Handlungskontext stammen. Diese Items zielen primär auf die Messung der Handlungsintention ab. Die Konstruktion der Items erfolgte nach Behrmann (2007, S. 485) in drei Schritten: „1. Sammlung von erfolgskritischen, typischen und herausfordernden Schlüsselsituationen für die jeweilige angestrebte Tätigkeit; 2. Entwicklung von erfolgreichen und weniger effektiven Handlungsalternativen, 3. Identifikation der besten und schlechtesten Alternativen für jede Situation bzw. der Qualitätsreihenfolge der Alternativen (Antwortschlüssel / Scoring-Key)." Gleichzeitig wurden diese Items unter Zugrundelegung der Gegenüberüberstellung effizienzbasierter und ökologisch / sozialer Begründungen konzipiert. (vgl. Fischer und Müller-Harms 2014, S. 20)

Aus psychometrischer Perspektive wurden die kaufmännischen Kompetenzen für nachhaltiges Wirtschaften als latente Variable betrachtet, die nicht unmittelbar beobachtet werden kann, sondern auf die nur indirekt über das Testverhalten geschlossen werden kann. Dabei wurde auf probabilistische Testmodelle zurückgegriffen, die eine Verschränkung von Personenfähigkeiten und Aufgabenanforderungen auf einer Skala ermöglichen und damit eine inhaltliche Interpretation der erreichten Kompetenzen gestatten. Um der Komplexität des nachhaltigen Wirtschaftens mit seinen heterogenen Anforderungs- und Handlungsbereichen gerecht zu werden, erfolgt die Bewertung eines Items nach dem Partial Credit Modell (PCM). (vgl. Fischer und Müller-Harms 2014, S. 20)

Die entwickelten und adaptierten Instrumente wurden insgesamt zwei Mal pilotiert. Erstmals erfolgte dies im Dezember 2012 an vier berufsbildenden Schulen in Hamburg und Schleswig-Holstein. Die Befragungen (n =729) erfolgten in Abhängigkeit der Schulausstattung papier- oder computergestützt. Die SJTs erzielten im Rahmen dieser Pilotierung jedoch geringe EAP/PV-Reliabilitäten, die über die Rasch-Analyse ermittelt wurden. Als Gründe hierfür konnten u. a. sozial erwünschtes Antwortverhalten und Verständnisprobleme identifiziert werden. Aus diesem Grund wurde in Absprache mit dem wissenschaftlichen Beirat eine zweite Pilotierung mit einem neu entwickelten SJT durchgeführt. Für die zweite Pilotierung wurden drei Klassen des Ausbildungsberufes Kaufmann / -frau für Bürokommunikation des ersten Ausbildungsjahres an einer Schule im März 2013 mittels eines papierbasierten Fragebogens (n =63) getestet. Der Ablauf der Testdurchführung wurde im Vergleich zu der ersten Pilotierung konstant gehalten, mit Ausnahme der Testzeiten der einzelnen Testteile. (vgl. Fischer und Müller-Harms 2014, S. 23–35)

6.3.4.3.2 Transferpotenziale der Fallstudie

Aufgrund unterschiedlicher Situationen des Einzelhandels beider Länder können die Ergebnisse von *KONWIKA* nicht direkt auf die BBNE in China übertragen werden. Die Fallstudie bietet jedoch Orientierungspunkte für eine BBNE in China, insbesondere durch die vorgestellten Modelle zu Domänen, Kompetenz und Kompetenzmessung.

Domänen- und Kompetenzmodell

In China ist die Definition von Kompetenz ebenso vielfältig wie in Deutschland. Die Definition von Kompetenz im chinesischen kaufmännischen Bereich wurde bereits in Fallstudie 2 (s. Abschnitt 4.2.3.2) und Fallstudie 3 (s. Abschnitt 4.2.3.3) erläutert. Es stellte sich heraus, dass hierbei auf wissenschaftlicher Ebene eine starke Überschneidung mit der Handlungskompetenz von Deutschland vorliegt. Der Grund liegt darin, dass Chinas Forschung zur modernen Berufsbildung, bzw. beruflichen Kompetenz, erst spät begonnen hat und viele der vorliegenden Erkenntnisse auf den Erfahrungen von internationalen Organisationen und entwickelten Länder, insbesondere Deutschland, beruhen (s. Abschnitt 2.4.1.2). Aufgrund der Komplexität des chinesischen Einzelhandels reicht dieser o. g. umfangreiche Kompetenzkatalog (s. Abbildung 30) nicht aus, um die Kompetenzanforderungen zur Nachhaltigkeit zu erfüllen. In dieser Situation bietet das kontextbezogene Domänenmodell von *KONWIKA* ein Referenzschema für China an. Wie in Abbildung 31 gezeigt, ist das berufliche Handeln abhängig vom Arbeitsplatz (Mikroebene), geprägt durch Geschäfts-, Steuerungs- und Unterstützungsprozesse, von der Philosophie des Unternehmens (Mesoebene), von der Philosophie und dem Selbstverständnis der Branche (Exoebene) und schließlich von den gesellschaftlichen Leitbildern (Makroebene) (vgl. Fischer et al. 2015, S. 146–147). Dieses Paradigma kann analog auch auf China übertragen werden, weil das berufliche Handeln in China ebenfalls gleichermaßen kontextbezogen ist.

Das deutsche Beispiel legt dabei nahe, dass die Entwicklung eines Domänenmodells für nachhaltiges Wirtschaften in kaufmännischen Handlungsfeldern unter folgenden Handlungsempfehlungen entstehen kann:

- Es sollte ein Verfahren zur systematischen Analyse von domänenspezifischen Arbeits- und Geschäftsprozessen in Bezug auf nachhaltigkeitsrelevante Aspekte entwickelt werden. Es ist notwendig, Potenziale aufzudecken und Zusammenhänge aufzuzeigen, indem verschiedene Kompetenzfacetten sowie Determinanten eines Unternehmens oder Arbeitsplatzes erfasst und darüber hinaus berufliches Handeln in den verschiedenen Systemebenen verankert wird.
- Bei der Entwicklung eines Domänenmodells sollte der Einfluss der Systemumgebung und insbesondere gesellschaftlich normativer Werte und Normen auf die Wertschöpfungsprozesse im Betrieb berücksichtigt werden.
- Es sollte ein Kategorienraster mit Kriterien für die Bewertung von domänenspezifischen und -übergreifenden Kompetenzzielen entwickelt werden, das alle Nachhaltigkeitsdimensionen, einschließlich der globalen Perspektive, berücksichtigt.

Kompetenzmessung

Die Kompetenzmessung ist zu einem wichtigen Instrument für die Qualitätsüberwachung der beruflichen Bildung geworden. Weltweit wurden eine Reihe von Modellen und Methoden zur Kompetenzmessung für die berufliche Bildung entwickelt. So enthält bspw. das in Deutschland veröffentliche *Handbuch Kompetenzmessung* 44 international anerkannte Modelle und Methoden zur Kompetenzmessung (vgl. Erpenbeck und Rosenstiel 2007). Diesem theoretischen Rahmen folgend, haben chinesische Wissenschaftler die aktuell gängigen Methoden zur Kompetenzmessung im chinesischen Forschungsgebiet klassifiziert und zusammengefasst. Hieraus ergab sich eine Ordnung in sechs Dimensionen und 16 Kategorien (s. Tabelle 44) (vgl. Gao et al. 2017, S. 11).

Tabelle 44: Klassifizierung der Kompetenzmessung für die berufliche Bildung
[Eigene Darstellung im Anlehnung an Gao et al. 2017, S. 10–15]

Dimension	Kategorie	Beispiele
Forschungs-paradigma	Qualitative Forschung	Kompetenzportfolio, Kompetenzbiographie, The Job Assessment Method (JACM)
	Quantitative Forschung	Verschiedene Arten von Kompetenzmessungstabellen
	Kombination von qualitativer und quantitativer Forschung	Technology-based Assessment of Skills and Competences in VET (ASCOT), Competence Development and Assessment in TVET (COMET)
Situativ	Situationsfrei	Instrument for Competence Assessment (ICA)
	Situationsbezogen	COMET, Kasserler-Kompetenz-Raster (KKR)
Objektiv	Selbstorganisations- und Kontrollfähigkeit	---
	Einzelne Fähigkeit	ASCOT
	Kombination von Fähigkeiten	COMET
Bewertungs-grundlage	Basierend auf Verhaltensmustern	Berufliche Eignungsprüfung, Fertigkeitswettbewerbe (bspw. WorldSkills Competition)
	Basierend auf Arbeitsplatzbeobachtung	Beobachtung
	Basierend auf der bisherigen Performance	Key Performance Indicator (KPI)
Werteorientie-rung	Leistungsergebnis	National Occupational Capability Evaluation
	Kompetenzentwicklung	
	Ausgleich zwischen Kompetenzentwicklung und Leistungsergebnissen	COMET
Subjektbezug	Subjektive Bewertung auf Basis interner Selbstbeobachtung	Selbstevaluation
	Objektive Bewertung anhand externer Beobachtungen	Fremdevaluation

In der Fallstudie 3 (s. Abschnitt 4.2.3.3) fand eine umfassende Evaluation von Lehr- und Lernprozessen statt. Diese ist jedoch nur als ein Leistungstest anzusehen, der sich von der hier hervorgehobenen Kompetenzmessung unterscheidet. Ein Leistungstest ist eine in der pädagogischen Praxis gebräuchliche Methode zur Bewertung des Lernens. Die Bewertung bezieht sich auf den Kursinhalt und das Ergebnis und spiegelt die Gültigkeit des Lehrplans wider. Ziel ist es, die Beherrschung der Lerninhalte durch die Lernenden zu untersuchen. Der Untersuchungsgegenstand der Kompetenzmessung sind hingegen die kognitiven Merkmale des jeweiligen Berufs. Das Ergebnis spiegelt somit die berufliche Relevanz wider und dient dazu, die berufliche Leistungsfähigkeit und die Lernqualität zu messen (vgl. Rauner et al. 2010, S. 66–94). Beispiele für Kompetenzmessung in China sind die zwei Evaluationen *National Vocational Qualification Level examination* (全国职业资格等级考试) und *National Occupational Capability Evaluation* (职业能力测评). In einigen der Testfragen der *National Occupational Capability Evaluation* werden dabei auch BBNE-bezogene Inhalte behandelt, aber eine BBNE-bezogene Kompetenzmessung wurde nicht landesweit etabliert (s. Abschnitt 5.2.1, vgl. Interview IP10-BP-2018, Position 109–111), weil die Verbreitung der Idee von nachhaltiger Entwicklung in China sowie der Grad der sozialen Akzeptanz relativ gering seien.

In dieser Ausgangssituation kann die Kompetenzmessung von *KONWIKA* ebenfalls ein Referenzinstrument für China darstellen. Die Projektergebnisse zeigen, dass die kaufmännischen Kompetenzen für nachhaltiges Wirtschaften als latente Variable betrachtet wurden, die nicht direkt beobachtbar ist, sondern nur indirekt aus dem Testverhalten abgeleitet werden kann. Dies spiegelt explizit den Zusammenhang zwischen Kompetenz und Performanz wider (s. Abschnitt 2.1.1.1). Unter diesem Gesichtspunkt sind diese Kompetenzstrukturen von *KONWIKA* situationsgebunden, weil die Performanz der kaufmännischen Kompetenzen einzelne situationsbezogene Tätigkeiten darstellt. Für die Kompetenzmessung wurde deshalb auf das Konzept des SJTs zurückgegriffen. Für den SJT wurden Items entwickelt, die berufsübergreifend für die verschiedenen kaufmännischen Berufe formuliert werden. In der abschließenden Bewertung eines Items wurde das Partial Credit Modell (PCM) eingeführt. Dieses Modell ermöglicht eine Auswertung von einzelnen, aufeinander aufbauenden Lösungsschritten mittels eines differenzierten Scorings, das auch die Berücksichtigung teilrichtiger Lösungen ermöglicht. Ausgehend von diesem Ansatz von *KONWIKA* kann die kaufmännische Kompetenzmessung in China unter folgenden Gesichtspunkten betrachtet werden:

- Es sollte ein Verfahren zur systematischen Analyse der bereits vorhandenen Instrumente zur Kompetenzmessung durchgeführt und neue Messinstrumente in Verbindung mit den domänenspezifischen Arbeits- und Geschäftsprozessen in Bezug auf nachhaltigkeitsrelevante Aspekte entwickelt werden. Auf Grundlage einer Recherche in der größten chinesischen Wissenschaftsdatenbank (CNKI, Stand 2019) kann vermutet werden, dass bislang weder SJT noch PCM auf den Bereich der beruflichen Bildung in China angewendet wurden. Es wäre deshalb überlegenswert, dass China den SJT bei der Einrichtung seiner eigenen Kompetenzmessung erprobt und evtl. einführt.
- Wahrgenommene Normen über Nachhaltigkeit sowie Verhaltenskontrollen in Bezug auf Nachhaltigkeit sollten untersucht und in der Kompetenzmessung (bspw. *National Vocational Qualification Level examination*) berücksichtigt werden.
- Die Einstellung der einzelnen Items bzw. Testfragen sollte immer entsprechend der Situation der jeweiligen Einzelhandelsberufe gestaltet werden und soll sich durch komplexe Situationsbeschreibungen mit unterschiedlichen Handlungsalternativen auszeichnen. Hierbei sollen die Items grundsätzlich durch eine Gegenüberüberstellung effizienzbasierter und ökologisch / sozialer Begründungen konzipiert werden.

6.3.5 Handlungsfeld V. Curriculare und didaktische Umsetzung von BBNE

Wie in Handlungsfeld III erläutert, bedeutet BBNE viel mehr als nur eine nachhaltige Entwicklung zu propagieren (vgl. UNESCO 2014, S. 18). Vielmehr muss Chinas BBNE-Reform zur konkreten Umsetzung praktiziert werden. Der Implementierungsprozess sollte in einem bestimmten Lern- und Lehrprozess durchgesetzt werden.

Um Leistungen zu kontrollieren, Inhalte einzuführen, zu wiederholen und zu vertiefen, sind Lernaufgaben zentraler Bestandteil des Lern- und Lehrprozesses (vgl. Fischer und Gerdsmeier 2007, S. 184). In diesem Verfahren der BBNE-Reform sind nachhaltige Lernaufgaben das Medium, mit dem die Frage nach einer BBNE beantwortet und bearbeitet werden kann.

Die nachhaltigen Lernaufgaben werden ergo in diesem Handlungsfeld definiert, um den Aspekt des Curriculums und der Didaktik der BBNE in den Ausbildungs- und Arbeitsprozess umsetzen zu können.

6.3.5.1 Bezug zur Berufsbildung im Einzelhandel

Es gibt viele Arten von Ausbildung im chinesischen Einzelhandel, darunter formales Lernen, informelles Lernen und non-formales Lernen. Obwohl die Einzelhandelsausbildung in China primär durch berufliche Schulen getragen wird, hat sich der Anteil der Ausbildung in den Betrieben und anderen sozialgesellschaftlichen Einrichtungen angesichts der großen Veränderungen auf dem Einzelhandelsmarkt von Jahr zu Jahr erhöht (s. Abschnitt 4.2.2.1). Bislang existieren jedoch kaum Konzepte und Materialien für die Praxis (obwohl einzelne Schulen teilweise bereits daran arbeiten, ihre eigenen Curricula zu reformieren). Eine Möglichkeit, dieses Defizit zu beheben, ist die Bereitstellung von nachvollziehbaren Modellen, um die Idee von BBNE in einer umsetzungsorientierten Weise zu begegnen. Das heißt, dass nachhaltigkeitsorientierte Kompetenzen in die Lehrpläne / Curricula integriert und geeignete didaktische Instrumente entwickelt werden sollten.

Wie sind Lernaufgaben für eine zukunftsorientierte Berufsbildung im Einzelhandel zu gestalten? Die o. g. Kompetenz und die zugehörigen Teilkompetenzen (s. Abschnitt 6.3.4.1) beziehen sich auf das allgemeine und ganzheitliche Kompetenzverständnis zur BBNE. Um nachhaltigkeitsorientierte Kompetenzen in die Curricula zu integrieren und geeignete didaktische Mittel zu entwickeln, bedarf es daher einer Erweiterung sowie einer Konkretisierung hierfür. Hierzu wurde 2003 vom BIBB ein Orientierungsrahmen für eine BBNE herausgegeben, welcher der Gestaltungskompetenz sechs Kernkompetenzen im berufsschulischen Bereich zuordnet. Dieser Ansatz wurde von Fischer und Gerdsmeier (2007) in ihrem Artikel *Lernaufgaben nachhaltig gedacht* aufgegriffen und auf nachhaltig ausgerichtete Lernaufgaben bezogen. Die Lernaufgaben sollten sich demnach auf die Förderung der folgenden sechs Kernkompetenzen richten:

- „systemisches, vernetztes Denken; (berufs-)übergreifende[s] Wissen und seine Anwendung in konkreten Situationen;
- Fähigkeit zum Umgang mit Komplexität, die durch das Zusammenwirken ökonomischer, ökologischer und soziokultureller Komponenten gekennzeichnet ist;
- Verstehen kreislaufwirtschaftlicher Strukturen und Lebenszyklen;
- soziale Sensibilität, interkulturelle Kompetenz und Bereitschaft, die globalen Auswirkungen individuellen Handelns auszuloten und zu berücksichtigen;
- Kommunikations- und Beratungskompetenz zur Gestaltung von Netzwerken sowie Fähigkeit zum konstruktiven Umgang mit Konflikten;

- Wertorientierungen im Zusammenhang mit nachhaltiger Entwicklung wie Wirtschaftsethik, Solidarität, Toleranz, Verantwortungsbewusstsein" (Fischer und Gerdsmeier 2007, S. 187; Hahne und Kutt 2003, S. 4).

Bei der Konzeption der Lernaufgaben müssen zudem die speziellen thematischen Anforderungen berücksichtigt werden, um der Thematik als solcher gerecht werden zu können. Ein derartiger Verortungsrahmen wurde bereits von Gerdsmeier (2004) entworfen und von Fischer und Hantke (2017) weiterentwickelt (s. Tabelle 45). Für Chinas BBNE-Reform ist es deshalb hilfreich, die folgenden konstruktivistischen Lernaufgabenformate zum Vorbild zu nehmen, die hier nach zehn Prinzipien eingestuft werden.

Tabelle 45: Anforderungen für die Konzeption nachhaltig ausgerichteter Lernaufgaben [Fischer und Hantke 2017, S. 182; vgl. Gerdsmeier 2004, S. 32]

1.) Kerncharakter	Das Problemverständnis muss von den Lernenden aus ‚schlecht' strukturierter Realität erst aufgebaut und in eine angemessene Problemstruktur überführt werden.
2.) Komplexität	hoch
3.) Offenheit	hoch
4.) Prozessorientierung	eher hoch
5.) Thematisierung von Wechselwirkungen, Störanfälligkeit oder Irrtumswahrscheinlichkeit	eher hoch
6.) Umgang mit Vernetzung	eher hoch
7.) Umgang mit Spannungen und Widersprüchen	eher hoch
8.) Subjektorientierung	Die individuellen Lernstile und -gewohnheiten werden berücksichtigt
9.) Lernsteuerung	eher gering
10.) Anforderungen an die Motiviertheit	hoch

Gleichwohl sollte eine starre Festlegung von Lernaufgaben vermieden werden, da die Lerninhalte vom Rezipienten verinnerlicht werden sollen. Dies ist ein langfristiger, iterativer und partizipativer Prozess, der Flexibilität in der konkreten Ausgestaltung erfordert, wie Fischer und Gerdsmeier (2007) hervorheben:

> „Nachhaltige Lernaufgaben umfassen nicht nur eine Veränderung des inhaltlichen Repertoires, sondern betreffen auch die Art und Weise der Zeitstrukturierung, die partizipative Gestaltung von komplexen Lehr-Lern-Arrangements sowie die Bewertung von Leistungen. […] Das wesentliche Merkmal nachhaltiger Lernaufgaben besteht darin, die linear und mechanistisch ausgerichtete didaktische Reduktion der Wirklichkeit auf klar strukturierte Kausalketten mit Hilfe von komplexen Lehr-Lern-Arrangements mit dem Ziel zu überwinden, dass produkt- und prozessorientiertes Lernen miteinander verbunden werden. […] Statt Linearisierungsstrategien sind Offenheit, Irrtumswahrscheinlichkeit, Störanfälligkeit, Wechselwirkungen, Systemdynamik und Selbstorganisation zuzulassen und herauszuarbeiten“ (Fischer und Gerdsmeier 2007, S. 188).

6.3.5.2 Anvisierte Ergebnisse

Zu den anvisierten Ergebnissen muss die Frage beantwortet werden, wie und von welchen Akteuren nachhaltigkeitsorientierte Kompetenzen in die Curricula integriert und geeignete didaktische Mittel entwickelt werden können. Auf Grundlage der bisher vorgestellten Erkenntnisse lässt sich hierfür das folgendes Schema aufstellen:

1.) Anhand der Bestandsaufnahme (s. Handlungsfeld I) werden vorhandene Materialien zur Unterstützung in der Aus- und Fortbildungspraxis für das Berufsbildungspersonal durch die Stakeholder überarbeitet und ergänzt.
2.) Modelle / Konzepte zur curricularen und didaktisch-methodischen Umsetzung von BBNE werden durch die Stakeholder (s. Handlungsfeld I) entwickelt.
3.) Die Berufsbildungseinrichtungen werden in die Lage versetzt, konkrete Lernangebote für BBNE im Rahmen der Ausbildung zu gestalten.

6.3.5.3 Handlungsempfehlungen

Im Rahmen des UNESCO-WAP *Bildung für nachhaltige Entwicklung 2015–2019* förderte das BIBB aus Mitteln des BMBF Verbundprojekte mit Modellversuchscharakter. Hierbei gab es drei Förderschwerpunkte, die sich auf die Handlungsfelder im Weltaktionsprogramm bezogen: 1. Entwicklung von Ausbildungs- und Qualifizierungskonzepten zur Nachhaltigkeit in kaufmännischen Berufen, 2. Gestaltung eines nachhaltigen Lernortes in Berufsbildungseinrichtungen, 3. Entwicklung von domänenspezifischen Nachhaltigkeitskompetenzen in Berufen des Lebensmittelhandwerks und der Lebensmittelindustrie. Insgesamt wurden 18 Verbundprojekte gefördert, an denen 45 Verbundpartner (Modellversuchsträger) und über 270 Feldagenten beteiligt waren (vgl. Bundesinstitut für Berufsbildung – BIBB 2016, S. 5, 2018, S. 4). Eines der 18 geförderten Verbundprojekte war das Projekt *Pro-DEENLA*, dessen Fokus auf der Entwicklung von nachhaltig ausgerichteten Lernaufgaben für den Einsatz in der betrieblichen Ausbildung zum / zur Kaufmann / -frau für Spedition und Logistikdienstleistung lag. Deshalb wird das Projekt im nächsten Abschnitt als Fallbeispiel vorgestellt. Anhand dieses Beispiels werden Handlungsempfehlungen für China abgeleitet.

6.3.5.3.1 Fallstudie 7: Pro-DEENLA

Das Steinbeis-Innovationszentrum Logistik und Nachhaltigkeit (SLN) und die Leuphana Universität Lüneburg führten vom 01.04.2016 bis zum 31.03.2019 das Projekt *Pro-DEENLA* durch. Die Abkürzung steht für ***Pro****aktive Qualifizierung des Berufsbildungspersonals durch* ***d****ynamisch ausgerichtete* ***E****ntwicklung,* ***E****rprobung und Verbreitung* ***n****achhaltiger* ***L****ernaufgaben in der dualen* ***A****usbildung.*

Zielsetzung

Pro-DEENLA verfolgte das Ziel, nachhaltig ausgerichtete Lernaufgaben für den Einsatz in der betrieblichen Ausbildung zum / zur Kaufmann / -frau für Spedition und Logistikdienstleistung zu konzipieren, zu erproben und zu verbreiten. In diesem Prozess konnten sowohl das betriebliche Berufsbildungspersonal als auch die Auszubildenden von über zehn Praxispartnerbetrieben Kompetenzen für ein nachhaltig ausgerichtetes berufliches Handeln erlernen (vgl. Fischer et al. 2018a, S. 4). Mit welchen Methoden dies erreicht wurde, wird bei der folgenden Betrachtung der einzelnen Projektphasen deutlich:

Projektphasen

Das Modellversuchsprojekt setzt sich aus vier Phasen zusammen, die sich aufeinander beziehen:

<u>1.) Erstellung von Expertisen</u>
Zunächst wurde die Relevanz der Nachhaltigkeitsidee auf Branchen-, Unternehmens- und Arbeitsplatzebene der Transport- und Logistikbranche abgefragt. Dies geschah im Rahmen von leitfragengestützten Expertengesprächen mit Protagonisten der Transport- und Logistikbranche sowie mittels eines Desk-Research. Auf dieser Grundlage wurden dann fachpraktische und fachwissenschaftliche Expertisen erstellt. Aus diesen Erkenntnissen wurden in einem zweiten Schritt nachhaltigkeitsrelevante Arbeits- und Lernsituationen identifiziert. Zusätzlich wurde mithilfe von Arbeitsprozess- und Arbeitsplatzanalysen der individuelle Qualifizierungsbedarf der Praxispartnerbetriebe ermittelt und kontinuierlich weitere Praxispartner gewonnen, mit denen die konzipierten Lernaufgaben erprobt wurden (vgl. Fischer et al. 2018a, S. 4).

2.) Konzeption von Lernaufgaben

Auf Grundlage vorliegender Erkenntnisse zum nachhaltigen Handeln in der Speditions- und Logistikdienstleistungsbranche sowie in Anlehnung an die Ausbildungsordnung wurden betriebliche Basis-, Verknüpfungs- und Erweiterungslernaufgaben konzipiert, die unterschiedliche Zugänge zur Entwicklung von Kompetenzen eines nachhaltig ausgerichteten beruflichen Handelns ermöglichen.

- Basislernaufgaben sind so konzipiert, dass sie von den Auszubildenden individuell am Arbeitsplatz bearbeitet werden können. Ziel dieser Lernaufgaben ist es, dass sich die Auszubildenden die Themen zunächst unabhängig von den Ausbildern aus individueller Perspektive erarbeiten können.
- Verknüpfungslernaufgaben sind so konzipiert, dass die vorab bearbeiteten Basislernaufgaben z. B. im Rahmen eines Azubi-Meetings zusammen mit anderen Auszubildenden reflektiert und weiterbearbeitet werden können. Ziel dieser Lernaufgaben ist es, dass die Auszubildenden ihre individuellen Erkenntnisse aus den Basislernaufgaben um die Perspektiven anderer Auszubildenden erweitern, wodurch ein reflexives Lernen im Spannungsfeld zwischen subjektiver Ebene und intersubjektiver Betriebsebene ermöglicht wird.
- Erweiterungslernaufgaben sind so konzipiert, dass die Erkenntnisse aus den zuvor bearbeiteten Basis- und Verknüpfungslernaufgaben in einen überbetrieblichen Kontext eingebettet werden. Ziel dieser Lernaufgaben ist es, den Auszubildenden ein reflexives Lernen im Spannungsfeld zwischen subjektiver Ebene sowie intersubjektiver Betriebs- und Branchenebene zu ermöglichen.

Die Basis-, Verknüpfungs- und Erweiterungslernaufgaben setzen sich zu Lernmodulen zusammen, die jeweils aus zwei Teilen bestehen:

- Ausführungen für Ausbilder: Im ersten Teil der einzelnen Lernmodule werden für das Berufsbildungspersonal (didaktische) Hinweise zum betrieblichen Einsatz der konzipierten Lernaufgaben formuliert. Dadurch wird das Berufsbildungsbildungspersonal dazu befähigt, im eigenen Unternehmen Kompetenzen für nachhaltiges Wirtschaften auszubilden.
- Ausführungen für Auszubildende: Der zweite Teil der Lernmodule umfasst die einzelnen Lernaufgaben, mit denen sich die Auszubildenden auch unabhängig von ihren Ausbildern auseinandersetzen können.

Durch dieses adressatengerechte und umfassend informierende Vorgehen wird sichergestellt, dass die Lernaufgaben selbstorganisiert – d. h. ohne weitere (didaktische) Unterstützung – in der betrieblichen Ausbildung zum / zur

Kaufmann / -frau für Spedition und Logistikdienstleistung eingesetzt werden können (vgl. Fischer et al. 2018a, S. 4–5).

Der Fokus der Lernaufgaben liegt dabei auf der Förderung des Umgangs mit Widersprüchen in Entscheidungssituationen kaufmännischen Handelns. Denn nachhaltigkeitsorientierte (berufliche) Handlungen zeichnen sich grundsätzlich durch widersprüchliche Handlungsentscheidungen aus. Die Erprobungen dieser Lernaufgaben haben bereits gezeigt, dass eine zentrale Aufgabe einer nachhaltigkeitsorientierten wirtschaftsberuflichen Bildung darin besteht, den Umgang mit diesen Widersprüchen, insbesondere im kaufmännischen Handeln, zu fördern (vgl. Fischer et al. 2018a, S. 4–5).

3.) Erprobung und Auswertung von Lernaufgaben
Die Lernaufgaben wurden nach der Konzeption in der betrieblichen Ausbildung einiger Praxispartnerbetriebe (bspw. Contargo Rhein-Main GmbH, Deutsches Speditions- und Logistikverband e. V.) erprobt und zusammen mit dem Berufsbildungspersonal und den Auszubildenden evaluiert. Die Evaluation zielte sowohl auf eine methodisch-didaktische als auch auf eine inhaltliche Reflexion der Lernaufgaben ab. Auf Basis der dabei gewonnenen Erkenntnisse hat das Projektteam die Lernaufgaben überarbeitet, sodass diese danach selbstorganisiert in der Berufsbildungspraxis eingesetzt werden konnten. (vgl. Fischer et al. 2018a, S. 5)

4.) Durchführung von Workshops
Neben der unternehmensinternen Erprobung der Lernaufgaben hat das Projektteam überregionale Workshops zur Fortbildung und Vernetzung des Berufsbildungspersonals durchgeführt. Ziel der Qualifizierungsworkshops war es, dass sich die Teilnehmer inhaltlich mit einem für sie relevanten Thema auseinandersetzen und dabei eine Lernmethode erproben, die sie im Rahmen des betrieblichen Lernens einsetzen können. (vgl. Fischer et al. 2018a, S. 6)

Ergebnisse: Entwicklung der Lernmodule

Im Zuge der Teilnahme am Projekt *Pro-DEENLA* wurden durch ein Team der Leuphana Universität Lüneburg in Zusammenarbeit mit dem Projektpartner SLN, sowie 15 bundesweiten Praxispartnerbetrieben in den Jahren von 2016 bis 2019 14 Lernmodule in 10 Themenbereichen (mit insgesamt 27 Lernaufgaben) entwickelt. Mithilfe dieser Module sollen die Ausbilder und Auszubildende in der Transport- und Logistikbranche so qualifiziert werden, dass sie in ihren ökonomisch geprägten Arbeitsroutinen ökologische und soziale Auswirkungen mitberücksichtigen können. Die entwickelten Lernmodule sind dabei in drei Ebenen unterteilt – Basislernaufgaben, Verknüpfungslernaufgaben und Erweiterungslernaufgaben. Eine Übersicht ist in Tabelle 46 dargestellt.

Tabelle 46: *Pro-DEENLA*-Lernmodule
[Eigene Zusammenfassung in Anlehnung an Fischer et al. 2018a, 7–14]

Thema		Zuordnung zur AO	Lernaufgaben	Anzahl
1	Nachhaltige Entwicklung	Grundlegendes Querschnittsthema	Basis	1
			Verknüpfung	1
2	CO2- und Wasserfußabdruck	Umweltschutz	Basis	1
			Verknüpfung	1
3	Kombinierter Verkehr!?	Speditionelle und logistische Leistungen	Basis	1
			Verknüpfung	1
			Erweiterung	1
4	Nachhaltig ausgerichtete (Kunden-)Anforderungen	Marketing	Basis	2
			Verknüpfung	3
5	EU-Berichtspflicht	Verträge, Haftung und Versicherungen	Basis	1
			Verknüpfung	1
6	Umgang mit Widersprüchen	Grundlegendes Querschnittsthema	Basis	1
			Verknüpfung	1
			Erweiterung	1
7	Energieeinsparung und Energieeffizienz	Umweltschutz	Basis	1
			Verknüpfung	1
8	Ressourcenreflexion	Sicherheit und Gesundheitsschutz bei der Arbeit; Arbeitsorganisation	Basis	1
			Verknüpfung	1
9	Corporate Social Responsibility (CSR)	Marketing; der Ausbildungsbetrieb	Basis	2
			Verknüpfung	2
			Erweiterung	1
10	Digitalisiert nachhaltiger wirtschaften!?	Querschnittsthema	Erweiterung	1

Beispiellernmodul Kombinierter Verkehr!?

Aus den o. g. 10 Themenbereichen wird das Lernmodul *Kombinierter Verkehr!?* als ein konkretes Beispiel exemplarisch dargestellt. Der Grund für die Wahl dieses Beispiels liegt darin, dass dieses Lernmodul sich einerseits an den Kernbereich des Ausbildungsberufs Kaufmann / -frau für Spedition und

Logistikdienstleistung richtet, andererseits mit am meisten von den Betrieben umgesetzt wird (vgl. Interview IP11-PD-2019, Position 12).[157]

Ziel: Das Ziel der Lernaufgabe ist es, das Konzept des kombinierten Verkehrs hinsichtlich seiner Vor- und Nachteile im Kontext ökonomischer, ökologischer und politischer Perspektiven zu diskutieren und zu reflektieren.

Angestrebte Kompetenzförderung: 1. Die Auszubildenden erläutern das Konzept des kombinierten Verkehrs. 2. Sie skizzieren die Vor- und Nachteile verschiedener Verkehrsträger. 3. Die Auszubildenden diskutieren die Pros und Kontras des Konzepts des kombinierten Verkehrs im Kontext ökonomischer, ökologischer und politischer Perspektiven.

Kurzbeschreibung und Einordnung: Die Auszubildenden erarbeiten sich in der Basislernaufgabe zunächst einen Überblick über das Konzept des kombinierten Verkehrs. Auf Basis dieser Informationen planen sie einen kombinierten Verkehr für den Herstellungs- bzw. Lieferprozess einer Tafel Schokolade und recherchieren, inwiefern diese Form des intermodalen Verkehrs in ihrem Betrieb Anwendung findet. Im Rahmen der Verknüpfungslernaufgabe beschäftigen sich die Auszubildenden mit den Vor- und Nachteilen der Verkehrsträger Schiene, Wasserstraße, Straße und Luft, indem sie das Brettspiel *Verantwortung hat Vorfahrt* spielen, und anschließend ihre gewonnenen Erkenntnisse und Ideen gemeinsam reflektieren. Im Planspiel *Kombinierter Verkehr. Spedition und Logistik der Zukunft!?* (Erweiterungslernaufgabe) nehmen die Auszubildenden daraufhin eine verkehrspolitische Perspektive ein. Als Interessenvertreter oder Vertreter politischer Institutionen müssen sie ihre Ziele für eine zukünftige Verkehrsinfrastruktur bestmöglich verhandeln. Im Anschluss wird der Spielverlauf ausgewertet und im Hinblick auf den (betrieblichen) Alltag reflektiert.

Dieses Modul baut auf grundlegenden Modulen (z. B. *nachhaltige Entwicklung*) auf und stellt das Konzept des kombinierten Verkehrs mit dem Ziel in den Fokus, zukunftsorientierte Lieferketten gestalten zu können.

6.3.5.3.2 Transferpotenziale der Fallstudie

Die erfolgreich umgesetzten Lernaufgaben von *Pro-DEENLA* wurden in einem Handbuch zusammengetragen. Damit erhalten die beruflichen

157 Als das Projekt als Fallstudie ausgewählt wurde, war es noch nicht abgeschlossen. Für diese Fallstudie wurde deshalb ein Interview mit dem Projektteam am 26.02.2019 in der Leuphana Universität Lüneburg durchgeführt. Die Perspektive des Projektteams wird auch in der nachfolgenden Diskussion erwähnt.

Bildungseinrichtungen sowohl in Deutschland als auch in China Informationen und Impulse zur Frage, wie nachhaltig orientierte berufliche Kompetenzen in der Ausbildung gefördert werden können. Die im Projekt gewonnenen Erfahrungen und Erkenntnisse könnten dann in die Überarbeitung der aktuellen Didaktiken und Lehrpläne einfließen, um die BBNE-Reform in China voranzutreiben.

In Verbindung mit den Projektergebnissen – hauptsächlich basierend auf dem Beispiellernmodul *Kombinierter Verkehr!?* (vgl. Fischer et al. 2018b) – werden die Handlungsempfehlungen anhand des weiter oben beschriebenen konstruktivistischen Lernaufgabenformats (s. Tabelle 45) nachfolgend dargelegt.

1.) Kerncharakter

Das Lernmodul *Kombinierter Verkehr!?* umfasst insgesamt drei Typen von Lernaufgaben: Basis-, Verknüpfungs- und Erweiterungslernaufgaben. Der spezielle Fokus liegt dabei jedoch auf den Verknüpfungs- und Erweiterungslernaufgaben, in diesem Fall in der Form eines Planspiels. Das Planspiel hat generell den großen Vorteil, dass die Lernenden erst einmal eigene Strukturen entwickeln müssen. Hierbei gibt es keine richtige oder falsche Struktur – der Fokus liegt darauf, durch ein selbst entwickeltes Verständnis der Realität zu etablieren. Also wird die Lernaufgabe auch erst im Rahmen dieses Planspiel selbst geschaffen (vgl. Interview IP11-PD-2019, Position 10). Somit kann resümiert werden, dass das spezifische Problemverständnis von den Lernenden aus einer unstrukturierten Realität erst aufgebaut und in angemessene Problemstrukturen überführt werden muss.

Aufgrund der Komplexität und Unübersichtlichkeit der chinesischen Einzelhandelsbranche ist es schwer, eine vergleichbare konkrete Lernaufgabe zu gestalten. Aus den Anregungen des Projekts *Pro-DEENLA* ergibt sich: Wenn eine nachhaltige Lernaufgabe entwickelt werden soll, ist es unvermeidlich, dass das Problemverständnis der Lernenden zunächst aus einer unstrukturierten Realität aufgebaut und dann selbstständig in eine geeignete Problemstruktur umgesetzt wird.

2.) Komplexität

Die Basislernaufgaben umfassen grundlegende Inhalte, Aufgaben und Tätigkeiten. Bevor die Auszubildenden über die Vor- und Nachteile der einzelnen Verkehrsträger diskutieren können, müssen sie sich zunächst das Konzept des kombinierten Verkehrs erarbeiten. Einige Mikromethoden werden hierbei oft verwendet (z. B. Textanalyse, Statistikanalyse, Internetrecherche).

Die Verknüpfungslernaufgaben basieren auf domänenverknüpfenden Inhalten, Aufgaben und Tätigkeiten, die von den Lernenden eine Positionierung bzgl. widersprüchlicher Entscheidungsoptionen erfordert. Nachdem sich die Auszubildenden intensiv mit der Idee des kombinierten Verkehrs auseinandergesetzt haben, beschäftigen sie sich nun auf spielerische Art und Weise mit den individuellen Vor- und Nachteilen der einzelnen Verkehrsträger Straße, Schiene, Wasserstraße und Luft. Hierbei werden spezielle Mikromethoden (z. B. Lernspiele, Referate) in Kombination mit ausgewählten Makromethoden (z. B. Pro und Kontra-Debatte) angewendet.

Die Erweiterungslernaufgaben umfassen komplexere Inhalte, Aufgaben und Tätigkeiten, die widersprüchliche Entscheidungsprozesse verdeutlichen sollen. Das heißt, nachdem sich die Auszubildenden sowohl mit dem Konzept des kombinierten Verkehrs als auch mit den einzelnen Verkehrsträgern auseinandergesetzt haben, betrachten sie das Thema nun aus politisch-strategischer Perspektive. Hierbei werden Makromethoden (z. B. Planspiel, Rollenspiel) genutzt.

Die Schwierigkeitsgrade der Lernaufgaben sind auf verschiedene Personengruppen zugeschnitten. Mit den drei Ebenen, also Basis-, Verknüpfungs- und Erweiterungslernaufgaben erhöht sich der Komplexitätsgrad graduell. Auch das Umfeld ist je nach Lernphase gestaltet. Vor allem in der Erweiterungslernaufgabe (Planspiel) bietet die große Anzahl heterogener Akteure mit ihren (zum Teil) gegensätzlichen Interessen einen hohen situativen Komplexitätsgrad.

Unter diesem Gesichtspunkt können folgende Handlungsempfehlungen für die chinesische BBNE-Reform gemacht werden: Bei der BBNE-Reform sollten die Lernaufgaben ebenfalls nach verschiedenen Lernstufen formuliert werden. Spezifische Anforderungen können sich auf Tabelle 47 beziehen. Die curriculare und didaktische Umsetzung sollte gleichzeitig die Hierarchisierung von BBNE-Kompetenzen (s. Abschnitt 6.3.4.1) berücksichtigen. Spielerische Ansätze können zudem gut geeignet sein, um komplexe Sachverhalte und schwierige Abwägungen interaktiv und sozial-dynamisch zu gestalten und somit möglicherweise auch einen tieferen Eindruck bei den Lernenden zu hinterlassen.

Tabelle 47: Entwicklungsstufenmodell für die beruflichen Arbeitsaufgaben [Rauner 2002, S. 122]

Lernbereiche		Aufgabenbereiche	Aufgabenbewältigung
Orientierungs- und Überblicks-wissen	Worum es im Beruf in der Hauptsache geht	Berufsorientie-rende Arbeitsauf-gaben	Angeleitete Aufgabenbearbeitung
Zusammen-hangswissen	Wie und warum die Dinge so und nicht anders zusammenhängen	Systematische Arbeitsaufgaben	Systematische Aufgabenbearbeitung
Detail- und Funktionswissen	Worauf es in der Facharbeit im Einzelnen ankommt und wie die Dinge funktionieren	Problembehaftete spezielle Arbeitsaufgaben	Theoriegeleitete Aufgabenbearbeitung
Erfahrungs-basiertes fach-systematisches Vertiefungswis-sen	Wie sich die Dinge fachsystematisch erklären und Probleme situativ lösen lassen	Nicht vorhersehbare Arbeitsaufgaben	Erfahrungsgeleitete Aufgabenbearbeitung

3.) Offenheit

Da die Lernenden Daten zur Lösungsfindung selbst recherchieren müssen, ist theoretisch Offenheit geboten hinsichtlich des Konzepts des kombinierten Verkehrs bei den Basislernaufgaben. Aber der Grad der Offenheit ist in der Praxis sehr gering, weil die Lernaufgaben bereit klar strukturiert sind und ein bestimmter Lösungsweg bereits vorgezeichnet ist (bspw. durch Tipps zum Erstellen einer Grafik). Im Vergleich zu der Basislernaufgabe ist die Offenheit bei der Verknüpfungslernaufgabe höher, weil die Lernenden diese Lernaufgabe mittels eines Brettspiels und einer Spielanleitung miteinander in einer Gruppe erarbeiten. Die Offenheit der Erweiterungslernaufgaben ist eher hoch, weil der Wahl des Lösungswegs und der Lösungen durch die vorschlagende Struktur als sehr hoch eingestuft werden kann (mehrere unterschiedliche Lösungswege führen zum Ziel).

Zusammenfassend lässt sich sagen, dass der Offenheitsgrad der Lernaufgaben von Basis- bis zu Erweiterungslernaufgaben in diesem Lernmodul schrittweise erhöht wird. Unter diesem Blickwinkel können die folgenden Empfehlungen für die chinesische BBNE-Reform vorgelegt werden: Bei der Entwicklung einer auf Nachhaltigkeit ausgerichteten Lernaufgabe sollte der Grad der Offenheit der Lernaufgaben an die Lernsituation der Lernenden angepasst und schrittweise gesteigert werden, um selbstständiges Denken und Handeln zu fördern.

4.) Prozessorientierung

Das Lernmodul *Kombinierter Verkehr!?* besteht aus Lernprozessen, in denen die Lernaufgaben in Form von Abläufen umgesetzt sind. Der Prozess besteht aus folgenden drei logisch aufeinander aufbauenden Arbeitsschritten: Einstiegsphase, Analyse- und Erarbeitungsphase sowie Präsentations- und Reflexionsphase. Bei jedem Teilprozess werden die Handlungsabläufe, die Lernformen und Techniken sowie die Lernmedien zwischen den Lernenden und den Lehrenden durch eine klare Abgrenzung und Koordination überwunden. Deswegen ist die Prozessorientierung in diesen nachhaltigen Lernaufgaben eher hoch.

Bei diesem prozessorientierten Lernen stellt sich die Frage: Wie können die individuellen Lernerlebnisse der Lernenden für eine kontinuierliche Entwicklung beruflicher Gestaltungskompetenzen genutzt werden?

Das Projektteam beantwortet diese Fragen wie folgt: Das prozessorientierte Lernen sei das Resultat eines Kompromisses zwischen Projektteam und Beteiligungsunternehmen. Warum ist das so? Der Hauptgrund ist hier, dass diese Lernaufgaben hauptsächlich in die betriebliche Wirklichkeit eingebettet sind. Die betriebliche Ausbildung jedes Betriebs hat jedoch bereits ein festes Programm und die verschiedenen Akteure haben unterschiedliche Vorstellungen von den Ausbildungsprozessen. In diesem Zusammenhang entsteht der erste Widerspruch: die Entwicklung nachhaltiger Lernaufgaben und die tatsächlichen Bedürfnisse des Betriebes / des etablierten Ausbildungsmodells. Angesichts dieser Schwierigkeit musste das Projektteam einen Kompromiss finden (vgl. Interview IP11-PD-2019, Position 2).

Die Handlungsempfehlung an China lautet, dass nachhaltige Lehraufgaben eine hohe Prozessorientierung aufweisen sollten, aber gleichzeitig die bestehende Struktur der Ausbildungseinrichtungen berücksichtigen sollte. Weil jede Berufsbildungseinrichtung in China bereits ihren eigenen inhärenten Betriebsmechanismus hat, um neue Dinge, bspw. nachhaltig ausgerichtete Lernaufgaben, zu akzeptieren und in ihrem Lernplan umzusetzen, ist ggf. zunächst eine Reform der bestehenden Abläufe und Strukturen nötig. Dies stellt eine große Herausforderung für die reibungslose Förderung und Verbreitung nachhaltiger Lernaufgaben dar.

5.) Thematisierung von Wechselwirkungen, Störanfälligkeit oder Irrtumswahrscheinlichkeit

In den Basislernaufgaben des Lernmoduls *Kombinierter Verkehr!?* sollen die Lernenden zum Einstieg einen Informationstext lesen, zu dem sie Leitfragen beantworten sollen. Zusätzlich sollen sie selbst einen kombinierten Verkehr für den Herstellungsprozess einer Tafel Schokolade planen. Im Gegensatz zu herkömmlichen Lernmethoden sollen die Lernenden in diesem Modul Probleme in einer bestimmten Situation selbst lösen. In den folgenden Analyse- und Erarbeitungsphasen sowie Präsentations- und Reflexionsphasen beschäftigen sich die Lernenden selbstständig mit den Lernaufgaben anhand einer Spielanleitung in Partner- bzw. Gruppenarbeiten. Es ist nicht schwer zu erkennen, dass die Lernenden persönlich oder in der Gruppe verschiedene Störungen lösen müssen, wenn sie ihre Aufgaben erfüllen wollen. Somit erfolgt eine Thematisierung von Wechselwirkungen, Störanfälligkeiten bzw. Irrtumswahrscheinlichkeiten in der Lernaufgabe.

Unter diesem Gesichtspunkt können die folgenden Ansätze für die chinesische BBNE-Reform identifiziert werden: Förderung des forschenden Lernens bei der BBNE. Die Lehrenden sind aus der Sicht des Konstruktivismus erfindungsreiche Störer und nicht Instrukteure. Vor diesem theoretischen Hintergrund sollen die Lehrenden auf akzeptable Art und Weise Störungen für den Lernenden erfinden (vgl. Gerdsmeier und Fischer 2003, S. 176). Diese Störungen sind bspw. Lernaufgaben, Angebote zu Inhalten, Strukturen, Prozesse und Regeln, die die Lernende vor neue Probleme stellt und diesen ggf. lästig erscheinen, ihnen aber eine neue Perspektiven eröffnen. Durch unvollständige Informationen müssen die Lernenden diese Störungen bearbeiten bzw. beseitigen. Es kommt nicht darauf an, dass die Lernenden die professionelle Musterlösung nacherfinden, wichtig ist, dass sie „diese Lösung als eine mögliche Konstruktion kennen lernen, ihre Vorzüge und Schwächen durchschauen – wie sie auch die Vorzüge und Schwächen ihrer eigenen, überwiegend ja durchaus wertvollen Lösung analysieren“ (Gerdsmeier und Fischer 2003, S. 178).

6.) Umgang mit Vernetzung

Hinter dem Begriff Umgang mit Vernetzung steht die Idee des vernetzten Denkens. Das bedeutet, dass die Lernenden nicht nur in einer Domäne denken, sondern interdisziplinär denken können (vgl. Interview IP11-PD-2019, Position 16). In den Basislernaufgaben setzen sie sich erst einmal mit grundlegendem Wissen auseinander. Die Anforderungen zum Umgang mit Vernetzung steigen in den Verknüpfungs- bzw. Erweiterungslernaufgaben. Bei dem Planspiel beschäftigen die Lernenden sich auf spielerische Art und Weise mit den individuellen Vor- und Nachteilen der einzelnen Verkehrsträger Straße, Schiene, Wasserstraße und Luft. Mithilfe des Brettspiels *Verantwortung hat Vorfahrt* können die komplexen und teils widersprüchlichen Standpunkte zur Gestaltung eines zukunftsorientierten Straßen-, Schienen- und Wasserwegenetzes simuliert werden. In diesem Prozess müssen die Lernenden verschiedene Verkehrsträger vergleichen, Vor- und Nachteile identifizieren und argumentieren, warum sie sich für gewisse Verkehrsträger entscheiden. Dadurch wird der Umgang mit Vernetzung in dem Sinne gefördert, dass nicht nur rein ökonomisch rational argumentiert wird, sondern auch ökologisch oder sozial (vgl. Interview IP11-PD-2019, Position 16).

Die Handlungsaufforderung dieses Merkmals an die chinesische BBNE besteht darin, dass nachhaltige Lernaufgaben so gestaltet werden müssen, dass diese dazu anregen, aus verschiedenen Perspektiven über Probleme nachzudenken. Gerade im Kontext des schnellen Wandels im chinesischen Einzelhandel (*New Retail*) ist diese Fähigkeit für jeden Beschäftigten besonders erwünscht, denn angesichts einer Vielzahl neuer Herausforderungen steigt der Bedarf an flexibler Aktivierung von Wissenspotenzialen und kreativen Lösungen. Dieser Punkt wurde von Fischer und Gerdsmeier (2007) explizit als erstes Kompetenzfeld der sechs Schlüsselkompetenzen zur BBNE vorgeschlagen, die in nachhaltigen Lernaufgaben zu entwickeln und zu fördern sind: „systemisches, vernetztes Denken; (berufs-) übergreifendem Wissen und seine Anwendung in konkreten Situationen" (Fischer und Gerdsmeier 2007, S. 187).

7.) Umgang mit Spannungen und Widersprüchen

Spannungen und Widersprüche sind insbesondere Bestandteil der Erweiterungslernaufgabe. Hier nehmen die Lernenden mithilfe des Planspiels *Kombinierter Verkehr. Spedition und Logistik der Zukunft!?* die Rollen unterschiedlicher Interessenvertretungen sowie politischer Institutionen ein und erarbeiten Argumente für eine zukunftsfähige Verkehrspolitik. Durch die Annahme der Rollen unterschiedlicher Interessenvertreter sowie Ministerien nehmen die Lernenden gegenwärtige und zukünftige Herausforderungen der Infrastrukturpolitik aus unterschiedlichen Blickwinkeln wahr. In diesem Prozess müssen sie widerstreitende Interessen vereinen bzw. nach Kompromissen suchen und Entscheidungen über die Verteilung von Geld, Macht, Sicherheit und Autonomie treffen. Somit ist das Spannungsverhältnis in der Lernaufgabe als eher hoch zu bezeichnen.

Der Umgang mit Spannungen und Widersprüchen ist ein Schwerpunkt des gesamten Projekts (vgl. Interview IP11-PD-2019, Position 30). Dafür wurde die innovative Methode der *Systemischen Visualisierung* umgesetzt, die als separates Lernmodul konzipiert ist und auf andere Lernbereiche angewendet werden kann.

Der Umgang mit Spannungen und Widersprüchen steht in China hingegen im direkten Konflikt mit der traditionellen chinesischen Bildungsphilosophie. Besonders bedingt durch den Konfuzianismus, in dem die Harmonie eine zentrale Lehre ist, werden Spannungen und Widersprüche in der zwischenmenschlichen Kommunikation so weit wie möglich vermieden. In der konfuzianischen Erziehung wird ebenfalls besonders die Gehorsamkeit betont. Dieses konfuzianistisch geprägte Bildungsideal wirkt sich auch auf die derzeitige Bildung aus (mehr zum konfuzianischen Bildungskonzept: s. Abschnitt 2.2.1). Zum Umgang mit Veränderungen und Freisetzung von Kreativität und Flexibilität, wie diese für eine nachhaltige Entwicklung wie auch in einem sich schnell verändernden Markt erforderlich ist, sollte hierfür ein eigener chinesischer Zugang gefunden werden und ein Umdenken erfolgen. Aufgrund der kulturellen Unterschiede scheint es in diesem Punkt keine direkten Anknüpfungspunkte zur Fallstudie zu geben, außer das gerade dieses Thema gut geeignet sein könnte, um sich diesem spielerisch (wie mit dem beschriebenen Planspiel) zu nähern. Der Umgang mit Spannungen und Widersprüchen sollte in Chinas BBNE-Reform thematisiert und ein Zugang hierfür aufgezeigt werden. Unter dem Einfluss der chinesischen traditionellen Kultur und dem hohen Stellenwert von Harmonie ist dies eine große Herausforderung. Hier bedarf es eines Paradigmenwechsels in China.

8.) Subjektorientierung & 9.) Lernsteuerung

Hinsichtlich der Subjektorientierung und Lernsteuerung spielen das Lehrerhandbuch und die Lernmodule der Lernenden eine Rolle, wobei Letzteres in die Ebenen Basis-, Verknüpfungs- und Erweiterungslernaufgaben unterteilt ist. Die Sozialform der Basislernaufgaben konzentriert sich auf Einzelarbeit am Arbeitsplatz. Die individuellen Lernstile und Gewohnheiten werden somit berücksichtigt. Die Sozialformen der Verknüpfungs- und Erweiterungslernaufgaben sind Gruppen- oder Partnerarbeit, wobei daraus eine Lernumgebung entsteht, in der die Lernenden unterschiedliche Rollen wahrnehmen. Nach dem Lehrerhandbuch wandelt sich die Funktion der Lehrkraft hin zum moderierenden Unterstützer des Lernprozesses der Lernenden. Dieser Lernmodus spiegelt die intendierte Entwicklung des Lehr- / Lernprozesses vom lehrerzentrierten zum lernerzentrierten Lernen wider.

Wie aus diesem Lernmuster ersichtlich wird, erfolgt somit eine geringe Steuerung der Lehrenden von außen, da hierbei eine hohe Selbststeuerung seitens der Lernenden erreicht wird. Zum Beispiel geben die Lehrenden den Lernenden in verschiedenen Phasen des Planspiels Tipps und Hinweise, die Lernenden sind jedoch dazu aufgefordert, ihren Lösungsprozess selbst zu steuern. Die Lehre ist somit nicht mehr als „direkte Steuerung" (Voß 2002, S. 41), sondern als „indirekte Beeinflussung in der gemeinsamen Gestaltung von Lern-Lehr-Prozessen" (Voß 2002, S. 41) zu verstehen. Lehrende sind sowohl Interaktionspartner als auch Lernbegleiter, indem sie systematisch unterstützend und durch bewusste Veränderung der Rahmenparameter im Spiel an die Lernenden herantreten und Einfluss nehmen. Dieses Lernmodell ist ein gutes Beispiel für forschendes Lernen.

Unter diesem Blickwinkel ist die Handlungsaufforderung an China, den Lehr- / Lernprozess auf die Lernenden auszurichten und eine hohe Lernsteuerung der Lernenden zu gewährleisten, um das forschende Lernen zu fördern. Diese Handlungsempfehlung steht im Einklang mit der von Glasersfeld (1995) betonten konstruktivistischen Theorie: Zuerst steht das Subjekt, und zwar der Lernende, im Mittelpunkt, wobei die Wahrnehmung der einzelnen Person ausschlaggebend ist. Entscheidend ist, dass die Lernenden für sich selbst die Sinnhaftigkeit des Erlernten erkennen, um Handlungsschemata und Begriffsstrukturen aufbauen zu können, die sich im Laufe der Erfahrung als brauchbar erweisen. Jeder Lernende ist so in der Lage, selbst Verantwortung für sein persönliches, nachhaltiges und signifikantes Lernen unter Einbeziehung der ganzen Person zu übernehmen, um ein eigenes relevantes Ziel zu konstruieren. Konstruktivistische Lerntheorien haben eine große Bedeutung für Lernende, weil sie selbst ihren Wissenserwerb steuern und sich in Praxissituationen selbstständig mit dem Lernstoff auseinandersetzen können. Die Lernenden wählen eigene Lernwege und entwickeln ihre eigenen Lernpläne (vgl. Glasersfeld 1995, S. 7–8).

10.) Anforderungen an die Motiviertheit

Ein bekanntes Zitat von Schiller lautet: „Der Mensch spielt nur, wo er in voller Bedeutung des Wortes Mensch ist, und er ist nur da ganz Mensch, wo er spielt" (Schiller 1875, S. 242). Im Projekt *Pro-DEENLA* konnte beobachtet werden, dass die Motiviertheit der Lernenden durch das spielerische Lernen erheblich verbessert werden konnte (vgl. Interview IP11-PD-2019, Position 20). Dieser

Lernmodus spiegelt sich im Erklärungsmodell des ‚Homo ludens' wider, nach dem Menschen ihre Fähigkeiten vornehmlich durch das Spiel entwickeln (vgl. Huizinga 1987).

Ein spielerischer Ansatz kann ebenfalls hilfreich sein, um Inhalte im Ausbildungsbereich effizient zu vermitteln. Als Beleg hierfür kann etwa die *WorldSkills Competition* herangezogen werden, die inoffiziell auch unter den Namen Berufsolympiade oder Berufsweltmeisterschaft bekannt ist. Hierbei treten Auszubildende aus verschiedenen Disziplinen im Wettbewerb gegeneinander an, um ihre Fähigkeiten zu demonstrieren und eine Medaille zu erringen. Gerade in China ist dieses Format populär. Viele Berufsbildungseinrichtungen sehen in diesem Ansatz einen effektiven Weg, um das Ansehen der beruflichen Bildung zu verbessern und die Teilnahmequoten zu erhöhen. Wie bereits berichtet wurde, bezieht z. B. das in Fallstudie 3 vorgestellte College (s. Abschnitt 4.2.3.3) die Idee der *WorldSkills Competition* gezielt in das Lehr- und Lernbewertungssystem ein. Es wäre ebenfalls wünschenswert, dieses spielerische Lernen in den täglichen Unterricht zu integrieren und hierfür neue Konzepte zu entwickeln.

6.4 Mechanismen

Die bewusste Nutzung von Wirkungsmechanismen ist bei der Umsetzung neuer Konzepte zentral, um diese faktisch in der Praxis zu verankern und somit letztlich eine Systemänderung zu erreichen. Eine Gliederung der Mechanismen kann dabei auf mehreren Ebenen erfolgen. In Anlehnung an Bronfenbrenner et al. (1981) werden hier fünf Systemebenen unterschieden: internationale Ebene, Makro-, Exo-, Meso- und Mikroebene (s. Tabelle 48). Die dahinter stehenden Forschungskonzepte bieten damit strukturierende Elemente, um die Handlungsansätze der Ausbildung hinsichtlich der BBNE systemisch zu verorten. Auch die betroffenen Handlungsfelder können hierbei einbezogen werden. Die nachfolgende Tabelle gibt einen zusammenfassenden Überblick über die Einordnung der Mechanismen:

Tabelle 48: Mechanismen für die Realisierung der BBNE-Roadmap
[Eigene Darstellung]

Systemebene	Leitfrage	Arbeitsbereich	Konvergenz der Handlungsfelder
Internationale Ebene	Wie kann die internationale Zusammenarbeit im Sinne der BBNE gelingen?	• Rahmenbedingungen • Zusammenarbeit • Anerkennung und Anrechnung	...
Makro-ebene	Wie kann die BBNE in das politische, ökonomische und rechtliche System implementiert werden?	• Politiksystem • Rechtssystem • Paradigma	...
Exo-ebene	Wie kann die BBNE auf struktureller Ebene programmatisch geregelt werden?	• Rahmenbedingungen • Durchlässigkeit (Gesellschaftliche Akzeptanz)	Handlungsfeld I Handlungsfeld II
Meso-ebene	Wie kann die BBNE im Hinblick auf die Leitideen institutionell und konzeptionell organisiert werden?	• Lehrplanvorgaben • Lernortorganisation • Evaluation (Prüfungskonzept)	Handlungsfeld I Handlungsfeld III
Mikro-ebene	Wie können die Unterrichtseinheiten im Hinblick auf die BBNE konkret gestaltet werden?	• Lernsituationen • Kompetenzförderung • Gestaltung von Lehr-Lern-Arrangements • Lehrpläne und Ausbildungsordnungen	Handlungsfeld I Handlungsfeld IV Handlungsfeld V

Top-down oder Bottom-up?

Eine zentrale Frage bei Prozessdefinitionen ist die der Vorgehensweise. Eine wichtige Unterscheidung stellt dabei das vertikale bzw. hierarchische Vorgehen dar, also ob von oben begonnen wird und Schritt für Schritt nach unten gearbeitet wird (Top-down-Ansatz) oder ob bei der Basis begonnen wird und schrittweise nach oben gearbeitet wird (Bottom-up-Ansatz).

Beim Top-down-Verfahren wird i. d. R. der Indikatorensatz von einem Expertengremium aus Wissenschaft, Politik und Verwaltung bestimmt und den Kommunen zur Anwendung empfohlen (vgl. Korczak 2009, S. 300). Aber wie kann bei der Identifizierung von Mechanismen im Top-down-Verfahren vorgegangen werden? In Kombination mit dem Status quo und den Herausforderungen der BBNE in China (s. Abschnitt 5.2.1.1) wurde für die BBNE-Roadmap der folgende Handlungsansatz gewählt: Die chinesische Regierung beginnt mit der Formulierung eines Überblicks über das System (BBNE), Details werden hierbei vernachlässigt. Genaue Umsetzungsmaßnahmen (z. B. als Pilotprojekt, Initiative oder Aktivitäten) werden schrittweise von den Institutionen definiert und ausgeführt. Bei dieser Vorgehensweise liegt der Schwerpunkt der oberen Ebene auf der Planung und dem Verständnis des Systems. Die Institutionen setzen gemäß dieser Vorschriften Initiativen in die Praxis um. Dieses Vorgehen wird deshalb auch als ein hierarchisches Planungsprinzip bezeichnet.

Beim Bottom-up-Vorgehen werden die Indikatoren in enger Zusammenarbeit mit Agenda-Vertretern, kommunalen Praktikern und Wissenschaftlern entwickelt und in der Praxisanwendung fortgesetzt, fortgeschrieben bzw. verändert (vgl. Korczak 2009, S. 300). Zum besseren Verständnis des Implementierungsstatus der Prozesse in der BBNE-Roadmap kann das Bottom-up-Prinzip angewendet werden: Die einzelnen Teillösungen der BBNE werden dabei von unten nach oben umgesetzt, bis das Gesamtproblem gelöst ist. Dies wird auch als partizipativer Mechanismus bezeichnet.

Bei der hier konzipierten BBNE-Roadmap kommt nun eine Mischung der beiden Ansätze Top-down und Bottom-up zu tragen. Innerhalb der BBNE-Roadmap gibt es dabei keine feste Zuordnung zwischen den verschiedenen Systemebenen oder eine hierarchische Gliederung. Die Entscheidung der unteren, ausführenden Ebenen hängt einerseits von der planungspolitischen Gestaltung der oberen Ebene ab. Andererseits sollten die oberen Ebenen die strategische Planung regelmäßig entsprechend dem Implementierungsstatus, den Erfahrungen und sich wandelnden Bedürfnissen der unteren Ebenen anpassen. Durch die wechselseitige Anwendung beider Prinzipien soll die BBNE-Roadmap eine konzept- und theoriegeleitete, aber zugleich fest in der realen Praxis verortete Umsetzung ermöglichen. Somit ist die Etablierung eines Dialogs bzw. Zusammenspiels zwischen Top-down-Programmen und Bottom-up-Initiativen und -Aktivitäten zentral, um den Übergangsprozess zu einer BBNE effizient zu gestalten und somit zu beschleunigen.

6.5 Ressourcen

Um die Umsetzung der BBNE zu erleichtern, sollen alle verfügbaren Bildungsressourcen verwendet werden. Es gibt viele Möglichkeiten, Bildungsressourcen zu klassifizieren, bspw.: 1. Je nach Zuordnungscharakter und Führungsebene können sie in internationale, nationale, lokale und persönliche Ressourcen unterteilt werden; 2. je nach Niveaustufen können sie in grundlegende Bildungsressourcen und Ressourcen für die Hochschulbildung unterteilt werden; 3. je nach Kompositionsstatus kann es sich um materielle oder immaterielle Güter handeln; 4. je nach politischer Ausrichtung können Bildungsressourcen in Planungs- und Marktressourcen unterteilt werden (vgl. Tang 2013, S. 177). Zur Komplexitätsreduktion sollen im Folgenden die für die BBNE verfügbaren Ressourcen nach lediglich zwei relevanten Kategorien sortiert werden: Ressourcenquelle und Ressourcenarten.

Ressourcenquelle

Das Leitbild der nachhaltigen Entwicklung ist im Wesentlichen global konzipiert. Deshalb kommt internationalen Ressourcen auf diesem Gebiet eine wichtige Rolle zu. Auf internationaler Ebene haben verschiedene Länder und Regionen erste Fortschritte in der (B)BNE gemacht. Dokumente, auf die in der Richtlinie verwiesen werden kann, sind z. B. die *Bonner Erklärung* von 2011 bis 2018, das *Weltaktionsprogramm BNE* von 2013, und die *Agenda 2030* von 2015.

Auf nationaler Ebene sollten die für die Berufsbildung in China zuständigen Ministerien – MoE und MoHRSS sowie OSTA – als zentrale Planungs-, Koordinations- und Kontrollinstanz hauptverantwortlich die Implementierung der BBNE übernehmen.

Anhand der Bestandsaufnahme des Handlungsfelds I (s. Abschnitt 6.3.1), können diese gesammelten Informationen (z. B. Best-Practice-Beispiele) als geeignete Ressourcen verwendet werden. Die Integration und rationelle Anordnung interner und externer Ressourcen ist dabei ein notwendiger Weg, um die nachhaltige Entwicklung der Bildung zu fördern.

Ressourcenarten

In Kombination mit den Ergebnissen der Sektionsanalyse und der Experteninterviews (s. Abschnitte 4.2.1–4.2.2), lässt sich feststellen, dass sich der Hauptteil der Bereitstellung von Bildungsressourcen in der chinesischen Einzelhandelsausbildung in vier Kategorien einteilen lässt:

1. Staatliche Angebote: Primär handelt es sich hier um die vom MoE und MoHRSS zur Verfügung gestellten Unterrichtsmaterialien, welche auch in China als grundlegende Ressourcen wahrgenommen werden (vgl. Ke et al. 2018, S. 69). Dies ist derzeit die dominierende Ressource für die Einzelhandelsausbildung in China. Gemäß den Bestimmungen des chinesischen Bildungsministeriums werden die Bildungsressourcen in zehn Kategorien unterteilt: Lehrmaterialien, Kursunterlagen, Online-Kurse, virtuelle Simulationssysteme, Lernspiele, Fallbeispiele für die Lehre, digitale Bücher, digitale Lehrmaterialien, pädagogische Instrumente und Lernwebsites (vgl. Ministry of Education of the People's Republic of China – MoE 2013). Mit den großen Veränderungen in Chinas Einzelhandelsmarkt wird E-Learning

immer mehr in der Ausbildung des Einzelhandels berücksichtigt. Weil der Einsatz von E-Learning zeitlich und räumlich unabhängig erfolgen kann, können Lernende jederzeit selektiv in einer selbstbestimmten Umgebung lernen, d. h., jeder kann überall und jederzeit lernen. Hierfür wurde eine spezielle Internetplattform im Bereich der Ausbildung eingerichtet, bei denen Lernende online über Computer, Tablets oder sogar Mobiltelefone lernen können. Zwei besondere repräsentative Beispiele dafür sind *Open Educational Resources* (OER) und *Massive Open Online Courses* (MOOC).

2. Marktangebot: Dies bezieht sich auf die vom Betrieb selbst entwickelten Trainingsmaterialien (vgl. Ke et al. 2018, S. 69). Die traditionelle Ausbildungsmethode im Klassenunterricht als organisatorisches Merkmal erfordert, dass sich das Schulungspersonal auf die außerbetriebliche Schulung konzentriert. Zugleich gibt es große Einschränkungen, insbesondere zeitlicher und räumlicher Art sowie lange Inhaltsaktualisierungsintervalle. Aufgrund der rasanten Entwicklung des Einzelhandels wird diese traditionelle Form der Ausbildung zunehmend nicht mehr den Anforderungen des Marktes und Betriebes gerecht. In diesem Zusammenhang haben einige große Einzelhandelsunternehmen bereits eigene Schulungsabteilungen eingerichtet, die speziell auf ihre Bedürfnisse ausgerichtet sind, sodass hier eigene Ressourcen entwickelt und Personal ausgebildet wird. Ein prominentes Beispiel dafür ist die Taobao-Universität der *Alibaba*-Gruppe.
3. Versorgung von Drittanbietern: Dies betrifft vor allem die von den sozialgesellschaftlichen Bildungseinrichtungen bereitgestellten Bildungsressourcen (vgl. Ke et al. 2018). Beispielsweise analysiert der Einzelhandelsverband in Shenzhen jedes Jahr die Bedürfnisse der Mitgliedsunternehmen, entwickelt Kurse gemäß dieser Bedürfnisse und bietet Schulungsdienste für seine Mitglieder an (s. Abschnitt 5.2.1.2).
4. Externe Ressourcen: Dies betrifft hauptsächlich ausländische Ressourcen, die von der Regierung genehmigt und anerkannt werden. Ein typisches Beispiel hierfür ist die Weiterverbreitung der Aufgaben der *WorldSkills Competition* im Land (bezogen auf die Fallstudie 3, s. Abschnitt 4.2.3.3).

Zusammenfassend lässt sich resümieren, dass sich auf der Grundlage der zuvor beschriebenen Merkmale der Bildungsressourcen und der Besonderheiten der Einzelhandelsausbildung in China ein Ressourcen-Klassifizierungsrahmen für die Entwicklung der BBNE aufstellen lässt. Die nachfolgende Abbildung 33 fasst das Vorgehen hierbei zusammen:

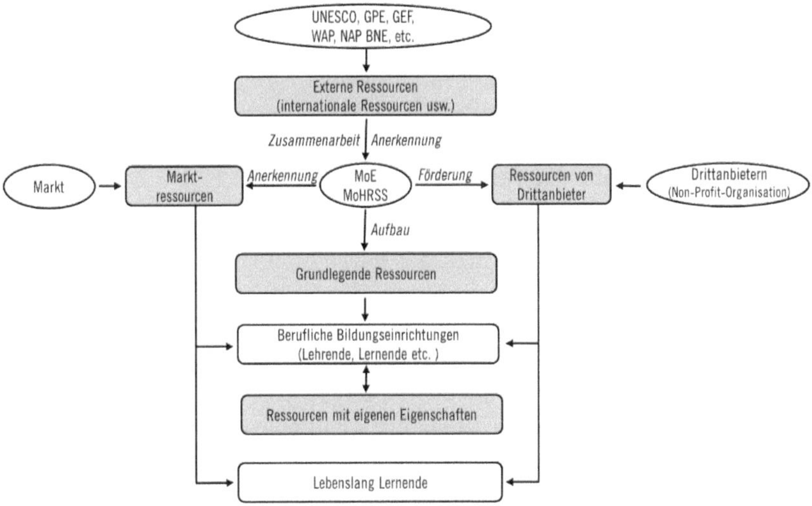

Abbildung 33: Klassifizierungsrahmen für BBNE-Ressourcen auf Grundlage des Versorgungsmechanismus
[Eigene Darstellung in Anlehnung an Ke et al. 2018, S. 70]

6.6 Monitoring und Evaluierung

Aufgrund der Heterogenität der BBNE ist ein festes Modell für Monitoring und Evaluierung empirisch nicht vorgegeben. Das UNESCO-WAP verfolgt ein globales Monitoring zur Evaluation und Fortschrittsbeurteilung der Umsetzung des WAP, wobei Indikatoren gebildet werden und eine quantitative und qualitative Berichterstattung erfolgt. Auch die einzelnen Nationen sind dabei aufgerufen, Monitoring und Evaluierung zu betreiben. Dadurch sollen diese die Wirksamkeit der BNE überprüfen und „nationale Daten und Informationen für die globale Analyse bereitstellen" (UNESCO 2014, S. 29). Die globalen Ziele sollen hierbei als Vorbild dienen.

Unter dem Einfluss des UNESCO-WAP sind in Deutschland eine Reihe von Projekten und spezifischen Verfahren für Monitoring und Evaluierung einer (B)BNE entstanden. Beispielsweise entwickeln Prof. Dr. Gerhard de Haan und das Projektteam des Instituts Futur an der Freien Universität Berlin ein Monitoring-Verfahren zum Weltaktionsprogramm. Übergreifendes Ziel ist weiterhin die Erfassung und Beschreibung eines differenzierten Bildes der

BNE-Verankerung in Deutschland, der Umsetzung der UNESCO-BNE sowie die Umsetzung des Nationalen Aktionsplans.[158]

Für die BBNE in China muss ebenfalls über ein geeignetes Monitoring- und Evaluierungssystem nachgedacht werden.

6.6.1 Das Six-Sigma-Denkmodell in der BBNE

Wie bereits erwähnt, steht die Entwicklung der BBNE in China aktuell noch am Anfang. Aufgrund der Komplexität und Vielfältigkeit der Einzelhandelsausbildung in China stellt die Einrichtung eines Monitoring- und Evaluierungssystem für Chinas BBNE-Reform eine große Herausforderung dar. In diesem Zusammenhang bietet sich der aus der Betriebswirtschaft stammende Six-Sigma-Ansatz als Denkmodell an, um die Implementierung von Chinas BBNE aus statistischer Perspektive zu überwachen und zu evaluieren. Da der Ansatz zielorientiert ausgerichtet ist und flexibel auf die Umsetzungsidee angepasst werden kann, scheint es grundsätzlich möglich, dieses Denkmodell auch für die Umsetzung einer BBNE zum Einsatz zu bringen. Zielgrößen könnten hierbei die Qualität der beruflichen Bildung, die kontinuierliche Verbesserung des BBNE-Reformprozesses und die Beseitigung der Mängel des Reformprozesses sein.

Zu Six Sigma steht eine umfassende Wissensbasis in Bezug auf Kundenorientierung, Prozessleistungen, Verbesserungsmethodik, Verbesserungswerkzeuge, Projektmanagement, Veränderungsmanagement und weiteren Themen bereit (vgl. Magnusson et al. 2003, S. 27). Das Managementsystem wird heute vor allem in großen Wirtschaftsunternehmen eingesetzt und hat sich in vielen multinationalen Unternehmen wie z. B. *Motorola*, *General Electric*, *Dell*, *Hewlett-Packard*, *Siemens*, *Sony* und *Toshiba* als effektiv erwiesen. In China wird dieses Managementsystem bislang selten verwendet und genießt allenfalls in der Fertigungsindustrie über eine breite Basis. Eine Übertragung dieses Managementansatzes auf Bildungswesen ist in jedem Bezug neu und für die Bildungs- bzw. Berufsbildungsbranche in China noch nicht umgesetzt worden. Es fehlt entsprechenden an Forschungsarbeiten zur Kombination des Systems von Six Sigma und dem Bildungsqualitätsmanagement (vgl. http://www.cnki.net/; Stand: 2019).

Six Sigma liefert einen strukturierten Ansatz zur Prozessoptimierung. Der Kern von Six Sigma ist eine Verbesserungssystematik, die häufig auf die

---

158 Weil das Projekt *Wissenschaftliche Beratung und nationales Monitoring zu Bildung für nachhaltige Entwicklung* noch nicht abgeschlossen ist, finden sich ausführlichere Informationen auf der offiziellen Website des Instituts Futur an der Freien Universität Berlin unter: https://www.ewi-psy.fu-berlin.de/einrichtungen/weitere/institut-futur/Projekte/WAP_BNE/index.html.

Define – Measure – Analyze – Improve – Control-(DMAIC)-Methode zurückgreift (vgl. Brunner et al. 2006, S. 2). Der Projektstrukturplan bei Six-Sigma-Projekten ist phasenorientiert nach dem DMAIC-Zyklus aufgebaut. Jede Phase baut auf den Ergebnissen der vorherigen Phase auf. Abbildung 34 zeigt die Vorgehensweise bei der Abwicklung von Verbesserungsprojekten in Form des Six Sigma, übertragen auf das Monitoring und die Evaluierung einer BBNE:

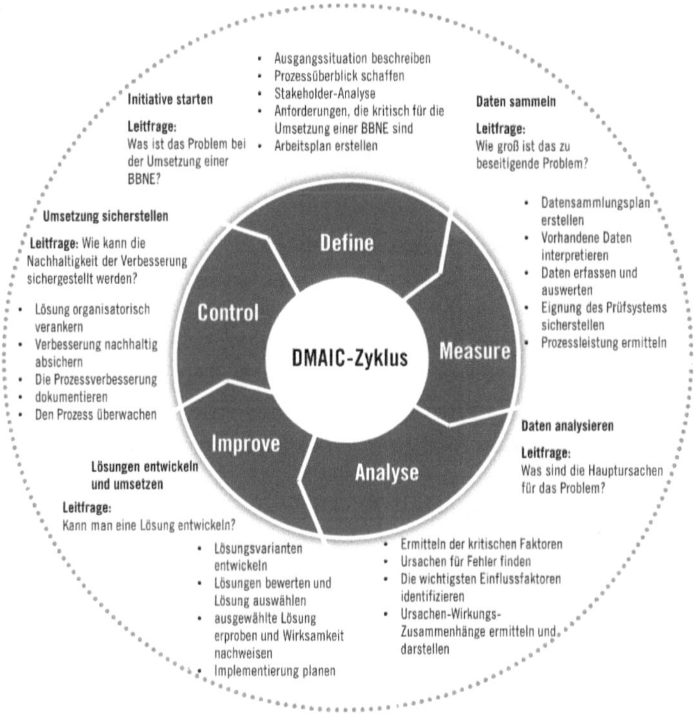

Abbildung 34: DMAIC-Zyklus für die Monitoring und Evaluierung einer BBNE
[Eigene Darstellung in Anlehnung an Schmieder 2010; Brunner et al. 2006]

Die Darstellung beginnt mit dem Schritt *Define* und läuft dann im Uhrzeigersinn nach rechts. Das als Kreis-Diagramm dargestellte Modell umfasst dabei sechs Phasen:

In der Phase *Define* werden zunächst die Ausgangslage und die genaue Vorgehensweise definiert sowie die notwendigen Rahmenbedingungen für das Verbesserungsprojekt geschaffen (vgl. Brunner et al. 2006, S. 79). Zu Beginn dieser

Phase soll untersucht werden, welche Probleme für die Umsetzung einer BBNE relevant sind. Hierzu könnte bspw. eine erste Dokumentenanalyse der zentralen BBNE-relevante Dokumente oder Experteninterviews mit den Stakeholdern durchgeführt werden.

Vor Beginn der komplexen Analysen muss daher der Ist-Zustand nachvollziehbar und klar definiert sein. Deshalb wird in der folgenden Phase *Measure* die gegenwärtige Situation des zu optimierenden Prozesses ermittelt. Das umfasst bspw. die Erhebung der Probleme oder Fehler bei der Umsetzung einer BBNE. Für die Zielgröße wird der Ausgangszustand auf Basis von konkreten Daten und Fakten erhoben (vgl. Brunner et al. 2006, S. 87). Damit soll geklärt werden, wie groß das zu beseitigende Problem ist. Auf dieser Grundlage kann zugleich später auch der Effekt der ergriffenen Maßnahmen evaluiert werden.

Hauptaufgabe der Phase *Analyze* ist es, die wesentlichen Einflussfaktoren auf die Zielgrößen des Prozesses zu erkennen und den Ursachen-Wirkungs-Zusammenhang darzustellen (vgl. Brunner et al. 2006, S. 185). Diese Phase fokussiert sich folglich auf die Identifizierung, Verifizierung und Quantifizierung der Hauptursachen der festgestellten Probleme.

Nachdem die Probleme und die Einflussfaktoren, die die Zielgrößen des Prozesses beeinflussen, erkannt sind, können in der Phase *Improve* nun Lösungen zur Verbesserung des Prozesses entwickelt werden. Nach der Beurteilung der Lösungen auf mögliche Risiken wird die am besten geeignete Lösung in die Praxis umgesetzt (vgl. Brunner et al. 2006, S. 262).

In der letzten Phase *Measure* wird untersucht, wie die Nachhaltigkeit der Verbesserung sichergestellt werden kann, um damit den verbesserten Zustand auch dauerhaft erhalten zu können. Gefundene Lösungen werden nach Möglichkeit standardisiert (vgl. Brunner et al. 2006, S. 288).

Wie beim Six-Sigma-Management in der Industrie sollte auch bei der Implementierung von Six Sigma in einer BBNE zunächst ein Projektteam gebildet werden. Ein solches Six-Sigma-Verbesserungsprojekt sollte von speziell ausgebildeten Mitarbeitern durchgeführt werden. Das führungspsychologische Konzept von Six Sigma basiert dabei auf einer hierarchischen Rollendefinition, die sich an das Gürtelsystem des japanischen Kampfsports orientieren (vgl. Magnusson et al. 2003, S. 23; Brunner et al. 2006, S. 7):

- *Champions* sind die Motoren, Verfechter und die bewährten Wissensquellen von Six Sigma. Diese Menschen sind i. d. R. Führungskräfte. Als Six Sigma Manager leiten sie die praktische Umsetzung des Programms.
- *Master Black Belts* sind Vollzeitverbesserungsexperten. Sie unterstützen die Champions bei der Auswahl der Mitarbeiter für das Six-Sigma-Programm und wirken als Coach, Trainer und Ausbilder mit.

- *Blacks Belts* kommt die tragende Rolle in der Umsetzung von Six Sigma zu. Sie übernehmen Projektmanagementaufgaben und haben eingehende Kenntnisse in der Anwendung der verschiedenen Six-Sigma-Methoden.
- *Green Belts* sind im mittleren Management angesiedelt und übernehmen wie Black Belts die Leitung von Six-Sigma-Projekten. Sie sind üblicherweise nur zum Teil für die Arbeit in Six-Sigma-Projekten freigestellt.
- *Yellow Belts / White Belts* bringen ihr fachliches Wissen in die Six-Sigma-Projekte ein. Eine weitere wichtige Rolle kommt dieser Gruppe nach Abschluss des Projektes zu. Sie stellen sicher, dass die erreichte Verbesserung dauerhaft aufrechterhalten wird.

Die Anzahl und Art der benötigten qualifizierten Mitarbeiter hängt dabei von der Art und dem Umfang des konkreten Projekts ab, und müsste auch hier im Einzelfall bedarfsgerecht erfolgen (vgl. Brunner et al. 2006, S. 7–8).

6.6.2 Niveaustufen für nachhaltiges berufliches Handeln

Was kann Six Sigma zu einem nachhaltigen beruflichen Handeln beitragen? Um dies zu beantworten, bedarf es einer Interpretation anhand der Grundlage der BBNE (s. Abschnitt 6.2). Im Idealfall lassen sich für jedes berufliche Handeln zwei paradigmatische Entscheidungslogiken bzw. -prämissen identifizieren: Eine kurzfristige Effizienzrationalität (Erwerbsökonomie) und eine langfristige Nachhaltigkeitsrationalität (Haushaltsökonomie) (bezogen auf die Tabelle 42, s. Abschnitt 6.2). Die erwerbswirtschaftliche Rationalität zielt auf Bedürfnisbefriedigung ab, welche drei wichtige Handlungs- und Entscheidungsfelder abdeckt: Funktionalität, Legalität und ökonomische Effizienz. Dies spiegelt das traditionelle berufliche Handeln / Verhalten wider und hebt die Begrenzungen auf. Demgegenüber ist es aus haushaltswirtschaftlicher Sicht sinnvoll, ein Gleichgewicht zwischen Ressourcenverbrauch und -nachschub herzustellen. Für eine langfristige Nachhaltigkeitsrationalität lassen sich folgende nachhaltige Handlungsprämissen identifizieren: ökologische Effizienz und Sozialverträglichkeit, Substanzerhaltung und Verantwortung (vgl. Fischer 2017c). So stellen diese sechs Aspekte die Verkörperung von Six Sigma in BBNE dar.

Um die Ergebnisse der BBNE-Reform im ganzen Land vergleichbar zu halten, wurde ein Qualifikationsrahmen entworfen. Orientiert an dem Six-Sigma-Ansatz lassen sich die sechs identifizierten Handlungs- und Entscheidungsfelder idealtypisch in drei Niveaustufen für nachhaltiges Handeln bzw. Verhalten identifizieren, die in der folgenden Übersicht dargestellt werden (s. Abbildung 35):

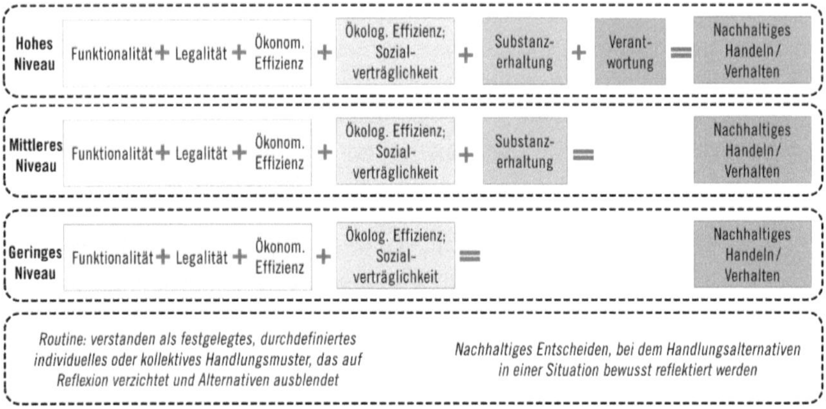

Abbildung 35: Niveaustufen für nachhaltiges berufliches Handeln
[Eigene Darstellung in Anlehnung an Müller-Christ 2013; Hedtke 2014]

Allerdings ist eine solche Aufteilung in Niveaustufen eines nachhaltigen Handelns noch sehr allgemein, weswegen für die spezifischen Kontexte / Domänen auch eine spezifische Vergleichsvorlage entworfen werden sollte. Beispielsweise entwickelte Prof. Dr. Andreas Fischer und das Projektteam von *BBS futur 2.0* einen Referenzrahmen – den Reifegrad der BBNE – für berufsbildende Schulen, um die Arbeit von *BBS futur 2.0* so im Kontext einer BBNE einordnen zu können. Dieser Referenzrahmen setzt sich (idealtypisch) aus den fünf Entwicklungsstufen der BBNE zusammen (ausführlich s. die Einordnung im BBNE-Diskurs der Fallstudie 5, Abschnitt 6.3.2.3.1).

Es lässt sich resümieren, dass Six Sigma nicht nur als Maßstab für Monitoring und Evaluierung der Entwicklung einer BBNE verwendet werden kann. Ebenso ist es möglich, die bestehenden Probleme der chinesischen BBNE-Reform durch den Six-Sigma-Ansatz aufzuzeigen und schrittweise aufzulösen.

6.7 Resümee

Auf der Grundlage der in diesem Kapitel erarbeiteten Einzelaspekte kann nun das Gesamtbild einer BBNE-Roadmap konstruiert werden. Die nachfolgende Abbildung 36 stellt diese Roadmap und ihre Gliederung und Ausgestaltung im Überblick dar, und fasst damit den Kern der in diesem Kapitel dargelegten zentralen BBNE Aspekte und deren Wirkweisen, Ansätze und Übergangspunkte zusammen.

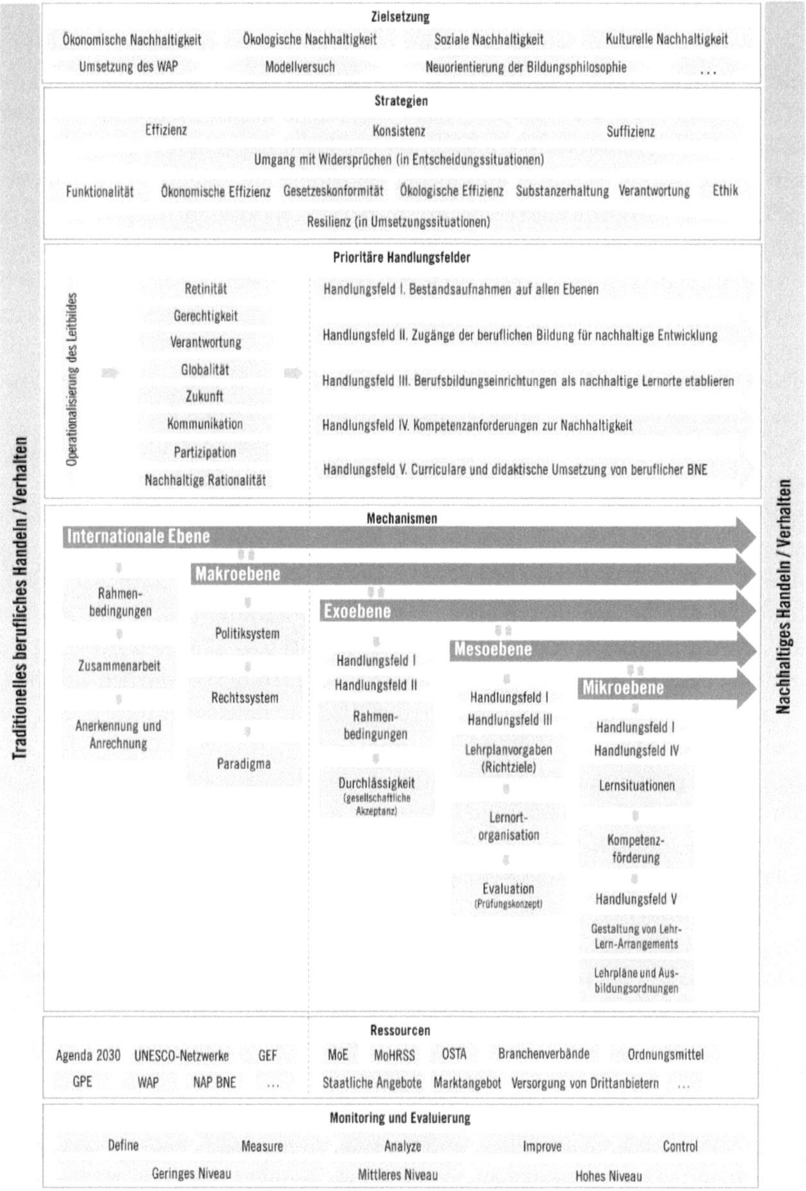

Abbildung 36: Mögliche BBNE-Roadmap für China (ausführliche Darstellung)
[Eigene Darstellung]

Ausgehend von der horizontalen Ausrichtung ist die Roadmap in drei Teile gegliedert. Auf der linken Seite befindet sich das traditionelle berufliche Handeln / Verhalten im Sinne des Status quo und der Ausgangssituation. Auf der rechten Seite steht die Zukunftsvision des nachhaltigen Handelns und Verhaltens im Einzelhandel als Zielstellung der Roadmap. Die Prozessgestaltung zum Übergang von einem traditionellen beruflichen Handeln zu einem neuen nachhaltigen Handeln findet sich im mittleren Teil, dessen Ausgestaltung im Mittelpunkt dieses Kapitels steht und welche die eigentliche Roadmap darstellt.

Gemäß dem Top-down-Prinzip gliedert sich dessen die Struktur in sechs Hauptebenen: Zielsetzung, Strategien, prioritäre Handlungsfelder, Mechanismen, Ressourcen sowie Monitoring und Evaluierung. Die erste Ebene zeigt die Zielsetzung einer BBNE (s. Abschnitt 6.1). Die zweite Ebene zeigt, welche Strategien zur Förderung der BBNE eingesetzt werden können (s. Abschnitt 6.2). Die dritte Ebene beinhaltet fünf prioritäre Handlungsfelder, um eine strategische Fokussierung zu ermöglichen und das Engagement der Akteure zu fördern (s. Abschnitt 6.3). Die vierte Ebene befasst sich mit den Wirkmechanismen und teilt sich hierbei im Sinne einer Matrix vertikal auf in Internationale Ebene, Makro-, Exo-, Meso- und Mikrosystemebene. Bei der vorgestellten BBNE-Roadmap kommt auf dieser Ebene nun eine Mischung der beiden Ansätze Top-down und Bottom-up zu tragen (s. Abschnitt 6.4). Zugleich können hierbei auch die einzelnen Handlungsfelder in ihrer Wirkbeziehung den einzelnen Mechanismen-Ebenen zugeordnet werden. Die nachfolgende fünfte Ebene versammelt die Akteure und die für die Implementierung von BBNE erforderlichen Bildungsressourcen (s. Abschnitt 6.5). Die sechste und letzte Ebene befasst sich als begleitendes Steuerungsinstrument mit Monitoring und Evaluierung der Prozesse, um Effizienz und Effektivität zu sichern (s. Abschnitt 6.6).

Diese sechs Stufen befassen sich mit der Konzeption und Umsetzung einer BBNE-Reform. Hierbei wird ein flexibles, skalierbares und anpassungsfähiges Vorgehen ermöglicht, wobei die Roadmap als Instrument der strategischen Entwicklung zu verstehen ist. Dies erleichtert die Anpassung an die Bedürfnisse von Wirtschaft und Gesellschaft, um damit schnell und effektiv auf eine wirtschaftliche, ökologische, soziale und kulturelle Nachhaltigkeit hinwirken zu können.

Die Roadmap zeichnet sich ferner dadurch aus, dass sie die Einordnung einzelner BBNE-Aspekte erleichtert und die zu ergreifenden Schritte grob vorgibt. Diese Struktur hat wesentliche Vorteile, da sie damit als Orientierungsrahmen für die chinesische BBNE-Reform dienen kann und es ermöglicht, die komplexen und vielfältigen Gegenstände der BBNE in einzelne, besser handhabbare Schritte zu strukturieren und diese in einen Gesamtprozess einzuordnen.

Andererseits dient diese Roadmap als Kommunikationsmedium. Die BBNE-Roadmap sollte dabei nicht als fertiges und unveränderliches Konzept verstanden werden, sondern als Hilfestellung und Bezugsinstrument für einen fortlaufenden gesellschaftlichen Suchprozess zur einer resilienten BBNE.

7. Fazit und Ausblick auf weiteren Forschungsbedarf

7.1 Zusammenfassung der wesentlichen Ergebnisse

Die vorliegende Arbeit befasst sich mit einem Vergleich der BBNE in den Einzelhandelsberufen in Deutschland und China. Betrachtet wurden dabei die jeweils zugrunde liegenden Berufsbildungssysteme einschließlich der Berufsbildung für die Tätigkeit des Einzelhandels sowie die vorhandenen Ansätze der BBNE in den Einzelhandelsberufen in beiden Ländern. Hieraus wurde die Hauptforschungsfrage für die Arbeit abgeleitet: Welche Relevanz hat die Berufsbildung für nachhaltige Entwicklung im kaufmännischen Bereich (hier exemplarisch im Einzelhandel) in Deutschland und China? Um sich der Beantwortung dieser Frage anzunähern, war es dabei unerlässlich, sich auch mit damit unmittelbar verbundenen grundsätzlichen Fragen zu befassen:

1. Wie ist die Berufsbildung in Deutschland und China organisiert?
2. Wie wird die Berufsbildung für die Tätigkeit des Einzelhandels im kaufmännischen Bereich jeweils durchgeführt?
3. Was sind aktuelle Ansätze der deutschen und chinesischen Berufsbildung für nachhaltige Entwicklung im Einzelhandel?
4. Wie kann ein Zugang zur nachhaltigen Berufsbildung im Einzelhandel in China konzeptionell ausgestaltet werden?

Zur Erörterung dieser Fragen wurde das Vier-Stufen-Modell von Bereday (1964) als für diese Form des wissenschaftlichen Arbeitens zweckdienlich identifiziert und für die weitere Strukturierung der Arbeit als Makromethodik angewendet (s. Abschnitt 1.3). Um die empirischen Untersuchungen zu planen und durchzuführen werden vier Mikromethoden – Dokumentenanalysen, Sektoranalysen, Experteninterviews und Fallstudien – als Erhebungsmethoden angewendet (s. Kapitel 3). Die wesentlichen Ergebnisse der Arbeit werden ausgehend von diesen vier Schlüsselfragen folgendermaßen zusammengefasst.

1. Wie ist die Berufsbildung in Deutschland und China organisiert?

Nach der grundsätzlichen Einführung in die Thematik (s. Kapitel 1) wurden die Berufsbildungssysteme von Deutschland und China vorgestellt, miteinander verglichen und wesentliche Unterschiede näher betrachtet (s. Kapitel 2). Zunächst war dabei zu klären, was unter den für die Arbeit zentralen

Schlüsselbegriffen – Bildung, Arbeit, Beruf, berufliche Bildung, Berufsbildung und Berufsausbildung – verstanden werden kann (s. Abschnitt 2.1). Darauf aufbauend folgten drei vergleichende Betrachtungen der Berufsbildungssysteme in China und Deutschland: bezüglich der historischen Meilensteine und der politischen Entwicklung im Bildungswesen bzw. in der Berufsbildung, zur bildungssystemischen Differenzierung sowie über die strukturelle Ausgestaltung der Berufsausbildung. Die zentralen Ergebnisse dieser vergleichenden Betrachtungen waren hierbei:

- Unter der Betrachtung der historischen Meilensteine und der politischen Entwicklung im Bildungswesen bzw. in der Berufsbildung (s. Abschnitt 2.2), lässt sich feststellen, dass das heutige Bildungs- und Berufsbildungssystem in beiden Ländern als Ergebnis einer langfristigen Entwicklung in einem vielschichtig gewachsenen Prozess gesehen werden muss. Der Unterschied zwischen den beiden Ländern ist offensichtlich: Die berufliche Bildung in China wurde zumeist als nachrangig angesehen und widerfuhr gesellschaftlich und politisch wenig Wertschätzung. Erst in den 1980er-Jahren erfuhr die Berufsbildung in China echte Aufmerksamkeit. Im Vergleich dazu ist das deutsche Berufsbildungssystem hochgeschätzt und bis heute eine wichtige Grundlage der wirtschaftlichen und gesellschaftlichen Entwicklung. Bei Betrachtung der Entwicklungsgeschichte beider Länder zeigt sich, dass der wesentliche Unterschied bei den beteiligten Akteuren der Berufsbildung noch besteht. In Deutschland ist Berufsbildung nicht nur Aufgabe der Schule, sondern ein systematisches Projekt, das die Gesellschaft in ihrer Gesamtheit verantwortlich umsetzt. Im Sinne eines partizipativen Prozesses sind hierbei alle wesentlichen Akteure (Bund, Länder, Wirtschaft / Arbeitgeber, Gewerkschaft und politische Parteien) involviert. Im Gegensatz dazu ist in China nur die chinesische Regierung die treibende Kraft in der Entwicklung der beruflichen Bildung und setzt alleine den grundlegenden Rahmen für die Ausbildung fest. Die konkrete Ausgestaltung und Umsetzung obliegt dann den einzelnen Lehreinrichtungen, wobei hierbei große Freiräume bzgl. der konkreten Lehrinhalte und Methoden bestehen. Insofern muss das System der chinesischen Berufsbildung als ein Ergebnis der zentralen Planung angesehen werden. Eine systematische Vernetzung und der Austausch der Akteure im Sinne einer Konsensbildung, so wie dies in Deutschland erfolgt, ist hierbei nicht vorgesehen. Ein Resultat dieses stark hierarchisch geprägten Ansatzes ist jedoch, dass für die einzelnen Akteure (z. B. Ausbildungsbetriebe) wenig Möglichkeiten und Anreize bestehen, sich in diesen Prozess im Sinne einer Gesamtsystemverbesserung einzubringen.

- Zur bildungssystemischen Differenzierung (s. Abschnitt 2.3) kann man sagen, dass die Grundstruktur der Bildungssysteme in China und Deutschland als äquivalent bezeichnet werden kann. In beiden Systemen sind vier Hauptbereiche ausgeprägt: Vorschulbildung, Primarbereich, Sekundarbereich und tertiärer Bereich. Die Ausgestaltung der einzelnen Bereiche ist gleichwohl landesspezifisch und nur bedingt ähnlich. Mittelpunkt des Vergleichs ist die Berufsbildung beider Länder. Die chinesische Berufsausbildung ist dreistufig ausgerichtet: die untere, mittlere und höhere Ebene. Diese drei Stufen sind vertikal angeordnet, und der Schwierigkeitsgrad und der Anwendungsbereich der Ausbildung nimmt hierbei zu. Die untere und mittlere Berufsbildung wird an unteren und mittleren beruflichen Schulen durchgeführt. Die höhere Berufsbildung findet an Berufshochschulen oder an allgemeinen Hochschulen statt. Insgesamt weißt das chinesische System damit eine große Artenvielfalt auf. Im Vergleich dazu konzentriert sich die Berufsausbildung in Deutschland lediglich auf zwei Sektoren, welche nicht hierarchisch abgestuft sind: das duale System der Berufsausbildung und die vollzeitschulische Ausbildung. Im Unterschied zu China sind die beiden Sektoren gleichberechtigt und es gibt keine progressive Beziehung zwischen ihnen. Jeder Sektor der Berufsausbildung verfügt ebenfalls über spezielle Institutionen. Eine direkte Angliederung des tertiären Bereichs im Sinne einer höheren Berufsbildung existiert nicht.
- Die strukturelle Ausgestaltung der Berufsausbildung (s. Abschnitt 2.4) konzentriert sich auf die Lernortkooperation der Berufsausbildung in China und Deutschland. Sowohl China als auch Deutschland haben eine lange Tradition in Bezug auf Lernortkooperationen im beruflichen Kontext. In beiden Ländern hat die berufliche Bildung im Laufe der Jahre einen höheren Stellenwert eingenommen, wobei Lernortkooperationen als wichtiges Instrument zur Steigerung der Qualität der beruflichen Bildung praktiziert werden. Die Hautunterschiede zwischen den beiden Ländern bestehen besonders in den unterschiedlichen Erscheinungs- und Ausgestaltungsformen der Theorie-Praxis-Verknüpfung, welcher in Deutschland insgesamt ein höherer Stellenwert zukommt. In China gibt es hingegen sehr viele und sehr unterschiedliche Ausprägungsformen. Weitere Unterschiede bestehen bezüglich der Rechtsgrundlagen und Zuständigkeiten sowie in der Art der internationalen Zusammenarbeit.

Diese drei Aspekte bauen dabei aufeinander auf, da für eine vergleichende Untersuchung der beiden Berufsbildungssysteme auch eine Betrachtung der kulturellen und politischen Grundlagen sowie des historischen Hintergrunds erfordert, damit Ähnlichkeiten und Unterschiede auch im Kontext der Entwicklungshistorie betrachtet werden können. Hierdurch wurden einerseits die wesentlichen Eckpfeiler der Berufsbildungssysteme in beiden Ländern exemplarisch erörtert und andererseits das theoretische Fundament für die darauf aufbauenden und weiterführenden Untersuchungen gelegt.

2. Wie wird die Berufsbildung für die Tätigkeit des Einzelhandels im kaufmännischen Bereich jeweils durchgeführt?

Auf der Grundlage der vorstehenden Schlüsselfrage wurde die jeweilige Ausgestaltung der Berufsbildung im Einzelhandel beider Länder dargestellt und erörtert (s. Kapitel 4). Hierfür erfolgte zunächst eine Diskussion relevanter Begriffe des Einzelhandels beider Länder, nämlich Handel, Einzelhandel, Lebensmitteleinzelhandel (s. Abschnitt 4.1). Hieran schloss sich ein Exkurs zu den sektorialen Rahmenbedingungen und der aktuellen Bedeutung des Einzelhandels in beiden Ländern an. Zugleich erfolgte eine Darstellung des typischen Ausbildungsganges im Einzelhandel (s. Abschnitte 4.2–4.3). Auf dieser Basis wurde schließlich die aktuelle Bildungssituation von Einzelhandelsberufen der beiden Länder untersucht und verglichen (s. Abschnitt 4.4). Wichtige Ergebnisse in diesem Teil lassen sich wie folgt resümieren.

Als Erstes ist zu sagen, dass die Definition des Einzelhandels in beiden Ländern sowohl Ähnlichkeiten als auch Unterschiede aufweist. Diese Definition von Einzelhandel in China und Deutschland scheint dabei auf den ersten Blick sehr ähnlich zu sein. In beiden Ländern lassen sich Betriebstypen im stationären Einzelhandel (Supermarkt, Discounter, Kaufhaus, Convenience-Store, etc.) und nicht-stationären Einzelhandel (Versandhandel, Internethandel, Teleshopping, etc.) feststellen. Der Unterschied besteht darin, dass es in der deutschen Klassifikation einen ambulanten Einzelhandel (s. Abschnitt 4.3.1.1.2) gibt und in der chinesischen Klassifikation eine separate Einstufung nach der Art des Eigentümers und dem Grad der Aggregation der Geschäfte erfolgt (s. Tabelle 13, Abschnitt 4.2.1.1). Auch die Definitionen der einzelnen Betriebstypen weichen aufgrund des unterschiedlichen wirtschaftlichen Entwicklungsstandes und der verschiedenen nationalen Gegebenheiten etwas ab. Es lässt sich z. B. ein bedeutender Unterschied an der Definition von Supermärkten in Deutschland im Vergleich zu China feststellen, der u. a. an den Merkmalen der Betriebsgröße, des Bedienungsprinzips und der Sortimentspolitik festgemacht werden kann.

Zweites folgte ein Exkurs über die sektoralen Bedingungen und die aktuelle Bedeutung des Einzelhandels in beiden Ländern. Sowohl in China als auch in Deutschland spielt der Einzelhandel eine wichtige Rolle und die Binnenwirtschaft hat in den letzten Jahren eine rasante Entwicklung erlebt. Insgesamt ist der deutsche Einzelhandel in den letzten Jahren nicht nur stark gewachsen, sondern hat sich schrittweise auf die Nachhaltigkeit konzentriert (s. Abschnitt 4.3.1.2). Dies spiegelt sich vor allem in der Entwicklung von Bio- und Fair-Trade-Produkten wider. Aber der deutsche Einzelhandel ist noch relativ traditionell, was sich am Konsumverhalten des Kunden und an der Zahlungsart zeigt. Chinas Einzelhandelssektor befindet sich hingegen in einer technologiebedingten Umbruchphase, welche zu neuen Angebots- und Organisationsformen führt. Die Integration von digitalem und stationärem Handel (*Online-to-Offline Commerce*) ist hierbei richtungsweisend. Diese Einzelhandelstransformation wird als der neue Einzelhandel *(New Retail)* bezeichnet.

Ausgehend von den beiden vorhergehenden Einführungspunkten konzentrierte sich dieser Teil auf eine Darstellung des typischen Ausbildungsablaufs im Einzelhandel in beiden Ländern. Ein hierbei wesentlicher Unterschied besteht in der Heterogenität der Ausbildungsgänge: In Deutschland werden einzelhandelsspezifisch lediglich die Ausbildungsgänge Kaufmann / -frau im Einzelhandel und Verkäufer / -in angeboten, welche bundesweit einheitlich im dualen System durchgeführt werden. In China besteht hingegen eine große Vielfalt an Ausbildungsberufen im Einzelhandel wie z. B. Logistik, E-Commerce, Marketing und Chain Management. Zugleich sind auch die Ausbildungskultur und die Organisationsstrukturen in beiden Ländern sehr unterschiedlich ausgeprägt. In Deutschland ist die Organisationsstruktur der Einzelhandelsausbildung hauptsächlich nach Branchen / Sektoren gegliedert. Bezogen auf die relevanten Ausbildungsgänge (Kaufmann / -frau im Einzelhandel und Verkäufer / -in) werden hierbei nicht nur bestimmte Berufsaufgabe vermittelt, sondern auch alle Aufgaben des Geschäftsprozesses (von der Beschaffung bis zum Verkauf bzw. Kundendienst). Im Vergleich dazu ist die Ausbildung in Chinas stark auf die Tätigkeit (Job) ausgerichtet und umfasst nur einen einzelnen Aufgabenbereich, bspw. Design, Supply Chain, Marketing, Logistik oder Vertrieb (s. Abschnitt 4.2.2.1). Daher kann gesagt werden, dass Chinas Einzelhandelsausbildung eine zweckmäßige und tätigkeitsorientierte Organisationsstruktur aufweist. Zur näheren Veranschaulichung wurden drei Ausbildungsgänge als Fallstudien vorgestellt. Hierdurch konnte auch gezeigt werden, dass Ausbildungsgänge in China schulabhängig sehr unterschiedlich konzipiert werden können.

3. Was sind aktuelle Ansätze der deutschen und chinesischen Berufsbildung für nachhaltige Entwicklung im Einzelhandel?

Aufbauend auf den zwei vorhergehenden Schlüsselfragen befasste sich der dritte Schwerpunkt der Arbeit mit der aktuellen Situation der deutschen und chinesischen Berufsbildung zur nachhaltigen Entwicklung in den Einzelhandelsberufen (s. Kapitel 5). Hierfür erfolgte zunächst eine Einführung in die Entwicklung des Nachhaltigkeitsdiskurses. Im diesen Zusammenhang wurden zunächst die Kernbegriffe (nachhaltige Entwicklung, Bildung für nachhaltige Entwicklung und Berufsbildung für nachhaltige Entwicklung) auf internationaler Ebene erörtert, wobei festgestellt wurde, dass es zur diesen Begriffen auch nach jahrelanger Diskussion keine einheitlichen und allgemein akzeptierten Definitionen gibt. In aller Regel dient die Idee Nachhaltigkeit gleichwohl übergreifend als normativer und regulativer Zielbegriff. Auf dieser Grundlage wurde danach die Wahrnehmung von BBNE in den Einzelhandelsberufen beider Länder, also in China und Deutschland, exemplarisch beschrieben und verglichen (s. Abschnitt 5.2). Hierfür wurden die von Fischer et al. (2009, S. 11–25) entwickelten vier Systemebenen (Makro-, Exo-, Meso- und Mikroebene) in Anlehnung an Bronfenbrenner et al. (1981) verwendet. Nach diesem Schema werden die konkreten Ergebnisse dieser Kapitel im Folgenden kurz zusammengefasst:

- Auf der Makroebene, ergo der gesellschaftlichen Metaebene, wurden in China bereits Strategien auf der politischen Ebene festgelegt. Aber auf der wissenschaftlichen / akademischen Ebene scheint es bislang keinen ausgeprägten Diskurs zu geben (s. Abschnitt 5.2.1.1). Im Vergleich dazu finden Themen zur nachhaltigen Entwicklung in Deutschland bereits auch aus gesellschaftlicher Sicht eine breitere Anerkennung. Im Kontext der deutschen wissenschaftlichen Diskussion über den Begriff der Nachhaltigkeit wurden in den vergangenen Jahren mehrere Modelle und Konzepte mit unterschiedlichen Ansätzen entwickelt, den Bedeutungsgehalt nachhaltiger Entwicklung zu interpretieren, bspw. das Drei- und Vier-Säulen-Modell, die acht Kategorien oder die Sustainability-Idee in Kristallisationselementen.
- Auf der Exoebene, also der Strukturebene, befinden sich das Bildungs- / Beschäftigungssystem, Curriculare Vorgaben, Lehrpläne und Ausbildungsordnungen, Lernortorganisation und Rahmenbedingungen. In China wird Nachhaltigkeit im aktuellen Ausbildungsprogramm lediglich indirekt angesprochen. Es fehlen bislang spezifische Methoden und Handlungsstrategien, die in der Praxis umgesetzt wurden. Auch in Prüfungsordnungen findet der Nachhaltigkeitsgedanke aktuell keine Berücksichtigung. Vereinzelt in einigen nationalen Prüfungen wurde der nachhaltige Gedanke aber bereits

teilweise berücksichtigt (z. B. *National Occupational Capability Evaluation*) (s. Abschnitt 5.2.1.1). Im Vergleich dazu nimmt Deutschland in dieser Hinsicht bereits eine führende Position ein. In Deutschland sind bereits umfangreiche Aktivitäten zur wissenschaftlichen Untersuchung und zur Vernetzung und Verbreitung in unterschiedlichen Themenbereichen der BBNE erfolgt (s. Abschnitt 5.2.2.1). Ebenfalls wurden Nachhaltigkeitsaspekte bereits in das Ausbildungsprogramm integriert.

- Auf der Mesoebene, somit der institutionellen Ebene, erfolgt die Organisation der Bildungseinrichtungen. Aus den Experteninterviews wurde ersichtlich, dass der engen Zusammenarbeit von Schule und Betrieb eine hohe Bedeutung in China beigemessen wird. Wie dies eine BBNE befördern kann, blieb dabei jedoch weitgehend offen. Insgesamt muss festgestellt werden, dass es in China im Allgemeinen auch unter Domainexperten noch kein klares Verständnis davon gibt, was eine (B)BNE ist (s. Abschnitt 5.2.1.1). Demgegenüber integriert die BBNE-Reform in Deutschland aktiv alle Ressourcen, die für eine BBNE genutzt werden können. Von der Erforschung und Formulierung der Initiative bis hin zur Umsetzung haben sich mehrere heterogene Akteure an dem Prozess aktive beteiligt. Konzeptionell wird diskutiert, unter welchen Bedingungen berufliche Bildungsstätten Nachhaltigkeit in der Organisationsentwicklung berücksichtigen können. Für den schulischen Lernort werden Netzwerke zur nachhaltigen Schulentwicklung entwickelt. Auf dieser Ebene werden Good-Practice-Beispiele publiziert (s. Abschnitt 5.2.2.1).
- Auf der Mikroebene, d. h. der situativen Ebene, werden Lernsituationen und die Gestaltung von Lehr-Lern-Vereinbarungen durchgeführt. In China gibt es bislang kaum Konzepte und Materialien für die Praxis. Eine domänenspezifische didaktische und methodische Umsetzung wurde in einigen Bildungseinrichtungen für ausgewählte Ausbildungsberufe erprobt, befindet sich im Allgemeinen jedoch noch in den Anfängen (bezogen auf die Fallstudie 2 und 3, s. Abschnitte 4.2.3.2–4.2.3.3). Obwohl auch Deutschland hier noch am Anfang steht, wurde bereits eine domänenspezifische didaktische und methodische Umsetzung im Rahmen von BIBB-Modellversuchen für einige Ausbildungsberufe erprobt. Eine systematische, fundierte und domänenspezifische Qualifizierung der lehrenden Akteure findet ebenfalls im Rahmen von BIBB-Modellversuchen statt, ist jedoch nicht strukturell verankert. In Lehr-Lern-Materialien wird der Nachhaltigkeitsgedanke teilweise bereits berücksichtigt. Diese Materialien zur BBNE werden vom BIBB bereitgestellt und im Rahmen von Netzwerken angelegt und ausgetauscht. Auch auf dieser Ebene werden Good-Practice-Beispiele publiziert.

Insgesamt bleibt festzuhalten, dass sich die chinesische BBNE noch in einem relativ frühen Entwicklungsstadium befindet. Im Vergleich dazu konnten in Deutschland bereits erste Ergebnisse im Bereich BBNE, bzw. in der Ausbildung im Einzelhandel erzielt werden, welche u. a. auf der Entwicklung von Methoden und Modellversuchen beruhen. Obwohl China und Deutschland über sehr verschiedene gesellschaftspolitische Rahmenbedingungen und unterschiedliche Bildungssysteme sowie über konträre historische und kulturelle Hintergründe verfügen, kann China von den in Deutschland bestehenden Erkenntnissen lernen. Dies gilt z. B. für den Umgang mit Zielkonflikten, wenn eine BBNE im Einzelhandel mit den Interessen von Gesellschaft, Wirtschaft und Individuen in Einklang gebracht werden soll. Auch Methoden und Modelle könnten auf ihre Übertragbarkeit untersucht werden.

4. Wie kann ein Zugang zur nachhaltigen Berufsbildung im Einzelhandel in China konzeptionell ausgestaltet werden?

Zur Beantwortung dieser Frage wurden die Ergebnisse aus der dritten Schlüsselfrage unter Berücksichtigung des theoretisch-konzeptionellen Rahmens dieser Arbeit als Grundlage verwendet. Die aus der Analyse gewonnenen Erkenntnisse münden dabei in das Konzept einer BBNE-Roadmap, welche die aktuelle Ausgangssituation des chinesischen Einzelhandels widerspiegelt und Zugänge zur Umsetzung einer BBNE aufzeigt. Als ein Kernergebnis der Arbeit stellt die BBNE-Roadmap ein didaktisches Konzept für die BBNE in China unter den Gesichtspunkten der Kommunikation und des Transfers dar. Die Roadmap kann hierbei als Leitlinie und Strukturierungsinstrument für Entscheidungsträger, Interessensgruppen und Akteure dienen. Die Roadmap gliedert sich in verschiedene Abschnitte und setzt sich damit auseinander, was die Ziele einer BBNE sind (s. Abschnitt 6.1), welche Strategien der BBNE genutzt werden können (s. Abschnitt 6.2), welche relevanten Handlungsfelder einbezogen werden sollten (s. Abschnitt 6.3), welche Mechanismen diese durchlaufen sollen (s. Abschnitt 6.4) und welche Ressourcen benötigt werden (s. Abschnitt 6.5), um einen strategischen Fokus zu entwickeln. Gleichzeitig sollen durch diese das Engagement der Interessengruppen gefördert sowie Umsetzungs- und Monitoringstrategien vorgegeben werden (s. Abschnitt 6.6). Somit ergab sich für die Roadmap eine Unterteilung in sechs Ebenen.

Ebene 1: Zielsetzung

Vorrangiges Hauptziel der Roadmap ist es, Aktivitäten zu planen, anzustoßen und zu intensivieren, welche den Prozess zu einer ökonomischen, ökologischen, sozialen und kulturellen Nachhaltigkeit in der Ausbildung im chinesischen Einzelhandel befördern und beschleunigen können. Aufbauend auf diesem Hauptziel wurden weitere Unterziele erarbeitet und formuliert. Zu diesen gehört insbesondere die Umsetzung des Weltaktionsprogramms (WAP) in China und die Verbesserung der öffentlichen Wahrnehmung der BBNE, eine Neuorientierung der Bildungsphilosophie im Einzelhandel zur Förderung von Wissen, Fähigkeiten, Werten und Einstellungen in Bezug auf eine nachhaltigere gesellschaftliche Entwicklung sowie die Durchführung von Modellversuchen für die BBNE im Einzelhandel (s. Abschnitt 6.1).

Ebene 2: Strategien

Die BBNE orientiert sich bei dieser Roadmap an den Strategien zur Effizienz, Konsistenz und Suffizienz. Wie eine konkrete Ausgestaltung des Zusammenspiels dieser Strategien erfolgen kann, bleibt hingegen unscharf und ist auch im Hinblick auf das Konfliktpotenzial der verschiedenen Anspruchsgruppen bei der Umsetzung der BBNE mit praktischen Schwierigkeiten verbunden. Zentral ist es daher, potenzielle Konflikte und Dilemmata frühzeitig zu antizipieren und diese bei der Konzeptionalisierung der Gesamtstrategie zu berücksichtigen. Die Beschreibungen zum Umgang mit Widersprüchen im beruflichen Handeln fokussieren sich auf das frühe Stadium der Entscheidungsfindung. Offen bleibt hierbei auch, wie Gegensätze und Differenzen während der Umsetzungsphase gelöst werden können. Ansätze hierfür bietet die Resilienztheorie (s. Abschnitt 6.2).

Ebene 3: Prioritäre Handlungsfelder

Um die BBNE im Einzelhandel voranzubringen, wurden in dieser Roadmap fünf prioritäre Handlungsfelder identifiziert, welche sich am UNESCO-WAP und dem *Nationalen Aktionsplan Bildung für nachhaltige Entwicklung* Deutschlands (s. Abschnitt 5.2.2.1) orientieren und hierbei die Ausgangslage in China berücksichtigen.

- Handlungsfeld I. Bestandsaufnahmen auf allen Ebenen
  Ziel der Bestandsaufnahme ist es, die vorhandenen Ordnungsmittel im Hinblick auf Nachhaltigkeitsaspekte zu sichten und Defizite und Potenziale im aktuellen Zustand zu identifizieren, um drauf aufbauend Handlungen im Hinblick auf einen angestrebten zukünftigen Soll-Zustand zu gestalten. Eine solche systematische Bestandsaufnahme kann in Bezug auf die BBNE nur unter Berücksichtigung aller Dimensionen der Berufsausbildung (Art der

Ausbildung, Stakeholder, Betrachtungsebene) erfolgen (s. Abschnitt 6.3.1.1). Um dies zu veranschaulichen, wurde das Projekt der *Good-Practice-Agentur NiBA* in Deutschland als Fallstudie vorgestellt und die Handlungsempfehlungen anhand dieses exemplarischen Beispiels weiterentwickelt (s. Abschnitt 6.3.1.3).

- Handlungsfeld II. Zugänge der beruflichen Bildung für nachhaltige Entwicklung
  Dieses Handlungsfeld richtet sich insbesondere auf die praktische Umsetzung der BBNE und den hierfür erforderlichen Kommunikationsprozess unter Einbeziehung der Stakeholder. Hierbei wird die Lasswell-Formel auf die Zugänge der BBNE für den Einzelhandelsberuf angewendet und es werden fünf Zugänge definiert: Stakeholder-orientierter Zugang, Inhaltsanalytischer Zugang, Methodischer und prozessorientierter Zugang, Subjektorientierter Zugang und Outputorientierter Zugang (s. Abschnitt 6.3.2.1). Um diese Bezüge zur BBNE im Einzelhandel zu konkretisieren, wurde eine Fallstudie – das Projekt *Aufbau eines Netzwerkes von Berufsbildenden Schulen mit dem Schwerpunkt Nachhaltigkeit: BBS futur 2.0* – zur Analyse der spezifischen Maßnahmen für Chinas BBNE-Reform ausgearbeitet (s. Abschnitt 6.3.2.3).
- *Handlungsfeld III. Berufliche Bildungseinrichtungen als nachhaltige Lernorte etablieren*
  Die Integration von Nachhaltigkeitsgrundsätzen erfordert die Einbeziehung des Bildungs- und Ausbildungskontextes. Die Implementierung der BBNE muss dabei als zentrale Aufgabe der beruflichen Bildungseinrichtungen angesehen werden. Die ganzheitliche Transformation von Lern- und Lehrumgebungen in China betrifft grundsätzlich alle Lernorte und Bildungsträger der beruflichen Bildung im Einzelhandel, d. h. sowohl Betriebe als auch berufliche Schulen und die sozialgesellschaftlichen Bildungseinrichtungen (s. Abschnitt 6.3.3.1). Unter Bezugnahme auf die im Handlungsfeld II genannte Fallstudie *BBS futur 2.0* und dem aktuellen Stand der derzeitigen Einzelhandelsausbildung in China wurden spezifische Handlungsempfehlungen aufgestellt (s. Abschnitt 6.3.3.3). Hierzu zählt insbesondere die Vernetzung und Plattformbildung zur Beförderung eines kollektiven Effekts und der Selbstorganisation.
- Handlungsfeld IV. Kompetenzanforderungen zur Nachhaltigkeit
  Dieses Handlungsfeld befasst sich insbesondere mit der Stärkung der Kompetenzen der Lernenden, um Nachhaltigkeit in berufsbezogenen Lern- und Arbeitsprozessen zu etablieren. Basierend auf unterschiedlichen Kompetenzbegriffen und -modellen sowie der kategorialen Erschließung des

Nachhaltigkeitsdiskurses (s. Abschnitt 5.2.2.1.1) werden hierfür ein hierarchisches ganzheitliches Kompetenzverständnis zur Erreichung der BBNE vorgeschlagen (s. Abschnitt 6.3.4.1) und das Projekt *KONWIKA* als Fallstudie dargelegt (s. Abschnitt 6.3.4.3).

- Handlungsfeld V. Curriculare und didaktische Umsetzung von BBNE
  Für dieses Handlungsfeld wurde sich mit den curricularen und didaktischen Anforderungen zur Umsetzung der BBNE beschäftigt. Insbesondere wurde sich dabei mit Lernaufgaben als zentraler Bestandteil des Lern- und Lehrprozesses befasst und unter welchen Voraussetzungen diese zur Förderung von nachhaltig orientierten beruflichen Kompetenzen in der Ausbildung beitragen können. Hierbei erfolgte eine Einordnung nach zehn Prinzipien (s. Abschnitt 6.3.5.1). Zur Veranschaulichung und Vertiefung wurden daran anknüpfend und auf Grundlage des Projektes *Pro-DEENLA,* Handlungsempfehlungen für China aufgestellt (s. Abschnitt 6.3.5.1).

Die vorgestellten fünf Handlungsfelder orientieren sich in Auseinandersetzung mit dem Nachhaltigkeitsdiskurs an den acht Kategorien der Sustainability-Idee (s. Abschnitt 5.2.2.1.1) und bewegen sich damit einerseits analog zu den Erfolgen, Herausforderungen und unerledigten Aufgaben der UN-Dekade sowie dem deutschen Aktionsplan. Andererseits wurden in diesen Handlungsfeldern auch die spezifischen chinesischen Anforderungen und Rahmenbedingungen berücksichtigt, womit an die vorherstehenden Betrachtungen und Analysen dieser Arbeit angeschlossen wurde.

Ebene 4: Mechanismen

Die Mechanismen wurden im Sinne einer Matrix vertikal gegliedert in Internationale Ebene, Makro-, Exo-, Meso- und Mikrosystemebene. Die dahinter stehenden Forschungskonzepte bieten strukturierende Elemente, die Handlungsansätze der Ausbildung hinsichtlich BBNE systemisch zu verorten, wobei sich auch die prioritären Handlungsfelder angliedern lassen. Hierbei ist ein Austausch im Sinne eines Zusammenwirkens von Top-down- und Bottom-up-Ansatz vorgesehen. (S. Abschnitt 6.4)

Ebene 5: Ressourcen

Um die Umsetzung der BBNE zu erleichtern, sollten alle verfügbaren Bildungsressourcen verwendet werden. Dies schließt internationale wie nationale Ressourcenquellen und -arten ein. Der Hauptteil der Bildungsressourcen der chinesischen Einzelhandelsausbildung besteht dabei aus staatlichen

Angeboten, Marktangeboten, Ressourcen von Drittanbietern – insbesondere sozialgesellschaftlichen Bildungseinrichtungen – sowie externe Ressourcen. (S. Abschnitt 6.5)

Ebene 6: Monitoring und Evaluierung

Die Fortschritte der Umsetzung der Roadmap sollten auf nationaler Ebene beobachtet und regelmäßig dokumentiert und evaluiert werden. Als hierfür potenziell geeignetes Instrument wurde der aus der Betriebswirtschaft stammende Six-Sigma-Ansatz als Denkmodell beleuchtet und auf diesen Anwendungsfall übertragen. Als Zielgrößen wurden hierbei die Qualität der beruflichen Bildung, die kontinuierliche Verbesserung des BBNE-Reformprozesses und die Beseitigung der Mängel des Reformprozesses identifiziert (s. Abschnitt 6.6).

Die dargestellte BBNE-Roadmap kann so einen Orientierungsrahmen für die Entwicklung einer BBNE im Chinas Einzelhandel bieten, welcher die spezifische Situation der beruflichen Bildung in China mit den Vorarbeiten und Erfahrungen in Deutschland kombiniert.

7.2 Probleme und Grenzen der Untersuchung

Im Rahmen dieser Arbeit konnten wesentliche Aspekte der zu Beginn gestellten Fragestellungen beantwortet werden. Gleichwohl weist die vorliegende Arbeit eine Anzahl von Einschränkungen auf, die bei möglichen Schlussfolgerungen zu bedenken sind. Der folgende Abschnitt dient dazu, die im Rahmen der Arbeit aufgetretenen Probleme und erkannte Grenzen der Untersuchung zu thematisieren.

Begriffsbildung und Begriffsverwendung

Eine elementare Aufgabe der internationalen Vergleichsforschung besteht darin, Klarheit über den Forschungsgegenstand sowie über die jeweils unterschiedlichen Bezeichnungen und Begriffe zu erhalten (vgl. Lauterbach 2006, S. 45). Die erste besondere Herausforderung besteht hierbei in der Begriffsbildung und -verwendung. Unterschiedliche Bedeutungsgehalte in den verschiedenen Sprachen erschweren hierbei ein internationales, gemeinsames Verständnis. Beispielsweise können Begriffe wie Bildung und Berufsbildung in jedem Land anders verstanden und verwendet werden. Durch kontroverse Strukturen in den Berufsbildungssystemen, in diesem Fall im deutschen und chinesischen Berufsbildungssystem, ergeben sich weitreichende Probleme bei der Definition geeigneter Indikatoren zur Datenerfassung. Oftmals sind

Berufsbildungssysteme eng an die Strukturen des Beschäftigungssystems gekoppelt, was die Definition weiter erschwert. Somit muss die vergleichende Berufsbildungsforschung stets den gesellschaftlichen Kontext beachten, mit dem die Berufsbildungssysteme in wechselseitiger Beziehung stehen. Wenn der Begriff Berufsbildung als Grundlage des Vergleichs verwendet wird, ist zu beachten, welchen semantischen Bedeutungsgehalt Berufsbildung in der deutschen Sprache hat und mit welcher Bedeutung diese Begriffe in China gekennzeichnet werden. Die gleiche Herausforderung ergibt sich bei anderen Schlüsselbegriffen in der vorliegenden Arbeit, wie z. B. Berufsbildung im Einzelhandel oder BBNE. Die Autorin der vorliegenden Arbeit verfügt über gute Sprachkenntnisse im Deutschen und Chinesischen. Eigene Erfahrungen und eine Sensibilisierung für dieses Problem haben im Forschungsprozess dabei geholfen, dieser Problematik zu begegnen und potenzielle Effekte zu minimieren. Gleichwohl bestehen sprachbedingte Einschränkungen der Arbeit bzgl. der Präzision von Begrifflichkeiten und deren Kontexteinordnung, welche die Vergleichbarkeit einschränken.

Nostrifizierung

Vergleiche verleiten dazu, neue Erkenntnisse in bekannte Denkmuster einzuordnen und nach den eigenen kulturellen Maßstäben zu bewerten. Aus diesem Grund ergibt sich eine weitere Einschränkung bei dieser Vergleichsstudie: Das Phänomen der Nostrifizierung bezeichnet eine Beeinflussung der Betrachtung der ausländischen Berufsbildung aufgrund heimischer bzw. inländisch geprägter Erfahrungen, der eigenen Sozialisation und dem Wissensstand, nach dem Motto: „Aneignung des anderen nach eigenem Maß“ (vgl. Matthes 1992, S. 84; zit. n. Georg 2006, S. 189).

Die BBNE in Deutschland und insbesondere ihre Wissenschaftslandschaft befindet sich in einem stetigen Wandel und verändert sich entsprechend fortlaufend. Auf Grundlage der Analyse der aktuellen Situation der BBNE-Forschung in Deutschland wird in dieser Arbeit das große System der BBNE in sechs Teilsysteme unterteilt: Zielsetzung, Strategie, prioritäre Handlungsfelder, Mechanismen, Ressourcen, Monitoring und Evaluierung (s. Kapitel 6). Diese sechs Teilsysteme werden auch als zentrale Elemente für eine mögliche BBNE-Roadmap für China betrachtet. Diese Strukturierung orientiert sich dabei grob an der UNESCO-Roadmap, wobei die inhaltliche Ausgestaltung als Ergebnis der Untersuchung zu den Forschungsfragen dieser Arbeit hervorging. Auch wenn diese Struktur für die vorliegende Arbeit damit zweckdienlich war, stellt es nur eine Darstellungsform zur Aufstellung einer BBNE-Implementierungsstrategie dar. Zugleich befindet sich das Forschungsfeld in einem ständigen Weiterentwicklungsprozess, sodass sich Ideen, Begrifflichkeiten und Konzepte kontinuierlich verändern. Eine Einschränkung der Arbeit besteht daher darin, dass sich durch die Wahl der Arbeitsmethode und des Zugangs zum Forschungsgebiet auch eine spezifische Sichtweise auf den Forschungsgegenstand ergibt. Der Erkenntnisprozess kann mit dieser Arbeit daher nicht als abgeschlossen betrachtet werden und es wird kein Allein- oder Allgemeingültigkeitsanspruch erhoben.

Kontextbindung

Die BBNE eines Landes muss in den kultur-, sozial-, national-, politisch- und wirtschaftlichen Entstehungs- und Entwicklungszusammenhang eingeordnet werden. Erst durch diese Kontextualisierung können Unterschiede erklärbar gemacht werden. Für eine Vergleichsstudie stellt diese Kontextbindung gleichwohl ein Problem dar, da der Kontext einen direkten Vergleich erschwert.

Vergleichsergebnisse, insbesondere statistische Daten, die auf der Basis allgemeiner Kriterien bzw. Kennzahlen erhoben worden sind (z. B. OECD-Vergleiche), lassen sich nur mithilfe der Kenntnisse über die nationalen Rahmenbedingungen und Traditionen angemessen einordnen. Problemlösungsstrategien sind nur dann erfolgreich, wenn die nationalen, kulturellen, gesellschaftlichen, politischen, historischen und ökonomischen Rahmenbedingungen berücksichtigt werden und international kompatibel sind. Die vorliegende Arbeit wird durch Probleme bei der Informationsbeschaffung, insbesondere durch die unzureichende Verfügbarkeit externalisierter Informationen zur Berufsbildung in China sowie durch die bereits angesprochenen Sprachbarrieren und unterschiedlichen Begrifflichkeiten, Vorstellungen und Konzepte erschwert. Diese Gegebenheiten schränken die Vergleichbarkeit des Untersuchungsgegenstandes ein.

Das Problem der Repräsentativität

Die Volksrepublik China ist ein Land mit großen regionalen Unterschieden. Hierdurch bedingt, sind auch der Einzelhandel und die Einzelhandelsausbildung sehr unterschiedlich ausgeprägt, sowohl formell als auch in der Praktizierung. In der vorliegenden Arbeit war es nicht möglich, alle Facetten und Aspekte vollständig und mit der gleichen inhaltlichen Tiefe einzubeziehen. Für die Arbeiten wurden exemplarisch drei Praxisbeispiele als Fallstudien ausgearbeitet und für den Ländervergleich herangezogen. Auf dieser Basis wurden Erkenntnisse über das chinesische System herausgearbeitet. Als qualitative

Studie erhebt die Arbeit dabei keinen Anspruch auf Allgemeingültigkeit und vollständige Repräsentativität. Durch die Wahl anderer Fallbeispiele könnten sich zumindest im Detail andere Merkmale ergeben. Dies ist eine Einschränkung der Arbeit.

Das Problem der sozialen Erwünschtheit

Zur Informationsbeschaffung wurden Befragungen in Form von Leitfadeninterview durchgeführt. Um ein möglichst offenes Antwortverhalten zu begünstigen, erfolgte die Befragung anonym, vertraulich und unter Zusicherung einer alleinigen Verwendung der Aufzeichnung im Rahmen dieser wissenschaftlichen Arbeit und durch die Interviewführende selbst. Die Befragten wurden darüber aufgeklärt, dass sie nicht namentlich genannt werden und auch nicht aufgrund anderer Merkmale oder Beschreibungen re-identifizierbar sein werden. Hierdurch sollte sichergestellt werden, dass die Gesprächspartner sich in ihrem Antwortverhalten frei fühlen können und so möglichst offen ihre eigene, möglicherweise auch kritische Meinung zum Ausdruck bringen können, ohne dass sie negative Konsequenzen von übergeordneten Stellen befürchten müssen. Gleichwohl ist kritisch anzumerken, dass das Auftreten eines sozial erwünschten Antwortverhaltens bei der Untersuchung nicht vollständig ausgeschlossen werden konnte. Einerseits besteht in China sowohl kulturell als auch politisch bedingt ein anderer Umgang mit Kritik per se, welche sehr selten direkt und verbal geäußert wird. Andererseits wurden die Gespräche mit der Erlaubnis der Interviewpartner aufgezeichnet, wodurch für den Partner ein Bekanntwerden von Aussagen und die Re-Identifizierung zumindest potenziell nicht vollständig ausschließbar war. Das Problem der sozialen Erwünschtheit stellt daher eine mögliche Einschränkung der Untersuchung dar, obwohl durch das gewählte Untersuchungsdesign versucht wurde, dieses Problem, soweit es möglich war, zu begrenzen.

7.3 Ausblick und weiterer Forschungsbedarf

Im Verlauf der Arbeit und anknüpfend an die Ergebnisse haben sich weitere Fragen ergeben, welche Anknüpfungspunkte für zukünftige Forschungsarbeiten bieten. Dieser weitere Forschungsbedarf soll im Folgenden skizziert werden:

Begriffsbildung und Begriffsverwendung

Das Fehlen von länderübergreifenden Definitionen und Begrifflichkeiten schränkt die Effizienz internationaler und interkultureller Vergleichsstudien ein und steht einem internationalen Fachdiskurs entgegen. Zu fordern ist die Verständigung über eine einheitliche Begriffsklärung, da diese wechselseitige Beziehung den Ansatz zur Vergleichsforschung bildet. Häufig erfolgt diese Verständigung über eine gemeinsame Fremdsprache, z. B. Englisch (vgl. Georg 2006, S. 189). Die nationalen Bildungssysteme sind hingegen stark durch die jeweilige Amtssprache geprägt. Weiterer Forschungsbedarf besteht hierbei in der Untersuchung von Möglichkeiten zur Standardisierung der Terminologie.

Nostrifizierung: East meets West

Seit dem 21. Jh. favorisiert China den Austausch und die Zusammenarbeit mit dem Ausland im Rahmen der Bildung und Berufsbildung, basierend auf dem Prinzip „Unabhängigkeit und Selbständigkeit, Gleichberechtigung und gegenseitiger Nutzen, gegenseitiger Respekt" (vgl. § 67, Bildungsgesetz der Volksrepublik China). „Wir brauchen Steine von anderen Bergen zum Polieren unserer Jade"[159] ist ein bekanntes chinesisches Sprichwort, welches verdeutlicht, dass externe Einflüsse benötigt werden, um die eigenen Ressourcen zu stärken und bestmöglich zu nutzen. Somit dient die internationale Vergleichsforschung der Unterstützung von Reformen und dem Aufbau des gesamten Bildungswesens der jungen Volksrepublik China. Es wurde schon aus der Beschreibung des Berufsbildungssystems in China deutlich, dass China im Bereich der Berufsbildung sowohl als Nehmerland als auch als Geberland auftritt (s. Abschnitt 2.4.1.2). China profitiert seit Langem von einem solchen Dialog mit dem Ausland und der Integration der Lösungen anderer Länder in das eigene System. Im Vergleich dazu ist Deutschland stets als Geberland aufgetreten (s. Abschnitt 2.4.2.1). Die Fragen, ob und wie die deutsche BBNE ebenfalls von ausländischen Impulsen profitieren könnte, bleibt in dieser Arbeit unbeantwortet und bietet Raum für weitere Studien.

Kontextbindung: Verknüpfung von Real Road und Roadmap

Die vorliegende Arbeit verfolgt einen qualitativen Ansatz: Sie fasst die Entwicklung einer BBNE im Einzelhandel zwischen China und Deutschland auf

159 Aus *Das Buch der Lieder. Das Buch der Lieder* (诗经) ist einer der sogenannten fünf Klassiker. Es ist die älteste Sammlung chinesischer Gedichte und die größte aus vorchristlicher Zeit. Der Überlieferung nach soll Konfuzius diese Lieder aus einem Fundus von 3000 Gedichten ausgewählt und in ihre jetzige Fassung gebracht haben. Dies ist jedoch eher eine Legende als eine Tatsache. Entstanden ist *Das Buch der Lieder* zwischen dem 10. und 7. Jh. v. Chr. (vgl. China Social Sciences Net).

der Grundlage der vorhandenen Forschung in Deutschland und China zusammen und entwickelt einen praktikablen Aktionsplan, eine BBNE-Roadmap, um die chinesische BBNE-Reform zu fördern. Aufgrund der unterschiedlichen gesellschaftspolitischen Rahmenbedingungen und verschiedenen Bildungssysteme sowie heterogenen historischen und kulturellen Hintergründe kann China nicht ohne Weiteres die BBNE nach deutschem Vorbild umsetzen. Denn ein Transfer ist „nicht als ein Kopiervorgang, sondern als ein Auswahl- und Anpassungsprozess zu verstehen [...], der durch die Ziele und Rahmenbedingungen des potenziellen Transfernehmerlandes gesteuert wird" (Euler 2013, S. 6). In diesem Zusammenhang besteht daher ein erheblicher Forschungsbedarf, inwieweit China die fremden Elemente einer deutschen BBNE-Idee implementieren und in die eigenen spezifischen Rahmenbedingungen einbauen kann.

Ausblick

Diese vorliegende Arbeit bietet eine theoretische Grundlage für China, um die BBNE-Reform zu beginnen. Dennoch besteht zwischen der normativ geprägten BBNE-Diskussion und der Praxis in jedem der Bereiche nach wie vor eine operative Lücke. Um diese Lücken zu schließen und die BBNE in China wie in Deutschland voranzutreiben, bedarf es eines starken politischen Willens: „Vielmehr sind die einschlägigen Ministerien sowie die sozialen Partner der beruflichen Bildung gefordert, eine BBNE als moderne berufliche Bildung aufzufassen und ihre Umsetzungen proaktiv durch ordnungspolitische Maßnahmen zu erleichtern" (Fischer et al. 2016, S. 37). In China sind zwei Ministerien (MoE und MoHRSS) für die berufliche Bildung zuständig, welche oft eine eigene Berufsbildungspolitik verfolgen – ohne Kooperation. Auch in der Praxis bestehen viele Überschneidungen und Dopplungen bei den Zuständigkeiten. Diese erschweren das Erreichen eines effizienten, einheitlichen und abgestimmten Gesamtsystems und stehen damit der Qualitätssicherung entgegen. Im Gegensatz dazu gibt es in Deutschland eine spezielle Einrichtung zur Erforschung und Weiterentwicklung der beruflichen Aus- und Weiterbildung: das Bundesinstitut für Berufsbildung (BiBB). Wünschenswert und durchaus möglich wäre es, auch in China eine vergleichbare Institution einzurichten, welche sich primär der Berufsbildung, bzw. BBNE widmet.

Aufgrund der heterogenen gesellschaftspolitischen Rahmenbedingungen und Bildungssysteme in Deutschland und China, sowie der zugehörigen historischen und kulturellen Hintergründe, kann China nicht ohne Weiteres eine BBNE nach deutschem Vorbild umsetzen. Um Chinas BBNE-Reform von der

Theorie in die Praxis voranzutreiben, müssen zunächst aufseiten der Wissenschaft umfangreiche Anstrengungen erfolgen, um ein breites theoretisches Fundament für die BBNE in China zu legen und eigene Konzepte aufzustellen, welche dann in der Praxis erprobt werden können. Dahin gehend könnte die in dieser Arbeit entworfene BBNE-Roadmap eingebracht, weiterentwickelt und erprobt werden.

Die Transformation zu einer BBNE findet aufgrund unterschiedlicher Intentionen statt. Damit liegt die große Herausforderung auf der konkreten Implementierungsebene, z. B. in der Qualifikation des Lehrkörpers und der Überarbeitung von Lehrplänen, Prüfungen und Unterrichtsmaterialien. Diese konkrete Implementierung ist ein langfristiges Projekt, welches einen Konsens und die Mitarbeit aller hieran beteiligten Akteure erfordert.

Die Vergleichsforschung kann auch hierfür alternative Einblicke in die verschiedenen Voraussetzungen, Zusammenhänge und Erscheinungsformen einer BBNE bieten. Einerseits können Ähnlichkeiten und Unterschiede verschiedener Beobachtungseinheiten untersucht werden. Andererseits kann das eigene System hinterfragt werden, die Stärken und Schwächen herausgearbeitet und in den Kontext anderer Länder eingeordnet werden.

> „Insofern kann der Vergleich einen Beitrag zur Rekonstruktion der im eigenen Kontext gewonnenen, festgefügten theoretischen Annahmen [...] leisten [...]. Auf diese Weise öffnet der Vergleich neue Möglichkeiten der Selbstbeobachtung, der Dekonstruktion von Selbstverständlichkeiten und neue Einsichten in die historische Bedingtheit der eigenen Systemstrukturen. [...] Der ‚Umweg' über ausländische Erfahrungen ermöglicht ein vertieftes Verständnis der Ausgangsproblematik in der eigenen Gesellschaft und eine Reformierung der Problemdefinitionen" (Georg 2006, S. 193).

Obwohl Deutschland bei der Berufsbildung wie auch der Entwicklung eines BBNE für China ein Vorbild ist, verfügt auch China über eigene Erfahrungen und Methoden. Angesichts der enormen Geschwindigkeit, mit der sich China insgesamt entwickelt, wird deutlich, dass beide Seiten in Bezug auf moderne Berufsbildung zukünftig noch mehr voneinander lernen können.

Dabei ist zu beachten, dass „der Nachhaltigkeitsdiskurs nicht als eine in sich geschlossene Theorie begriffen werden kann, sondern als eine sich auf verschiedenen Ebenen ausbreitende regulative Idee" (Fischer et al. 2009, S. 52). Goethe sagt: „Wer sich vor der Idee scheut, hat auch zuletzt den Begriff nicht mehr". Dieser Spruch liefert eine klare Aussage: Jede Neuerung ist aus einer Idee geboren! Der Nachhaltigkeitsdiskurs ist nicht „als fertiger Zukunftsentwurf zu interpretieren, sondern als Hilfestellung für einen fortlaufenden gesellschaftlichen (Such-)Prozess, in dem das Konzept zu konkretisieren ist" (Fischer et al.

2009, S. 52). Insofern sollten Akteure in der ganzen Welt den Mut aufbringen, weitere Ideen zur Nachhaltigkeit zu entwickeln und sich über diese auszutauschen. Es ist zu hoffen, dass diese Arbeit für die Entwicklung der BBNE in China und für andere interessierte internationale Akteure eine praktische Bedeutung aufweisen und Hilfestellung bieten kann.

Literaturverzeichnis

Ajzen, Icek (1985): From Intentions to Actions: A Theory of Planned Behavior. In: Julius Kuhl und Jürgen Beckmann (Hg.): Action control. Berlin: Springer, S. 11–39.

Alibaba Group (2018): Alibaba Group Announces March Quarter 2018 Results and Full Fiscal Year 2018 Results. Online verfügbar unter https://www.alibabagroup.com/en/news/press_pdf/p180504.pdf, zuletzt geprüft am 30.08.2019.

Arens, Markus (2008): Lasswell-Formel. In: Uwe Sander, Friederike von Gross und Kai-Uwe Hugger (Hg.): Handbuch Medienpädagogik. Wiesbaden: VS Verlag für Sozialwissenschaften, S. 198–203.

Aristoteles (1907): Metaphysik. Ins Deutsche übertragen von Adolf Lasson. Jena: Eugen Diederichs.

Arnold, Rolf; Krämer-Stürzl, Antje (1996): Berufs- und Arbeitspädagogik. Leitfaden der Ausbildungspraxis in Produktions- und Dienstleistungsberufen. Berlin: Cornelsen Girardet.

Arnold, Rolf; Lipsmeier, Antonius; Ott, Bernd (1998): Berufspädagogik kompakt. Prüfungsvorbereitung auf den Punkt gebracht. Berlin: Cornelsen.

Asia-Pacific Economic Cooperation Secretariat (Hg.) (2017): Final Implementation Report on APEC project “HRD 01 2014A – Systematic Design of Green Skills Development in TVET”. Unter Mitarbeit von Yufeng Liu und Ruilin Nie. Beijing, China.

Asmuth, Simone; Borsdorf, Evelyn; Kirst, Guido (Hg.) (2011): Verbundausbildung. Die Ausbildungsform der Zukunft. Bonn: BIBB.

Atkins, Daniel Ewell; Brown, John Seely; Hammond, Allen L. (2007): A review of the open educational resources (OER) movement: Achievements, challenges, and new opportunities. Mountain View: Creative common.

Atteslander, Peter (1971): Methoden der empirischen Sozialforschung. Berlin: Walter de Gruyter.

Ausschuss für Definitionen zu Handel und Distribution (2006): Katalog E. Definitionen zu Handel und Distribution (Elektronische Fassung). Köln: Universität Köln (Institut für Handelsforschung).

Autorengruppe Bildungsberichterstattung (2006): Bildung in Deutschland. Ein indikatorengestützter Bericht mit einer Analyse zu Bildung und Migration. Bielefeld: W. Bertelsmann Verlag. Online verfügbar unter https://www.bildungsbericht.de/de/bildungsberichte-seit-2006/bildungsbericht-2006/pdf-bildungsbericht-2006/gesamtbericht.pdf, zuletzt geprüft am 30.08.2019.

Autorengruppe Bildungsberichterstattung (2010): Bildung in Deutschland 2010. Ein indikatorengestützter Bericht mit einer Analyse zu Perspektiven des Bildungswesens im demografischen Wandel. Bielefeld: W. Bertelsmann Verlag. Online verfügbar unter http://www.bildungsbericht.de/daten2010/bb_2010.pdf, zuletzt geprüft am 30.08.2019.

Autorengruppe Bildungsberichterstattung (2014): Bildung in Deutschland 2014. Ein indikatorengestützter Bericht mit einer Analyse zur Bildung von Menschen mit Behinderungen. Bielefeld: W. Bertelsmann Verlag. Online verfügbar unter https://www.bildungsbericht.de/de/bildungsberichte-seit-2006/bildungsbericht-2014/pdf-bildungsbericht-2014/bb-2014.pdf, zuletzt geprüft am 30.08.2019.

Bader, Reinhard; Schäfer, Bettina (1998): Lernfelder gestalten. Vom komplexen Handlungsfeld zur didaktisch strukturierten Lernsituation. In: *Berufsbildende Schule* 50, S. 229–233.

Baethge, Martin; Buss, Klaus-Peter; Lanfer, Carmen (2003): Konzeptionelle Grundlagen für einen nationalen Bildungsbericht: berufliche Bildung und Weiterbildung, lebenslanges Lernen. Berlin: BMBF; Referat Publikationen; Internetredaktion. Online verfügbar unter http://www.gesundheitsfoerdernde-hochschulen.de/Inhalte/G_Themen/G10_Gesundheitspaedagogik/nationaler_bildungsbericht_bb_weiterbildung.pdf, zuletzt geprüft am 30.08.2019.

Baethge, Martin; Solga, Heike; Wieck, Markus (2007): Berufsbildung im Umbruch. Signale eines überfälligen Aufbruchs. Berlin: Friedrich-Ebert-Stiftung.

Bai, Yonghong (2011): Chinese vocational education. Beijing: People's Publishing House. Originaltitel: 白永红(2011): 中国职业教育, 北京: 人民出版社.

Becker, Gerhard (2013a): Interkulturelle Bildung für nachhaltige Entwicklung in der internationalen Jugendbildung. In: Bernd Overwien und Horst Rode (Hg.): Bildung für nachhaltige Entwicklung. Lebenslanges Lernen, Kompetenz und gesellschaftliche Teilhabe. Opladen, Berlin & Toronto: Verlag Barbara Budrich, S. 185–216.

Becker, Jochen (2013b): Marketing-Konzeption. München: Vahlen.

Behr, Marhild von (1981): Die Entstehung der industriellen Lehrwerkstatt. Materialien und Analysen zur beruflichen Bildung im 19. Jahrhundert. Frankfurt am Main: Campus Verlag.

Behrmann, Marco (2007): Situational Judgement Tests. In: Heinz Schuler, Karlheinz Sonntag und Jürgen Bengel (Hg.): Handbuch der Arbeits- und Organisationspsychologie. Göttingen: Hogrefe, S. 483–489.

Beijing Vocational College of Finance and Commerce (2015): Talent development program – Chain Operation Management (unpublished manuscripts). Beijing.

Benner, Herrmann (1987): Arbeiten zur Ordnung der Berufsausbildung vom DATSCH bis zum BIBB. In: Wolf-Dietrich Greinert, Georg Hanf, Hermann Schmidt und Karl-Wilhelm Stratmann (Hg.): Berufsbildung und Industrie. Berlin, Bonn: Bundesanstalt für Berufsbildung, S. 269–293.

Berding, Florian; Slopinski, Andreas; Heubischl, Susanne; Gebhardt, Regina; Rebmann, Karin; Schlömer, Tobias (2017): Die INE -Toolbox – Ein integratives Instrumentarium für nachhaltigkeitsorientiertes Innovationsmanagement und Kompetenzentwicklung im stationären Einzelhandel. In: *bwp@Berufs- und Wirtschaftspädagogik – Online* (32), S. 1–24. Online verfügbar unter http://www.bwpat.de/ausgabe32/berding_etal_bwpat32.pdf, zuletzt geprüft am 30.08.2019.

Bereday, George Z. F. (1964): Comparative method in education. New York: Holt, Rinehart & Winston.

Berman, Barry; Evans, Joel R. (2002): Retail Management. Unter Mitarbeit von Linyi Lü und Song, Zhuozhao, (Übersetzung). Beijing: China Renmin University Press. Originaltitel: 巴里 伯曼; 乔尔 R 文斯 (2002): 零售管理, 北京: 中国人民大学出版社. (吕一林 宋卓昭译).

BBiG (2005): Berufsbildungsgesetz. Online verfügbar unter https://www.bmbf.de/upload_filestore/pub/Berufsbildungsgesetz.pdf, zuletzt geprüft am 30.08.2019.

BBiG der VR China (1996): Berufsbildungsgesetz der Volksrepublik China. Online verfügbar unter http://www.moe.gov.cn/s78/A02/zfs__left/s5911/moe_619/tnull_1312.html, zuletzt geprüft am 30.08.2019. Originaltitel: 第八届全国人大 (1996): 中华人民共和国职业教育法.

Bi, Jieli; Wang, Lin (2012): Theoretical reflection over development of modern apprenticeship in China. In: *China Training* (8). Originaltitel: 毕结礼; 王琳(2012): 我国现代学徒制建设的理论思考, 中国培训. (Translation by author).

Blankertz, Herwig (1975): Theorien und Modelle der Didaktik. München: Juventa.

Bloom, Benjamin Samuel (Hg.) (1974): Taxonomie von Lernzielen im kognitiven Bereich. Weinheim: Beltz.

Bojanowski, Arnulf (2012): Jugend im Übergang – oder: Unter welchen jugendpädagogischen Bedingungen machen wir eigentlich Kompetenzfeststellung? In: Stadt Offenbach, Amt für Arbeitsförderung, Statistik und Integration

(Hg.): Berufsorientierung und Kompetenzen. Methoden, Tools, Projekte. Bielefeld: Bertelsmann, S. 127–142.

Bojanowski, Arnulf; Eckardt, Peter; Ratschinski, Günter (2004): Forschung in der Benachteiligtenförderung. Sondierungen in einer unübersichtlichen Landschaft. In: *Berufs- und Wirtschaftspädagogik* (6), S. 1–25. Online verfügbar unter http://www.bwpat.de/ausgabe6/bojanowski_eckardt_ratschinski_bwpat6.pdf, zuletzt geprüft am 30.08.2019.

Bronfenbrenner, Urie; Lüscher, Kurt; Cranach, Agnes von (Hg.) (1981): Die Ökologie der menschlichen Entwicklung. Natürliche und geplante Experimente. Stuttgart: Klett-Cotta.

Brown, Becky J.; Hanson, Mark E.; Liverman, Diana M.; Merideth, Robert W. (1987): Global sustainability. Toward definition. In: *Environmental management* 11 (6), S. 713–719.

Bruhn, Manfred (Hg.) (2001): Gabler-Marketing-Lexikon. Wiesbaden: Gabler.

Brunner, Franz; Wappis, Johann; Jung, Berndt (Hg.) (2006): Taschenbuch Null-Fehler-Management. Umsetzung von Six Sigma. München: Hanser.

Bund Ökologische Lebensmittelwirtschaft e. V. – BÖLW (2017): Zahlen, Daten, Fakten: Die Bio-Branche 2017. Online verfügbar unter http://www.boelw.de/fileadmin/pics/Bio_Fach_2017/ZDF_2017_Web.pdf, zuletzt geprüft am 01.10.2018.

Bundesagentur für Arbeit (2011): Klassifizierung der Berufe (KldB 2010). Band 1: Systematischer und alphabetischer Teil mit Erläuterungen; Band 2: Definitorischer und beschreibender Teil. Nürnberg: Bundesagentur für Arbeit. Online verfügbar unter https://con.arbeitsagentur.de/prod/apok/ct/dam/download/documents/Klassifikation-der-Berufe_ba017989.pdf, zuletzt geprüft am 30.08.2019.

Bundesinstitut für Berufsbildung – BIBB (2009): Datenreport zum Berufsbildungsbericht 2009. Bonn: BIBB. Online verfügbar unter https://datenreport.bibb.de/media2009/datenreport_bbb_090525_screen.pdf, zuletzt geprüft am 30.08.2019.

Bundesinstitut für Berufsbildung – BIBB (2015): Datenreport zum Berufsbildungsbericht 2015. Informationen und Analysen zur Entwicklung der beruflichen Bildung. Bonn: BIBB. Online verfügbar unter https://www.bibb.de/dokumente/pdf/bibb_datenreport_2015.pdf, zuletzt geprüft am 30.08.2019.

Bundesinstitut für Berufsbildung – BIBB (2016): Berufsbildung für eine nachhaltige Entwicklung 2015–2019. (Broschüre). Bonn: BIBB. Online verfügbar unter https://www2.bibb.de/bibbtools/dokumente/pdf/a33_mv-bbne_bibb-2016.pdf, zuletzt geprüft am 30.08.2019.

Bundesinstitut für Berufsbildung – BIBB (2018): Berufsbildung für nachhaltige Entwicklung 2015–2019. Modellversuche zur Entwicklung von berufsspezifischen Nachhaltigkeitskompetenzen in Lebensmittelhandwerk und Lebensmittelindustrie. Bonn: BIBB. Online verfügbar unter https://www.bibb.de/dokumente/pdf/Broschuere_3te-Foerderlinie_2018_BITV.pdf, zuletzt geprüft am 07.02.2019.

Bundesinstitut für Berufsbildung – BIBB (2019): Genealogie Kaufmann / -frau im Einzelhandel (IH). Online verfügbar unter https://www.bibb.de/de/berufeinfo.php/genealogy/fsaskjh, zuletzt aktualisiert am 30.08.2019.

Bundesministerium für Bildung und Forschung – BMBF (2005): Berufliche Qualifizierung Jugendlicher mit besonderem Förderbedarf: Benachteiligtenförderung. Bonn, Berlin: BMBF, Referat Publikationen Internetredaktion.

Bundesministerium für Bildung und Forschung – BMBF (2015a): Berufsbildungsbericht 2015. Bonn: BMBF. Online verfügbar unter https://www.bmbf.de/pub/Berufsbildungsbericht_2015.pdf, zuletzt geprüft am 30.08.2019.

Bundesministerium für Bildung und Forschung – BMBF (2015b): Kooperation-International: Australien. Online verfügbar unter http://www.kooperation-international.de/buf/australien.html, zuletzt geprüft am 30.08.2019.

Bundesministerium für Bildung und Forschung – BMBF (2015c): Kooperation-International: Historie. Unter Mitarbeit von Apollonia Pane und D. L.R. Projektträger. Online verfügbar unter http://www.kooperation-international.de/buf/china/allgemeine-informationen-zur-kooperation/historie-und-rechtsgrundlage.html, zuletzt geprüft am 18.02.2016.

Bundesministerium für Bildung und Wissenschaft – BMBW (1995 [1990]): Ergebnisse der konstituierenden Sitzung vom 16. Mai 1990. In: Hans-Werner Fuchs und Lutz R. Reuter (Hg.): Bildungspolitik seit der Wende: Dokumente zum Umbau des ostdeutschen Bildungssystems (1989–1994). Opladen: Leske + Budrich, S. 207–210.

Bundesverband E-Commerce und Versandhandel Deutschland e.V. – bevh (2016): Interaktiver Handel in Deutschland 2015. Berlin: BEVH-Services GmbH.

Bundesvereinigung der Deutschen Ernährungsindustrie – BVE (2017): Jahresbericht 2016/2017. Online verfügbar unter https://www.bve-online.de/presse/infothek/publikationen-jahresbericht/jahresbericht-2017, zuletzt geprüft am 30.08.2019.

Bundesverfassungsgericht (1981): Entscheidung des BVerfG vom 10.12.1980 zur Berufsbildungsabgabe nach dem Ausbildungsplatzförderungsgesetz. Entscheidungen des Bundesverfassungsgerichts (55), S. 274–348.

Bund-Länder-Kommission für Bildungsplanung und Forschungsförderung – BLK (1998): Bildung für eine nachhaltige Entwicklung. Orientierungsrahmen. Bonn: BLK.

Bund-Länder-Kommission für Bildungsplanung und Forschungsförderung – BLK (1999): Zukunft lernen und gestalten – Bildung für eine nachhaltige Entwicklung. Bonn: BLK.

Bund-Länder-Kommission für Bildungsplanung und Forschungsförderung – BLK (2005): Bildung für eine nachhaltige Entwicklung („21"). Abschlussbericht des Programmträgers zum BLK-Programm. Bonn: BLK. Online verfügbar unter http://www.blk-bonn.de/papers/heft123.pdf, zuletzt geprüft am 30.08.2019.

Busemeyer, Marius R. (2009): Wandel trotz Reformstau. Die Politik der beruflichen Bildung seit 1970. Frankfurt am Main: Campus Verlag.

Carlowitz, Hannß Carl von (1713): Sylvicultura oeconomica. Hausswirthliche Nachricht und naturmäßige Anweisung zur wilden Baum-Zucht. Leipzig: Johann Friedrich Braun.

Central Institute of Vocational and Technical Education (2012): Development of vocational education with Chinese characteristics. Report on the development of Vocational Education in China 2002–2012. Beijing: China Higher Education Press. Originaltitel: 教育部职业技术教育中心研究所(2012)：中国特色职业教育发展之路 – 中国职业教育发展报告 (2002–2012), 北京：高等教育出版社. (Translation by author).

China Chain Store & Franchise Association (2017): Investigation on basic situation of Retail industry and China Top 100 Chain Retailers 2016. (List of China Top 100 Chain Retailers 2016). Online verfügbar unter http://www.ccfa.org.cn/portal/cn/view.jsp?lt=1&id=430220, zuletzt geprüft am 30.08.2019.

China Internet Network Information Center – CNNIC (2018): Statistical report on Internet development in China. Beijing: CNNIC. Online verfügbar unter http://cnnic.com.cn/IDR/ReportDownloads/201807/P020180711391069195909.pdf, zuletzt geprüft am 30.08.2019.

Chinatat (2011): Admission quota of Chinese Civil Service Examination. Online verfügbar unter http://www.chinatat.com/new/201111/li559111321521111025533.shtml, zuletzt geprüft am 21.09.2016. Originaltitel: 职业培训教育网(2014): 2004–2014年国家公务员考试录取率汇总, 2014年9月22日.

Chinese Government Network (2007a): Deng Xiaoping. Online verfügbar unter http://www.gov.cn/test/2007-11/21/content_811765.htm, zuletzt geprüft am 03.09.2019.

Chinese Government Network (2007b): Liu Shaoqi. Online verfügbar unter http://www.gov.cn/test/2007-12/13/content_833192.htm, zuletzt geprüft am 03.09.2019.

Consentius, Heidi; De Haan, Gerhard (2011): Kurzexpertise zum Thema „Bildung für nachhaltige Entwicklung" für das Forschungsvorhaben „Rio+20 vor Ort Bestandsaufnahme und Zukunftsperspektiven lokaler Nachhaltigkeitsprozesse in Deutschland, Projektphase I". Berlin: Institut Futur der Freien Universität Berlin. Online verfügbar unter https://www.umweltbildung.de/uploads/tx_anubfne/expertise_bildung_rio_20_vor_ort_09_11.pdf?PHPSESSID=e72a48153492f78e1ae3447d2e652343, zuletzt geprüft am 30.08.2019.

Crusius, Reinhard; Wilke, Manfred (1979): Plädoyer für den Beruf. In: *Aus Politik und Zeitgeschichte B48*, S. 3–13.

De Haan, Gerhard (1998): Schlüsselkompetenzen, Umweltsyndrome und Bildungsreform. In: Axel Beyer und Andreas Wass von Czege (Hg.): Fähig für die Zukunft. Schlüsselqualifikationen für eine nachhaltige Entwicklung. Hamburg: Krämer, Reinhold, S. 17–48.

De Haan, Gerhard (2002): Die Kernthemen der Bildung für eine nachhaltige Entwicklung. Münster: Waxmann Verlag.

De Haan, Gerhard (2006): Bildung für nachhaltige Entwicklung – ein neues Lern- und Handlungsfeld. In: *UNESCO heute* 1, S. 4–8.

De Haan, Gerhard; Kamp, Georg; Lerch, Achim; Martignon, Laura; Müller-Christ, Georg; Nutzinger, Hans Gottfried (2008): Nachhaltigkeit und Gerechtigkeit. Grundlagen und schulpraktische Konsequenzen. Berlin, Heidelberg: Springer.

Deloitte (2017): Global Powers of Retailing 2017. Online verfügbar unter https://www2.deloitte.com/content/dam/Deloitte/de/Documents/consumer-business/Global%20Powers%20of%20Retailing%202017.pdf, zuletzt geprüft am 29.08.2017.

Der Rat von Sachverständigen für Umweltfragen – SRU (1994): Umweltgutachten 1994. Für eine dauerhaft umweltgerechte Entwicklung. Stuttgart: Metzler-Poeschel.

Deutsche UNESCO-Kommission e.V. – DUK (2013): Das Deutsche Nationalkomitee für die UN-Dekade „Bildung für nachhaltige Entwicklung“: Positionspapier „Zukunftsstrategie BNE 2015+“. Positionspapier „Zukunftsstrategie BNE 2015+“. Bonn: Deutsche UNESCO-Kommission. Online verfügbar unter https://www.bne-portal.de/sites/default/files/BNE-Positionspapier-2015plus_deutsch.pdf, zuletzt geprüft am 02.09.2019.

Deutscher Ausschuss für das Erziehungs- und Bildungswesen (1966). Gutachten über das berufliche Ausbildungs- und Schulwesen vom 10. Juli 1964. In: Deutscher Ausschuss für das Erziehungs- und Bildungswesen (Hg.): Empfehlungen und Gutachten, 1953–1965. Stuttgart: Klett, S. 413–515.

Deutscher Bildungsrat (1970): Empfehlungen der Bildungskommission: Strukturplan für das Bildungswesen. Stuttgart: Klett.

Deutscher Bildungsrat (Hg.) (1974): Die Bedeutung verschiedener Lernorte in der beruflichen Bildung. Stuttgart: Klett.

Deutscher Bundestag (1985): Unterrichtung durch die Bundesregierung: Berufsbildungsbericht 1985. Bonn: BT-Drucksache 10/2974.

Deutscher Bundestag (1986): Unterrichtung durch die Bundesregierung: Berufsbildungsbericht 1996. Bonn: BT-Drucksache 10/5110.

Deutscher Bundestag (1989): Unterrichtung durch die Bundesregierung: Berufsbildungsbericht 1989. Bonn: BT-Drucksache 11/4442.

Deutscher Bundestag (1991): Unterrichtung durch die Bundesregierung: Berufsbildungsbericht 1991. Bonn: BT-Drucksache 12/348.

Deutscher Bundestag (1997): Reformprojekt berufliche Bildung – flexible Strukturen und moderne Berufe: Unterrichtung durch die Bundesregierung. Berlin: BT-Drucksache 13/7625.

Deutscher Bundestag (Hg.) (1998): Konzept Nachhaltigkeit. Vom Leitbild zur Umsetzung; Abschlußbericht der Enquete-Kommission „Schutz des Menschen und der Umwelt – Ziele und Rahmenbedingungen einer nachhaltig zukunftsverträglichen Entwicklung" des 13. Deutschen Bundestages. Bonn: Deutscher Bundestag, Referat Öffentlichkeitsarbeit.

Deutscher Bundestag (2016): Arbeitsbedingungen im Einzelhandel. Bonn: BT-Drucksache 18/7325.

Deutsches Reich (1908): Gesetz, betreffend die Abänderung der Gewerbeordnung In: Reichsgesetzblatt. Berlin: Verlag des Gesetzsammlungsamts; Kaiserl. Post-Zeitungsamt 356–360.

Diettrich, Andreas; Hahne, Klaus; Winzier, Dagmar (2007): Berufsbildung für eine nachhaltige Entwicklung. Hintergründe, Aktivitäten, erste Ergebnisse. In: *Berufsbildung in Wissenschaft und Praxis* 5 (2007), S. 7–12.

Dostal, Werner; Stooß, Friedemann; Troll, Lothar (1998): Beruf – Auflösungstendenzen und erneute Konsolidierung. In: *Mitteilungen aus der Arbeitsmarkt- und Berufsforschung* 31 (3), S. 438–460. Online verfügbar unter http://213.241.152.197/mittab/1998/1998_3_MittAB_Dostal_Stoo%C3%9F_Troll.pdf, zuletzt geprüft am 03.09.2019.

Dreyfus, Hubert L.; Dreyfus, Stuart E. (1987): Künstliche Intelligenz. Von den Grenzen der Denkmaschine und dem Wert der Intuition. Reinbek bei Hamburg: Rowohlt.

Du, Chengxian; Zhang, jixi (2001): Exploration of the development of Chinese education in the 20th century. In: *Journal of East China Normal University (Educational Sciences)* 19 (4), S. 66–72. Originaltitel: 杜成宪; 张继玺(2001): 20世纪关于中国教育史发展线索问题的探究, 上海: 华东师范大学学报(教育科学版), 2001年12月第19卷第4期. (Translation by author).

Dummert, Sandra (2013): Branchenstudie Einzelhandel. Auswertungen aus dem IAB-Betriebspanel 2010 und 2011. IAB-Forschungsbericht.

Education Department of Henan (1958): 7 days of popularization of junior high school and primary education in Baipo Township, Yucheng County. In: *People's Education* (4), S. 48–51. Originaltitel: 河南省教育厅 (1958): 郾城县白坡乡7天普及了初中和小学教育, 人民教育, 1958年 第4期. (Translation by author).

Engartner, Tim; Krisanthan, Balasundaram (2014): Ökonomische Bildung in Zeiten der Ökonomisierung – oder: Welchen Anforderungen muss sozioökonomische Bildung genügen? In: Andreas Fischer und Bettina Zurstrassen (Hg.): Sozioökonomische Bildung. Bonn: Bundeszentrale für politische Bildung, S. 155–176.

Engels, Friedrich (1884): Der Ursprung der Familie, des Privateigenthums und des Staats. Hottingen-Zürich: Verlag der Schweizerischen Volksbuchhandlung.

Erpenbeck, John; Rosenstiel, Lutz von (Hg.) (2007): Handbuch Kompetenzmessung. Erkennen, verstehen und bewerten von Kompetenzen in der betrieblichen, pädagogischen und psychologischen Praxis. Stuttgart: Schäffer-Poeschel.

Euler, Dieter (2004a): Lernortkooperation – eine unendliche Geschichte? In: Dieter Euler (Hg.): Handbuch der Lernortkooperation (Bd. 1: Theoretische Fundierung). Bielefeld: Bertelsmann, S. 12–24.

Euler, Dieter (2004b): Über die Entwicklungsbedingungen einer Kooperationskultur. In: Dieter Euler (Hg.): Handbuch der Lernortkooperation (Bd. 1: Theoretische Fundierung). Bielefeld: Bertelsmann, S. 305–318.

Euler, Dieter (2013): Das duale System in Deutschland–Vorbild für einen Transfer ins Ausland. Eine Studie im Auftrag der Bertelsmann Stiftung. Gütersloh: Bertelsmann Stiftung.

Euler, Dieter; Severing, Eckart (2006): Flexible Ausbildungswege in der Berufsbildung. Nürnberg: St. Gallen.

Fan, Guosheng; Zeng, Shuangquan (2008): Discuss the establishment of the reason of the first Literature and Art special school in ancient China – Hong Du Men School. In: *Journal of Yichun College* 30 (3), S. 150–153. Originaltitel: 范国盛; 曾双全(2008):论中国古代第一所文艺专科学校–鸿都门学创建的原因,江西:宜春学院学报.

Fenger, Herbert (1968): Die betriebseigenen Berufsschulen industrieller Betriebe in der Bundesrepublik Deutschland. Dissertation. Universität zu Köln, Köln.

Fischer, Aloys (1929): Ethik und Soziologie des Berufes in der Schulerziehung. In: Alfred Kühne (Hg.): *Handbuch für das Berufs- und Fachschulwesen*. Leipzig: Quelle und Meyer, S. 43–63.

Fischer, Andreas (1998): Wege zu einer nachhaltigen beruflichen Bildung. Theoretische Überlegungen. Bielefeld: Bertelsmann.

Fischer, Andreas (2017a): „Lesson sharing“ und nachhaltige Schulentwicklung durch BBS futur 2.0. In: Andreas Fischer und Gabriele Hahn (Hg.): Berufsbildung für eine nachhaltige Entwicklung auf dem Weg in den (Unterrichts-)Alltag. Wie können Vernetzungsaktivitäten die Implementierung unterstützen? Baltmannsweiler: Schneider Verlag Hohengehren, S. 131–151.

Fischer, Andreas (2017b): Netzwerkarbeit in der Berufsbildung für eine nachhaltige Entwicklung. In: Andreas Fischer und Gabriele Hahn (Hg.): Berufsbildung für eine nachhaltige Entwicklung auf dem Weg in den (Unterrichts-)Alltag. Wie können Vernetzungsaktivitäten die Implementierung unterstützen? Baltmannsweiler: Schneider Verlag Hohengehren, S. 7–27.

Fischer, Andreas (2017c): Zugänge zu einer Berufsbildung für nachhaltige Entwicklung. In: Gerhard De Haan (Hg.): Bildung für nachhaltige Entwicklung. Stand und Perspektiven. Wiesbaden: Springer VS.

Fischer, Andreas; Freund, Eva; Duong, Binh Long (2013): Editorial Modulare Zusatzqualifizierung von Auszubildenden des Einzelhandels am Beispiel des Fairen Handels: ZUKKER: Zukunftsfähige Kompetenzen für die Märkte von morgen erwerben. In: *Leuphana-Seminar-Schriften zur Berufs- und Wirtschaftspädagogik* (9), S. 1–6. Online verfügbar unter http://bwp-schriften.univera.de/Band9_13/00_editorial_fischer_freund_Duong_Band9_13.pdf, zuletzt geprüft am 03.09.2019.

Fischer, Andreas; Freund, Eva; Schwinge, Christiane (2016): Aufbau eines Netzwerkes von Berufsbildenden Schulen mit dem Schwerpunkt Nachhaltigkeit: BBS futur 2.0. Gefördert von der Deutschen Bundesstiftung Umwelt unter dem AZ: 30979-44. Abschlussbericht. Leuphana Universität Lüneburg, Lüneburg. Arbeitseinheit Berufs- und Wirtschaftspädagogik.

Fischer, Andreas; Gerdsmeier, Gerhard (2007): Lernaufgaben nachhaltig gedacht. Wie sind Lernaufgaben für eine zukunftsorientierte wirtschaftsberufliche Bildung zu konzipieren? In: Andreas Fischer und Klaus Hahne (Hg.): Strategien und Umsetzungspotenziale einer Berufsbildung für nachhaltige Entwicklung. Bielefeld: W. Bertelsmann Verlag, S. 184–191.

Fischer, Andreas; Hahn, Gabriela; Hantke, Harald (2017): Gesucht: Resonanzräume für Wahrnehmung und Erkennen in der Berufsbildung für nachhaltige Entwicklung sowie in der sozio-ökonomischen Bildung. Vom

„Wahrnehmen-Müssen“ zum „Mehr-wahrnehmen-Können“. In: *Berufsbildungswissenschaftliche Schriften der Leuphana Universität Lüneburg* (18), S. 4–32.

Fischer, Andreas; Hantke, Harald (2017): Konzeptionelle Zugänge zur Konstruktion nachhaltig ausgerichteter situationsorientierter Lernaufgaben für betriebliche Arbeite- und Lernsituationen. In: Tonio Oeftering, Julia Oppermann und Andreas Fischer (Hg.): Der „fachdidaktische Code“ der Lebenswelt- und / oder (?) Situationsorientierung. Fachdidaktische Zugänge zu sozialwissenschaftlichen Unterrichtsfächern sowie zum Lernfeldkonzept. Baltmannsweiler: Schneider Verlag Hohengehren, S. 165–192.

Fischer, Andreas; Hantke, Harald; Roth, Jens-Jochen (2018a): Das gewohnte Wirtschaften steht unter Druck: Nachhaltig(-keit) ausbilden! In: *Berufsbildungswissenschaftliche Schriften der Leuphana Universität Lüneburg* (19), S. 2–16. Online verfügbar unter http://bwp-schriften.univera.de/Band19_18/01_fischer_hantke_roth_Band19_18.pdf, zuletzt geprüft am 07.02.2019.

Fischer, Andreas; Hantke, Harald; Roth, Jens-Jochen; Senneke, Kristin; Pranger, Jan; Tietz, Michael (2018b): Nachhaltig(-keit) ausbilden mit „Pro-DEENLA“-Lernmodulen. Lernmodul „Kombinierter Verkehr!?“. In: *Berufsbildungswissenschaftliche Schriften der Leuphana Universität Lüneburg* (19). Online verfügbar unter http://bwp-schriften.univera.de/band_19_18.htm, zuletzt geprüft am 13.08.2019.

Fischer, Andreas; Mertineit, Klaus-Dieter; Skrzipietz, Frank (2009): Vom Elfenbeinturm zum Ladentisch – nachhaltige Potenziale im Handel. Theoretische Reflexionen und empirische Analysen. Baltmannsweiler: Schneider Verlag Hohengehren.

Fischer, Andreas; Müller-Harms, Joyce (2014): KONWIKA (FKZ: BNE 004). Entwicklung und Prüfung eines Kompetenzmodells für ein nachhaltiges Wirtschaften kaufmännischer Auszubildender [unveröffentlichter Forschungsantrag]. Abschlussbericht. Leuphana Universität Lüneburg, Lüneburg.

Fischer, Andreas; Seeber, Günther (Hg.) (2007): Nachhaltigkeit und ökonomische Bildung. Deutsche Gesellschaft für Ökonomische Bildung; Jahrestagung „Nachhaltigkeit und ökonomische Bildung“. Bergisch Gladbach: Hobein.

Fischer, Andreas; Seeber, Susan; Michaelis, Christian; Müller-Harms, Joyce (2015): Kompetenzen für nachhaltiges Wirtschaften und informelles Lernen in betriebswirtschaftlich-kaufmännischen Berufen. In: Gerhard Niedermair (Hg.): Informelles Lernen. Annäherungen – Problemlagen – Forschungsbefunde. Linz: Trauner Verlag, S. 143–158.

Forke, Alfred (1964): Geschichte der alten chinesischen Philosophie. Berlin, New York: De Gruyter.

Franke, Renata Fu-sheng (2003a): Bildung und Erziehung in China. Reform und Transformation. In: Renata Fu-sheng Franke und Wolfgang Mitter (Hg.): Das Bildungswesen in China. Reform und Transformation. Köln: Böhlau, S. 9–15.

Franke, Renata Fu-sheng (2003b): Wirtschaftstätigkeit von chinesischen Schulen. Ökonomie oder Pädagogik? In: Renata Fu-sheng Franke und Wolfgang Mitter (Hg.): Das Bildungswesen in China. Reform und Transformation. Köln: Böhlau, S. 72–90.

Freeman, R. Edward (1984): Strategic management. A stakeholder approach. Boston, Mass.: Pitman.

Friese, Marianne (2011): Das Schulberufssystem: Restkategorie oder Innovationsfaktor der beruflichen Bildung? In: *Berufsbildung* 65 (131), S. 2–6.

Friese, Marianne (2013): Standortbestimmung und Zukunftsentwürfe personenbezogener Arbeit: Beschäftigung, Berufliche Bildung, Lehramtsausbildung. In: *bwp@Berufs- und Wirtschaftspädagogik – Online* (11). Online verfügbar unter http://www.bwpat.de/ht2013/ft11/friese_ft11-ht2013.pdf, zuletzt geprüft am 09.05.2016.

Froese, Leonhard (1967): Paradigmata des Selbstverständnisses der Vergleichenden Erziehungswissenschaft: Kritisch-vergleichende Bestandsaufnahme. In: *Zeitschrift für Pädagogik* 13, S. 315–324.

Frommberger, Dietmar (2010): Berufsbildung im internationalen Vergleich. In: *Enzyklopädie Erziehungswissenschaft Online*, S. 1–16.

Frommberger, Dietmar (2012): Von der Berufsbildung in die Hochschulbildung (Dritter Bildungsweg). In: *Zeitschrift für Berufs- und Wirtschaftspädagogik* 108 (2), S. 169–193.

Frommberger, Dietmar; Deißinger, Thomas (2010): Berufsbildung im internationalen Vergleich – Typen nationaler Berufsbildungssysteme. In: Reinhold Nickolaus (Hg.): Handbuch Berufs- und Wirtschaftspädagogik. Bad Heilbrunn: Klinkhardt, S. 343–348.

Gao, Fan; Zhao, Zhiqun; Huang, Fanghui (2017): The development of the evaluation method of professional ability. In: *Chinese Vocational and Technical Education* 35. Originaltitel: 高帆; 赵志群; 黄方慧(2017): 职业能力测评方法的发展, 中国职业技术教育, 2017年第35期.(Translation by author).

Gao, Song (2014): Lehrerbildung für berufsbildende Schulen im Vergleich: eine international komparative Untersuchung zur Qualifizierung der Berufsbildungslehrkräfte in der Volksrepublik China und der Bundesrepublik Deutschland. Dissertation. Technische Universität Berlin, Berlin.

Gehlen, Arnold (1971): Der Mensch. Seine Natur und seine Stellung in der Welt. Bonn: Athenäum Verlag.

Georg, Walter (2006): Vergleichende Berufsbildungsforschung. In: Felix Rauner (Hg.): Handbuch Berufsbildungsforschung. Bielefeld: Bertelsmann, S. 186–193.

Georg, Walter (2015): Strukturen und Strukturprobleme des Berufsbildungssystems. Fern Universität in Hagen.

Gerdsmeier, Gerhard (2004): Lernaufgaben für ein selbstgesteuertes Lernen im Wirtschaftsunterricht. In: *Journal of Social Science Education* 3 (2).

Gerdsmeier, Gerhard; Fischer, Andreas (2003): Induktiver Wirtschaftlehreunterricht – Gespräch in fünf Abschnitten. In: Andreas Fischer (Hg.): Im Spiegel der Zeit. Sieben berufs- und wirtschaftspädagogische Protagonisten des zwanzigsten Jahrhunderts. Frankfurt am Main: Verlag der Gesellschaft zur Förderung Arbeitsorientierter Forschung und Bildung, S. 173–203.

Gittenberger, Ernst; Löschl, Susanne; Scheichenbauer, Heidi; Widhalm, Andrea; Lenzhofer, Johannes (2007): Einzelhandel im Internet. Wien: Austrian Institute for SME Research.

Gittenberger, Ernst; Teller, Christoph (2009): Betriebstypenspezifisches Kaufverhalten von älteren Konsument-Innen. In: Edeltraud Hanappi-Egger und Peter Schnedlitz (Hg.): Ageing society. Altern in der Stadt: aktuelle Trends und ihre Bedeutung für die strategische Stadtentwicklung. Wien: Facultas Universitätsverlag, S. 346–394.

Gittenberger, Ernst; Teller, Christoph (2012): Betriebstypen des Handels – Begrifflichkeiten, Typologisierung und Entwicklungslinien. In: Joachim Zentes, Bernhard Swoboda, Dirk Morschett und Hanna Schramm-Klein (Hg.): Handbuch Handel. Strategien – Perspektiven – Internationaler Wettbewerb. Wiesbaden: Springer, S. 215–242.

Glasersfeld, Ernst von (1995): Aspekte einer konstruktivistischen Didaktik. In: Lehren und lernen als konstruktive Tätigkeit. Beiträge zu einer konstruktivistischen Theorie des Unterrichts. Bönen: Verlag für Schule und Weiterbildung Kettler, S. 7–14.

Graupe, Silja (2014): Der Kühle Gleichmut des Ökonomen. In: Andreas Fischer und Bettina Zurstrassen (Hg.): Sozioökonomische Bildung. Bonn: Bundeszentrale für politische Bildung, S. 177–205.

Greinert, Wolf-Dietrich (1975): Schule als Instrument sozialer Kontrolle und Objekt privater Interessen: Hermann Schroedel Verlag.

Greinert, Wolf-Dietrich (1998): Das „deutsche System" der Berufsausbildung. Tradition, Organisation, Funktion. Baden-Baden: Nomos Verlagsgesellschaft.

Greinert, Wolf-Dietrich (2005): Warum in der Bundesrepublik ein modernes Berufsbildungsrecht nicht durchsetzbar ist – kritische Anmerkungen zur aktuellen Reformpolitik. In: Karin Büchter und Martin Kipp (Hg.): Berufspädagogische Erkundungen. Eine Bestandsaufnahme in verschiedenen Forschungsfeldern; Festschrift für Martin Kipp. Frankfurt am Main: Gesellschaft zur Förderung Arbeitsorientierter Forschung und Bildung, S. 195–210.

Greinert, Wolf-Dietrich (2006): Geschichte der Berufsausbildung in Deutschland. In: Rolf Arnold (Hg.): Handbuch der Berufsbildung. Wiesbaden: VS Verlag für Sozialwissenschaften, S. 499–508.

Greinert, Wolf-Dietrich; Wolf, Stefan (2013): Die Berufsschule – radikale Neuorientierung oder Abstieg zur Restschule? Berlin: Universitätsverlag der TU Berlin.

Grober, Ulrich (1999): Hans Carl von Carlowitz. Der Erfinder der Nachhaltigkeit. In: *Zeit Online* 48. Online verfügbar unter http://www.zeit.de/1999/48/Der_Erfinder_der_Nachhaltigkeit/komplettansicht?print, zuletzt geprüft am 20.09.2017.

Grober, Ulrich (2002): Tiefe Wurzeln. Eine kleine Begriffsgeschichte von „Sustainable Development" – Nachhaltigkeit. In: *Natur und Kultur* 3 (1), S. 116–128.

Grober, Ulrich (2010): Die Entdeckung der Nachhaltigkeit. Kulturgeschichte eines Begriffs. München: Kunstmann.

Grunert, Cathleen (2012): Bildung und Kompetenz. Theoretische und empirische Perspektiven auf außerschulische Handlungsfelder. Wiesbaden: VS Verlag für Sozialwissenschaften.

Grunwald, Armin; Kopfmüller, Jürgen (2006): Nachhaltigkeit. Frankfurt am Main: Campus Verlag.

Guangzhou Industry & Trade Technician College (2016): Standards for Professional Integration Course Marketing. (unpublished manuscripts). Guangzhou.

Haarmann, Moritz Peter (2014): Sozioökonomische Bildung – ökonomische Bildung unter der Zielperspektive der gesellschaftlichen Mündigkeit. In: Andreas Fischer und Bettina Zurstrassen (Hg.): Sozioökonomische Bildung. Bonn: Bundeszentrale für politische Bildung, S. 206–222.

Häberle, Siegfried Georg (Hg.) (2008): Das neue Lexikon der Betriebswirtschaftslehre. Kompendium und Nachschlagewerk mit 200 Schwerpunktthemen, 6.000 Stichwörtern, 2.000 Literaturhinweisen sowie 1.300 Internetadressen. München: Oldenbourg.

Hahne, Klaus; Kutt, Konrad (2003): Entwurf für einen Orientierungsrahmen Berufsbildung für eine nachhaltige Entwicklung. Vorgelegt zur BIBB/BMBF Fachtagung am 26./27. März 2003 in Osnabrück. In: Bundesministerium für Bildung und Forschung – BMBF (Hg.): Erste bundesweite

Fachtagung: Berufsbildung für eine nachhaltige Entwicklung. Bonn: BMBF, Referat Öffentlichkeitsarbeit, S. 174–179.

Haken, Hermann (1995): Erfolgsgeheimnisse der Natur. Synergetik: die Lehre vom Zusammenwirken. Reinbek bei Hamburg: Rowohlt.

Haken, Hermann; Graham, Robert (1971): Synergetik – Die Lehre vom Zusammenwirken. In: *Umschau* 6 (191).

Halls, Wilfred Douglas (1990): Comparative Education: Contemporary Issues and Trends. London u. a.: Kingsley u. a.

Handelsverband Deutschland – HDE (2011): Der deutsche Einzelhandel. Online verfügbar unter http://peter-lohoff.de/hfw/eh.pdf, zuletzt geprüft am 01.09.2017.

Handelsverband Deutschland – HDE (2015): Branchenreport Einzelhandel. Der Handel als Wirtschaftsfaktor. Online verfügbar unter http://www.einzelhandel.de/images/publikationen/Branchenreport-Wirtschaftsfaktor-Handel_2016.pdf, zuletzt geprüft am 06. 15. 2017.

Handelsverband Deutschland – HDE (2016): Branchenreport Einzelhandel. Der Handel als Arbeitgeber. Online verfügbar unter http://www.einzelhandel.de/images/publikationen/Branchenreport_Arbeitgeber_2016.pdf, zuletzt geprüft am 30.08.2019.

Handelsverband Deutschland – HDE (2017): HDE-Zahlenspiegel 2017. Berlin: HDE Trade Services GmbH.

Hansen, Ursula (1990): Absatz- und Beschaffungsmarketing des Einzelhandels. Eine Aktionsanalyse. Göttingen: Vandenhoeck & Ruprecht.

Hauff, Michael von (2011): Nachhaltigkeit – ein Erfolgsfaktor für mittelständische Unternehmen. Anforderungen an Politik, Gewerkschaften und Unternehmen. Expertise im Auftrag der Abteilung Wirtschafts- und Sozialpolitik der Friedrich-Ebert-Stiftung. Bonn: Abteilung Wirtschafts- und Sozialpolitik der Friedrich-Ebert-Stiftung. Online verfügbar unter http://library.fes.de/pdf-files/wiso/08225.pdf, zuletzt geprüft am 23.03.2018.

Hauff, Michael von; Kleine, Alexandro (2009): Nachhaltige Entwicklung. Grundlagen und Umsetzung. München: Oldenbourg.

Hauff, Volker (1987): Unsere gemeinsame Zukunft. Weltkommission für Umwelt und Entwicklung. Greven: Eggenkamp.

Hayhoe, Ruth (1987): Past and Present in China's Educational Relations with the Industrialized World. In: Ruth Hayhoe und Marianne Bastid (Hg.): China's education and the industrialized world. Studies in cultural transfer. Armonk, New York: M. E. Sharpe, S. 271–291.

Hedtke, Reinhold (2008): Sozialwissenschaftliche ökonomische Bildung. Didaktik der Sozialwissenschaften, Social Science Education. Universität Bielefeld, Bielefeld. Fakultät für Soziologie. Online verfügbar unter http://www.uni-bielefeld.de/soz/ag/hedtke/pdf/hedtke_sozialwissoekon-bildung.pdf, zuletzt geprüft am 03.09.2019.

Hedtke, Reinhold (2014): Wirtschaftssoziologie. Eine Einführung. München: UVK Verlagsgesellschaft.

Hedtke, Reinhold (2015): Sozioökonomische Bildung als Innovation durch Tradition. In: *GW-Unterricht* 140, S. 18–38.

Hellmich, Simon Niklas (2014): Was ist Sozioökonomie? – Eine Annäherung. In: Andreas Fischer und Bettina Zurstrassen (Hg.): Sozioökonomische Bildung. Bonn: Bundeszentrale für politische Bildung, S. 32–63.

Henze, Jürgen (1989): Berufliche Bildung des Auslands – Volksrepublik China. Baden-Baden: Nomos Verlagsgesellschaft.

Hilgers, Mathias; Mertineit, Klaus-Dieter (2007): Welche Potenziale bietet die Good Practice Agentur für die Berufsbildung für nachhaltige Entwicklung? In: Andreas Fischer und Klaus Hahne (Hg.): Strategien und Umsetzungspotenziale einer Berufsbildung für nachhaltige Entwicklung. Bielefeld: W. Bertelsmann Verlag, 70–77.

Hilker, Franz (1962): Vergleichende Pädagogik. Eine Einführung in ihre Geschichte, Theorie und Praxis. München: Max Hueber.

Hippach-Schneider, Ute; Woll, Christian; Krause, Martina (2007): Berufsbildung in Deutschland. Kurzbeschreibung. Luxemburg: Amt für amtliche Veröffentlichungen der Europäischen Gemeinschaften.

Hoffmann, Rainer (1978): Kampf zweier Linien: zur politischen Geschichte der chinesischen Volksrepublik 1949–1977. Stuttgart: Ernst Klett Verlag.

Hofstede, Geert; Hofstede, Gert Jan (2011): Lokales Denken, globales Handeln. Interkulturelle Zusammenarbeit und globales Management. München: Deutscher Taschenbuch Verlag, Verlag C. H. Beck.

Holmes, Brian (1974): Vergleichende Erziehungswissenschaft als wissenschaftliche Disziplin. In: Adelheit Busch, Busch, Wilhelm Friedrich, Bernd Krüger und Marianne Krüger-Portratz (Hg.): Vergleichende Erziehungswissenschaft. Texte zur Methodologischen Diskussion. Pullach: Verlag Dokumentation, S. 115–132.

Hompel, Michael ten; Heidenblut, Volker (Hg.) (2006): Taschenlexikon Logistik. Abkürzungen, Definitionen und Erläuterungen der wichtigsten Begriffe aus Materialfluss und Logistik. Berlin [u.a.]: Springer.

Hörner, Wolfgang (1988): Technische Modernisierung. Reformen im Bildungswesen in vergleichender Sicht. In: *Vergleichende Erziehungswissenschaft* 19 (20), S. 53–65.

Hou, Huaiying; Zhang, Xiaoli (2013): On the Early Formation of the Concept of "Pedagogy" in China. In: *Educational Research* (11), S. 11–21.

Huang, Yao (2009): Vocational Education – Principles and Applications. Beijing: Higher Education Press. Originaltitel: 黄尧(2009): 职业教育学-原理与应用, 北京: 高等教育出版社 (Translation by author).

Huber, Joseph (1995): Nachhaltige Entwicklung durch Suffizienz, Effizienz und Konsistenz. In: Peter Fritz, Joseph Huber, Hans Wolfgang Levi und Christiane Busch-Lüty (Hg.): Nachhaltigkeit in naturwissenschaftlicher und sozialwissenschaftlicher Perspektive. Eine Publikation der Karl-Heinz-Beckurts-Stiftung. Stuttgart: Hirzel; Wissenschaftliche Verlagsgesellschaft Stuttgart, S. 31–46.

Hug, Theo (2001): Erhebung und Auswertung empirischer Daten: Eine Skizze für AnfängerInnen und leicht Fortgeschrittene. In: Theo Hug (Hg.): Wie kommt Wissenschaft zu Wissen? Einführung in die Forschungsmethodik und Forschungspraxis. Baltmannsweiler: Schneider Verlag Hohengehren, S. 11–29.

Huizinga, Johan (1987): Homo ludens: Vom Ursprung der Kultur im Spiel. Reinbek bei Hamburg: Rowohlt Taschenbuch Verlag.

Humboldt, Alexander von; Kühnert, Herbert (1959): Über den Zustand des Bergbaus und Hütten-Wesens in den Fürstentümern Bayreuth und Ansbach im Jahre 1792. Engeleitet und bearbeitet von Dr. Herbert Kühnert in Verbindung mit Prof. Dr. O. Oelsner. Berlin: Akademie-Verlag.

IfD Allensbach (2016): Allensbacher Computer- und Technik-Analyse – ACTA 2016. Online verfügbar unter https://www.ifd-allensbach.de/acta/startseite-acta.html, zuletzt geprüft am 05.06.2017.

IFH Köln (2015): Ich mach dann mal den Wocheneinkauf. Im Netz? Wunsch versus Wirklichkeit beim Online-Einkauf von Lebensmitteln.

IFH Köln (2016): Branchenreport Online-Handel. Jahrgang 2016. Köln: IFH Retail Consultants GmbH.

International Union for Conservation of Nature and Natural Resources – IUCN (1970): Final Report: International working meeting on environmental education in the school curriculum. Schweiz: IUCN Morges.

Jaeger, Werner (1959): Paideia: die Formung des griechischen Menschen. Berlin: De Gruyter.

Jahn, Robert W. (2014): Stützlehrer als pädagogische Profession in der Beruflichen Integrationsförderung?! Eine berufs- und professionstheoretische Analyse der Tätigkeit und Entwicklung eines Strukturmodellsprofessioneller pädagogischer Kompetenz. Saarbrücken: Südwestdeutscher Verlag für Hochschulschriften.

Jank, Werner; Meyer, Hilbert (1994): Didaktische Modelle. Frankfurt am Main: Cornelsen Scriptor.

Jiang, Dayuan (2015): Higher Vocational Education: China's Unique Contribution to Education of the World. In: *Guang Ming Daily*, 27.10.2015 (15). Originaltitel: 姜大源(2015):高等职业教,中国对世界教育的独特贡献.光明日报,2015年10月27日第015版.(Translation by author).

Jing, Shuxiang (2009): A Study on ancient China vocational education in pre-Qin period – a research based on phylogency visual angle. In: *Journal of Beijing Vocational College of Finance and Commerce* 25 (2), S. 44–48. Originaltitel: 金树祥(2009):先秦时代的中国职业教育- 一种基于发生学视角的探究, 北京财贸职业学院学报,2009年6月,第25卷第2期.

Kaiser, Franz-Josef; Pätzold, Günter (Hg.) (2006): Wörterbuch Berufs- und Wirtschaftspädagogik. Bad Heilbrunn: Klinkhardt.

Ke, Qingchao; Wang, Pengli; Zhang, Jieqi (2018): Supply Mode, Classification Framework and Developmental Strategies of Digital Educational Resources. In: *E-Education Research* 3, S. 68–81.

Kinkel, Kaky (2012): Effizienz, Konsistenz, Suffizienz – Immer weiter, immer mehr?! Online verfügbar unter http://www.kayakinkel.de/2012/04/27/effizienz-konsistenz-suffizienz-immer-weiter-immer-mehr/, zuletzt geprüft am 23.03.2018.

Klafki, Wolfgang (1996): Neue Studien zur Bildungstheorie und Didaktik. Weinheim und Basel: Beltz.

Klafki, Wolfgang (2003): Selbstständiges Lernen muss gelernt werden! In: Frauke Stübig und Christina Schäfer (Hg.): Selbstständiges Lernen in der Schule. Kassel: Kassel University Press, S. 19–57.

Klieme, Eckhard; Hartig, Johannes (2008): Kompetenzkonzepte in den Sozialwissenschaften und im empirischen Diskurs. In: Manfred Prenzel, Ingrid Gogolin und Heinz-Hermann Krüger (Hg.): Kompetenzdiagnostik. Zeitschrift für Erziehungswissenschaft. Wiesbaden: VS Verlag für Sozialwissenschaften, S. 11–29.

Knoblauch, Hubert (2010): Von der Kompetenz zur Performanz. Wissenssoziologische Aspekte der Kompetenz. In: Thomas Kurtz und Michaela

Pfadenhauer (Hg.): Soziologie der Kompetenz. Wiesbaden: VS Verlag für Sozialwissenschaften, S. 237–255.

Kohl, Helmut (2002 [1983]): Regierungserklärung vom 4. Mai 1983. In: Klaus Stüwe (Hg.): Die großen Regierungserklärungen der deutschen Bundeskanzler von Adenauer bis Schröder. Opladen: Leske + Budrich, S. 288–312.

Kohlrausch, Bettina (2012): Das Übergangssystem – Übergänge mit System? In: Ullrich Bauer, Uwe H. Bittlingmayer und Albert Scherr (Hg.): Handbuch Bildungs- und Erziehungssoziologie. Wiesbaden: Springer VS, S. 595–609.

Korczak, Dieter (2009): Zur Entwicklung und Belastbarkeit von Nachhaltigkeitsindikatoren. In: *Zeitschrift des vhw – Bundesverband für Wohnen und Stadtentwicklung e. V.* (6), 299–303.

Kromrei, Silke (2006): Zur Bedeutung und Praxis von Kompetenzmodellen für Unternehmen. München, Mering: Rainer Hampp Verlag.

Kuhlmeier, Werner; Vollmer, Thomas; Mohorič, Andrea (2014): Berufsbildung für nachhaltige Entwicklung. Modellversuche 2010–2013: Erkenntnisse, Schlussfolgerungen und Ausblicke: BIBB.

Kultusministerkonferenz – KMK (2002): Rahmenvereinbarung über Fachschulen. (Beschluss der Kultusministerkonferenz vom 07.11.2002 i.d.F. vom 25.06.2015). Online verfügbar unter http://www.kmk.org/fileadmin/Dateien/veroeffentlichungen_beschluesse/2002/2002_11_07-RV-Fachschulen.pdf, zuletzt geprüft am 03.09.2019.

Kultusministerkonferenz – KMK (2011): Handreichung für die Erarbeitung von Rahmenlehrplänen der Kultusministerkonferenz für den berufsbezogenen Unterricht in der Berufsschule und ihre Abstimmung mit Ausbildungsordnungen des Bundes für anerkannte Ausbildungsberufe. Berlin: Sekretariat der Kultusministerkonferenz.

Kultusministerkonferenz – KMK (2015): Das Bildungswesen in der Bundesrepublik Deutschland 2013/2014. Darstellung der Kompetenzen, Strukturen und bildungspolitischen Entwicklungen für den Informationsaustausch in Europa: Mobilität und Internationalisierung. Unter Mitarbeit von Brigitte Lohmar und Thomas Eckhardt. Online verfügbar unter https://www.kmk.org/fileadmin/Dateien/pdf/Eurydice/Bildungswesen-dt-pdfs/dossier_de_ebook.pdf, zuletzt geprüft am 03.09.2019.

Kultusministerkonferenz – KMK (2016): RAHMENLEHRPLAN für die Ausbildungsberufe Kaufmann im Einzelhandel und Kauffrau im Einzelhandel Verkäufer und Verkäuferin (Beschluss der Kultusministerkonferenz vom 17.06.2004 i.d.F. vom 16.09.2016).

Kutscha, Günter (1991): Übergangsforschung – Zu einem neuen Forschungsbereich. In: Klaus Beck und Adolf Kell (Hg.): Bilanz der Bildungsforschung.

Stand und Zukunftsperspektiven. Weinheim: Deutscher Studienverlag, S. 113–155.

Kutt, Konrad (2006): Berufsbildung für eine nachhaltige Entwicklung. Zur Rekonstruktion eines Werdegangs – Zwischen Meilenstein und Kleinmosaik. In: Ernst Tiemeyer und Karl Wilbers (Hg.): Berufliche Bildung für nachhaltiges Wirtschaften. Konzepte, Curricula, Methoden, Beispiele. Bielefeld: Bertelsmann, S. 33–53.

Lamnek, Siegfried (1995): Qualitative Sozialforschung. München: Psychologie Verlags Union.

Lasswell, Harold Dwight (1948): The Structure and Function of Communication in Society. In: Lyman Bryson (Hg.): The Communication of Ideas. A Series of Addresses. New York: Institute for Religious and Social Studies, Distributed by Harper, S. 32–51.

Lauterbach, Uwe (2006): Die Schritte zu einer internationalen und international vergleichenden Berufsbildungsforschung. In: Felix Rauner (Hg.): Handbuch Berufsbildungsforschung. Bielefeld: Bertelsmann, S. 44–51.

Lauterbach, Uwe; Lanzendorf, Ute; Feldmann, Birgitt; Lipsmeier, Antonius (1995a): Australien. In: Uwe Lauterbach, Dietmar Frommberger und Philipp Grollmann (Hg.): Internationales Handbuch der Berufsbildung. (IHBB 44. Ergänzungslieferung, Dezember 2014). Bielefeld: Bertelsmann, S. 1–133.

Lauterbach, Uwe; Maslankowski, Willi; Mitter, Wolfgang (1995b): Vergleichende Berufsbildungsforschung. (Aktualisierung 1999). In: Uwe Lauterbach, Dietmar Frommberger und Philipp Grollmann (Hg.): Internationales Handbuch der Berufsbildung. (IHBB 44. Ergänzungslieferung, Dezember 2014). Bielefeld: Bertelsmann, S. 1–240.

Le Mouillour, Isabelle (2006): Das Europäische Leistungspunkte system für die Berufsbildung: Stand und Perspektiven. In: *Berufsbildung in Wissenschaft und Praxis* 2 (2006), S. 24–28.

Leach, Melissa; Raworth, Kate; Rockström, Johan (2013): Between social and planetary boundaries: Navigating pathways in the safe and just space for humanity. In: World Social Science Report 2013. Changing Global Environments. Paris: OECD Publishing and UNESCO Publishing, S. 84–89.

Lebensmittel Zeitung (2007): 59. Jahrgang. Nr. 7, Ausgabe vom 16.02.2007. Frankfurt am Main, Wien, Zürich.

Legge, James (1872): The Chinese classics: with a translation, critical and exegetical notes, prolegomena, and copious indexes. London: Trübner.

Lerchenmüller, Michael; Vochezer, Renate; Vogler, Thomas (2011): Lexikon Betriebsformen. Frankfurt am Main: Deutscher Fachverlag.

Levy, Michael; Weitz, Barton A. (2009): Retailing management. New York: McGraw-Hill.

Levy, Michael; Weitz, Barton A.; Yu, Lijun (2004): Retailing Management. Beijing: Posts & Telecommunications Press.

Li, Changshan (2010): Die chinesische Kulturrevolution (1966–1976) im Spiegel der deutschen und chinesischen wissenschaftlichen Literatur. Diss. Rheinischen Friedrich-Wilhelm-Universität, Bonn.

Li, Fei (2003a): Retail Revolution. Beijing: Economics Management publishing House. Originaltitel: 李飞(2003): 零售革命, 北京: 经济管理出版社.

Li, Fei; Wang, Gao (2006): The development of the retailing industry in China (1981~2005). Beijing: Social Sciences Academic Press. Originaltitel: 李飞, 王高(2006): 中国零售业发展历程, 北京: 社会科学文献出版社.

Li, Junmin (2013): Duale Ausbildung in China. Beispiel aus der Region Shanghai und Umgebung. In: *Die berufsbildende Schule. Zeitschrift des Bundesverbandes der Lehrerinnen und Lehrer an Berufsbildenden Schulen* 65 (11/12), S. 328–333.

Li, Tao (2003b): Retrospect and Reflection of Two Climax of Chinese Educational History Research. In: *Journal of Northeast Normal University (Philosophy and Social Sciences)* (No. 2.), S. 106–113. 李涛(2003): 百年中国教育史研究高潮的回顾与反思, 东北师范大学报(哲学社会科学版), 2003年第2期.

Li, Xiaolu (2016): "Craftsman's spirit", the soul of vocational education. In: *China Education Daily* 2016, 13.05.2016 (5). Originaltitel: 李小鲁(2016):"工匠精神", 职业教育的灵魂.中国教育报, 2016年职业教育活动周刊, 2016年5月13日, 第005版.

Li, Zheng (2014): The Motivations and Features of Open Educational Resources Abroad and Its Enlightenment to the Development of Open Educational Resources in China. In: *Research in Higher Education of Engineering* 2014 (6), S. 123–129. Originaltitel: 李正(2011): 国外开放教育资源发展动因、基本特征及对我国的启示, 高等工程教育研究, 123–129.

Lienbacher, Eva; Holweg, Christina (2011): Strukturanalyse Sozialmärkte in Österreich. Wien: Eigenverlag Institut für Handel und Marketing.

Liu, Bang Xiang; Jiang, Dayuan; Trowe, Eberhard (2006): Perspektiven der chinesischen Berufsbildung. In: *Berufsbildung in Wissenschaft und Praxis* 2006 (5), S. 38–42.

Magnusson, Kjell; Kroslid, Dag; Bergman, Bo (2003): Six Sigma umsetzen. Die neue Qualitätsstrategie für Unternehmen. München: Carl Hanser Verlag GmbH & Co. KG.

Maier, H. (1996): Der Bildungswert des Berufs. In: *Frankfurter Allgemeine Zeitung Nr. 280* 1996, 30.11.1996.

Marx, Karl; Engels, Friedrich (1960): Karl Marx – Friedrich Engels – Werke. Berlin: Dietz Verlag Berlin. Online verfügbar unter https://marxwirklichstudieren.files.wordpress.com/2012/11/mew_band07.pdf, zuletzt geprüft am 03.09.2019.

Marx, Karl; Engels, Friedrich (1962): Die deutsche Ideologie. Berlin: Dietz Verlag Berlin.

Massing, Peter; Gehrmann, Axel (2003): Bildungspolitik in der Bundesrepublik Deutschland. Eine Einführung. Schwalbach: Wochenschau Verlag.

Matthes, Joachim (1992): The Operation called "Vergleichen". In: Joachim Matthes (Hg.): Zwischen den Kulturen? die Sozialwissenschaften vor dem Problem des Kulturvergleichs. Göttingen: Schwartz, S. 73–99.

Maybaum, Heinz; Busch, Ernst (1961): Grundzüge der Geschichte VI: Vom Beginn des mittelalterlichen Kaiserreiches bis zum Ende des absolutistischen Zeitalters. Frankfurt am Main, Berlin, Bonn: Verlag Moritz Diesterweg.

Mayring, Philipp (2002): Einführung in die qualitative Sozialforschung. Eine Anleitung zu qualitativem Denken. Weinheim: Beltz.

McClelland, David C. (1973): Testing for competence rather than for "intelligence". In: *American Psychologist* 28 (1), S. 1–14.

Meadows, Dennis L.; Meadows, Donella H.; Milling, Peter; Zahn, Erich (1972): Die Grenzen des Wachstums. Bericht des Club of Rome zur Lage der Menschheit. Übersetzung von Hans-Dieter Heck. Stuttgart: Deutsche Verlags-Anstalt.

Meffert, Heribert; Burmann, Christoph; Kirchgeorg, Manfred (2008): Marketing. Wiesbaden: Gabler.

Menn, Carmen (2020): Gütesiegel und was dahinter steckt. Hg. v. IN FORM – Deutschlands Initiative für gesunde Ernährung und mehr Bewegung. Online verfügbar unter https://www.in-form.de/wissen/guetesiegel-und-was-dahinter-steckt/, zuletzt geprüft am 06.06.2020.

Mertineit, Klaus-Dieter (2013): Berufsbildung für die grüne Wirtschaft. Bonn und Eschborn: Deutsche Gesellschaft für Internationale Zusammenarbeit (GIZ) GmbH.

Mertineit, Klaus-Dieter (2017): Das BBS futur 2.0-Modell für nachhaltige Schulentwicklung. In: *Berufsbildungswissenschaftliche Schriften der Leuphana Universität Lüneburg* (17), S. 18–34. Online verfügbar unter http://bwp-schriften.univera.de/Band17_17/02_mertineit_Band17_17.pdf, zuletzt geprüft am 02.03.2019.

Meuser, Michael; Nagel, Ulrike (2010): Das Experteninterview – Wissenssoziologische Voraussetzungen und methodische Durchführung. In: Barbara Friebertshäuser, Heike Boller und Sophia Richter (Hg.): Handbuch qualitative Forschungsmethoden in der Erziehungswissenschaft. Weinheim: Juventa, S. 457–472.

Meyer, Hilbert (1975): Trainingsprogramm zur Lernzielanalyse. Frankfurt am Main: Athenäum Fischer Taschenbuch Verlag.

Michelsen, Gerd (2006): Bildung für eine nachhaltige Entwicklung: Meilensteine auf einem langen Weg. In: Ernst Tiemeyer und Karl Wilbers (Hg.): Berufliche Bildung für nachhaltiges Wirtschaften. Konzepte, Curricula, Methoden, Beispiele. Bielefeld: Bertelsmann, S. 17–32.

Ministry of Commerce of the People's Republic of China – MOFCOM (2017): China retail industry development report 2016–2017. Originaltitel: 商务部 (2017): 中国零售行业发展报告(2016/2017年)(Translation by author).

Ministry of Commerce of the People's Republic of China – MOFCOM; Fung Business Intelligence Center; China Commerce Association for General Merchandise (2018): China's Department Stores Report 2017–2018. Online verfügbar unter https://www.fbicgroup.com/sites/default/files/DeptStores2017_Eng.pdf, zuletzt geprüft am 12.09.2018.

Ministry of Education of the People's Republic of China – MoE (1998): Action Scheme for Invigorating Education towards the 21st Century. Online verfügbar unter http://www.moe.gov.cn/publicfiles/business/htmlfiles/moe/moe_177/200407/2487.html, zuletzt geprüft am 03.09.2019.

Ministry of Education of the People's Republic of China – MoE (2010): The list of training occupations for middle vocational schools. Online verfügbar unter http://www.moe.edu.cn/s78/A07/zcs_ztzl/2017_zt06/17zt06_bznr/bznr_zdzyxxzyml/bznr_zzmlxjzy/201708/P020170826551618346754.pdf, zuletzt geprüft am 03.09.2019. Originaltitel: 教育部 (2010): 中等职业学校专业目录及专业简介（2010年修订）(Translation by author).

Ministry of Education of the People's Republic of China – MoE (2011): Ministry of Education and Ministry of Finance: Opinion on implementing the Project of Teaching Quality and Teaching Reform of Undergraduate Course in Colleges and Universities during the 12th Five-Year Plan. Online verfügbar unter http://www.moe.edu.cn/publicfiles/business/htmlfiles/moe/A08_zcwj/201107/122688.html, zuletzt geprüft am 03.09.2019. Originaltitel: 教育部 (2011): 教育部财政部关于十二五期间实施"高等学校本科教学质量与教学改革工程"的意见, 教高[2011]号.

Ministry of Education of the People's Republic of China – MoE (2013): National Public Service platform for Educational resources Measures for the review of Educational resources (provisional). Online verfügbar unter http://old.moe.gov.cn//publicfiles/business/htmlfiles/moe/s5892/201310/158327.html, zuletzt geprüft am 08.10.2019. Originaltitel: 教育部 (2013): 国家教育资源公共服务平台教育资源审查办法(暂行), 教信推办[2013]22号.

Ministry of Education of the People's Republic of China – MoE (2015a): Educational Statistics Yearbook of China 2014. Unter Mitarbeit von huanzhong Xie. Beijing: People's Education Press.

Ministry of Education of the People's Republic of China – MoE (2015b): The list of training occupations for higher vocational schools. Online verfügbar unter http://www.moe.edu.cn/s78/A07/zcs_ztzl/2017_zt06/17zt06_bznr/bznr_ptgxgdzjml/ptgx_mlxjzydz/201708/P020170826555831329313.pdf, zuletzt geprüft am 15.08.2018. Originaltitel: 教育部 (2015): 普通高等学校高等职业教育(专科)专业目录. (Translation by author).

Ministry of Education of the People's Republic of China – MoE (2016): Ministry of Education: Opinion on Running the Open University. Online verfügbar unter http://www.moe.edu.cn/srcsite/A07/moe_726/201602/t20160202_229322.html, zuletzt geprüft am 03.09.2019. Originaltitel: 教育部 (2016): 教育部关于办好开放大学的意见, 教职成[2016]号, 职业教育与成人教育.

Ministry of Education of the People's Republic of China – MoE (2017a): Teaching Standards for Commodity Management in Secondary Vocational Schools (Trial). Online verfügbar unter http://www.moe.edu.cn/s78/A07/zcs_ztzl/2017_zt06/17zt06_bznr/bznr_zzjxbz/zzjxbz_cjsm/201708/P020170826631273958313.pdf, zuletzt geprüft am 03.09.2019. Originaltitel: 教育部 (2017): 中等职业学校商品经营专业教学标准（试行）(Translation by author).

Ministry of Education of the People's Republic of China – MoE (2017b): The development of national teaching standards for vocational education. Unter Mitarbeit von Yangnan Wang. Online verfügbar unter http://www.moe.gov.cn/jyb_xwfb/xw_fbh/moe_2069/xwfbh_2017n/xwfb_20170830/sfcl_20170830/201708/t20170830_312704.html, zuletzt geprüft am 03.09.2019. Originaltitel: 教育部 (2017): 业教育国家教学标准制定工作情况. (Translation by author).

Ministry of Education of the People's Republic of China – MoE (2018): Bekanntmachung über die Maßnahmen zur Förderung der Zusammenarbeit von Schulen und Unternehmen in berufsbildenden Schulen. Online verfügbar unter http://www.moe.gov.cn/srcsite/A07/s7055/201802/t20180214_327467.html, zuletzt geprüft am 03.09.2019. Originaltitel: 教育部 (2018): 教育部等六部门关于印发《职业学校校企合作促进办法》的通知. 教职成〔2018〕1号 (Translation by author).

Ministry of Foreign Affairs of the People's Republic of China – MOFA (Hg.) (2016): China's National Plan on Implementation of the 2030 Agenda for Sustainable Development. Online verfügbar unter http://www.fmprc.gov.cn/web/ziliao_674904/zt_674979/dnzt_674981/qtzt/2030kcxfzyc_686343/P020161012716447531526.pdf, zuletzt geprüft am 03.09.2019.

Ministry of Human Resource and Social Security – MoHRSS (2013): Technical specification for integrated curriculum development. Originaltitel: 中华人民共和国人力资源和社会保障部 (2013): 一体化课程开发技术规程, 人设职司便函[2013] 10号. (Translation by author).

Ministry of Human Resource and Social Security – MoHRSS (2019): Structure of MoHRSS. Online verfügbar unter http://www.mohrss.gov.cn/, zuletzt geprüft am 03.09.2019.

Ministry of Internal Trade (1997): Standardization of the Operation of Chain Stores. Originaltitel: 国内贸易部 (1997): 连锁店经营管理规范意见, 内贸政体法字[1997]第24号. (Translation by author).

Mitter, Wolfgang (1997): Vergleichende Methoden. In: Helmwart Hierdeis und Theo Hug (Hg.): Taschenbuch der Pädagogik. Baltmannsweiler: Schneider Verlag Hohengehren, S. 641–651.

Müller-Christ, Georg (2001): Nachhaltiges Ressourcenmanagement. Eine wirtschaftsökologische Fundierung. Marburg: Metropolis.

Müller-Christ, Georg (2013): Ambitionsniveaus eines nachhaltigen Managements. In: Henry Schäfer, Klaus Krummrich und Christian Barthruff (Hg.): Handbuch Nachhaltigkeit. Strategie – Forschung – Praxis. Stuttgart: Deutscher Sparkassenverlag, S. 43–60.

Müller-Christ, Georg (2014): Nachhaltiges Management. Einführung in Ressourcenorientierung und widersprüchliche Managementrationalitäten. Baden-Baden, Stuttgart: Nomos Verlagsgesellschaft.

Müller-Hagedorn, Lothar; Natter, Martin (2011): Handelsmarketing. Stuttgart: Kohlhammer.

National Bureau of Statistics of China (2014): China Statistical Yearbook 2014. Beijing: China Statistics Press. Online verfügbar unter http://www.stats.gov.cn/tjsj/ndsj/2014/indexeh.htm, zuletzt geprüft am 30.09.20019.

National Bureau of Statistics of China (2017): China Statistical Yearbook 2017. Beijing: China Statistics Publishing House. Online verfügbar unter http://www.stats.gov.cn/tjsj/ndsj/2017/indexeh.htm, zuletzt geprüft am 17.09.2019.

Nationale Plattform Bildung für nachhaltige Entwicklung (2017): Nationaler Aktionsplan Bildung für nachhaltige Entwicklung. Der deutsche Beitrag zum UNESCO – Weltaktionsprogramm. Online verfügbar unter http://www.bne-portal.de/sites/default/files/downloads/publikationen/Nationaler_Aktionsplan_Bildung_f%C3%BCr_nachhaltige_Entwicklung_neu.pdf, zuletzt geprüft am 03.09.2019.

Nielsen (2009): Handel in Österreich. Basisdaten 2008. Wien.

Nielsen (2016): Deutschland 2016. Handel Verbraucher Werbung. Online verfügbar unter http://sites.nielsen.com/universen/, zuletzt geprüft am 29.08.2017.

Nowak-Speich, Regula (2006): Bildung und Erziehung in der Volksrepublik China. Interdependenzen von Politik, Wirtschaft und Pädagogik. Dissertation. Universität St. Gallen.

OECD (2005): Definition und Auswahl von Schlüsselkompetenzen. Zusammenfassung. Online verfügbar unter https://www.oecd.org/pisa/35693281.pdf, zuletzt geprüft am 12.12.2018.

OECD (2019): PISA – Internationale Schulleistungsstudie der OECD. Online verfügbar unter http://www.oecd.org/berlin/themen/pisa-studie/, zuletzt aktualisiert am 08.10.2019.

Olfert, Klaus; Rahn, Horst-Joachim (2004): Lexikon der Betriebswirtschaftslehre. Ludwigshafen (Rhein): Kiehl.

Orleans, Leo A. (1987): Soviet influence on China's higher education. In: Ruth Hayhoe und Marianne Bastid (Hg.): China's education and the industrialized world. Studies in cultural transfer. Armonk, New York: M. E. Sharpe, S. 184–199.

Ott, Konrad (2009): Leitlinien einer starken Nachhaltigkeit. Ein Vorschlag zur Einbettung des Drei-Säulen-Modells. In: *Gaia* 18 (1), S. 25–28.

Pampus, Klaus (1987): Ansätze zur Weiterentwicklung betrieblicher Ausbildungsmethoden. In: *Berufsbildung in Wissenschaft und Praxis* 16 (2), S. 43–51.

Pätzold, Günter (1997): Lernortkooperation – wie ließe sich die Zusammenhanglosigkeit der Lernorte überwinden? In: Dieter Euler und Peter F. E. Sloane (Hg.): Duales System im Umbruch. Eine Bestandsaufnahme der Modernisierungsdebatte. Pfaffenweiler: Centaurus, S. 121–142.

People's Daily (2014): Xi makes important instructions on speeding up the development of vocational education: better support and help the development of vocational education to provide talent guarantee for the realization of the goal of "two 100 Years". Hg. v. People's network. Online verfügbar unter http://rencai.people.com.cn/n/2014/0624/c244800-25190592.html, zuletzt aktualisiert am 24.06.2014, zuletzt geprüft am 25.01.2019. Originaltitel: 人民日报 (2014): 习近平就加快发展职业教育作出重要指示：更

好支持和帮助职业教育发展 为实现“两个一百年”奋斗目标提供人才保障. 2014年6月24日.

Pepper, Suzanne (1996): Radicalism and education reform in 20th-century China: The search for an ideal development model. Cambridge: Cambridge University Press.

Plath, Johann Heinrich (1861): Über die lange Dauer und die Entwicklung des chinesischen Reiches: Rede zur Feier des allerhöchsten Geburtsfestes Sr. Majestät des Königs Maximilian II. von Bayern gehalten in der öffentlichen Sitzung der kgl. Akademie der Wissenschaften am 28. November 1861. München: Verlag der Akademie der Wissenschaften.

Pohlmann, Heiko (2012): Pressemitteilung des BLBS. Duale Berufsausbildung als Exportschlager. In: *Die berufsbildende Schule* 64 (9), S. 248.

Pollert, Achim; Kirchner, Bernd; Polzin, Javier Morato; Pollert, Marc Constantin (2016): Duden Wirtschaft von A bis Z. Grundlagenwissen für Schule und Studium, Beruf und Alltag. Mannheim: Bibliographisches Institut.

Precht, Richard David (2014): Anna, die Schule und der liebe Gott. Der Verrat des Bildungssystems an unseren Kindern. München: Goldmann Verlag.

Project Gutenberg (2016): Free ebooks by Project Gutenberg. Online verfügbar unter http://www.gutenberg.org/, zuletzt aktualisiert am 03.10.2016, zuletzt geprüft am 13.10.2016.

Pütz, Norbert (Hg.) (2013): Bildung für nachhaltige Entwicklung. Aktuelle theoretische Konzepte und Beispiele praktischer Umsetzung. Frankfurt am Main: Peter Lang Edition; Internationaler Verlag der Wissenschaften.

Rat der Europäischen Union (2008): Verordnung (EG) Nr. 834/2007 des Rates vom 28. Juni 2007 über die ökologische/biologische Produktion und die Kennzeichnung von ökologischen/biologischen Erzeugnissen und zur Aufhebung der Verordnung (EWG) Nr. 2092/91. In: *Amtsblatt der Europäischen Union* 189. Online verfügbar unter https://eur-lex.europa.eu/legal-content/DE/TXT/PDF/?uri=CELEX:32007R0834&from=EN, zuletzt geprüft am 07.10.2019.

Rauner, Felix (2002): Berufliche Kompetenzentwicklung – vom Novizen zum Experten. In: Peter Dehnbostel, Uwe Elsholz, Jörg Meister und Julia Meyer-Menk (Hg.): Vernetzte Kompetenzentwicklung. Alternative Positionen zur Weiterbildung. Berlin: Edition Sigma, S. 111–132.

Rauner, Felix; Zhao, Zhiqun; Ji, Li (2010): Assessment of Professional competence and professional competence. Theoretical basis and scheme of COMET. Beijing: Tsinghua University Press. Originaltitel: 劳耐尔, 赵志群, 吉利 (2010): 职业能力与职业能力测评, KOMET理论基础与方案. 北京: 清华大学出版社.(Translation by author).

Raworth, Kate (2012): A safe and just space for humanity. Can we live within the doughnut. In: *Oxfam Policy and Practice: Climate Change and Resilience* 8 (1), S. 1–26.

REFA – Verband für Arbeitsstudien und Betriebsorganisation (1987): Arbeitspädagogik. München: Hanser.

Renn, Ortwin; Deuschle, Jürgen; Jäger, Alexander; Weimer-Jehle, Wolfgang (2007): Leitbild Nachhaltigkeit. Eine normativ-funktionale Konzeption und ihre Umsetzung. Wiesbaden: VS Verlag für Sozialwissenschaften.

Risler, Matthias (1989): Berufsbildung in China. Rot und Experte. Hamburg: Institut für Asienkunde.

Rüegg-Stürm, Johannes (2004): Das neue St. Galler Management-Modell. In: Johannes Rüegg-Stürm, Dieter Euler und Rolf Dubs (Hg.): Einführung in die Managementlehre. Bern, Stuttgart, Wien: Haupt Verlag (1), S. 65–221.

Rui, Xiaolan (2008): The Traditional Apprenticeship Comparative Study of Modern Apprenticeship. In: *Theory of Consumer Guide*, S. 216–217. Originaltitel: 芮小兰(2008): 传统学徒制与现代学徒制的比较研究, 消费导向·文化研究.

Rützel, Josef; Ziehm, Stefan; Otte, Maren (1995): Volksrepublik China: Qualität in der beruflichen Bildung. (Ergänzung 2006). In: Uwe Lauterbach, Dietmar Frommberger und Philipp Grollmann (Hg.): Internationales Handbuch der Berufsbildung. (IHBB 44. Ergänzungslieferung, Dezember 2014). Bielefeld: Bertelsmann, S. 1–139.

Schäfer, Holger; Schmidt, Jörg (2016): Beschäftigung im Einzelhandel (Gutachten für den Handelsverband Deutschland). Berlin: Institut der deutschen Wirtschaft.

Schamel, Carl (Hg.) (2010): Verkäufer, Verkäuferin, Kaufmann im Einzelhandel, Kauffrau im Einzelhandel. Bundesinstitut für Berufsbildung. Bielefeld: W. Bertelsmann Verlag.

Schanz, Heiner (1996): Forstliche Nachhaltigkeit. Sozialwissenschaftliche Analyse der Begriffsinhalte und -funktionen. Freiburg im Breisgau: Institut für Forstökonomie.

Schanz, Heinrich (2010): Institutionen der Berufsbildung. Vielfalt in Gestaltungsformen und Entwicklung. Baltmannsweiler: Schneider Verlag Hohengehren.

Schelten, Andreas (2009): Der Übergangssektor – ein großes strukturelles Problem. In: *Die berufsbildende Schule* 61 (4), S. 107–108. Online verfügbar unter http://scheltenpublikationen.userweb.mwn.de/pdf/bbschuebergangssektorschelten2009.pdf, zuletzt geprüft am 03.09.2019.

Schelten, Andreas (2010): Einführung in die Berufspädagogik. Stuttgart: Steiner.

Schiller, Friedrich (1875): Briefe über die ästhetische Erziehung des Menschen. Leipzig: Teubner.

Schmidt-Glintzer, Helwig (1999): Geschichte Chinas bis zur mongolischen Eroberung 250 v.Chr.–1279 n.Chr. München: R. Oldenbourg Verlag.

Schmidt-Glintzer, Helwig (2014): Wachstum und Zerfall des kaiserlichen China. In: Doris Fischer und Christoph Müller-Hofstede (Hg.): Länderbericht China. Bonn: Bundeszentrale für politische Bildung, S. 147–179.

Schmieder, Matthias (2010): DMAIC-Zyklus für bereits existierende Prozesse (via Wikimedia Commons). Online verfügbar unter https://commons.wikimedia.org/wiki/File%3ADMAIC_Zyklus.png, zuletzt geprüft am 20.03.2019.

Schneck, Ottmar (Hg.) (2011): Lexikon der Betriebswirtschaft. 3500 grundlegende und aktuelle Begriffe für Studium und Beruf. München: Deutscher Sparkassenverlag.

Schneidewind, Uwe (2007): Nachhaltigkeit und ökonomische Bildung – eine institutionelle Perspektive. In: Andreas Fischer und Günther Seeber (Hg.): Nachhaltigkeit und ökonomische Bildung. Bergisch Gladbach: Hobein, S. 15–27.

Schnitger, Meike; Windelband, Lars (2008): Fachkräftemangel auf Facharbeiterebene im produzierenden Sektor in Deutschland. Ergebnisse der Sektoranalyse aus dem Projekt "Shortage of skilled workers". Forschungsberichte. Universität Bremen, Bremen. Institut Technik und Bildung.

Schreiber, Rudolf L. (2004): Neue Wege im Naturschutz. Wie muss Nachhaltigkeit kommuniziert werden? Online verfügbar unter http://www.ask-eu.de/News/6787/Neue-Wege-im-Naturschutz.htm, zuletzt geprüft am 22.01.2018.

Schubert, Klaus; Klein, Martina; Schubert-Klein (2001): Das Politiklexikon. Bonn: Dietz.

Schulte, Barbara (2014): Chinas Bildungssystem im Wandel: Elitenbildung, Ungleichheiten, Reformversuche. In: Doris Fischer und Christoph Müller-Hofstede (Hg.): Länderbericht China. Bonn: Bundeszentrale für politische Bildung, S. 499–542.

Schultheis, Kathrin; Sell, Stefan (2014): Die drei Sektoren der beruflichen Bildung – Duales System. Bundeszentrale für Politische Bildung (bpb). Online verfügbar unter http://www.bpb.de/politik/innenpolitik/arbeitsmarktpolitik/187850/duales-system?p=0, zuletzt geprüft am 03.09.2019.

Schulz, Werner F. (Hg.) (2001): Lexikon Nachhaltiges Wirtschaften. München: Oldenbourg.

Schwartz, E. (1959): Die Forsteinrichtung von 1763 und 1765 in Sachsen-Weimar-Eisenach. In: *Archiv für Forstwesen* 8 (4), S. 337–360.

Schwartz, E. (1960): Oberlandjägermeister v. Göchhausen. In: *Archiv für Forstwesen* 9 (7), S. 579–594.

Seeber, Susan; Fischer, Andreas (2012): Entwicklung und Prüfung eines Kompetenzmodells für ein nachhaltiges Wirtschaften kaufmännischer Auszubildender (KONWIKA). Kurzbeschreibung. Online verfügbar unter http://www.uni-goettingen.de/de/document/download/23013cf2fd49d84ea12cfa65864092c9.pdf/KONWIKA-Kurzbeschreibung.pdf, zuletzt geprüft am 19.02.2019.

Seeber, Susan; Fischer, Andreas; Michaelis, Christian; Müller, Joyce (2014): Zur Messung von Kompetenzen zum nachhaltigen Wirtschaften mit Situational Judgement Test. In: *Berufsbildung* (146), S. 12–15.

Skrzipietz, Frank (2007): Wirtschaftskategoriale Konstruktionen im Spiegel der Nachhaltigkeitsidee. In: Andreas Fischer und Günther Seeber (Hg.): Nachhaltigkeit und ökonomische Bildung. Bergisch Gladbach: Hobein, S. 97–124.

SGB III (1991): Sozialgesetzbuch (SGB) Drittes Buch (III) – Arbeitsförderung – (Artikel 1 des Gesetzes vom 24. März 1997, BGBl. I S. 594).

Spindler, Edmund A. (2013): The History of Sustainability. The Origins and Effects of a Popular Concept. In: Ian Jenkins und Roland Schröder (Hg.): Sustainability in tourism. A multidisciplinary approach. Wiesbaden: Springer Gabler, S. 9–31.

Stallman, Richard (1998): The GNU Project. A more detailed history of GNU. Online verfügbar unter http://www.gnu.org/gnu/thegnuproject.en.html, zuletzt geprüft am 13.10.2016.

Standardization Administration of the People's Republic of China – SAC (2004): Classification of Retail Formats (GB/T 18106-2004). Beijing: Standards Press of China. Originaltitel: 中华人民共和国国家质量监督检验检疫总局 中国国家标准化管理委员会(2004): 零售业态分类(GB/T 18106-2004). 北京: 中国标准出版社.

State Council of the People's Republic of China (2014): Decision of the State Council on Accelerating the Development of Modern Vocational Education. Online verfügbar unter http://www.gov.cn/gongbao/content/2014/content_2711415.htm, zuletzt geprüft am 03.01.2019. Originaltitel: 国务院 (2014): 国务院关于加快. 发展现代职业教育的决定, 国发(2014)19号. (Translation by author).

State Council of the People's Republic of China (2016): 13th Five-Year Plan for Economic and Social Development of the People's Republic of China (2016–2020). Beijing: People's Publishing House. Originaltitel: 国务院 (2016): 中华人民共和国国民经济和社会发展第十三个五年规划纲要. 北京: 人民出版社.

State Council of the People's Republic of China (2017): Some Opinions of the General Office of the State Council on Deepening the Integration of Industry and Education. Online verfügbar unter http://www.gov.cn/zhengce/content/2017-12/19/content_5248564.htm, zuletzt geprüft am 04.02.2019. Originaltitel: 国务院 (2017): 国务院办公厅关于深化产教融合的若干意见. 国办发〔2017〕95号 (Translation by author).

Statistik der Bundesagentur für Arbeit (2015): Arbeitsmarkt in Zahlen – Beschäftigungsstatistik, sozialversicherungspflichtig und geringfügig Beschäftigte nach Wirtschaftszweigen der WZ 2008 und ausgewählten Merkmalen. Nürnberg.

Statistisches Bundesamt (2016a): Bildung und Kultur – Berufliche Bildung 2015 (Fachserie 11 Reihe 3). Online verfügbar unter https://www.destatis.de/DE/Publikationen/Thematisch/BildungForschungKultur/BeruflicheBildung/BeruflicheBildung2110300157004.pdf?__blob=publicationFile, zuletzt geprüft am 31.08.2017.

Statistisches Bundesamt (2016b): Statistisches Jahrbuch. Deutschland und Internationales. Unter Mitarbeit von Ilka Willand. Wiesbaden: Statistisches Bundesamt.

Statistisches Bundesamt (2017a): Anzahl der Beschäftigten im Einzelhandel in Deutschland nach Geschlecht in den Jahren 2005 bis 2014. Genesis-Online Datenbank – 45341-0004. Online verfügbar unter https://www-genesis.destatis.de/genesis/online;jsessionid=717D77B7769E18C00AB3A6CAC7E32AF1.tomcat_GO_2_3?operation=previous&levelindex=2&levelid=1504186928082&step=2, zuletzt geprüft am 31.08.2017.

Statistisches Bundesamt (2017b): Einzelhandelsumsatz im Dezember 2016 preisbereinigt um 1,1 % niedriger als im Dezember 2015. Pressemitteilung Nr. 036 vom 31.01.2017. Online verfügbar unter https://www.destatis.de/DE/PresseService/Presse/Pressemitteilungen/2017/01/PD17_036_45212.html, zuletzt geprüft am 04.09.2017.

Statistisches Bundesamt (2017c): Finanzen und Steuern. Umsatzsteuerstatistik (Voranmeldungen) 2015. Online verfügbar unter https://www.destatis.de/DE/Publikationen/Thematisch/FinanzenSteuern/Steuern/Umsatzsteuer/Umsatzsteuer2140810157004.pdf?__blob=publicationFile, zuletzt geprüft am 29.08.2017.

Statistisches Bundesamt (2017d): Genesis-Online Datenbank – 45341-0001. Online verfügbar unter https://www-genesis.destatis.de/genesis/online, zuletzt geprüft am 01.09.2017.

Tafner, Georg (2014): Sozioökonomische Bildung = ökonomische Bildung + Moralerziehung + x Sozioökonomische Bildung – Wirtschaftspädagogik.

In: Andreas Fischer und Bettina Zurstrassen (Hg.): Sozioökonomische Bildung. Bonn: Bundeszentrale für politische Bildung, S. 285–306.

Tang, Mingzhao (2013): Research on the classification of educational resources from multiple perspectives. In: *Journal of Jishou University (Social Sciences Edition)* (34), S. 177–179. Originaltitel: 唐明钊 (2013): 多元视角的教育资源分类研究，吉首：吉首大学学报(社会科学版). 177–179页. (Translation by author).

Taylor, Frederick Winslow (1911): The principles of scientific management. New York and London: Harper & Brothers Publishers.

The World Bank (2016): China | Data. Online verfügbar unter http://data.worldbank.org/country/china, zuletzt aktualisiert am 15.03.2016, zuletzt geprüft am 15.03.2016.

Thyssen, Simon (1954): Die Berufsschule in Idee und Gestaltung. Essen: Girardet.

Tietz, Bruno (1975): Die Grundlagen des Marketing. Die Marketing-Methoden. München: Verlag moderne industrie.

TransFair – Verein zur Förderung des Fairen Handels in der Einen Welt (o. J.): Was ist Fairtrade? Online verfügbar unter https://www.fairtrade-deutschland.de/was-ist-fairtrade.html, zuletzt geprüft am 09.10.2019.

TransFair – Verein zur Förderung des Fairen Handels in der Einen Welt (2017): TransFair Jahres- und Wirkungsbericht 2016. Online verfügbar unter https://www.fairtrade-deutschland.de/service/mediathek.html, zuletzt geprüft am 03.09.2019.

Tremmel, Jörg (2003): Nachhaltigkeit als politische und analytische Kategorie. Der deutsche Diskurs um nachhaltige Entwicklung im Spiegel der Interessen der Akteure. München: Oekom verlag.

UBINOS (2017): Weitere Datenbanken. Online verfügbar unter https://www.bne.uni-osnabrueck.de/Literatur/Datenbanken, zuletzt geprüft am 29.11.2018.

UNESCO (2011): Guidelines for open educational resources (OER) in higher education. Vancouver: Commonwealth of Learning.

UNESCO (2014): UNESCO-Roadmap zur Umsetzung des Weltaktionsprogramms „Bildung für nachhaltige Entwicklung". 4. Auflage. Bonn: Deutsche UNESCO-Kommission. Online verfügbar unter https://www.bmbf.de/files/2015_Roadmap_deutsch.pdf, zuletzt geprüft am 02.05.2018.

UNESCO (Hg.) (2019): Education for Sustainable Development: Towards achieving the SDGs. Framework for the implementation of Education for

Sustainable Development beyond 2019. Paris. Online verfügbar unter https://www.bne-portal.de/sites/default/files/40%20C%2023%20ESD.pdf, zuletzt geprüft am 09.06.2020.

United Nations – UN (Hg.) (1992): Report of the United Nations conference on environment and development. Rio de Janeiro (3–14 June 1992) A/CONF (26).

United Nations – UN (2015): Transformation unserer Welt. Die Agenda 2030 für nachhaltige Entwicklung. New York/Amerika. Online verfügbar unter http://www.un.org/depts/german/gv-70/a70-l1.pdf, zuletzt geprüft am 24.01.2018.

Vereinte Nationen – UN; BMU (1993): Konferenz der Vereinten Nationen für Umwelt und Entwicklung im Juni 1992 in Rio de Janeiro. Dokumente; Agenda 21. Bonn: Bundesministerium für Umwelt Naturschutz und Reaktorsicherheit. Online verfügbar unter http://www.un.org/depts/german/conf/agenda21/agenda_21.pdf, zuletzt geprüft am 03.09.2019.

VO-2004 (2004): Verordnung über die Berufsausbildung im Einzelhandel in den Ausbildungsberufen Verkäufer/Verkäuferin und Kaufmann im Einzelhandel/Kauffrau im Einzelhandel. Online verfügbar unter https://www.bibb.de/tools/berufesuche/index.php/regulation/einzelhandel.pdf, zuletzt geprüft am 16.06.2017.

VO-2017 (13.03.2017): Verordnung über die Berufsausbildungen zum Verkäufer und zur Verkäuferin sowie zum Kaufmann im Einzelhandel und zur Kauffrau im Einzelhandel (Verkäufer- und Einzelhandelskaufleuteausbildungsverordnung – VerkEHKflAusbV) 2017.

ErprobungsVO-2009 (01.04.2009): Verordnung über die Erprobung abweichender Ausbildungs- und Prüfungsbestimmungen in der Berufsausbildung im Einzelhandel in dem Ausbildungsberuf Kaufmann im Einzelhandel/Kauffrau im Einzelhandel. Online verfügbar unter https://www.bibb.de/tools/berufesuche/index.php/regulation/fsaskjh.pdf, zuletzt geprüft am 08.09.2017.

VO-2007 (04.09.2007): Verordnung über die Erprobung abweichender Ausbildungs- und Prüfungsbestimmungen in der Berufsausbildung im Einzelhandel in dem Ausbildungsberuf Kaufmann im Einzelhandel/Kauffrau im Einzelhandel vom 4. September 2007. Online verfügbar unter https://www.bibb.de/tools/berufesuche/index.php/regulation/prob7869.pdf, zuletzt geprüft am 08.09.2017.

Vock, Rainer; Balschun, Boreslav; Annen, Silvia (2015): Evaluation der Ausbildung im Einzelhandel. Ergebnisse, Trends und Empfehlungen. Bonn: BIBB.

Voiret, Jean-Pierre (1996): China – Wiege des Wissens. In: *Spektrum der Wissenschaft* (1), S. 125–127.

Voß, Gerd-Günter (1991): Lebensführung als Arbeit. Über die Autonomie der Person im Alltag der Gesellschaft. Stuttgart: Enke.

Voß, Reinhard (2002): Unterricht ohne Belehrung – Kontextsteuerung, individuelle Lernbegleitung, Perspektivenwechsel. In: Reinhard Voß (Hg.): Unterricht aus konstruktivistischer Sicht. Die Welten in den Köpfen der Kinder. Neuwied: Luchterhand, S. 35–55.

Wagner, Hans-Günter (2000): Veränderung beginnt im Denken – neue Lehr- und Lernmethoden in der chinesischen Berufsbildung. In: *Berufsbildung in Wissenschaft und Praxis* 2000 (3), 41–43.

Walker, Brian; Holling, Crawford S.; Carpenter, Stephen R.; Kinzig, Ann (2004): Resilience, adaptability and transformability in social–ecological systems. In: *Ecology and society* 9 (2). Online verfügbar unter https://www.ecologyandsociety.org/vol9/iss2/art5/, zuletzt geprüft am 07.12.2018.

Wang, Hongzhi; Shi, Mingxun (2007): Chinese Ancient History. Beijing: People's Education Press. Originaltitel: 王宏志,史明迅 (2007): 中国古代史,全日制普通高级中学教科书. 北京: 人民教育出版社. (Translation by author).

Wang, Nianyi (2005): Da dong luan de nian dai. Zheng zhou: Henan Renmin Verlag. Originaltitel: 王年一(2005):大动乱的年代, 郑州: 河南人民出版社.

Weber, Friedrich Benedict (1838): Allgemeines deutsches terminologisches ökonomisches Lexikon und Idiotikon. Leipzig: W. Engelmann.

Weber, Max (1925): Wirtschaft und gesellschaft. Tübingen: Verlag von JCB Mohr (Paul Siebeck).

Wei, Manhua (2013): Introspection of The Education Revolution in the Great Leap Forward. In: *Journal of Educational studies* 9 (2), S. 96–112. Originaltitel: 魏曼华(2013): 反思大跃进中的"教育革命".北京师范大学: 教育学报, 第9卷第2期.

Wen, Jiabao (2013): Report on the Work of the Government. Delivered at the First Session of the Twelfth National People's Congress on March 5, 2013. Hg. v. State Council of the People's Republic of China. Beijing.

Wilderer, Peter A.; Hauff, Michael von (2014): Nachhaltige Entwicklung durch Resilienz-Steigerung. In: Michael von Hauff (Hg.): Nachhaltige Entwicklung. Aus der Perspektive verschiedener Disziplinen. Baden-Baden: Nomos Verlagsgesellschaft, S. 17–40.

Winter, Gerd (2007): Natur ist Fundament, nicht Säule. 20 Jahre nachhaltige Entwicklung als rechtspolitisches Konzept. In: *Gaia* 16 (4), S. 255–260.

Winter, Glyn (2000): A comparative discussion of the notion of 'validity' in qualitative and quantitative research. In: *The qualitative report* 4 (3), S. 1–14.

Winther, Esther (2010): Kompetenzmessung in der beruflichen Bildung. Bielefeld: W. Bertelsmann Verlag.

Winzier, Dagmar (2009): Good-Practice-Agentur-NIBA – Aufbau einer Informations- und Kommunikationsagentur zum aktiven Transfer im Themenfeld „Nachhaltige Entwicklung in Beruf und Arbeit". (Good-Practice-Agentur NIBA); DBU Förderprojekt Nr. 22310; Abschlussbericht. Bonn: BIBB.

Wissenschaftlicher Beirat Globale Umweltveränderungen – WBGU (2011): Welt im Wandel. Gesellschaftsvertrag für eine Große Transformation; Zusammenfassung für Entscheidungsträger. Berlin: WBGU.

Wissenschaftlicher Rat der Dudenredaktion (Hg.) (2007): Duden – das große Fremdwörterbuch. Herkunft und Bedeutung der Fremdwörter. Kraif, Ursula. Mannheim, Leipzig, Wien, Zürich: Dudenverlag.

World Bank (2018): World Development Indicators April 2018. Online verfügbar unter http://databank.worldbank.org/data/reports.aspx?source=world-development-indicators#, zuletzt geprüft am 17.09.2018.

World Commission on Environment and Development (Hg.) (1987): Our Common Future: Report of the World Commission on Environment and Development. Unter Mitarbeit von Gru Brundtland, Mansour Khalid, Susanna Agnelli, Sali Al-Athel, Bernard Chidzero, Lamina Fadika et al. Vereinte Nationen. New York.

WorldSkills Germany (2016): Wir machen Weltmeister! Förderinitiative für nationale und internationale Berufswettbewerbe. Online verfügbar unter https://www.worldskillsgermany.com/wp-content/uploads/2015/05/WSG-Imagebroschuere-2016.pdf, zuletzt geprüft am 12.01.2018.

Xinhuanet (2005): Law of Civil Servants becomes the focus for five million civil servants, and four expectations trigger attentions. Online verfügbar unter http://news.xinhuanet.com/legal/2005-01/01/content_2405772.htm, zuletzt geprüft am 21.09.2016. Originaltitel: 新华网(2005): 500万公务员聚焦《公务员法》四个期盼引发关注, 2009年10月15日.

Xiong, Jie (2011): Understanding higher vocational education in China. Vocationalism vs confucianism. In: *Frontiers of Education in China* 6 (4), S. 495–520. DOI: 10.1007/s11516-011-0143-1.

Yang; Po (2014): Understanding vocational education Market in China. Working Paper. Peking University, Beijing. Graduate School of Education. Online verfügbar unter http://www.uta.fi/cerec/publications/workpaper/Po%20Yang%20Working%20paper%20VHE%20market%20in%20China-REVISION%202014%209%201%20(2).pdf_1, zuletzt geprüft am 03.09.2019.

Yang, Ming (2010): Educational system in china. Hangzhou (China): Zhejiang University Press.

Yi, Xinhe; Wen, Yimin; Chen, Zhiyong (2014): Review of School-Enterprise Cooperation: During Twenty-Years in China. In: *Higher Education Forum* (2), S. 36–42. Originaltitel: 易新河; 文益民; 陈智勇(2014): 我国校企合作研究二十年综述, 高教论坛, 期刊, 2014年2月第2期, 第36–40页.

Yu, Zhixuan (2012): On Referring British "Sandwich" Education Mode to the Vocational Education in China. In: *Journal of Jiangxi University of Technology* 7 (2), S. 13–16. Originaltitel: 余芝轩(2012): "三明治"课程模式对我国高职实践教学的意义, 江西科技学院学报, 第7卷第2期.

Zabeck, Jürgen (1966): Ansätze einer Vergleichenden Berufs- und Wirtschaftspädagogik. In: Karl Abraham, Alfons Dörschel, Kurt Herberts, Ludwig Kiehn und et al. (Hg.): Jahrbuch für Wirtschafts- und Sozialpädagogik. Heidelberg: Quelle & Meyer Verlag, S. 207–213.

Zhao, Zhiqun (2009): Guide for curriculum development of work integrated learning in Vocational Education. Beijing: Tsinghua University Press. Originaltitel: 赵志群(2009): 职业教育工学结合一体化课程开发指南, 北京: 清华大学出版社. (Translation by author).

Zhao, Zhiqun (2011): School-enterprise cooperation in China's vocational education and training. In: Zhiqun Zhao, Felix Rauner und Ursel Hauschidt (Hg.): Assuring the Acquisition of Expertise. Apprenticeship in the Modern Economy. Beijing: Foreign Language Teaching and Research Press, S. 43–52.

Zhao, Zhiqun; Chen, Junlan (2013): Apprenticeships in China's vocational education. History, Current Situation and Prospects. In: *Chinese Vocational and Technical Education* (18). Originaltitel: 赵志群; 陈俊兰(2013):我国职业教育学徒制-历史,现状与展望,中国职业技术教育,2013年第18期.(Translation by author).

Zimmermann, Hildegard (2003): Berufsbildung in China. Besonderheiten und aktuelle Entwicklung. In: Renata Fu-sheng Franke und Wolfgang Mitter (Hg.): Das Bildungswesen in China. Reform und Transformation. Köln: Böhlau, S. 198–212.

Anhang

A.1 Periodisierung der chinesischen Geschichte

Die folgende Tabelle ist eine eigene Zusammenstellung basierend auf Wang und Shi (2007) und stellt die verschiedenen Zeitabschnitte der Dynastien der chinesischen Geschichte dar: Vorgeschichte (ca. 3. Jahrtausend v. Chr.), Sklavengesellschaft (ca. 2029 v. Chr.–222 v. Chr.), Feudalgesellschaft (auch als Kaiserzeit genannt, 221 v. Chr.–1911 n. Chr.), Halbfeudale und halbkoloniale Gesellschaftsformation Chinas (1912–1949 n. Chr.) sowie Sozialismus mit chinesischer Eigenart (seit 1949 n. Chr.). Nach dieser Zeittafel wird die Geschichte und Entwicklung der beruflichen Bildung in China dargestellt (s. Tabelle 49).

Tabelle 49: Periodisierung der chinesischen Geschichte
[Eigene Zusammenstellung basierend auf Wang und Shi 2007]

Dynastien		Zeitperiode
Deutsche Name	**Chinesischer Name**	
Vorgeschichte		
Die drei Erhabenen und die fünf Kaiser	三皇五帝 *(san huang wu di)*	Ca. 3. Jahrtausend v. Chr.
Sklavengesellschaft		
Xia-Dynastie	夏朝 *(xia chao)*	Ca. 2029–1559 v. Chr.
Shang-Dynastie	商朝 *(shang chao)*	Ca. 1559–1046 v. Chr.
Westliche Zhou-Dynastie	西周 *(dong zhou)*	Ca. 1046–771 v. Chr.
Östliche Zhou-Dynastie	东周 *(xi zhou)*	• 722–481 v. Chr.: Frühlings- und Herbstperiode • 480–222 v. Chr.: Periode der Streitenden Reiche
Feudalgesellschaft – Kaiserzeit		
Qin-Dynastie	秦朝 *(qin chao)*	221–206 v. Chr.

(*Fortsetzung*)

Tabelle 49: Fortsetzung

<table>
<tr><th colspan="2">Dynastien</th><th rowspan="2">Zeitperiode</th></tr>
<tr><th>Deutsche Name</th><th>Chinesischer Name</th></tr>
<tr><td>Han-Dynastie</td><td>汉朝 (han chao)</td><td>• 206 v. Chr.–8 n. Chr.: Frühere (Westliche) Han
• 9–24 n. Chr.: Interregnum Wang Mang
• 25–220 n. Chr.: Östliche Han-Dynastie</td></tr>
<tr><td>Periode der Drei Reiche</td><td>三国 (san guo)</td><td>• 222–280 n. Chr.: Wu
• 220–280 n. Chr.: Wie
• 221–263 n. Chr.: Shu</td></tr>
<tr><td>Westliche Jin-Dynastie</td><td>西晋 (xi jin)</td><td>265–316 n. Chr.</td></tr>
<tr><td>Östliche Jin-Dynastie</td><td>东晋 (dong jin)</td><td>317–419 n. Chr.</td></tr>
<tr><td>Südliche und Nördliche Dynastien</td><td>南北朝
(nan bei chao)</td><td><u>Süden</u>:
• 420–479 n. Chr.: Song
• 479–502 n. Chr.: Südliche Qi
• 502–557 n. Chr.: Liang
• 557–589 n. Chr.: Chen
<u>Norden</u>:
• 386–534 n. Chr.: Nördliche Wei
• 534–550 n. Chr.: Östliche Wei
• 534–556 n. Chr.: Westliche Wie
• 550–577 n. Chr.: Nördliche Qi
• 557–581 n. Chr.: Nördliche Zhou</td></tr>
<tr><td>Sui-Dynastie</td><td>隋朝 (sui chao)</td><td>581–618 n. Chr.</td></tr>
<tr><td>Tang-Dynastie</td><td>唐朝 (tang chao)</td><td>618–907 n. Chr.</td></tr>
<tr><td>Periode der Fünf Dynastien</td><td>五代十国
(wu dai shi guo)</td><td>• 907–923 n. Chr.: Spätere Liang
• 923–936 n. Chr.: Spätere Tang
• 936–946 n. Chr.: Spätere Jin
• 946–950 n. Chr.: Spätere Han
• 951–960 n. Chr.: Spätere Zhou</td></tr>
<tr><td>Song-Dynastie</td><td>宋朝 (song chao)</td><td>960–1279 n. Chr.</td></tr>
<tr><td>Yuan-Dynastie</td><td>元朝 (yuan chao)</td><td>1271 / 1279–1368 n. Chr.</td></tr>
<tr><td>Ming-Dynastie</td><td>明朝 (ming chao)</td><td>1368–1644 n. Chr.</td></tr>
<tr><td>Qing-Dynastie</td><td>清朝 (qing chao)</td><td>1644–1911 n. Chr.</td></tr>
</table>

Tabelle 49: Fortsetzung

Dynastien		Zeitperiode
Deutsche Name	**Chinesischer Name**	
Halbfeudale und halbkoloniale Gesellschaftsformation Chinas		
Republik China	中华民国 *(zhong hua ming guo)*	1912–1949 n. Chr.
Sozialismus mit chinesischer Eigenart		
Volksrepublik China	中华人民共和国*(zhong hua ren ming gong he guo)*	Seit 1949 n. Chr.

A.2 Leitfaden für Experteninterviews

Einleitung

Vielen Dank, dass Sie mir die Gelegenheit für dieses Interview geben.

Ich schreibe derzeit an meiner Dissertation zum Thema: „ROADMAP in der Berufsbildung für nachhaltige Entwicklung – Eine international und interkulturell vergleichende Studie über die Berufsbildung im Einzelhandel" und führe hierzu einige Experteninterviews durch. Diese Arbeit gründet auf der Tatsache, dass in Deutschland seit Anfang 2000 intensiver über die Frage diskutiert wird, welche Möglichkeiten bestehen, eine berufliche Bildung im Sinne der Nachhaltigkeitsidee umzusetzen. Aufgrund dieser Diskussion steht folgende Forschungsfrage im Mittelpunkt: „Welche Relevanz hat die Berufsbildung für die nachhaltige Entwicklung im kaufmännischen Bereich (hier exemplarisch im Einzelhandel) in Deutschland und China?"

Das Interview wird ca. 60 Minuten in Anspruch nehmen. Die Schwerpunkte liegen auf folgenden Themen:

- Fragen zur Berufsbildung im Einzelhandel in China
- Fragen zur Berufsbildung für Nachhaltige Entwicklung (BBNE) in China

Durchführung des Interviews

Themenbereich I: Fragen zur Berufsbildung im Einzelhandel in China

1. Wie funktioniert die Berufsbildung im Einzelhandel in China?
2. Was ist der Schwerpunkt bei der Ausbildung für die Einzelhandelsberufe? Für wen / welche Gruppen ist diese Ausbildung hauptsächlich gedacht?
3. Wie sieht das Curriculum aus?

Themenbereich II: Fragen zur Berufsbildung für Nachhaltige Entwicklung (BBNE) in China

Denkbare Reaktionen: Es gibt keine BBNE in China

1. Warum gibt es in China noch keine BBNE?
2. Gibt es eine Möglichkeit / Notwendigkeit, BBNE in China zu entwickeln?
3. Welche spezifischen Kriterien sind bei der Entwicklung einer BBNE Ihrer Meinung von Bedeutung?
4. Warum sind gerade diese Kriterien besonders wichtig?
5. Wie können die ausgewählten Kriterien miteinander verknüpft werden?

Denkbare Reaktionen: Es gibt schon BBNE in China

1. Können Sie die wesentlichen Gedanken der BBNE skizzieren / nennen?
2. Welche Gründe haben aus Ihrer Sicht zu der BBNE in China geführt?
3. Was macht der Staat für die Implementierung einer nachhaltigen Entwicklung?
4. Inwiefern finden sich Ansätze der BBNE in den curricularen Vorgaben, den Lehrplänen und Ausbildungsordnungen sowie in der Lernortorganisation in den allgemeinen Rahmenbedingungen?
5. Wer sind relevante Akteure? Was wird im Hinblick auf BBNE in der Schule, der Universität und anderen Bildungseinrichtungen umgesetzt?
6. Inwieweit finden sich Aspekte der BBNE in Lernsituationen sowie in der Gestaltung von Lehr-Lern-Arrangements wieder?
7. Welchen Stellenwert hat Nachhaltigkeit im Berufskonzept?
8. Wird das nachhaltige berufliche Handeln im Spannungsfeld unterschiedlicher Entscheidungsprämissen thematisiert?
9. Inwieweit wird das nachhaltige berufliche Handeln in der Domäne des Einzelhandels aufgegriffen?
10. Welchen Stellenwert hat die nachhaltig ausgerichtete berufliche Handlungskompetenz in der Domäne des Einzelhandels?
11. Welche Probleme einer Berufsbildung für nachhaltige Entwicklung ergeben sich angesichts innovativer Ideen, Modernisierungsszenarien und Änderungskonzepte?
12. Wenn Sie jetzt international überlegen, welche Ansätze finden Sie besonders interessant? Welche Ansätze können Sie noch vorschlagen?

Muster: Freigabeerklärungen

Ich erkläre mich damit einverstanden, dass das mit mir am [Datum] von Frau Xing Liu-Schuppener geführte Gespräch auf Tonband aufgenommen und dass das Interview für eine wissenschaftliche Verwendung verschriftlicht werden darf. Ich erkläre mich damit einverstanden, dass einzelne Interviewausschnitte oder das Interview insgesamt, nach der Freigabe durch mich, für wissenschaftliche Publikationszwecke verwendet werden darf. Darüber hinaus stimme ich auch einer möglichen Verwendung für Unterrichtszwecke zu. Ort, Datum Unterschrift

A.3 Transkript von Experteninterview

Das vollständige Transkript der Experteninterviews befindet sich im Anhang (CD)

A.4 Analysierte Dokumente und Kategoriensystem – Eine stichprobenhafte Untersuchung von CNKI

Um das Verständnis einer (B)BNE in China darzulegen wurden eine stichprobenhafte Untersuchung der zwischen 2010 und 2018 veröffentlichten und in der Datenbank CNKI gelisteten wissenschaftlichen Artikel durchgeführt. Insgesamt wurden 12 Dokumenten analysiert und das nachfolgende Kategoriensystem abgeleitet.

1. Tian, Daoyong (2010): A preliminary exploration of the concept of sustainable learning. In: *China Adult Education* (24). S. 5–7. Originaltitel: 田道勇(2010): 可持续学习概念初探, 济南: 中国成人教育, 2010年24期. (Translation by author).
2. Xu, Shuxia (2010): Discussion on Education for Sustainable Development awareness of high school geography education. In: *Environment* (52). S. 49–51. Originaltitel: 徐淑霞 (2010):浅谈对中学地理教育之于可持续发展教育的认识, 广州：环境，2010年S2期. (Translation by author).

3. Xu, jinjie (2010): The Practice of Sustainable Development Education (EFS) in Vocational Education. In: *Vocational & Technical Education Forum* (15). S. 9–12. Originaltitel: 徐瑾劼 (2010): 可持续发展教育(EFS)理念在职业教育中的实践, 南昌: 职教论坛, 2010年15期. (Translation by author).
4. Yu, qingchen (2011): Green Education in China: Thoughts and Actions. In: *Journal of Educational Studies* (6). S. 73–76. Originaltitel: 余清臣(2011): 绿色教育在中国:思想与行动, 北京: 教育学报, 2011年06期.(Translation by author).
5. Li, Mingming (2012): Research on the Sustainable Development Ability of College Students from the Perspective of Quality Education. In: *Journal of Social Science of Jiamusi University* (6). S. 61–63. Originaltitel: 李明明(2012): 素质教育视阈下大学生可持续发展能力研究, 佳木斯: 佳木斯大学社会科学学报, 2012年06期.(Translation by author).
6. Qiu, Xingping (2013): Analysis of the Sustainable Development Ability of Higher Vocational Students Based on Modern Vocational Education System. In: *School Party Building and Ideological Education* (23), S. 91–93. Originaltitel: 邱兴萍 (2013): 基于现代职业教育体系的高职学生可持续发展能力分析; 武汉: 学校党建与思想教育; 2013年23期. (Translation by author).
7. Xu, Xiaoqin; Zeng, Ximing (2014): Sustainable Development of Higher Education in the Post-Elite Era. In: *Education and Vocation* (32). S. 24–25. Originaltitel: 许晓琴; 曾西明 (2014): 后精英时代高等教育的可持续发展, 北京: 教育与职业, 2014年32期. (Translation by author).
8. Wang, Guoxing (2015): Education on the geography of vocational secondary education and sustainable development. In: *Neijiang Technology* (1). S. 120–122. Originaltitel: 王国兴(2015): 职业中专旅游地理与可持续发展教育, 内江: 内江科技, 2015年01期. (Translation by author).
9. Yu, Li (2016): The Innovation of College Teachers' Continuing Education System in the Perspective of Sustainable Development. In: *China Adult Education* (20). S. 91–93. Originaltitel: 虞莉 (2016): 可持续发展视角下的高校教师继续教育体制创新, 济南: 中国成人教育, 2015年20期. (Translation by author).
10. Liu, Yufeng (2017): Developing Green Skills in the Vocational Education System of Sustainable Development Strategy. In: *Chinese Vocational and Technical Education* (34). S. 100–104. Originaltitel: 刘育锋 (2017): 贯彻可持续发展战略职业教育系统开发绿色技能, 北京: 中国职业技术教育, 2017年34期. (Translation by author).

11. Li, Yujing (2017): Sustainable Development Education: An Important Dimension of The Development of Vocational Education. In: *Vocational and Technical Education* (16). Originaltitel: 李玉静 (2017):可持续发展教育: 职业教育发展的重要维度, 长春: 职业技术教育, 2017年16期. (Translation by author).
12. Yang, Gan (2018): Education and teaching of high school's sustainable development of geography under the core literacy goal. In: *Contemporary Teaching and Research Series* (10). S. 88–90. Originaltitel: 杨敢 (2018): 核心素养目标下的高中地理可持续发展观教育教学, 哈尔滨: 当代教研论丛, 2018年10期. (Translation by author).

Diese ausgewählten Dokumente wurden i. d. R. mindestens zweimal in der CNKI-Datenbank zitiert. Die Ergebnisse der Analyse umfassen hauptsächlich drei Aspekte: (1) In China gibt es Diskussionen über BNE, aber die meisten davon konzentrieren sich auf den Bereich der allgemeinen Bildung. Die Bereiche Vorschulbildung und berufliche Bildung sind hingegen nahezu nicht vertreten. (2) Die meisten Diskussionen konzentrieren sich auf die theoretische Forschung, und es gibt nur wenige praktische Beispiele. (3) Methodisch überwiegen dabei klar theoretisch-konzeptionelle Arbeiten. Nur wenige Artikel beinhalten empirische Studien.

A.5 Analysierte Dokumente und Kategoriensystem – Entwurf einer BBNE-Roadmap am Beispiel der beruflichen Tätigkeit im Einzelhandel

Um eine ‚BBNE-Roadmap' zu konzeptionieren und ein Prozessverlauf der nachhaltigen Berufsbildung am Beispiel der beruflichen Tätigkeit im Einzelhandel zu erarbeiten, wird hierbei auf den internationalen Fachdiskurs über die nachhaltige Entwicklung, besonders unter die folgenden 2 Dokumenten analysiert und das nachfolgende Kategoriensystem abgeleitet (s. Tabelle 50).

- UNESCO (2014): UNESCO-Roadmap zur Umsetzung des Weltaktionsprogramms „Bildung für nachhaltige Entwicklung". 4. Auflage. Bonn: Dt. UNESCO-Kommission. Online verfügbar unter https://www.bmbf.de/files/2015_Roadmap_deutsch.pdf, zuletzt geprüft am 02.05.2018.
- Nationale Plattform Bildung für nachhaltige Entwicklung (2017): Nationaler Aktionsplan Bildung für nachhaltige Entwicklung. Der deutsche Beitrag zum UNESCO – Weltaktionsprogramm. Online verfügbar unter http://www.bne-portal.de/sites/default/files/downloads/publikationen/Nationaler_Aktionsplan_Bildung_f%C3%BCr_nachhaltige_Entwicklung_neu.pdf.

Kategoriensystem

Tabelle 50: Kategoriensystem – Entwurf einer BBNE-Roadmap am Beispiel der beruflichen Tätigkeit im Einzelhandel

Kategorie	Definition	Ankerbeispiel	Kodierregeln
Zielsetzungen	Alle Textstellen, die auf eine Deutung der Zielsetzungen in diesem Sinnen hinweisen.	Z1: „Aktivitäten auf allen Ebenen und in allen Bereichen der Bildung anzustoßen und zu intensivieren, um den Prozess hin zu einer nachhaltigen Entwicklung zu beschleunigen".	Nur inhaltliches Verständnis des Begriffs und Anforderungen
Strategien	Alle Textstellen, die auf eine Deutung von Strategien von (B)BNE in diesem Sinnen hinweisen.	S1: „Partnerschaften nutzen: Akteure mit umfassender Reichweite und starkem politischem Einfluss, auch Schlüsselpartner genannt, werden in die Partner-Netzwerke eingeladen. Für jedes Handlungsfeld wird es ein Partner-Netzwerk geben."	Nur inhaltliches Verständnis des Begriffs und Anforderungen
Prioritäre Handlungsfelder	Alle Textstellen, die auf eine Deutung von Handlungsfeldern an (B)BNE in diesem Sinnen beschreiben.	P1: „Handlungsfeld I: Bestandsaufnahme auf allen Ebenen […]. Handlungsfeld II: Potenziale der beruflichen BNE […]. Handlungsfeld III: Betriebe und berufliche Schulen als nachhaltige Lernorte etablieren […].Handlungsfeld IV: Kompetenzanforderungen zur Nachhaltigkeit […].Handlungsfeld V: Curriculare und didaktische Umsetzung von beruflicher BNE […]."	Nur inhaltliches Verständnis des Begriffs und Anforderungen

Tabelle 50: Fortsetzung

Kategorie	Definition	Ankerbeispiel	Kodierregeln
Mechanismen	Alle Textstellen, die auf Anforderungen an Mechanismen in diesem Sinnen beschreiben.	M1: „Jeder Mitgliedsstaat ist aufgerufen, eine geeignete Koordinationsstruktur für die Umsetzung des Weltaktionsprogramms zu schaffen und eine nationale Anlaufstelle (National Focal Point) für BNE zu benennen. Diese Anlaufstelle dient als Kontakt zur UNESCO und überwacht und protokolliert die Fortschritte des jeweiligen Landes in der Umsetzung des WAP. Die UNESCO ruft die Regierungen auf, nationale BNE-Ziele auf der Grundlage der nationalen Erfordernisse und Wünsche festzulegen. Diese sollten im Einklang mit den in der Post-2015-Agenda festgelegten Zielen stehen."	Nur inhaltliches Verständnis des Begriffs und Anforderungen
Ressourcen	Alle Textstellen, die auf Anforderungen an Ressourcen in diesem Sinnen hinweisen.	R1: „wie auf der Grundlage bestehender Finanzierungsmechanismen für Bildung und nachhaltige Entwicklung, wie der Global Partnership for Education (GPE) und der Global Environment Facility (GEF), finanzielle Mittel für ihre Projekte freigesetzt werden können. Weitere bestehende Mechanismen, die dafür genutzt werden könnten, sind unter anderem die Finanzierungsmechanismen der Klimarahmenkonvention der Vereinten Nationen (z. B. Special Climate Change Fund, Least Developed Countries Fund, Green Climate Fund, Adaptation Fund) und die Global Facility for Disaster Reduction and Recovery. […]"	Nur inhaltliches Verständnis des Begriffs und Anforderungen

(*Fortsetzung*)

Tabelle 50: Fortsetzung

Kategorie	Definition	Ankerbeispiel	Kodierregeln
Monitoring und Evaluierung	Alle Textstellen, die auf Anforderungen an Monitoring und Evaluierung in diesem Sinnen beschreiben.	ME1: „Monitoring und Evaluierung auf staatlicher Ebene liegen in der Verantwortung der nationalen Regierungen. Die nationale Anlaufstelle soll dazu beitragen, die nationalen Zielsetzungen soweit möglich und sinnvoll an den globalen Zielen auszurichten. Sie soll außerdem nationale Daten und Informationen für die globale Analyse bereitstellen."	Nur inhaltliches Verständnis des Begriffs und Anforderungen

www.ingramcontent.com/pod-product-compliance
Ingram Content Group UK Ltd.
Pitfield, Milton Keynes, MK11 3LW, UK
UKHW041828290926
8980IPUK00002B/131

9 783631 876046